簡帛研究

二〇二四·春夏卷

慶祝中國社會科學院古代史研究所建所七十周年
古文字與中華文明傳承發展工程專項資助集刊
中文社會科學引文索引（CSSCI）來源集刊
中國人文社會科學集刊AMI綜合評價核心集刊

鄔文玲　戴衛紅　主編

中國社會科學院簡帛研究中心
中國社會科學院古代史研究所秦漢史研究室

廣西師範大學出版社
·桂林·

本書獲中國社會科學院學科建設"登峰戰略"資助計劃資助，編號 DF2023YS15（出土文獻與先秦秦漢史）

簡帛研究
JIANBO YANJIU

圖書在版編目（CIP）數據

簡帛研究. 二〇二四. 春夏卷 / 鄔文玲，戴衛紅主編. --桂林：廣西師範大學出版社，2024.6
ISBN 978-7-5598-7022-3

Ⅰ.①簡… Ⅱ.①鄔… ②戴… Ⅲ.①竹簡—中國—文集 ②帛書—中國—文集 Ⅳ.①K877.54-53②K877.94-53

中國國家版本館 CIP 數據核字（2024）第 106092 號

廣西師範大學出版社出版發行

（廣西桂林市五里店路 9 號　郵政編碼：541004）

（網址：http://www.bbtpress.com）

出版人：黄軒莊

全國新華書店經銷

廣西廣大印務有限責任公司印刷

（桂林市臨桂區秧塘工業園西城大道北側廣西師範大學出版社集團有限公司創意産業園内　郵政編碼：541199）

開本：889 mm × 1 194 mm　1/16

印張：30.75　　　　字數：610 千

2024 年 6 月第 1 版　　2024 年 6 月第 1 次印刷

印數：0 001～1 200 册　　定價：118.00 元

如發現印裝質量問題，影響閲讀，請與出版社發行部門聯繫調換。

顧　問

［日］永田英正　李均明　彭　浩　裘錫圭　［英］邁克爾·魯惟一

編輯委員會主任

卜憲群　楊振紅

主　編

鄔文玲　戴衛紅

副主編

趙　凱　曾　磊

編輯委員

卜憲群　于天宇*　王天然*　王　彬*　［韓］尹在碩　石　洋*
邢　文　李均明　宋艷萍*　汪桂海　馬　怡　［日］籾山明
侯旭東　莊小霞*　凌文超*　孫　曉　［日］冨谷至　陳松長
梁滿倉　鄔文玲*　曾　磊*　楊　英　楊　博*　楊振紅
蔡萬進　趙　凱*　劉　馳　劉　麗*　劉樂賢　戴衛紅*
齊繼偉*

（顧問、編委以姓氏筆畫爲序排列，加"*"者爲本輯執行編輯）

目　錄

清華簡《繫年》新釋二則 …………………………………………………… 王紅亮/ 1
清華簡《繫年》"建陽"地望補考 …………………………………………… 劉光/ 11
清華簡《繫年》"建陽"小考 ………………………………………………… 周穎昳/ 21
由清華簡《四告》中的"姎"與"眘"考釋甲骨金文中的相關字 …………… 單育辰/ 26
清華簡《子產》所見國野分治與鄭國統治思想 …………………………… 李健勝/ 40
談談包山楚簡中的"金鋌二鋌"問題 ………………………………………… 黃錫全/ 50
上博簡和包山簡殘泐字擬補九則 …………………………………………… 張榮輝/ 60
楚簡詞義探析四則 …………………………………………………………… 李美娟/ 70
長沙子彈庫帛書乙篇韻讀（二則）…………………………………………… 沈奇石/ 87

嶽麓書院藏秦律令簡集注（五）………………… 中國人民大學法學院法律史料研讀班/ 94
《嶽麓書院藏秦簡（伍）》所見博士制度初探 ……………………………… 宋超/ 154
秦牛耕推廣程度新探 ……………………………………………… 劉鵬　丁冰潔/ 159
里耶秦簡中的遷陵官嗇夫
　——兼談《遷陵吏志》的性質 …………………………………………… 趙斌/ 174
馬王堆帛書《刑德》甲篇刑德小游相關問題補議 ………………… 高潔　程少軒/ 188
馬王堆《陰陽五行》甲篇"室"補札 ……………………………… 高一致　徐丹/ 197
說帛書《經法》等四篇"物乃下生"與"刑法不人" ……………………… 杜新宇/ 206
張家山漢簡《功令》"補吏令"條疏證 ……………………………………… 鄒水杰/ 212

張家山 336 號漢墓竹簡《功令》讀記（二）⋯⋯⋯⋯⋯⋯⋯⋯⋯⋯⋯⋯⋯ 鄔文玲／234

張家山 336 號墓《漢律十六章》札記三則 ⋯⋯⋯⋯⋯⋯⋯⋯⋯⋯⋯⋯⋯ 黄海／242

銀雀山漢簡地支陰陽小考 ⋯⋯⋯⋯⋯⋯⋯⋯⋯⋯⋯⋯⋯⋯⋯⋯⋯⋯⋯ 王强／251

漢代邊塞戍卒及其家屬身份問題再認識
——從西北漢簡所見"冗""給事"説起 ⋯⋯⋯⋯⋯⋯⋯⋯⋯⋯⋯⋯⋯ 楊憲傑／258

"御錢"與"司御錢"考辨
——以懸泉漢簡爲中心 ⋯⋯⋯⋯⋯⋯⋯⋯⋯⋯⋯⋯⋯⋯⋯⋯⋯⋯ 羅晨／272

試説"膝布併塗"與"皁繒并塗" ⋯⋯⋯⋯⋯⋯⋯⋯⋯⋯⋯⋯⋯⋯⋯⋯ 曾磊／284

居延新簡《丁宫等入關檄留遲册》所見檄書傳遞問題 ⋯⋯⋯⋯⋯⋯⋯⋯ 管笑雪／292

西北漢簡校讀札記 ⋯⋯⋯⋯⋯⋯⋯⋯⋯⋯⋯⋯⋯⋯⋯⋯⋯⋯⋯⋯⋯ 林嵐／305

試論海昏竹簡《詩經》與《毛詩》異文及其價值 ⋯⋯⋯⋯⋯⋯ 張峰　張娟娟／316

《急就篇》姓名"慈仁他"辨正 ⋯⋯⋯⋯⋯⋯⋯⋯⋯⋯⋯⋯⋯⋯⋯⋯ 李世持／334

新莽"宰師司馬司威"封泥小考 ⋯⋯⋯⋯⋯⋯⋯⋯⋯⋯⋯⋯⋯⋯⋯⋯ 王通／344

東漢臨湘鄉里考 ⋯⋯⋯⋯⋯⋯⋯⋯⋯⋯⋯⋯⋯⋯⋯⋯⋯⋯⋯⋯⋯ 莊小霞／358

試論走馬樓三國吳簡許迪割米案的身份記録
——從一件東漢鞫文書説起 ⋯⋯⋯⋯⋯⋯⋯⋯⋯⋯⋯⋯⋯⋯⋯⋯ 王彬／374

文書校核、吕壹事件與孫吳"中使政治"
——以走馬樓吳簡爲中心的討論 ⋯⋯⋯⋯⋯⋯⋯⋯⋯⋯⋯⋯⋯⋯ 崔啓龍／389

走馬樓吳簡所見臨湘廣成鄉、平鄉轄里補考 ⋯⋯⋯⋯⋯⋯⋯⋯⋯⋯⋯ 連先用／421

長沙走馬樓吳簡臨湘侯國樂鄉丘名考 ⋯⋯⋯⋯⋯⋯⋯⋯⋯⋯⋯⋯⋯ 羅凡／440

長沙吳簡臨湘侯國小武陵鄉民所在丘名考 ⋯⋯⋯⋯⋯⋯⋯⋯⋯⋯⋯ 尚宇昌／452

觀水有術，必觀其瀾
——讀《初并天下——秦君主集權研究》 ⋯⋯⋯⋯⋯⋯⋯⋯⋯⋯⋯ 邱文傑／479

清華簡《繫年》新釋二則*

□ 陝西師範大學歷史文化學院　王紅亮

内容提要　清華簡《繫年》第十九章"十又一年,蔡昭侯申懼,自歸於吳"一句,根據竹簡書寫形態、簡文内容以及史實等方面可推斷抄寫有錯訛,此事當在楚昭王時期。《繫年》第二十章中的"長城句俞之門"之"句俞",當讀爲"溝瀆",乃泛稱而非具體地名。故簡文在"句(溝)俞(瀆)之門"前加限定語"長城"以明具體位置,亦即長城上的溝瀆之門,而此正是齊國長城的起點——防門,亦即《戰國策》所謂的"長城鉅防",是齊國的重要關塞。學者根據傳世文獻考證所謂齊長城之西南段是從防門北及泰山,而《繫年》所記的齊長城即此西南段之延長,從泰山繼續北延至渤海,傳世文獻缺載,是爲歷史所湮没的齊長城。

關鍵詞　清華簡《繫年》　十又一年　錯簡　長城句俞之門　溝瀆

一　"十又一年,蔡昭侯申懼,自歸於吳"抄寫有錯訛説

　　清華簡《繫年》第十九章:"昭王既復邦,焉克胡、圍蔡。昭王即世,獻惠王立。十又一年,蔡昭侯申懼,自歸於吳。吳洩庸以師逆蔡昭侯居于州來,是下蔡。楚人焉閉蔡。"[①]

　　此"十又一年"何指?從時間記述的順序來看,"十又一年"很容易理解成楚惠王十一年(前478),整理者即如是説。整理者注:"楚惠王十一年爲魯哀公十七年,據《左傳》,該年七月,楚公孫朝率師滅陳。簡文此處所述疑有誤。蔡昭侯死於楚昭王二十五年(見《左傳》哀

---

* 本文係國家社會科學基金一般項目"清華簡書類文獻與上古史研究"(23BZS001)階段性成果。
① 李學勤主編:《清華大學藏戰國竹簡(貳)》,上海:中西書局,2011,184頁。

公四年),楚惠王十一年時,蔡國國君爲昭侯之子蔡成侯。此處簡文可能係將陳、蔡之事混淆而致誤。"[1]整理者認爲此"十又一年"對應於楚惠王十一年(前478,魯哀公十七年)。翻檢《左傳》哀公十七年所載,不見記蔡事,惟見載陳事:"楚白公之亂,陳人恃其聚而侵楚。楚既寧,將取陳麥。楚子問帥於大師子穀與葉公諸梁……王卜之,武城尹吉。使帥師取陳麥。陳人禦之,敗,遂圍陳。秋七月己卯(八日),楚公孫朝帥師滅陳。"[2]整理者遂猜測《繫年》作者"可能係將陳、蔡之事混淆而致誤"。整理者的這種看法得到了學者的支持。[3]

實際上,《繫年》載十一年蔡昭侯申懼,如按整理者所說是楚惠王十一年(前478,當魯哀公十七年),這種猜測之解釋面臨著以下三方面困難:第一,《春秋》經傳與《史記》等傳世文獻於此年未見蔡昭侯懼的任何記載。第二,蔡昭侯卒於楚昭王二十五年(前491,當魯哀公四年)。《春秋》哀公四年:"冬十有二月,葬蔡昭侯。"[4]如按整理者說,則蔡昭侯已卒十三年,其何來"懼"呢?第三,整理者猜測《繫年》作者將陳、蔡事混淆,但僅爲猜測,無任何證據。那麽,問題究竟出在何處呢?我們認爲,此處簡文抄寫有錯訛,而此"十又一年"實指楚昭王十一年(前505,魯定公五年,蔡昭侯十四年),"昭王即世,獻惠王立"應在"吳洩庸以師逆蔡昭侯居于州來,是下蔡"與"楚人焉閒蔡"之間。理由如下。

首先,從竹簡書寫形態看,此處書手即有訛誤。賈連翔先生說:"《繫年》簡106有'獻惠王立十又一年',從文字布局來看,原文'又一年'三字明顯緊於其他,書手應原漏抄了一個'年'字,發現脫文後,將'一'字刮削而補入了'一年'兩字……不僅如此,此處簡文所記内容也有問題……根據書手對錯訛内容的削改來看,此處在抄寫時很可能有錯簡的情況發生。"[5]認定錯簡可能證據不足,[6]但此處書手有訛誤則可確定。

其次,從簡文内容上看,此處的"十又一年"實指楚昭王十一年,因此不可能在"昭王即世,獻惠王立"之前。簡文載"十又一年,蔡昭侯申懼,自歸於吳",此處所謂"蔡昭侯申懼"亦見於《史記》,司馬遷所載正在楚昭王世。

《史記》關於"蔡昭侯懼"共有兩處,雖均在楚昭王時,但年代不一:

一是謂在楚昭王十三年(前503,蔡昭侯十六年)。《史記·管蔡世家》:"(蔡昭侯)十六

---

[1] 李學勤主編:《清華大學藏戰國竹簡(貳)》,2011,185頁。
[2] 楊伯峻:《春秋左傳注》(修訂本),北京:中華書局,2016,1908-1909頁。
[3] 如徐少華《清華簡〈繫年〉第十九章補説——兼論楚縣唐、縣蔡的有關問題》,收入其著《簡帛文獻與早期儒家學説探論》,北京:商務印書館,2015,203頁。
[4] 楊伯峻:《春秋左傳注》(修訂本),1814頁。
[5] 賈連翔:《談清華簡所見書手字迹和文字修改現象》,楊振紅、鄔文玲主編《簡帛研究二〇一五(秋冬卷)》,桂林:廣西師範大學出版社,2015,50頁。
[6] 匿名審稿專家指出:"'錯簡'是有嚴格定義的,必須要史實、文字和簡牘形制、每簡容字兩方面的證明。清代、民國學者很多所謂'錯簡'指的是文字有幾個字脱漏、甚至是文字有訛誤,這是不可取的。而'十又一年'在簡106中間部分,不在簡首,不構成形制方面的證據。"筆者從之。

年,楚令尹爲其民泣以謀蔡,蔡昭侯懼。"①

二是楚昭王十四年(前502,蔡昭侯十七年)。《史記·十二諸侯年表》載楚昭王十四年"子西爲民泣,民亦泣,蔡昭侯恐"。②

上列《十二諸侯年表》與《管蔡世家》所載蔡昭侯恐懼事,梁玉繩謂"此事《左傳》不載",③那麽,司馬遷所據者何書？由《繫年》簡文看,筆者認爲其應根據與《繫年》類似材料的記載。但是,司馬遷所據所載的年代與《繫年》有差異,《十二諸侯年表》謂在蔡昭侯十六年(前503),當楚昭王十三年;而《管蔡世家》謂在楚昭王十四年,那麽孰是孰非？王叔岷先生説:"案疑'六'本作'七',涉下文'二十六年'而誤也。"④此也僅爲猜測之語。那麽,此到底是司馬遷所載材料之差異,還是司馬遷書寫的訛誤(當然也不能排除後來傳抄之訛誤)呢？我們不得而知。但《史記》兩處均記之,想必史公定有依據;但二者年代不一,這又説明他看到的資料模棱兩可,而史公又無法決斷,姑兩存之。

筆者以爲,簡文所載事即上引《史記》所謂的楚令尹子西"謀蔡","蔡昭侯恐""蔡昭侯懼",且根據《繫年》此事實在楚昭王十一年。但《史記》未載蔡昭侯懼後有何行動,據《繫年》可知,蔡昭侯"自歸於吳"。

再次,從史實上看,簡文所載事定在楚昭王十一年也符合當時歷史背景。楚昭王十一年當魯定公五年。《春秋》定公五年:"夏,歸粟于蔡。"杜注:"蔡爲楚所圍,飢乏,故魯歸之粟。"同年《左傳》曰:"夏,歸粟於蔡,以周亟,矜無資。"⑤竹添光鴻箋曰:

> 周、賙通用。資,資糧也。蔡侯三年(指魯定公三年——引者)於楚,歸則如晉。去年(指魯定公四年——引者)春會于召陵侵楚,夏以晉命滅沈,秋爲楚所圍,冬從吳伐楚。吳子未還,則蔡亦當不先歸,其國之亟且無資可見也。歸粟必壤地相接,水道可通,魯歸蔡粟以淮也,告糴於齊以濟也,秦輸晉粟以河也。《春秋》凡有事不言主名,皆魯事也。⑥

楚昭王於魯定公四年秋圍蔡,此年冬蔡昭侯從吳伐楚。而蔡國在此年的吳入楚之役中,實際上承擔著吳國軍隊的補給任務。⑦ 據上引《春秋》《左傳》所載,魯定公五年夏,蔡國資糧匱乏,故魯增援之;且據杜預説蔡此時被楚圍困,蔡國很危急;與此同時,秦國援助楚的軍隊已

---

① 《史記》卷三五,北京:中華書局,2014,1897頁。
② 《史記》卷一四,805頁。
③ [清]梁玉繩:《史記志疑》,北京:中華書局,1981,377頁。
④ 王叔岷:《史記斠證》,北京:中華書局,2007,1392頁。
⑤ [晉]杜預注,[唐]孔穎達疏:《春秋左傳正義》卷五五,[清]阮元校刻《十三經注疏》,北京:中華書局,2009,4646頁。
⑥ [日]竹添光鴻:《左氏會箋》,成都:巴蜀書社,2008,2174頁。
⑦ 吳要攻入楚國都城,路途遙遠,面臨的最大困難即補給。而蔡國地處吳、楚之間,正可充當這一角色。對此可參張正明《楚史》,武漢:湖北教育出版社,2017,198-199頁。

至。七月楚人又滅唐,九月"吴師大敗,吴子乃歸",十月"楚子入于郢",杜注:"吴師已歸。"①因此,蔡昭公在此時不可能回蔡國,而衹能回吴國,而歸吴國時間在魯定公五年九月,其應與吴王同歸吴國,此即簡文所謂的"自歸於吴"。

那麽,簡文所謂的"蔡昭侯申懼"何指? 上引《史記》載楚令尹子西爲其民泣而謀蔡,纔導致蔡侯懼,筆者懷疑此事實在魯定公五年。《左傳》定公五年載九月,"吴師敗楚師于雍澨。秦師又敗吴師。吴師居麇",麇地是吴、楚苦戰之地,楚人很多人於此戰死,"子期將焚之,子西曰:'父兄親暴骨焉,不能收,又焚之,不可。'"結果子期還是焚燒之,"焚之,而又戰,吴師敗,又戰于公壻之谿。吴師大敗,吴子乃歸"。② 楚人不得已焚燒戰死的楚人將士,故令尹子西泣之,而蔡昭侯無疑是引吴入楚的罪魁禍首,楚人必不能輕饒,故蔡昭侯懼,不敢回蔡國,亦在情理之中。

總之,筆者認爲簡文所謂的"十又一年,蔡昭侯申懼,自歸於吴"鈔寫有訛誤。原簡:

> 昭王既復邦,焉克胡、圍蔡。昭王即世,獻惠王立。十又一年,蔡昭侯申懼,自歸於吴。吴洩庸以師逆蔡昭侯居于州來,是下蔡。楚人焉悶蔡。

調整:

> 昭王既復邦,焉克胡、圍蔡。十又一年,蔡昭侯申懼,自歸於吴。吴洩庸以師逆蔡昭侯居于州來,是下蔡。昭王即世,獻惠王立。楚人焉悶蔡。

爲清晰起見,列表1如下:

表1 楚昭王、惠王相關史事表

楚王年	昭王						惠王四十二年
	十一	二十一	二十二		十一	二十三	
原簡	昭王復邦	克胡	圍蔡	昭王即世,獻惠王立	十又一年,蔡昭侯申懼,自歸於吴	吴洩庸以師逆蔡昭侯居于州來,是下蔡		楚人焉悶蔡

---

① [晉]杜預注,[唐]孔穎達疏:《春秋左傳正義》卷五五,[清]阮元校刻《十三經注疏》,4647頁。
② 楊伯峻:《春秋左傳注》(修訂本),1730頁。

續表

楚王年	昭王					惠王四十二年
	十一	二十一	二十二	十一	二十三	
調整	昭王復邦	克胡	圍蔡	十又一年,蔡昭侯申懼,自歸於吳	吳洩庸以師逆蔡昭侯居于州來,是下蔡	昭王即世,獻惠王立	楚人焉閒蔡

資料來源:李學勤主編《清華大學藏戰國竹簡(貳)》,184頁。

上引簡文所涉諸事的年代爲:"昭王既復邦"在楚昭王十一年十月;"克胡"在楚昭王二十一年;"圍蔡"在楚昭王二十二年;"十又一年,蔡昭侯申懼,自歸於吳"又是楚昭王十一年;"吳洩庸以師逆蔡昭侯居于州來"在楚昭王二十三年;"楚人焉閒蔡"在楚惠王四十二年。可見,調整後大部分年代能對應,但還有兩個問題需予以說明。

第一,"十又一年,蔡昭侯申懼,自歸於吳"爲何穿插在楚昭王二十二年與二十三年之間呢? 我們認爲,這是《繫年》歷史叙事的特點決定的,類似情形見於《繫年》第二章:

(1)繒人乃降西戎以攻幽王,幽王及伯盤乃滅,周乃亡。

(2)邦君諸正乃立幽王之弟余臣于虢,是攜惠王,立二十又一年,晉文侯仇乃殺惠王于虢。

(3)周亡王九年,邦君諸侯焉始不朝于周,晉文侯乃逆平王于少鄂,立之于京師,三年,乃東徙,止于成周,晉人焉始啓于京師,鄭武公亦政(正)東方之諸侯。[①]

(1)載周幽王之滅、西周之亡事的年代,據《國語》《史記》可知在周幽王十一年(前771);(2)載攜惠王之立與被殺的年代,"立二十又一年"指攜惠王二十一年(當周平王二十一年,前750);"周亡王九年",李學勤先生認爲指幽王死後第九年(前762),[②]筆者認爲是周幽王九年(前773),[③]這兩種説法均將(3)接續(1),(2)爲插入語。

無獨有偶,晚於《繫年》的《竹書紀年》亦存在這種叙事方式。《左傳》昭公二十六年孔疏引《竹書紀年》云:

(4)平王奔西申,而立伯盤以爲大子,與幽王俱死于戲。

(5)先是,申侯、魯("魯"當作"曾")侯及許文公立平王於申,以本大子,故稱天王。

[①] 李學勤主編:《清華大學藏戰國竹簡(貳)》,138頁。序號(1)(2)(3)乃筆者爲便於討論所加。
[②] 李學勤:《由清華簡〈繫年〉論〈文侯之命〉》,《揚州大學學報(人文社會科學版)》2013年第2期,50頁。
[③] 王紅亮:《清華簡〈繫年〉中周平王東遷的相關年代考》,《史學史研究》2012年第4期,104頁。

(6)幽王既死,而虢公翰又立王子余臣於攜,周二王并立。二十一年,攜王爲晉文公所殺。以本非適,故稱攜王。①

這段文字中,(5)爲插入語,(6)接續(4)。這都充分證明戰國時期的史書不乏這種叙事方式。

第二,前幾個事件均無年代,此處爲何要標出"十又一年"呢？因爲此是插叙,不標明年代,讀者容易誤解,故標明之。這也類似於上引《繫年》第二章"九年"前要加"周亡王",也是作者擔心讀者誤解。總之,這都是《繫年》歷史叙事的特點所決定的。

二 "長城句俞之門"與齊長城新研

清華簡《繫年》第二十章中涉及"長城句俞之門",内容如下:

> 晉敬公立十又一年,趙桓子會[諸]侯之大夫以與越令尹宋盟于邘,遂以伐齊,齊人焉始爲長城於濟,自南山屬之北海。晉幽公立四年,趙狗率師與越公朱句伐齊,晉師閈長城句俞之門。②

我們先對簡文主要内容作一解釋。"晉敬公立十又一年"當周定王二十八年(前441),據《史記·六國年表》當齊宣公十五年。趙桓子,《六國年表》載桓子自立在周威烈王二年,與簡文有十七年之差,熊賢品先生認爲其執政時間爲公元前441至前424年。③ 越令尹宋即越國的令尹,名宋。邘,地名,確切位置待考。"南山",整理者認爲指平陰東部的山陵,"北海"指渤海。筆者認爲,"北海"應如整理者說指"渤海",黃海在《繫年》第十七章裏稱作"東海",證明二者區別甚明;且南山到渤海的走向恰與濟水走向相合。晉幽公四年,整理者據《竹書紀年》推算,當周考王十一年(前430),據《六國年表》當齊宣公二十六年。趙狗,晉趙氏人名,有學者認爲是趙桓子之子(前440—前430與前425年之間在位)。④ 這些字詞學界無大的争議,這裏需要探討的主要是簡文中"閈長城句俞之門"的含義。

閈,從門、從戈會意,爲動詞"門"之專字,義爲以戈攻門。楊伯峻說《左傳》中"門作動詞,有二義。一爲攻門……一爲守門"。⑤ 張猛先生通過研究《左傳》以及先秦其他典籍中的"門"字以及先秦典籍中作爲謂動的"門"字後認爲,《春秋》三傳中的謂動的"門"字,是名詞

---

① [晉]杜預注,[唐]孔穎達疏:《春秋左傳正義》卷五二,[清]阮元校刻《十三經注疏》,4591-4592頁。
② 李學勤主編:《清華大學藏戰國竹簡(貳)》,186頁。
③ 熊賢品:《戰國王年問題研究》,北京:中國社會科學出版社,2017,276頁。
④ 馮小紅:《由清華簡〈繫年〉所見趙襄子至趙獻侯世系新説》,《邯鄲學院學報》2014年第4期,29頁。
⑤ 楊伯峻:《春秋左傳注》(修訂本),668頁。

活用爲動詞，"門"充當謂詞時，強調行爲發生的場所；表示攻、防行爲時，祇用於攻守中的一方，具體視語境來判斷；另外，春秋戰國時期的門是戰略要地，乃攻守雙方必爭之地，謂詞"門"指進攻者攻到了門内，或是防守者在門内抵抗，因此此時的門都是關著的，如果關著門，即使進攻者攻到了門前，也不用謂動的"門"。① 據此可知簡文所謂"晉師閲長城句俞之門"指晉國軍隊攻打"長城句俞之門"，且已經攻入門内。

關於"長城句俞之門"，整理者將"俞"讀爲"瀆"。②《繫年》二十三章第 126、128 簡的"犢關"即讀爲見於《史記·楚世家》的"榆關"。③ 可證此說完全正確，故裘錫圭先生等表示贊同。④ 這是可信的。那麽，"句瀆之門"何解？對此，主要有以下三種説法。

第一，整理者認爲"句俞之門"可能與《左傳》桓公十二年之"句瀆之丘"相關。整理者説："句俞之門，疑讀爲'句瀆之門'。俞，喻母侯部；瀆，定母屋部：喻四歸定，侯屋對轉。《左傳》'句瀆之丘'，杜注：'句瀆之丘，即穀丘也。或以爲宋地，或以爲曹地。''句俞之門'可能與'句瀆之丘'相關。"⑤按，整理者引杜注疑有誤，杜注僅有"句瀆之丘，即穀丘也"之語，⑥並無"或以爲宋地，或以爲曹地"之語。小狐認爲後者是整理者根據楊伯峻説概括出來的，而誤置於引號内。⑦ 此説可信。

第二，小狐先生同意整理者所謂"句俞之門"可能與《左傳》桓公十二年之"句瀆之丘"相關的説法，並進一步認爲句瀆即穀地，且懷疑與防門有關。他説"簡文'句俞之門'當讀爲'句瀆之門'，也即'穀之門'，當是齊長城上的一個關門之名，其地所在與春秋時期齊國境内的'穀'地有關，當在今山東省平陰縣西南之東阿鎮"，並懷疑此即《左傳》襄公十八年所謂的"防門"，他説："簡文所謂的'長城句俞（瀆）之門'（也即'穀之門'）似乎與齊侯此時所建的'防門'不無關係。兩者很有可能屬於同物異名，'防門'因其作用而得名，'句俞（瀆）之門'（也即'穀之門'）因其所在地而得名"。⑧

第三，陳絜先生不同意整理者的看法，他説句瀆在宋或曹地根據是杜預注——實際上這點是錯的，前文已謂杜預無此説——故此説有誤。他並運用通假，將"句瀆"讀爲"句窳"，後者見於《東觀漢記》（李賢注《後漢書》所引）："鳳皇見肥城句窳亭槐樹上。"⑨此地位於今山東肥城縣東南。

那麼，以上三種説法孰是孰非呢？要弄清這個問題，首先得理清《左傳》中的"句瀆之

---

① 張猛：《〈左傳〉謂語動詞研究》，北京：語文出版社，2003，153、152 頁。
② 李學勤主編：《清華大學藏戰國竹簡（貳）》，188 頁。
③ 參小狐（網名）《讀〈繫年〉臆札》，復旦大學出土文獻與古文字研究中心網站，2013 年 9 月 15 日。
④ 裘錫圭：《説從"𠭯"聲的從"貝"與從"乏"之字》，《文史》2012 年第 3 輯，18 頁。
⑤ 李學勤主編：《清華大學藏戰國竹簡（貳）》，188 頁。
⑥ ［晉］杜預注，［唐］孔穎達疏：《春秋左傳注疏》卷七，［清］阮元校刻《十三經注疏》，3812 頁。
⑦ 小狐（網名）：《讀〈繫年〉臆札》。
⑧ 小狐（網名）：《讀〈繫年〉臆札》。
⑨ 陳絜：《清華簡〈繫年〉第二十章地名補正》，李守奎主編《清華簡〈繫年〉與古史新探》，上海：中西書局，2016，110 頁。

丘"的地理位置,看其是否與簡文所謂的"句俞(瀆)之門"相符。"句瀆之丘"在《左傳》中出現了四次:

(1)《春秋》桓公十二年:"秋七月丁亥(十七日),公會宋公、燕人,盟于穀丘。"同年《左傳》:"秋,公及宋公盟于句瀆之丘。"①

(2)《左傳》襄公十九年:"夏五月壬辰(二十九日)晦,齊靈公卒。莊公即位。執公子牙於句瀆之丘。以夙沙衛易己,衛奔高唐以叛。晉士匄侵齊,及穀,聞喪而還。"②

(3)《左傳》襄公二十一年:"齊侯使慶佐爲大夫,復討公子牙之黨,執公子買于句瀆之丘。"③

(4)《左傳》哀公六年載齊國齊悼公"殺王甲,拘江説,囚王豹于句瀆之丘"。④

(1)乃宋地,《春秋》作"穀丘",《左傳》作"句瀆之丘",杜預注"句瀆之丘,即穀丘也","穀丘,宋地"。⑤ 楊伯峻注"句瀆之丘即穀丘。急讀之爲穀,緩讀之爲句瀆","穀丘,宋邑,據《方輿紀要》,在今河南省商丘縣東南四十里。一説在今山東省菏澤縣東北三十里,但其地近曹國,恐非"。⑥ (2)(3)(4)爲齊地。且(2)中既有"句瀆之丘",又有"穀"地,這説明齊國的句瀆之丘與穀地不同。那麽,句瀆之丘具體地理位置何在呢? 竹添光鴻曰:"句瀆之丘,蓋齊國獄舍所在。二十一年復討公子牙之黨,執公子買于句瀆之丘;二十八年賈在句瀆之丘,召之反其邑;哀六年囚王豹于句竇(瀆)之丘,皆此也。崔杼立光殺戎子,此時牙當出走,要亦未能遠也。或云句瀆之丘在臨淄城内,則未必然。又宋有句瀆之丘,見桓十二年,即穀丘,牙及諸人皆未出境,必非此也。"⑦據此,句瀆之丘可能是齊國獄舍,距離齊國都城臨淄不遠;但與宋的穀丘是同名異地。

可見,《左傳》所謂"句瀆之丘"有二:一在宋地,一在齊地。但均與簡文所謂的"句俞(瀆)之門"不符,後者明顯在齊長城上,故整理者之説不可從。至於第二種小狐的説法,他將"句瀆之門"與"穀之門"聯繫到一起,實際上也是没道理的。前文已述,宋國的"句瀆之丘"之"句瀆"可稱爲"穀",而齊地之"句瀆"不能稱爲"穀"。⑧ 第三種説法實際上也是没根

---

① 楊伯峻:《春秋左傳注》(修訂本),144-145 頁。
② 楊伯峻:《春秋左傳注》(修訂本),1154 頁。
③ 楊伯峻:《春秋左傳注》(修訂本),1164 頁。
④ 楊伯峻:《春秋左傳注》(修訂本),1828 頁。
⑤ [晉]杜預注,[唐]孔穎達疏:《春秋左傳注疏》卷七,[清]阮元校刻《十三經注疏》,3812 頁。
⑥ 楊伯峻:《春秋左傳注》(修訂本),144-145 頁。
⑦ [日]竹添光鴻:《左氏會箋》,1342 頁。
⑧ 陳民鎮先生説"小狐"將"句瀆之門"聯繫到"穀之門"雖然極有見地,但是"目前所見明確的齊長城遺迹并不經過東阿……但尚難以落實其地"。陳民鎮:《齊長城新研——從清華簡〈繫年〉看齊長城的若干問題》,《中國史研究》2013 年第 3 期,9 頁。實際上根本問題是這二者并非一地,無法聯繫。

據的。這裏唯一值得注意的是小狐懷疑"句俞(瀆)之門"是防門的提法,這是可信的。然而小狐僅僅是懷疑,未有依據,在此我們可以補充證據。

筆者認爲,"句俞(瀆)之門"之"句瀆",當讀爲"溝瀆",乃泛稱而非具體地名,故簡文在"句俞(瀆)之門"前加限定語"長城"以明其具體位置,亦即長城上的溝瀆之門,而此正是齊國的長城的起點——防門,亦即《戰國策》所謂的"長城鉅防",是齊國的重要關塞。論證如下:

第一,"句瀆"可讀爲"溝瀆"。《左傳》莊公九年載齊桓公與公子糾爭奪君位成功後,"乃殺子糾于生竇,召忽死之",賈逵云:"生竇,魯地句竇。"洪亮吉注:"按:《論語》'自經于溝瀆',即指召忽。襄十九年齊莊公執公子牙于句瀆之丘。'句竇''溝瀆'音同。"① 王夫之亦曰:"句,古侯切,與溝通。"② 清華簡柒《越公其事》第五章簡三十、第九章簡五十六之"溝"正作"沟"。③ 據此,"句瀆"可讀爲"溝瀆"。簡文此處的"溝瀆"乃泛指水道。《爾雅·釋水》:"水注川曰谿,注谿曰谷,注谷曰溝,注溝曰澮,注澮曰瀆。"④ 溝、瀆析言則有分,混言則無別,故《說文·水部》"溝,水瀆""瀆,溝也"。⑤

第二,防門正符合溝瀆的性質,而此正是齊長城所在地。"防門"見於《左傳》。《左傳》襄公十八年載冬十月晉率諸侯之師伐齊,"齊侯禦諸平陰,塹防門而守之,廣里。夙沙衛曰:'不能戰,莫如守險。'弗聽。諸侯之士門焉,齊人多死","十一月丁卯朔,入平陰,遂從齊師"。此年晉伐齊,齊侯在平陰抵禦之,并"塹防門而守之",杜預注:"平陰城在濟北盧縣東北。其城南有防,防有門。於門外作塹橫行,廣一里。"杜預是魏晉時人,何以知之? 唐孔穎達疏曰:"平陰城南有防者,形猶在,杜觀其迹而知之也。"⑥ 楊伯峻注"塹音欠,挖壕溝。防門在舊平陰南,亦在今平陰縣東北約三十二里。廣里,杜注以爲挖壕溝,其寬一里",平陰在今山東平陰縣東北三十五里。⑦ 據此,齊侯所建之溝瀆晚至魏晉時仍可見,魏晉時人京相璠亦曰:"平陰,齊地也,在濟北盧縣故城西南十里。平陰城南有長城,東至海,西至濟。河道所由,名防門,去平陰三里。齊侯塹防門,即此也。其水引濟,故瀆尚存。今防門北有光里,齊人言廣,音與光同,即《春秋》所謂守之廣里者也。"⑧ 前引杜預說與京相璠"故瀆尚存"說正

---

① [清]洪亮吉撰,李解民點校:《春秋左傳詁》卷六,北京:中華書局,1987,240頁。
② [清]王夫之:《四書稗疏》,《船山全書》之六,長沙:嶽麓書社,2011,47頁。
③ 李學勤主編:《清華大學藏戰國竹簡(柒)》上海:中西書局,2017,130、141頁。
④ [清]郝懿行撰,王其和等點校:《爾雅義疏》,北京:中華書局,2017,666頁。
⑤ [漢]許慎:《說文解字》卷一一,北京:中華書局,1963,232頁。
⑥ [晉]杜預注,[唐]孔穎達疏:《春秋左傳注疏》卷三三,[清]阮元校刻《十三經注疏》,4265頁。
⑦ 楊伯峻:《春秋左傳注》(修訂本),1141頁。
⑧ 楊甦宏、楊世燦、楊未冬:《水經注疏補(上編)》卷八,北京:中華書局,2014,734頁。一說"平陰城南有長城"之語爲京相璠,此句及其以後所引爲酈道元語,如此則溝瀆在北魏時尚見。本文姑且將這段話認爲均是京相璠語。又,關於"廣里",杜預以爲所挖壕溝,其寬一里;而京相璠認爲是地名;楊伯峻認爲後者不可從,當從前者。他說"諸侯之師自魯濟向齊,則從南而北,而廣里在防門北,與諸侯之來向相反,且塹防門即所以禦諸平陰,故下文言入平陰,不言廣里,足以說明廣里非地",可從。楊伯峻:《春秋左傳注》(修訂本),1141頁。

合,可見魏晉時確實尚存齊靈公所建溝瀆之遺迹。京相璠所謂的"平陰城南有長城",此即齊長城。而齊長城正是依託防門而建,清人顧棟高以塹防門"即齊築長城之始。戰國時七國皆有長城,齊城即托始於此"。[1]

第三,"句俞(瀆)之門"即《戰國策》中齊國要塞"長城鉅防"。《戰國策・秦策》載張儀說秦王曰:齊爲五戰五勝之國,其關鍵在於有"清濟濁河足以爲限,長城鉅坊(防)足以爲塞",[2]據此,則齊國的"長城鉅防"確實爲齊國的重要關塞。那麼,何謂"長城鉅防"? 鉅,大;坊,通"防"。[3] 那麼爲何有此名? 楊寬說"由於齊的長城是利用堤防接連擴建而成的,所以也稱爲'長城鉅防'",齊長城也是陸續建成的,"齊長城西端起於防門,防門早在春秋時已擴建爲防禦工程","防門原爲堤防之門,'塹防門'就是擴建堤防以爲防禦工程"。[4] 據此,所謂的"長城鉅防"就是大的堤防,而齊長城是建立在上引《左傳》襄公十八年所謂的"防門"的基礎之上,故名。因此,所謂的"長城鉅防"即"長城防門",也就是大堤防之門,這與簡文所謂的"句(溝)俞(瀆)之門"指的溝瀆之門正相對應。又,《戰國策・燕策》載燕王曰:"吾聞齊有清濟、濁河,可以爲固;有長城鉅防,足以爲塞。誠有之乎?"蘇代對曰:"天時不與……雖有長城鉅防,何足以爲塞? 且異日也,濟西不役,所以備趙也。"[5]據此則"長城鉅防"在濟西流域,且主要是防禦三晉之一的趙國。前引《繫年》曰:"晉幽公立四年,趙狗率師與越公朱句伐齊,晉師闞長城句俞之門。"晉大夫趙狗此次伐齊,正是攻打"長城句俞之門"。簡文與《戰國策》亦可相互印證。

綜上可見,"句俞之門"即"溝瀆之門",簡文所謂"長城句俞之門",意爲長城上的溝瀆之門。"長城句俞之門"即《左傳》所載的"防門",亦即《戰國策》所謂的"長城鉅防",後二者意爲長城上的大堤防之門,據上引杜預與京相璠說可證"溝瀆"與"堤防"二者性質相同。"長城句俞之門""防門""長城鉅防"屬於異名同地,是齊國長城的的重要關塞,具體位置在今平陰縣東北約三十二里。

附記 匿名審稿專家提供了寶貴指導意見,本文多有采納,深表謝忱!

---

[1] [清]顧棟高輯,吳樹平、李解民點校:《春秋大事表》卷七,北京:中華書局,1993,739頁。
[2] 何建章:《戰國策注釋》,北京:中華書局,1990,89頁。
[3] 何建章:《戰國策注釋》,94頁。
[4] 楊寬:《戰國史》,上海人民出版社,2016,346-347頁。
[5] 何建章:《戰國策注釋》,1099頁。

清華簡《繫年》"建陽"地望補考*

□ 南通大學文學院　劉光

内容提要　清華簡《繫年》第二十二章"建陽",當讀爲"開陽",其地在今山東臨沂西北十五里之古城村,正處於越國北上爭霸交通的咽喉。開陽,本屬於魯國,後不知被何國侵占,越王句踐稱霸後,將其歸還給魯國。齊宣公末年,齊國向該地區擴張,占領了開陽地區。此番越國脅迫齊國交出開陽,不僅是由於開陽重要的地理位置,更是越國長期以來所堅持的北上擴張,從陸路溝通會稽與琅邪兩都,稱霸中原的政策使然。

關鍵詞　清華簡《繫年》　越國　開陽

清華簡《繫年》第二十二章記述了公元前404年三晉與越聯合伐齊之事,其中"三晉伐齊"事也見於古本《竹書紀年》、驫羌鐘等材料,而越國參與伐齊則是前所未見的史料。簡文記載了齊國被迫與越、晉求和之事,其中與越國求和之事,簡文謂:

齊與越成,以建陽、邱陵之田,且男女服。【一二〇】①

簡文指出齊國向越國求和的條件是:割讓建陽、邱陵之地,并進貢男女爲奴隸。面對三晉與越的聯合圍攻,齊國采取先向越國求成然後與晉國爲敵,藉此來分化晉越聯盟的策略。
關於簡文"建陽"的具體地理位置,學者莫衷一是,衆說紛紜,筆者在學者們研究的基礎上,對"建陽"地理位置及相關問題進行探討,以祈方家之正。

---

* 本文係國家社科基金重大招標項目"清華大學藏戰國竹簡的價值挖掘與傳承傳播"(20&ZD309)階段性成果。
① 清華大學出土文獻研究與保護中心編,李學勤主編:《清華大學藏戰國竹簡(貳)》,上海:中西書局,2011,192頁。

一 相關研究概述

關於"建陽"的地理位置,整理報告指出:

> 建昜,即開陽。"开""建"并爲見母元部字。《水經·穀水注》"穀水又東,經開陽門南"。《晉宫閣》名曰故建陽門……簡文開陽當在今山東臨沂北,詳見《水經·沂水注》。①

整理者的觀點没有得到學者的認可,學者主要是從"'開'字不从'开'聲"出發進行論述。其一,從字形出發進行論述。例如劉雲指出:

> "開"字本爲會意字,像兩手推帶門閂之門形,會開門之意,後來表示兩手的形體與表示門閂的形體粘連,變得與"开"形體相似,甚至完全混同,"開"遂訛爲从"門"从"开"之字,可見,"開"不从"开"聲。②

其二,從讀音角度進行論述。蘇建洲引何九盈《語言叢稿》認爲"開"字不从"开"聲。③ 并進而認爲整理者將"建陽"讀爲"開陽"是不可信的。基於上述認識,有學者認爲簡文"建陽"即《漢書·地理志》東海郡之"建陽縣",在今山東省棗莊市薛城區。④ 蘇建洲引建昜戈(《集成》10918),認爲齊地有建陽,并引后曉榮説法將地定在山東棗莊市。⑤ 學者之間既存有異說,使得我們有必要對"建陽"的地望再做探討。

二 "建陽"説辯誤

學者將簡文"建陽"與《漢書·地理志》東海郡之"建陽縣"聯繫起來主要有兩個依據:第一,兩者同名;第二,兩者都屬於齊國。但是正如學者所指出的那樣"《漢志》中的縣名雖偶與戰國地名同名,但不一定有必然的聯繫,因此不能用戰國文字中的地名簡單、機械地與《漢

---

① 清華大學出土文獻研究與保護中心編,李學勤主編:《清華大學藏戰國竹簡(貳)》,193頁。
② 劉雲:《釋清華簡〈子儀〉中的"肩"字》,轉引自蘇建洲、吳雯雯、賴怡璇《清華二〈繫年〉集解》,臺北:萬卷樓圖書股份有限公司,2013,849頁。
③ 何九盈説:"開屬於十五部,从开或开聲均不當。"參看何九盈《語言叢稿》,北京:商務印書館,2006,207頁。蘇建洲、吳雯雯、賴怡璇:《清華二〈繫年〉集解》,849頁。
④ 馬衛東:《清華簡〈繫年〉"三晉伐齊"考》,《晉陽學刊》2014年第1期。
⑤ 蘇建洲、吳雯雯、賴怡璇:《清華二〈繫年〉集解》,850頁。

志》縣名相比附"。① 因此,筆者認爲想要判斷"建陽"的地望,應當考慮以下兩點:第一,齊國疆域的東南界;第二,結合當時齊、越兩國的戰爭形勢。試分別論述如下:

(一)關於齊國疆域東南界的推測

春秋、戰國時期列國疆域處在不斷的變動中,特別是邊疆城邑的歸屬更爲頻繁,所謂"疆場之邑,一彼一此,何常之有",②正是這一情況的寫照。因此,我們要確切斷定這一時期齊國疆域的東南界是十分困難的,祇能對其界限做大致的推測。其中,齊長城修建的位置爲我們推斷提供了依據。《繫年》第二十章記述了晉敬公十一年(前441)晉國聯合越國伐齊的事件,齊國戰敗後,采取修築長城的方式以抵禦晉、越的進攻,《繫年》簡文謂:

> 晉敬公立十又一年,趙桓子會諸侯之大夫,以與越令尹宋盟于【一一一】郯,遂以伐齊,齊人焉始爲長城於濟,自南山屬之北海。【一一二】③

上引簡文清楚地交代了齊長城修築的時間是晉敬公十一年,即齊宣公十五年,公元前441年。齊長城修建的目的是抵禦晉和越國的進攻。而關於簡文所述"自南山屬之北海"的範圍,陳民鎮結合《繫年》及相關文獻和考古資料,指出齊長城的分布範圍:

> 目前探明的齊長城蜿蜒綿亘於1500餘座山峰上,由牆體、山險、關隘、烽燧等組成,或夯築城牆,或直接應用山體爲防,沿地勢而彎曲,經過了長清區、歷城區、章丘市、肥城市、泰山區、泰安郊區、萊蕪市、博山區、淄川區、沂源縣、臨朐縣、安丘市、諸城市、沂水縣、莒縣、五蓮縣、黃島區共17個縣市區。④

從上述描述,我們可知齊長城的大致走向是:西起濟水之畔,自泰山餘脈向東延伸至黃海。此可以作爲齊國疆域東南界的一個參考。同時,陳文指出"齊長城并非齊國疆域的南界,齊國的南界一度超過了齊長城的範圍",⑤而且從之後齊國擴張來看,其擴張的範圍不是今棗莊方向,而是今臨沂附近,詳見後文。

---

① 吴良寶:《談戰國文字地名考證中的幾個問題》,《中國史研究》2011年第3期,後收入吴良寶《出土文獻史地論集》,上海:中西書局,2020,220頁。
② 楊伯峻編著:《春秋左傳注》(修訂本),北京:中華書局,2016,1333頁。
③ 清華大學出土文獻研究與保護中心編,李學勤主編:《清華大學藏戰國竹簡(貳)》,186頁。
④ 陳民鎮:《齊長城新研——從清華簡〈繫年〉看齊長城的若干問題》,《中國史研究》2013年第3期。
⑤ 陳民鎮:《齊長城新研——從清華簡〈繫年〉看齊長城的若干問題》,《中國史研究》2013年第3期。

(二)齊、越戰爭形勢

戰國初年,越國與齊國在今山東南部地區展開了激烈的爭奪,[1]據文獻記載,到越王朱句時期,越國已在爭奪中占據優勢,現將相關文獻羅列於下:

(1)晉敬公立十又一年,趙桓子會諸侯之大夫,以與越令尹宋盟于鞏,遂以伐齊。[2]

(2)晉幽公立四年,趙狗帥師與越公朱句伐齊,晉師門句俞之門。越公、宋公敗齊師于襄平。[3]

(3)於粤子朱句三十四年,滅滕。[4]

(4)三十五年,滅郯。[5]

材料(1)和(2)都見於《繫年》第二十章,分別發生在越王朱句九年(前441)和朱句二十年(前430);材料(3)和(4)見於《史記·越王句踐世家索隱》引《古本竹書紀年》,分別發生在朱句三十四年(前414)和朱句三十五年(前413)。由以上分析可知:至遲到越王朱句三十四年(前414),越國已經北進占領了滕國,今山東滕州西南十四里。[6] 而位於今山東棗莊薛城區的"東海郡建陽縣"在滕國以南,此時應當已經納入越國的勢力範圍,且該地靠近魯國、薛國,這一時期不大可能屬於齊國。[7] 因此,齊國不可能把不屬於自己而屬於越國的城邑獻給越王作爲求和的條件。若上述分析不誤,則將簡文"建陽"當作"東海郡建陽縣"的觀點是不能成立的。

三 簡文"建陽"即"開陽"補説

既然棗莊之"建陽"不足信,那麽,我們需重新審視整理者的"開陽"説。筆者認爲"開陽"説更合情理,試論析如下。

---

[1] 近年來在山東南部、中南部地區的莒南、臨沂、費縣、臨沭等地均發現了帶有越文化遺存的考古遺址,時代大都爲戰國前期,也可印證越國在這一時期在魯南地區的擴張。參看劉延常、徐倩倩《山東地區越文化遺存分析》,山東大學《東方考古》編輯部編《東方考古》第9集,北京:科學出版社,2012,339-348頁。

[2] 清華大學出土文獻研究與保護中心編,李學勤主編:《清華大學藏戰國竹簡(貳)》,186頁。

[3] 清華大學出土文獻研究與保護中心編,李學勤主編:《清華大學藏戰國竹簡(貳)》,186頁。

[4] 《史記》卷四一,北京:中華書局,2014,2108頁。

[5] 《史記》卷四一,2108頁。

[6] 楊伯峻編著:《春秋左傳注》(修訂本),56頁。

[7] 齊國占領該地區大概是到了齊威王時(前356—前320),據《戰國策·齊策一》《史記·田敬仲完世家》《孟嘗君列傳》等文獻記載,齊威王中期,齊國在這一時期的"徐州""薛"有會盟、分封的行爲,可見至遲到齊威王時期,該地區已被納入齊國版圖。參看朱本軍《戰國諸侯疆域形勢圖考繪》,北京大學出版社,2019,477頁。

(一)"建陽"可以讀爲"開陽"

簡文作 ![字], 隸定作"建昜", 讀爲"建陽"。整理者立論的基點是"開"从"开"聲, 而"开""建"在音理上是可以相通的。

筆者認可整理者的意見。首先, 在出土文獻中有"開"从"开"聲的例證。

整理者舉清華簡《皇門》的例子是很有説服力的。關於整理者所舉清華簡《子儀》从户开聲的"開"見於《子儀》簡【一六】, 作"![字]"隸定作"屏",①其文例作"公及三【一五】諸任君不贍彼沮漳之川屏而不盧也", 整理報告指出:

> 屏, 从户, 开聲, 讀爲"開", 或即"開"之異體。《尚書・禹貢》"導岍及岐",《經典釋文》:"岍, 馬本作'開'。"盧, 从户, 盍聲, 讀爲"闔", 或即"闔"之異體。②

整理者的説法是正確的。從此句文例來看, "開而不闔", 非常通暢, 釋讀爲其他的可能性不大。

除此之外, 在漢簡中也有類似的例子。方勇指出銀雀山漢簡《陰陽時令、占候之類・五令》一九〇八簡的"開詞"就是張家山漢簡《奏讞書》二一〇、二二六簡的"訮(研)詞",③也是"開"从"开"聲之證。

其次, 傳世文獻中也有"開"从"开"聲的例證。

整理報告所引《尚書・禹貢》文,《漢書・地理志上》引作"導汧及岐"④,《經典釋文》"音牽, 字又作'汧', 山名, 一名吴嶽, 馬本作'開'"。⑤《經典釋文》所謂"吴嶽"又名"汧山",《續漢書・郡國志一》右扶風汧縣"有吴嶽山, 本名汧, 汧水出"。⑥《廣雅・釋山》又曰:"吴山謂之開山。"王念孫疏證:"俗以在州西四十里者爲汧山, 在州南八十里者爲嶽山, 其實一山也, 開與汧同。"⑦岍山, 又作汧山, 別名爲開山。汧、岍并以"开"爲聲符, 亦"開"从"开"聲之證。

最後, 關於"開"字的讀音問題, 陳劍指出由於古音學家多根據"苦哀切"將"開"字歸入微部, 所以否認"開"字从"开"聲。其實, "開"字"苦哀切"的讀音是"同義換讀"爲"闓"字的結果。⑧

---

① 清華大學出土文獻與保護中心編, 李學勤主編:《清華大學藏戰國竹簡(陸)》, 上海:中西書局, 2016, 80頁。
② 清華大學出土文獻與保護中心編, 李學勤主編:《清華大學藏戰國竹簡(陸)》, 134頁。
③ 方勇:《漢簡零拾兩則》, 簡帛網, 2011年12月23日。
④ 《漢書》卷二八上, 北京:中華書局, 1962, 1533頁。
⑤ [唐]陸德明撰, 黄焯斷句:《經典釋文》, 北京:中華書局, 1983, 40頁下。
⑥ 《後漢書》志一九, 北京:中華書局, 1973, 3406頁。
⑦ [清]王念孫撰, 鍾宇訊點校:《廣雅疏證》, 北京:中華書局, 1983, 302頁上。
⑧ 陳劍:《〈容成氏〉補釋三則》, 復旦大學出土文獻與古文字研究中心編《出土文獻與古文字研究》第6輯, 上海古籍出版社, 2015, 369頁。

綜上所論，"開"从"开"聲，开、建俱爲見母元部字，建與以"开"爲聲符的"開"可相互通假，因此"建陽"可讀爲"開陽"。

(二)"開陽"歸屬及地望

1. 戰國早期"開陽"歸屬的變遷

"開陽"之名較早見於《荀子·彊國》，①是篇謂"楚人則乃有襄賁、開陽以臨吾左"，楊倞注"襄賁、開陽，楚二邑，在齊之東也"。②

開陽又見於《越絕書·越絕德叙外傳記》，其文謂：

> 於是度兵徐州，致貢周室。元王以之中興，號爲州伯，以爲專句踐之功，非王室之力。是時越行伯道，沛歸於宋；浮陵以付楚；臨沂、開陽，復之於魯。③

《越絕書》的這段記載，可與《史記·越王句踐世家》的相關記載合觀，《世家》謂：

> 句踐已平吴，乃以兵北渡淮，與齊、晉諸侯會於徐州，致貢於周。周元王使人賜句踐胙，命爲伯。句踐已去，渡淮南，以淮上地與楚，歸吴所侵宋地於宋，與魯泗東方百里。④

通過兩段文字的對讀，我們不難發現，兩者所叙述的都是句踐稱霸前後"正各國疆界"之事，所不同的祇是《越絕書》的叙述比《世家》所記更爲具體而已。

《越絕書》的"臨沂、開陽"，就是《世家》所謂的"泗東"之地。兩文中的"復"和"與"都是"歸還"之意，這里强調"歸還"，意思是説，"臨沂、開陽"曾在句踐稱霸前被他國侵占過，此時句踐身爲霸主，"正各國疆界"把他國占領的魯國領土歸還給魯國，也就是説"開陽"在句踐稱霸後，一度歸還給魯國。

但在疆域變動劇烈的戰國時期，開陽有可能再度被他國侵奪。從地理位置和相關文獻記載來看，侵奪魯地的祇能是齊國。《史記·六國年表·齊表》中記載了齊宣公末年對魯國的幾次軍事行動：

---

① 學者或謂"開陽"之名是春秋地名"啟陽"爲避漢景帝名諱而改（參看楊伯峻編著《春秋左傳注》（修訂本），1806-1807頁）。清儒高士奇《春秋地名考略》已辨此説之誤，他説："荀卿已作'開陽'，則景帝改名亦因其舊耳。"（參看[清]高士奇撰《春秋地名考略》，賈貴榮、宋志英輯《春秋戰國史研究文獻叢刊》，北京：國家圖書館出版社，2009，第3册，115頁）從這段話不難看出，"開陽"之名起於戰國時期，是早於漢景帝時期的。
② [清]王先謙撰，沈嘯寰、王星賢點校：《荀子集解》卷一一，北京：中華書局，2013，350頁。
③ 李步嘉校釋：《越絕書校釋》卷一四，北京：中華書局，2013，367頁。
④ 《史記》卷四一，2107頁。

齊宣公四十四年(前412):伐魯、莒及安陽。四十五年(前411):伐魯取都。①

上述引文中的"莒",當是"莒國",位於山東莒縣。引文中的"都",應當是《漢書·地理志》"城陽國"之"陽都縣",在今山東臨沂市沂水縣南。② 由此可知,齊宣公末年,齊國越過齊長城東段向今天莒縣、臨沂方向擴張,而位於這一地區的開陽,也很有可能在此時納入齊國的版圖内。因此,齊國在此時向越王割讓"開陽"以乞和。若上述推斷不誤,則從春秋末期開始,"開陽"屢經轉手:最初屬於魯國,③後不知何時被侵奪;越王句踐稱霸後,將開陽歸還給魯國;④齊宣公末年,齊國屢次在這一地區擴張,開陽歸屬齊國;⑤三晉聯合越國伐齊,齊國將開陽割讓給越國。

2. 開陽的地理位置

關於開陽,《漢書·地理志上》"故鄅國",⑥春秋時期鄅國,後歸屬魯國,更名爲啓陽,杜預注"啓陽"地理位置在"今琅邪開陽縣",而後世地理書對"開陽"地理位置有更明確的説明。⑦ 例如:《太平寰宇記》卷二三"開陽"在臨沂縣北十五里;⑧《讀史方輿紀要》卷三三則謂在"沂州北十五里",⑨《大清一統志》卷一七七則認爲"蘭山縣北……開陽城在州北十五里,舊志有古城社在州東北十五里,即古開陽也"。⑩ 臨沂、沂州、蘭山縣,均是今臨沂,則上述諸説,并無不同。⑪ 綜上,則開陽當在今山東臨沂西北十五里古城村(圖1)。

---

① 《史記》卷一五,857頁。
② 參見朱本軍《戰國諸侯疆域形勢圖考繪》,225頁。
③ 《春秋》哀公三年"季孫斯、叔孫州仇帥師城啓陽",見楊伯峻編著《春秋左傳注》(修訂本),1806頁。
④ 見《越絶書》及《史記·越王句踐世家》。
⑤ 見《史記·六國年表》。
⑥ 《漢書》卷二八上,1588頁。
⑦ [西晉]杜預集解,[唐]孔穎達疏:《春秋左傳正義》,[清]阮元校刻《十三經注疏》,北京:中華書局,2009,4685頁下。
⑧ [北宋]樂史撰,王文楚等點校:《太平寰宇記》卷二三,北京:中華書局,2007,479頁。
⑨ [清]顧祖禹撰,賀次君、施和金點校:《讀史方輿紀要》卷三三,北京:中華書局,2017,1581頁。
⑩ [清]穆彰阿、潘錫恩等纂:《大清一統志》,上海古籍出版社,2008,第4册,545頁。
⑪ 諸説并無不同,唯"故鄅國"與"開陽故城"非一地。《民國臨沂縣志》卷二"古迹"之"鄅故國"條,指出"鄅在祊北,開陽在南"。參見陳景星、沈兆祎、王景祜等纂《民國臨沂縣志》,《中國地方志集成·山東府縣志輯》,南京:鳳凰出版社,2005,第58册,24頁。

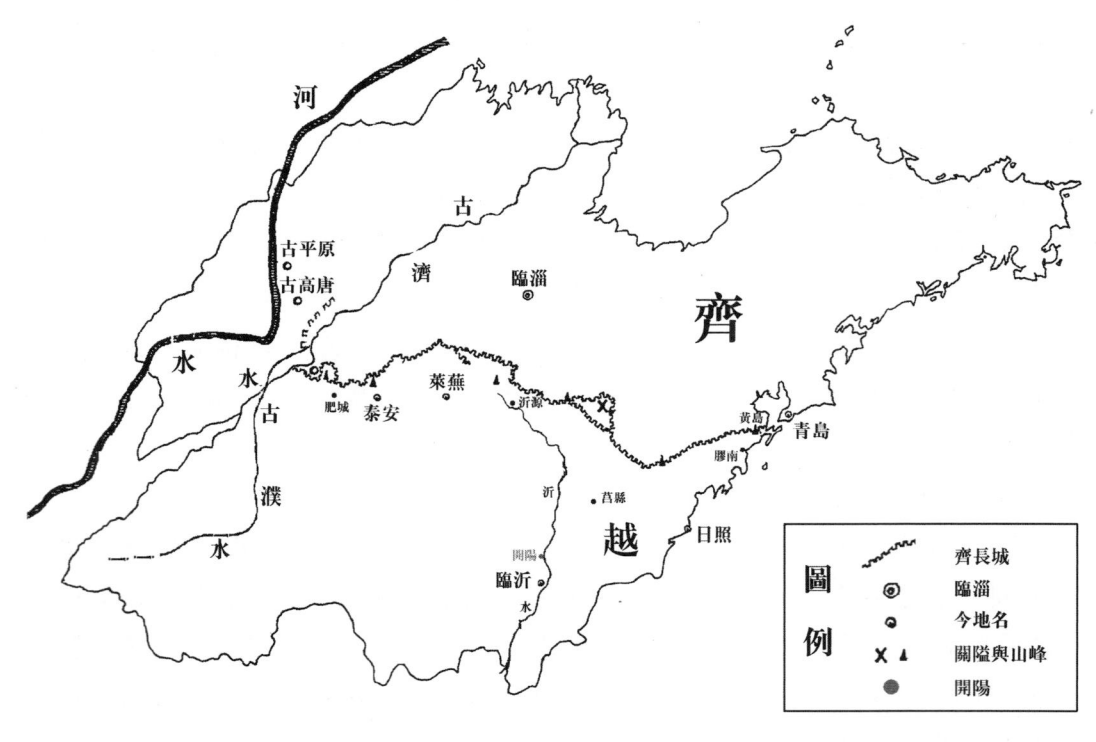

图 1 開陽位置示意

(三) 開陽與越國的霸業

開陽位於沂水沖積平原上,東、北、西三面皆爲山地、丘陵,[1]地理位置十分重要,是越國北上爭霸中原的咽喉地區,清代學者顧祖禹曾對沂州(開陽)的重要位置有過精彩的論述,他説:

> 州南連泗,北走青、齊,自古有南服之事,必繇此以爭中國。句吴道末口,以侵伐齊魯,越人既滅吴,亦出琅邪以覗覦山東也。[2]

越國想要繼續霸業,爭霸中原,則必與齊國在此地區及周邊地區進行博弈。如前文所述,越王朱句時期越國滅滕(前414)、滅郯(前413);而幾乎與此同時(前412—前411),齊國也越過齊長城東段南界向該地區進行擴張,足見兩國爭奪激烈。而恰恰也是由於齊國越過齊長城東段南界的軍事行爲,促成了此次越王翳聯合三晉的軍事行動。越國脅迫齊國交出"開陽",正是符合其北上爭霸中原戰略的必然行動。越國霸業自越王句踐開始。《越絶書》《吴

---

[1] 根據《大清一統志·沂州府志》的記載,蘭山縣(即開陽)有蒼山(在縣東九十里)、金雀山(在縣南三里)、芙蓉山(縣南下有芙蓉湖,東沭水入焉)、蘭山(縣南八十里)、層山(縣南九十里,古繒山)、寶山(在縣西南九十里)、神峰山(縣西南一百二十里)、艾山(在縣西二十五里)、大柱山(在縣北九十里)、湯山(縣東北六十里),見[清]穆彰阿、潘錫恩等纂《大清一統志》,第4册,539頁。
[2] [清]顧祖禹撰,賀次君、施和金點校:《讀史方輿紀要》卷三三,1581頁。

越春秋》《水經·濰水注》及今本《竹書紀年》都曾記載句踐爲稱霸中原而遷都琅邪。琅邪即《漢書·地理志上》琅邪郡之琅邪縣,①地在今山東省膠南市。② 學者或對此事提出質疑,辛德勇論證了句踐遷都琅邪的政治地理背景,指出:

> 單純從地緣政治角度來看,今琅邪位置恐怕更有利於句踐來展示力量,施加影響……越國徙都後并没有放棄江南故地……而且北遷琅邪地區的越軍,還可以與之構成犄角之勢,南北呼應。③

從琅邪的地理位置來看,位於齊長城東端附近,句踐徙都於此,足以形成對齊國的威懾,符合其爭霸中原的政治意圖。

關於句踐徙都琅邪的路徑,學者多以爲沿淮河北岸陸路直通琅邪,并結合當時的政治形勢對此事表示困惑,并借此否認"徙都琅邪"之事。蒙文通較早地指出"則句踐之徙都琅邪以圖霸中原,當亦以其海上舟師之盛也。是越人之都會稽、都琅邪……皆爲濱海便航之地,顯非偶然"。④ 其後,顧頡剛明確指出"自越至齊行海道。此即句踐所以遷都琅邪之故,蓋海上交通滋便利矣"。⑤

兩位先生關於"海路徙都"的論斷是正確的,但以當時的海運能力,恐難以長期連接琅邪與會稽兩都,⑥因此,歷代越王都意圖從陸路向北擴張,以圖支援琅邪,連接兩都,爭奪中原。現就戰國文獻所見,將句踐歷代越王向北擴張之事梳理如下:

1. 鹿郢、不壽時期(前463—前448)

《孟子·離婁下》"曾子居武城,有越寇",⑦是記載了越人進攻魯國武城之事。武城,即南武城,也稱爲南城,在今山東費縣西南九十里。⑧據蒙文通的考證這一事件發生在鹿郢、不壽之時。⑨ 武城,地與開陽接近,可見越國對此地區擴張并非一時。

2. 朱句時期(前447—前411)

朱句對山東地區的擴張,除前文所舉《繫年》第二十章及古本《竹書紀年》所載之事外,

---

① 《漢書》卷二八上,1586頁。
② 關於琅邪地望還有山東諸城、山東臨沂、安徽滁縣、江蘇贛榆、江蘇連雲港等説法,皆不足信。詳參孟文鏞《越國史稿》,北京:中國社會科學出版社,2010,279-282頁。
③ 辛德勇:《越王句踐徙都琅邪事析義》,《文史》2010年第1期,收入其著《舊史輿地文録》,北京:中華書局,2013,34頁。
④ 蒙文通:《吴、越之舟師與水戰》,收入其著《越史叢考》,北京:人民出版社,1983,110頁。
⑤ 轉引自辛德勇《越王句踐徙都琅邪事析義》,收入其著《舊史輿地文録》,61頁。
⑥ 蒙文通指出,戰國時列國本多徙都之舉,徙都後猶保持舊都,而同時并有二都;猶周之既有豐鎬,又有成周也。全越之時,或亦并有琅邪、會稽二都也。參看蒙文通《〈史記·越世家〉補正》"越都琅邪"條,收入其著《越史叢考》,122頁。
⑦ [清]焦循撰,沈文倬點校:《孟子正義》卷一六,北京:中華書局,1987,647頁。
⑧ [清]顧祖禹撰,賀次君、施和金點校:《讀史方輿紀要》卷三三,1587頁。
⑨ 參看蒙文通《〈史記·越世家〉補正》"越人伐魯"條,收入其著《越史叢考》,126頁。

還有"削莒"之事,《墨子·非攻中》載:

> 東方有莒之國者,其爲國甚小,間於大國之間,不敬事於大,大國亦弗之從而愛利。是以東者越人夾削其壤地,西者齊人兼而有之。計莒之所以亡於齊、越之間者,是以攻戰也。①

"削莒"之事,據孟文鏞考證,當發生在朱句時期。② 莒國在今山東莒縣,上文記載越國從莒國東邊進攻,正越都琅邪之證。可見越人不唯向北擴張,亦以琅邪爲據點,向西擴張,亦可見其"溝通"會稽、琅邪兩都之努力及稱霸中原之決心。總之,朱句時期,越國國力鼎盛,頻頻向北擴張:兩次聯合晉國伐齊;削莒;滅滕;滅郯。學者或將朱句時期稱爲"越國霸業的頂峰",是有道理的。③

3. 越王翳時期(前410—前375)

越王翳前期繼承了朱句時期的擴張政策,本文所討論之事,即其向北擴張之證。越國脅迫齊國交出地理位置頗爲重要的開陽,正是越國歷代國君一以貫之的戰略意圖的體現。除此事外,這一時期,越國向北擴張之事還有"亡繒"之事。④

至越王翳三十三年(前379),越國遷都吳(今江蘇蘇州),⑤徹底放棄了琅邪,將勢力完全收回到了江南,也意味著放棄了多年來向北擴張、"溝通"兩都、稱霸中原的戰略。至越王翳三十六年(前376),太子諸咎弒君奪位,并引發了一系列政變,⑥越國的霸業也就徹底衰落了。因此,這種建立在"純武力"基礎上的霸業,缺乏牢靠的基礎,伴隨著武力的衰頹,其霸主的地位也就不復存在了。

綜上所論,簡文"建陽"即"開陽",在今山東臨沂西北十五里的古城村。越王翳脅迫齊國交出"開陽",一則是由於開陽重要的戰略位置,更是越國多年來向北擴張,從陸路溝通兩都、稱霸中原的戰略使然。

---

① [清]孫詒讓撰,孫啓治點校:《墨子閒詁》卷五,北京:中華書局,2001,133頁。
② 孟文鏞:《越國史稿》,286頁。
③ 陳民鎮:《清華簡〈繫年〉研究》,煙臺大學碩士學位論文,2013,265頁。
④ 《戰國策·魏策四》"繒恃齊以悍越,齊和子之亂,而越人亡繒",見[漢]劉向集録,范祥雍箋證,范邦瑾協校《戰國策箋證》,上海古籍出版社,2006,1416頁。據蒙文通考證,此事發生在越王翳八年,公元前404年。參看蒙文通《〈史記·越世家〉補正》"越亡繒之年"條,收入其著《越史叢考》,130頁。
⑤ 《史記索隱》引《古本竹書紀年》"翳三十三遷於吳",見《史記》卷四一《越王勾踐世家》,2108頁。
⑥ 《史記索隱》引《古本竹書紀年》"三十六七月,太子諸咎弒其君翳,十月粵殺諸咎。粵滑,吳人立子錯枝爲君。明年,大夫寺區定粵亂,立無余之",見《史記》卷四一《越王勾踐世家》,2108頁。

清華簡《繫年》"建陽"小考

□ 南開大學歷史學院　周穎昳

內容提要　通過對清華簡《繫年》所記越國爭霸史事的系統梳理，可知簡120出現的地名"建陽"，應即《漢書·地理志》東海郡之屬縣"建陽"，在今山東棗莊市西南一帶，而魯南泗水流域則是越人勢力北上經營海岱地區的重要通道。大韓墓地新近出土的越王州句劍，適可爲此提供考古實物資料的支持，從而與文獻記載形成合證。

關鍵詞　《繫年》　建陽　越王州句劍　越人北上

　　清華大學藏戰國竹簡《繫年》第二十二章，記述了戰國早期越與三晉聯合伐齊的經過，適可補史之闕，彌足珍貴。其中提到的地名"建陽"，未見於其他史料所載，却爲揭示當時越國在北方的勢力範圍提供了關鍵定點。馬衛東先生此前曾提出，《繫年》"建陽"或即《漢書·地理志》東海郡建陽縣。[①] 頗值得關注。但未作深入論述，是説亦未引起重視。故筆者擬結合相關出土材料，通過構建文獻記載與考古實物資料之間的合證，對此説作進一步論證。不當之處，尚祈方家賜教。

　　爲便於討論，先將簡文迻録如下（釋文按通行文字轉寫）：

　　　　楚聲桓王即位，元年，晉公止會諸侯於任，宋悼公將會晉公，卒于鼛。韓虔、趙籍、魏擊率師與越公翳伐齊，齊與越成，以建陽、郎陵之田，且男女服。越公與齊侯貸、魯侯衍盟于魯稷門之外。越公入饗於魯，魯侯御，齊侯參乘以入。晉魏文侯斯從晉師，晉師大

---

* 本文係冷門絕學研究專項"卜辭地理研究與商史重建"（23VJXT001）階段性成果。
① 馬衛東：《清華簡〈繫年〉三晉伐齊考》，《晉陽學刊》2014年第1期。

敗齊師，齊師北，晉師逐之，入至汧水，齊人且有陳𪏮子牛之禍，齊與晉成，齊侯盟於晉軍。晉三子之大夫入齊，盟陳和與陳淏於溋門之外，曰："毋修長城，毋伐廩丘。"晉公獻齊俘馘於周王，遂以齊侯貸、魯侯顯、宋公田、衛侯虔、鄭伯駘朝周王于周。（簡119—125）①

簡文所言"韓虔、趙籍、魏擊率師與越公翳伐齊"一事，正是周威烈王二十二年（前404）三晉聯合伐齊之役，②已爲研究者所熟知。此次戰事亦見諸古本《竹書紀年》與驫羌鐘銘，即：

（1）（晉）烈公十二年，王命韓景子、趙烈子、翟員伐齊，入長城。

（《水經・汶水注》引《紀年》）③

（2）唯廿又再祀，驫羌作戎，牢辟韓宗虔率，④征秦，迮齊，入長城，先會于平陰。武侄寺力，襲奪楚京。賞于韓宗，令于晉公，昭于天子，用明則之于銘。武文咸烈，永世毋忘。

（驫羌鐘，《集成》157—161，戰國早期）⑤

三晉伐齊是戰國早期的重要歷史事件，次歲韓、趙、魏始列於諸侯，即以此役之後獻俘周王爲契機。而《繫年》的記載更爲翔實，大大豐富了我們對這場戰事相關細節的認識，尤其是披露了越人的參戰經過，使得過去隱没無名的史迹最終爲人所知。

根據簡文的描述，三晉與越國聯軍兵分兩路，前者仍因循舊例，突破齊長城鉅防後，沿濟水下游向東進軍；越人則與齊人達成和解，從而獲得"建陽、郘陵之田，且男、女服"的厚賂。"建陽"，整理者據音近讀作"開陽"，認爲即今山東臨沂市北的開陽故城。⑥ 不過，"開陽"本名"啓陽"，《春秋》哀公三年："季孫斯、叔孫州仇帥師城啓陽。"杜預注："啓陽，今琅邪開陽縣。"⑦而《公羊傳》又作"開陽"者，應是爲避漢景帝之諱而更名，恐無早至東周以前的可能。⑧這也就意味著，即便"建陽"可讀爲"開陽"，也與魯地"啓陽"並不相涉。

那麼，簡文"建陽"究竟何指，仍需通過回顧當時越人的活動軌迹來尋找答案。除前揭第

---

① 李學勤主編：《清華大學藏戰國竹簡（貳）》，上海：中西書局，2011，192頁。
② 楊寬：《戰國史料編年輯證》，上海人民出版社，2001，190頁。
③ 方詩銘、王修齡：《古本竹書紀年輯證》，上海古籍出版社，1981，94頁。
④ 虔，陳夢家、陳劍等先生釋爲"獻"，讀作"虔"，即景侯韓虔。參見陳夢家《西周年代考・六國紀年》，北京：中華書局，2001，125頁；陳劍先生的觀點見於董珊《讀清華簡〈繫年〉》，復旦大學出土文獻與古文字研究中心網站，2011年12月26日。
⑤ 中國社會科學院考古研究所編：《殷周金文集成》（修訂增補本），北京：中華書局，2007。本文簡稱《集成》。
⑥ 李學勤主編：《清華大學藏戰國竹簡（貳）》，193頁。
⑦ ［晉］杜預注，［唐］孔穎達疏：《春秋左傳正義》卷五七，［清］阮元校刻《十三經注疏》，臺北：藝文印書館，2001，997頁。
⑧ 楊伯峻編著：《春秋左傳注》（修訂本），北京：中華書局，1995，1619頁。另外，《荀子・彊國》云："楚人則乃有襄賁、開陽以臨吾左。"參見［清］王先謙撰，沈嘯寰、王星賢點校《荀子集解》卷一一，北京：中華書局，1988，296頁。此"開陽"亦指魯地啓陽，僅爲孤例，不排除是漢儒在傳抄過程中據漢初避諱所改。

二十二章之外，《繫年》第二十章中也有關於吳、越北上的重要記錄，其中不僅提供了前所未見的地名素材，同時亦對相關史事的時空背景有所交代，於明確"建陽"的地望頗有助益。《繫年》第二十章以晉、吳始通開篇：

> 晉景公立十又五年，申公屈巫自晉適吳，焉始通吳晉之路，二邦爲好，以至晉悼公……闔廬即世，夫差王即位。晉簡公會諸侯，以與夫差王相見于黃池。（簡108—110）①

申公屈巫，即《左傳》之申公巫臣，爲楚屈氏別族，因與子重、子反有隙而北奔於晉。史載魯成公六年，②巫臣乃"通吳于晉"，教習吳人射禦車戰。在晉國的支援下，吳國迅速崛起，開闢了"蠻夷屬於楚者，吳盡取之"的局面。③ 而所謂"吳晉之路"，即是吳人北上稱霸中原利用的主要交通綫，其沿途之要津大致包括：長江——邗溝、射陽河——淮水——泗水——菏水、濟水。④ 整條交通綫南始於吳，北達齊、魯、宋、晉諸國，將長江下游與中原、海岱地區聯結貫通。其中，最著名的樞紐自屬彭城（今江蘇徐州）和陶邑（今山東定陶）。前者"北走齊、魯，西通梁、宋"，⑤是晉國聯吳制楚的鎖鑰；後者扼守河、濟之要，被視作東方六國的"輻輳"之地，并憑藉交通優勢逐漸興起，成爲四方之一大都會。及至勾踐克吳，越人亦循上述綫路北上爭霸，成功達名於天下。

本章的後半部分，即以越人因襲吳、晉之好作爲背景，詳細記載了戰國初年三晉與越的兩次聯合伐齊行動，即：

> 晉敬公立十又一年，趙桓子會[諸]侯之大夫，以與越令尹宋盟于邾，遂以伐齊，齊人焉始爲長城於濟，自南山屬至北海。晉幽公立四年，趙狗率師與越公朱句伐齊，晉師闖長城句俞之門。越公、宋公敗齊師于襄平。至今晉、越以爲好。（簡110—113）⑥

據簡文所言，晉、越初次伐齊是在晉敬公十一年，也即公元前441年。戰事開始之前，趙桓子曾與越令尹在"邾"地舉行會盟。邾，从弄、从邑，弄亦聲，地在齊、魯之間，應即《春秋》昭公八

---

① 李學勤主編：《清華大學藏戰國竹簡（貳）》，186頁。
② 《左傳》將此事繫於魯成公七年之下，楊伯峻先生辨其當在成公六年，適與簡文相合。參楊伯峻編著《春秋左傳注》（修訂本），834-835頁。
③ [晉]杜預注，[唐]孔穎達疏：《春秋左傳正義》卷二六，[清]阮元校刻《十三經注疏》，444頁。
④ 史念海：《春秋時代的交通道路》，收入其著《河山集》，北京：生活·讀書·新知三聯書店，1963，72-80頁；童書業：《春秋左傳研究》，上海古籍出版社，2019，75-78頁。
⑤ [清]顧祖禹撰，賀次君、施和金點校：《讀史方輿紀要》卷二九，北京：中華書局，2005，1388頁。
⑥ 李學勤主編：《清華大學藏戰國竹簡（貳）》，186頁。

年"大蒐於紅"之"紅"。① 杜預注"紅,魯地",②大致在今山東泰安市以東一帶。③ 經此一役,"齊人焉始爲長城於濟",即循泰沂山脈之走向修築長城,向東一直延伸至海濱,以爲守備。此後晉幽公四年,三晉與越再度協同伐齊,趙狗率師攻破"句俞之門",而以越公朱句爲首的越、宋聯軍,則在"襄平"一地制勝齊軍。揆諸"自南山屬至北海"的走勢,此"南山"位於齊長城西段,或指今平陰附近的丘陵地帶。④ 相較泰山之巍峨,其間地勢相對平緩,作爲交通孔道甚爲理想。若循三晉伐齊之故事來看,上述區域也正是晉軍屢次攻入齊境的突破口,《左傳》襄公十八年所載平陰之戰便是顯例。以此看來,"句俞之門"作爲齊長城的要塞之一,基本可以圈定在今平陰、肥城一帶。考慮到越、宋組成聯軍伐齊,而宋國又在魯之西南,故此役越人經由泗水故道北上的可能性較大,如是不僅便於聯宋,亦可與晉師形成呼應之勢,但在入侵齊境的具體時間和方位上,則未必與三晉盡皆一致。

至於《繫年》第二十二章的相關文字,前文具已迻録,此不贅引。通過簡文的描述,可知越、齊雙方達成媾和條件後,越公翳乃與齊、魯之君"盟于魯稷門之外",并且受到"魯侯御,齊侯參乘以入"的殊遇。不難看出,此役越人非但是取道泗水北上伐齊,而且直到兩國平成之際,越公翳都仍在魯地活動,這也暗示出越師彼時可能猶逡巡於魯南一帶。值得注意的是,傳世典籍所見"建陽"的一則重要綫索,恰好就坐落於上述區域,其間關聯恐怕絶非巧合。按《漢書·地理志上》載東海郡有屬縣"建陽",⑤與簡文地名完全同稱。《中國歷史地圖集》將其地望標注於今山東棗莊市西南一帶,⑥正在連接齊、魯與吳、越的交通幹道附近,與《繫年》所載越人北上的地理背景十分契合,視作簡文"建陽"無疑最爲合適。

史載戰國時齊人在今魯南地區領有南武城、徐州等要邑,⑦是彼時齊之南境可及於此,但當地終究相距齊國核心區相對懸遠,容易受到楚、越及宋、魯等國的侵擾。此役適逢三晉與越聯合入侵,齊人在無力對邊邑領土實行有效控制的前提下,乃將南鄙的"建陽、邱陵之田"就近割讓與越,以求成焉,正可謂審時度勢之舉。而越公翳在接納"建陽"等地的土田、民人之後,遂與齊、魯之君盟於曲阜,就交通地理而言也是順理成章。無獨有偶,今滕州薛國故城

---

① 陳絜:《卜辭京、鴻地望與先秦齊魯交通》,《史學集刊》2016年第6期。
② [晉]杜預注,[唐]孔穎達疏:《春秋左傳正義》卷四四,[清]阮元校刻《十三經注疏》,767頁。
③ 《續漢志》泰山郡奉高縣劉昭補注:"紅亭在縣西北,杜預曰接宋、衛也。"參見《後漢書》志二一,北京:中華書局,1973,3453頁。《中國歷史地圖集》據以將"紅"地標注於今泰安市東。參見譚其驤主編《中國歷史地圖集》,北京:中國地圖出版社,1982,第1册,26-27頁。
④ 李學勤主編:《清華大學藏戰國竹簡(貳)》,188頁。
⑤ 《漢書》卷二八上,北京:中華書局,1962,1588頁。
⑥ 譚其驤主編:《中國歷史地圖集》,第2册,21頁。
⑦ 《史記》卷四六《田敬仲完世家》載齊威王語於梁惠王曰:"吾臣有檀子者,使守南城。"(北京:中華書局,1959,1891頁)又《史記》卷七五《孟嘗君列傳》記齊湣王"即位三年,而封田嬰於薛"。田嬰卒後,"而文果代立於薛,是爲孟嘗君"(2351-2353頁)。可見戰國時齊人的實際控制範圍可及南武城、徐州等地。

遺址東北的大韓村墓地,近年發掘出土有一件"越王州句"劍,①"州句"之名習見於戰國銅器銘刻,即《繫年》"越公朱句"是也,而簡文"建陽"適與大韓墓地相近,彼此相去不過十餘公里。因此這一重要遺物,正是戰國早期越人勢力北上盤踞於魯南地區的絕佳見證,②同時亦可從側面佐證"建陽"地望考訂的可靠性。

  總之,通過清華簡《繫年》所記越國北上爭霸史事的梳理,不僅有助於"建陽"等新見地名的考訂,更重要的是,猶可窺見戰國早期越人勢力在海岱地區經營的重心所在。而大韓墓地新近出土的越王州句劍,正爲上述結論提供了考古材料的支援,與文獻記載形成了有力的合證;同時借助這一"轉相發明",亦使得《繫年》的史料價值更爲凸顯。

附記 拙稿承蒙匿名審稿專家提出寶貴修改意見,在此謹致謝忱!

---

① 劉延常、郝導華、王龍、代全龍:《魯南地區東周考古的新突破》,《中國文物報》2020 年 1 月 17 日第 7 版。
② 從目前已公布的考古材料來看,山東地區的越文化遺存共計十餘處,主要包含:費縣故城遺址、滕州市壩上遺址、滕州市莊里西遺址、曲阜市西百村遺址、曲阜魯國故城遺址、棗莊嶧城徐樓遺址、臨沂羅莊區陳白莊遺址等,出土器物涉及青銅禮器、兵器、原始青瓷及印紋陶等。其中棗莊出土的鳥篆文青銅戈,胡、内較長、窄,胡外斜,内微上翹,是典型戰國早期特徵。相關遺址所見的大量印紋陶,多以"米"字紋、細小方格、麻布紋等爲飾,此亦屬於戰國時期越文化的典型特徵。綜而視之,山東地區發現的越文化遺存主要集中分布於魯南、魯中南一帶,年代則以戰國早期爲主,這與《繫年》所反映的越國與山東地區古國交往的時空關係基本吻合。參見劉延常、徐倩倩《山東地區越文化遺存分析》,山東大學東方考古研究中心編《東方考古》第 9 集,北京:科學出版社,2012,339-348 頁;吳偉華《試論東周時期海岱地區青銅器中的吳越因素》,山東省文物考古研究院等編《"保護與傳承視野下的魯文化"學術研討會論文集》,上海古籍出版社,2019,212-225 頁。

由清華簡《四告》中的"羪"與"𠭯"考釋甲骨金文中的相關字*

□ 吉林大學考古學院古籍研究所
□ "古文字與中華文明傳承發展工程"協同攻關創新平臺

單育辰

内容提要 清華簡《四告》"和我庶獄庶𠭯，羪用中型，以光周民"這句話可以和《尚書·立政》對照，《四告》中的"羪"對應《立政》中的"列"，"𠭯"對應《立政》中的"慎"。"羪"作"■"形，對比甲骨文的"■"等形，可知甲骨文相關字亦應釋"列"。"𠭯"作"■"形，該字即《說文》"慎"字古文，其所在的辭例和金文中的"■"一致，二者在字形上也存在演變關係，所以金文中的相關字也應釋讀爲"𠭯(慎)"。與金文"訊庶有𠭯"意義相關的"𠭯(慎)"，除了《尚書·立政》"庶獄庶慎"之外，還有《左傳·襄公十一年》"司慎、司盟"，以及《四告》"先告受命天丁辟子司慎皋繇"等，這些材料裏"慎"的意義相當一致，從這些文例中的"慎"與"獄"并稱看，它大概有訟、罪、罰等之義。而金文中的"𠭯(慎)明"則應可與《尚書·康誥》《多方》之"明德慎罰"等對讀，即慎重而明察的意思。

關鍵詞 清華簡《四告》 《尚書·立政》 列 𠭯(慎) 古文字

趙平安先生在《文物》2020年第9期率先公布了即將發表的清華十《四告》中3支竹簡的圖版，其中有句作："唯作立政立事，百尹庶師，俾助相我邦國，和我庶獄庶𠭯，羪用中型，以光周民。"後來《四告》正式發布於《清華大學藏戰國竹簡(拾)》，此句在簡12+13中。① 趙先

---
* 本文係國家社科基金重點項目"清華簡佚《書》類文獻整理與研究(21AYY017)"階段性成果。
① 清華大學出土文獻研究與保護中心編：《清華大學藏戰國竹簡(拾)》，上海：中西書局，2020，109-126頁。《清華大學藏戰國竹簡》下文稱"清華"。

生文中提到,這句話可以和《尚書·立政》的幾句話相對照"繼自今我其立政、立事""繼自今立政,其勿以憸人,其惟吉士,用勱相我國家""式敬爾由獄,以長我王國。兹式有慎,以列用中罰"。① 而簡文中的"庶獄庶㱿"趙平安先生在更早發表於《中國文字》的文章中已指出可與《尚書·立政》"庶獄、庶慎,惟有司之牧夫,是訓用違。庶獄、庶慎,文王罔敢知于兹""相我受民,和我庶獄、庶慎""繼自今文子文孫,其勿誤于庶獄、庶慎,惟正是乂之"對應。② 這些對讀非常重要,其中涉及兩個字:"㯱"與"㱿",能夠爲我們解決甲骨文、金文中衆說紛紜的兩個字,意義尤其重大。

一 由《四告》"㯱用中刑"的"㯱"考釋甲骨文相關字

在甲骨文中有字可依王子楊先生說,分爲以下四型,③可隸定作"㯱""㯱"或"卤",其字形(下文或稱 A)及辭例列舉如下:

Ⅰ類: 《甲骨文合集》961④＝《天理大學附屬天理參考館藏品:甲骨文字》133⑤ 《合》4951 《合》10358

Ⅱ類: 《小屯南地甲骨》2408⑥

Ⅲ類: 《合》8282

Ⅳ類: 《合》7076 正 《合》7080 《合》11506 反

它們所在的辭例如下:

(1)《合》4951:壬午卜,貞:㯱不其肩同(興)?⑦
(2)《合》7077:☐翌癸☐雀弗其鬲卤邑?⑧
(3)《甲骨拼合四集》983·壬戌☐翌☐亥雀☐卤邑,鬲?⑨

---

① 趙平安:《清華簡〈四告〉的文本形態及其意義》,《文物》2020 年第 9 期。《立政》諸句見[西漢]孔安國傳,[唐]孔穎達正義《尚書正義》卷一七,[清]阮元校刻《十三經注疏》,北京:中華書局,1982,230-233 頁。
② 趙平安:《出土文獻視域下的"庶㱿"》,《中國文字》編輯委員會編《中國文字》2020 年夏季號,臺北:萬卷樓圖書股份有限公司,2020,131-141 頁。
③ 王子楊:《釋甲骨文中的"姘"字》,《文史》2017 年第 2 輯。
④ 中國社會科學院歷史研究所:《甲骨文合集》,北京:中華書局,1982,第 1 册,275 頁。《甲骨文合集》下文簡稱《合集》。
⑤ 日本天理大學、天理教道友社:《天理大學附屬天理參考館藏品:甲骨文字》,天理:天理教道友社,1987,95 頁。
⑥ 中國社會科學院考古研究所:《小屯南地甲骨》,北京:中華書局,1980,上册第二分册,470 頁。《小屯南地甲骨》下文簡稱《屯南》。
⑦ 中國社會科學院歷史研究所:《甲骨文合集》,北京:中華書局,1978,第 2 册,741 頁。
⑧ 中國社會科學院歷史研究所:《甲骨文合集》,北京:中華書局,1978,第 3 册,1082 頁。
⑨ 黃天樹主編:《甲骨拼合四集》,北京:學苑出版社,2016,199、311 頁。

(4)《合》7078:☐雀☐鹵邑?①

(5)《合》7076:雀克入鹵邑？ 雀弗其克入？ 雀翦鹵？ 雀弗其翦？②

(6)《屯南》2408:☐亥卜：翌日壬王惠在☐☐羍北，王利，擒，亡災？

(7)《合》18268=《京都大學人文科學研究所藏甲骨文字》675:貞：勿羍（敢）羍？③

(8)《合》10358:☐羍麋，獲？④

(9)《合》8282:貞：乎（呼）羍于☐?⑤

(10)《合》11506反:王占曰："止鷹，勿雨。"乙卯允明陰，迄鹵，食日大星（晴）。⑥

(11)《合》13044:己巳卜：王☐羍，雨，之☐⑦

　　孫亞冰先生認爲Ⅱ、Ⅲ、Ⅳ爲一字，她釋之爲"阱"，但把Ⅰ類釋爲"耕"。⑧ 王子楊先生則把Ⅰ類也歸屬到Ⅱ、Ⅲ、Ⅳ類中，他也認爲此字應該就是見於《説文》的"𩰪（羍）"，《説文》："羍，坑也。从𡨄，从井，井亦聲"，即"阱"字。⑨ 他們的研究爲考釋這個字做出了貢獻。

　　楚簡與A相類的字，出現在清華簡《四告》"俾助相我邦國，和我庶獄庶脊，羍用中型"中，其"羍"作"☐"形。趙平安先生認爲，它即由上述甲骨文A字形演變而來，非常正確。趙先生又説："王子楊曾專文考釋甲骨文'☐'，分析其从'屮'从'井'，即《説文》'羍'字，後世寫作'阱'。將'☐'釋爲羍，可以讀爲刑。'刑用中型'，講的是'士制百姓于刑之中'（《吕刑》）、'刑平國用中典'（《周禮》）的道理。'☐'是甲骨文'☐'寫法略微省簡的結果。"趙先生認爲"☐"即甲骨文"☐"之省變亦是，"屮"的這種演變亦可參"賚"的甲骨、金文字形如☐（《合》29324）、☐（《合》29328）、☐（《殷周金文集成》2809）、⑩☐（《集成》10285.2），其所從的"屮"演變爲戰國文字如"☐"（觀，《商周青銅器銘文選》880⑪=《集成》2840）、"☐"（叕，上博

---

① 中國社會科學院歷史研究所：《甲骨文合集》，第3册，1082頁。
② 中國社會科學院歷史研究所：《甲骨文合集》，第3册，1080頁。
③ 中國社會科學院歷史研究所：《甲骨文合集》，北京：中華書局，1979，第6册，2454頁。［日］貝塚茂樹：《京都大學人文科學研究所藏甲骨文字》上册圖版，京都大學人文科學研究所，1959，36頁。
④ 中國社會科學院歷史研究所：《甲骨文合集》，北京：中華書局，1979，第4册，1527頁。
⑤ 中國社會科學院歷史研究所：《甲骨文合集》，第4册，1231頁。
⑥ 中國社會科學院歷史研究所：《甲骨文合集》，北京：中華書局，1979，第5册，1653頁。
⑦ 中國社會科學院歷史研究所：《甲骨文合集》，第5册，1842頁。
⑧ 孫亞冰：《釋甲骨文中的"耕"字》，中國古文字研究會等編《古文字研究》第31輯，北京：中華書局，2016，68-72頁。
⑨ ［東漢］許慎撰，［北宋］徐鉉校定：《説文解字》卷四下，北京：中華書局，1978，85頁。
⑩ 中國社會科學院考古研究所：《殷周金文集成》，北京：中華書局，1985，第5册，204頁。《殷周金文集成》下文簡稱《集成》。
⑪ 上海博物館商周青銅器銘文選編寫組：《商周青銅器銘文選》，北京：文物出版社，1987，第2册，607頁。

三《周易》簡54）所从的"歺"形等。①《四告》中的"𢇛"字是釋讀甲骨文相關字的關鍵，小文開頭已說，《四告》此句可與《尚書·立政》"式敬爾由獄，以長我王國。兹式有慎，以列用中罰"對讀，楚簡中的"𢇛"今本做"列"，其實已經提示我們，甲骨文的這些字恐怕應釋爲"列"，而不是孫、王兩先生所釋的"阱"。《説文》認爲"䒑"是形聲字，从"井"得聲，《説文》所采文字多沿承於戰國秦及六國文字，其所列字形與甲骨文的 A 字時代已有近千年之久，過於遥遠，難以比附，應該祇是同形字的關係。若舍棄楚簡"𢇛"與傳世典籍的"列"可對讀參訂的絶好證據，而與單文孤證的《説文》的从井聲訓爲坑的"䒑"相援引，從道理上來說是很有問題的。

　　清華簡《四告》中的"𢇛"若釋爲"阱"讀爲"刑"，其實是有問題的。與《四告》"型"相當的字，《尚書·立政》作"罰"，可以看出，《四告》"型"祇能讀爲"刑"，與罰同義，即刑罰之義。在楚文字中，{刑}常用"型"來表示，如郭店《成之聞之》簡39"型（刑）兹亡赦"、②上博二《容成氏》簡4"不型（刑）不殺"，③清華五《湯處于湯丘》簡12+13"型（刑）【12】亡攸赦"等等，④其例甚多，不備舉，可參看《簡帛古書通假字大系》所揭相關諸例。⑤《四告》相關句若説成"阱（刑）用中型（刑）"，文義非常累贅，這也是趙先生把"型"如字讀的緣由。⑥但如果按《立政》把"𢇛"釋爲"列"，該句則爲"列用中型（刑）"，可與《尚書·立政》"列用中罰"對讀，孔傳解釋其句説"必以其列用中罰，不輕不重"，正義："治獄必有定法，此定法有所慎行。《周禮·大司寇》云：'刑新國用輕典，刑平國用中典，刑亂國用重典。'輕重各有體式行列，周公言然之時，是法爲平國，故必以其列用中罰，使不輕不重。"⑦後世對"列用中罰"有不同的理解，如《東坡書傳》卷一六："列者，前後相比，猶今之言例也。以舊事爲比，而用其輕重之中者也"。⑧于省吾先生亦讀"列"爲"例"，認爲是"按成例用其適中之罰也"。⑨楊筠如先生則說："列，《廣雅》布也。中，晉語平也。《吕刑》'士制百姓于刑之中'，又曰'故乃明于刑之中'，皆中罰之意也。"⑩諸家對"列"的理解不完全一致，但不論"列"字怎麽理解，其文義都没有重複累贅之病。

---

① 鄔可晶：《説金文"𢆶"及相關之字》，復旦大學出土文獻與古文字研究中心編《出土文獻與古文字研究》第5輯，上海古籍出版社，2013，216-235頁。
② 荆門市博物館：《郭店楚墓竹簡》，北京：文物出版社，1998，52頁。《郭店楚墓竹簡》下文簡稱"郭店"。
③ 馬承源主編：《上海博物館藏戰國楚竹書（二）》，上海古籍出版社，2002，96頁。《上海博物館藏戰國楚竹書》下文簡稱"上博"。
④ 清華大學出土文獻研究與保護中心：《清華大學藏戰國竹簡（伍）》，上海：中西書局，2015，66-67頁。
⑤ 白於藍：《簡帛古書通假字大系》，福州：福建人民出版社，2017，1129-1131頁。
⑥ 趙先生未解釋"型"是什麼意思，不過從"型"常見的詞義來看，他似乎理解爲"法式"之義。
⑦ ［西漢］孔安國傳，［唐］孔穎達正義：《尚書正義》卷一七，233頁。
⑧ ［北宋］蘇軾：《東坡書傳》卷一六，明吴興凌濛初刻朱墨套印本，9頁。
⑨ 于省吾：《雙劍誃尚書新證》，收入其著《雙劍誃尚書新證·雙劍誃詩經新證·雙劍誃易經新證》，北京：中華書局，2009，269-270頁。
⑩ 楊筠如：《尚書覈詁》，西安：陝西人民出版社，1959，273-274頁。

那麽我們反觀在甲骨文中的 A,就可以發現,A 絶大多數都是人名(如例1)或地名(如例2-6),甲骨文的人名、地名常常無法確釋,是没有釋爲"阱"的絶對理由的。那麽,除了(1)-(6)例,有没有能肯定釋"阱"的辭例呢?下面我們不妨分析一下。

甲骨文例(7)"勿羍卤?"其中"羍"字學者多釋爲"敢",① 應該是正確的,其字像用一種狩獵工具捕獵野豬之形。在卜辭中,它常處在方國之前,應該有打擊之類的意思,如果和《合》6571"辛丑卜,𡧊貞:今日子商其羍基方占,弗其翦? 辛丑卜,𡧊貞:今日子商其羍基方占,翦? 五月。壬寅卜,𡧊貞:自今至于甲辰子商翦基方? 壬寅卜,𡧊貞:尊雀惠啚羍基方?"②《合》6536"□□卜,𡧊貞:王次于曾,迺呼豙𢀖方?"③《合》6537"☒𡧊貞:王次☒豙𢀖方?"④等相比,"羍"或"豙"後接的皆是方國名,⑤ 就可以看出,"卤"應是方國名,在甲骨文中,地名與方國名常常一致,這個"卤"就應該是(2)-(5)的"卤邑"。王子楊先生亦認爲本辭的 A 也是可以理解爲方國名的。(8)"☒夅麋,獲?"似乎是唯一可以用"阱"來解釋的卜辭,但"夅麋"應該說是夅地的麋,甲骨文有許多類似的辭例,如《合》28789:"其逐杏麋,自西、東、北,亡災?"⑥《合》10948:"呼子商從㵎有鹿?"⑦ 這裏的杏與㵎都是地名,"杏麋""㵎有鹿"都是地名+動物名,與"夅麋"的結構相同。

(10)、(11)所卜可能爲一事,王子楊先生認爲"'阱'當表示由陰轉晴或者放晴一類意思的詞",恐怕也無根據。現在看李學勤先生釋爲"列"是正確的,⑧"迄列"是把祭品陳列好之義。正因爲要在户外陳列祭品,所以商王對下不下雨非常關心,後來乙卯日"明"這個時段是陰天,"食日"這個時段則大晴,當天果然没有下雨,和王所占相同。

所以,在甲骨文中没有一例可以證明"夅"可釋爲"阱",清華簡雖然出現在戰國中晚期墓葬中,但趙平安先生已經談到,《四告》這篇保存了很多古字古形,在《尚書·立政》裏,《四告》的"夅"是寫爲"列"的。漢人所見的文字材料遠比現今豐富,必然有其道理。楚地戰國簡帛與傳世典籍的對讀是我們藉以考釋古文字的最重要依據,很多疑難字都是依靠對讀而得到的,以往有些依靠對讀而考釋出來的奇怪的字形,雖然一時不被采信,隨著材料的大量

---

① 徐中舒主編:《漢語古文字字形表》,成都:四川人民出版社,1981,154-155 頁。方述鑫:《甲骨文口形偏旁釋例》,四川大學學報編輯部等編《古文字研究論文集》,成都:四川人民出版社,1982,300 頁。徐中舒:《怎樣研究中國古代文字》,陝西省考古研究所等編《古文字研究》第 15 輯,北京:中華書局,1986,4 頁。
② 中國社會科學院歷史研究所:《甲骨文合集》,第 3 册,997 頁。
③ 中國社會科學院歷史研究所:《甲骨文合集》,第 3 册,989 頁。
④ 中國社會科學院歷史研究所:《甲骨文合集》,第 3 册,989 頁。此例可與《合》6539-6544 的"伐𢀖方"對比,參中國社會科學院歷史研究所《甲骨文合集》,第 3 册,990-991 頁。
⑤ 宋雅萍:《説甲骨文、金文的"敢"字》,政治大學中國文學系編《出土文獻研究視野與方法》第 2 輯,臺北:政治大學中國文學系,2011,193-212 頁。單育辰:《説甲骨文中的"豕"》,李學勤主編《出土文獻》第 9 輯,上海:中西書局,2016,19-21 頁。
⑥ 中國社會科學院歷史研究所:《甲骨文合集》,北京:中華書局,1981,第 9 册,3536 頁。
⑦ 中國社會科學院歷史研究所:《甲骨文合集》,第 4 册,1591 頁。
⑧ 李學勤:《"三焰食日"卜辭辨誤》,收入其著《夏商周年代學札記》,瀋陽:遼寧大學出版社,1999,18-21 頁。

湧現,我們不得不承認漢人的轉寫其實無誤。"我們面臨的考驗過於嚴峻,恐怕我們都要不及格",①在没有更強硬的證據之前,我們没有理由不傾向古人之説。所以,甲骨文中的 A 字恐怕就應該釋爲"列"。

再從 A 字在後世的字形演變來説,陳劍先生説"▨"應即"㐰"省去"又"旁之"▨"部分。秦漢璽印多見之"㐰"作▨,但由秦印中的"▨"(《中國璽印集萃》834)、"▨"(《戎壹軒秦印彙》254)、"▨/▨"(網上新見單字人名璽),可以看出,"㐰"字比較早的字形,其左半部分是明確分作"歺"與"井"兩個偏旁的。② 蔡偉先生隨即評論"㐰"與《尚書·立政》中的"列"形、音皆近,以致異文。③ 按,"㐰"及從"㐰"之"蔽"(即"䕵"),溪紐質部,列,來紐月部,質月二部旁轉,聲紐則屬牙音與舌音的關係。二字古音確實很近。

在師同鼎(《集成》2779)裏,有一句話説:"▨畀其井。師同從,折首執訊。"④

"▨"與上面 A 形相比應是一字,但增加了一"刀"旁。而"歺"旁又可隸定作"歹",所以李學勤先生就把它隸定作"剢",分析爲從"列"從"井"。⑤ 現在看是完全正確的。這也説明 A 釋爲"列"在字形上也是有依據的。因爲現存的師同鼎祇是銘文的後半,所以"剢畀其井"不是很好解釋,似乎可以和《四告》"列用中刑"、《立政》"以列用中罰"對照,讀爲"列畀其刑",理解爲:按罪之大小給予其刑罰。

看來,甲骨文的▨在後世字形的演變非常清晰,可用如下圖式表示:▨、▨→▨(西周金文)→▨(楚簡)→▨(秦印),這就更證明了把甲骨文的"弇""弄"釋爲"阱"是不可信的。A 字造字所表示的本意雖然仍不能確定,但我們現在知道,A 字在後世演變成兩種楷書字形,一種作"列",一種作"㐰"。

在甲骨文中有"▨"(《合》21016=《殷虚文字·乙編》163)、"▨"(《合》20959)字,蔣玉斌先生認爲即"列"的古文字形體如"▨"(晉侯穌鐘,《商周青銅器銘文暨圖像集成》15303)⑥及小篆"▨"(《説文》卷四)所從。⑦ 在楚簡中有"▨"形(上博九《陳公治兵》簡11),我們

---

① 李學勤:《漢字——中國對人類文明的重要貢獻》,收入其著《中國古代文明十講》,上海:復旦大學出版社,2003,97–102頁。
② 陳劍:《簡談清華簡〈四告〉的"㐰"字省體》,復旦大學出土文獻與古文字研究中心網站,2020年11月4日。
③ 蔡偉先生在 2020 年 11 月 5 日在微信朋友圈的發言。
④ 中國社會科學院考古研究所:《殷周金文集成》,第 5 册,171 頁。
⑤ 李學勤:《師同鼎試探》,《文物》1983 年第 6 期;又,李學勤:《師同鼎試探》,收入其著《新出青銅器研究》,北京:文物出版社,1990,115–121 頁。
⑥ 吴鎮烽編著:《商周青銅器銘文暨圖像集成》,上海古籍出版社,2012,第 2 册,256 頁。《商周青銅器銘文暨圖像集成》下文簡稱《銘圖》。
⑦ 蔣玉斌:《釋甲骨文"烈風"——兼説"歺"形來源》,復旦大學出土文獻與古文字研究中心編《出土文獻與古文字研究》第 6 輯,上海古籍出版社,2015,87–92 頁。

2014年在新竹召開的一次會議上討論説,這種寫法應該是慈利簡所見的"列"字形的訛變寫法,①後來在清華六《子儀》簡12出現"▢"字,正和慈利簡"列"字形相同,蘇建洲先生承我們之説釋其爲"列",②在清華七《越公其事》簡33亦有此"▢"字,石小力先生亦釋爲"列"。③楚簡中的這些讀爲"列"的字形可能來源於甲骨文的"▢""▢",④與A字屬於不同體系。

二　由《四告》"庶獄庶昚"的"昚"考釋金文相關字

在金文中有個疑難字,如下圖諸辭例中的古文字字形(下面或用B代替)所示,其主要形體是▢形,除此形外或從"口"或從"止",亦有加"阜"旁者,在辭例上看確爲一字。以往對其考釋意見很多,但都難以確定。其辭例如下:

(1)四十三年逨鼎(《銘圖》2503):雩乃訊庶有▢,毋敢不中不型。⑤

(2)趞簋(《集成》4266):訊小大有▢,取遺五鋝。⑥

(3)牧簋(《集成》4343):不用先王作刑,亦多虐庶民;厥訊庶有▢,不型不中,廼侯之爭怨……汝毋敢□□先王作明刑用,雩乃訊庶有▢,毋敢不明不中不刑,乃申政事,毋敢不尹人不中不刑。⑦

(4)毛公鼎(《集成》2841):勿雝建庶有▢,毋敢龏龏橐橐,乃侮鰥寡。⑧

(5)親簋(《銘圖》5362):汝廼諫訊有▢,取遺十鋝。⑨

後來在清華八《攝命》中,也出現類似形體(下面或用C代替),字形見下。從辭例看,它們與B應是一字,但"口"形或作"曰"形,或作"首"形。古文字中"口"形贅加一横,就會演

---

① 參單育辰《〈上海博物館藏戰國楚竹書(九)〉雜識》,"'出土文獻的語境'國際學術研討會暨第三屆出土文獻青年學者論壇"會議論文,新竹,2014;又,單育辰:《〈上海博物館藏戰國楚竹書(九)〉雜識》,武漢大學簡帛研究中心主辦《簡帛》第11輯,上海古籍出版社,2015,49—52頁。後來清華八《治邦之道》簡19有"▢"字,其右所從也是相同形體,"易泉"亦釋之爲"列",參ee《清華八〈治邦之道〉初讀》,簡帛網論壇,易泉2018年11月18日第37樓的發言。
② 蘇建洲:《〈清華六〉文字補釋》,簡帛網,2016年4月20日。
③ 清華大學出土文獻讀書會:《清華七整理報告補正》,清華大學出土文獻研究與保護中心網站,2017年4月23日。
④ 參見蘇建洲《試論"离"字源流及其相關問題》,李宗焜主編《古文字與古代史》第5輯,臺北:"中研院"歷史語言研究所,2017,568頁。
⑤ 吳鎮烽編著:《商周青銅器銘文暨圖像集成》,第5册,403頁。
⑥ 中國社會科學院考古研究所:《殷周金文集成》,北京:中華書局,1987,第8册,202頁。
⑦ 中國社會科學院考古研究所:《殷周金文集成》,第8册,307—308頁。
⑧ 中國社會科學院考古研究所:《殷周金文集成》,第5册,261—269頁。
⑨ 吳鎮烽編著:《商周青銅器銘文暨圖像集成》,第12册,119頁。

變成"曰"形,可參(4)中的 B 字也是从"曰"形的。作"首"形則是後期訛變的形體。在《攝命》中的辭例爲:

(6)《攝命》簡 21+22:汝毋敢橐橐,凡人有【21】獄有▨,汝勿受幣。

(7)《攝命》簡 22+23:凡人無【22】獄亡▨,廼唯憲享。

(8)《攝命》簡 4:雩四方小大邦,越御事庶百又告有▨。①

《攝命》中的 C 字可以證明金文中的 B 都用作名詞,可能與"訟"的意思相近,這爲金文中 B 字的考釋帶來一縷曙光,但由於《攝命》中 C 的字形、辭例同金文的 B 字没有太多的差别,且缺少與後世字形演化或傳世文獻對讀的綫索,所以這個字倒底如何理解,仍然難以確定。比如馬楠先生釋 B 爲"舜"讀爲"吝"、②李學勤先生釋 B 爲"螽"讀爲"嫌"、③陳劍先生將 B 與《隸續》卷四第 3 頁引《尚書·大誥》"暋(僭)"作"▨"、《汗簡》卷上之二第 16 頁"僭"作"▨"、《汗簡》卷下之一第 61 頁引《義雲章》"潛"作"▨"等所从相聯繫,認爲 B 來源於"浴"之初文,讀爲"訟";④陳斯鵬先生認爲 B 來源於"潛"之初文,讀爲"譖",并根據《嶽麓秦簡叁》簡 143"及譖訊居處、簿宿所"、⑤《嶽麓秦簡伍》簡 19+20"得輒以智巧譖【19】訊"、⑥張家山漢簡《奏讞書》簡 153"譖訊傅先後以別",⑦認爲"譖"有訴告義;⑧趙平安先生認爲 B 即《説文》卷一〇的"詟(詟)",讀爲"訟"。⑨ 諸位先生搜羅到與 B 字相關的種種材料,大大方便了學術界對該字的繼續研究,爲 B 字的最終釋讀帶來新的希望。但諸多説法還有一定缺憾,如"吝"字説在文義上不那麽吻合;"螽"字説在字形上不太密合;把"暋""詟"讀爲"訟"的缺陷是諸字古音差得太遠,并且張崇禮先生已經指出"金文中'訟'作審訊義動詞賓語時,却不用'有'字";⑩釋"譖"説在字形和語音語義上比較好,但也缺少進一步的證據。

---

① 清華大學出土文獻研究與保護中心:《清華大學藏戰國竹簡(捌)》,上海:中西書局,2018,110-111 頁。
② 馬楠:《釋"舜明"與"有吝"》,"《清華簡》國際會議"會議論文,香港、澳門,2017;又,馬楠:《釋"舜明"與"有吝"》,中國古文字研究會等編《古文字研究》第 32 輯,北京:中華書局,2018,469-471 頁。
③ 李學勤:《清華簡〈攝命〉篇"舜"字質疑》,《文物》2018 年第 9 期。
④ 陳劍:《試爲西周金文和清華簡〈攝命〉所謂"舜"字進一解》,李學勤主編《出土文獻》第 13 輯,上海:中西書局,2018,29-39 頁。
⑤ 朱漢民、陳松長主編:《嶽麓書院藏秦簡(叁)》,上海辭書出版社,2013,179 頁。
⑥ 陳松長主編:《嶽麓書院藏秦簡(伍)》,上海辭書出版社,2017,45 頁。
⑦ 張家山二四七號漢墓竹簡整理小組:《張家山漢墓竹簡〔二四七號墓〕》,北京:文物出版社,2001,65 頁。
⑧ 陳斯鵬:《舊釋"舜"字及相關問題新解》,《文史》2019 年第 4 輯。
⑨ 趙平安:《古文字中的"詟"及其用法》,《中國文字》編輯委員會《中國文字》2019 年夏季號,臺北:萬卷樓圖書股份有限公司,2019,129-134 頁。
⑩ 張崇禮:《談談古文字中"舜"字的讀法》,復旦大學出土文獻與古文字研究中心網站,2020 年 9 月 3 日;後刊於蔡先金主編《中國簡帛學刊》第 4 輯,北京:社會科學文獻出版社,2021,213-221 頁。

本文起首已述,在清華簡《四告》中,又出現與上面諸例相類的辭例"和我庶獄庶昚",與上述 B 相應的字作"❐"形,它很明顯就是"昚"字。趙先生已經提到,"昚"釋爲"愼"有確切依據。《説文》卷一〇"❐(昚)"爲"愼"之古文;《尚書·舜典》"愼徽五典"之"愼",[①]《經典釋文·序録》引作"昚";[②]《禮記·表記》"得志則愼慮而從之",[③]"愼",《經典釋文》云:"本亦作古昚字。"[④]後二"昚"即"昚"之變體。在古文字中也有這樣的形體,如郑公華鐘(《集成》245)"❐爲之銘"、[⑤]叔尸鐘(《集成》273.1)"❐中平罰"、[⑥]叔尸鎛(《集成》285.2)"❐中于罰"。[⑦] 郭店《語叢一》簡 45+46"凡有血氣者,皆【45】有喜有怒,有❐有慹(莊)"。[⑧] 這些"昚"讀爲"愼"也是非常合適的,所以《四告》"庶獄庶昚"的"昚"就應該讀"愼"。

趙平安先生説:"《立政》中有'庶愼',《四告》中也有,出土文獻和傳世文獻互證,似乎可以説明這個詞應當是確鑿可信的了。"但他認爲:"從字形上看,《四告》中的❐(昚)是《攝命》中❐、❐、❐這類寫法變過來的。《攝命》此字上面簡體从'火',下面簡體从'曰'。'火'字竪筆上加一點拉成橫兩邊下垂,成了'亦';'曰'字訛變成了'日'。"他并把 B 讀爲"訟"。他總結説:"《立政》中'庶愼'是據戰國古文轉寫而來的,而戰國古文'庶昚'的'昚'是古文字'䜌'字訛變的結果。和訴訟相關時,'䜌'應該讀爲訟。'庶昚'本不是'庶愼',而是基於訛變產生的一個詞。"即認爲清華簡中《四告》中的"昚"其實是訛寫,不能據以考釋 B 字。

我們的想法和趙先生不同,我們認爲《四告》中的"❐"和《説文》中的"❐"其實都來源於 B,即它們和 B 是一個字,但前兩者字形有訛變而已。它們與 B 字相較,B 上部的"❐"形變成了"亦"形,B 下部的"口"形變成了"曰"形。趙先生説《四告》"庶獄庶昚"的"昚"是訛字,《尚書·立政》中的"庶獄庶愼"是由于訛字"昚"而誤讀爲"愼",也是錯字。但《尚書·立政》"庶獄庶愼"出現多次,諸字全被誤抄的可能很低,且《四告》是戰國中晚期楚國抄本,今傳本《尚書·立政》是漢初伏生所傳的齊魯文字抄本,這兩個完全不同的抄本同時訛誤的可能更是非常之低。況且,在先秦文獻中還有資料説明,《立政》"庶獄庶愼"的"愼"應該無誤。

《左傳·襄公十一年》載書曰:"凡我同盟,毋薀年,毋壅利,毋保姦,毋留慝,救災

---

① [西漢]孔安國傳,[唐]孔穎達正義:《尚書正義》卷三,125 頁。
② [唐]陸德明撰,黃焯彙校:《經典釋文彙校》卷一,北京:中華書局,2006,14 頁。
③ [東漢]鄭玄注,[唐]孔穎達正義:《禮記正義》卷五四,[清]阮元校刻《十三經注疏》,北京:中華書局,1982,1643 頁。
④ [唐]陸德明撰,黃焯彙校:《經典釋文彙校》卷一四,446 頁。
⑤ 中國社會科學院考古研究所:《殷周金文集成》,北京:中華書局,1984,第 1 册,273 頁。
⑥ 中國社會科學院考古研究所:《殷周金文集成》,第 1 册,305 頁。
⑦ 中國社會科學院考古研究所:《殷周金文集成》,第 1 册,320 頁。
⑧ 荆門市博物館:《郭店楚墓竹簡》,80 頁。

患,恤禍亂,同好惡,獎王室。或閒兹命,司慎、司盟,名山、名川,群神、群祀,先王、先公,七姓十二國之祖,明神殛之,俾失其民,隊命亡氏,踣其國家。"①

《説文解字》:"盟,《周禮》曰:國有疑則盟,諸侯再相與會,十二歲一盟,北面詔天之司慎、司命。盟,殺牲歃血,朱盤玉敦,以立牛耳。"②

從《左傳》所引載書的上下文來看,司慎就應該是一個糾罰人們誤亂行爲的神靈,相當於人間的掌管刑法之官。正義:"其司慎,亦不知指斥何神。但在山川之上,知其是天神耳。"已不詳其實。但《儀禮·覲禮》"加方明于其上"疏引《左傳》此文後説:"司慎司不敬者,司盟司察盟者,是爲天之司盟也。"③已點出司慎與糾罰有關。再看《立政》的"庶獄庶慎",孔傳"衆刑獄、衆當所慎之事",蔡沈《書集傳》則説:"庶獄,獄訟也。庶慎,國之禁戒儲備也。"④孫詒讓《尚書駢枝》則説:"庶獄,即刑官,謂司寇、士師之屬。庶慎,謂凡掌典法之官。《周書·商誓篇》有'庶義、庶刑',此庶獄,即彼庶刑;庶慎,即彼庶義。若《周禮》司會、大史諸職掌百官中成之等,《周禮·大宗伯》天神'司中',《左·襄十一年傳》及《説文》并作'司慎',義亦可互證。"⑤于省吾則把"慎"讀爲"訊",⑥他們所言難以説完全正確,但較孔傳多所發明。由此看《左傳》"司慎"的"慎"與《立政》"庶獄庶慎"的"慎"確實是同一個意思。《説文》所引《周禮》則因盟誓而詔司慎、司命,也證明了司慎確可與刑法有關。

在程浩先生文章所引的《四告》裏有這麽一句話"先告受命天丁辟子司慎皋繇",見於正式發布的《清華大學藏戰國竹簡(拾)》之《四告》簡 10+11 中,作"訢(𧥈)",是楚簡中常見的寫法,與"𠷎"字不同。此句中也有司慎之官,并且其神爲"皋繇",而"皋繇"正是掌刑法之官,可參《尚書·舜典》"皋陶,蠻夷猾夏,寇賊姦宄。汝作士,五刑有服,五服三就"、⑦《世本》"陶制五刑"(《路史》卷一六引)、⑧《吕氏春秋·審分覽·君守》"皋陶作刑"、⑨《韓詩外傳》卷二"聽獄執中者皋陶也"、⑩《新語·道基》"於是皋陶乃立獄制罪"等,⑪皆其類。向"皋繇"所禱的内容之一正是《文物》2020 年第 9 期公布的圖版中的内容:"唯作立政立事,百尹庶

---

① [西晉]杜預注,[唐]孔穎達正義:《春秋左傳正義》卷三一,[清]阮元校刻《十三經注疏》,北京:中華書局,1982,1950 頁。
② [東漢]許慎撰,[北宋]徐鉉校定:《説文解字》卷七上,1978,142 頁。
③ [東漢]鄭玄注,[唐]賈公彥疏:《儀禮注疏》卷二七,[清]阮元校刻《十三經注疏》,北京:中華書局,1982,1092 頁。
④ [南宋]蔡沈:《書集傳》卷五,北京:中華書局,2020,255-256 頁。
⑤ [清]孫詒讓:《尚書駢枝》,收入其著《大戴禮記斠補(外四種)》,北京:中華書局,2010,166 頁。
⑥ 于省吾:《雙劍誃尚書新證》,269 頁。
⑦ [西漢]孔安國傳,[唐]孔穎達正義:《尚書正義》卷三,130 頁。
⑧ [南宋]羅泌:《路史》卷一六,文淵閣《四庫全書》本,臺北:臺灣商務印書館股份有限公司,1986,第 383 册,139 頁。
⑨ [戰國]吕不韋著,陳奇猷校釋:《吕氏春秋新校釋》,上海古籍出版社,2009,1061 頁。
⑩ [西漢]韓嬰撰,許維遹校釋:《韓詩外傳集釋》,北京:中華書局,1980,42 頁。
⑪ [西漢]陸賈著,王利器校注:《新語校注》,北京:中華書局,1986,16 頁。

師,俾助相我邦國,和我庶獄庶脊,列用中刑,以光周民。"①這兩條材料裏"司慎"之"慎"與《尚書·立政》"庶獄庶慎"之"慎"意義應當一致。《四告》的"脊(慎)"、《立政》的"慎"同這些材料的種種密合,恐怕是訛誤説萬難解釋的。新蔡簡甲一7"☐㯱筮祈福於秋一騂牡、一熊牡,司䘏(祲)、司折☐",②何琳儀先生讀爲"司慎",③如果何先生所讀不誤,則又是《四告》的"脊"與《立政》的"慎"并非訛誤的力證。

所以,我們可以得知,《尚書·立政》"庶獄庶慎"的"慎"字其實無誤,而由清華簡《四告》"脊"這個中間環節,亦不難推出,金文中的 B 都應釋讀爲"慎"。

另外,陳劍先生把 B 聯繫上《隸續》"晉(僭)"作"䗞"、《汗簡》"僭"作"䗞"、《汗簡》《義雲章》"潛"作"䗞"的字形,趙平安先生把 B 聯繫上《説文》"燅(燂)"的字形,也應該都是正確的。我們認爲,它們與"脊"的聯繫是在古音上。《説文》:"燅,僈火也。从炎、㐭聲。讀若桑葚之葚。"④"脊"禪紐真部;"晉"清紐侵部,"僭"精紐侵部,"葚"船紐侵部。禪、船二紐與清、精二紐是舌上音與齒頭音的關係。在韻部上説,真部與侵部常可通轉,如《史記·貨殖列傳》"北鄰烏桓、夫餘",索隱"鄰,一作臨",⑤"鄰"屬真部,"臨"屬侵部;《左傳·昭公二十六年》"大子壬弱",⑥《史記·楚世家》"壬"作"珍",⑦"壬"侵部,"珍"真部;《穀梁傳·莊公元年》"始人之也",⑧《左傳·莊公元年》正義引"人"或作"念",⑨"人"屬真部,"念"屬侵部等。⑩ 可見"脊"與"晉""僭""葚"語音相近。

陳劍先生早先就曾把(1)中"雩乃訊庶有 B"的 B 釋爲"舜"讀爲"慎",認爲即《尚書·立政》"庶獄庶慎"的"慎",其所表示的詞可能是《詩經·大雅·綿》"虞芮質厥成"的"質"。⑪雖然 B 是否爲"舜"有待進一步研究(見後文),但他把金文中的 B 與《尚書·立政》"庶獄庶慎"的"慎"聯繫起來則是正確的。金文中的"庶有 B"的"B"就是《四告》"庶獄庶脊"的"脊",即"慎"字。從上舉這些文例的"慎"與"獄"并稱看,它大概有訴訟之意,這是很多學者都已提及的;但它未嘗不存在一種可能,即它有一個與訴訟類似但又有差別的意義,如罪、

---

① 程浩:《清華簡〈四告〉的性質與結構》,《出土文獻》2020 年第 3 期。
② 河南省文物考古研究所:《新蔡葛陵楚墓》,鄭州:大象出版社,2003,圖版六九。
③ 何琳儀:《新蔡竹簡選釋》,《安徽大學學報(哲學社會科學版)》2004 年 3 期。
④ [東漢]許慎撰,[北宋]徐鉉校定:《説文解字》卷一〇上,1978,210 頁。
⑤ 《史記》卷一二九《貨殖列傳》,北京:中華書局,1959,3265 頁。
⑥ [西晉]杜預注,[唐]孔穎達正義:《春秋左傳正義》卷五二,2113 頁。
⑦ 《史記》卷四〇《楚世家》,1714 頁。
⑧ [東晉]范甯集解,[唐]楊士勛疏:《春秋穀梁傳注疏》卷五,[清]阮元校刻《十三經注疏》,北京:中華書局,1982,2379 頁。
⑨ [西晉]杜預注,[唐]孔穎達正義:《春秋左傳正義》卷八,1762 頁。
⑩ 上揭陳斯鵬先生的論文中也列舉了很多侵部與真部有關聯的例子,可以參看。
⑪ yihai:《磚頭滿天飛之三:——四十二年逨鼎"訊庶有舜"臆解》,國學網站國學論壇,2003 年 4 月 8 日,yihai2003 年 4 月 8 日第 1、2 樓的發言。董珊:《略論西周單氏家族窖藏青銅器銘文》,《中國歷史文物》2003 年第 4 期,引陳劍説。

罰之義等。"慎"的這個意義未見於舊時訓詁,可以考慮這個意義上的"慎"在後世已經基本消亡(雖然還有如《尚書·立政》《左傳》等中的零星遺迹,但訓詁家已不明其意)。當然如果我們認爲這個意義上的"慎"仍留存於後世典籍中,是否可以考慮把這個意義上的"慎"破讀爲其他的字,如于省吾先生讀爲的"訊"、李零先生讀爲的"戾"、陳劍先生早年讀爲的"質"、陳斯鵬先生讀爲的"譖"等,[①]似乎都有待進學界的一步甄別判斷,但是以目前的資料來説,則尚難確定。[②] 不過我們現在知道的是,B 就是"夋",在典籍中這個意義作"慎",則已經解決了金文該字最大的疑難。

在金文中,B 字還常和"明"連在一起,作"B 明",如下所示:

(9) 史牆盤(《集成》10175):惠乙祖仇匹厥辟,遠猷腹心,子鳳▨明。[③]
(10) 虎簋蓋(《銘圖》5399):丕顯朕烈祖考,▨明克事先王。[④]
(11) 逑盤(《銘圖》14543):零朕皇高祖零伯,▨明粦心。[⑤]
(12) 師䕌鼎(《集成》2830):用型乃聖祖考,▨明勳辟前王,事余一人。[⑥]
(13) 尹姞鬲(《集成》755):天君弗忘穆公聖▨明,▨事先王。[⑦]

以上諸字和"明"字一起使用,學者從與司法有關的 B 字的考釋出發,對它們也有各種説法。如馬楠先生釋 B 爲"舜",李學勤先生讀 B 爲"廉",陳劍先生讀 B 爲"崇",陳斯鵬先生讀 B 爲"潛",趙平安先生讀 B 爲"聰"等。根據上文所述,我們認爲 B 就應該釋讀爲"慎",[⑧]金文中的"慎明"是并列詞,即慎重而明察的意思。在典籍中,和"慎明"同義的"明慎"多見,如《周易·旅》"君子以明慎用刑而不留獄"、[⑨]《漢書·王尊傳》"明慎所職,毋以身試法"、[⑩]《北堂書鈔·設官部十二》引《漢官儀》"故時稱明慎之至也"、[⑪]《後漢書·章帝紀》

---

① 李零説見《讀楊家村出土的虞逑諸器》,《中國歷史文物》2003 年第 3 期。又參張崇禮《逑器銘文補釋》,復旦大學出土文獻與古文字研究中心網站,2012 年 11 月 12 日。其他諸説見上注。
② 近來有學者進一步論證"司慎"的"慎"應讀爲"質",見劉曉晗《"司慎"續考》,武漢大學簡帛研究中心主辦《簡帛》第 26 輯,上海古籍出版社,2023,17-22 頁。目前看是較佳的説法。
③ 中國社會科學院考古研究所:《殷周金文集成》,北京:中華書局,1994,第 16 册,181 頁。
④ 吴鎮烽編著:《商周青銅器銘文暨圖像集成》,第 12 册,206 頁。
⑤ 吴鎮烽編著:《商周青銅器銘文暨圖像集成》,第 25 册,607 頁。
⑥ 中國社會科學院考古研究所:《殷周金文集成》第 5 册,229 頁。
⑦ 中國社會科學院考古研究所:《殷周金文集成》,北京:中華書局,1989,第 3 册,157 頁。
⑧ 張崇禮先生從舊説釋 B 爲"舜",把例(1)-(8)中的 B 讀爲"戾",又從"戾"出發,把(9)-(13)的 B 讀爲"慎",參張崇禮《談談古文字中"舜"字的讀法》,其文論證夾雜了很多不同字形,多不可信,但在讀 B 爲"慎"這一點上,和本文是相同的。
⑨ [魏]王弼注,[唐]孔穎達正義:《周易正義》卷六,[清]阮元校刻《十三經注疏》,北京:中華書局,1982,68 頁。
⑩ 《漢書》卷七六,北京:中華書局,1964,3228 頁。
⑪ [隋]虞世南撰:《北堂書鈔》卷六〇,天津古籍出版社,1988,238 頁。

"有司明慎選舉,進柔良,退貪猾"、①《後漢書·楊賜傳》"周文日昃不暇,明慎庶官"、②《後漢紀》卷一六"治姦詭之道,必明慎刑罰"。③ "明慎"後如果加了賓語,還可說成如《尚書·康誥》"克明德慎罰"、④《尚書·多方》"以至于帝乙,罔不明德慎罰"、⑤《尚書·文侯之命》"克慎明德"、⑥《漢紀》卷八"明賞慎罰"之類的文例。⑦

在馬王堆帛書《春秋事語》85+86 行有:

(14)吳伐越,俘其民以歸,弗復而刑之,使守布周(舟)。紀譜曰:"刑不▆,使守布周(舟),留其禍也。"

馬王堆帛書整理小組説"䇞疑與㚔(㚔)字同,讀如慎,《説文》慎古文作䇞。刑不慎是用刑不當"。⑧ 郭永秉先生則説:"從圖版看,此字明顯是上從'火'下從'去'的一個字,字不識,待考。"⑨我們認爲郭先生對字形的理解是準確的,但其字應該還是金文中的 B 形之變,馬王堆帛書整理小組對其文義的理解無誤。"刑不慎"是用刑不慎重的意思。在典籍中,多見"慎刑"之語,如《漢書·平帝紀》"殆非重信慎刑"、⑩《漢書·馮奉世傳》"所以慎刑"、⑪《文選·潘勖册魏公九錫文》"恤慎刑獄",⑫"刑不慎"即"慎刑"的否定説法。

另外,從字形上看,(5)的▆、(13)的▆從兩"止"爲"㚔"形,確實可以隸定爲"㚔",這個字形是否是 B 的訛形而與"㚔"相混;還是 B 字就是後世的"㚔",⑬同時也是後世的"䇞",也就是説"㚔"和"䇞"其實都是 B 的一字分化,⑭這個問題還有待考慮。

另外要説一下的是,作"謹慎"義的{慎}在金文中還有一種寫法,作"▆"(師望鼎,《集成》2812)、"▆"(大克鼎,《集成》2836)、"▆"(番生簋,《集成》4326)、"▆"(梁其鐘,《集成》

---

① 《後漢書》卷三,北京:中華書局,1973,132-133 頁。
② 《後漢書》卷五四,1778 頁。
③ [東晉]袁宏:《後漢紀》卷一六,收入張烈點校:《兩漢紀》,北京:中華書局,2002,312 頁。
④ [西漢]孔安國傳,[唐]孔穎達正義:《尚書正義》卷一四,203 頁。
⑤ [西漢]孔安國傳,[唐]孔穎達正義:《尚書正義》卷一七,228 頁。
⑥ [西漢]孔安國傳,[唐]孔穎達正義:《尚書正義》卷二〇,253 頁。
⑦ [東漢]荀悦:《漢紀》卷八,收入張烈點校《兩漢紀》,北京:中華書局,2002,124 頁。
⑧ 馬王堆漢墓帛書整理小組:《馬王堆漢墓帛書〔叁〕》,北京:文物出版社,1983,18 頁。
⑨ 郭永秉:《〈春秋事語〉釋文注釋》,裘錫圭主編《長沙馬王堆漢墓簡帛集成》,北京:中華書局,2014,第 3 册,194 頁。
⑩ 《漢書》卷一二,348 頁。
⑪ 《漢書》卷七九,3304 頁。
⑫ [梁]蕭統編,[唐]李善注:《文選》卷三五,上海古籍出版社,1986,1627 頁。
⑬ 上揭陳斯鵬先生文傾向於後一種想法,目前看或許有道理。
⑭ 㚔,來紐真部;䇞(慎),禪紐真部,二字古音亦相近。

189.1），在上面已經提到的逑盤中亦有"▉"字，辭例爲"克明▉厥德"。① 其字在楚簡中則作"▉"（郭店《老子》甲簡 11）、"▉"（郭店《老子丙》簡 12）、"▉"（郭店《五行》簡 16）等形，楚簡中的這種寫法更爲常見。這幾種寫法一脈相承，與 B 字來源不同。前文所引《四告》裏的"司慎皋繇"的"慎"作楚簡中常見的"訢"字的寫法，而在《四告》"司慎皋繇"相鄰的簡文下，又用"旾"表示{慎}。不論是在金文還是在楚簡中，同一個詞在同篇、甚至在相鄰的文句或同一句中用不同的字來表示，還是很常見的。金文中的這種情況已有徐寶貴先生做過專門研究，②而楚簡中比如郭店《忠信之道》簡 7"群物皆成而百善膚（皆）立"；③上博三《周易》簡 42"乃亂迺啐"；④上博三《彭祖》簡 7"一命式俯"；⑤上博四《曹沫之陳》簡 36"陳功上賢，能治百人，史（使）長百人；能治三軍，思（使）帥"等，⑥亦是這樣的例子。⑦ 經過學者的研究，這種情況已經得到充分挖掘而廣爲人知，⑧所以逑盤與《四告》的這種一詞多形的現象是不足爲奇的。

附記 小文曾請王子楊、周忠兵、蘇建洲、王挺斌諸先生及吳昊亨博士審看，特此致謝！

---

① 陳偉武：《舊釋"折"及从"折"之字平議——兼論"慎德"和"愁終"問題》，安徽大學古文字研究室編《古文字研究》第 22 輯，北京：中華書局，2000，251-256 頁。陳劍：《説慎》，李學勤、謝桂華主編《簡帛研究二〇〇一》，桂林：廣西師範大學出版社，2001，207-214 頁。
② 徐寶貴：《商周青銅器銘文避複研究》，《考古學報》2002 年第 3 期。
③ 荊門市博物館：《郭店楚墓竹簡》，45 頁。
④ 馬承源主編：《上海博物館藏戰國楚竹書（三）》，上海古籍出版社，2003，54 頁。
⑤ 馬承源主編：《上海博物館藏戰國楚竹書（三）》，127 頁。
⑥ 馬承源主編：《上海博物館藏戰國楚竹書（四）》，上海古籍出版社，2004，127 頁。
⑦ 參看單育辰《由清華簡釋解古文字一例》，《史學集刊》2012 年第 3 期。
⑧ 參看陳美蘭《〈清華大學藏戰國竹簡（貳）·繫年〉用字現象考察——以同詞異字爲例》，中國文字學會、中國文化大學中國文學系《第二十五屆中國文字學國際學術研討會論文集》，臺北：中國文化大學中國文學系，2014，393-424 頁。吳文軒、朱惠琦《上博二〈容成氏〉一詞多形現象試探》，中國文字編輯委員會編《中國文字》新 42 期，臺北：藝文印書館股份有限公司，2016，263-282 頁。李松儒《試析〈繫年〉中的一詞多形現象》，李守奎主編《清華簡〈繫年〉與古史新探》，上海：中西書局，2016，455-486 頁。李松儒《清華簡〈越公其事〉一詞多形現象研究》，中國文化遺產研究院編《出土文獻研究》第 17 輯，上海：中西書局，2018，73-96 頁。

清華簡《子產》所見國野分治與鄭國統治思想

□ 湖南師範大學歷史文化學院　李健勝

内容提要　清華簡《子產》反映了子產以國野分治之法頒布、實施"令""刑",將"鄭令""野令""鄭刑""野刑"收攝於禮儀型等級社會框架之中,藉此維護"王權—貴族"社會秩序。子產的施政理念及思維模式并不是出禮入刑、禮法結合或引禮入法,也非建構重令型國家統治的觀念起源,而是以舊、新之"禮"組織、管理社會各階層,重構貴賤、尊卑、親疏、長幼、上下有序的等級差序。

關鍵詞　清華簡《子產》　國野分治　禮儀型等級社會

《清華大學藏戰國竹簡(陸)》收入《子產》篇,簡長約 45 釐米,寬約 0.6 釐米,共 29 枚簡,保存較好。王沛認爲《左傳》中子產"鑄刑書"側重叔向的反對言論,而清華簡《子產》篇則是贊揚子產安邦定國、順天應民的政策,叙述重點不同,是春秋戰國之際兩種思潮碰撞的表現。[1] 劉光勝認爲子產的執政思路是出禮入刑,以刑促禮,通過製定刑書,公之於衆,求治於刑,實現社會秩序的重建,走的是禮、刑結合的路子,而以刑維護禮制是早期法家出禮入刑治國方式轉變的重要標誌。[2] 馬騰認爲子產"天經地義"的禮論與救世強國的變法,蘊含著一種不悖禮義而開啓變法的實用精神和"禮法結合"的思維模式。[3] 清華簡《子產》所見子產以"禮"治國的形象和子產的早期法家形象之間存在差異,在原先的認識中,推行法治的子產應當不會固守舊有的國野分治。但是,依照新的材料和傳世史料中有關子產崇禮的內容,子產遵循舊制也可得到合理解釋。而上述研究成果多有彌合分歧之嫌,既沒有分析清華簡《子

---

[1] 王沛:《子產鑄刑書新考:以清華簡〈子產〉爲中心的研究》,《政法論壇》2018 年第 2 期。
[2] 劉光勝:《德刑分途:春秋時期破解禮崩樂壞困局的不同路徑——以清華簡〈子產〉爲中心的考察》,《孔子研究》2019 年第 1 期。
[3] 馬騰:《子產禮義與變法新詮——〈左傳〉與清華簡〈子產〉互證》,《四川大學學報(哲學社會科學版)》2021 年第 2 期。

產》等材料的性質,也没有區别子産本人的思想和作爲鄭國執政所推行的施政策略與鄭國國家統治思想之間的關係等問題。因此,無論是把子産"鑄刑書"看作出禮入刑,還是禮法結合,抑或是兩種治國理念碰撞的産物,都没能觸及問題的實質。

一 國野分治與"令""刑"分途

《左傳》《史記》所載子産崇"禮"及孔子對子産的評價,都是在子産爲鄭國執政背景下形成的,《史記》更是將子産崇"禮"置於邏輯化的叙事中。鄭簡公誅殺子孔後,"以子産爲卿",吴國使臣延陵季子到鄭國,"見子産如舊交",勸告子産"子爲政,必以禮","子産厚遇季子",執政期間,子産秉持"爲政必以德",以"爲人仁愛人,事君忠厚"的形象示人。[①] 從統治思想的三重組成結構看,鄭國國家統治思想是傳統政治慣習和統治精英治國理念的綜合體,鄭國政治脱胎於西周禮樂制度,是姬周政治傳統在中原地區延續的一個典型。在新舊交織的時代背景下,鄭國在夾於晉、楚之間求生存的過程中,主要仰賴的治國基礎仍是西周以來的禮樂舊制;作爲執政,子産的治國思想代表著鄭國的國家統治意志,即使他有執行法治的偏好或者有崇禮的美德,具體施政理念仍須服從鄭國整體的統治需要,而無法像在野的思想家那樣自由地表達他們的治國理念。因此,子産的重刑、崇禮不僅是他個人治國理政的思想偏好,而且是鄭國國家統治思想貫於具體執政者身上的結果。從這個角度看,清華簡《子産》的叙事重點與傳世文獻并不衝突,這是一種事實而非史學解釋的結果。

從清華簡《子産》文獻性質看,這是一篇歌頌子産之功德的史家文獻,儘管作者本著美化子産施政的寫作目的,但和編造對話、虛構情節的語類文獻相比,《子産》的作者基本遵循史實記録,對子産施政的具體方式做了較充分的闡釋,借此表達鄭國試圖恢復禮儀型等級社會秩序的統治思想。文末,作者歎言子産"可用而不遇大國",[②]對其没有機會在大國施展政治抱負感到遺憾,崇拜之情溢於言表。

清華簡《子産》作者贊揚子産重民、崇禮、節儉、任賢等治國思想,重點闡述子産恢復、鞏固國野分治的施政策略。其文云"乃肆三邦之令,以爲鄭令、野令,導之以教";"肆三邦之刑,以爲鄭刑、野刑,行以尊令裕儀,以釋亡教不辜"。[③] "三邦"即夏、商、周,子産承襲三代"令""刑",頒布"鄭令""野令"和"鄭刑""野刑",以"令""刑"爲依據治國理政。儘管作者没有述及"令""刑"的具體内容,但既然它們分爲"鄭令""野令"和"鄭刑""野刑",那麽子産的施政顯然是對"國""野"采取分而治之的辦法,實施不同層面的"令""刑",就是重拾"三邦"時代施行的國野制度。

---

① 《史記》卷四二《鄭世家》,北京:中華書局,2013,2137-2140 頁。
② 李學勤主編:《清華大學藏戰國竹簡(陸)》,上海:中西書局,2016,138 頁。
③ 李學勤主編:《清華大學藏戰國竹簡(陸)》,138 頁。

上述簡文與《左傳·襄公三十年》所見"子産使都鄙有章,上下有服"的記述相合,[①]説明恢復國野制度是子産執政的重要内容。國野制度源於早期"國"與"野"的分治和"國人"與"野人"的統治關係。起初,作爲文明中心的"國"逐步控制了發展程度滯後的"野","國人"因此統治著"野人",他們的統治關係構成早期國家權力關係的基本面。當然,"國人"與"野人"的居住空間并非完全隔絶,一些"野人"也是居於"國"之中的,"野人"也并非完全聽命於"國人"而毫無政治地位,他們對國政也能産生不小影響。隨著歷史發展,"國"對"野"的控制日益加强,原先的"野"逐步劃入"國"的直轄區之内,二者的關係愈加複雜化。[②] 總之,國野制度是我國早期國家階段的一種統治手段,它與盟誓、内外服等制度有著密切關聯。首先,在早期超血緣、跨地域的統治關係中,征服者與被征服者通過舉行盟誓確定統治和被統治關係,盟誓的主要目的是確定居於"國"的盟主對處於"野"的部族的統治權。换言之,通過盟誓來確認"國"與"野"的統治關係是實施國野制度的根本目的。其次,"内服"與"外服"之分是中國早期國家政治構造的最主要特徵,它以血緣、地域關係中的親疏、内外、上下爲準則,構成等級制度。一般來説,王畿之地是最高統治者的直轄區,屬於"内服",地理空間、政治地位、社會發展程度上屬於"國"的範疇,而諸侯統治區域是"外服",屬於"野"。當然,"國"與"野"是相對的關係,王畿之地内有"野",諸侯國内也有"國",内外服制實際上是通過國野分治的方式得以實現的。此外,分封制的實施進一步將國野制度與血緣、地緣乃至業緣關係結合起來,成爲禮樂制度的重要組成部分。

　　春秋時期國野制度鬆動,居於"國"的征服者和居於"野"的被征服者政治、經濟地位發生變化,有些"野人"地位提高而有些"國人"則權勢旁落,國都與鄙野之間的界限漸趨消失。國野制度鬆動衝擊著貴族社會的統治根基,而子産推行恢復、鞏固國野制度的措施,目的在於讓鄭國重新回到貴賤、尊卑、親疏、上下、内外等級分明的禮樂秩序軌道上。

　　子産爲實現國野分治,分别頒布"鄭令""野令"和"鄭刑""野刑",説明"國"與"野"有不同的"令"和"刑","令"和"刑"的含義也是不同的。《説文·卩部》釋"令"爲"發號也,从亼卩"。[③]《左傳·襄公二十八年》載,鄭伯使子大叔如楚,受到楚國指責時辯解:"宋之盟,君命將利小國,而亦使安定其社稷,鎮撫其民人,以禮承天之休,此君之憲令,而小國之望也。寡君是故使吉奉其皮幣,以歲之不易,聘於下執事。今執事有命曰:'汝何與政令之……。'"[④]所謂"憲令""政令"指統治者的行政命令。《詩·大雅·思齊》"刑于寡妻,至于兄弟,以御于

---

① [晉]杜預注,[唐]孔穎達等正義:《春秋左傳正義》卷四〇,[清]阮元校刻《十三經注疏》,北京:中華書局,2009,4372頁。
② 趙世超:《周代國野制度研究》(修訂本),北京:人民出版社,2020,18-27頁。
③ [漢]許慎撰,[清]段玉裁注:《説文解字注》,上海古籍出版社,1981,430頁。
④ [晉]杜預注,[唐]孔穎達等正義:《春秋左傳正義》卷三八,[清]阮元校刻《十三經注疏》,4340頁。

家邦",《毛傳》釋"刑"爲"法也",[①]《爾雅·釋詁》"典、彝、法、則、刑、範、矩、庸、恒、律、憂、職、秩、常也",[②]"刑"即規範、準則之義。《漢書·杜周傳》"前主所是著爲律,後主所是疏爲令",[③]王沛據此認爲它揭示了漢代"律"是先帝制定、傳續後代、穩定性較强的法律形式,而"令"是由當世統治者頒布的穩定性較弱的法律形式,這種區别爲理解清華簡《子産》篇的"令""刑"關係提供了很好的啓示,《子産》篇的"令""刑"内容亦當如是,《子産》篇中的"鄭刑""野刑"是指型效先王、垂範後世的法律形式,而"鄭令""野令"指因具體事項而頒行的命令、法令。[④]

總的來看,"鄭令""野令"之"令"當指行政命令,這一點學界没有争議。但是,"鄭刑""野刑"之"刑"是否指法律條文,值得商榷。《子産》:"張美棄惡。爲民刑程,上下維輯。野三分,粟三分,兵三分,是謂處固,以助政德之固。固以自守,不用民於兵甲戰鬥,曰武愛,以成政德之愛。"[⑤]"三分",即三分之一,子産《刑書》當有野、粟、兵三部分,其"爲民刑程"的目的在於"以成政德之愛"。從中可以看出,子産頒布的"刑"是實現國、野分治的準則、規範,當屬於"禮"的範疇,并不是法律條文。梁啓超曾説:"我國古代,禮與法視同一物。禮者,即規律本族之法也。故凡禮制之著於竹帛者,皆可認爲一種之成文法……若禮而可認爲成文法,則周代所謂'經禮三百'、'曲禮三千'者,其可謂最古而最繁博之法典焉矣。"[⑥]清華簡《子産》所言"鄭刑""野刑",實爲周代舊"禮",從鄭國國家統治思想層面看,利用這些舊"禮"可以"有以答天,能通於神,有以徠民,有以得賢,有以御害傷",這是"先聖君所以達成邦國"的制度基礎。[⑦] 子産實施國野分治之法,是"因前遂故"的治國之道,[⑧]以國野分治之法治理鄭國,就是以舊"禮"規範、約束國人、野人行爲,走的是復古路綫,目的是想要實現"田有封洫,廬井有伍,大人之忠儉者,從而與之,泰侈者因而斃之"的國野有别、上下有序、賞善罰惡的禮儀型等級社會。[⑨]

進而言之,"令"之所以分"鄭令""野令",是因爲鄭國下達的"令"所指涉的對象——"國人"和"野人"的社會地位有所差異,因此,即使針對同一類型的事務所下達的"令",也會因管轄、實施對象不同,"令"的具體内容、實施方式也就會有所不同。與之相應的是,"鄭

[①] [漢]毛公傳,[漢]鄭玄箋,[唐]孔穎達等正義:《毛詩正義》卷一六,[清]阮元校刻《十三經注疏》,北京:中華書局,2009,1111頁。
[②] [晉]郭璞注,[宋]邢昺疏:《爾雅注疏》卷一,[清]阮元校刻《十三經注疏》,北京:中華書局,2009,5585頁。
[③] 《漢書》卷六〇,北京:中華書局,1962,2659頁。
[④] 王沛:《子産鑄刑書新考:以清華簡〈子産〉爲中心的研究》,162-170頁。
[⑤] 李學勤主編:《清華大學藏戰國竹簡(陸)》,138頁。
[⑥] 梁啓超:《論中國成文法編制之沿革得失》,參見梁啓超原著,范忠信選編《梁啓超法學文集》,北京:中國政法大學出版社,2000,125頁。
[⑦] 李學勤主編:《清華大學藏戰國竹簡(陸)》,137頁。
[⑧] 李學勤主編:《清華大學藏戰國竹簡(陸)》,137頁。
[⑨] [晉]杜預注,[唐]孔穎達等正義:《春秋左傳正義》卷四〇《襄公三十年》,[清]阮元校刻《十三經注疏》,4372頁。

刑"和"野刑"有所區别的原因也在於實施對象社會地位的不同。這説明,"令""刑"是用於維持等級差序的手段,子産在"國"和"野"頒布、實施"令""刑"的目的就在於用它們維持貴族社會的等級差序。换言之,用來建構等級秩序的"令""刑"是基於貴族社會整體利益和維持貴族社會各種等級關係而發布、實施的命令、措施,它們本質上屬於"禮",并不是基於以法治國思想定的法律條文,更不是建構重令型國家的觀念起源,①重視"令""刑"是周代禮制時代的法律特徵,而戰國以降的國家形態中,司法制度很大程度上取代了"令""刑"調節社會關係的功能。子産以國野分治之法用"令""刑"治理鄭國,反映的不是出禮入刑、禮刑結合或禮法結合思維模式或治國思想,而是以恢復周禮爲依托,意圖重構等級秩序爲社會基本框架的禮儀型社會。

由此可知,清華簡《子産》所見鄭國國家統治思想的主要方面是試圖重構禮儀型等級社會秩序,作爲鄭國執政,子産頒布"鄭令""野令"和"鄭刑""野刑",就是要在國野分治的基礎上實現社會秩序的重構。從統治思想史角度看,在利用國野分治之法治國理政方面,鄭國國家統治思想和作爲統治精英代表人物的子産的施政思想兩相重合,這與子産通過"鑄刑書"且以法治國的歷史形象多有不同。

二 禮儀型等級社會框架對"令""刑"的收攝

禮儀型等級社會以風俗、儀式、法令等維護社會等級秩序,國家治理的基本目標在於建立一個貴賤、尊卑、親疏、長幼、上下有序的等級差序社會。在這樣的社會環境中,實施"禮"的根本目的在於建構并維護等級秩序,由此形成的社會基本框架也是等級差序型的,講求等級差序也是商周以來中國古代政治文化的基本特徵。子産以國野分治形式頒布、實施"令""刑",本身就是爲了維護等級差序。近代法學家王振先曾説:"上下吾國歷史數千年間,其足以稱大政治家者,未有不具法治之精神也……古來崇法治者,於春秋得二人焉:曰齊管仲,曰鄭子産……之數子者,皆身當危局,排衆議,出明斷,持之以剛健之精神,納民於公正之軌物,卒能易弱爲强,易貧爲富,措一國於泰山之安,果操何道以致此乎?曰惟真知法治故。"②清華簡《子産》證明,作爲鄭國執政,子産的治國精神在於"禮治"而非"法治",近現代以來形成的子産治國理念重在"法治"的判斷值得商榷。清華簡《子産》所見"以和和民,和民有道""爲民刑程,上下維輯"等頌揚子産治國之道的文字,③無不透露著禮儀型等級社會框架下以"令""刑"維持貴族社會和諧、穩定社會秩序的思想内涵,子産以國野分治形式頒布"令""刑"的目標是想重建一個貴賤、尊卑、親疏、長幼、上下有序的社會,而以國野制度爲代表的

---

① 王晨光:《重令型國家的觀念建構——與朱騰教授商榷清華簡〈子産〉的定位》,《南大法學》2021年第4期。
② 王振先:《中國古代法理學》,上海:商務印書館,1925,39頁。
③ 李學勤主編:《清華大學藏戰國竹簡(陸)》,137—138頁。

"禮"顯然收攝了表面具有法令内涵的"令""刑",使之成爲"禮"的組成部分。

雖然清華簡《子産》没有透露子産頒布的"鄭令""野令"及"鄭刑""野刑"的具體内容,但是,所謂"三邦之令""三邦之刑"顯然是指繼承而來的三代舊"禮";從叔向批評子産"鑄刑書"看,子産有可能頒布、實施過一些新的"令""刑"。就後者而言,西周封建舊制仍在春秋延續的時代大背景下,子産頒布的新"令""刑",屬於因時制"禮"的範疇,而叔向批評子産的原因,倒不是制定并實施了新的禮法,而是"鑄刑書"的政治行動本身有違於從俗而治的傳統,使大夫階層的政治霸權全然外露,有失禮教的優雅傳統,約束各級貴族的"令""刑"一旦公之以衆,意味著"令""刑"對包括大夫階層在内所有貴族的約束作用被廣泛宣傳,這反而有可能威脅到大夫階層的利益。

子産繼承而來的和新制作的"令""刑"不能看作是刑律的主因,刑律雖也有以具體律令體現等級差異的内容,但頒布律令的目的在於實現國家的一體化治理。而在國野分治的背景下,除傳統的禮俗治國思想外,將"令""刑"與"國""野"相結合,以禮俗治國本身含有的差異性原則進一步放大,從而使整個社會的秩序原則處於等級社會框架之中,無法實施統一的律令之制。換言之,既然《子産》明言子産以國野分治的方式治理鄭國,那麽這樣的統治形式本身是無法實現以法治國的。

禮儀型等級社會框架收攝"令""刑"的現象直接體現於子産"重禮""知禮"的個體思想和行爲上。[①]《左傳·襄公二十六年》記載,鄭簡公賞賜攻入陳國有功者,賜給子展先路、三命車服和八個城邑。賜給子産次路、再命車服和六個城邑,子産辭去城邑,説:"自上以下,隆殺以兩,禮也。臣之位在四,且子展之功也,臣不敢及賞禮,請辭邑。"[②]鄭簡公堅決要給他,子産接受了三個城邑,公孫揮評價道:"子産其將知政矣!讓不失禮。"[③]《左傳·昭公四年》,子産作"丘賦",國人謗之,子産引《詩》"禮義不愆,何恤於人言"辯護,認爲"民不可逞,度不可改",[④]所取之義在於"禮"對各階層社會行爲的規範、制約。《左傳·昭公六年》所記子産"鑄刑書"一事,叔向批評子産將刑律鑄於鼎,違背了聖王教化之道。細究原文,叔向所言子産"制參辟",當爲清華簡《子産》所説的"野三分,粟三分,兵三分",即以國野分治形式制定、頒布相應的"令""刑",仍屬於禮儀型等級社會框架下的治國理政之具體行動,祇是鑄於鼎的一部分"令""刑"屬於新"禮",爲維護舊"禮"的叔向所不容,子産"鑄刑書"的目的是爲了"救世",即解決鄭國當下面臨的政治危機,創制新"禮"當在情理之中。

作於戰國時期的清華簡《子産》,有著鮮明的政治思想偏向,但作者對子産基於禮儀型等級社會框架制定和實施"令""刑"的目的有著客觀、真實的評述,用"從節行禮,行禮踐政"

---

① [晉]杜預注,[唐]孔穎達等正義:《春秋左傳正義》卷四五《昭公十二年》,[清]阮元校刻《十三經注疏》,4477頁。
② [晉]杜預注,[唐]孔穎達等正義:《春秋左傳正義》卷三七,[清]阮元校刻《十三經注疏》,4319頁。
③ [晉]杜預注,[唐]孔穎達等正義:《春秋左傳正義》卷三七,[清]阮元校刻《十三經注疏》,4319-4320頁。
④ [晉]杜預注,[唐]孔穎達等正義:《春秋左傳正義》卷四二,[清]阮元校刻《十三經注疏》,4420頁。

"和民有道""爲民刑程,上下維輯"等話語,①贊頌他以"禮"治國,以"禮"和民,以"禮"修身的循"禮"、制"禮"、行"禮"之舉。從這些評價看,子產以"體國經野"之制實施"令""刑",屬於禮儀等級框架下的施政行爲。子產試圖把新舊國野"令""刑"收攝於禮儀型社會框架之中,通過鑄於銅鼎、公布於衆,使社會各階層都能通曉"令""刑",爲維持貴賤、尊卑、親疏、長幼、上下等級秩序提供依據。從中亦可看出,子產依循禮儀型等級社會的基本原則收攝"令""刑",并使之成爲"禮"的組成部分。

子產是早期法家的代表人物,稱其所制"令""刑"收攝於禮儀型等級社會框架,似乎與人們對法家思想基本面貌的認識相悖。瞿同祖曾説:"中國法律的主要特徵表現在家族主義和階級概念上。二者是儒家意識形態的核心,和中國社會的基礎,也是中國法律所著重維護的制度和社會秩序。"②所謂"階級概念"指的就是禮儀等級,瞿先生認爲這是"儒家意識形態的核心",而"法家欲以同一的,單純的法律,約束全國人民,著重於'同',故主張法治,反對因貴賤、尊卑、長幼、親疏而異其施的禮"。③但是,從相關文獻看,法家不僅不反對"家族主義"和"階級概念",相反,他們是這些意識形態的維護者。商鞅二次變法時,推行"令民父子兄弟同室内息者爲禁",④專事於改變秦之西戎風氣,推行中原家庭倫理,李斯盛讚他"移風易俗,民以殷盛,國以富強,百姓樂用,諸侯親服",⑤《商君書·算地》云:"民之求利,失禮之法;求名,失性之常。奚以論其然也?今夫盜賊上犯君上之所禁,而下失臣子之禮,故名辱而身危,猶不止者,利也。"⑥這都説明法家并不反對"家族主義"和"階級概念",相反,他們致力於創制區别貴賤、尊卑、長幼、親疏的律令,來維護等級社會秩序,秦漢律令所藴含的"家族主義"和等級觀念從商鞅變法時已經存在,而非法律儒家化的結果,"禮"與"法"從來不是對立的關係,對立的衹是儒法兩家的社會主張。⑦

進而言之,瞿先生所説的"家族主義"和"階級概念"既不是法律儒家化的結果,也不是"禮"與"法"結合的産物,而是三代貴族社會的基本傳統,至於瞿先生認爲法家著重於"同"的看法,應當是近現代以來西學東漸背景下對法家思想的一種誤讀,是近現代法律思想投射於我國古史的鏡像,中國古代從來不是以法理爲社會基本框架的,公平、公正、同一等現代性意識濃厚的思想觀念也從來不是中國古代法律的基本價值觀,而維護貴賤、尊卑、親疏、長幼、上下等級秩序纔是中國古代法律的核心理念。藉此反觀子產在禮儀型社會框架下的施

---

① 李學勤主編:《清華大學藏戰國竹簡(陸)》,137-138頁。
② 瞿同祖:《中國法律與中國社會》,北京:中華書局,2003,導論1頁。
③ 瞿同祖:《中國法律與中國社會》,309頁。
④ 《史記》卷六八《商君列傳》,2712頁。
⑤ 《史記》卷八七《李斯列傳》,3086頁。
⑥ 蔣禮鴻:《商君書錐指》卷二,北京:中華書局,1986,45頁。
⑦ 楊振紅:《從出土秦漢律看中國古代的"禮"、"法"觀念及其法律體現——中國古代法律之儒家化説商兑》,《中國史研究》2010年第4期。

政,他以國野制度爲代表的"禮"收攝"令""刑"實際上承續了三代貴族社會的基本傳統,即以"禮"規範"令""刑",并使之轉化爲新"禮",他"鑄刑書"的舉動不是出禮入刑,也不是禮法結合,更不是引禮入法,而是禮儀型社會框架下以"禮"收攝"令""刑",繼承舊"禮"、頒布新"禮"的一種舉措。

從國家層面的統治思想看,鄭國并不存在"禮"與"法"并存的情况,"令""刑"祇是實踐"禮"的具體手段或方式,無論是承襲而來的還是新製作的"令""刑",皆爲收攝於"禮"的治國之術,而子產"鑄刑書",不過是把它們公之於衆,目的是做到施"禮"有據,并非放棄禮治而執行法治,或者法治與禮治并重,因爲在當時的鄭國國家層面,占主導地位的統治思想是以新舊"令""刑"重塑國野分治之策,進而重構以西周前期政治爲典範的禮儀型等級社會,而非以法治國。

三　禮儀型等級社會框架下的鄭國統治思想

春秋時期,禮儀型等級社會框架面臨崩解危機,其中,諸侯勢力的旁落是最爲典型的政治問題。當時,諸侯或被大夫架空,或被大夫取而代之,有的不得已逃往他國,悲歎"亡人不佞,失守社稷,越在草莽",[1]有的企求"政由甯氏,祭則寡人"的權力象徵地位。[2] 在這樣的時代背景下,一方面,"坐而論道,謂之王公;作而行之,謂之士大夫"的等級理念,[3]仍是維持貴族政治運行的基本法則。另一方面,大夫群體利用政治資本鍛造新的政治理念,在他們眼裏,諸侯權力的合法性取決於自身修養,大夫對待他們,可以"善則賞之,過則匡之,患則救之,失則革之",[4]清華簡《治邦之道》所見"君守器,卿大夫守政,士守教……農守稼穡"一語,[5]把國公的權力限定在象徵意義上,這恰恰反映的是春秋大夫群體的政治理念。

儘管大夫群體握有政治實權,但其權力合法性并未真正體制化,依賴舊有禮制實現政治霸權是各國大夫群體的基本施政觀念,子產也不例外。子產之所以用國野分治之法實施"令""刑",除維護禮儀型等級社會框架的正常運行外,也有以"鄭令""鄭刑"規範大夫群體政治行爲的目的。對於執政的大夫群體來說,自我約束是享有權勢的第一要義,也是協調大夫群體利益的重要法則。作爲國人群體的核心,他們須帶頭遵循"鄭令""鄭刑",如違背禮制,就應受到懲罰,祇有如此,纔能在權力未被體制化的背景下,維持大夫群體在社會各領域的霸權地位,這是子產最爲核心的施政理念。

---

[1] [晉]杜預注,[唐]孔穎達等正義:《春秋左傳正義》卷四九《昭公二十年》,[清]阮元校刻《十三經注疏》,4542頁。
[2] [晉]杜預注,[唐]孔穎達等正義:《春秋左傳正義》卷三七《襄公二十六年》,[清]阮元校刻《十三經注疏》,4318頁。
[3] [漢]鄭玄注,[唐]賈公彥疏:《周禮注疏》卷三九《考工記》,[清]阮元校刻《十三經注疏》,北京:中華書局,2009,1957頁。
[4] [晉]杜預注,[唐]孔穎達等正義:《春秋左傳正義》卷三二《襄公十四年》,[清]阮元校刻《十三經注疏》,4250頁。
[5] 李學勤主編:《清華大學藏戰國竹簡(捌)》,上海:中西書局,2018,137頁。

另一方面,子産之所以用國野分治之法實施"令""刑",與大夫群體致力於打壓"士"階層有很大關係。春秋時期,"士"階層游離於國家核心政治圈之外,但他們是大夫群體潛在的政治對手,也是試圖衝破禮儀型等級社會框架的主力軍,針對一些國君試圖任用"士"的舉動,大夫們不遺餘力地加以反對,齊國大夫晏嬰就曾諷刺齊景公"縣鄙之人,入從其政",①在他看來居於"縣鄙"之地的"士"是没有資格參與國家政務的。子産"鑄刑書",以"令""刑"維護貴賤、尊卑、親疏、長幼、上下有序的社會等級秩序,將"士"階層框定在既有等級、職守之中,使之無法與大夫階層相抗衡,從中透露出子産通過"令""刑"打壓"士"階層維護大夫利益的施政理念。

如何以恰當的禮儀制度把民衆約束在既有的社會等級框架之中,也是子産利用"令""刑"組織、管理社會的一個重要方面,這主要體現的是子産"得民天殃不至"的重民思想。②具體來説,"國"周邊的"野人"和原本居於"野"的民衆是支撐禮儀型等級社會的基礎力量,他們以擁有自由民身分的庶人爲主,也包括"臣妾""皂隸"等低賤群體,在"君子之不虐幼賤,畏於天也"的時代氛圍中,③任意欺壓"野人"無異於棄絶大夫統治的合法性,"野人"既受禮樂制度保護,亦受這一制度體系的管理、教化,使之具備禮讓、謙恭之風氣。因此,子産管理"野人"時所使用的"野令""野刑"也是禮樂制度的組成部分,對"野人"多施以禮樂教化,懲處犯法亂禁者時纔會使用刑罰,這與《左傳·昭公二十年》所載子産"唯有德者能以寬服民,其次莫如猛"的治國理念是相合的。④

從清華簡《子産》的相關記述看,鄭國國家統治思想總體上依循的是以禮樂制度規範、教化社會各階層的傳統貴族社會的統治思想,在利用"令""刑"組織社會方面,既謀求貴賤、尊卑、親疏、長幼、上下等級秩序的穩定有序,也充分考量到如何維護大夫群體的政治霸權。子産的統治理念反映出春秋時代雖然禮樂呈現崩壞之勢,但其社會性質總體上仍屬於商周"王權—貴族"社會,⑤國家統治的法則在於如何以關係邏輯維持等級社會的穩定,而非以法治思維推進社會結構的快速更新,子産的施政理念在於謀求禮樂制度的統一和延續,而非以"令""刑"解構禮樂制度。從國家層面看,鄭國的這一統治思想典型地反映了春秋時期舊有社會制度和思想觀念因素主導社會發展進程的事實,認知春秋新舊交織的社會面相因而多了一個具體實例。從個人歷史形象看,清華簡《子産》相關信息告訴我們,作爲鄭國執政,子産實施的是一條頗具復古色彩的國家統治之路,其早期法家形象是個被建構的結果,未必有切實的事實依據,而《左傳》《史記》《論語》所見子産尊"禮"却得到了實證,孔子稱他爲"古之遺

---

① [晉]杜預注,[唐]孔穎達等正義:《春秋左傳正義》卷四九《昭公二十年》,[清]阮元校刻《十三經注疏》,4546頁。
② 李學勤主編:《清華大學藏戰國竹簡(陸)》,137頁。
③ [晉]杜預注,[唐]孔穎達等正義:《春秋左傳正義》卷一九《文公十五年》,[清]阮元校刻《十三經注疏》,4029頁。
④ [晉]杜預注,[唐]孔穎達等正義:《春秋左傳正義》卷四九,[清]阮元校刻《十三經注疏》,4549頁。
⑤ 李健勝:《流動的權力:先秦、秦漢國家統治思想研究》,北京:中國社會科學出版社,2018,86頁。

愛也"也確有實據。①

    總之,從清華簡《子產》所見鄭國統治思想看,當時的鄭國雖出現了"鑄刑書"的現象,但是總體上并沒有突破"議事以制,不爲刑辟"的傳統,②子產的施政理念及思維模式并不是出禮入刑、禮法結合或引禮入法。作爲鄭國執政,他的統治理念和鄭國國家統治思想兩相重合,其統治思想的核心在於用國野分制背景下的"令""刑"重塑禮儀型等級社會秩序,并以新舊之"禮"構成的禮樂制度組織、管理社會,結合大夫群體利益進行權力運作。這是鄭國統治思想的核心內容,也是子產的基本統治理念,而清華簡《子產》的出土爲傳世文獻所見子產尊"禮"找到了堅實的佐證。

---

① ［晉］杜預注,［唐］孔穎達等正義:《春秋左傳正義》卷四九《昭公二十年》,［清］阮元校刻《十三經注疏》,4550頁。
② ［晉］杜預注,［唐］孔穎達等正義:《春秋左傳正義》卷四三《昭公六年》,［清］阮元校刻《十三經注疏》,4437頁。

談談包山楚簡中的"金鋥二鋥"問題*

□ 鄭州大學漢字文明研究中心
□ "古文字與中華文明傳承發展工程"協同攻關創新平臺

黄錫全

内容提要 湖北荆門包山 M2 楚簡中的"金鋥二鋥",各家釋讀與理解不一。從現有的資料來看,仍宜以《説文》"圣"讀"窟"音爲依據將鋥釋讀爲"凷(塊)";可據出土資料解釋"金塊二塊"相當於黄金二兩。

關鍵詞 包山簡　金鋥　金版　二兩

湖北荆門包山 M2 所出楚簡第 147 簡(見圖 1)有下列一段文字,根據學術界的研究,可釋讀如下:[①]

　　陳愿、宋獻爲王煮鹽於海,受屯二儋之食、金鋥二鋥。將以成收。

---

* 本文係國家社科基金重大項目"甲骨學大辭典"(18ZDA303)、"古文字與中華文明傳承發展工程"項目"先秦貨幣文字新編"(G1428)階段性成果。

① 湖北省荆沙鐵路考古隊:《包山楚簡》,北京:文物出版社,1991。史傑鵬:《釋包山楚簡的"鋥"字》,武漢大學簡帛研究中心主辦《簡帛》第 6 輯,上海古籍出版社,2011,228-234 頁。林沄:《讀包山楚簡札記七則》,《江漢考古》1992 年第 4 期。劉釗:《談包山楚簡中"煮鹽於海"的重要史料》,《中國文物報》1992 年 10 月 18 日第 3 版。趙平安:《戰國文字中的鹽及相關資料研究》,饒宗頤主編《華學》第 6 輯,北京:紫禁城出版社,2003,107-113 頁;趙平安:《戰國文字中的鹽字及相關問題研究》,《考古》2004 年第 8 期;收入其著《新出簡帛與古文字古文獻研究》,北京:商務印書館,2009,131 頁。李家浩:《傳賃龍節銘文考釋——戰國符節銘文研究之三》,《考古學報》1998 年第 1 期。何琳儀:《戰國古文字典》,北京:中華書局,1998,879 頁"鋥"、163 頁"收"。劉信芳:《包山楚簡解詁》,臺北:藝文印書館,2003,150 頁。凡國棟:《上博七〈凡物流形〉甲 7 號簡從"付"之字小識》,簡帛網,2009 年 4 月 21 日。諸家論述參見朱曉雪《包山楚簡綜述》,福州:福建人民出版社,2013,371-374 頁;陳偉等著《楚地出土戰國簡册[十四種]》,武漢大學出版社,2016,上册 71 頁,90-91 頁注 105、106。下面引文涉及以上學者之説一般不再重複加注。

息,從史傑鵬隸定。"煮鹽於海"可參見林澐、劉釗、趙平安等的研究。"受屯二儋之食"可參見李家浩的研究。"金鋞二鋞"的不同說解,可參見何琳儀、劉信芳、史傑鵬、李守奎等學者論文。

"將以成收",劉釗以爲大概是指陳、宋二人負責將鹽收上來的意思。何琳儀以爲"收"爲徵收之賦稅。凡國棟以爲"'收'也許是指收符"。李學勤主編《字源》"將"字條認爲此簡"將"乃"引申爲時間副詞,主要表將來時"。② 我們以爲這裏的虛詞"將",應理解爲"當"。③ 如《左傳·襄公三十年》:"王子相楚國,將善是封殖。"④意即王子輔助楚國的政事,應當培養善人。⑤

"煮鹽"之事古籍有記述,多由官府管理(可參閱趙平安文)。如《管子·輕重甲》:"北海之衆,無得聚庸而煮鹽。"⑥《史記·平準書》:"敢私鑄鐵器煮鹽者,釱左趾。"⑦《三國志·魏志·鄧艾傳》:"煮鹽興冶,爲軍農要用。"⑧《隋書·食貨志》:"於滄、瀛、幽、青四州之境,傍海置鹽官,以煮鹽,每歲收錢,軍國之資,得以周贍。"⑨相互比較,"將以成收",大概是指應當以完成情況收取食鹽或賦稅。若此,此條簡文大義爲:陳愳、宋獻二人爲楚王在海邊負責煮鹽,授給每人每月的糧食二擔,金鋞二鋞,當據完成情況收取食鹽或賦稅。

圖 1 包山 147 簡①

簡文基本內容分歧意見不大,唯獨"金鋞二鋞"四字理解不一。《包山楚簡》原注釋未涉及鋞字。何琳儀疑鋞爲"銼"之省文,引《正韻》"鎈,錢異名"。⑩ 劉信芳認爲"字从金,聲符同'怪'字之聲符,讀爲'凷',俗作'塊','金鋞'即金塊"。⑪ 凡國棟疑爲从金、从坙省,可讀爲釜或鬴;若爲炊器,可視爲生活物資或生產食鹽的工具;若爲量器,可視爲生產工具。⑫ 史傑鵬認爲"从'圣'聲的'鋞'與'墮'字所从有關,很可能當讀爲古書上常見的'鍰'";傾向"鍰"

---

① 湖北省荊沙鐵路考古隊:《包山楚簡》,圖版六七。
② 李學勤主編:《字源》,天津古籍出版社,2013,243 頁。
③ 參見裴學海《古書虛字集釋》,北京:中華書局 1980,614 頁。
④ [晉]杜預注:《春秋左傳集解》,上海人民出版社,1977,1145 頁。
⑤ 參見沈玉成譯《左傳譯文》,北京:中華書局,1983,365 頁。
⑥ 參見榮挺進、李丹譯注《管子》,北京:中國書店,1997,613 頁。
⑦ 《史記》卷三〇,北京:中華書局,1973,1429 頁。
⑧ 《三國志》卷二八,《二十四史》縮印本,北京:中華書局,1997,第 3 册,206 頁。
⑨ 《隋書》卷二四,《二十四史》縮印本,北京:中華書局,1997,第 7 册,176 頁。
⑩ 何琳儀:《戰國古文字典》,879 頁。
⑪ 劉信芳:《包山楚簡解詁》,150 頁。
⑫ 陳偉等著:《楚地出土戰國簡册[十四種]》,上册 91 頁,"按:此字右旁疑爲楚文字'付'的省形。从'人'、从這個偏旁的'付'見於上博竹書《周易》51、52 號簡。此字恐即'符',加'金'旁表示用青銅製成"。

同"鈘",爲十一銖二十五分之十三;二銔(鍰)相當於一兩,即"郢稱"金版一塊。[1] 李守奎懷疑就是"鈑"字,亦即"金版","金版二版",很順。"圣"就是"厇"的省形。[2] 包山簡 43 記有"不歸鄧人之板以致命於郢"。板爲鈑金、版金。

上列對於鋞字的不同解釋均有一定道理,但各有短長,未能達成共識。若鋞爲"鐯",即錢,"金錢二錢"怎麼解釋,相當於多少,論者未深入討論。鋞爲塊,"金塊二塊"究竟相當於多少,也未作説明。鋞疑爲器物或工具説,煮鹽需用器物,給煮鹽者糧食與器具,年終結算,不無道理,但研究者也未深究,祇是説這樣理解文句可通。鋞爲"鍰"説雖有一定道理,但包山楚簡等有下列"爰"或從"爰"之字,[3]與"寽"有別,[4]爲何捨棄"爰"而另以從"圣"之鋞爲鍰,也是個問題;讀鋞爲"鍰"也不夠直接。

"鈑"説之義雖好,但"反"字不見省"厂"作者,兩金鈑價值也太高,若指金版的小塊又不宜稱"版"。因此,這一問題還值得進一步推敲。其關鍵問題就是"圣"形如何解釋,"鋞"的重量是否有據。

需要説明的是,鋞所從的"圣"與另見的"坕"或偏旁從坕者有別。圣、坕可能不是一字。根據諸位的探討,我們以爲目前有兩種解釋可供考慮:1.鋞爲器具,即煮鹽需用者;2."金鋞"爲金塊,乃薪金。

若鋞爲器具,應爲較大的金屬類器物,可用於煮鹽。以"圣"爲"付"省,是鬴或釜之類,思路雖好,但無佐證;"鋞"所從之"圣"與"坕"(上博簡 51、52)可能沒有關係,"付"不能省去"人"旁;"付"从"土"與"圣"从"土"也不能等同視之。

我們以爲,在没有直接證據的情況下,此字還是以《説文》"圣"讀"窟"音爲依據較妥。[5] 窟、屈屬溪母物部,與之可能有關係的鍋(見母歌部)、鬴或釜(并母魚部)、鑊(匣母鐸部)等讀音均不同。鋞若是器物,究竟是什麽器物,一時難定,存疑待考。

另一解釋,就是作爲薪金。楚王給糧食,也給工資,去負責煮鹽。多數學者傾向此解,關鍵是對鋞字理解有分歧。

---

[1] 史傑鵬:《釋包山楚簡的"鋞"字》,武漢大學簡帛研究中心主辦《簡帛》第 6 輯。
[2] 李守奎:《據清華簡〈繫年〉"克反邑商"釋讀小臣單觶中的"反"與包山簡中的"鈑"》,武漢大學簡帛研究中心主辦《簡帛》第 9 輯,上海古籍出版社,2014,134 頁。
[3] 滕壬生:《楚系簡帛文字編》,武漢:湖北教育出版社,2008,397 頁"爰",50 頁"瑗",699 頁"寏",1109 頁"緩",1157 頁"媛"。
[4] 參見黄錫全《先秦貨幣通論》,北京:紫禁城出版社,2001,349 頁"寽""爰""寽"字形比較。
[5] [漢]許慎撰,[宋]徐鉉校定,愚若注音:《説文解字》,北京:中華書局,2017,289 頁。以下引此書不再加注。

金文的"陸"作■（五祀衛鼎）、■（幽公盨）等。① 包山 M2 楚簡 163 人名"墮惕"之墮（隋）作■，"陸"作■（郭·語四·22 墮）、■（包 2·22 隋得）、■（包 2·24 隋得）、■（包 2·167 隋遆）等。② 其偏旁所从與《説文》的"圣"字類似，但可能没有多大關係。"陸"是像用手使山阜之土墜落，與以手"致力於地"的"圣"不同。"陸"與"圣"可能義近，但不大可能是一字。③

从"又"从"土"之字見於甲骨文，多从雙手。劉釗主編《新甲骨文編》隸定爲坚，將雙手在上與在下，及形體重複、或从"用"者，一并列入：④

■ ■ ■ ■ ■ ■ ■ ■ ■

李宗焜編著《甲骨文字編》將此字諸形分列，并作出不同隸定，截取如下：⑤

```
1431   ■ 06773   ■ 06773   没有隸定
1432   坒  1. ■ 09473   ■ 09475
       袁  2. ■ 33209   ■ 33209   3. ■ 34239
           4. ■ 33223   ■ 屯 2260
1433   墼 ■ 00006   ■ 00022   ■ 03307
1434   埕 ■ 03396
```

此字學術界意見分歧較大，過去有釋圣（余永梁、郭沫若）、掘（楊樹達）、叁（孫海波、丁山、陳夢家讀"糞"）、貴（徐中舒、胡厚宣）、墢（束世澂）、壅（饒宗頤、裘錫圭）、墾（于省吾）、

---

① 參見董蓮池《新金文編》，北京：作家出版社，2011，2014 頁。五祀衛鼎，西周中期，《殷周金文集成》05.2832；幽公盨，西周中期偏晚，《中國歷史文物》2002 年第 6 期。
② 滕壬生：《楚系簡帛文字編（增訂本）》，819 頁"墮（隋）"，1192 頁"陸"。
③ 裘錫圭先生曾認爲，"陸"的字形像用手使"阜"上之土墜落，是一個表意字。其所从之"圣"，後來變爲"左"，當是由於"圣""左"形近，而"左"字之音又與"墮"相近之故。參見裘錫圭《贊公盨銘文考釋》，《中國歷史文物》2002 年 6 期，收入《裘錫圭學術文集·金文及其他古文字卷》，上海：復旦大學出版社，2012，148 頁。裘先生是講字形演變，并不是認爲《説文》的"圣"就是"陸"。史傑鵬《釋包山楚簡的"鋌"字》，229 頁引此爲據，并《説文》中的"圣"訓爲"汝潁之間謂致力於地"，估計是"圣"後起的另一義。可能還需要進一步斟酌。
④ 劉釗主編：《新甲骨文編（增訂本）》，福州：福建人民出版社，2014，763-764 頁。
⑤ 李宗焜：《甲骨文字編》，北京：中華書局，2012，441-442 頁。

裦（張政烺）者，①多認爲與"圣"有關，祇是釋讀不一。李宗焜將不同構形分列值得重視，因其表示的意義並不一定相同。如兩手在上與在下可能有區別，从"用"者可能另有其義，上下結構之🔲（合集 33223）與🔲就不一定相同。②

相比較而言，將🔲、🔲、🔲等釋爲"圣"讀爲"墾"，優於他釋。《説文》："圣，汝穎之間，謂致力於地曰圣。从土从又。讀若兔窟。"所謂"致力於地"當即"開墾土地"，與"壅"可能有一定區別。③ 墾，溪母文部，與"圣"讀若溪母物部的"窟"音相近。

我們主張銓字所从之"圣"當來源於甲骨文的🔲、🔲、🔲等。金祥恒《陶文編》"圣"下收入下列三例，分別來自《季木藏陶》《夢庵藏陶》《萍廬藏陶》《雲水山人陶文萃》：④

王恩田《陶文字典》"圣"下收列三字，分別來自《陶文圖録》。⑤ 張振謙博士論文《齊系文字研究》附有完整釋文：⑥

陶録 3.1.1　　陶録 3.1.3　　陶録 3.2.1

儘管陶文涉及的文義還有待討論，但説明此字的流傳没有間斷。《説文》"圣"的字形與解釋應有根據，不宜隨意曲解或更改。

《説文》的"圣"音"窟"（溪母物部），與墾（溪母文部）、凷（塊，溪母微部）不僅聲母相同，

---

① 参見于省吾主編《甲骨文字詁林》，北京：中華書局，1996，1192—1201頁。張政烺《卜辭"裦田"及其相關諸問題》，《考古學報》1973年第1期；收入《張政烺文集·甲骨金文與商周史研究》，北京：中華書局，2012，131—172頁。裘錫圭《甲骨文中所見的商代農業》，《裘錫圭學術文集·甲骨文卷》，上海：復旦大學出版社，2012，258—261頁。

② 近見2021年12月5日河南大學於綫上綫下舉辦的"甲骨文與古代文明青年學者論壇論文集"，吉林大學紀帥《釋甲骨文中"乚（牆垣）"旁及相關諸字——兼説甲骨文中的"墾田"和"掘阱"》，認爲"🔲"字正像以手毀壞牆垣土隨之墮落之形，"🔲"是象手持錢鏟掘土形，是後世"掘"字的表意初文。

③ 裘錫圭認爲"壅"的本義當爲"聚土"，"把壅田解釋爲去高填窪、平整土地和修築田壟等工作，從'壅'字的形義來看是合理的"。參見《裘錫圭學術文集·甲骨文卷》，261頁。

④ 金祥恒輯：《陶文編》，臺北：藝文印書館，1964，89頁。戰國陶文有"圣監"（顧廷龍《古陶文舂録》13.3），于省吾先生認爲"這當是墾殖的監工者——把頭一類所用的陶器"，參見于省吾《甲骨文字釋林》，北京：中華書局，1979，239頁。高明、湯餘惠、徐在國等所編之書均未收，不知何故。

⑤ 王恩田編著：《陶文字典》，濟南：齊魯書社，2007，339頁；王恩田編著：《陶文圖録》，濟南：齊魯書社，2006。徐在國等：《戰國文字字形表》，上海古籍出版社，2017，1851頁"圣"下收入《陶文圖録》3.1.3、3.2.1 兩形。

⑥ 張振謙：《齊系文字研究》，安徽大學博士學位論文，2008，下編362頁。正式出版之張振謙《齊魯文字編》釋文將倒數第三字存原篆、第四字去掉了"广"部，祇收了二形（北京：學苑出版社，2014，1653頁）。

而且韻部對轉。故我們傾向劉信芳讀楚簡的"鋝"爲"凷(塊)"的意見。"金鋝"即"金凷(塊)"。①

楚國黃金貨幣主要爲金版、金餅。所謂金版,就是扁平的版形金幣,或稱版金。可分兩種:一種是類似龜腹版形狀(見圖2、圖4);另一種是長方形,類似板瓦的形狀。版面鈐印,多爲方形,少數爲圓印。印模有大有小。每版鈐印多少不定,大致多是根據版面及印模的大小安排。②

龜腹版形狀較完整者,以安徽壽縣所出最多,一般上寬下窄,背面及側面刻有數字符。如其中一件(壽5號),通長4.6—4.9釐米、寬6.8—7.9釐米、厚0.3—0.5釐米,重263.5克,上鈐陰文"郢爯"方印22個。另一件(壽6號),重259.1克,也鈐有22印。③

長方形版較完整者,可以江蘇盱眙南窰莊所出一件爲例(3號),平面呈長方形,邊緣斜直,縱長12.2釐米、橫寬8釐米,重610克,正面鈐有陰文"郢爯"方印54個,縱六橫九,另有半印6個(實計60印),皆同一方向排列,是迄今所見最大的一版(見圖3)。④

圖2　壽縣"郢爯"照片⑤　　　圖3　盱眙"郢爯"照片

據這些發現,大體可以看出,龜腹版狀完整者,一版在一鎰(斤)左右(259.1—263.5克),22印,每印11.8—12克左右。長方形金版(殘),每印11.3(610÷54)克左右。

陝西咸陽路家坡村出土的兩塊完整金餅(見圖5),分別鈐有陰文"陳爯"方印13個,各重250克,長6.6釐米、寬6釐米、厚0.5釐米。⑥河南襄城出土一塊存約半圓的金餅(見圖6),其上鈐有"羕陵"陰文方形印13個,直徑5.9釐米,重130.2克。⑦二者一印分別爲19.2

---

① 郭店楚簡《太一》簡7有"坷(塊)"字,參見滕壬生《楚系簡帛文字編》,1141頁。讀爲"缺"(一缺一盈),與"塊"無關。
② 有關楚國金版及冥幣,參見安志敏《金版與金餅——楚、漢金幣及其有關問題》,《考古學報》1973年第2期;黃錫全《先秦貨幣通論》,336-355頁。
③ 涂書田:《安徽省壽縣出土一大批楚金幣》,《文物》1980年第10期。
④ 姚遷:《江蘇盱眙南窰莊楚漢文物窖藏》,《文物》1982年第11期,8頁圖二。
⑤ 見中國錢幣博物館編《中國錢幣博物館藏品選》,北京:文物出版社,2010,127頁。
⑥ 咸陽市博物館:《咸陽市近年發現的一批秦漢遺物》,《考古》1973年第3期。
⑦ 郭建邦:《河南襄城出土一批古代金幣》,《文物》1986年第10期。黃盛璋:《新發現的"羕陵"金版及其相關的羕器、曾器銘文中諸問題的考索》,國家文物局古文獻研究室編《出土文獻研究續集》,北京:文物出版社,1989,107-119頁。

克與 10 克,幾乎相差一倍。

图 4 "郢爯"拓片①　　图 5 "陳爯"拓片②　　图 6 "䍙陵"拓片③

由於印模大小不一,印數多少不一,一般多是根據需要切割稱量,"印文"祇是代表鑄地或機構,一般不代表重量單位,所以出土的黄金貨幣實物還不能確定一印應該相當於多少。但這不能説當時一版重一鎰(斤)的黄金貨幣就没有劃分的標準,楚地出土的冥幣可以幫助理解這一問題。

湖北江陵、河南信陽、湖南長沙、安徽壽縣等地出土有仿製楚國金幣的泥質、陶質冥幣,版狀、餅狀均有,印文有"郢爯""郢稱""鄢""兩""金"等多種。印數雖然也有不同者,但多有 16 印的現象值得注意。如安徽壽縣曹庵區朱集鄉趙家老孤堆楚墓出土三種陶冥幣。一爲正方形中分成 16 個小方格,格内印有"郢爯"陽文印;一爲正方形中分爲 16 個小方格,格内印有陽文"郢"字;三爲正方體中分爲 16 個小方格,每格内又劃分爲 20 個小方格,計 320 個無字印戳。每塊寬度均在 5 釐米左右。湖南長沙出土兩件楚國"郢爯"陶冥幣,一件十分完整,長 9.9 釐米,龜版形,正面模印十六個正方形陽文篆體"郢爯"二字印記(見圖 7)。④ 研究者安志敏、吴興漢有如下意見:

安志敏:

有些完整的泥版壓印整齊的十六格,表明它是模仿金版,也是以一斤爲單位的。
長沙等地西漢初期墓葬裏所發現的泥版冥幣,便反映了當時還繼承著楚國金版的制度。泥版上有'郢稱''鄢''金''兩'等銘文,有些完整的泥版上鈐印十六方格(或在方格内鈐一'兩'字),表明它代表一斤的重量,而與金版一致。⑤

---

① 見阜陽地區展覽館《安徽阜陽地區出土的楚國金幣》,《考古》1973 年第 3 期,163 頁圖二:阜 9 號。
② 見咸陽市博物館《咸陽市近年發現的一批秦漢遺物》,167 頁圖一:1。
③ 見郭建邦《河南襄城出土一批古代金幣》,88 頁圖二:6。
④ 吴興漢:《楚國爰金冥幣研究》,《安徽錢幣》1996 年第 4 期;又見《中國錢幣》1997 年第 2 期。參見黄錫全《先秦貨幣通論》,336—354 頁。
⑤ 安志敏:《金版與金餅——楚、漢金幣及其有關問題》。

吴興漢：

　　陶冥幣中模印的 16 個小方格可能與爰金實幣鑄造時原來規定的重量有關，楚國衡制爲十六兩制，一個小方格代表一兩，十六個小方格即代表楚斤一斤，各地出土的整版爰金實幣中有六塊上面鈐印 16 個有字印戳，同時根據整版爰金實幣的重量測定，平均重量爲 250 克左右，與長沙楚墓出土的天平砝碼一斤重 251.53 克相接近。同時，長沙西漢前期墓出土的"兩"字泥餅冥幣，每格一"兩"字，完整者當十六印爲一版。可見，西漢前期尚在沿用楚的衡制，一斤等於十六兩。那麼，爰金實幣爲什麼不完全都是 16 個印戳而出現多寡不均的現象？ 這是因爲爰金實幣的一個印戳的實際重量不可能就等於一兩之重，其早期的印戳是在金版鑄造時，金液尚未完全冷固，鑄工們用郢爰銅印戳慌忙的一個印一個印地打上去，工作方法上帶有一定的原始性，祇要求把正面版上全部打滿印戳爲止，因而出現印數的多寡不一，有整印，有半印及叠印的現象。如按照每塊 16 印的要求列印，其邊沿上特別是四角翹起處就要出現空白版面，使用時切割成的小塊則成爲無印的金塊，這就達不到金幣所要求的權威性和信譽性了。而冥幣的製作就不存在這個問題。這是爰金實幣與冥幣的不同之處，是不可能要求一致的。①

圖 7　陶冥幣拓片②

　　冥幣與實幣的差別，吳先生的分析應當符合實際。基本的事實應該是，當時一斤（鎰）重的黄金版塊，可以分爲 16 塊，每塊相當於一兩。那麼，"金鋌二鋌"讀爲"金塊二塊，就相當於"黄金二兩"。具體操作需要根據重量靈活處理，一印并不一定都是一塊之重。

　　這裏需要說明一點的是，塊字本作凷，指土塊（塊），或指塊狀物、片狀物體。《左傳·僖

---

① 吳興漢：《楚國爰金冥幣研究》。
② 圖 7 見安志敏《金版與金餅——楚、漢金幣及其有關問題》，80 頁圖七：6、3、10。

公》二十三年晉公子重耳"乞食於野人。野人與之塊"。① 後來引申作數量詞,如兩塊牛肉,一塊玉石。《南史·關康之傳》:"席松葉,枕一塊白石而卧。"② "塊"用作量詞,估計應有來源。

楚國黄金貨幣"郢爯"在實際應用中的確是根據需要切割稱量的,但據冥幣又不能否認楚郢爯一版一般爲一斤(鎰)、分成十六塊、一塊爲一兩的事實("兩"字冥幣證據確鑿)。推測當時一兩黄金可能就稱"金塊",官方規定與根據需要稱量操作并不矛盾。比如近現代的"金條",一般有不同的標準重量,如 100 克、500 克、1000 克、2000 克等,而實際交易中有的需要切割。假如將黄金切割成一條爲 500 克,"金條二條"就是黄金二斤。

已發現先秦楚系簡牘中出現的量詞,有的也未見於傳世文獻。如秉,傳世文獻一般指容量單位,十六斛爲一秉。楚簡中用作箭數單位,一秉爲十枚箭。如"箭五秉(曾侯乙簡 3)"。又如"禹"用作量詞相當於"對",楚簡指日用器物。如五里牌楚簡"也一禹"即匜一對。又出現"友",如"一友齊綻之袷"(長臺關簡 2-013),或主張友、偶義近。③ 因此,不排除楚國當時就有"金塊"之稱。當然,這還有待出土材料的進一步證實。

據嶽麓秦簡,秦金一銖等於 24 錢(半兩)。④ 我們推算,楚紊字銅貝相當於八銖即三分之一兩,兩枚"半兩錢"相當於三枚楚銅貝。楚金一銖等於 36 枚楚銅貝。楚金與秦金價值大體相當。⑤ 那麽:

秦金一兩=24 銖×24 錢=576"半兩"錢+288 楚銅貝=864 楚銅貝

秦金二兩=2×576 半兩錢=1152"半兩"錢+576 楚銅貝=1728 楚銅貝

睡虎地秦簡記載因贖罪或欠官府債務的可以勞務抵債,"日居八錢"(每天抵債 8 錢)。"或贖遷,欲入錢者,日八錢"(有贖遷罪,願繳錢者,刑期每天繳納八錢)。⑥ 那麽,月錢爲 30×8=240"半兩"錢=10 銖黄金(240÷24=0.42 兩)。

楚煮鹽者屬技術工作,二位也很可能爲負責官員,每月薪金黄金 2 兩,相當於秦贖罪人日"八錢"的 5 倍,應該不算太高。那麽,這條楚簡之義當是:

---

① 〔晉〕杜預注:《春秋左傳集解》,333 頁。
② 《南史》卷七五,《二十四史》縮印本,北京:中華書局,1997,第 8 册,487 頁。
③ 參見王貴元《戰國竹簡遣策的物量表示法與量詞》,《古漢語研究》2002 年第 3 期;李明曉《戰國楚簡語法研究》,武漢大學出版社,2010,第五章"數量詞"(287 頁)認爲劉信芳釋作"塊"的意見"其説可從","偶""友"見 291、292 頁,"秉"見 293 頁;董珊《楚簡簿記與楚國量制研究》,《考古學報》2010 年第 2 期。
④ 于振波:《秦律中的甲盾比價及相關問題》,《史學集刊》2010 年第 5 期。彭浩:《兩條有關秦代黄金與銅錢換算的資料》,簡帛網,2010 年 10 月 29 日。
⑤ 黄錫全:《楚簡新材料與楚幣老問題——以紊字銅貝及布幣爲例》,2021 年 11 月 19—21 日"清華戰國楚簡國際學術研討會"論文,待刊。
⑥ 睡虎地秦墓竹簡整理小組編:《睡虎地秦墓竹簡·秦律十八種·司空》,北京:文物出版社,1978,84、91 頁。

陳慭、宋獻二人爲楚王在海邊負責煮鹽，官府提供每人每月的糧食二擔，薪水黃金二兩（金塊兩塊），據完成情况收取食鹽或賦税。

比較以上器具與薪金兩種意見，我們傾向於後者。

附記 2022年春月據舊稿改訂。曾在2022年6月17-19日鄭州大學文學院、北京語言大學文學院聯合舉辦的"第七屆文獻語言學國際學術論壇"會上報告。會後徵詢了陳偉教授的意見，謹表謝意。

上博簡和包山簡殘泐字擬補九則*

□ 廣州大學人文學院　張榮輝

内容提要　通過對上博簡、包山簡部分殘泐字的擬補和釋讀,可新釋上博簡《成王既邦》簡 13"是＝(是謂)";改釋上博簡《有皇將起》簡 5"三誆(望)"、《邦人不稱》簡 6"旅";補充上博簡《季庚子問於孔子》簡 15"𦀚(美)"、《王居》簡 5"裡(褅)",包山簡 129"顕(夏)"、130"𩛥〈餓〉"、簡 197"躬身"、簡 274"輕"等字的構形。

關鍵詞　上博簡　包山簡　殘泐字　擬補

一　是＝(是謂)

　　《成王既邦》簡 13 共十餘字,原整理者將簡首幾個字釋寫爲"是抻之不果",[①]隨後學者提出了不同意見,大致釋寫爲"是挶(？讁)之不果""是挶(捐?)之不果""是抻(？)之不果""是挶之不果"。[②] 筆者以爲學者的釋文并不妥當,因爲他們忽略了"是"後的標識符號。同一書手寫的同篇《成王既邦》(B 組)有不少標識符號,[③]比如簡 12"虐＝""果-"、簡 13"果-""可＝"。試補《成王既邦》簡 13 首端"是"後的標識符號,與同篇簡 13"可＝"的標識符號寫法

---

* 本文爲中國博士後科學基金第 72 批面上資助"戰國楚簡古書疑難字詞研究"(2022M720880)、廣東省哲學社會科學規劃 2023 年度常規項目青年項目"九店簡和包山簡殘泐字研究"(GD23YZY03)的階段性成果。
① 馬承源主編:《上海博物館藏戰國楚竹書(八)》,上海古籍出版社,2011,185 頁。
② 詳見俞紹宏、張青松《上海博物館藏戰國楚簡集釋》,北京:社會科學文獻出版社,2019,第 8 册,66-68 頁。
③ 李松儒將《成王既邦》分成 A、B、F、D 四組,具備 B 組字迹特徵有簡 9、12、13、16。詳見李松儒《戰國簡帛字迹研究——以上博簡爲中心》,上海古籍出版社,2015,503 頁。

相一致。如下圖所示：

是=：▦（擬補）　　可=：▦《成王既邦》簡 13

"是"字末端一橫筆，與"是"後兩筆短橫（標識符號）的殘缺部分相同。因標識符號的中間部分殘泐，原本寫作兩筆短橫"="，現殘作四點"∷"。魏宜輝、楊錫全等指出簡帛文獻"是="句中的"="爲比較特殊的重文符號，他們將睡虎地秦簡《詰》34 背壹釋寫爲"是=（是謂）哀鬼"。① 據此筆者將《成王既邦》簡 13"是="釋爲"是謂"，同篇簡 8+7、10、15 可爲佐證：

《成王既邦》簡 13：是=（是謂）擣之不果
《成王既邦》簡 8+7：是胃（謂）天子之正道
《成王既邦》簡 10：是胃（謂）六親之約
《成王既邦》簡 15：是胃（謂）童=

由此可見，《成王既邦》簡 13 首端"是"後可擬補標識符號"="，"是="即爲"是謂"。簡文新釋寫爲"是=（是謂）擣之不果"。

二　三諠（望）

《有皇將起》簡 5 上、下端殘斷，原整理者將"視毋呂（以）三諠（誺）"的"視"解釋爲看待、對待；末端殘字"▦"（後面用 A 指代）隸定爲"諠"字，爲"誺"字或體，誺，欺騙；"三"字下漏抄"夫"字，《禮記·曲禮上》"幼子常視毋誑"的"視毋誑"與簡文用法相似。② 王磊平、馬騰贊同原整理者意見，并補充説"三夫"應指令尹、柱國或太傅等等二級統治階層，泛指君王周邊常常會面的那些蓄意諂媚蒙蔽主上的高官或近臣。③ 但不少學者持反對意見，如王凱博認爲 A（▦）爲"誺"字之殘。④ 李曉梅引鄭注"視"意爲"示"，指以事物示人，又除去衍文"三"後釋爲"視毋以誺"，與《禮記》句相比，簡文多一"以"字，其句意更爲顯明，正是説"毋以誺示"，大意爲"不要以謊言示人"。⑤ 胡寧認爲"視"同"示"，"視毋以三誺"即毋以三誺示人

---

① 詳見陳偉主編，彭浩、劉樂賢等撰著《秦簡牘合集·釋文注釋修訂本（壹、貳）》，武漢大學出版社，2016，421-422 頁。
② 馬承源主編：《上海博物館藏戰國楚竹書（八）》，281-282 頁。
③ 王磊平、馬騰：《上博八〈有皇將起〉簡文作者身份小論》，復旦大學出土文獻與古文字研究中心網站，2018 年 6 月 19 日。
④ 詳見王凱博《上海博物館藏戰國楚竹書（八）文字編》（附錄第 4 頁），復旦大學出土文獻與古文字研究中心網站，2012 年 1 月 3 日。
⑤ 詳見李曉梅《上博簡與清華簡詩賦文獻校注》，西南大學碩士學位論文，2015，75、84-86 頁。

也,正與上一句"日月昭明"的正大之象語意連貫,而"三誩"即"僭誩"或言"譖誩","三夫"亦當釋爲"僭夫"或言"譖夫",猶言"譖人""讒人""讒夫"。① 陳民鎮認爲"日月昭明今兮"屬上讀,後用爲句號,而將 A 隸定爲"誈"。② 陳建勝將 A 摹寫作"䛊"。③

A 視爲"誈"字之殘基本可信,如 A 左旁可見同篇簡 2"誩"、簡 6"諸",右旁寫法見於上博簡《舉治王天下》簡 1、郭店簡《語叢一》簡 1、郭店簡《窮達以時》簡 4,以及傳抄古文的"坙"。但筆者懷疑 A(誈)當讀爲"望",西周中期師虎鼎"謹"、傳抄古文"謹"可爲佐證。如下圖所示:

A: 　　謹: 　師虎鼎　　謹: 　《集篆古文韻海》4.39

不少學者提出簡文存在"衍文"而删改"三"字,或爲"脱文"而增補"夫"字的意見,均以出土文獻遷就傳世文獻,以求互證,難免有些牽强。根據簡文句式與大意,筆者以爲"視毋以三謹(望)"作一句。"視"讀爲"示",《尚書·洛誥》:"伻來來視予卜休恒吉。"《漢書藝文志考證》引"視"作"示"。《詩經·小雅·鹿鳴》:"視民不恌。"鄭箋:"'視'古'示'字也。"《儀禮·士昏禮》:"視諸衿鞶。"鄭注:"'視'乃正字,今文作'示'。"④ 簡文"視"讀爲"示",意爲祭祀。甲骨卜辭中的"示",奚侗、王襄、葉玉森、胡厚宣釋爲祭名,後者進一步指出卜辭"示"用爲祭祀之義;⑤ 葉正渤認爲卜辭中的"大示"與"小示"相對,是合祭殷商先公先王的一種祭祀儀式。⑥ "示",可用爲動詞祭祀。⑦ 吴麗婉面告筆者,説甲骨文中的"示"很少作爲"祭祀",但"示"跟祭祀有一定關係。《説文》示部:"觀乎天文,以察時變,示,神事也。"⑧《國語·魯語下》:"天子及諸侯,合民事於外朝,合神事於内朝。"韋昭注:"神事,祭祀也。"⑨

"三謹(望)"習見傳世典籍,《左傳·僖公三十一年》:"夏,四月,四卜郊,不從,乃免牲。猶三望。"傳曰:"'夏,四月,四卜郊,不從,乃免牲'非禮也。'猶三望',亦非禮也。"杜預注:"三望,分野之星國中山川,皆因郊祀望而祭之。"⑩《左傳·成公七年》:"不郊,猶三望。"杜預

---

① 胡寧:《上博簡〈有皇將起〉本事考》,《長江大學學報(社會科學版)》2020 年第 1 期。
② 陳民鎮:《上博簡(八)楚辭類作品與楚辭學的新認識——兼論出土文獻與中國古典文學研究的關係》,《邯鄲學院學報》2013 年第 3 期。
③ 曹錦炎:《上海博物館藏戰國竹書楚辭箋注》,上海古籍出版社,2021,45 頁。
④ 轉引自高亨纂著,董治安整理《古字通假會典》,濟南:齊魯書社,1989,566-567 頁。
⑤ 詳見胡厚宣《甲骨學商史論叢初集(外一種)》,石家莊:河北教育出版社,2002,439-443 頁。
⑥ 葉正渤:《〈殷虚書契後編〉考釋》,北京:商務印書館,2019,167 頁。
⑦ 葉正渤:《葉玉森甲骨學論著整理與研究》,北京:綫裝書局,2008,188 頁。
⑧ [漢]許慎撰:《説文解字(附檢字)》卷一,北京:中華書局,1978,7 頁。
⑨ 徐元誥撰,王樹民、沈長雲點校:《國語集解》,北京:中華書局,2002,193 頁。
⑩ [周]左丘明傳,[晉]杜預注,[唐]孔穎達正義,浦衛忠、龔抗雲、胡遂、于振波、陳咏明整理,楊向奎審定:《春秋左傳正義》,北京大學出版社,2000,535-538 頁。

注:"書不郊,間有事。三望,非禮。"①《公羊傳·宣公三年》:"牛死,乃不郊,猶三望。"②可作爲佐證。

簡文"視"或讀爲"示",意爲祭祀;"三 A"即爲"三誈(望)",表示非禮、僭禮的祭祀行爲。簡文釋寫爲"日月卲(昭)明/視(示)毋呂(以)三誈(望)☐",符合該篇簡文的句式,而下文"誈(望)"與上文"日月昭明"的"明",爲明母陽部字,簡文韻讀一致。

三 旅

《邦人不稱》存簡十餘枚,原整理者將簡6接簡7,但曹方向指出簡7所包含的兩段文字不能連讀,故先將簡7拆分爲7a、7b兩簡,後重新將簡6與簡7b拼綴連讀。③ 試對比兩種編聯意見:

先君之子衆(?)在外……君之言過,知周,乘(?)擇而立之 濮茅左6+7
先君之子聚在外,盡擇而立之 曹方向6+7b

筆者以爲簡6接簡7b的編聯意見比較合理。"先君之子"後殘泐字"▆"(後面用 B 指代),原整理者懷疑爲"衆",④海天游蹤(網名)釋爲"聚",⑤高佑仁認爲本處應是動詞性質,釋爲"聚"比釋爲"衆"會更好些。⑥ 隨後不少學者將 B 視爲"聚"字之殘,簡文釋寫爲"先君之子聚在外"。筆者以爲 B 釋作"衆""聚"有些不妥。上博簡習見"衆"字,"衆"上端從"目"(原從"日"形,後訛爲"目"),傾向於封閉的包圍狀,中間起筆處向上凸起,左右兩邊向下彎曲及四周外輪廓未有空隙,與 B 上端非封閉的包圍狀,右上方寫作兩橫筆及橫筆末端未見彎曲的寫法不相同。如下圖所示:

B:▆   衆:▆《容成氏》簡42   ▆《姑成家父》簡10

---

① [周]左丘明傳,[晉]杜預注,[唐]孔穎達正義,浦衛忠、龔抗雲、胡遂、于振波、陳咏明整理,楊向奎審定:《春秋左傳正義》,834頁。
② [漢]何休解詁,[唐]徐彥疏,刁小龍整理:《春秋公羊傳注疏》,上海古籍出版社,2013,612頁。
③ 曹方向:《上博簡〈邦人不稱〉編聯與相關史實研究》,復旦大學歷史學系、復旦大學出土文獻與古文字研究中心編《簡帛文獻與古代史——第二屆出土文獻青年學者國際論壇論文集》,上海:中西書局,2015,36-40頁。
④ 馬承源主編:《上海博物館藏戰國楚竹書(九)》,上海古籍出版社,2012,251頁。
⑤ 海天游蹤(網名):《邦人不稱札記》,簡帛網"簡帛論壇",2013年1月5日。
⑥ 季旭昇、高佑仁主編:《〈上海博物館藏戰國楚竹書(九)〉讀本》,臺北:萬卷樓圖書股份有限公司,2017,215頁。

賴怡璇認爲 B 左下有人形部件,字迹模糊,但依辭例隸爲"聚"字爲宜。① 高佑仁傾向於贊成釋爲"聚"。② 然而,田偉持反對意見,他認爲 B 與楚簡"聚"形不合。③ 筆者贊同田偉的反對意見,楚簡"聚"上部構件"取"的首横筆平直,左上端無筆畫凸起,與 B 字形并不相同。如下圖所示:

B:　　聚:　《從政(甲)》簡 6　　《曹沫之陳》簡 54

筆者懷疑 B 爲"旅"字,與包山簡 116"旅"字形相似,右上爲兩筆平直畫,左上筆畫凸起,下端爲人形。如下圖所示:

B:　　旅:　包山簡 116

《廣雅·釋詁》:"旅,客也。"④《左傳·莊公二十二年》:"羈旅之臣",杜預注:"羈,寄也;旅,客也",⑤楊伯峻注:"'羈'同'羇',羈旅,同義連綿詞。"⑥簡文釋寫爲"先君之子旅在外",類似文獻可見《公羊傳·莊公三十二年》:"莊公病,將死,以病召季子,季子至而授之以國政"。⑦《邦人不稱》簡 6"先君之子"後殘漶字爲"旅"字,簡文釋寫爲"先君之子旅在外,盍(何)擇而立之",大意是君王已病死,君王之子在外寄居,何不挑選立爲王呢。

四　䊸(美)

《季庚子問於孔子》簡 15 爲兩段殘簡綴合,原整理者將"則"下殘字""(後面用 C 指代)釋爲"娓",或"嫩"省,亦通"微"。⑧ 隨後不少學者將 C 改讀爲"美"。根據簡文大意,C 釋讀爲"微""美"均可,但隸定爲"娓"并不妥當。同篇簡文"女"或"安""好""埶""埶"所從

---

① 詳見賴怡璇《〈上博九·邦人不稱〉通釋》,"中研院"歷史語言研究所主辦《古文字學青年論壇(論文集)》,2013 年 11 月 25–26 日,287 頁。
② 季旭昇、高佑仁主編:《〈上海博物館藏戰國楚竹書(九)〉讀本》,215 頁。
③ 田偉:《〈上海博物館藏戰國楚竹書(九)〉集釋述評》,福建師範大學碩士學位論文,2015,87 頁。
④ [清]王念孫著,張其昀點校:《廣雅疏證(點校本)》,北京:中華書局,2019,337 頁。
⑤ [周]左丘明傳,[晉]杜預注,[唐]孔穎達正義,浦衛忠、龔抗雲、胡遂、于振波、陳咏明整理,楊向奎審定:《春秋左傳正義》,306 頁。
⑥ 楊伯峻:《春秋左傳注》,北京:中華書局,1990,220 頁。
⑦ [漢]何休解詁,[唐]徐彦疏,刁小龍整理:《春秋公羊傳注疏》,338 頁。文獻時代稍後的劉敞《春秋權衡》卷一〇寫作"夫莊公病,季子羈旅在外,一旦召至授之權柄"。
⑧ 馬承源主編:《上海博物館藏戰國楚竹書(五)》,上海古籍出版社,2005,223 頁。

"女"部件的中間位置向左下方凹入,與 C 左側殘留彎筆" "的中間部分略向右上方凸起的寫法不同。然而,同篇簡 3"紽"字所從"糸"的末筆中間部分向右上方凸起,猶如彎曲弧形" ",正與 C 左側寫法相吻合。如下圖所示:

C:　　（擬補）①　　紽:　《季庚子問於孔子》簡 3

从糸咒聲的"綩"釋爲"美",還可見上博簡《蘭賦》簡 4"綩(美)後亓(其)不長"。② 雖然同篇簡 13{美}用作"散",但該篇簡文習見一音義對應多字形,如{世}寫作簡 14"芺"、簡 22"𫑡";{焉}寫作簡 4"女"、簡 18"安";{毋}寫作簡 17"毋"、簡 19"母",尤其同一枚簡 3{是}寫作"氏""是",均可爲{美}寫作"散""綩"提供旁證。

五　裎(稷)

《志書乃言》與《王居》的竹簡形制、簡文內容及書寫字迹相近,依學者將《志書乃言》簡 7 接《王居》簡 5 的編聯意見,釋寫如下:

吾無如袚(社)（《志書乃言》簡7）裎可而必良誩(慎)之■。（《王居》簡5）

原整理者將《王居》簡 5 首端殘字" "(後面用 D 指代),釋爲"裎","裎可而必良誩(慎)之"視爲一句。③ 但復旦吉大讀書會認爲 D( )右上爲"田",右下似爲"女"或"夊"(按,據此意見隸定爲"禝"或"禝"),實即"稷"字。④ 俞紹宏釋爲"禝(稷)"。⑤ 根據簡文大意,"袚(社)D"釋讀爲"袚(社)稷",確鑿無疑。但將 D( )視爲"禝"或"禝"之殘,或有些欠妥。筆者懷疑 D 爲"裎"字之殘,右下"土"形的上橫筆短,下橫筆較長,中間豎畫起收筆尖細,與同一書手所寫的同篇簡文"徒"右上字形相吻合。楚簡文字"禝"可寫作"禝""視""衵""裎"等,其中"裎"與"視"、"禝"與"裎"可視爲簡省(或繁寫)。如下圖所示:

---

① 左側"糸"與右側斜筆相交成"×"形,可見上博簡《容成氏》簡 1"緩"、《鮑叔牙與隰朋之諫》簡 3"繐緟",望山 2 號墓竹簡簡 19"紫",包山簡 270"縞(帶)"、簡 276"綀(緱)",尤其與上博簡《民之父母》簡 8"綫"中間相交位置" "相一致。
② 復旦吉大讀書會將上博簡《蘭賦》簡 4" "隸定爲"綩",讀爲"美",文中"美"和"佞"、"前"和"後"相對應。楊澤生先生面告,"綩"所從"糸"當與衣服或顏色有關,故可作"美"字意符。
③ 馬承源主編:《上海博物館藏戰國楚竹書(八)》,210 頁。
④ 復旦吉大古文字專業研究生聯合讀書會:《上博八〈王居〉、〈志書乃言〉校讀》,復旦大學出土文獻與古文字研究中心網站,2011 年 7 月 17 日。
⑤ 俞紹宏、張青松:《上海博物館藏戰國楚簡集釋》,第 8 册,128 頁。

D:【图】 D1:【图】（局部）　　徒:【图】《王居》簡1　【图】《王居》簡4

禋:【图】《祭公》簡13（省略下端）①→視:【图】《禱辭》簡7

禋:【图】《祭公》簡13（省略中間）→裡:【图】（D擬補）②

D應視爲"裡"字之殘，簡文釋寫爲"虐（吾）無女（如）祇（社）裡（稷）可（何）"。另外，楚簡文字"禝"除了寫作禝、視、祖、禋之外，還可以補充"裡"字形。

六　顕（夏）

包山簡129字迹模糊，原整理者將"栽鄙之戲"後殘泐字"【图】"（後面用E指代），隸定爲從日從女從頁的"顕"字。③ 劉信芳、李守奎隸定爲從日從止從頁的"顕"字。④ 根據簡文大意，E釋爲"夏"正確，但隸定爲"顕""顕"有些欠妥。筆者懷疑E爲"顕"字之殘，右下"虽"形與同篇簡240"【图】"（虽）寫法一致，而簡115、200"顕"字亦可爲佐證。如下圖所示：

E:【图】（擬補）　虽:【图】簡240　顕:【图】簡115、200

可見，E爲從日從虫從頁的"顕"字之殘，簡文當釋寫爲"顕（夏）层肯=（之月）"。另外，學者摹寫或圖版處理可能有些許不足，如圖版處理爲"【图】"形，⑤或可作一些調整。

七　餓〈餓〉

包山簡130字迹模糊，原整理者將"弗受"後殘泐字"【图】"（後面用F指代），隸定爲從食

---

① 審稿專家指出清華簡《祭公》簡13下端有可能寫作"止"形。筆者通過字迹分析，以爲同篇同一枚簡"止"與"土"字形差異較大。比如，清華簡《祭公》簡6、8"武"與"墜"；簡10"武"與"墊"；簡13"畫"與"禋"，所從"土"中間寫作豎筆，而所從"止"寫作斜筆。值得注意的是，小文所討論D1與同篇同一枚簡"徒"下端"止"形不同，但與上端"土"形相吻合。
② 審稿專家指出該殘字（D）下端從"土"，有可能因上文"社"所從"土"而類化。筆者不排除此說，因爲類似現象還可見上博簡《子羔》簡12、13"后稷"的"稷"寫作從禾，但簡6"社禝（稷）"的"禝（稷）"寫作從示。
③ 湖北省荊沙鐵路考古隊：《包山楚簡》，北京：文物出版社，1991，26頁。
④ 劉信芳：《包山楚簡解詁》，臺北：藝文印書館，2003，121頁；李守奎、賈連翔、馬楠：《包山楚墓文字全編》，上海古籍出版社，2012，206頁。
⑤ 李守奎、賈連翔、馬楠：《包山楚墓文字全編》，206頁。

从米的"粶"字,爲紀年省稱。① 張守中贊同原整理者意見,將 F 隸定爲"粶",摹寫作"🈳"。② 然而,不少學者提出反對意見,何琳儀將 F 視爲從食采聲的"餯"字,讀作"潘",地名。③ 徐在國將 F 摹寫作"餞",認爲此字右旁應作"𢦏",即"成"字,由於與"米"形近,故誤爲"米"。此字分析爲從"食""成"聲,隸作"餞"字,釋爲"盛"。"盛"是裝有黍稷的器皿,故其字異體可以從"食"作。"盛"字異體作"餞",與《說文》"䩱"字籀文作"🈳"相類。簡文"餞公䳗之戠"之"餞公䳗"即"盛公䳗"。④《楚系簡帛文字編》將 F 摹寫爲"🈳",釋作"餞","餞"與"盛"異文。⑤

細審原簡圖版,將 F 隸定爲"粶""餯""餞""餞"等有些不合理。包山簡習見"成"或從"成"部件的"盛""甗",其下端寫作 🈳、🈳、🈳、🈳,類似"千""壬""十""土"形,與 F 右旁下端字形不同。如下圖所示:

F: 🈳 🈳 (局部摹畫)

成: 🈳 簡 91 🈳 簡 120 🈳 簡 121 🈳 簡 145 🈳 簡 147

盛: 🈳 簡 125 🈳 簡 132 🈳 簡 197 🈳 簡 199 🈳 簡 201

甗: 🈳 簡 2 🈳 簡 4

F 應該分析爲從食從咸的"餞"字,"咸"及從"咸"部件的"褱"字,可見上博簡《紂衣》《姑成家父》。另外,學者摹本存在一些不足,與 F(🈳)字形差距較大。如下圖所示:

F: 🈳 🈳 (擬補) 🈳 🈳 🈳 (學者摹本)⑥

咸: 🈳 🈳《紂衣》簡 1、3   褱: 🈳 🈳《姑成家父》簡 6、7

---

① 湖北省荆沙鐵路考古隊:《包山楚簡》,26、48 頁。
② 張守中撰集:《包山楚簡文字編》,北京:文物出版社,1996,78 頁。
③ 何琳儀:《戰國古文字典——戰國文字聲系》,北京:中華書局,2004,1060 頁。
④ 詳見徐在國《楚簡文字新釋》,《江漢考古》1990 年第 2 期。
⑤ 滕壬生:《楚系簡帛文字編》(增訂本),武漢:湖北教育出版社,2008,508 頁。
⑥ 張守中撰集:《包山楚簡文字編》,78 頁;徐在國:《楚簡文字新釋》,《江漢考古》1990 年第 2 期;滕壬生:《楚系簡帛文字編》(增訂本),508 頁。

根據李孝定分析"成""咸"篆文字形差異顯著,而甲骨文差別很小,宜加明辨。① 張元濟指出新疆鄯善出土古寫本《三國志》"終成顯名"的"成"作"咸"。② 筆者以爲 F 釋作"鹼"字,應當爲"鹼"字之訛寫。簡文釋寫爲"鹼〈鹼〉公䥝(邊)之戠(歲)","鹼〈鹼〉公䥝(邊)"即爲"盛公邊",人名,相關文例見簡 125、132、189、197。

八　窂=(躳身)

包山簡 197 上、下端完整,原整理者將"怱"前模糊字"✦"(後面用 G 指代)隸定爲"窂=",釋爲"躳身"。③ 陳偉認爲"窂=(躳身)"可能是指我的身體,也可能衹是指我。④ 劉志基隸定爲"穹=",⑤《楚系簡帛文字編》隸定爲"窂="。⑥ 學者將 G 釋爲"躳身"很合理,但字形分析還可以作一些補充。包山楚簡{躳}寫作"躳""躬""穹""窂",{躳身}寫作"穹=""窂=",而 G(略去重文符號)與簡 232"窂"寫法一致,其"口"形簡寫作一短橫筆,且緊靠著中間豎畫。如下圖所示:

G:✦　窂:✦簡 232

從原簡圖版中的字形著眼,G 應改隸定爲"窂="。另外,根據後出《包山楚簡》圖版來看,⑦相關文字編收錄的簡 226"躳(躳)"字右下彎筆可能爲污垢。爲字形準確無誤,該字形收錄可以作一些説明。

九　輕

包山簡 274 上、下端完整,原整理者認爲此簡未寫完,⑧對簡文"貝"後第二個殘字"▨"(後面用 H 指代)存疑。諸家闕釋。筆者曾根據字形對比,指出該殘字右上端(H1)類似"日"形,中間部分(H2)如同寫作"口",右下端(H3)明顯爲一橫筆,與包山簡"諰""逗"

---

① 詳見李孝定《甲骨文字集釋》卷二,"中研院"歷史語言研究所編《"中研院"歷史語言研究所專刊之五十》,臺北:"中研院"歷史語言研究所,1970,373 頁。
② 張元濟:《校史隨筆》,上海古籍出版社,1998,31 頁。
③ 湖北省荆沙鐵路考古隊:《包山楚簡》,32 頁。
④ 陳偉:《包山楚簡初探》,武漢大學出版社,1996,153、231 頁。
⑤ 劉志基主編:《中國出土簡帛文獻引得綜録・包山楚簡卷》,上海人民出版社,2015,80 頁。
⑥ 滕壬生:《楚系簡帛文字編》(增訂本),1276 頁。
⑦ 詳見李世俊、羅丹青主編,王祖龍編著《包山楚簡》,北京:書法出版社,2017,245 頁。
⑧ 湖北省荆沙鐵路考古隊:《包山楚簡》,38、66 頁。

"佢""戜""豊""敨""桓"所從"豆"寫法一致,擬補爲"豆"。① 劉國勝、劉松清利用紅外綫影像,也將右側殘筆補爲"豆",并分析左旁從韋,釋爲"韇"。② 筆者以爲左側視爲"韋"之殘合理,簡276"韠"所從"韋"字形爲佐證。試作擬補,如下圖所示:

H: [圖] H1: [圖] H2: [圖] H3: [圖]　桓: [圖][圖]簡266

H: [圖][圖](擬補)　韠: [圖]簡276

H右部件與簡266"桓"所從"豆"字形相同,而左部件與簡276"韠"所從"韋"字形吻合,確應擬補爲"韇"。

附記　本文寫作得到楊澤生先生、禤健聰先生指導,并承蒙匿名審稿專家惠賜寶貴意見,特此致謝。

---

① 張榮輝:《上博簡和包山楚簡殘泐字研究》,中山大學博士學位論文,2022,225-227頁。
② 詳見劉國勝、劉松清《包山楚簡文字釋讀剩義》,《江漢考古》2022年第3期。

楚簡詞義探析四則*

□ 復旦大學出土文獻與古文字研究中心
□ "古文字與中華文明傳承發展工程"協同攻關創新平臺

李美娟

內容提要 《繫年》簡48+49"執亂"、《治政之道》簡41"執怨",以及包山簡154"執疆"之"執"都當理解成"保持、固守"。包山簡153"歫疆"之"歫"應讀爲"拒",訓爲"抵",其意義可準確表述爲"接觸并對抗"。《仲尼曰》簡9+10"竺正而可使人問"的"竺正"應讀爲"孰政"。"孰"應理解爲句首狀語,義爲"怎麽"。《鮑叔牙與隰朋之諫+競建内之》中的兩個"敓"都應該讀爲"脱",義爲"去除""逃脱"。

關鍵詞 執　拒　孰政　敓脱

一

清華簡《繫年》48+49記載:

秦焉始與晉執亂,與楚爲好。[①]

清華簡《治政之道》41載:

---

* 本文爲國家社科基金重大項目"阜陽漢簡整理與研究"(21&ZD305)階段性成果。
① 李學勤主編,清華大學出土文獻研究與保護中心編:《清華大學藏戰國竹簡(貳)》,上海:中西書局,2011,155頁。本文所引出土文獻材料一律用寬式釋文。

㱃地改封,以絶諸侯之好。彼其行李使人來請其故,不聽其辭,唯縱其志。彼乃播善執怨,亦戒以待之。①

《繫年》的整理者云:

"執亂"與"爲好"相對,義當近於"執讎"。《國語·越語上》"寡人不知其力之不足也,而又與大國執讎",韋注:"執,猶結也。"《魯語上》"亂在前矣",注:"亂,惡也。"是執亂猶云結惡。②

《治政之道》的整理者亦將執怨之"執"解釋成"結"。③《漢語大字典》《漢語大詞典》等將"結"列爲"執"的一個義項。④

按,研究者們將"執亂""執怨"與"執讎"統一解釋是可取的。但是上古漢語中的"結"是一個交互動詞,⑤是需要兩個或兩個以上的主體(施事者和與事者)共同參與纔能完成的動作。而"彼播善執怨"之"執""播"都是"彼"一方發出的動作,并不存在與事者。若把"執"理解成"結",則"對方來使結怨"文意完全不通。可知將"執"訓爲"結"當不可信。

"執"的常用義是"拿著",引申則有"保持、固守"的意思。"執"用作"保持、固守"義時,受事賓語可以是表示態度或狀態的抽象名詞,如:

(1) 後世成至孫一靈羽,理符日循,功弗敢敗,奉業究制,執正守内。(《鶡冠子·王鈇》)⑥

(2) 德濬明執信以義成,此謂美德,可以保成。德褊急執諰以亡成,此謂惡德,唯成又渝。(清華簡《湯在啻門》13+14)⑦

(3) 故聖人懷天氣,抱天心,執中含和,不下廟堂而行四海,變習易俗,民化而遷善,若性諸己,能以神化也。(《淮南子·泰族訓》)⑧

---

① 黄德寬主編,清華大學出土文獻研究與保護中心編:《清華大學藏戰國竹簡(玖)》,上海:中西書局,2019,129 頁。
② 李學勤主編,清華大學出土文獻研究與保護中心編:《清華大學藏戰國竹簡(貳)》,156 頁。
③ 黄德寬主編,清華大學出土文獻研究與保護中心編:《清華大學藏戰國竹簡(玖)》,144 頁。
④ 漢語大字典編輯委員會編纂:《漢語大字典》,武漢:湖北長江出版集團·崇文書局;成都:四川出版集團·四川辭書出版社,2010,491 頁;《漢語大詞典》編委會、《漢語大詞典》編纂處編:《漢語大詞典》第 2 卷,上海:漢語大詞典出版社,2001,1131 頁。
⑤ 李玲玲:《〈史記〉交互動詞配價研究》,新疆大學碩士學位論文,2010,18、31-32 頁。
⑥ 黄懷信:《鶡冠子校注》卷中《王鈇》,北京:中華書局,2014,200 頁。
⑦ 李學勤主編,清華大學出土文獻研究與保護中心編:《清華大學藏戰國竹簡(伍)》,上海:中西書局,2015,142 頁。
⑧ 張雙棣:《淮南子校釋(增訂本)》卷二〇《泰族訓》,北京大學出版社,2013,2081 頁。

"怨""鬘""亂"也是表示態度或狀態的抽象名詞,與"正""信""譌"等性質相同。"執"也應理解爲"保持、固守"。

"彼乃播善執怨"是説對方來使於是放棄友好(態度)而固守怨恨(態度)。"秦焉始與晉執亂"意思是秦國於是開始和晉國保持混亂(狀態)。① 例(1)中與"執"相對的"爲"意思比較寬泛,爲了明確表意,《繫年》的作者有時會給"爲"加上修飾語"固",如簡 117+118"楚以與晉固爲怨"。"固爲怨"與"執亂"相互對應。首先,"怨"與"亂"相對應,兩詞性質和意義相近,説明把"執亂"和"執怨"聯繫起來没有問題。其次,"固爲"與"執"對應,正提示我們"執"的意思與"固"相近,應理解成"固守、保持"。

二

包山簡 154 記載:

> 王所舍新大厩以啻苴之田:南與郊君執疆,東與䔖君執疆,北與鄧陽執疆,西與鄙君執疆。②

包山簡 153 載:

> 啻苴之田:南與郊君佢疆,東與䔖君佢疆,北與鄧陽佢疆,西與鄙君佢疆。其邑:笑一邑、郊一邑、并一邑、䣓一邑、余爲一邑、鄭一邑,凡之六邑。③

兩句話的劃綫部分都是講王給予新大厩的"啻苴之田"的地界四至。"執"應如何解釋有幾種不同意見。劉樂賢認爲"執"應讀"至",并説"至疆,即今語到界之義"。④ 何琳儀主張"執"讀爲"接","'接疆'亦作'接境'(疆、境音義均通)"。⑤ 劉信芳、孟蓬生亦取此説。⑥ 王穎謂:"在介紹田界時用'執',義似爲'臨近',但此義不見於典籍。"⑦ 朱曉雪將"執"讀爲

---

① 章丹悦説"執怨"意謂執持仇怨、維持彼此仇怨的狀態;"執亂"當是秦還是與晉持續動亂不安的關係的意思。與我們對"執"的理解相似。但要注意的是,"執怨"是"對方來使"一方發出的動作。換言之,對方來使單方面保持怨恨的態度,并非"彼此仇怨"。章丹悦:《出土戰國西漢簡帛文獻所見晉國史料輯證》,復旦大學碩士學位論文,2020,95-96 頁。
② 湖北省荆沙鐵路考古隊:《包山楚簡》,北京:文物出版社,1991,28 頁。
③ 湖北省荆沙鐵路考古隊:《包山楚簡》,28 頁。
④ 劉樂賢:《楚文字雜識(七則)》,《第三届國際中國古文字學研討會論文集》,1997,613-617 頁。
⑤ 何琳儀:《戰國古文字典:戰國文字聲系》,北京:中華書局,1998,1381 頁。
⑥ 劉信芳:《包山楚簡解詁》,臺北:藝文印書館,2003,158 頁;孟蓬生:《"執"字音釋——談魚通轉例説之九》,中國古文字研究會等編《古文字研究》第 31 輯,北京:中華書局,2016,587-591 頁。
⑦ 王穎:《包山楚簡詞彙研究》,廈門大學出版社,2008,136 頁。

"鶩",解釋成"相抵而止"。① 施瑞峰從上古音聲母的角度指出"埶(聲母是*T-系)"與"接(聲母是*Ts-系)"不能相通,并引鄔可晶的觀點認爲"'埶'應如字讀,訓爲'結',蓋東西南北各與某君之地結交疆界之意"。②

　按,南與郚君埶疆、東與菱君埶疆、北與鄝陽埶疆、西與鄱君埶疆四個短句各成分語義關係、語法結構都相同。爲避免繁瑣,本文以"南與郚君埶疆"爲例探討"埶"的意義,其餘三句的解釋可依此類推,不贅述。

　經過大家的討論,有兩種意見可以排除:將"埶"讀爲"至",於文意不通;讀爲"接",於古音不合。在此基礎上,本文贊同"埶"如字讀的觀點,但訓爲"臨近"或"結"都有不妥之處。訓爲"臨近"的問題在於缺乏例證。訓爲"結"的問題在於"埶疆""埶怨"之"埶"應統一理解(賓語都是抽象名詞),"埶怨"之"埶"訓"結"文意不通,因此"埶疆"之"埶"也不能訓爲"結"。"埶"的訓釋還需繼續討論。

　"與郚君埶疆"可分析爲"介詞+與事者+埶+受事賓語"。"埶"的施事主語未出現,據上下文可知是"𢘽苴之田"。劉樂賢云:

　　　"南與郚君佢疆"云云,并不是説南與郚君其人至疆,而是説南與郚君之田至疆。③

　他説與事者"郚君"并非"郚君其人",而是指"郚君之田"很有啓發性。"郚君"所指應該説是"郚君所屬之領域、領土",因郚君之領土可能并非田地,也可能是山林、城邑等。施瑞峰引鄔可晶的觀點指出與事者是"某君之地"當可信。

　上文提到,"埶"用作"保持、固守"之義時受事賓語可以是抽象名詞。"疆(邊界綫)"亦是抽象名詞,"埶疆"之"埶"亦當理解爲"保持、固守"。與之相似的例子如《禮記·曲禮上》"執爾顔"(保持你的容顔)、《逸周書·謚法》"執心克莊"(保持内心克制端莊)、《莊子·達生》"吾執臂也若槁木之枝"(我保持手臂不動如同枯樹的枝)。④ 它們有個共同特點就是受事者(顔、心、臂)本身屬於施事者(某人)所有,"疆"與"𢘽苴之田"的關係與它們相同。"(𢘽苴之田)南與郚君埶疆",意思是𢘽苴的田地在南方與郚君的領土都保持、固守著邊界綫。

　接下來,討論"埶疆"相關的"佢疆"的理解。研究者們對"佢"的解釋可分爲三種:第一

---

① 朱曉雪:《包山楚簡土地糾紛案件補釋(三則)》,王沛主編《出土文獻與法律史研究》第5輯,北京:法律出版社,2016,131頁。
② 施瑞峰:《上古漢語聲母諧聲類型在古文字資料釋讀中的效用》,香港中文大學博士學位論文,2022,245頁。
③ 劉樂賢:《楚文字雜識(七則)》,617頁。
④ 《十三經注疏》整理委員會整理:《禮記正義》卷二《曲禮上》,十三經注疏整理本,北京大學出版社,2000,53頁;黄懷信、張懋鎔、田旭東:《逸周書彙校集注》卷六《謚法》,上海古籍出版社,2007,652頁;[清]郭慶藩撰,王孝魚點校:《莊子集釋》卷七《達生》,北京:中華書局,1961,640頁。

種讀作"岠"或"距",訓爲"至"。如整理者認爲"佢"應讀作"距(字亦作岠)",《廣雅·釋詁一》:"岠,至也。"①何琳儀謂"佢"應讀作"距",《莊子·漁父》:"距陸而來。"《釋文》:"距,至也。"②持此觀點的還有劉樂賢、劉信芳、張士博。③ 第二種觀點指出"至疆""與……至疆"語義欠妥,"佢"不能訓爲"至"。持此觀點的有湯餘惠、孟蓬生等。④ 他們認爲"佢疆"猶言"際疆""接疆",是今語交界的意思。第三種觀點由朱曉雪提出,她將"佢"讀爲"距",訓爲"止"。⑤

按,大家都已經看出"佢疆"表達的應是接疆、交界一類的意思,這是可信的。另外,有人已經指出將"距"訓爲"至"的不妥之處,可以幫助我們排除此選項。但是"佢疆"爲何能表達接疆、交界的意思?"佢"的詞義該如何理解?研究者們都没有給出合理的解釋,需要繼續討論。

本文贊同"佢"讀爲"距",但正如有些研究者指出的,"距"不能訓爲"至",而應訓爲"抵"。《王力古漢語字典》云:

> 《説文》:"距,雞距也。"又:"拒,止也。"段玉裁注:"許無'拒'字,'歫'即'拒'也。此與彼相抵爲拒,相抵則止矣。"三字音同,都有抵禦、拒絶義,實同一詞;但雞距、距離義一般祇用"距",抵拒義多用"拒"或"歫"。⑥

宋本《玉篇》亦謂:"拒,抵也。"拒、距、歫乃同一詞(下文以"拒"稱之)。名詞"拒"有車戰時代爲防敵軍突入所列的方陣的意思。⑦ 交戰雙方的"方陣"相抵,是"拒"的突出特點。"相抵"説得準確一點就是"相互接觸又相互對抗"。"拒"又可寫作"拒",如《左傳·桓公五年》:"鄭子元請爲左拒以當蔡人、衛人,爲右拒以當陳人。"動詞"拒"也有"相互接觸又相互對抗"的意義,即"A 與 B 相互接觸并對抗"或"A 接觸并對抗 B",與抵、觸相近。下面的例子有助於體會動詞"拒"的意義内涵。如:

(1)密人不恭,敢距大邦,侵阮徂共。王赫斯怒,爰整其旅,以按徂旅,以篤于周祜,以對于天下。(《詩·大雅·皇矣》)⑧

---

① 湖北省荆沙鐵路考古隊:《包山楚簡》,51 頁。
② 何琳儀:《包山楚簡選釋》,《江漢考古》1993 年第 4 期。
③ 劉樂賢:《楚文字雜識(七則)》,613-617 頁;劉信芳:《包山楚簡解詁》,158 頁;張士博:《包山楚簡詞義研究》,華東師範大學碩士學位論文,2011,62 頁。
④ 湯餘惠:《包山楚簡讀後記》,《考古與文物》1993 年第 2 期;孟蓬生:《"執"字音釋——談魚通轉例説之九》,588 頁。
⑤ 朱曉雪:《包山楚簡土地糾紛案件補釋(三則)》,131 頁。
⑥ 王力主編:《王力古漢語字典》,北京:中華書局,2000,1353 頁。
⑦ 王鳳陽:《古辭辨》,北京:中華書局,2011,669 頁。
⑧ 《十三經注疏》整理委員會整理:《毛詩正義》卷一六,十三經注疏整理本,北京大學出版社,2000,1208 頁。

(2)去卧,端伏,加兩手枕上,加頭手上,兩足距壁,興心,抑頤,引之,而固著少腹及股膝,三而已。(張家山漢簡《引書》75)①

例(1)講的是文王伐密之事:密人侵犯阮和共,於是文王發兵討之。阮、共雖不是周之領土,但是周的屬國,屬於周之勢力範圍。密人侵犯阮和共,就相當於在侵犯大邦周。"敢距大邦"義爲(密人)斗膽與大邦周接觸并對抗\密人斗膽接觸并對抗大邦周。例(2)"距",韓厚明注釋爲"抵住",②當可信。"兩足距壁"就是兩足"接觸并對抗"墻壁、兩足抵壁。《引書》中描述相同姿勢還用"左足躩(蹠)壁(簡36)""右足躩(蹠)壁(簡36)"。"蹠(踩踏)"和拒、抵一樣,也是一種又接觸又對抗的動作。這一導引姿勢是通過足接觸墻壁并用力與之對抗的方式達到固定(兩\右\左)足的目的。

當動詞"拒"的施事者A和與事者B指的是土地時,其意義内涵可以更加清晰地體會出來。"接觸"表現爲A與B土地接界、接壤;"對抗"表現爲A與B土地主權對立。如:

(3)今燕盡齊之河南〈北〉,距沙丘、鉅鹿之間三百里。距麋關,北至于【榆中】者千五百里。(馬王堆帛書《戰國縱橫家書》228+229)③

(4)今趙之攻燕也,發興號令,不至十日,而數十萬之衆軍於東垣矣。度呼沱,涉易水,不至四五日,距國都矣。(《戰國策·燕策一》)④

(5)自盤庚徙殷至紂之滅二百五十三年,更不徙都。紂時稍大其邑,南距朝歌,北據邯鄲及沙丘,皆爲離宫别館。(《史記正義》卷三《殷本紀》引《竹書紀年》)⑤

例(3)"距(拒)沙丘"傳遞出的信息是:一方面燕國的領土已經與趙國的沙丘接界,燕國領土已經擴張到趙國沙丘邊界;另一方面又强調燕與沙丘(趙)的領土主權對立,燕國正在搶奪趙國沙丘的土地主權。趙國所面臨的不利局勢正是通過"距(拒)"的兩個語義要素表現出來的。若缺少其中任何一個義素,趙國局勢的緊迫程度都會減半。"距(拒)麋關"意思是(燕國領土)與麋(扞)關之地相互接觸并對抗\(燕國所佔領土)接觸麋(扞)關之地并與之對抗。仍是在説燕擴張的領土與趙國麋(扞)關接界,并將繼續侵犯趙國領土主權。例(4)

---

① 張家山二四七號漢墓竹簡整理小組編著:《張家山漢墓竹簡[二四七號墓]》,北京:文物出版社,2001,295頁。
② 韓厚明:《張家山漢簡字詞集釋》,吉林大學博士學位論文,2018,267頁。
③ 裘錫圭主編,湖南省博物館、復旦大學出土文獻與古文字研究中心編纂:《長沙馬王堆漢墓簡帛集成(叁)》,北京:中華書局,2014,248-249頁。
④ [西漢]劉向集録,范祥雍箋證,范邦瑾協校:《戰國策箋證》卷二九《燕一》,上海古籍出版社,2011,1644頁。
⑤ 今本《竹書紀年》無"紂時稍大其邑……離宫别館"一句。此句見於張守節《史記正義》所引。陳逢衡《竹書紀年集證》、朱右曾《汲冢紀年存真》收作正文。程平山認爲此句應爲古本《竹書紀年》的條文,而今本疏漏。范祥雍訂補:《古本竹書紀年輯校訂補》,上海古籍出版社,2011,22-23頁;程平山:《竹書紀年與出土文獻研究之一:竹書紀年考》,北京:中華書局,2013,1429頁。

發生在蘇秦勸説燕文侯不要與趙國爲敵,而要與趙國聯合抗秦的故事背景下。這句話謂如果趙國現在進攻燕國,祇需要十幾天的時間,趙國占領的土地就可抵燕國國都邊界,并將繼續與燕國對抗直至取得燕國國都的土地所有權。趙國可以如此輕而易舉地威脅到燕國國都,對燕國來説正是"百里之患"。例(5)云紂擴大了殷邑的面積。殷邑在北方依靠邯鄲和沙丘,在南邊與朝歌土地接觸。朝歌與殷邑是兩個獨立的城邑,在土地所有權上是對立的雙方。因此"距(拒)朝歌"仍包含"與朝歌土地主權對抗"之義。

以上例子表明,當施事者和參與者的所指是土地時,動詞"距(拒)"的意義絶不是單一的"至"或"接界",而是包含了土地接觸和土地所有權對抗兩個方面。不過這兩個意義內涵在具體語境中稍有隱現之別。例如在例(3)、(4)中更加強調雙方土地所有權的"對抗",土地接界、交界則是背景信息;而在例(5)中更加突出土地接觸、接界的意思。

還有更值得注意的用例,就是土地契約中表示田地四至的語句。這種語境中的"距(拒)"的施事者和與事者指的也是土地。其意義也具有"接觸并對抗"的雙重內涵。來看買地券中的"距(拒)":

(6)謹以貨[泉](家)極九九之數,幣帛備五方之色,就后土陰官鬻地一區:<u>東止青龍,西抵白虎,南極朱雀,北距玄武</u>。我疆爾界,有截其所。(《胡氏夫人地券》)①

(7)謹以冥貨極九陽之數,幣帛依五方之色,就於后土陰官鬻地一區:<u>東止青龍,西抵白虎,南極朱雀,北拒玄武</u>。內方勾陳,分治五土。彼疆此界,有截其所。(《周必大地券》)②

(8)謹以冥貨極九九之數,幣帛依五方之色,就於后土陰官鬻地一區:<u>左止青龍,右抵白虎,前極朱雀,後距玄武</u>。內方勾陳,分治五土。彼疆此界,有截其所。(《彭因地券》)③

買地券雖是鎮墓假托之辭,但它是仿照現實世界經濟實用的地契而寫成的。其格式、用語與現實地契相同,且自東漢至明清基本没有變化。以上三例的劃綫部分就是描述土地四至的語句,皆由四個分句組成。三例語句、格式基本相同。例(8)與例(6)、例(7)的方位詞雖然不同,但也涵蓋了土地的四個方位。四方的與事者都是虛構的鎮守陰間四方土地的青龍、白虎、朱雀、玄武四神。逝者與四方位神爲鄰,可以受到它們的保護。四分句要表達的意思基本是一樣的,即所買的土地在某一方位與某一神靈(青龍\白虎\朱雀\玄武)所鎮守的土

---

① 高立人主編:《廬陵古碑録》,南昌:江西人民出版社,2007,3-4頁;魯西奇:《中國古代買地券研究》,廈門大學出版社,2014,386頁。
② 高立人主編:《廬陵古碑録》,9-10頁;魯西奇:《中國古代買地券研究》,396頁。
③ 高立人主編:《廬陵古碑録》,10-11頁;魯西奇:《中國古代買地券研究》,412頁。

地接界。不過每個分句用來表達"接界"意思的動詞不同,分別是止、抵、極、距(拒)。"東(左)止青龍"義爲在東(左)方(其地)延伸到青龍(所鎮守之地)就停止了。"西(右)抵白虎",在西方(其地)與白龍(所鎮守之地)相頂觸,或者說在西(右)方(其地)頂觸到了白龍(所鎮守之地)。"南(前)極朱雀",在南(前)方(其地)在朱雀(所鎮守之地)到達終點。"北(後)距(拒)玄武",在北(後)方(其地)接觸并對抗玄武(所鎮守之地)。這四個詞各有不同的意義側重點,如果將它們都訓爲"至"或"接界",那就忽視了這些詞本身的意義內涵,也抹殺了古漢語豐富的用詞特色。因此土地契約中的"距(拒)"仍應視爲有"接觸并對抗"的雙重意義,且與例(5)一樣,更加凸顯"土地接觸"的意義。

　　回到本文討論的"佢"上來。"佢(拒)"的施事者和與事者指的都是土地,"佢(拒)"所處的語境也與例(5)和買地券中田地四至的語境相似。那麼"拒"的意義也應該同樣理解成"接觸并對抗",即"抵、觸"。

　　在此還需說明"拒"的語義語法結構。"拒"常見的語法語義結構是"A(施事)拒B(與事)"。"與郱君佢(拒)疆"的句法結構應分析成"A(施事)與B(與事)拒C(對象)"。"疆"并不是"拒"的受事者,而是動作相關的對象,在句中作補語。"南與郱君佢(拒)疆"意思是:在南方,(嗇苴之田)和郱君(之域)的邊界綫相互接觸并對抗;或者在南方,在邊界綫方面,(嗇苴之田)和郱君(之域)相互接觸并對抗。此表達的意思就是嗇苴之田與郱君(之域)接界,且雙方土地主權相互對立,不可侵犯對方。

　　還需要補充一點,"拒"這種特殊的語義語法結構在古書典籍中未見,其原因可能與其所處土地四至的語境有關:

(9) 乃舍宇于厥邑:厥朔疆眔屬田、厥東疆眔散田,厥南疆眔散田,眔政父田,厥西疆眔屬田。(五祀衛鼎,《銘圖》02497,西周中期)①

(10) 付吳虎:厥北疆涵人眔疆,厥東疆官人眔疆,厥南疆畢人眔疆,厥西疆薺姜眔疆。(吳虎鼎,《銘圖》02446,西周晚期)②

(11) 田東比張長卿,南比許仲異,西盡大道,北比張伯始。(《孫成買地券》)③

(12) 建初六年十一月十六日乙酉,武孟子男靡嬰買馬熙宜、朱大弟少卿家田……東陳田比介(界),北、西、南朱少比介(界)。(《武孟子男靡嬰買地券》)④

　　例(9)與例(10)使用的動詞都是"眔"。例(9)的語義語法結構是"A(施事者)眔B(與

---

① 吳鎮烽編著:《商周青銅器銘文暨圖像集成》第5卷,上海古籍出版社,2012,385頁。簡稱《銘圖》。
② 吳鎮烽編著:《商周青銅器銘文暨圖像集成》第5卷,282頁。
③ 魯西奇:《中國古代買地券研究》,32-33頁。
④ 魯西奇:《中國古代買地券研究》,26-27頁。

事者)"。例(10)是"A(施事者)B(與事者)罘 C(對象)",A、B 之間省略介詞。例(11)與例(12)使用的動詞都是"比"。例(11)的語義語法結構是"A(施事者)比 B(與事者)"。例(12)是"B(與事者)比 C(對象)",省略了施事主語 A 與并列介詞,其完整結構應該是"A(施事者)與 B(與事者)比 C(對象)"。"罘""比"使用時代或許有早晚之別,但皆處於土地四至的語境中。將它們互相類比可發現"A(施事者)+V+B(與事者)"和"A(施事)+與+B(與事)+V+C(對象)"是土地四至語境中常用的兩種語義語法結構。若將包山簡中的"伥"讀爲"拒",則"拒"也擁有這兩種語義語法結構,與同用於土地四至語境的其他動詞的語法功能一致。

總之,"伥"應讀爲"距"或"拒",不能訓爲"至",其意義應該準確表述爲"接觸并對抗",與抵、觸相近。當其施事者和與事者指的是土地時,它表達的意思是雙方土地接界且土地主權相互對抗。A(施事)與 B(與事)拒 C(對象)是田地四至語境常用的語義語法結構。

三

《安徽大學藏戰國竹簡(二)》中收錄的《仲尼曰》記錄了 25 條孔子的言論,其中簡 9+10 曰:

> 康子使人問政於仲尼。曰:"丘未之聞也。"使者退。仲尼曰:"視之君子,其言小人也。<u>竺正而可使人問</u>?"①

整理者讀"竺"爲"孰",認爲此條簡文見於《論語・顔淵》:"季康子問政於孔子。孔子對曰:'政者,正也。子帥以正,孰敢不正?'"文字出入較大。② 周翔、鄭玉茹將"孰正而可使人問"譯作"哪個正直的人會派人來問(政治問題)",③同時他們又提出了另外一種理解方案,其文謂:

> 此條後半部分與《論語・顔淵》所見不盡相同,"孰正而可使人問"之"正"亦可考慮讀爲"政",意即什麽政治問題可以派人來問? 是以反問句表達對季康子派人問政的批評。言下之意,政治是嚴肅的大事,執政者若真心關注就不該派人來問而應親自登門求

---

① 黄德寬、徐在國主編,安徽大學漢字發展與應用研究中心編:《安徽大學藏戰國竹簡(二)》,上海:中西書局,2022,44 頁。
② 黄德寬、徐在國主編,安徽大學漢字發展與應用研究中心編:《安徽大學藏戰國竹簡(二)》,50 頁。
③ 周翔、鄭玉茹:《安大簡〈仲尼曰〉所見孔子思想類型淺議》,《古籍整理研究學刊》2022 年第 4 期。

教。派人問政足見其對政治的關心祇不過流於表面,故爲小人之舉。①

王永昌主張此句是陳述句,"竺"當讀爲"篤",即"篤正而可使人問",季康子把自己的品行擺正了再派人來問,如此理解,句意主旨與《論語·顏淵》一致。② 王勇的理解與王永昌差不多,也認爲此句是陳述句,"竺"當通"篤",訓"固",孔子認爲季康子若內心(或所提問題)固守正道,方可使人來問。③

按,周翔、鄭玉茹讀爲"孰政"可信,對此句內涵的解釋亦不誤。但他們把"孰"看作"政"的定語,解釋作"什麼"還可繼續討論。疑問代詞"孰"最常見的語法功能是作主語或賓語,④而《仲尼曰》中的"孰"顯然不是。先秦秦漢文獻中還有一些"孰"也不能理解作主語或賓語,如:

(1)果行,國人皆勸,父勉其子,兄勉其弟,婦勉其夫,曰:"孰是君也,而可無死乎?"(《國語·越語上》)⑤

(2)惠公即位,出共世子而改葬之,臭達于外。國人誦之曰:"貞之無報也。孰是人斯,而有是臭也?"(《國語·晉語三》)⑥

(3)昭公曰:"喪人其何稱?"景公曰:"孰君而無稱?"(《春秋公羊傳·昭公二十五年》)⑦

(4)曾不知夏之爲丘兮,孰兩東門之可蕪?(《楚辭·九章·哀郢》)⑧

(5)戎人見暴布者而問之曰:"何以爲之莽莽也?"指麻而示之。怒曰:"孰之壤壤也,可以爲之莽莽也?"(《呂氏春秋·知接》)⑨

(6)紂恐其畔,欲殺文王而滅周。文王曰:"父雖無道,子敢不事父乎?君雖不惠,臣敢不事君乎?孰王而可畔也?"紂乃赦之。(《呂氏春秋·行論》)⑩

(7)固人命兮有當,孰離合兮可爲?(《楚辭·九歌·大司命》)⑪

---

① 周翔、鄭玉茹:《安大簡〈仲尼曰〉所見孔子思想類型淺議》;又見於周翔《從安大簡〈仲尼曰〉談孔子語錄中文本的相關問題》,《中國文化研究》2022年冬之卷,74頁注3。
② 王永昌:《讀安大簡〈仲尼曰〉札記兩則》,簡帛網,2022年9月11日。
③ 王勇:《讀安大簡〈仲尼曰〉札記》,簡帛網,2023年5月18日。
④ 貝羅貝、吳福祥:《上古漢語疑問代詞的發展與演變》,《中國語文》2000年第4期。
⑤ 徐元誥撰,王樹民、沈長雲點校:《國語集解》卷二〇《越語上》,北京:中華書局,2002,572頁。
⑥ 徐元誥撰,王樹民、沈長雲點校:《國語集解》卷九《晉語三》,304頁。
⑦ 《十三經注疏》整理委員會整理:《春秋公羊傳注疏》卷二四,十三經注疏整理本,北京大學出版社,2000,607頁。
⑧ 蔣天樞校釋:《楚辭校釋》卷六《九章》,上海古籍出版社,1989,326頁。
⑨ 許維遹撰,梁運華整理:《呂氏春秋集釋》卷一六《知接》,北京:中華書局,2009,405頁。
⑩ 許維遹撰,梁運華整理:《呂氏春秋集釋》卷二〇《行論》,569頁。
⑪ 蔣天樞校釋:《楚辭校釋》卷三《九歌》,152頁。

(8) 萬變其情豈可蓋兮,孰虛僞之可長!(《楚辭·九章·悲回風》)①
(9) 悲太山之爲隍兮,孰江河之可涸!(《楚辭·七諫·謬諫》)②
(10) 何方圜之能周兮,夫孰異道而相安。(《楚辭·離騷》)③
(11) 夫孰非義而可用兮,孰非善而可服。(《楚辭·離騷》)④
(12) 孰無施而有報兮,孰不實而有獲?(《楚辭·九章·抽思》)⑤
(13) 齊人弑其君,魯襄公援戈而起曰:"孰臣而敢殺其君乎?"(《説苑·君道》)⑥

　　古代注者多把"孰"理解作"誰"。如例(1)韋昭注:"孰,誰也。誰有恩惠如是君者,可不爲之死乎?"例(2)韋昭注:"孰,誰也。誰使是人有是臭者,言惠公使之也。"韋昭把"孰"看作主語。王引之指出韋注於傳意未合,"孰"當解作"何"。例(1)言有君如是,何可不爲之死也;例2言何是人而有是臭也;例(3)言何君而無稱也;例(4)(5)"孰"并與"何"同義。⑦王引之是將"孰"看作狀語。楊樹達與王引之的看法略有不同,他將例(3)(4)(5)(6)分成兩類:例(3)(6)爲一類,"孰"乃疑問形容詞作定語,與"何"義同;例(4)(5)是第二類,"孰"爲疑問副詞作狀語,與"何"同,意思是"何故""爲何"。⑧周法高主張這些例子句式一致,《詞詮》劃分爲二不妥,例(1)—(7)"孰"皆在句首作副語,應解作"怎麼",與下面的"而""可"相應。⑨王海棻的觀點與楊樹達基本相同,也將這些語例中的"孰"分爲兩類:例(3)(6)"孰"作名詞修飾語,義爲"哪位";例(1)(2)(4)(7)(8)(9)"孰"作狀語,相當於"何以"。⑩張新武反對將"孰"看作名詞修飾語(定語)。他解釋道:

　　　　我們認爲,"孰"字絶無作名詞修飾語的用法。《馬氏文通》説:"孰字人物并詢,其用則主次多於賓次,而未見其在偏次者",説的是非常正確的。凡可解爲"哪個""哪一個"的"孰",都是表示決擇的,而這樣的"孰"前一般都有表示決擇範圍的先行詞。"弟子孰爲好學?"是問,弟子中哪一個是好學的(或者説是"哪一個弟子是好學的"),這句話是絶對不可以變換爲"孰弟子爲好學"的,也就是説,"孰"字是絶對不可以出現在表示決擇範圍的詞語之前的。那麼,"孰君""孰王"的結構能成立嗎?因此我們可以説,

---

① 蔣天樞校釋:《楚辭校釋》卷六《九章》,372頁。
② 黃壽祺、梅桐生譯注:《楚辭全譯》,貴陽:貴州人民出版社,1984,222頁。
③ 蔣天樞校釋:《楚辭校釋》卷一《離騷》,23頁。
④ 蔣天樞校釋:《楚辭校釋》卷一《離騷》,36頁。
⑤ 蔣天樞校釋:《楚辭校釋》卷六《九章》,334頁。
⑥ [漢]劉向撰,向宗魯校證:《説苑校證》卷一《君道》,北京:中華書局,1987,30頁。
⑦ [清]王引之撰,李花蕾校點:《經傳釋詞》,上海古籍出版社,2016,191-192頁。
⑧ 楊樹達:《詞詮》,上海古籍出版社,2006,216頁。
⑨ 周法高:《中國古代語法·稱代編》,北京:中華書局,1990,216-217頁。
⑩ 王海棻:《先秦疑問代詞"誰"與"孰"的比較》,收入其著《古漢語論集》,北京:社會科學文獻出版社,2014,453-457頁。

凡認爲在先秦著作中,"孰"字可作名詞修飾語的,都是對原句的曲解。①

他贊同王、周二位先生的説法,認爲例(1)(2)(3)(5)(6)(10)(11)(12)(13)的"孰"是整個句子的狀語,可譯作現代漢語的"怎麼能""怎麼會"等,與用作句首狀語的"何"的用法是大體相當的。同時,他還總結出"'孰'作句首狀語表反問的句式"的兩個特點:一,"孰"位於句首,自成一個節奏,"孰"字以後的部分形成另一個節奏;二,"孰"字以下的部分,必然是一個意有轉折的結構,一般有一個表轉折的連詞"而"(也可以不出現),這個結構一般都表示了一件不應有而有之事,也就是不合情理之事。② 之後討論"孰"用法的研究者或從狀語説,③或取兩分説,④未達成共識。

本文贊同"狀語"説。張先生已經指出理解成定語在語法方面的不合理之處,接下來本文從語義的角度再略作補充。張先生雖然未提到例(4)(7)(8)(9),但這幾個例子也符合"'孰'作句首狀語表反問的句式"的特點,統一解釋當無問題。上舉13例"孰"字後面的結構可以概括爲"S+連詞\語氣詞+V+O"或"S+連詞\語氣詞+V"。若"孰"爲修飾名詞的定語,那表示選擇範圍的名詞"S"語義上應該包含多個個體以供選擇。然而例(1)"是君"、例(2)"是人"、例(4)"兩東門(鄁都兩東門)"、例(5)"之(是)壞壞"都特指具體的對象。上博簡《容成氏》的部分語句可以與例(6)對讀:

(14)於是乎九邦叛之……文王聞之,曰:"雖君無道,臣敢勿事乎? 雖父無道,子敢勿事乎? <u>孰天子而可反</u>?"(上博簡《容成氏》45+46)⑤

劉樂賢指出例(6)(14)所載文王之語較爲一致。⑥ 例(14)"孰天子而可反"與例(6)"孰王而可畔"對應,顯然也屬於"'孰'作句首狀語表反問的句式"。一般而言,臣子祇有一個君主,兒子祇有一個父親。這兩例"孰"前的兩句話想要説的是臣子不能不服事自己的君主,兒子不能不服事自己的父親。與此相應,"孰"句要表達的意思也應是任何人都不能背叛自己的王或天子。對任何人來説,"王"和"天子"也祇有一個,是唯一的。這6例"S"都是特定的或唯一的對象,無法再從中選擇挑揀,若把"孰"理解作"定語"解爲"哪個""哪一個",則與"S"的語義相矛盾。因此,這些"孰"祇能理解作狀語。劉春萍指出例14的"孰"作狀語,表

---

① 張新武:《"孰"作句首狀語表反問的一種句式》,《語言研究》2002年第1期。
② 張新武:《"孰"作句首狀語表反問的一種句式》。
③ 劉春萍:《戰國出土與傳世文獻中的"誰"與"孰"》,《殷都學刊》2012年第1期。
④ 王寶利:《"孰"與"誰"辨析》,《語文學刊》2011年第10期。
⑤ 馬承源主編:《上海博物館藏戰國楚竹書(二)》,上海古籍出版社,2002,285-287頁。
⑥ 劉樂賢:《讀上博簡〈容成氏〉小札》,收入其著《戰國秦漢簡帛叢考》,北京:文物出版社,2010,14-15頁。

"怎麽"的意思,①當可信。例(6)(14)的意思就是"(自己的)王\天子怎麽可以背叛呢(怎麽可以背叛(自己的)王\天子呢)",例(4)意爲"郢都兩東門怎麽能荒蕪呢",把"孰"看作狀語文意通暢無礙(其餘例句譯文可以參看張新武文)。其他例子的"S"雖然不是特指或唯一的對象,但從句式相同的角度考慮,"孰"的理解應和這6例保持一致。

除了研究者舉出的14例外,還有兩個漢代的例子:

(15)<u>孰魁摧之可久兮</u>,願退身而窮處。(《楚辭·哀時命》)②
(16)寧幽隱以遠禍兮,<u>孰侵辱之可爲</u>。(《楚辭·哀時命》)③

例(15)意思是魁摧怎麽可以長久呢(魁摧不能長久),願意自己退出而窮困隱居。例(16)謂寧願隱居來遠離災禍,侵辱之事怎麽可以施加於我呢(侵辱之事就無法施加給我)。

回到《仲尼曰》上來。"孰政而可使人問"與例(1)(6)(11)(14)句式相同,也屬於"'孰'作句首狀語表反問的句式"。"孰"義爲"怎麽"。"怎麽政事還可以讓別人來問呢",以反問的語氣表達政事不能派別人來問的意思。熟悉孔子說話風格的都知道孔子說的"未之聞"是他拒絕回答對方問題的藉口。而"孰政而可使人問"正是他拒絕回答的原因。檢索先秦秦漢文獻中某人向孔子問政而孔子正面回答的案例,皆是某人與孔子的直接對話,說明某人是親自求教的。除此之外,文獻中還有一些君主或執政者向賢才問政的案例,也都屬於君主或執政者親自求教的情況。而文獻中可以"使人問"的問題多是疾病(《孟子·公孫丑下》"王使人問疾")、喪禮(《禮記·檀弓上》"穆公之母卒,使人問於曾子曰:'如之何?'")等,④不包含"政"。可見先秦時期確實不存在或不主張"使人問政"這種行爲,因此文獻沒有記載。

"孰政而可使人問"反映了上古時期人們對政事謹慎、重視的態度。同時,也爲"'孰'作句首狀語表反問的句式"增加了一條可靠的戰國出土文獻用例。

四

《上海博物館藏戰國楚竹書(五)》中收入有《鮑叔牙與隰朋之諫》與《競建內之》兩篇文獻。大家公認這兩篇應合爲一篇,編聯順序與釋文可參看陳劍《談談〈上博(五)〉的竹簡分

---

① 劉春萍:《戰國出土與傳世文獻中的"誰"與"孰"》。
② 黃壽祺、梅桐生譯注:《楚辭全譯》,234頁。
③ 黃壽祺、梅桐生譯注:《楚辭全譯》,236頁。
④ 《十三經注疏》整理委員會整理:《孟子注疏》卷四上《公孫丑下》,十三經注疏整理本,北京大學出版社,2000,124頁;《十三經注疏》整理委員會整理:《禮記正義》卷六《檀弓上》,十三經注疏整理本,210頁。

篇、拼合與編聯問題》一文。① 這篇文獻中有一段內容如下：

　　　　隰朋與鮑叔牙從。日既，公問士大夫："日之食也，曷爲？"……鮑叔牙答曰："蓋將水，②將有兵，有憂於公身。"公曰："然則可敓歟？"隰朋答曰："公身爲無道，不遷於善而敓之，可乎哉？"公曰："甚哉！吾不賴二三子，天謫怒寡人，至於使日食！"鮑叔牙與隰朋曰："群臣之罪也。昔高宗祭，有雉雛於彝前。召祖己而問焉，曰：'是何也？'祖己答曰：'……今此，祭之得福者也。請量之以嗌汲。既祭之後，焉修先王之法。'高宗命傅說量之以祭。既祭，焉命行先王之法。發古慮，行古作。廢作者死，弗行者死。不出三年，狄人之服者十百邦。此能從善而去禍者。"公曰："吾不知其爲不善也。今內之不得百姓，外之爲諸侯笑。寡人之不肖也，豈不二子之憂也哉？"隰朋與鮑叔牙皆拜，起而言曰："公身爲無道……公弗圖，必害公身。"……公乃身命祭。有司祭服毋黼，器必蠲潔，毋入散器。犧牲圭璧，必全如故，加之以敬。乃命有司著作浮，老弱不刑……是歲也，晉人伐齊。既至齊地，晉邦有亂。師乃歸，雩坪地至塹復。日竭亦不爲災，公蠱亦不爲害。③

　　劃綫的兩個"敓"字分別作 ![字] 、![字]，從"兌"從"攴"，整理者讀爲"奪"。④ 陳劍讀爲"說"。⑤ 林志鵬解釋"說"爲"攻說之祭"，是"以辭責之"的祈禱。⑥ 李守奎認爲"敓"在楚卜筮簡中是攘除災咎之祭，或用作動詞，是以敓祭攘除災咎，此處用作動詞。⑦ 研究者大都贊同"說"的說法，理解成"說祭"。

　　按，讀爲"說"有不妥之處。大家多根據《周禮·春官·大祝》"六曰說"的鄭玄注"攻說，則以辭責之"而認爲"說"祭是以言辭責讓神靈。李學勤指出："'說'是告神的祝詞，只'陳論其事'，沒有責讓的意思。鄭玄把說和攻混爲一談，是不妥當的。"⑧劉曉軍云："'說'祭是一種以論說的方式說服神靈滿足祭禱者訴求的言語行爲。祭禱者將面臨的災難或困境訴諸神靈，祈求解除憂患，給予福佑。"⑨李、劉二位先生所說當可信。如果《鮑》文"敓"讀爲"說"，

---

① 陳劍：《談談〈上博（五）〉的竹簡分篇、拼合與編聯問題》，收入其著《戰國竹書論集》，上海古籍出版社，2019，168-173頁。
② 釋讀從何義軍《上博竹書釋讀補正》，西南大學碩士學位論文，2020，17-20頁。
③ 陳劍：《談談〈上博（五）〉的竹簡分篇、拼合與編聯問題》，169-171頁。我們在陳文的基礎上根據其他研究者的看法以及自己的理解對釋文略作了修改。
④ 馬承源主編：《上海博物館藏戰國楚竹書（五）》，上海古籍出版社，2005，171-172頁。
⑤ 陳劍：《談談〈上博（五）〉的竹簡分篇、拼合與編聯問題》，169頁。
⑥ 林志鵬：《上博楚竹書〈競建內之〉重編新解》，簡帛網，2006年2月25日。又發表於林志鵬《楚竹書〈鮑叔牙與隰朋之諫〉補釋》，簡帛網，2007年7月13日。又發表於林志鵬《戰國竹書〈鮑叔牙與隰朋之諫〉譯注》，卜憲群、楊振紅主編《簡帛研究二〇〇八》，桂林：廣西師範大學出版社，2010，1-18頁。
⑦ 李守奎：《〈鮑叔牙與隰朋之諫〉補釋》，丁四新主編《楚地簡帛思想研究（三）》，武漢：湖北教育出版社，2007，26-45頁。
⑧ 李學勤：《竹簡卜辭與商周甲骨》，《鄭州大學學報（哲學社會科學版）》1989年第2期。
⑨ 劉曉軍：《"說"祭與"說"體》，《學術月刊》2019年第5期。

則隰朋所説"公身爲無道,不遷於善而説之,可乎哉"大概可以理解爲:公(以前)不做好事,(現在)要先改過自新,實行善政然後纔能舉行"説"祭。但高宗"既祭之後,焉修先王之法"以及齊桓公聽了鮑叔牙和隰朋的規諫後"公乃身命祭。有司祭服毋黼,器必蠲潔,毋入散器。犧牲圭璧,必全如故,加之以敬。乃命有司著作浮,老弱不刑",表明二人都是先祭祀後行善政,與隰朋的主張正好相反。

基於此矛盾,本文認爲"敓"不當讀爲有祭祀義的"説",而應讀爲"脱",理解爲免除、擺脱。理由如下:

第一,"脱災""脱禍""脱難"之語在古書中常見,"脱"後所跟對象往往是"災禍"義類詞,如:

(1)臣因而欲事齊君無知,寒叔止臣,<u>臣得脱齊難</u>,遂之周。(《史記·秦本紀》)①

(2)辟彊曰:"帝毋壯子,太后畏君等。君今請拜吕台、吕産、吕禄爲將,將兵居南北軍,及諸吕皆入宫,居中用事,如此則太后心安,<u>君等幸得脱禍矣</u>。"(《史記·吕太后本紀》)②

(3)將軍今以三千人下趙數十城,獨介居河北,不王無以填之。且陳王聽讒,還報,<u>恐不脱於禍</u>。(《史記·張耳陳餘列傳》)③

(4)災氣加人,亦此類也,不幸遭觸而死,<u>幸者免脱而生</u>。(《論衡·幸偶》)④

(5)堯、舜操行多善,無移熒惑之效;桀、紂之政多惡,<u>有反景公脱禍之驗</u>。(《論衡·變虚》)⑤

(6)害日,<u>利以除凶厲,兑(脱)不祥</u>。祭門行,吉。(睡虎地秦簡《日書甲種》5 貳)⑥

(7)名曰擊日……<u>利以兑(脱)盟詛、百不祥</u>。(睡虎地秦簡《日書甲種》11 貳)⑦

(8)窀羅之日。<u>利以説(脱)盟詛</u>、棄疾、鑿宇、葬。吉。而寓人,人必奪其室。(睡虎地秦簡《日書乙種》17)⑧

(9)蓋絶紀之日。<u>利以製衣裳、説(脱)盟詛</u>。(睡虎地秦簡《日書乙種》23 壹)⑨

---

① [漢]司馬遷撰,[宋]裴駰集解,[唐]司馬貞索隱,[唐]張守節正義:《史記》卷五《秦本紀》,點校本二十四史修訂本,北京:中華書局,2013,236 頁。
② [漢]司馬遷撰,[宋]裴駰集解,[唐]司馬貞索隱,[唐]張守節正義:《史記》卷九《吕太后本紀》,點校本二十四史修訂本,501 頁。
③ [漢]司馬遷撰,[宋]裴駰集解,[唐]司馬貞索隱,[唐]張守節正義:《史記》卷八九《張耳陳餘列傳》,點校本二十四史修訂本,3108 頁。
④ 黄暉:《論衡校釋》卷二《幸偶》,北京:中華書局,1990,38 頁。
⑤ 黄暉:《論衡校釋》卷四《變虚》,207 頁。
⑥ 睡虎地秦墓整理小組編:《睡虎地秦墓竹簡》,北京:文物出版社,1990,181 頁。
⑦ 睡虎地秦墓整理小組編:《睡虎地秦墓竹簡》,181 頁。
⑧ 睡虎地秦墓整理小組編:《睡虎地秦墓竹簡》,231 頁。
⑨ 睡虎地秦墓整理小組編:《睡虎地秦墓竹簡》,232 頁。

(10)巳、午、未、申、酉、戌、亥、子、丑、寅、卯、辰,是謂□日,利以解凶,叙(除)不祥。利以祭門、行,叙(除)疾。(九店簡《叢辰》28)①

(11)亥、子、丑、寅、卯、辰、巳、午、未、申、酉、戌,是謂絶日,無爲而可,名之曰死日……利以叙(除)盟詛。(九店簡《叢辰》34)②

例(4)"免脱"的對象就是前面的"災氣"。例(6)至例(9)睡虎地秦簡整理者讀爲"説",并引《國語·魯語下》"説其侮"的韋昭注:"説,猶除也。"③"説"并没有"除"的意思,《國語》"猶除也"的"説"是"脱"的假借字。④ 王子今指出例(6)(7)的"兑"當是《説文》訓"解挩也"的"挩"的簡字,又多作"脱",故"兑"也可釋"脱";"脱盟詛、百不祥"的文意是免除詛咒與諸種不祥。⑤ 王説當可信,九店楚簡《叢辰》與"兑""説"對應之處作"除",頗可證睡虎地秦簡的"兑""説"都當讀爲解脱、免除義的"脱"。有些研究者把"説"理解作祭名"説",不可信。⑥ 例(1)"齊難"和例(7)(8)(9)"詛咒"都是某種具體的災禍。《鮑》文"脱"的對象是"將水,將有兵,有憂於公身",也是具體的災禍。"脱水""脱兵""脱憂"與例(1)至例(9)的"脱齊難""脱詛咒""脱不祥"可以類比,讀作"脱"完全符合古漢語"脱"的使用習慣。鮑叔牙説:"將要有水災,有戰禍,您的身體會有疾病。"齊桓公詢問:"那麽(這些災害)可以免除嗎?"隰朋説:"公您不做好事,不向善就想免除它們,可以嗎?"三人對話銜接流暢,上下文意清楚明白。

第二,隰朋回答齊桓公問題并藉機提出自己的觀點:君主要先改過向善然後纔能免除災禍。隨後鮑叔牙與隰朋進一步對此觀點進行解釋,故給齊桓公講了高宗聽從祖己的諫言實行先王之法,不到三年就收服了十百個狄人之邦的事迹,并在結尾稱贊高宗"此能從善而去禍者"。"去"就是去除、免除的意思,與"脱"義近。"遷善而脱之"與"從善而去禍"前後照應,前者是二大夫用反詰手法首次提出的主張,後者則是在舉例解釋的結尾再次點明觀點。另外,齊桓公聽從了二大臣的建議後,改過自新,實行一系列善政,最後解除了本來要發生的災害(晉國的侵伐消弭於無形,日食和桓公的某種疾病亦皆不爲害)。⑦ 齊桓公的行動和結果與二大臣的觀點完全相合。齊桓公"實行善政"對應二位大臣所説的"遷善""從善","災

---

① 李家浩、白於藍著:《九店楚墓竹書》,武漢大學簡帛研究中心、湖北省文物考古研究所編《楚地出土戰國簡册合集(五)》,北京:文物出版社,2021,21頁。
② 李家浩、白於藍著:《九店楚墓竹書》,武漢大學簡帛研究中心、湖北省文物考古研究所編《楚地出土戰國簡册合集(五)》,22頁。
③ 睡虎地秦墓整理小組編:《睡虎地秦墓竹簡》,182頁。
④ 黄永堂譯注:《國語全譯》卷五《魯語下》,貴陽:貴州人民出版社,2008,163頁;陳桐生譯注:《國語》,北京:中華書局,2013,202頁。
⑤ 王子今:《睡虎地秦簡〈日書〉甲種疏證》,武漢:湖北教育出版社,2002,26—27、40—41頁。
⑥ 劉曉軍:《"説"祭與"説"體》。
⑦ 陳劍:《談談〈上博(五)〉的竹簡分篇、拼合與編聯問題》,171頁。

害解除"對應"脱之(水、兵、有憂於公身)""去禍"。

第三,高宗的事迹、齊桓公的故事都表明本文的主題就是君主要"從善而去禍"。"不遷於善而脱之,可乎哉"亦與主題若合符節。

總之,"敓"應讀作"脱",理解作"免除""擺脱"既符合語言習慣,又使文意通暢無礙,還與二大臣的觀點與該文主題契合。

附記 本文蒙陳劍老師和匿名審稿專家審閱指正,謹致謝忱!

長沙子彈庫帛書乙篇韻讀(二則)*

□ 華東師範大學中國文字研究與應用中心　沈奇石

内容提要　長沙子彈庫帛書乙篇是一篇韻文。結合清華簡《四時》并通過字形分析,可復原帛書乙篇中的兩組韻段,釋讀出"寺(時)""昜(易)"和"帀(次)"等字。
關鍵詞　長沙子彈庫帛書　韻讀　《四時》

　　1942 年,長沙子彈庫盜掘出土了一組戰國楚帛書。其中最完整的一件中間載有兩篇書寫方向互相顛倒的內容,一篇八行,一篇十三行。本文按照目前學界一般的認識,將八行部分稱爲甲篇,十三行部分稱爲乙篇。①

　　早在 1963 年,安志敏、陳公柔兩位先生即已指出帛書乙篇"全篇似爲韻文"。② 此後,商承祚、饒宗頤、巴納(N. Barnard)、李棪、李學勤、李零等多位學者對該篇的韻讀進行過研究。③

---

* 本文爲 2020 年度教育部、國家語委甲骨文等古文字研究與應用專項重點項目"戰國秦漢簡帛文獻通假字集成及數據庫建設"(項目號:YWZ-J030)和 2021 年度教育部哲學社會科學重大課題攻關項目"出土商周秦漢文獻通假語料的整理與數據庫建設研究"(項目號:21JZD043)階段性成果。
① 董作賓、陳夢家等學者認爲十三行部分爲甲篇,八行部分爲乙篇,轉引自李零《長沙子彈庫戰國楚帛書研究》,收入其著《楚帛書研究(十一種)》,上海:中西書局,2013,28 頁。近來,李零先生又重申了這一觀點,參見李零《子彈庫帛書》,北京:文物出版社,2017,下册,43-45 頁。
② 安志敏、陳公柔:《長沙戰國繒書及其有關問題》,《文物》1963 年第 9 期。
③ 商承祚:《戰國楚帛書述略》,《文物》1964 年第 9 期;饒宗頤:《楚繒書疏證》,《"中研院"歷史語言研究所集刊》第 40 本上,1968,1-32 頁;Barnard, N., *Rhyme and Metre in the Ch'u Silk Manuscript Text*, Far Eastern History, No.4(1971), pp. 73-113,修訂後收入其著 *The Ch'u Silk Manuscript: Translation and Commentary*, Studies on the Ch'u Silk Manuscript, Part 2, Monographs on Far Eastern History 5, Canberra: Australia National University, 1973, pp.211-234;李棪:《評巴納〈楚帛書文字的韻與律〉》,《中國文化研究所學報》第 4 卷第 2 期,1971,539-544 頁;李學勤:《論楚帛書中的天象》,《湖南考古輯刊》1982 年第 1 期,修訂後收入其著《簡帛佚籍與學術史》,南昌:江西教育出版社,2001,37-55 頁;李零:《長沙子彈庫戰國楚帛書研究》,收入其著《楚帛書研究(十一種)》,1-116 頁。其他學者的研究參見陳媛媛《〈楚帛書·乙篇〉集釋》,吉林大學碩士學位論文,2009。

近來,不少學者通過後出楚簡材料解決了該篇若干韻讀問題,①使該篇多數押韻情況已大致明朗。但受限於個別韻脚字殘缺或誤釋,仍有個別語段的韻式尚待揭示。本文擬結合新見出土文獻,在字形分析比對的基礎上,復原該篇兩組韻段,并研討相關韻讀問題。

需要交代的是,2017 年出版了由李零先生編纂的《子彈庫帛書》一書,該書收録了 2012 年美國弗利爾—塞克勒美術館(Freer Gallery of Art and Arthur M. Sackler Gallery)提供的楚帛書全幅彩照本、黑白照本以及李零先生最新修訂的摹本(以下徑稱"彩照本""黑白照本"和"2017 年修訂摹本")。② 這是目前已公布的楚帛書圖版中最新且最清晰者。若無特殊説明,本文所用圖版均取自此書。

一

乙篇行 2—3 有如下一段文字:

> 李歲□月,入月七日 AB 霧雲雨土,不得其參職。③

先談"B"字。該字在彩照本和黑白照本中分別作如下之形:

(彩照本)　　(黑白照本)

舊多徑釋"又",或缺釋,且一般下讀。④ 但從上引照相本來看,該字上部殘損,"又"形衹是其下半殘迹。筆者認爲,B 應上讀爲"入月七日 AB"。類似表述見於清華大學藏戰國竹簡《四

---

① 例如裘錫圭《是"恆先"還是"極先"?》(《裘錫圭學術文集》第 5 卷《古代歷史、思想、民俗卷》,上海:復旦大學出版社,2012,328 頁)指出本篇行 8"時雨進退,亡有常亙。恭(庸)民未知,屠以爲則。毋動群民,以□三亙"中的"亙"皆應讀爲"極",由此形成"極、則、極"相叶的隔句用韻式(本文韻式中所謂"句"一般指"小句",即小停頓處)。又如楊鵬樺《楚帛書"有淵厥渴"考》(黄德寬主編《第七届中國文字發展論壇論文集(一)》,安陽中國文字博物館,2019,113-119 頁)和王磊《楚帛書"渴"字考》(簡帛綱,2019 年 4 月 30 日)指出本篇行 2"山陵其廢,有淵厥䉣,是謂李歲"之"䉣"爲"渴",讀爲"竭",由此形成"廢、竭、歲"相叶的句句用韻式。
② 李零:《子彈庫帛書》,下册,5-9 頁、封三附圖一、二。
③ 本文所有引文,凡其讀法可確定者,徑用通行字表示。所用意見參見陳媛媛《〈楚帛書·乙篇〉集釋》;徐在國編著《楚帛書詁林》,合肥:安徽大學出版社,2010。其中"李"字,下文作"季",辭例爲:"歲季乃弐。"其中必有一誤。《詩·召南·小星》"嘒彼小星"之"嘒",安徽大學藏戰國楚簡本一作"李",一作"季"。王挺斌《安大簡〈詩經·召南·小星〉異文考辨》(《漢字漢語研究》2020 年第 4 期)已正確指出,"李"是"季"的誤字,"季"與從彗聲的"嘒"是通假關係。帛書這裏"李"的訛誤通假情况與之相類。"雲",舊多讀"霜",陳琦《"喪"字形音補説》(洪波主編《燕京語言學》第 3 輯,北京:學苑出版社,2022,97-123 頁)認爲兩字聲有隔,疑讀"雱",待考。
④ 參見陳媛媛《〈楚帛書·乙篇〉集釋》,53-59 頁;徐在國編著《楚帛書詁林》,180-181 頁;李零《子彈庫帛書》,下册 45、49-50 頁。

時》篇。①《四時》的主體部分主要記述了每月各階段的天文、地理與物徵。每月第一階段節點均取當月第四日,謂之"入月四日"。餘下階段的節點,除閏月外,都是在每旬逢七之日,簡文稱作"寺(時)"。如第一月孟春月中的節點有"入月四日"(簡 2)、"七日一寺(時)"(簡 2)、"十七日二寺(時)"(簡 3)、"二十七日三寺(時)"(簡 4),第二月仲春月中的節點有"入月四日"(簡 5)、"七日四寺(時)"(簡 5)、"十七日五寺(時)"(簡 6)、"二十七日六寺(時)"(簡 7)等,其餘月份依次類推。據《四時》辭例,該字最有可能是"寺"字殘體,在此讀爲"時"。乙篇"寺"字篆作" "" "" "等形,②字形正可相參。

至於 A 字,在彩照本和黑白照本中分别作如下之形:

　　　(彩照本)　　　　(黑白照本)

過去或摹作" "(商承祚摹本)、" "(饒宗頤摹本)、" "(巴納摹本)、" "(李零 1980 年摹本)、" "(李零 1990 年摹本)、" "(李零 2017 年摹本)等。③ 對比彩照本可知,李零 1980 摹本和李零 1990 年摹本最肖原形。李棪先生最早推斷該字爲"八",④說可信。故上引整段文字可恢復爲(確定的韻脚字加粗加點,下同):

　　　李歲□月,入月七日八**時**,霧雲雨土,不得其參**職**。

"時"爲之部平聲字,"職"爲職部字,韻部屬陰入對轉。據此,整段話韻式爲隔句用韻,之職通押。這段話大意是說,李歲某月,⑤當月第七日正值該歲第八個時節點,會出現大霧塵霾等異象,難以辨理天道。

二

　　　乙篇行 6 有如下一段文字:

---

① 黄德寬主編:《清華大學藏戰國竹簡(拾)》,上海:中西書局,2020,放大圖版 59-82 頁,釋文、注釋 127-142 頁。以下《四時》引文俱源於此,不復詳注。
② 徐在國編著:《楚帛書詁林》,261 頁。
③ 上述摹本均擷自李零《子彈庫帛書》,下册,158-167 頁、封三附圖二。
④ 李棪:《評巴納〈楚帛書文字的韻與律〉》,539-544 頁。
⑤ 其中"李歲□月"中的缺字,筆者懷疑是"五",疑與超辰有關(承王翊先生提示),此擬另文詳述。

唯德匽之歲，三時 C，申之以 D，降是月以數，厯爲之正。①

先談"C"。巴納先生認爲 C 是兩字誤拼，分別摹作"𰀀""𰀀"形。② C 在彩照本和黑白照本中分別作如下之形：

（彩照本）　　（黑白照本）

下圖 1 與下表 1 所呈現的是 C 與其左右旁行殘字的位置關係：

圖 1

9	8	7	6	5	行數

表 1

9	8	7	6	5	行數／列數
明	以	入	時	□	16
五	爲	□		□	17
神	則	同		□	18
是	毋	作	申	□	19

據行 5 殘字"　"與行 7 殘字"同"上部殘缺邊際綫的走勢，再結合底色變化以及行 8、9

---

① "申"字釋讀參見李春桃《釋"紳""殼"》，楊振紅、鄔文玲主編《簡帛研究二○一五（春夏卷）》，桂林：廣西師範大學出版社，2015，18 頁。
② Barnard, N., *The Ch'u Silk Manuscript: Translation and Commentary*, *Studies on the Ch'u Silk Manuscript*, Part 2, p.270.

同列存字情況,可以看出 C 確是由上下兩字誤疊而成,巴納先生將之分割爲"◯""◯"兩字,實屬卓識。

C 之上部"◯"與"欠"形近,李零先生推斷爲"既"字殘迹,①意見可從。至於其下部"◯",筆者認爲當釋"暘"。戰國楚文字中"易"及從"易"之字習見,略舉數例如下:②

表 2

易,上博三《彭祖》簡 2	易,清華五《命訓》簡 2	易,清華三《周公之琴舞》簡 11
錫,天星觀遣策	賜,上博三《周易》簡 5	惕,上博四《曹沫之陣》簡 46

"◯"之下部从日,其上部與"易"字下部形體密合,故"◯"最有可能就是"暘"。

暘,从日易聲,在此可讀爲"易",表示反軌失常。《書·洪範》:"歲月日時無易,百穀用成。"③《新書·道術》:"緣法循理謂之軌,反軌爲易。"④孫星衍即取《新書》(原文稱作《賈子》)語訓解《洪範》中的"易",⑤曾運乾《尚書正讀》訓《洪範》中的"易"爲"失常",⑥説皆可據。當然,古代表示天時曆象的字常以"日"爲意符,如"曆""暈""昇""晦"等。此處"暘"字也不妨理解爲表示天時曆象反軌失常的專字,與《説文》訓爲"日覆雲暫見也"的"暘"屬同形關係。

"三時既易"説的是三時既已失常。所謂"三時",過去多理解爲春、夏、秋三季。⑦但這樣一來,其下文"降是月以數"中的"是月"便失去了指向性。其實,先秦時期"時"作爲時段單位,或短或長,除了可以表示一個季度或一日中的時辰,在上揭《四時》中還可以表示每旬逢七之日這一節點。也即每十日爲一"時",一月有三"時"(除閏月外)。筆者認爲,這裏的

---

① 李零:《〈長沙子彈庫戰國楚帛書研究〉補正》,吉林大學古文字研究室編《古文字研究》第 20 輯,北京:中華書局,2000,167 頁注③,後收入其著《楚帛書研究(十一種)》,134 頁注③。
② 《清華大學藏戰國竹簡》簡稱"清華",《上海博物館藏戰國楚竹書》簡稱"上博"。"清華""上博"後附中文數字表示其册序,下同。
③ 舊題[漢]孔安國傳,[唐]孔穎達等正義:《尚書正義》卷一二《洪範》,[清]阮元校刻《十三經注疏》,北京:中華書局,2009,407-408 頁。
④ [漢]賈誼撰,閻振益、鍾夏校注:《新書校注》卷八《道術》,北京:中華書局,2000,304 頁。
⑤ [清]孫星衍撰,陳抗、盛冬鈴點校:《尚書今古文注疏》卷一二《洪範下》,北京:中華書局,1986,316 頁。
⑥ 曾運乾:《尚書正讀》,北京:中華書局,1964,137 頁。
⑦ 《左傳》桓公六年:"絜粢豐盛,謂其三時不害而民和年豐也。"杜預《集解》:"三時,春、夏、秋。"《國語·周語》:"三時務農而一時講武。"韋昭《注》:"三時,春、夏、秋。"諸家引説參見陳媛媛《〈楚帛書·乙篇〉集釋》,81-82 頁。

"三時"指的就是一月中的三時。每一時所在節點正常情況下應是固定的。"唯德慝之歲,三時既易"即謂遭逢"德慝"之歲,一月中的三時便會發生反軌偏離。下文"申之以 D,降是月以數,厤爲之正"便是調整這一月三時失常的措施。

接著來看 D。所在句過去主要有兩種讀法:一種"降"字上讀,句讀爲"申之以 D 降,是月以數";一種"降"字下讀,句讀爲"申之以 D,降是月以數"。考慮到"申之以 D"與"降是月以數"句式結構一致,筆者更贊成後種讀法,則 D 爲小句末字。D 在彩照本和黑白照本中分別作如下之形:

（彩照本）　　（黑白照本）

過去有"素""來""策""巿""紨"等多種釋讀意見。① 字形上,D 下從巿,上從"來"形繁體。戰國楚文字中,"來"形構件來源多端。除了可理解爲一般的"來",本不從"來"的"差""棗""每""朿""東""素""陵"等字都可"集團"類化(包括後起聲化)從"來"。其中,"差""棗""每""素""東"所從"來"形均已見繁化之例。② 據形體演變的一般規律,其餘"朿""陵"等字也應該有從繁體"來"形者,祇不過目前材料未見實例而已。所以,若要對 D 提出合理的釋讀方案,關鍵要看該方案在構形與辭例上是否都能講得通。

上述釋讀意見中,釋"素"說在構形上最有理據。戰國楚文字中"素"確實有寫作從"糸"從"來"形者,如天星觀遣策"素"即作"素",③古文字中"巿""糸"作意符可以互作,故釋"素"說成爲目前學界主流。④ 但辭例上,D 釋爲"素",不僅難將這句話講通,還造成上引整段文字無韻。故值得商榷。

段凱《讀清華簡第七册劄記二則》初稿中曾將 D 改釋爲"朿",認爲其上部"來"形繁體是寫成"來(清華四《筮法》簡 33)、來(清華四《筮法》簡 35)、來(清華七《越公其事》簡 55'朿'字所從)等形"的"朿"形繁化,其"下部所從類似'巿'的形體,則是清華簡中'朿'字下部類似'巾'形的上端添加一橫筆而來"。按,此說頗具啓發,但這種上端添筆的方式目前尚屬罕覯。後來該文正式發表時,段氏已刪去這部分內容。⑤ 沿此思路,筆者認爲,D 可分析爲

---

① 參見徐在國編著《楚帛書詁林》,493-497 頁。
② 相關字例參見高佑仁《〈曹沫之陣〉"早"字考釋——從楚系"朿"形的一種特殊寫法談起》,武漢大學簡帛研究中心主辦《簡帛》第 1 輯,上海古籍出版社,2006,177-186 頁;李桂森、劉洪濤《釋"華"及相關字》,李學勤主編《出土文獻》第 5 輯,上海:中西書局,2014,163-172 頁;謝明文《東及相關諸字補釋》,黃德寬主編《第七屆中國文字發展論壇論文集(一)》,49-64 頁。
③ 滕壬生:《楚系簡帛文字編》(增訂本),石家莊:河北教育出版社,2008,1109 頁。
④ 參見徐在國編著《楚帛書詁林》,493-497 頁。
⑤ 段凱:《讀清華簡第七册札記二則》,李學勤主編《出土文獻》第 12 輯,上海:中西書局,2018,171-176 頁。

从弔从巿,"弔""巿"共用一橫筆,字可隸定爲"帬"。①

構形上,"帬"从巿弔聲。《汗簡》《古文四聲韻》中收録了"🈳""🈳""🈳"等字,并釋讀爲"資"。該字从糸弔聲,當隸定爲"紨"。傳抄古文多出自六國古文,"巿""糸"作意符常可互作,故"帬"或即"紨"字異體。黃錫全認爲"紨"是《説文》"𦄨(綌)"的異體,②可從。然則"帬"或即傳世字書中"綌"或"紨"的異體。

辭例上,"帬"从弔聲,段凱先生讀爲"次",認爲"申之以次""大概就是約束之以次序",可從。清華三《芮良夫毖》簡23"日月星辰,用交亂進退,而莫得其次"之"次"即取此義。"申之以次"的"之"指代前文中失常的"三時"。這裏的"三時"同樣"莫得其次",所以要"申之以次",即以一定的次序來約束這失常的三時。

綜上,整段文字可恢復爲:

唯德䁠之歲,三時既(?)易。申之以次,降是月以數,厤爲之正。

"易"爲錫部字,"正"爲耕部去聲字,韻部屬陽入對轉。據此,整段話韻式爲隔句用韻,錫耕通押。這段話大意是説,德䁠之歲,一月中的三時既已反軌失常,需要以一定的次序約束之,用曆數的方式,讓失常的時次降歸調整至原先的位置。

綜上所述,本文釋讀出長沙子彈庫帛書乙篇中的三處殘字,從而復原了原先韻讀不明的兩段文字。當然,上述釋讀工作衹是開其端,還有不少涉及天文的術語需要進一步闡釋;限於本文主題與篇幅,擬另文詳述。

附記 拙作初稿呈白師於藍審正,此後又得諸師友及本刊匿名審稿專家賜教,多匡我不逮,在此特表謝忱。拙作待刊期間,李守奎《楚帛書乙篇的文本復原與文字辨釋》(《吉林大學社會科學學報》2023年第2期)對拙作所涉文句有新的補擬與釋讀;段凱《釋楚帛書乙篇中的"弔"字》("第五屆簡帛學國際學術研討會暨《簡帛研究》創刊三十周年座談會"會議論文,桂林,2023,438-444頁)重申釋"弔"説。讀者均可參看。

---

① 石小力先生在看過本文初稿後,認爲C字釋"弔"會更直截,本刊匿名審稿專家亦認爲筆者相關論證略顯迂曲。筆者認爲,"巾"旁與"巿"旁可以互作,蓋因兩者作義符時表意相類,并非無端加飾。如"帛""常(裳)""帍"(一説認爲表示次裏衣、小兒涎衣之"褯"字初文)等均其例。故而該字下部寫成"巿"形,還應理解爲從"巿"表意。退一步講,即使這裏的"巿"形果真是由"巾"加飾而來,也應理解爲楚人據下部寫成"巾"形的"弔",誤析"弔"字從"巾",遂寫出從"巿"的異體。

② 黃錫全:《汗簡注釋》,臺北:臺灣古籍出版有限公司,2005,522頁。

嶽麓書院藏秦律令簡集注（五）

□ 中國人民大學法學院法律史料研讀班

本文爲《嶽麓書院藏秦律令簡集注（五）》，《集注（一）》至《集注（四）》已發表於本刊。此次發表的是《嶽麓書院藏秦簡（肆）》簡106—131的集釋成果，各部分撰寫者如下（嶽麓秦簡原始編號複雜，爲方便讀者理解，以下僅標注整理後編號）：

簡106—108 李勤通（中國海洋大學法學院教授）、唐國昌（中國人民大學法學院2019級法律史專業博士研究生）、魏英姿（中國政法大學民商經濟法學院2015級本科生）

簡109—113 劉自穩（中國政法大學法律古籍整理研究所副教授）、張以靜（西南大學歷史文化學院副教授）、王天昊（南開大學歷史學院2022級中國古代史專業博士研究生）

簡114—117 支強（山東政法學院法學院講師）、孟孜謙（北京大學法學院2021級法律史專業博士研究生）、劉安迪（廈門大學法學院2022級法律史專業博士研究生）

簡118—123 朱瀟（河南財經政法大學法學院副教授）、汪蓉蓉（慕尼黑大學研究學院漢學系博士後）、陳玉婷（雲南財經大學法政學院講師）

簡124—131 李婧嶸（湖南大學法學院副教授）、王雨嘉（中國政法大學法學院2021級法律史專業博士研究生）、黃鑫鑫（湖南大學法學院2020級法律史專業博士研究生）

因人員數量及學術水準所限，研讀班盡力搜集諸家之説，但仍不免挂一漏萬，懇請學界同仁見諒并不吝賜教。集注"凡例"及各項統一説明參見《集注（一）》。

【簡文】

●田律曰租禾稼頃芻稾盡一歲不齎入及諸貣它縣官者書到其縣官盈卅日弗入及有

逋不₁₂₇₈/₁₀₆

　　入者貲其人及官嗇夫吏主者各一甲┕丞令=史各一盾逋其入而死亡有辠毋後不可得者有令官嗇₁₂₈₂/₁₀₇

　　夫吏代償₁₂₈₃/₁₀₈

【釋文】

●田律曰：租禾稼、頃芻稾[1]，盡一歲[2]不臂（畢）入，及諸貣[3]它縣官[4]者，書[5]到其縣官，盈卅日弗入及有逋不₁₂₇₈/₁₀₆入[6]者，貲其人及官嗇夫[7]、吏主者[8]各一甲，丞、令、令史[9]各一盾。逋其入而死、亡有辠，毋後，不可得者，有（又）令官嗇₁₂₈₂/₁₀₇夫、吏代償[10]。₁₂₈₃/₁₀₈

【集釋】

[1]租禾稼、頃芻稾

嶽簡整理小組：即按禾稼、芻稾各自稅率收取的禾稼和芻稾。芻稾稅一般按頃徵收，所以叫頃芻稾。《睡虎地秦簡·田律》簡9"入頃芻稾，以其受田之數，無墾不墾，頃入芻三石、稾二石"。①

周海鋒："租禾稼"即繳納糧食，表明其時田租需繳納實物，此則律文是爲了敦促及時上繳田賦而制定的，從簡文可知田賦在當年要完成，否則要罰一甲，相關的官吏也將連坐。但是律文依舊没有提及一頃地究竟要繳納多少糧食。②

朱紅林：租禾稼，指的是繳納糧食……張家山漢簡《二年律令》簡331《户律》有"田租籍"，就是記録每户交納田租情况的簿籍。③

京大讀簡班：租禾稼，應作爲租而繳納的穀物。租指田租，即針對收成的稅。禾稼指穀物。古時田租爲收穫量的十分之一，漢高祖時減輕了稅率，改爲十五稅一……頃芻稾，是按耕地頃數徵收芻稾。④

【按】"禾"，本指連稾的穀類作物，《説文解字注》"嘉穀也……民食莫重於禾，故謂之嘉穀。嘉穀之連稾者曰禾，實曰粟。粟之人曰米，米曰粱，今俗云小米是也"，⑤但這裏的"禾"應泛指穀物糧食作物。"芻稾"泛指喂牲畜的草料，⑥張家山漢簡整理小組在對張家山漢簡《二年律令·田律》簡240—241作注釋時認爲："芻，飼草。稾，禾稈。"⑦芻稾還可能指"茭"，即

---

① 陳松長主編：《嶽麓書院藏秦簡（肆）》，上海辭書出版社，2015，163頁。
② 周海鋒：《嶽麓書院藏秦簡〈田律〉研究》，武漢大學簡帛研究中心主辦《簡帛》第11輯，上海古籍出版社，2015，109頁。
③ 朱紅林：《〈嶽麓書院藏秦簡（肆）〉疏證》，上海古籍出版社，2021，102頁。
④ [日]"秦代出土文字史料の研究"班：《嶽麓書院所藏簡〈秦律令（壹）〉譯注稿 その（二）》，《東方學報》93，2018，3頁。
⑤ [漢]許慎撰，[清]段玉裁注：《説文解字注》卷一三，上海古籍出版社，1988，320頁。
⑥ 參見趙玉龍《秦漢"芻稾"研究》，山東大學碩士學位論文，2020，11-12頁。
⑦ 張家山二四七號漢墓竹簡整理小組編著：《張家山漢墓竹簡[二四七號墓]》（釋文修訂本），北京：文物出版社，2006，41頁。

野生飼料,①"茭"具體可能指蘆葦。②

從目前的研究來看,芻稾按頃繳納,單位稅額可以參照睡虎地秦簡《秦律十八種·田律》簡9等。田租稅額一直没有明確依據,周海鋒認爲或許可以結合里耶秦簡進行推算。③ 有學者指出,芻稾稅都按田畝徵收,是土地稅的組成部分,屬於田租的附加稅。④ 另外,高敏對"芻稾"徵收的法律問題進行過專題研究,他認爲:一、秦"芻稾"徵收始於商鞅時期;二、"芻稾"稅的徵收以土地面積爲標準;三、"芻稾"稅以實物爲主;四、"芻稾"稅徵收以稱量計算。⑤ 或可參之。據這些研究及本簡内容,我們推測,秦田稅的徵收似乎應分如下兩項内容:第一,根據不同作物區分各自的稅率;第二,確定應徵稅田畝面積,并根據民户繳納田稅品種確定具體徵納數量。

[2]盡一歲

朱紅林:"盡一歲",意思是償還債務的時間期限爲一年。睡虎地秦簡《金布律》中的記載可與此相印證……戴世君(2008E):是官府規定的貲贖罰罪犯繳納罰物、贖金及欠官府債者償還債務的截止時間。從《金布律》簡77—79、81償債規定所透露出來的信息,可以推知"令日"包含有"一年"的履行期間。秦對處貲、贖罰的罪犯繳納罰物、贖金及欠官府債務者償債有時間要求。⑥

京大讀簡班:"一"的書體不自然,可能爲之後補寫,也可能是誤記。通常是作"盡歲","盡一歲"的例子幾乎未見。⑦

【按】朱説似有誤。根據下文文義可知,這一時限是針對超限後如何處罰而言的,并非是指償還債務的時限。因而,這裏的"盡一歲"應是指縣部門長官嗇夫及直接負責官吏有責任代爲賠償的時限爲一年。另外,京大讀簡班對"盡一歲"的考證值得注意,除此處之外,確實没有"盡一歲"的文例。我們根據墨迹推測這裏可能是"歲"字,而具體時間據文義或可推測爲"八月"或"九月",因爲九月是當時的歲末,而郡縣也可能在八月準備材料、九月上計。如睡虎地秦簡《秦律十八種·司空》簡140:"官作居貲贖責(債)而遠其計所官者,盡八月各以其作日及衣數告其所計官,毋過九月而臨(畢)到其官;官相紾(近)者,盡九月而告其計所官,計之其作年。"《居延漢簡》簡56.40A:"☐官取☐☐卒七月盡九月物故衣出入簿。"⑧另外,張忠煒認爲,秦漢功勞制中的"歲"是三百六十日,"月"都是三十日,作爲計勞單位的"勞日"

---

① 參見王子今《漢代河西的"茭"——漢代植被史考察札記》,《甘肅社會科學》2004年第5期。
② 參見張俊民《漢代居延屯田小考》,《西北史地》1996年第3期。
③ 參見周海鋒《秦律令研究——以〈嶽麓書院藏秦簡〉(肆)爲重點》,湖南大學博士學位論文,2016,63—64頁。
④ 參見李恒全《從出土簡牘看秦漢時期的户稅徵收》,《甘肅社會科學》2012年第6期。
⑤ 參見高敏《秦漢史探討》,鄭州:中州古籍出版社,1998,280頁。
⑥ 參見朱紅林《〈嶽麓書院藏秦簡(肆)〉補注(三)》,中國政法大學法律古籍整理研究所編《中國古代法律文獻研究》第11輯,北京:社會科學文獻出版社,2016,65—66頁。
⑦ [日]"秦代出土文字史料の研究"班:《嶽麓書院所藏簡〈秦律令(壹)〉譯注稿 その(二)》,3頁。
⑧ 謝桂華、李均明、朱國炤:《居延漢簡釋文合校》,北京:文物出版社,2015,99頁。

指履行職務的時間;睡虎地77號漢墓功次文書,爲證實"一功可抵四歲勞"提供了例證。① 因此,我們認爲如果表示今年年底以前,應作"盡今年"。

[3]貸

京大讀簡班:借貸。②

朱紅林:"諸貸它縣官",一種情況是途經它縣,向所經縣借貸。睡虎地秦簡《秦律十八種》簡44《倉律》:"宦者、都官吏、都官人有事上爲將,令縣貣(貸)之,輒移其稟縣,稟縣以減其粟。已稟者,移居縣責之。""令縣貣之",就是説爲上辦事的宦者、都官吏、都官人,根據相關規定,由沿途所經縣道貸給口糧。"輒移其稟縣"則是説同時移書到出差人員所隸屬單位,扣去其本月應發的口糧。如果此人既在出差途中向所經縣道借領了口糧,又接受了本單位所發當月口糧,必須向本單位退還,否則將受到處罰。需要注意的是,并不是所有因公出差人員都可以向沿途縣道借貸口糧。③

【按】"貣"本義是向人乞求物品,古無"貣、貸"之分。《説文·貝部》:"貣,從人求物也。"段玉裁注:"按代、弋同聲,古無去入之别;求人施人,古無貣、貸之分。"④ "諸貸它縣官"指的是向縣道官方借貸(因不按期歸還或逃避歸還義務)。又如睡虎地秦簡《法律答問》簡32載:"'府中公金錢私貣用之,與盜同灋(法)。'·可(何)謂'府中'?·唯縣少内爲'府中',其他不爲。"這裏規定的也是向官府借貸的情況。

[4]縣官

陳松長:縣官也就是一般官府的代稱,但實際上可能并不這麽簡單……"縣官"一詞在《睡虎地秦簡》中僅出現了一次,即"有(又)且課縣官,獨多犯令而令、丞弗得者,以令、丞聞"。而時代稍晚的《里耶秦簡(壹)》中則出現了13次,特别是有名的"更名方"中,曾兩次出現了"縣官"一詞,即"王室曰縣官,公室曰縣官"。即在秦始皇二十六年改制之時,將秦王朝的"王室"和"公室"改稱爲"縣官"……"縣官"不能簡單地解釋爲"王室"或"公室",并且也不是泛指官府,而應該是與縣級官府機構有關的一個專指名詞。⑤

【按】"縣官"一詞在傳世文獻關於先秦時期的記載中祇有兩例,⑥ 多指縣這一級地方行政機構的官府或官吏,而秦漢以後的文獻中"縣官"多指天子或國家,僅個别情況下也指縣官府或官吏。對比兩個時期可知,"縣官"的含義在秦時發生了重大變化。究其原因,秦始皇於二十六年統一中國後,將"王室"和"公室"改稱"縣官",即"王室曰縣官。公室曰縣官"(《里

---

① 參見張忠煒《里耶秦簡10-15補論——兼論睡虎地77號漢墓功次文書》,中國政法大學法律古籍整理研究所編《中國古代法律文獻研究》第13輯,北京:社會科學文獻出版社,2019,97-118頁。
② [日]"秦代出土文字史料の研究"班:《嶽麓書院所藏簡〈秦律令(壹)〉譯注稿 その(二)》,3頁。
③ 朱紅林:《〈嶽麓書院藏秦簡(肆)〉疏證》,102-103頁。
④ [漢]許慎撰,[清]段玉裁注:《説文解字注》卷一二,280頁。
⑤ 參見陳松長《嶽麓秦簡中的"縣官田令"初探》,《中州學刊》2020年第1期。
⑥ 參見楊振紅《"縣官"之由來與戰國秦漢時期的"天下"觀》,《中國史研究》2019第1期。

耶秦簡(壹)》簡8-461)。游逸飛認爲:"秦更名方似乎揭示'縣官'指涉皇帝、朝廷,爲秦始皇的創舉。'王室'本指統治者之私家,在家國難分的周代,'王室'自然具有政府、朝廷的意涵。'縣官'既取代'王室',便繼承其意義。這就是'縣官'爲何既指皇室,又指政府的緣故。"①楊振紅進一步指出,秦始皇更名方載有"王室曰縣官""公室曰縣官"的規定,它表明以"縣官"稱天子、國家的制度始於秦始皇統一中國,并將新王朝和帝室取名爲"縣官",意爲從諸侯國君升格爲天子,成爲居住在縣内(王畿)統治天下的官。② 這裏的"縣官"應是官府、公家的代稱。

[5]書

朱紅林:書,追繳租稅或其他債務的文書。睡虎地秦簡《秦律十八種》簡33《司空律》:"有罪以貲贖及有責(債)於公,以其令日問之,其弗能入及賞(償),以令日居之,日居八錢;公食者,日居六錢。"整理小組注:"令日,判決所規定的日期。問,訊問。"現在看來,睡虎地秦簡所謂的"以其令日問之",當如嶽麓簡所記載,是有文書作爲法律憑據的。③

京大讀簡班:這裏的"書"是與徵收貸給部分有關的文書,由借錢方送到所屬的縣。④

【按】朱紅林、京大讀簡班觀點可從。我們推測,"書到其縣官"之"書"似乎應是法律文書"券",用於追繳不能如期償還的官方債務以及逃避的租稅或其他官方債務。這是一種具有法律效力的文書憑證。睡虎地秦簡《秦律十八種·金布律》簡80—81載:"縣、都官坐效、計以負賞(償)者,已論,嗇夫即以其直(值)錢分負其官長及冗吏,而人與參辨券,以效少内,少内以收責之。其入贏者,亦官與辨券,入之。"在會計核算中犯罪的縣都官,經過判處後,有關官員要把應賠償的相應數額分攤給其官長和冗吏,即向每人發放一份木券,以便日後繳納給少内,少内則可以憑此券收取賠償金。《里耶秦簡(壹)》簡8-135也有關於"券"的記載,即"今寫校券一牒"。《嶽麓秦簡(伍)》也提到"券"的使用:"官府及券書它不可封閉者,財(裁),令人謹守衛,須其官自請,請報到乃以從事。"⑤張家山漢簡《二年律令·金布律》簡429:"官爲作務、市及受租、質錢,皆爲缿,封以令、丞印而入,與參辨券之,輒入錢缿中,上中辨其廷。""三辨券"是貨幣存儲的證明,一式三份,一份由收錢機構持有,一份上交給縣廷,一份留在交錢者個人手中。三份互爲憑證,缺一不可。

[6]逋不入

朱紅林:這裏的處罰針對三種情況:一是"租禾稼、頃芻稾,盡一歲不廥(畢)入",也就是一年之内不繳納田租和芻稾稅者;二是"諸貸它縣官者,書到其縣官,盈卅日弗入"者,也就是

---

① 游逸飛:《里耶8-461號"秦更名方"選釋》,魏斌主編《古代長江中游社會研究》,上海古籍出版社,2013,83頁。
② 參見楊振紅《"縣官"之由來與戰國秦漢時期的"天下"觀》。
③ 朱紅林:《〈嶽麓書院藏秦簡(肆)〉疏證》,103頁。
④ [日]"秦代出土文字史料の研究"班:《嶽麓書院所藏簡〈秦律令(壹)〉譯注稿 その(二)》,4頁。
⑤ 陳松長主編:《嶽麓書院藏秦簡(伍)》,上海辭書出版社,2017,67頁。

不能如期償還縣官債務者;三是針對以上兩種情況"有逋不入者",也就是逃避租税及其他縣官債務者。①

京大讀簡班:未履行繳納租税或服徭役的義務。②

【按】按照朱説,原本的句讀存在問題(詳見本條"解説")。不過,我們不能完全同意朱説。從句中兩個"及"字斷句和文義來看,"盈卅日弗入及有逋不入"也可能是"諸貣它縣官者"後的兩種情況,即"諸貣它縣官者盈卅日弗入"和"諸貣它縣官者有逋不入"。而"有逋不入"與"租禾稼、頃芻稾,盡一歲不膚(畢)入"可能無關。

[7]官嗇夫

京大讀簡班:隸屬於縣的各官署部門的負責人。③

朱紅林:相關部門的長官。④

【按】"嗇"與"穡"互通,嗇夫之本義即謂從事稼穡之田夫,《説文解字注》:"田夫謂之嗇夫者,若《郊特牲》先嗇、司嗇、報嗇,嗇皆謂農。"⑤田夫即爲嗇夫,古"嗇""穡"相通,如"稼穡"多作"稼嗇"。"嗇夫"是秦漢時期普遍設置的基層官吏;而"官嗇夫"一般爲縣和都官下屬各機構的主管官吏,爲縣和都官的屬吏,地位低於令、丞而高於佐、史,對所管事務負主要責任。如京大讀簡班提出,地方基層行政組織"鄉""田"的長官也稱爲嗇夫,而且漢代與秦代有所不同。⑥ 裘錫圭認爲,漢代的縣令、長不稱嗇夫,鄉的主管官員和縣屬各官之長稱嗇夫。⑦

[8]吏主者

京大讀簡班:主管者、負責者。⑧

【按】京大讀簡班觀點可從。"吏,治人者也",⑨這裏的"吏"應泛指秦縣廷中的各類官吏;"主"是掌管、負有責任之意;吏主者即是責任者之意。朱紅林也認爲,"'主'……另一種是責任人的意思,如'吏主者'之'主'"。⑩

[9]丞、令、令史

朱紅林:這裏的"令史"當是"令史主者"的省稱,也就是負責此事的令史……秦代縣級政府中,令史是一類很重要的職位,縣廷諸曹都設令史值守……"丞、令、令史"的表述順序。

---

① 朱紅林:《〈嶽麓書院藏秦簡(肆)〉疏證》,103 頁。
② [日]"秦代出土文字史料の研究"班:《嶽麓書院所藏簡〈秦律令(壹)〉譯注稿 その(二)》,4 頁。
③ [日]"秦代出土文字史料の研究"班:《嶽麓書院所藏簡〈秦律令(壹)〉譯注稿 その(二)》,4 頁。
④ 參見朱紅林《〈嶽麓書院藏秦簡(肆)〉補注(三)》,67-69 頁。
⑤ [漢]許慎撰,[清]段玉裁注:《説文解字注》卷一〇,230 頁。
⑥ 參見"秦代出土文字史料の研究"班《嶽麓書院所藏〈秦律令(壹)〉譯注稿 その(二)》,150 頁。
⑦ 參見裘錫圭《嗇夫初探》,中華書局編輯部編《雲夢秦簡研究》,北京:中華書局,1981,230 頁。
⑧ [日]"秦代出土文字史料の研究"班:《嶽麓書院所藏簡〈秦律令(壹)〉譯注稿 その(二)》,4 頁。
⑨ [漢]許慎撰,[清]段玉裁注:《説文解字注》卷一,1 頁。
⑩ 朱紅林:《〈嶽麓書院藏秦簡(肆)〉補注(一)》,王捷主編《出土文獻與法律史研究》第 6 輯,北京:法律出版社,2017,110 頁。

一般來説,按照律令文書的等級特點,職務的排列一般是先高後低,但在《嶽麓肆》公布的這批律令簡中,凡是令、丞、令史三者并列時,順序均爲"丞、令、令史","丞"在"令"前,無一例外。祇有令、丞時,則"令"在"丞"先……秦簡中這種"丞"在"令"前的表述方式,究竟是有特定的原因,還是無意爲之,有待於進一步研究。①

京大讀簡班:《里耶秦簡》與《二年律令》中是以"令、丞、令史"順序記載的。"令"與"丞"順序互換的例子在嶽麓簡中多見,睡虎地秦簡《秦律十八種》也有一例。②

【按】在秦時,"集小(都)鄉邑聚爲縣,置令、丞,凡三十一縣"。縣是由小鄉邑集合而成,令、丞是縣的主要職官。"真正的親民理訟之官,是縣道令長;協助縣道令長處理獄訟的,是縣道的佐官丞、尉",③"縣令、長,皆秦官,掌治其縣。萬户以上爲令,秩千石至六百石。減萬户爲長,秩五百石至三百石。皆有丞、尉,秩四百石至二百石,是爲長吏"。④ 沈剛認爲,"令"總攬各類事務,"丞"主要負責行政事務,負有管理一縣的職責。與縣丞相比,縣令擁有決策權。各種庶務處理往往由丞負責具體執行,但最終由縣令作出裁決;令、丞職能分野在於,令主要負責具有普遍性、規範性的事務,丞則負責一般的具體事務。⑤ 至於"令史",可參朱説。

《嶽麓秦簡(肆)》中令、丞、令史三者并列時,順序均爲"丞、令、令史","丞"均在"令"前,具體涉及的簡爲:簡 1400/115、1410/129、1292/134、1293/145、1257/148、1224/173、J46/187、1249/191、1428/199、1243/224、1355/252、0651-1/378、0663/380。造成"令"在"丞"先的不合理排序方式的原因尚不清楚。我們猜測或許與墓主人的身份有關,如史達所言,墓主人可能爲江陵縣丞。⑥ 雖然史達的觀點并未成爲共識,但兩相對照或可説明丞在令前可能與墓主人生前的職位有關。此外,京大讀簡班推測還有一種可能,嶽麓秦簡在令、丞、令史三者并列時絶大多數都寫成"丞、令、令史",抄手可能是爲了方便而少寫一個字,下標重文號。⑦

[10]吏代償

朱紅林:此處的"吏",即指前文的"吏主者"而言。秦律規定,官府有關部門在債務收繳方面因不能及時采取措施而導致相關財産不能及時上繳,或無法上繳,從而給國家造成損失者,相關部門的長官(即嗇夫)及直接負責人(吏主者)有負責賠償的責任。睡虎地秦簡《秦律十八種》簡 77—79《金布律》:"百姓叚(假)公器及有責(債)未賞(償),其日賤以收責之,而弗收責,其人死亡;及隸臣妾有亡公器、畜生者,以其日月減其衣食,毋過三分取一,其所亡

---

① 參見朱紅林《〈嶽麓書院藏秦簡(肆)〉疏證》,104-105 頁。
② [日]"秦代出土文字史料の研究"班:《嶽麓書院所藏簡〈秦律令(壹)〉譯注稿 その(二)》,4 頁。
③ 張忠煒:《秦漢時代司法文書的虛與實》,《中國史研究》2018 第 2 期。
④ 《漢書》卷一九上《百官公卿表上》,北京:中華書局,1962,742 頁。
⑤ 參見沈剛《秦縣令、丞、尉問題發微》,中國文化遺産研究院編《出土文獻研究》第 17 輯,上海:中西書局,2018,194-215 頁。
⑥ 參見[德]史達《嶽麓秦簡〈廿七年質日〉所附官吏履歷與三卷〈質日〉擁有者的身份》,《湖南大學學報(社會科學版)》2016 年第 1 期。
⑦ 參見[日]"秦代出土文字史料の研究"班《嶽麓書院所藏簡〈秦律令(壹)〉譯注稿 その(二)》,4 頁。

衆,計之,終歲衣食不踐以稍賞(償),令居之,其弗令居之,其人【死】亡,令其官嗇夫及吏主者代賞(償)之。"嶽麓簡此處"吏代償"的"吏",與前面受貲罰者一樣,也是"吏主者"。①

京大讀簡班:官吏代替當事人繳納未繳納的部分。②

【解説】

朱紅林認爲,簡1278/106中的"田律曰"是嶽麓簡律令抄録的一種典型表述方式,嶽麓秦簡中凡是有明確律名的,一般都在起始簡的簡首標明"某某律曰"。③ 周海鋒指出,嶽麓秦簡《田律》共有7則,計13支簡,内容涉及收回及返還有罪者田宇,貸糧草予過往縣官吏,爲乘傳者提供照明物及郵人爲過往官吏提供炊具、飲料或燒飯,田租繳納,禁止黔首居田舍者沽酒等。④ 經過清點《嶽麓秦簡(肆)》所見《田律》原簡的數量,并參照京大讀簡班的分法,⑤我們認爲《田律》應是7則、計13支簡,即簡1278/106—1283/108、簡1277/109—1401/110、簡1284/111—1281/113、簡1276/114、簡1400/115、簡1224/173—J45/174、簡0994/280。根據本簡文内容,周説可從。

關於《田律》律名的性質和内容有多種觀點,相關研究已較深入。如張伯元認爲,《田律》是關於農田生產、牲畜管理方面的律文,而不是純粹指田獵。⑥ 高恒認爲,《田律》是關於農村社會秩序、農田管理以及收繳田税的法律,而不包括"田獵"的内容。⑦ 不過,在出土秦簡牘中,以"田"作爲"田獵"意義的法律條文也存在,如睡虎地秦簡《秦律十八種·田律》簡5—7載:"邑之紵(近)皂及它禁苑者,麛時毋敢將犬以之田。百姓犬入禁苑中而不追獸及捕獸者,勿敢殺;其追獸及捕獸者,殺之。河(呵)禁所殺犬,皆完入公;其它禁苑殺者,食其肉而入皮。田律。"李均明對《田律》進行了概括,認爲是與墾田、繳納芻稾、保護山林等與農林畜牧業有關的法律。⑧ 池田雄一認爲田律的内容包括:A.生產活動:耕田爲公田;報告作物的豐凶、收穫量;支付馬牛的飼料;芻稾的交納。B.日常生活:對樹木采伐、河川利用、狩獵漁撈的限制;禁止酒的私人買賣。C.管理官府:由縣廷管理;設置田嗇夫、部佐等作爲執行官吏。D.與周邊居民的關係:限制禁苑周邊的狩獵;獵犬侵入苑中之際的罰則;又,《田律》對禁苑内公田的管理規定。⑨ 由此看來,不僅"田獵"是否屬於《田律》尚存在爭議,學界對《田律》所涉内

---

① 朱紅林:《〈嶽麓書院藏秦簡(肆)〉疏證》,105頁。
② [日]"秦代出土文字史料の研究"班:《嶽麓書院所藏簡〈秦律令(壹)〉譯注稿 其(二)》,5頁。
③ 參見朱紅林《〈嶽麓書院藏秦簡(肆)〉疏證》,101頁。
④ 參見周海鋒《秦律令研究——以〈嶽麓書院藏秦簡〉(肆)爲重點》,54頁。
⑤ 參見[日]"秦代出土文字史料の研究"班《嶽麓書院所藏簡〈秦律令(壹)〉譯注稿 其(二)》,3-14頁。
⑥ 參見張伯元《〈漢律摭遺〉與〈二年律令〉比勘記(上)》,馬志冰等編《沈家本與中國法律文化國際學術研討會論文集(下)》,北京:中國法制出版社,2005,726頁。
⑦ 參見高恒《秦漢簡牘中法制文書輯考》,北京:社會科學文獻出版社,2008,130-136頁。
⑧ 參見李均明《秦漢簡牘文書分類輯解》,北京:文物出版社,2009,170頁。
⑨ 參見[日]池田雄一《中國古代の律令と社會》,東京:汲古書院,2008,185、200頁。

容也未達成共識。①

【譯文】

田律規定:按禾稼、芻稾(芻稾税按頃徵收)各自的税率收取田租,一年内未足額繳納的,途經它縣向該縣借貸口糧,追繳債務的文書下達滿三十日不能如期償還官方債務者以及逃避租税或其他官方債務者,該人及部門長官嗇夫、主管官吏貲一甲,令、丞及令史貲一盾。逋租却死亡者、有罪逃亡没有被抓獲而無後繼者,部門長官嗇夫及直接負責官吏負有代爲賠償的責任。

【簡文】

●田律曰侍葐郵門期足以給乘傳晦行求燭者郵具二席及斧斤鑿錐刀甕罌置梗井旁╚吏有 ₁₂₇₇/₁₀₉

縣官事使而無僕者郵爲飭有僕叚之器勿爲飭皆給水醬 ₁₄₀₁/₁₁₀

【釋文】

●田律曰:侍[1]葐[2]郵[3]、門[4],期足[5],以給乘傳[6]晦行求燭者[7]。郵具二席及斧、斤、鑿、錐[8]、刀、甕[9]、罌[10],置梗(綆)井旁[11]。吏有 ₁₂₇₇/₁₀₉ 縣官事[12]使而無僕[13]者,郵爲飭[14];有僕,叚(假)之器,勿爲飭。皆給水、醬(漿)[15] ₁₄₀₁/₁₁₀。

【集釋】

[1]侍

吳美嬌:疑爲常居郵驛和門亭的侍役。②

朱紅林:侍,通"峙"。《尚書·費誓》"峙乃糗糧",孫星衍疏:"峙从止,俗誤从山,《釋詁》云:'峙,具也。'"劉起釪引段玉裁《撰異》云:"玉裁按,'峙',从止,寺聲,轉寫者易止爲山耳。《爾雅·釋詁》;'峙,具也。'亦同其義。即《説文》之偫字也。(按《説文》"儲,偫也")。孔云'儲,峙',即'儲,偫也'。"③

京大讀簡班:通"待",或爲支付、供給之意……另有觀點認爲,"侍"通"庤",意爲儲備、貯藏。④

胥紫翼:"侍"又通"庤"。《説文·廣部》:"庤,儲置屋下也。从廣,寺聲。"《玉篇·廣部》:"庤,儲也。""庤",定母之部,"侍"禪母之部。二者聲近韻同,可通假。"庤"義爲"儲藏、儲存"。⑤

---

① 參見魏永康《秦漢"田律"研究》,東北師範大學博士學位論文,2014,3頁;吳美嬌《秦漢〈田律〉考論》,湖南大學碩士學位論文,2015,14頁;等等。
② 吳美嬌:《秦漢〈田律〉考論》,42頁。
③ 朱紅林:《〈嶽麓書院藏秦簡(肆)〉疏證》,106頁。
④ [日]"秦代出土文字史料の研究"班:《嶽麓書院所藏簡〈秦律令(壹)〉譯注稿 その(二)》,6頁。
⑤ 胥紫翼:《嶽麓書院藏秦簡(壹—肆)字形與音義關係研究》,湖南大學碩士學位論文,2018,13頁。

華政研讀班:侍用爲"待",義爲準備、置備。《國語·晉語八》"厚篋戒圖以待之",韋昭注:"待,備也。"《儀禮·既夕禮》"二燭俟於賓門外",句式、意義與此俱近,"俟""待"二字可通用。陳偉認爲侍應讀爲"庤",義爲"儲"。①

【按】吴美嬌將"侍"解釋爲"侍役",不妥。若"侍"指代"侍役",則之後"以給"難以疏通。秦漢簡牘中"以給"多指"將某物給予、交付某人",敦煌漢簡693:"出賦錢四百五十六△以給千人令史□福正月己卯盡丁酉十九日奉。"②其餘諸説均有文例的支撑,我們以爲,訓"侍"爲"跱"或"庤"更佳。若是"侍"意爲"支付""供給",根據《周禮·天官·大府》"關市之賦,以待王之膳服"的句式結構,③則"侍菆郵門期足"當改爲"菆侍郵門期足"。若"侍"義爲"儲藏",前引《尚書·費誓》文例,其句式結構與本句相仿,均爲"侍(跱、庤)+某物"。江陵鳳凰山十號漢墓《中舨共侍約》木牘之"共侍"二字,沙孟海指出"共侍"就是"共偫",意義就是"儲物待用"。④ 徐世虹結合馬王堆漢墓帛書《養生方》《五十二病方》與漢代文獻"儲偫"連用文例,主張將"共侍"理解爲"供應儲積之物"。⑤ 綜上,此處"侍"理解爲"儲藏""儲存"或"準備""置備"義,朱紅林、胥紫翼、華政研讀班之説均可從。

[2]菆

嶽簡整理小組:麻秆。⑥

京大讀簡班:同"蒸",火把、薪柴。⑦

馬麗娜:簡文準備"菆"是爲了供給"乘傳晦行求燭者",既是爲了照明,則"菆"解釋爲"麻秆"不妥。"菆"當同"蒸",《説文·艸部》:"蒸,析麻中幹也。菆,蒸或省火。"段玉裁注:"《大射禮》注、《既夕禮》注皆作此蒸。"《廣雅·釋器》有云:"蒸,炬也。"王念孫疏證:"凡析麻幹及竹木爲炬,皆謂之蒸。"故"菆"同"蒸",當解釋爲用麻秆、葭葦、竹、木做成的火炬。⑧

華政研讀班:菆讀爲"蒸",指用麻秆、葭葦、竹、木等製作的火炬。《廣雅·釋器》:"蒸,炬也。"⑨

【按】"菆"與"蒸"二字相通。《詩經·無羊》載"爾牧來思,以薪以蒸",孔穎達正義:"麤

---

① 華東政法大學出土法律文獻研讀班:《嶽麓簡秦律令釋讀(二)》,王捷主編《出土文獻與法律史研究》第9輯,北京:法律出版社,2020,183頁。
② 甘肅省文物考古研究所編:《敦煌漢簡釋文》,蘭州:甘肅人民出版社,1991,70頁。
③ 《周禮注疏》卷六,[清]阮元校刻《十三經注疏》,北京:中華書局,2009,1458頁。
④ 參見沙孟海《江陵鳳凰山十號漢墓出土二號木牘"共侍"兩字釋義》,《社會科學戰線》1978年第4期。
⑤ 參見徐世虹《對兩件簡牘法律文書的補考》,中國政法大學法律古籍整理研究所編《中國古代法律文獻研究》第2輯,北京:中國政法大學出版社,2004,88-90頁。
⑥ 陳松長主編:《嶽麓書院藏秦簡(肆)》,163頁。
⑦ [日]"秦代出土文字史料の研究"班:《嶽麓書院所藏簡〈秦律令(壹)〉譯注稿 その(二)》,6頁。
⑧ 馬麗娜:《〈嶽麓書院藏秦簡(肆)〉詞彙研究》,湖南大學碩士學位論文,2017,58頁。
⑨ 華東政法大學出土法律文獻研讀班:《嶽麓簡秦律令釋讀(二)》,183頁。

曰薪,細曰蒸。"①段玉裁《説文解字注》:"凡言薪蒸者,皆不必專謂麻骨,古凡燭用蒸。"②京大讀簡班意見與段注相合,均以爲"蒸"不專指麻骨、麻秆之類,凡用於燃燭的材料,如葭葦、竹木等也可稱爲"蒸"。"薪""蒸"之别,正如上引孔穎達正義所言,主要取决於燃料形態的粗細,而不在於燃料種類的差别。此處"荩"應理解爲火把、薪柴之類的燃料,京大讀簡班、馬麗娜説可從。

[3]郵

獄簡整理小組:傳遞文書的驛站。③

京大讀簡班:"郵"是用於傳遞文書的設施,每隔一定距離設置有一"郵"。④

[4]門

獄簡整理小組:門,門亭,負責地方治安的機構,亦承擔某些邊遠或治安欠佳地區的文書傳遞工作。《張家山漢簡·二年律令·行書律》"塞郵、門亭行書者得以符出入","畏害及近邊不可置郵者,令門亭卒、捕盜行之"。⑤

京大讀簡班:"門"與"郵"可能同樣是傳遞文書的"門亭"。⑥

華政研讀班:郵機構的門。張家山漢簡《二年律令》264:"十里置一郵。南郡江水以南至索(?)南水,廿里一郵。"秦漢簡牘材料多將"郵"與"門亭"并列,整理小組因斷讀爲"郵、門",解"門"爲門亭。⑦

【按】沈剛指出,獄簡整理小組"把郵、門解釋成承擔文書傳遞工作,并不完整,文中'吏有縣官事'除了傳遞文書工作以外,還包括公務外出,也就是'徭使'"。⑧ 朱錦程認爲,"亭、郵也有爲官吏提供留宿的功能",如嶽麓秦簡《質日》中有"宿□亭""宿臨沃郵"等。⑨ 從張家山漢簡《二年律令·行書律》的規定可知,門亭行書是作爲郵行書的補充形式而存在,西北漢簡可見有亭卒行書的記録。尹灣漢簡《集簿》東海郡下轄有 688 亭和 34 郵,亭的分布遠較郵爲廣,故可分擔郵的部分職能。

[5]期足

獄簡整理小組:足够,多指數量上而言。《睡虎地秦簡·秦律十八種·倉律》:"用犬者,畜犬期足。"⑩

---

① 《毛詩正義》卷一一,[清]阮元校刻《十三經注疏》,939 頁。
② [漢]許慎撰,[清]段玉裁注:《説文解字注》卷二,44 頁。
③ 陳松長主編:《嶽麓書院藏秦簡(肆)》,163 頁。
④ [日]"秦代出土文字史料の研究"班:《嶽麓書院所藏簡〈秦律令(壹)〉譯注稿 その(二)》,6 頁。
⑤ 陳松長主編:《嶽麓書院藏秦簡(肆)》,163 頁。
⑥ [日]"秦代出土文字史料の研究"班:《嶽麓書院所藏簡〈秦律令(壹)〉譯注稿 その(二)》,6 頁。
⑦ 華東政法大學出土法律文獻研讀班:《嶽麓簡秦律令釋讀(二)》,183 頁。
⑧ 參見沈剛《徭使與秦帝國統治:以簡牘材料爲中心的探討》,《社會科學》2019 年第 5 期。
⑨ 參見朱錦程《秦制新探》,湖南大學博士學位論文,2017,120 頁。
⑩ 陳松長主編:《嶽麓書院藏秦簡(肆)》,163 頁。

京大讀簡班:必須使其充足。①

華政研讀班:確保足夠,"期"義爲"必"。睡虎地秦簡《秦律十八種》63:"用犬者,畜犬期足。"馬王堆帛書《五十二病方》:"煮秫米期足。"《嶽麓秦簡(肆)》180"豫遺重卒,期足以益守",整理小組注:"期足:數量足。"②

朱紅林:"期足",在秦簡中一般用於表示配備足夠的某類物資,"期足"一詞往往與下文以逗號斷開,根據句式語氣長短,有時也與前文以逗號斷開。嶽麓秦簡整理小組此處"期足"原與下文"以給乘傳晦行求燭者"連讀,今以逗號隔開。③

[6]乘傳

京大讀簡班:《漢書》如淳注認爲是傳車的一種,但此處根據接續"晦行求燭者"的讀法,應理解爲"乘坐傳"。④

華政研讀班:乘用官府的傳車和傳馬,并可住宿於傳舍的公務旅行方式。⑤

[7]晦行求燭者

京大讀簡班:在昏暗的道路上行走而需要燈火的人。⑥

華政研讀班:照明。《漢書·武帝紀》"一夜三燭"顏師古注:"燭,謂照也。"⑦

[8]斧、斤、鑿、錐(椎)

華政研讀班:"斤"即"斫木斧"(《説文·斤部》),"錐"讀爲"椎",即槌子。四者爲常用的木工工具。《墨子·備城門》:"門者皆無得挾斧、斤、鑿、鋸、椎。"《論衡·順鼓》:"毋乃如今世工匠之用椎鑿也,以椎擊鑿,令鑿穿木。"⑧

[9]甕

京大讀簡班:汲水的瓶子。⑨

華政研讀班:"甕"之別體,汲水容器。《説文·缶部》:"罋,汲缾也。"⑩

[10]繘

嶽簡整理小組:井繩。字形爲繘的古文,見《説文·糸部》繘字下所收的古文。⑪

---

① [日]"秦代出土文字史料の研究"班:《嶽麓書院所藏簡〈秦律令(壹)〉譯注稿 その(二)》,6頁。
② 華東政法大學出土法律文獻研讀班:《嶽麓簡秦律令釋讀(二)》,184頁。
③ 朱紅林:《〈嶽麓書院藏秦簡(肆)〉疏證》,107頁。
④ [日]"秦代出土文字史料の研究"班:《嶽麓書院所藏簡〈秦律令(壹)〉譯注稿 その(二)》,7頁。
⑤ 華東政法大學出土法律文獻研讀班:《嶽麓簡秦律令釋讀(二)》,184頁。
⑥ [日]"秦代出土文字史料の研究"班:《嶽麓書院所藏簡〈秦律令(壹)〉譯注稿 その(二)》,7頁。
⑦ 華東政法大學出土法律文獻研讀班:《嶽麓簡秦律令釋讀(二)》,184頁。
⑧ 華東政法大學出土法律文獻研讀班:《嶽麓簡秦律令釋讀(二)》,184-185頁。
⑨ [日]"秦代出土文字史料の研究"班:《嶽麓書院所藏簡〈秦律令(壹)〉譯注稿 その(二)》,7頁。
⑩ 華東政法大學出土法律文獻研讀班:《嶽麓簡秦律令釋讀(二)》,185頁。
⑪ 陳松長主編:《嶽麓書院藏秦簡(肆)》,163頁。

京大讀簡班:吊繩。與繘同。①

方勇:其中的"繘"字作▨形,整理者認爲此形同"繘"字的説文古文形。按,此形當是同於"繘"字的《説文解字》籀文形,此籀文字形作▨形,通過比較可見,簡文中的字形應是《説文》籀文形的訛形。我們隸定此簡文字形爲"▨",此形下部的偏旁訛似爲"官"形,右側上部字形訛爲"系"形,但是"▨"形爲"繘"字是没有問題的,"繘"在關沮周家臺秦簡中作▨形,此形應是"繘"字《説文》古文字形的簡化,同篆文形。②

朱紅林:繘,《説文·糸部》:"綆也。"段注:"《易·井卦》:'汔至亦未繘井,羸其瓶。'鄭云:'繘,綆也。'《方言》:'繘,自關而東,周、洛、韓、魏之間謂之綆,或謂之絡;關西謂之繘。'"③

【按】繘,即"繘",意爲井繩。《禮記·喪大記》"管人汲,不説繘,屈之",孔穎達正義:"繘,汲水瓶索也。"④顏師古《急就篇注》:"繘,汲索也,一名綆。"⑤《玉篇》:"繘,綆也。用以汲水也。索也。"⑥

[11] 梗(綆)

朱紅林:嶽麓秦簡整理小組釋"梗"爲"綆"。"綆"本作"綅"。《説文·糸部》:"綆,汲井綆也。"段注:"汲者,引水於井也。綆者,汲水索也。何以盛水? 則有缶。《缶部》曰'罋,汲缾也'是也。何以引缾而上? 則有綆。《春秋傳》'具綆缶'是也。"井供飲水,爲驛站必備之設施。《周禮·秋官·野廬氏》"比國郊及野之道路、宿息、井、樹",鄭玄注:"比猶校也。宿息,廬之屬,賓客所宿及晝止者也。井共飲食,樹爲藩蔽。""綆"與"繘"皆謂井繩,兩者重複不知是否可疑,待考。"置梗井旁"之前,説的是驛站服務器具配備的事,之後説的是特殊情況可以提供飲食服務,是兩個層次。整理小組原標點爲逗號,今改爲句號,閲讀起來更易於理解。⑦

京大讀簡班:通"綆(吊繩)"。⑧

"落葉掃秋風"(網名):此字右从叟,當釋㮰。此字可參嶽麓一爲吏23正三末字▨。⑨

方勇:學者"落葉掃秋風"(網名)認爲簡文中的"梗"字應爲"㮰"字。按此説正確,但是

---

① [日]"秦代出土文字史料の研究"班:《嶽麓書院所藏簡〈秦律令(壹)〉譯注稿 その(二)》,7頁。
② 方勇:《讀〈嶽麓書院藏秦簡(肆)〉札記二則》,簡帛網,2016年3月25日。
③ 朱紅林:《〈嶽麓書院藏秦簡(肆)〉疏證》,108頁。
④ 《禮記正義》卷四四,[清]阮元校刻《十三經注疏》,3418頁。
⑤ 張傳官:《急就篇校理》卷三,北京:中華書局,2017,229頁。
⑥ [南朝梁]顧野王編著,呂浩校點整理:《珍本玉篇音義集成》卷二七《糸部》,上海人民出版社,2020,762頁。
⑦ 朱紅林:《〈嶽麓書院藏秦簡(肆)〉疏證》,108頁。
⑧ [日]"秦代出土文字史料の研究"班:《嶽麓書院所藏簡〈秦律令(壹)〉譯注稿 その(二)》,7頁。
⑨ "落葉掃秋風"(網名):《嶽麓書院藏秦簡(肆)初讀》,簡帛網,2016年3月24日。

揣摩簡文大意,似乎"㮶"還應是"梗"字的誤字,讀爲"綆"。①

【按】從簡文圖版來看,該字確可釋爲"㮶",但當是"綆"字的誤寫。"綆"與"繘"含義相同,均是指井繩。《說文解字·糸部》:"繘,綆也。"②《左傳·襄公九年》載"具綆缶,備水器",杜預注:"綆,汲索。"③揚雄《方言》:"繘,自關而東,周、洛、韓、魏之間謂之綆,或謂之絡;關西謂之繘(綆)。"④從簡文來看,"置梗(綆)井旁"句後有鈎識符號,應從朱紅林說,將原標點逗號改爲句號。

[12] 縣官事

京大讀簡班:公務。⑤

【按】本簡"事"字書寫較爲特殊,與《嶽麓秦簡(肆)》其他各簡"事"字字形比對如下(表1):

表1 《嶽麓秦簡(肆)》"事"字字形比對

簡 1401/110	簡 2072/078	簡 1239/145	簡 1257/148	簡 1273/189
[字形]	[字形]	[字形]	[字形]	[字形]

本"事"下半部與統一之後秦簡牘常見寫法有所不同,而與"吏"([字形])字的下半部近似。學者指出,《嶽麓秦簡(肆)》簡 1284/111"有縣官吏"中"吏"當讀爲"事",參見簡 1284/111"集釋"[2]。翁明鵬認爲,這種情況可能是書手在據統一之前的底本抄寫文書時疏忽大意,忘記了"吏如故,更事"的規定,將"事"與"吏"寫法相混淆。⑥ 本簡或許也存在有類似情況,書手在抄寫簡文時還未完全習慣"書同文字"政策,故而該處"事"還帶有"吏"的筆鋒。

[13] 僕

京大讀簡班:僕役。《譯注稿(一)》將"僕"解釋爲"御者",但根據下引嶽麓秦簡,如此解釋將變得困難。"僕"或爲在身邊服侍的僕役。將本條文(及《二年律令》簡 267)中的"僕"解釋爲負責炊事的僕役,亦合乎文意。⑦

---

① 方勇:《讀〈嶽麓書院藏秦簡(肆)〉札記二則》。
② [漢]許慎撰,[清]段玉裁注:《說文解字注》卷二五,659 頁。
③ 《春秋左傳正義》卷三〇,[清]阮元校刻《十三經注疏》,4212 頁。
④ 華學誠:《揚雄方言校釋匯證》,北京:中華書局,2006,371 頁。
⑤ [日]"秦代出土文字史料の研究"班:《嶽麓書院所藏簡〈秦律令(壹)〉譯注稿 その(二)》,7 頁。
⑥ 參見翁明鵬《統一後秦簡牘中一些用爲{事}的"吏"字再議》,簡帛網,2020 年 4 月 14 日。
⑦ [日]"秦代出土文字史料の研究"班:《嶽麓書院所藏簡〈秦律令(壹)〉譯注稿 その(二)》,7 頁。按:《譯注稿(一)》指《嶽麓書院所藏簡〈秦律令(壹)〉譯注稿 その(一)》,"下引嶽麓秦簡"指《嶽麓秦簡(伍)》簡 1663/257—1779/258"內史倉曹令",該令規定:"其毋(無)走、僕、司御者,縣官叚(假)人爲炊而皆勿給薪采。它如前令。"

华政研读班：以驭车爲主，兼事其他杂役的勤务人员。睡虎地秦简《秦律十八种》73—74"都官佐、史不盈十五人者，七人以上鼠（予）车牛、僕"，又180—181："使者之从者，食穤（糲）米半斗；僕，少半斗。"①

【按】有关"僕"，参见本史料研读班所撰《嶽麓书院藏秦律令简集注（二）》简2132/030—1982/032"集释"[3]。"僕"爲随从侍奉尊者之人，服侍的内容不仅局限於驾车，还涵括各类杂役，例如烹炊、饲养与照看车牛等。② 京大读简班与华政研读班观点可从。

[14] 飤

嶽简整理小组：治，此指治食。类似律文见《张家山汉简·二年律令·行书律》："吏有县官事而无僕者，邮爲炊；有僕者，叚（假）器，皆给水浆。"③

京大读简班：整理小组认爲"飤，治，此指治食"。根据《二年律令》的用例，可解释爲準备饭食、做饭的意思。④

[15] 水、酱（浆）

京大读简班：饮料之类。⑤

【按】浆，《说文解字·水部》："浆，酢浆也。"⑥《齐民要术·大小麦》载："当种麦，若天旱无雨泽，则薄渍麦种以酢浆并蠒矢。"⑦"酢浆"，石声汉解释："是熟澱粉稀薄液经过适当的发酵变化，産生了一些乳酸，有酸味也有香气；古代用来作爲清凉饮料。"⑧《周礼·浆人》"浆人掌共王之六饮，水、浆、醴、涼、醫、酏"，郑玄注："王之六饮，亦酒正当奉之。"⑨可知"浆"当爲饮料之类，"水""浆"并非一物，中间点断爲宜。

【解说】

有关本条律文，讨论集中於律篇命名的问题。京大读简班认爲："本条的内容是规定邮、门所应当準备的物资，以及使用这些物资的出差者们的待遇。後半部分与注⑫所引《二年律令》简267类似。⑩ 与本条类似的《二年律令》简267是《行书律》中的条文，但本条是以'田律曰'冠首。爲何本条从属於田律，难以找到理由，误记的可能性也存在。"⑪

周海锋对於本条律文的律篇命名问题有较爲完整的论述，认爲：

---

① 华东政法大学出土法律文献研读班：《嶽麓简秦律令释读（二）》，185页。
② 张以静：《嶽麓书院藏秦律令简研究》，中国人民大学博士学位论文，2020，138-139页。
③ 陈松长主编：《嶽麓书院藏秦简（肆）》，163页。
④ ［日］"秦代出土文字史料の研究"班：《嶽麓书院所藏简〈秦律令（壹）〉译注稿 その（二）》，8页。
⑤ ［日］"秦代出土文字史料の研究"班：《嶽麓书院所藏简〈秦律令（壹）〉译注稿 その（二）》，8页。
⑥ ［汉］许慎撰，［清］段玉裁注：《说文解字注》卷二一，562页。
⑦ ［北魏］贾思勰撰，石声汉校释：《齐民要术今释》卷二，北京：中华书局，2009，146页。
⑧ ［北魏］贾思勰撰，石声汉校释：《齐民要术今释》卷二，147页。
⑨ 《周礼注疏》卷五，［清］阮元校刻《十三经注疏》，1443页。
⑩ 按："注⑫"爲针对"飤"的注释，张家山汉简《二年律令·行书律》简267规定："邮各具席，设井磨。吏有县官事而无僕者，邮爲炊。有僕者，叚（假）器，皆给水浆。"
⑪ ［日］"秦代出土文字史料の研究"班：《嶽麓书院所藏简〈秦律令（壹）〉译注稿 その（二）》，8页。

誤將其他律文冠以"田律"篇名的可能性也是存在的。但是這些僅僅是一種不夠嚴謹的推測,我們知道偶然失誤的情形的確難免,但倘若說嶽麓書院藏秦簡 6 則《田律》中有 2 則是他律闌入,則不太可能,必須考慮其他原因……根據内容來判定簡的歸屬時,要格外慎重。一方面古人對律文的歸類準則我們未必完全知曉,且法律條文不斷被修訂替换;另一方面在編纂、謄抄數量衆多的律條時,出現張冠李戴的現象也是極有可能的,但是要坐實其誤需要堅實的證據。①

綜合京大讀簡班和周海鋒的意見,我們認爲,雖然不能排除書手誤記的可能,但是概率相對較小,秦人如此命名律篇應自有根據。本條律文與張家山漢簡《二年律令・行書律》簡 265—267 規定相似,周海鋒認爲後者是對前者的精簡。② 張家山漢簡《二年律令・行書律》簡 265 載"一郵郵十二室。長安廣郵廿四室,敬(警)事郵十八室。有物故、去,輒代者有其田宅",涉及處理郵人田宅的規定,這些内容可能也在秦律中有所體現,而當時却歸屬於《田律》之内。本條律文涉及郵、門的物資貯藏和使用,其中"荃"來自山林,而秦漢時期有關樵采薪柴的規定正見於《田律》。例如,睡虎地秦簡《秦律十八種・田律》簡 4 規定:"春二月,毋敢伐材木山林及雍(壅)隄水。"或是基於此,秦人製律時將其劃入《田律》。華政研讀班意見類似,其結合秦律篇章歸屬的"首句原則",認爲本條首句規定要爲郵門置備火炬,而製作火炬的主要材料是麻,麻的獲取來源於田賦徵收,故該條文被歸入《田律》。

【譯文】
田律規定:郵驛、門亭需要儲備充足的火把和薪柴,提供給乘傳夜行需要燭火的人,郵驛需要置備兩個席子以及斧、斤、鑿、錐、刀、甕、罌等物品,并要在水井旁放置井繩。官吏因公務外出却没有僕役隨從的,郵驛爲其準備飯食;若有僕役隨從,可以將器物出借,無需準備飯食。(這兩類情况)均需供給水、漿。

【簡文】
●田律曰吏歸休有縣官吏乘=馬及縣官乘馬過縣欲貣芻稾禾粟=及買叔者縣以朔日 1284/111
平賈受錢└先爲錢及券鉥以令丞印封令=史賦主各挾一辨月盡發鉥令丞前以中辨券案 1285/112
雔錢=輒輸少内皆相與麼除封印中辨臧縣廷 1281/113

---

① 參見周海鋒《嶽麓書院藏秦簡〈田律〉研究》,105 頁。
② 參見周海鋒《嶽麓書院藏秦簡〈田律〉研究》,104 頁。

【釋文】

●田律曰：吏歸休[1]、有縣官吏（事）[1]乘乘馬及縣官乘馬[2]過縣，欲貰芻槀、禾、粟、米[3]及買叔（菽）[4]者，縣以朔日₁₂₈₄/₁₁₁平賈（價）[5]受錢。先爲錢及券鉩[6]，以令、丞印封，令令史、賦主[7]各挾一辨[8]。月盡發鉩令、丞前，以中辨券案₁₂₈₅/₁₁₂雠（讎）錢。錢輒輸少內，皆相與靡除[9]封印，中辨臧（藏）縣廷。₁₂₈₁/₁₁₃

【集釋】

[1]有縣官吏（事）

陳偉：秦簡"事"往往寫作"吏"，"有縣官"下一字據文意當用作"事"。①

京大讀簡班：在此處通"縣官事"，公務之意。②

翁明鵬：《嶽麓（肆）》簡111中的"有縣官吏"讀爲"有縣官事"正確無疑，即有公事。究其原因，很可能是書手在據統一前的底本抄寫文書時疏忽大意，一時忘記了"吏如故，更事"的規定。③

王勇：這條律文中"縣官吏"與"縣官"并列，比照張家山漢簡《二年律令·傳食律》律文，前者可能是指承擔行政事務的官員，而後者是指皇帝侍從，派遣承擔各種隨機事務的特殊官員。④

【按】簡文字形爲"吏"，但據簡文內容當爲"事"。"縣官事"即公家之事，《二年律令·賊律》簡46"以縣官事毆若詈吏，耐。所毆詈有秩以上，及吏以縣官事毆詈五大夫以上，皆黥爲城旦舂"。

[2]乘乘馬及縣官乘馬

京大讀簡班："乘馬"是騎乘用的馬，其中官有的馬或即"縣官乘馬"。⑤

朱紅林：此處"乘馬"當指私家乘馬，與後面的"縣官乘馬"相對。⑥

【按】本簡中的"乘馬"和"縣官乘馬"可能分別指私人乘馬和公家乘馬。私人乘馬的記載，如張家山漢簡《二年律令·津關令》簡507"諸乘私馬入而復以出"，《奏讞書》簡58"大夫犬乘私馬一匹"。邢義田認爲"秦及漢初有秩吏可以分爲有乘車和無乘車兩個等級或類別"，而且"在乘車之下，看來應曾存在某一等級的吏夠格乘馬，或以乘馬爲一種身份標示或等級待遇"。⑦ 這些夠格乘馬的吏員，所乘之馬顯然是指公家管理并提供的乘馬。

---

① 陳偉：《嶽麓秦簡肆校商（壹）》，簡帛網，2016年3月27日。
② ［日］"秦代出土文字史料の研究"班：《嶽麓書院所藏簡〈秦律令（壹）〉譯注稿 その（二）》，9頁。
③ 翁明鵬：《統一後秦簡牘中一些用爲｛事｝的"吏"字再議》。
④ 陳松長等著：《嶽麓秦簡與秦代法律制度研究》，北京：經濟科學出版社，2019，132頁。
⑤ ［日］"秦代出土文字史料の研究"班：《嶽麓書院所藏簡〈秦律令（壹）〉譯注稿 その（二）》，9頁。
⑥ 朱紅林：《〈嶽麓書院藏秦簡（肆）〉疏證》，110頁。
⑦ 邢義田：《今塵集——秦漢時代的簡牘、畫像與文化流播》，上海：中西書局，2019，384、387頁。

［3］粟、米

陳偉："粟米",整理者釋文在"粟"下加頓號,看作兩種物品。恐誤。在里耶秦簡中,"粟米"常常連言,是指粟去皮後的穀實。①

京大讀簡班:"粟、米"之意。"＝"是合文符號,此種用例在里耶秦簡中常見。粟是未脱殼的穀物,米是已脱殼的穀物。《二年律令》中可見爲公用馬匹提供粟和菽的規定。另外,懸泉置漢簡中有向公用馬匹所屬機構提供此類物資的規定。②

【按】此處的爭議在於給馬提供的飼料是"粟米"一種還是"粟"和"米"兩種。誠如諸家所言,里耶秦簡中習見發放"粟米"的券書,"粟米"當爲"粟"脱了殼之後的米。與里耶秦簡中券書不同,本簡中提供"粟米"的對象是乘馬。關於乘馬飼料類型,文獻中多衹言粟而不言粟米,如張家山漢簡《二年律令・金布律》簡425"□□馬日匹二斗粟、一斗叔(菽)。傳馬、使馬、都厩馬日匹叔(菽)一斗半斗",《肩水金關漢簡(壹)》簡73EJT10:79"出粟小石十三石二斗,以食居延卒史單卿、士吏得騎馬廿二匹,匹三日食,食一斗"。③ 脱了殼之後的米一般被看作較爲重要的食物供人食用,《新序》載"粟米,人之上食"。結合文獻中不見向馬提供粟米的記載以及粟米作爲糧食的重要性,簡文此處粟下重文符號不排除誤添的可能。

［4］叔(菽)

京大讀簡班:豆子。④

［5］平賈(價)

朱紅林:朔日平賈,或即後來漢代的月平,指的是每月朔日縣治所在地市場商品上的官方價格。⑤

京大讀簡班:標準價格。⑥

【按】秦漢時期平賈的含義,學界存有三種認識:平均價格、評定物價和官府定價。⑦ 本簡中的"平賈"當是指官方在每月朔日根據市場物資時價製定的官方價格。正如邢義田所指出,"所謂平價,固然需依市場狀況,但因涉及罰金、贖金和發放購賞等官方行爲,這個平價必得爲官方所認可或公布。因此,説它是'法定價格'也未嘗不可"。⑧ 有關秦代的平賈制度可參看《里耶秦簡(貳)》簡9-1088+9-1090+9-1113:

---

① 陳偉:《秦與漢初律令中馬"食禾"釋義》,簡帛網,2017年1月29日。
② ［日］"秦代出土文字史料の研究"班:《嶽麓書院所藏簡〈秦律令(壹)〉譯注稿 その(二)》,9頁。
③ 甘肅簡牘保護研究中心等編:《肩水金關漢簡(壹)》(下册),上海:中西書局,2011,133頁。
④ ［日］"秦代出土文字史料の研究"班:《嶽麓書院所藏簡〈秦律令(壹)〉譯注稿 その(二)》,9頁。
⑤ 朱紅林:《〈嶽麓書院藏秦簡(肆)〉證證》,111頁。
⑥ ［日］"秦代出土文字史料の研究"班:《嶽麓書院所藏簡〈秦律令(壹)〉譯注稿 その(二)》,9頁。《二年律令譯注》此條關於"平賈"注釋爲:平賈是評定價額(注釋者案:動詞)或依據標準價格評定的價額(注釋者案:名詞)。參見［日］冨谷至編《江陵張家山二四七號墓出土漢律令の研究 譯注篇》,京都:朋友書店,2006,57頁。
⑦ 關於"平賈"的學術史梳理,參見慕容浩《秦漢時期"平賈"新探》,《史學月刊》2014年第5期。
⑧ 邢義田:《張家山〈二年律令〉行金行錢補正》,收入其著《今塵集——秦漢時代的簡牘、畫像與文化流播》,373頁。

卅五年十一月辛卯朔朔日,都鄉守擇敢言之:上十一月平賈(價),謁布鄉官。敢言之。/啓手。Ⅰ

十一月辛卯朔己酉,遷陵守丞繹下尉、鄉官:以律令從事。以次傳,別書。/就手。/十一月己酉旦,守Ⅱ府印行尉。Ⅲ　　9-1088+9-1090+9-1113

十一月辛卯,都鄉守擇與令史就雜取市賈(價)平。AⅠ

秫米石廿五錢。AⅡ

粲(穤)米石廿錢。AⅢ

毋【賣】它物者。B

十一月乙未旦,都鄉佐啓以來。/就發。C　　9-1088背+9-1090背+9-1113背①

簡文背面記録都鄉守擇和令史就二人在十一月朔日(辛卯)"雜取市賈(價)"即調查市場物資價格,"平"即動詞意義的評定,簡文記録二人評定了秫米和粲(穤)米的官定價格。上述過程就是給物資評定價格意義上的平賈活動,而兩類物資的最後定價即是嶽麓秦簡中的"朔日平賈"。

[6]爲錢及券鈶

嶽簡整理小組:(爲錢及券)即登記受錢數和寫好券書。②

陳偉:"先爲錢及券,鈶以令、丞印封",疑讀作"先爲錢及券鈶,以令、丞印封"。這與先前所見秦漢"入錢鈶中律"僅述錢鈶不同,交易中使用三辨券的中辨,看來也需要置入專門的鈶中。③

朱紅林:"鈶",當屬前讀,作"先爲錢及券鈶"。④

京大讀簡班:券是記録有金額或數量的剖符。錢及券鈶,放入錢或券的容器。"鈶"上開有小孔,是一旦放入物品便無法再次取出的結構。亦稱"撲滿"。⑤

【按】簡文中的"鈶"當屬前讀,"爲錢及券鈶"即同時需要製作"錢鈶"和"券鈶",分別用以暫時存放錢及券,如陳偉所言,以待月末校驗。

[7]賦主

陳偉:"賦"可能是"錢"字之誤,"錢主"即嶽麓肆簡122(1399)"入錢者"。⑥

邢義田:嶽麓簡錢和賦兩字都很多,這裏的賦字清晰可辨,但確實是抄錯了,原應作

---

① 陳偉主編:《里耶秦簡牘校釋(第二卷)》,武漢大學出版社,2018,253頁。
② 陳松長主編:《嶽麓書院藏秦簡(肆)》,163頁。
③ 陳偉:《嶽麓秦簡肆校商(壹)》。
④ 朱紅林:《〈嶽麓書院藏秦簡(肆)〉疏證》,112頁。
⑤ [日]"秦代出土文字史料の研究"班:《嶽麓書院所藏簡〈秦律令(壹)〉譯注稿 その(二)》,9-10頁。
⑥ 陳偉:《嶽麓秦簡肆校商(壹)》。

"錢"。因爲這一條律的內容祇涉及芻藁、禾、粟、米和買菽,與租稅和賦應無關。①

朱紅林:賦主,就是買主,出錢的一方。②

京大讀簡班:通過借、買等方式領受飼料的人。"賦"或爲給予之意。③

[8]令令史、賦主各挾一辨

陳偉:"令、令史、賦主各挾一辨",前一"令"字當是動詞,與後文連讀。因爲縣令不會親臨交易,而三辨券中之中辨需要上呈縣廷,此外祇有上、下兩辨由令史與買者分別持有。④

朱紅林:此處賦主所持即爲左券,令史所持則爲右券。⑤

【按】關於令史所持之券,陳偉認爲是另外上、下兩辨之一,朱紅林認爲是右券。籾山明在對漢簡刻齒簡的研究中,已經根據漢簡的自名確定了券書的左右之分,其中左券刻齒在書寫面之右,右券反之。⑥張春龍、大川俊隆、籾山明根據里耶秦簡刻齒簡推測秦代三辨券的製作工序:"首先將木材加工成可以切割成三片的、具有足夠厚度的木條,然後將其切割爲正面、中間、反面三片,但下端不切割到底,正面和背面的記錄完成後刻入刻齒,再將剩餘部分切割到底。中間的一片一面削平,謄寫好簡文即可完成。"⑦根據這一券書的製作過程,張馳推測"右券(刻齒在左的券書)是物資的支付方所持的憑證,其對應的付受行爲是'付''出',左券(刻齒在右的券書)是物資的收受方所持的憑證,其對應的付受行爲是'受''入'",而"上交縣廷的中辨券也須依左右券的功能劃分在中辨券相應的書寫面進行謄錄"。⑧ 曹天江考察秦物資出入中三辨券的製作時認爲"中辨券即時上呈縣廷列曹,右券則由經手事務的諸官官吏留存"。⑨ 本簡當中提到的物資出貸、買賣活動中,路過本縣的它縣吏員是"受"方即賦〈錢〉主,應當持有左券。簡文内容"令史、賦主各持一辨",令史所持顯然是相對於賦〈錢〉主的右券。至於中辨券則暫時封存於券笱之中,待月末啓封與錢數核校。

---

① 邢義田:《再論三辨券——讀嶽麓書院藏秦簡札記之四》,收入其著《今塵集——秦漢時代的簡牘、畫像與文化流播》,356頁。
② 朱紅林:《〈嶽麓書院藏秦簡(肆)〉疏證》,114頁。
③ [日]"秦代出土文字史料の研究"班:《嶽麓書院所藏簡〈秦律令(壹)〉譯注稿 その(二)》,10頁。
④ 陳偉:《嶽麓秦簡肆校商(壹)》。
⑤ 朱紅林:《〈嶽麓書院藏秦簡(肆)〉疏證》,114頁。
⑥ 參見[日]籾山明著,胡平生譯《刻齒簡牘初探——漢簡形態論》,中國社會科學院簡帛研究中心編著《簡帛研究譯叢》第2輯,長沙:湖南人民出版社,1998,152頁。
⑦ 張春龍、[日]大川俊隆、[日]籾山明:《里耶秦簡刻齒簡研究——兼論嶽麓秦簡〈數〉中的未解讀簡》,《文物》2015年第3期。
⑧ 張馳:《里耶秦簡所見券類文書的幾個問題》,楊振紅、鄔文玲主編《簡帛研究二〇一六(秋冬卷)》,2017,桂林:廣西師範大學出版社,136頁。
⑨ 曹天江:《秦遷陵縣的物資出入與計校——以三辨券爲綫索》,武漢大學簡帛研究中心主辦《簡帛》第20輯,上海古籍出版社,2020,215頁。

[9]麿除

京大讀簡班:不詳。里耶秦簡中似有類似用例,《校釋》將"麿"解釋爲"分"。① 若從此意,推測其爲將錢分類保管之意,但里耶秦簡此簡難以理解,無法判斷《校釋》之説是否妥當。總之,其是在少内進行的保管封印之錢的前置工作。②

【按】整理者認爲此處"麿"通"磨"。"麿"的此種用法常見,如睡虎地秦簡《秦律十八種·金布律》簡86"有久識者麿蚩之",整理小組注釋"麿,即磨"。如此,"麿除封印"意爲磨去封印,然而據簡文之意,此時錢被輸送至少内,以磨去封印之法保藏難以理解。京大讀簡班認爲可能是"分",推測爲分類保管之意,但理據并不充分。故而,"麿"爲何意尚不清楚,暫從京大讀簡班"保管封印之錢的前置工作"的看法。

【解説】

關於這一部分簡文内容歸屬,朱紅林認爲:

> 嶽麓簡1284+1285+1281(111—113)的這部分内容,應當屬於《金布律》的範疇。何以歸入《田律》之中? 有兩種可能。一種可能是,原簡抄手抄寫錯誤,錯把《金布律》的内容抄到了《田律》下面,或者把"金布律"三字誤寫爲"田律"。另一種可能是没錯,這確是《田律》的内容,祇不過是因爲涉及貨幣的儲藏和管理,因此《田律》中就挪用了《金布律》的相關内容。因爲睡虎地秦簡《金布律》和張家山漢簡《金布律》都是先提到"官爲作務、市"云云,然後纔提到貨幣的儲藏和管理,而嶽麓簡此處則是提到驛站服務收取費用,然後纔提到貨幣收入及管理,兩者還是有點區别的。③

另外,相似内容又見於《嶽麓秦簡(肆)》簡1411/121—1403/123"金布律曰:官府爲作務、市受錢,及受齎、租、質、它稍入錢,皆官爲缿,謹爲缿空(孔),宴(須)毋令錢能出,以令若丞印封缿而入,與入錢者參辨券之,輒入錢缿中,令入錢者見其入。月壹輸缿錢,及上券中辨其縣廷,月未盡而缿盈者,輒輸之,不如律,貲一甲"。雖然本簡内容涉及物資借貸和買賣,并産生錢財的收取和保藏,但在錢的來源上還是有别於《金布律》内容。正如京大讀簡班所指出的,本條是對所乘馬匹使用物資的相關規定。同時,京大讀簡班也提出疑問,本條内容雖與穀物有關,但歸於《田律》難以理解。④ 睡虎地秦簡《秦律十八種·田律》中也有關於乘馬的規定,簡11載"乘馬服牛稟,過二月弗稟、弗致者,皆止,勿稟、致。稟大田而毋(無)恒籍

---

① 集釋者按:此處所指爲里耶秦簡8-650+8-1462"涪陵來以買鹽急,却即道下,以券與却,麿千錢"。參見陳偉主編《里耶秦簡牘校釋(第一卷)》,武漢大學出版社,2012,191頁。
② [日]"秦代出土文字史料の研究"班:《嶽麓書院所藏簡〈秦律令(壹)〉譯注稿 その(二)》,10-11頁。
③ 朱紅林:《〈嶽麓書院藏秦簡(肆)〉疏證》,113頁。
④ 參見[日]"秦代出土文字史料の研究"班《嶽麓書院所藏簡〈秦律令(壹)〉譯注稿 その(二)》,11頁。

者,以其致到日稟之,勿深致"。《里耶秦簡(貳)》簡 9-2346 記録一件乘馬在被傳送途中意外死亡的案件,縣廷最終要求"田"這一機構來處理此事。① 所以,推測乘馬的管理可能與"田"這一機構有關,因而相關規定被置於田律之中。

【譯文】

田律規定:官吏回家休假以及有官府事務而乘私人乘馬或者公家乘馬路過某縣,想要借貸芻稾、禾、粟以及購買菽,該縣以初一的平價收取金錢,將錢和券書置於各自缿中,用縣令或縣丞之印封緘,讓令史和接受物資者各持一辦券書。月末時將缿在縣令和縣丞面前打開,用中辦券核校錢數,錢都輸送至少内,都以"與靡除封印"的方式收藏,中辦券則收藏在縣廷中。

【簡文】

●田律曰有皋田宇已入縣官若已行以賞予人而有勿故復治田宇不當入縣官復畀之其故田宇 1276/114

【釋文】

●田律曰:有皋,田宇[1]已入縣官[2],若[3]已行[4]、以[5]賞予[6]人[7],而有勿(物)故[8],復治[9],田宇不當入縣官,復畀之[10]其故田宇。1276/114

【集釋】

[1]田宇

嶽簡整理小組:田宇,即田宅。②

朱紅林:田宇,準確地説,指田和宇,田指農田,宇指宅基地。③

京大讀簡班:田宅。"宇"爲宅地之意。④

【按】陳偉據《里耶秦簡(壹)》簡 8-307、睡虎地秦簡《日書》簡 251、《爲吏之道》簡 18—19 等文例,同樣認爲田宇即田宅,且"宇"指宅地。⑤ 結合嶽麓秦簡《數》簡 0884/67"宇方百步,三人居之,巷廣五步,問宇幾可(何)",并參照張家山漢簡《二年律令・户律》簡 314—316"宅之大方卅步。徹侯受百五宅,關内侯九十五宅,大庶長九十宅,駟車庶長八十八宅,大上造八十六宅,少上造八十四宅"來看,宇指宅地是没有問題的;但從睡虎地秦簡《封診式》"一宇之内""一宇二内"等文例來看,此處宇顯然是指實體房屋,其并不能完全等同於宅。另據張家山漢簡《二年律令・户律》可見,田與宅有明確的區分,不同身份的人被授予農田和宅地

---

① 參見陳偉主編《里耶秦簡牘校釋(第二卷)》,479 頁。
② 陳松長主編:《嶽麓書院藏秦簡(肆)》,81 頁。
③ 朱紅林:《〈嶽麓書院藏秦簡(肆)〉疏證》,116 頁。
④ 參見[日]"秦代出土文字史料の研究"班《嶽麓書院所藏簡〈秦律令(壹)〉譯注稿 その(二)》,12 頁。
⑤ 參見陳偉主編《里耶秦簡牘校釋(第一卷)》,98 頁。

的面積數額各不相同。① 綜上,本簡中"田宇"大致可解釋爲田宅,但秦簡中"宇"并不當然指"宅地"。

[2]田宇已入縣官

京大讀簡班:若受田者犯罪或死亡,其田宅全部歸屬國家。②

【按】參照簡 1278/106"集釋"[4],此處的"縣官"應是作爲收授田宅主體的國家官府的代稱,即指官方、官府或公家。關於查封犯罪人住宅,睡虎地秦簡《封診式》中有明確記載。③ 而關於授田制下是否存在對犯罪人所耕種農田的没收,朱紅林認爲,即使當時百姓所耕種的農田本就屬於國有,百姓犯重罪,國家也可能收回其土地的使用權。④ 此類規定曾見諸張家山漢簡《二年律令》。《二年律令·收律》簡 174,《户律》簡 319、簡 323—324 有"皆收其妻、子、財、田宅""田宅當入縣官……没入田宅""没入田宅縣官"等文例。這説明漢代百姓犯罪,農田和住宅皆有可能被收回。而嶽麓秦簡此處的文例則説明秦代同樣如此。

[3]若

何有祖:"若",或。一般用來連接兩種可能,如"以城邑亭障反,降諸侯,及守乘城亭障,諸侯人來攻盗,不堅守而棄去之若降之,及謀反者,皆要(腰)斬"。緊接著"若"後的"已行以賞予人而有物故"當係一種可能。⑤

徐亦磊:連詞,表假設關係,相當於如果。⑥

【按】對此處"若"字含義的理解,關係到對本條律文的斷讀和律意的整體解讀。一般而言,"若"作爲連詞,連接兩類行爲或事物以表并列(或表選擇)的情況,在秦漢簡牘中較爲多見,如嶽麓秦簡中的"捕若詗告""令若丞"等。而"若"作爲連詞表假設的情況,在秦漢簡牘中雖較爲少見,但并非没有。如張家山漢簡《二年律令·雜律》簡 188"主婢奸,若爲它家奴妻,有子,子畀婢主,皆爲奴婢",以及《嶽麓秦簡(伍)》簡 0806/316"諸樂人及工若操縝紅,有技能者皆毋得爲臣史、佐吏書"。⑦ 此處若將其作假設連詞釋爲"如果",本條律文大意即爲官府没收犯罪人田宅後,如果已將其授予或賞賜他人,而覆審後發現不應没收,遂有相應之舉措。照常理,涉案田宅的確應當先爲官府所没收,而後方可被授出或賞賜,故此説在邏輯上亦能自洽。但是,此説存在一種難以涵攝的情形,即官府在没收犯罪人田宅,而未對其作授出或賞賜等進一步處分時,發現相關錯誤,應當作何處理。而將其作并列連詞釋爲"或

---

① 《二年律令·户律》對於不同爵位之人受田和受宅的數額分別予以明確規定。參見彭浩、陳偉、[日]工藤元男主編《二年律令與奏讞書:張家山二四七號漢墓出土法律文獻釋讀》,216-218 頁。
② 參見[日]"秦代出土文字史料の研究"班《嶽麓書院所藏簡〈秦律令(壹)〉譯注稿 その(二)》,12 頁。
③ 如睡虎地秦簡《封診式·封守》簡 8—12。
④ 朱紅林:《〈嶽麓書院藏秦簡(肆)〉疏證》,117 頁。
⑤ 何有祖:《讀嶽麓秦簡肆札記(一)》,簡帛網,2016 年 3 月 24 日。
⑥ 徐亦磊:《〈嶽麓書院藏秦簡[壹—伍]〉字詞關係研究》,河北師範大學碩士學位論文,2020,31 頁。
⑦ 陳松長主編:《嶽麓書院藏秦簡(伍)》,2017,203 頁。

者",本律的適用前提便可解爲"官府没收犯罪人田宅,或者(没收後)將其授予、賞賜他人"幾種情況。如此即可有效涵攝上述情形,亦使律文在文義上更爲周延。故相比之下,將此處"若"作并列連詞理解,似乎更爲妥當;同時亦不應否認其作假設連詞理解的可能。至於對律文的斷讀和律意的具體解讀,將於本簡"解説"部分詳述。

[4]行

嶽簡整理小組:行,即行田。①

京大讀簡班:行,付與、給付之意。②

【按】關於"行",諸家之説主要有兩解。其一,指授予、給予,亦即所謂"行田"。《里耶秦簡(壹)》簡8-307:"庚申,潁陰相來行田宇。"《里耶秦簡牘校釋》將其釋爲"給予"。③ 張家山漢簡《二年律令·田律》簡239:"田不可田者,勿行。當受田者欲受,許之。"整理小組注:行,指授田,《禮記·月令》注:"猶賜也。"《二年律令與奏讞書》按語:可參考《漢書·高帝紀下》"且法以有功勞行田宅"顏師古注引蘇林曰:"猶付與也。"④其二,指執行。何有祖認爲,此處"行以賞"當參見《二年律令》簡149之"行其購賞""行其賞"。⑤ 其意似屬"執行"。此外,秦漢簡牘中的"已行"同樣是一常用語,是"已經執行"之義。而上述諸家之説的分歧,本質在於將"行"與"賞"理解爲同一行爲還是不同行爲。若將"行以賞"理解爲同一行爲,側重賞賜已經執行,則其表述爲"行其賞"或"行賞"似更妥當,或可直稱"已賞予人";用"已行以賞予人"來表示賞賜已經執行,其表述似顯迂曲,於文義上亦有令人未安之處。相反,若將"行"與"賞"分開理解,從文義與結構上則更能解釋得通。此説在下文集釋[5]中仍有理據支撑。

[5]以

馬麗娜:"以"當通"已",表示"已經"。⑥

【按】出土及傳世文獻中常見"以""已"二字互爲通假之情形。如《史記·陳涉世家》有"固以怪之矣",⑦《漢書·張敞傳》有"今兩侯以出",⑧"以"皆通"已"。又如《墨子·天志下》:"已非有其所取之故。"⑨孫詒讓閒詁:"已、以通。"據本簡"已行"與"以賞"連用,再結合前文的"已入縣官",可見上述三者并列,構成了本條律文適用的三類前提。此處"以"當通"已",表示"已經",馬麗娜之説可從。此外,《嶽麓秦簡(肆)》簡1256/160—1268/161:"隸

---

① 陳松長主編:《嶽麓書院藏秦簡(肆)》,81頁。
② 參見[日]"秦代出土文字史料の研究"班《嶽麓書院所藏簡〈秦律令(壹)〉譯注稿 その(二)》,12頁。
③ 參見陳偉主編《里耶秦簡牘校釋(第一卷)》,98頁。
④ 彭浩、陳偉、[日]工藤元男主編:《二年律令與奏讞書:張家山二四七號漢墓出土法律文獻釋讀》,187頁。
⑤ 何有祖:《讀嶽麓秦簡肆札記(一)》,簡帛網,2016年3月24日。
⑥ 馬麗娜:《〈嶽麓書院藏秦簡(肆)〉詞彙研究》,49頁。
⑦ 《史記》卷四八,北京:中華書局,1982,1950頁。
⑧ 《漢書》卷七六,3218頁。
⑨ [清]孫詒讓撰,孫啓治點校:《墨子閒詁》卷七,北京:中華書局,2001,215頁。

臣以庶人爲妻,若羣司寇、隸臣妻懷子,其夫免若冗以免、已拜免,子乃產,皆如其已免吏(事)之子。"其中"拜免"意爲"以所拜之爵抵當刑罰",而"已拜免"則是與"免""冗以免"并列的一種免除罪人身份的方式,故此處"已"當通"以",意爲"憑藉"。① 其與本簡之表述方式類似,可參看。

[6]賞予

京大讀簡班:賞予,作爲賞賜而給予。②

胥紫翼:此處"賞"表"賜予、獎給"之義。《説文·貝部》:"賞,賜有功也"。③

【按】京大讀簡班、胥紫翼之説可從。

[7]已行、以賞予人

周海鋒:已經被授予、賞賜他人。④

何有祖:"行以賞",參見《二年律令》簡 149 之"行其購賞""行其賞"。⑤

【按】據上文集釋[4][5][6]所述,本簡"行"與"賞"當分開理解。行指國家授田,賞指國家將田宅賞賜予人。周海鋒認爲,田宅若由官府授予,領受者祇有使用權,并無所有權;若是賞賜所得,完全歸私人所有,可以出售或由他人繼承。⑥

[8]勿(物)故

嶽簡整理小組:物故,即亡故。《漢書·蘇武傳》:"前以降及物故,凡隨武還者九人。"顏師古注:"物故謂死也,言其同於鬼物而故也。"⑦

京大讀簡班:人死亡。⑧

陳偉:物故在死亡外,尚有事故義。《墨子·號令》:"即有物故,鼓,吏至而止,夜以火指。"孫詒讓閒詁:"物故,猶言事故,言有事故則擊鼓也。"本條及簡078、簡318中的"物故",均是事故義。⑨

朱紅林:勿(物)故,此處指的是"某種原因",嶽麓秦簡整理小組據顏師古注,解釋爲"亡故",不確……就拿簡1276(114)的記載而言,如果把"物故"解釋爲"某種原因",文意就很好理解了,意思是説:"黔首有罪,他的田宇被官府没收,賞給了別人,但後來發現案情由於某

---

① 參見馬麗娜《〈嶽麓書院藏秦簡(肆)〉詞彙研究》,47-48頁。
② 參見[日]"秦代出土文字史料の研究"班《嶽麓書院所藏簡〈秦律令(壹)〉譯注稿 その(二)》,12頁。
③ 除"賜予、獎給"之義外,嶽麓秦簡中還有"賞"字表"償"之義的情況。但此義似與本簡無關,故不在集釋稿正文中提及。參見胥紫翼《嶽麓書院藏秦簡(壹—肆)字形與音義關係研究》,25頁。
④ 周海鋒:《嶽麓書院藏秦簡〈田律〉研究》,106頁。
⑤ 何有祖:《讀嶽麓秦簡肆札記(一)》。
⑥ 參見周海鋒《嶽麓書院藏秦簡〈田律〉研究》,106-107頁。
⑦ 陳松長主編:《嶽麓書院藏秦簡(肆)》,81頁。
⑧ [日]"秦代出土文字史料の研究"班《嶽麓書院所藏簡〈秦律令(壹)〉譯注稿 その(二)》,12頁。
⑨ 陳偉:《嶽麓秦簡肆校商(壹)》。

種原因判罰有誤,進行重審,認爲不當没收他的田宇,所以要把他原來的田宇(贖回來)還給他。"①

"林少平"(網名):"勿故"大意是"不能盡某事",如此則"勿(物)故"與"事故"不同。"若已行以賞予人而有勿故"即"或已行以賞予他人而有不能盡賞者"的意思,也就是"將未賞予他人的部分田宇返還"的意思。再説,不可能有已賞賜他人之物又奪回去的道理。②

【按】關於"物故",王偉認爲,其本義是"事故"。漢以前多以"有物故"即"有事故"來指稱死亡。但不能一見"有物故"即徑斷爲死亡義,而應根據上下文作出判斷。③ 在本簡中,將"物故"釋爲"死亡"與"有事故"二義皆值得商榷。導致發現案情有誤并重審的原因顯然不是某人的死亡,亦不一定是事故;京大讀簡班"領受者死亡的情況下,再次審查案件"的觀點似乎也值得商榷。此外,若按照"林少平"之説解爲"不能盡某事",文義當爲已將田産授予或賞予他人而"不能盡行/盡賞"。相較之下,采朱紅林之説,將其釋爲"某種原因"較爲妥當。"物故"在嶽麓秦簡中的用例還可見於《嶽麓秦簡(肆)》簡2072/078"匿户弗事、匿敖童弗傅,匿者及所匿,皆贖耐。逋傅,貲一甲。其有物故,不得會傅"及簡0691/318"丞相議:吏歸治病及有它物故,免,不復之官者,令其吏舍人、僕【庸】行"。我們認爲,此處的"物故"應爲死亡之外的足以免除責任的某種其他原因,同樣與朱説相近。

[9] 復治

嶽簡整理小組:復治,即重新審查案件。④

京大讀簡班:再次詳細調查。⑤

朱紅林:案件重審,發現原來没收罪犯田宇是不合適的,要返還被没收田宇。⑥

劉明哲:復治,重審。⑦

【按】關於"復治",嶽簡整理小組認爲"復"與"覆"通假。南玉泉認爲,"復"與"覆"雖然在古籍中有時通用,但在秦漢司法程序中二者的含義并不完全相同:復突出的是一種行爲的反復,即"再一次"的意思,應是在司法過程中,或上級發現問題派有關人員對案件進行核查;而"覆"具有審核、核查之意,且在層級上表現爲上對下的審核,除乞鞫案件的再審外,受皇命立案、偵查、審訊的案件亦稱"覆"。⑧ 從文義來看,此處的"復治"有重新審查之義,因而在此直稱"復治"即可,似乎不必强調其與"覆治"等同。

---

① 朱紅林:《〈嶽麓書院藏秦簡(肆)〉疏證》,117-118頁。
② "林少平"(網名):《〈嶽麓書院藏秦簡(肆)〉初讀》,簡帛網,2016年4月7日。
③ 參見王偉《里耶秦簡"付記"文書義解》,簡帛網,2016年5月13日。
④ 陳松長主編:《嶽麓書院藏秦簡(肆)》,81頁。
⑤ [日]"秦代出土文字史料の研究"班:《嶽麓書院所藏簡〈秦律令(壹)〉譯注稿 その(二)》,12頁。
⑥ 朱紅林:《〈嶽麓書院藏秦簡(肆)〉疏證》,118頁。
⑦ 劉明哲:《〈嶽麓書院藏秦簡(肆)〉集釋》,吉林大學碩士學位論文,2018,86頁。
⑧ 參見南玉泉《秦漢的乞鞫與覆獄》,《上海師範大學學報(哲學社會科學版)》2017年第1期。

[10] 復畀之

京大讀簡班：畀，給予。①

【按】秦漢簡牘文例中常見"畀主""畀之"的説法，此處"復"和"畀之"連用，復當理解爲"再次"，即相對於官府向犯罪人初次授田而言。因在授田制下，百姓的田宅使用權本就授自官府；官府在没收犯罪人田宅及將之授予或賞賜他人後，經過重審，發現案情有誤，其田宅不應被没收，則須將該田宅再次授予犯罪人（即"返還"之意）。此外，若官府已通過授予或賞賜對涉案田宅進行了處分，此時"畀之"的具體方式或許是由官府爲之贖回。

【解説】

"集釋"部分已嘗試在對關鍵字詞進行釋讀的基礎上，初步理順本條律文的邏輯結構與文義。若要進一步廓清律意，簡文的斷讀方式同樣值得關注。關於"有皋田宇已入縣官若已行以賞予人而有勿故復治"的斷句問題，諸家大致有四種不同的斷讀與理解方式。

①"有皋，田宇已入縣官，若已行，以賞予人而有勿故，復治"。②（嶽簡整理小組）

②"有皋，田宇已入縣官，若已行、以賞予人而有勿故，復治"。③（周海鋒）

③"有皋田宇已入縣官若已行、以賞予人而有勿故復治"。④（陳偉）

④"有皋，田宇已入縣官，若已行以賞予人而有勿故，復治"。⑤（何有祖）

首先，將"若"字作并列連詞理解，釋爲"或者"，則田宅"已入縣官""已行"與"以賞予人"三者當爲并列關係，共同作爲本律適用的三類前提，即官府對涉案田宅所作的没收，以及没收後的授予及賞賜。故"田宇已入縣官"與"若已行"之間當以逗號斷開，而"已行"與"以賞予人"之間當以頓號斷開。其次，"而有勿故"作爲上述三類前提所共同面臨的特殊情勢，即官府在没收、授予、賞賜涉案田宅後，皆因某種原因發現案情有誤，遂有後續之相應舉措，故"而有勿故"之前當以逗號斷開。由此，我們給出的斷讀方案即爲：

"有皋，田宇已入縣官，若已行、以賞予人，而有勿故，復治"。

此外需特别説明，因爲從邏輯上講，涉案田宅應由官府先行没收，再行分配，所以如果選擇將"若"作并列連詞釋爲"或者"，便意味著默認"若已行、以賞予人"存在一處承接前文文義的省略，即"田宇已入縣官，若（田宇入縣官後）已行、以賞予人"。如此，律文在不違背邏輯的同時，其文義也更爲周延——儘管"没收"這一動作在實際操作中或許更多停留在文書行政層面，并不一定會得到嚴格落實。同樣值得注意的是，將"若"理解爲假設連詞，律文在邏輯上亦能自洽，此時上述三類前提條件變爲兩類，即田宅没入官府後"已行"與"以賞予

---

① 參見［日］"秦代出土文字史料の研究"班《嶽麓書院所藏簡〈秦律令（壹）〉譯注稿 その（二）》，12頁。
② 陳松長主編：《嶽麓書院藏秦簡（肆）》，81頁。
③ 周海鋒：《嶽麓書院藏秦簡〈田律〉研究》，106頁。
④ 陳偉：《嶽麓秦簡肆校商（壹）》。
⑤ 何有祖：《讀嶽麓秦簡肆札記（一）》。

人"。衹是如此作解,律文就無法涵攝田宅没入官府但未被處分的情形,文義上有所缺憾罷了。因此我們在將"若"字釋爲"或者"的同時,"如果"之説亦值得參看。

從簡文内容看,本簡是關於秦官府對錯案中涉案田宅没收與返還的一則規定。某人犯罪,其田宅被没收,而官府在没收犯罪人田宅并對其進行了相應處分(授予或賞賜給他人)後,因爲某種原因發現案情有誤,進而重審并發現不應没收其田宅的,須將田宅返還犯罪人。

本簡律文與張家山漢簡《奏讞書》"講不盜牛乞鞫"案,都涉及秦漢官府在錯案糾錯過程中對犯罪人已没收財産的處理原則。① 由本簡可見,對於被没收入官、授予或賞賜他人(授田制下這些行爲不涉及買賣)的田産,由官府收回後將原物返還。而在《奏讞書》該案中,講被誣陷盜牛,并遭到嚴刑逼供而被迫認罪。後案件重審,講被改判無罪。"其除講以爲隱官,令自常(尚),畀其於於。妻子已賣者,縣官爲贖。它收已賣,以賈(價)畀之。及除坐者貲,貲已入環(還)之"(簡123)。可見對於已被賣出的財産,則由官府爲之贖買或作價補償。

【譯文】

田律規定:(犯罪人)有罪,其田宅已經被官府没收,或者(被没收後)已經被授予或賞賜給他人,但後來由於某種原因(發現案情有誤),案件重審,其田宅不應被官府没收,要將其返還(或贖回後返還)犯罪人。

【簡文】

黔首居田舍者毋敢酤酒不從令者罨之田嗇夫吏=部弗得貲各二甲丞令=史各一甲 1400/115

【釋文】

黔首[1]居田舍[2]者毋敢酤〈酤(酤)〉[3]酒,不從令[4]者罨(遷)之[5],田嗇夫、吏[6]、吏部[7]弗得,貲各二甲,丞、令、令史[8]各一甲。 1400/115

【集釋】

[1]黔首

京大讀簡班:民。《史記・秦始皇本紀》:"更名民曰黔首。"②

[2]田舍

朱紅林:農忙季節農民在田間搭建的臨時屋舍……秦簡中的田舍,恐怕不是隨意或偶然建築的居住場所,而是具有普遍性的,是建在田間供農忙時使用的。正因爲田舍主要用於農忙時節,秦律所説的百姓居田舍多半處於這個階段,所以制度上禁止買酒,以免喝酒耽誤農事。③

---

① 參見朱紅林《〈嶽麓書院藏秦簡(肆)〉疏證》,118頁。
② [日]"秦代出土文字史料の研究"班:《嶽麓書院所藏簡〈秦律令(壹)〉譯注稿 その(二)》,13頁。
③ 朱紅林:《〈嶽麓書院藏秦簡(肆)〉疏證》,120頁。

京大讀簡班:城邑外的住所。①
【按】關於秦漢簡中"田舍"的含義,諸家主要有兩説。其一,指農村或城邑外的屋舍。如睡虎地秦簡《秦律十八種·田律》簡12"百姓居田舍者毋敢酤酒",睡簡整理小組注"田舍,農村中的居舍";②劉欣寧據居延漢簡認爲"田舍"一詞應指城邑外之居舍,與"邑中舍"爲對稱。③ 其二,指田間搭建的臨時屋舍。除前述朱紅林説外,張金光認爲,田舍即野廬,是備耕臨時住所;④劉興林認爲,田舍是田間的小茅棚,供身份較低的庸耕者或看護莊稼者居住,因居田舍事關農事,故在農官田嗇夫職管範圍内;⑤嶽簡整理小組亦認爲,田舍爲田中房舍。《史記·黥布列傳》:"番陽人殺布兹鄉民田舍,遂滅黥布。"⑥而據陳松長、周海鋒觀點,秦并無禁止農村百姓賣酒、飲酒的文獻記載,所以將田舍釋爲農村中的屋舍不當,而應解釋爲田中廬舍,即建築在田地中供農民勞作季節休息的臨時房舍。⑦ 綜上,此處田舍似應爲農忙季節農民在田間搭建的臨時屋舍,朱紅林之説可從。不過,這裏的"臨時"未必意味著農忙時建造、農閑時拆除,而更可能指居住的臨時性。

［3］醯〈醋(酤)〉
京大讀簡班:整理小組認爲是"醋(酤)"的誤字。"酤"指賣酒。⑧
【按】傳世及出土文獻所見"酤"既可指買酒,也可指賣酒。《史記·高祖本紀》:"高祖每酤留飲,酒讎數倍。"簡牘文獻中亦有"酤酒一器"。⑨ 此處酤即指買酒。《史記·吳王濞列傳》:"周丘者,下邳人,亡命吳,酤酒無行。"⑩《史記·司馬相如列傳》:"買一酒舍酤酒,而令文君當鑪。"⑪此處酤則指賣酒。關於本簡"酤"的含義,從文例來看,《漢書·景帝紀》:"夏旱,禁酤酒。"師古曰:"酤謂賣酒也,音工護反。"⑫其同樣是關於酤酒的禁令,而酤指賣酒,值得參看。而從規則的實施目的與懲戒手段來看,若本簡"酤"指買酒,禁止買酒的目的應當在於禁止飲酒,律文爲何不直稱"毋敢飲酒"？若買而不飲,又該當何罪？若姑且參照漢律"三人以上無故群飲酒,罰金四兩"的規定,⑬秦律對田舍中買酒之黔首處以遷刑,其量刑亦未免

---

① ［日］"秦代出土文字史料の研究"班:《嶽麓書院所藏簡〈秦律令(壹)〉譯注稿 其(二)》,13頁。
② 睡虎地秦墓竹簡整理小組編:《睡虎地秦墓竹簡》,北京:文物出版社,1990,22頁。
③ 參見劉欣寧《居延漢簡所見住居與里制——以"田舍"爲綫索》,李宗焜主編《古文字與古代史》第3輯,臺北:"中研院"歷史語言研究所,2012,435頁。
④ 參見張金光《秦制研究》,上海古籍出版社,2004,635頁。
⑤ 參見劉興林《先秦田廬(舍)辨析》,《北京師範大學學報(社會科學版)》2009年第6期。
⑥ 朱漢民、陳松長主編:《嶽麓書院藏秦簡(叁)》,上海辭書出版社,2013,181頁。
⑦ 參見陳松長、周海鋒《讀〈睡虎地秦墓竹簡〉札記》,《湖南大學學報(社會科學版)》2013年第3期。
⑧ ［日］"秦代出土文字史料の研究"班:《嶽麓書院所藏簡〈秦律令(壹)〉譯注稿 其(二)》,13頁。
⑨ 《史記》卷八,343頁。
⑩ 《史記》卷一〇六,2833頁。
⑪ 《史記》卷一一七,3000頁。
⑫ 《漢書》卷五,147頁。
⑬ 《漢書》卷四,110頁。

過重。綜上所述,我們認爲本簡"酤"解爲賣酒更妥,京大讀簡班之説可從。官府禁止黔首於田舍賣酒的原因,或許如朱紅林所言,是爲防止喝酒耽誤農事,亦可能是爲防止賣酒者藉遠離城邑來逃避税收。

[4]不從令

【按】秦漢簡牘中有"不從令""犯令""廢令"等表述。睡虎地秦簡《秦律十八種·倉律》簡 57 有"以犯令律論吏主者",睡簡整理小組注:見《法律答問》"何如爲犯令、廢令"條。① 法大讀簡班綜合堀敏一、張建國、滋賀秀三、冨谷至、廣瀨薰雄等諸家觀點認爲,學界對"犯令"大體上有兩種理解:一種爲實體令在律中的殘存;另一種爲對律文法律屬性的違背。② 另考諸《管子·立政》,有"憲既布,有不行憲者;謂之不從令,罪死不赦"之説。③ 這是説"不從令"的行爲要件是不施行已然公布的法令。因此,不從令、犯令未必皆指違反了某條確切的實體令文,其同樣有不遵守法律的含義。④ 本簡中的"不從令"即指違犯禁止在田舍賣酒的法律。

[5]䙴(遷)之

京大讀簡班:遷,即遷刑。⑤

【按】參見本史料研讀班所撰《嶽麓書院藏秦律令簡集注(叁)》簡 2106/053"集釋"[6]。

[6]吏

嶽簡整理小組:當是"士吏"的漏抄。參見簡 0994。⑥

京大讀簡班:"吏"大概是"士吏"的誤記。記載同一條文的《嶽麓秦簡(肆)》簡 0994/280 中作"士吏、吏部"。士吏指縣以及之外的候官或部中配屬的官吏,負責軍事與維持治安,也參與文書的製作。《嶽麓秦簡(肆)》中,"尉、尉史、士吏"的搭配屢次出現(簡 1292/134、1291/144、1257/148、J46/187、1249/191)。⑦

[7]吏部

朱紅林:當爲"吏部主者"的省稱。⑧

京大讀簡班:"吏部"指"吏部主者",即所轄、負責的官吏。《二年律令》中可見"官嗇夫、士吏、吏部主者"的搭配。但《秦律十八種》中類似的簡作"部佐"。⑨

【按】秦漢簡牘文獻中可見"吏部主者""吏部主""吏部""部吏""部佐"等稱謂。"吏部

---

① 睡虎地秦墓竹簡整理小組編:《睡虎地秦墓竹簡》,34 頁。
② 參見中國政法大學中國法制史基礎史料研讀會《睡虎地秦簡法律文書集釋(三):〈秦律十八種〉(〈倉律〉)》,徐世虹主編《中國古代法律文獻研究》第 8 輯,2014,84 頁。
③ 黎翔鳳撰,梁運華整理:《管子校注》卷一,北京:中華書局,2004,66 頁。
④ 參見中國政法大學中國法制史基礎史料研讀會《睡虎地秦簡法律文書集釋(三):〈秦律十八種〉(〈倉律〉)》,84 頁。
⑤ 參見[日]"秦代出土文字史料の研究"班《嶽麓書院所藏簡〈秦律令(壹)〉譯注稿 その(二)》,13 頁。
⑥ 陳松長主編:《嶽麓書院藏秦簡(肆)》,81 頁。
⑦ [日]"秦代出土文字史料の研究"班:《嶽麓書院所藏簡〈秦律令(壹)〉譯注稿 その(二)》,13 頁。
⑧ 朱紅林:《〈嶽麓書院藏秦簡(肆)〉疏證》,121 頁。
⑨ [日]"秦代出土文字史料の研究"班:《嶽麓書院所藏簡〈秦律令(壹)〉譯注稿 その(二)》,14 頁。

主者"見於張家山漢簡《二年律令·盜律》簡 74—75、《二年律令·捕律》簡 144—145。特別是簡 147 中可見"及鬭殺人而不得,官嗇夫、士吏、吏部主者,罰金各二兩,尉、尉史各一兩",其與本簡用語相似。而"吏部主者"有時又作"吏部主"。張家山漢簡《二年律令·盜律》簡 74—75"盜出財物於邊關徼,及吏部主智(知)而出者,皆與盜同法",整理小組注:"部主,該管其事。《晉書·刑法志》:'張湯、趙禹始作監臨、部主、見知、故縱之例。'"①故本簡所見"吏部"係"吏部主者"之省稱,當無疑問。其中,"部"爲管轄之意,表示對一定的管轄範圍負有責任。② 三國時代出土文字資料研究班認爲,"吏部主"是指部(所轄)、主(負責)的官吏,意爲"吏所部"與"吏所主"。③ 至於"部吏",見《漢書·王莽傳》:"盜賊始發,其原甚微,非部吏、伍人所能禽也。"④《後漢書·王符傳》:"鄉亭部吏亦有任決斷者。"⑤朱紅林認爲其強調負責官吏,而"吏部"則強調管轄範圍。此外,睡虎地秦簡《秦律十八種·田律》簡 12 所載類似律文將"士吏、吏部"簡作"部佐"。朱紅林認爲這是"吏、吏部"另一個版本的表達。⑥ 綜上所述,此處的"吏部"當爲在一定職責範圍内負管轄責任的官吏。

[8] 丞、令、令史

【按】參見本史料研讀班所撰《嶽麓書院藏秦律令簡集注(伍)》簡 1282/107"集釋"[9]。

【解説】

本簡所載律文内容是對黔首在田間房舍賣酒的禁止性規定,以及對違反該禁令之黔首與履行督捕職責不力之官吏的處罰規則。包括本簡在内,目前所見簡牘文獻中的類似律文共有三則,分别是:

①《嶽麓秦簡(肆)》簡 1400/115:"黔首居田舍者毋敢酤〈酤(酤)〉酒,不從令者䙴(遷)之,田嗇夫、吏、吏部弗得,貲各二甲,丞、令、令史各一甲。"

②《嶽麓秦簡(肆)》簡 0994/280:"●田律曰:黔首居田舍者毋敢酤(酤)酒,有不從令者䙴(遷)之,田嗇夫、士吏、吏部弗得,貲二甲。"

③睡虎地秦簡《秦律十八種·田律》簡 12:"百姓居田舍者毋敢酤(酤)酉(酒),田嗇夫、部佐謹禁御之,有不從令者有罪。"⑦

上述三簡所規定的基本制度相同,并無明顯出入,但三者之間仍有個别字句存在不同。除《嶽麓秦簡(肆)》簡 0994/280 起首有"●田律曰",三簡仍有以下用語差異值得注意。其一,就睡虎地秦簡《秦律十八種·田律》簡 12 與兩支嶽麓秦簡來看,首先,睡虎地秦簡稱"百

---

① 彭浩、陳偉、[日]工藤元男主編:《二年律令與奏讞書:張家山二四七號漢墓出土法律文獻釋讀》,119 頁。
② 參見朱紅林《〈嶽麓書院藏秦簡(肆)〉疏證》,122 頁。
③ [日]冨谷至編:《江陵張家山二四七號墓出土漢律令の研究 譯注篇》,53 頁。
④ 《漢書》卷九九下,4172 頁。
⑤ 《後漢書》卷四九,北京:中華書局,1965,1640 頁。
⑥ 參見朱紅林《〈嶽麓書院藏秦簡(肆)〉疏證》,120 頁。
⑦ 睡虎地秦墓竹簡整理小組編:《睡虎地秦墓竹簡》,22 頁。

姓",嶽麓秦簡稱"黔首"。由《史記·秦始皇本紀》"更名民曰黔首"可見,這反映了律文的歷史變化,亦説明睡虎地秦簡與嶽麓秦簡的抄寫年代有先後差異。① 其次,睡虎地秦簡稱"有不從令者有罪",嶽麓秦簡作"不從令者罨(遷)之"。這就不應是律文修訂的結果:單純規定"有罪"并不明確,在司法實踐中可能難以執行,故睡虎地秦簡時代的律文對此當已有具體的處罰規定。"有罪"與"遷之"的不同,更可能是抄寫不同所致,具體而言,或許是抄手在抄寫時對原律文的幾種處罰措施加以省略,以"有不從令者有罪"一筆帶過。② 最後,睡虎地秦簡稱"部佐",嶽麓秦簡稱"(士)吏、吏部"。朱紅林認爲,"部佐"或爲"(士)吏、吏部"的概括性描述;也就是説,在睡虎地秦簡的時代,《田律》的這條内容可能就是"(士)吏、吏部",而抄手抄寫時將其概括爲"部佐"。③ 其二,就嶽麓秦簡兩條《田律》間的差異而言,可見簡 1400/115 的"士吏"脱一"吏"字,而簡 0994/280 則脱"丞、令、令史各一甲"一句,且兩簡有"貲各二甲"與"貲二甲","不從令"與"有不從令"的細微差異。這或許是書手在抄寫時發生漏抄,亦可能是抄手所依據的法律底本存在差異。④

總之,關於上述差異,朱紅林的看法值得注意,即隨著簡牘資料的不斷出現,同類内容的不同表述版本也時有所見,我們應該慎重對待類似表述差異產生的原因。也就是説,有的差異究竟確是制度變革使然,還是律文抄手在抄寫的過程中根據己意而對律文所做的改變,都需要進一步分析。

【譯文】

禁止居住在田間房舍的黔首賣酒,不遵從法令的人處以遷刑。田嗇夫、士吏、吏部主者如果不能察覺(并抓捕),分别罰貲二甲;丞、令、令史分别罰貲一甲。

【簡文】

金布律曰諸亡縣官器者必獄治臧不盈百廿錢其官自治勿獄 1402/116

【釋文】

【●】金布律[1]曰:諸亡[2]縣官器[3]者,必獄治[4];臧(贓)不盈百廿錢[5],其官自治[6],勿獄。1402/116

【集釋】

[1]【●】金布律

京大讀簡班:與財物管理相關的諸規定。睡虎地秦簡與張家山漢簡《二年律令》中亦可

---

① 參見陳松長《嶽麓書院藏秦簡綜述》,《文物》2009 年第 3 期;中國政法大學中國法制史基礎史料研讀會《睡虎地秦簡法律文書集釋(二):〈秦律十八種〉(〈田律〉〈廐苑律〉)》,徐世虹主編《中國古代法律文獻研究》第 7 輯,2013,93 頁。
② 參見中國政法大學中國法制史基礎史料研讀會《睡虎地秦簡法律文書集釋(二):〈秦律十八種〉(〈田律〉〈廐苑律〉)》,93 頁;朱紅林《〈嶽麓書院藏秦簡(肆)〉疏證》,119-120 頁。
③ 參見朱紅林《〈嶽麓書院藏秦簡(肆)〉疏證》,120 頁。
④ 參見朱紅林《〈嶽麓書院藏秦簡(肆)〉疏證》,119 頁;周海鋒《嶽麓書院藏秦簡〈田律〉研究》,103 頁。

見。此外,《嶽麓秦簡(伍)》中有三條"旁金布令"。①

周海鋒:嶽麓秦簡《金布律》共 7 則,均以"金布律曰"起首,可以明確其所屬律篇。7 則律文共包括竹簡 25 支,律文計 797 字,内容涉及遺失官府財物之處置,商品交易時需標明價錢,户賦繳納,官府入錢貯臧,規範市販活動,馬匹管理以及對奴婢、馬、牛、羊等大宗物品交易的規定等。②

【按】睡簡整理小組認爲,《金布律》是關於貨幣、財物方面的法律。③ 然根據嶽麓秦簡條文來看,《金布律》中有數則關於規範市場買賣,并未直接涉及貨幣或財物的條文,且亦有關於户賦繳納的條文。因此可認爲《金布律》是與公有財物及其管理、市場交易等與經濟行爲相關的法律,周海鋒觀點可從。

此外,本簡所處的第二組簡的簡端或有墨點。李力認爲可在本簡前補上"●"符,原因在於:第一,仔細審視核對 1402 簡圖版,仍依稀可見簡首左下側殘存的墨迹,且在第一個字"金"字的位置之前,尚有足够容納一個"●"符的空間。第二,《嶽麓秦簡(肆)》卷册在整體上有一個共同特點,就是所摘抄的律文前面大部分都有"●"符。④ 我們認爲圖版上并不能清晰看到類似墨點的痕迹(），但從結構上,可以看出"金"字前留有較大空間,或是由於墨點已脱落。且《嶽麓秦簡(肆)》律文前大部分均有墨點,無墨點者簡端亦未留有空間,李力觀點可從。

[2]亡

周海鋒:丟失。⑤

【按】睡虎地秦簡、張家山漢簡中,存在"亡縣官器"的類似表達。睡虎地秦簡《秦律十八種·金布律》簡 77 載"及隸臣妾有亡公器、畜生者",法大讀簡班將其譯爲"丟失"。⑥ 張家山漢簡《二年律令·金布律》簡 434 的"亡、毁、傷縣官器財物"及簡 433 的"亡、殺、傷縣官畜産"中的"亡"均理解爲丟失。因此,本簡"亡"亦爲此義,周海鋒觀點可從。

[3]縣官器

京大讀簡班:官有的器物。睡虎地秦簡中亦存在命令賠償器物之毁壞的規定,但其作"公器"。⑦

---

① [日]"秦代出土文字史料の研究"班:《嶽麓書院所藏簡〈秦律令(壹)〉譯注稿 その(二)》,14 頁。
② 周海鋒:《嶽麓書院藏秦簡〈金布律〉研究》,鄔文玲主編《簡帛研究二〇一七(春夏卷)》,桂林:廣西師範大學出版社,2017,176 頁。
③ 參見睡虎地秦墓竹簡整理小組編《睡虎地秦墓竹簡》,36 頁。
④ 參見李力《嶽麓秦簡(肆)〈金布律〉讀記(一)——關於1402簡釋文與注釋的討論》,中國文化遺産研究院編《出土文獻研究》第 17 輯,上海:中西書局,2018,139-141 頁。
⑤ 周海鋒:《嶽麓書院藏秦簡〈金布律〉研究》,195 頁。
⑥ 參見中國政法大學中國法制史基礎史料研讀會《睡虎地秦簡法律文書集釋(四):〈秦律十八種〉(〈金布律〉—〈置吏律〉)》,36 頁。
⑦ [日]"秦代出土文字史料の研究"班:《嶽麓書院所藏簡〈秦律令(壹)〉譯注稿 その(二)》,15 頁。

朱紅林：睡虎地秦簡作"公器"……睡簡《金布律》的記載似乎表明，當時丟失公家器物，以經濟處罰爲主。而嶽麓簡對於超過百廿錢公器亡失者交由司法機關處理，則似乎已進入刑事處罰範圍。但張家山漢簡《二年律令》的記載表明，漢初亡失縣官財物，仍是以經濟處罰爲主。①

李力：當指官府器物，官有器物……睡虎地秦簡所見的"公器"，與嶽麓秦簡1402簡所見的"縣官器"，當分別爲不同時代即戰國晚期之秦律與秦朝之秦律的同義語。②

【按】睡虎地秦簡將"縣官器"稱爲"公器"。秦統一後，更名方改"王室""公室"爲"縣官"。"公器"也隨之改爲"縣官器"。對於這一改變，楊振紅認爲在秦完成統一大業後，秦始皇依據《禮記·王制》的"天子之縣内"、王者官天下的王制理論，將"王室""公室"改爲"縣官"，意爲從諸侯國均升格爲天子，成爲居住在縣内（王畿）統治天下的官，而這一改變是受天下觀的影響。③ 綜上，"公"與"縣官"意思相同，兩者分別應用於不同時代，故在睡虎地秦簡、嶽麓秦簡、張家山漢簡中存在表述差別。

［4］獄治

嶽簡整理小組：以掌治獄的官署治其罪，異於下文"其官自治"的處理方式。《漢書·賈誼傳》："人有告勃謀反，逮繫長安獄治。"④

京大讀簡班：在獄中詳細調查、審議。典籍史料可見"下獄治"。⑤

朱紅林：將受到刑事處罰。⑥

李力：將某人逮捕入獄調查後審理（處理）其案件（或治其罪）。⑦

周海鋒：立案偵訊，由專門掌管獄案的官署治其罪。⑧

【按】在出土文獻中，與"獄治"相關的用例有"治獄"和"會獄治"，但與"獄治"均不同義。"治獄"多指審理案件，如睡虎地秦簡《封診式》簡1的"治獄，能以書從迹其言，毋治（笞）諒（掠）而得人請（情）爲上"。李力認爲"獄治"是其中的一個部分。⑨ "會獄治"則是按捕書規定的日期前去獄報到後再進行審理之義。⑩ 在傳世文獻中，亦可見"獄治"用例，如《漢書·王莽傳》："莽遣使者即捕焉，獄治皆死。"⑪

---

① 朱紅林：《〈嶽麓書院藏秦簡（肆）〉疏證》，122-123頁。
② 李力：《嶽麓秦簡（肆）〈金布律〉讀記（一）——關於1402簡釋文與注釋的討論》，129-130頁。
③ 參見楊振紅《"縣官"之由來與戰國秦漢時期的"天下"觀》。
④ 陳松長主編：《嶽麓書院藏秦簡（肆）》，163頁。
⑤ ［日］"秦代出土文字史料の研究"班：《嶽麓書院所藏簡〈秦律令（壹）〉譯注稿 その（二）》，15頁。
⑥ 朱紅林：《〈嶽麓書院藏秦簡（肆）〉疏證》，123頁。
⑦ 李力：《嶽麓秦簡（肆）〈金布律〉讀記（一）——關於1402簡釋文與注釋的討論》，134-135頁。
⑧ 周海鋒：《嶽麓書院藏秦簡〈金布律〉研究》，195頁。
⑨ 參見李力《嶽麓秦簡（肆）〈金布律〉讀記（一）——關於1402簡釋文與注釋的討論》，143頁。
⑩ 參見李力《嶽麓秦簡（肆）〈金布律〉讀記（一）——關於1402簡釋文與注釋的討論》，133-135頁。陳松長主編：《嶽麓書院藏秦簡（肆）》，145-146頁。
⑪ 《漢書》卷九九下，4167頁。

關於"獄"的詞義,有"訴訟程序"和"場所"之分。陳松長認爲,"獄"的本義是爭訟。[①] 滋賀秀三認爲,"獄"并不是配有工作場地的行刑設施。[②] 宮宅潔、籾山明認爲,"獄"是訊問或將接受刑罰之人的場所。[③] 我們認爲,"獄"本身是一個場所,後延申至圍繞"獄"這一場所展開的一系列刑事程序。因此,本簡中的"獄治"是針對某種重罪所展開的,包括逮捕、訊問、調查等在内的程序,李力觀點可從。

［4］其官自治

京大讀簡班:自治,自己調查。不是委托獄吏,而是由丟失器物的官署獨自調查。《史記》可見此用例,但意義略有不同。[④]

朱紅林:各級行政機關本部門内部自行處理。這在《周禮》中稱爲"官刑"……按照本部門的規章制度進行處罰。[⑤]

李力:官有器物所在的官署自己來處理。[⑥]

【按】諸家之説皆可從。

［5］臧(贓)不盈百廿錢

京大讀簡班:將所丟失的官有器物視爲不正當所得的財物,其估價金額未滿一百二十錢的情形。"贓"指"不正當所得的財物",而在對官府造成損害的情形下,該損害被換算爲錢,其金額也被視爲"贓"。再者,秦漢律中有百十錢、二百二十錢的科罰基準,因此"百廿"爲"百十"或"二百廿"的誤寫的可能性也存在。[⑦]

【按】"臧不盈百廿錢"可釋爲不正當所得財物的價值,未超過百二十錢。其中,"百廿錢"是計贓定罪的數值標準。秦漢時期的計贓標準多涉及一錢、廿二錢、百一十、二百廿錢、六百六十錢、千一百錢、二千二百錢,[⑧]并無"百廿錢"之數值。且在嶽麓秦簡、睡虎地秦簡、張家山漢簡等出土文獻中暫未發現"百廿錢"的用例。因此,"百廿"或爲"百十"或"二百廿"誤寫,京大讀簡班觀點可從。

【解説】

本簡是對丟失官府器物者的調查處理規定,通過此簡可知秦時即具有通過物品價值來

[①] 參見陳松長《再論秦漢時期的"獄"——以長沙走馬樓西漢簡爲中心》,《華東政法大學學報》2022年第1期。
[②] 參見[日]滋賀秀三《中國法制史論集:法典と刑罰》,東京:創文社,2003,318頁。
[③] 參見[日]宮宅潔,楊振紅等譯《中國古代刑制史研究》,桂林:廣西師範大學出版社,2016,217、244頁;[日]籾山明:《中國古代訴訟制度の研究》,京都大學學術出版會,2006,126頁。
[④] 參見[日]"秦代出土文字史料の研究"班《嶽麓書院所藏簡〈秦律令(壹)〉譯注稿 その(二)》,15頁。
[⑤] 朱紅林:《〈嶽麓書院藏秦簡(肆)〉疏證》,123頁。
[⑥] 李力:《嶽麓秦簡(肆)〈金布律〉讀記(一)——關於1402簡釋文與注釋的討論》,135頁。
[⑦] [日]"秦代出土文字史料の研究"班:《嶽麓書院所藏簡〈秦律令(壹)〉譯注稿 その(二)》,15頁。
[⑧] 參見彭浩《談〈二年律令〉中"鬼薪白粲"加罪的兩條律文》,武漢大學簡帛研究中心主辦《簡帛》第2輯,上海古籍出版社,2007,439頁;張銘《〈奏讞書〉中的秦漢財産犯罪案件》,王沛主編《出土文獻與法律史研究》第2輯,上海人民出版社,2013,104頁;陳光《秦漢律令體系中的"與盗同法"》,東北師範大學碩士學位論文,2010,30頁。

區分調查程序,決定懲罰輕重的理念。

關於本簡的句讀,目前存在不同看法。獄簡整理小組在"必獄治"後使用逗號。[1] 李力認爲"必獄治"與"勿獄(治)"指的是兩種情況,因此"必獄治"後用分號(或句號)斷開較妥。[2] 本簡在諸亡縣官器的前提條件下規定了兩種情況:一種是丟失縣官器的價值超過百廿錢,應需接受獄治;另一種是丟失縣官器的價值未超過百廿錢,則無需"獄治",由縣官器所屬官署調查即可。故在"必獄治"後使用分號區分兩種并列情況似更爲妥當。

此外,不少學者認爲"獄治"下進行的是刑事處罰,"其官自治"進行行政處罰。[3] 而李力認爲,嚴格來講,在秦漢律中,并無現代法律所謂的行政處罰、經濟處罰、刑事處罰之區別。[4] 我們認爲"獄治"後應被判處刑罰,刑罰可能輕於"與盜同法""坐贓論罪"。是否采用"獄治"的關鍵在於縣官器的價值是否達到百廿錢,而此類"計贓論罪"的方式多見於"與盜同法"的律文中。"與盜同法""坐贓爲盜"的律文主要涉及的案件類型包括隱匿不報、知而不查、該做而未做的"官吏失職罪""行賄受賄罪"等,均故意爲之。[5] 而"亡縣官器"主觀爲過失,故其懲罰方式或輕於上述罪行的刑罰。同時,"獄治"的懲罰方式很可能包括"償"。例如睡虎地秦簡《秦律十八種·金布律》簡77—79,對隸臣妾丟失官物,處以"稍賞(償)"或"令居之",嶽麓秦簡《爲吏治官及黔首》簡83正的"亡器齊(齎)賞(償)",[6] 以及張家山漢簡《二年律令·金布律》簡443對丟失官物者,處以"令以平賈(價)償"。故而,推測在秦漢時期,丟失縣官器需以錢財賠償。

【譯文】

金布律規定:丟失官府器物的人,若器物價值超過百二十錢,應將其捕入獄中,調查後處理其罪行。若丟失官府器物的價值在百二十錢以下的,應將其交由官府器物所屬的官署自行處理,無需捕入獄中處理。

【簡文】

●金布律曰有買及賣殹各嬰其賈小物不能各一錢者勿嬰 1402/117

【釋文】

●金布律曰:有買及賣殹(也),各嬰[1]其賈(價)。小物[2]不能各一錢[3]者,勿嬰。1402/117

---

[1] 參見陳松長主編《嶽麓書院藏秦簡(肆)》,106頁。
[2] 參見李力《嶽麓秦簡(肆)〈金布律〉讀記(一)——關於1402簡釋文與注釋的討論》,135頁。
[3] 參見朱紅林《〈嶽麓書院藏秦簡(肆)〉補注(三)》,86頁。
[4] 參見李力《嶽麓秦簡(肆)〈金布律〉讀記(一)——關於1402簡釋文與注釋的討論》,130頁。
[5] 參見朱紅林《張家山漢簡〈二年律令〉研究》,哈爾濱:黑龍江人民出版社,2008,98-104頁。
[6] 朱漢民、陳松長主編:《嶽麓書院藏秦簡(壹)》,上海辭書出版社,2010,146頁。

【集釋】

［1］嬰

獄簡整理小組：繫也。《荀子·富國》："辟之，是猶使處女嬰寶珠、配寶玉、負戴黃金，而遇中山之盜也。"楊倞注："嬰，繫於頸也。""嬰其賈"，指在貨物上繫簽標明價格。[1]

京大讀簡班：個別地計算出買賣物品的價格。整理小組認爲嬰指在商品上繫價格標籤，但若一錢以上的所有商品都繫上價格標籤，有些難以想象。與此相對，里耶秦簡可見根據總戶數分攤租的總額，表示"算出"每戶租額這一含義的"嬰"字的用例。《里耶秦簡牘校釋》認爲"嬰"通"當"，或可引申爲計算、換算之意。以下所舉里耶秦簡與《二年律令》中所見律文也可理解爲"按每一户計算出墾田面積"。[2] 這裏也同樣解釋爲，分别計算買賣物品的價格，即計算單價。[3]

吴雪飛：折算、計算每件物品的單價。[4]

華政研讀班：計算平均數。此處指官府在買賣物品時應計算其單價。[5]

【按】"嬰"亦可見於睡虎地秦簡、里耶秦簡和張家山漢簡中。睡虎地秦簡《秦律十八種·金布律》簡 69 載："有買及賣殹（也），各嬰其賈（價），小物不能各一錢者，勿嬰。"《里耶秦簡（壹）》簡 8-1519 載："户嬰四石四斗五升，奇不衛（率）六斗。"張家山漢簡《二年律令·田律》簡 243 載："縣道已狠（墾）田，上其數二千石官，以户數嬰之，毋出五月望。"睡簡與張家山漢簡整理小組皆將"嬰"解釋爲繫、標明。但《里耶秦簡牘校釋》認爲，里耶秦簡中的"嬰"應通"當"，引申爲計算、折合的意思。[6] 吴雪飛認爲此處的"嬰"亦應是一個和數學有關的術語，亦指折算、計算。[7] 此外，傳世文獻中亦有許多"嬰"的用例，如《漢書·賈誼傳》中"遇之有禮，故羣臣自喜；嬰以廉恥，故人矜節行"，[8] 此處"嬰"爲"加"的意思，與"繫"有相似之處。綜上，關於"嬰"的釋義共有兩種：1.繫，標明；2.計算、折算單價。我們認爲二說均有道理，但"嬰"的目的或在於生成統計官府物品的憑證或者達到監督官府行爲，故更傾向於計算、折算一說，即"各嬰"是指計算、折算官府中買賣物資的單價，并記錄在文書上。

---

[1] 陳松長主編：《嶽麓書院藏秦簡（肆）》，163 頁。

[2] 《里耶秦簡（壹）》簡 8-1519："凡田七十頃卅二畝，·租凡九百一十。"《里耶秦簡（貳）》簡 9-40："律曰：已狠（墾）田，輒上其數及户數，户嬰之。"張家山漢簡《二年律令·田律》簡 243："縣道已狠（墾）田，上其數二千石官，以户數嬰之，毋出五月望。"

[3] ［日］"秦代出土文字史料の研究"班：《嶽麓書院所藏簡〈秦律令（壹）〉譯注稿 その（二）》，15 頁。

[4] 吴雪飛：《秦漢簡牘"嬰"字的一種用法》，簡帛網，2019 年 12 月 1 日。

[5] 華東政法大學出土法律文獻研讀班：《嶽麓簡秦律令釋讀（二）》，196 頁。

[6] 參見陳偉主編《里耶秦簡牘校釋》（第一卷），347 頁。

[7] 參見吴雪飛《秦漢簡牘"嬰"字的一種用法》。

[8] 《漢書》卷四八，2257 頁。

［2］小物

京大讀簡班：不是高價的東西，微不足道的東西。[1]

［3］不能各一錢

京大讀簡班：各不到一錢。如果取"能"的"可能"之意，則"各"就成了動詞，但此時"各"字在同一句中出現了不同含義，這并不自然。這裏將"能"解釋爲達到的意思。[2]

【按】"能"有"可能""應該""勝任"之義，在本簡中皆不太恰當。但釋爲"達到"似乎更爲合適，京大讀簡班觀點可從。此處的"各"應同"各嬰其賈（價）"的"各"，釋爲"官府已賣入的物品、官府將賣出的物品"。因此，"不能各一錢"應爲價值未達到一錢的官府買賣物品。

【解説】

本簡是對官府買賣物品的管理規定，區分兩種不同情況的不同處理方式：第一種爲官府有買入或者賣出物品時，需要在文書上記録下每件物品的單價。其中"買及賣"或許并非指"買方"與"賣方"，亦非指官、民之間的交易行爲，而是僅指官府買入與賣出的縣官器。第二種爲買賣的物品不值一錢時，無需單個分別折算、計算。因此，相較於嶽簡整理小組在"各嬰其賈（價）"後用逗號，[3]采用句號將兩種情況分隔開似更爲恰當。

【譯文】

金布律規定：官府買入或賣出官有財物時，應計算每件物品的單價并記録在文書上，若買賣的官有財物價值較低，未達到一錢，則無需計算物品的單價。

【簡文】

●金布律曰出户賦者自泰庶長以下十月户出芻一石十五斤五月户出十六錢其欲出布者許$_{1287/118}$

之十月户賦以十二月朔日入之五月户賦以六月望日入之歲輸泰守十月户賦不入芻而入錢$_{1230/119}$

者入十六錢　　吏先爲印斂毋令典老挾户賦錢$_{1280/120}$

【釋文】

●金布律曰：出户賦[1]者，自泰庶長[2]以下，十月户出芻一石十五斤[3]；五月户出十六錢。其欲出布[4]者，許$_{1287/118}$之。十月户賦，以十二月朔日入之；五月户賦，以六月望[5]入之[6]。歲輸泰守[7]。十月户賦不入芻而入錢$_{1230/119}$[8]者，入十六錢。　　吏先爲印（?）斂[9]，毋令典、老挾户賦錢[10]。$_{1280/120}$

---

[1] ［日］"秦代出土文字史料の研究"班：《嶽麓書院所藏簡〈秦律令（壹）〉譯注稿 その（二）》，16頁。
[2] ［日］"秦代出土文字史料の研究"班：《嶽麓書院所藏簡〈秦律令（壹）〉譯注稿 その（二）》，17頁。
[3] 陳松長主編：《嶽麓書院藏秦簡（肆）》，106頁。

【集釋】

[1]户賦

京大讀簡班：按户課徵的賦。以繳納錢與芻爲原則，但亦可以布繳納，里耶秦簡中存在每户繳納繭六兩的實例。①

朱紅林：户賦繳納時間、内容及數量，嶽麓簡的規定與張家山漢簡比較接近，都是分五月、十月兩次繳納，其中五月户出賦十六錢，秦漢相同；十月秦出芻一石十五斤，漢出芻一石，略有差異。但實際上賦税繳納時，會比較靈活，從律令的規定可以互相折合，就可以看出來繳納金錢更受歡迎，里耶秦簡"廿八户當出繭十斤八兩"也是當時户賦的一種繳納方式。②

【按】關於秦漢時期是否存在户賦，由於傳世典籍記載簡略，其具體内容無從得知。對此，早期研究亦難做深入探析。目前，以出土史料爲證，諸位學者對户賦有如下認識：③户賦有别於口賦，是秦漢時期獨立存在的賦目，按户徵收；④徵收内容包括現錢以及布、繭、芻等實物；⑤徵收時間爲每年五月和十月，相對固定；⑥徵收對象包括大庶長到司寇、隱官凡立户者；⑦既可供給軍費開支，⑧也可作爲縣内財政收入，由少内負責。⑨ 以上幾點逐漸得到學者認同。另外，睡虎地秦律反映出户賦數額關聯到一户之資産多寡，⑩張家山漢簡反映出漢初爵位影響户賦徵收額度，⑪户訾與户賦的關係由此逐漸明朗，體現出這一時期國家賦役攤派的基本方式。⑫

---

① ［日］"秦代出土文字史料の研究"班：《嶽麓書院所藏簡〈秦律令（壹）〉譯注稿 その（二）》，17 頁。
② 朱紅林：《〈嶽麓書院藏秦簡（肆）〉疏證》，125－126 頁。
③ 相關研究評述可參見劉文超、晉文《四十年來秦漢户賦研究述評》，《中國史研究動態》2020 年第 1 期；朱德貴《簡牘所見秦及漢初"户賦"問題再探討》，《深圳大學學報》2017 年第 4 期；鄔文玲《里耶秦簡所見"户賦"及相關問題瑣議》，武漢大學簡帛研究中心主辦《簡帛》第 8 輯，上海古籍出版社，2013，215－228 頁；齊繼偉《秦漢賦役制度叢考》，湖南大學博士學位論文，2019，2－6 頁；Anthony J. Barbieri—Low and Robin D. S. Yates, *Law, State, and Society in Early Imperial China: A Study with Critical Edition and Translation of the Legal Texts from Zhangjiashan Tomb No.247*, Vol.2, Brill, 2015, p717；周海鋒《秦律令研究——以〈嶽麓書院秦簡〉（肆）爲重點》，70、144－151 頁；等等。
④ 參見于振波《從簡牘看漢代的户賦與芻藁税》，《故宫博物院院刊》2005 年第 2 期；賈鴻《〈二年律令〉所見西漢"户賦"制度》，《重慶工學院學報》2008 年第 1 期；朱聖明《秦至漢初"户賦"詳考——以秦漢簡牘爲中心》，《中國經濟史研究》2014 年第 1 期。
⑤ 參見李恒全《從出土簡牘看秦漢時期的户税徵收》，《甘肅社會科學》2012 年第 6 期；鄔文玲《里耶秦簡所見"户賦"及相關問題瑣議》，215－228 頁；陳松長《秦代"户賦"新證》，《湖南大學學報》2016 年第 4 期。
⑥ 參見鄔文玲《里耶秦簡所見"户賦"及相關問題瑣議》，215－228 頁；陳松長《秦代"户賦"新證》。
⑦ 參見朱德貴《簡牘所見秦及漢初"户賦"問題再探討》；齊繼偉《秦漢賦役制度叢考》，37 頁。
⑧ 參見朱德貴《簡牘所見秦及漢初"户賦"問題再探討》。
⑨ 參見鄔文玲《里耶秦簡所見"户賦"及相關問題瑣議》，215－228 頁；李勉、俞方潔《秦至漢初户賦的性質、徵收與管理》，《重慶師範大學學報》2018 年第 2 期。
⑩ 參見于琨奇《秦漢"户賦"、"軍賦"考》，《中國史研究》1989 年第 4 期；馬怡《漢代的諸賦與軍費》，《中國史研究》2001 年第 3 期。
⑪ 參見朱德貴《張家山漢簡與漢代户賦制度新探》，《學術論壇》2006 年第 6 期；朱德貴《從〈二年律令〉看漢代"户賦"和"以訾徵賦"》，《晉陽學刊》2007 年第 5 期。
⑫ 參見齊繼偉《秦漢賦役制度叢考》，29 頁。

［2］泰庶長

嶽簡整理小組：即大庶長，秦爵第十八級。①

京大讀簡班：大庶長。秦爵的第十八級。或許是因爲大庶長以下没有封邑，所以纔在這裏有所區分……《二年律令》簡 255 中作"卿以下"。②

【按】"泰庶長"爲秦爵之第十八級爵名，對此諸家之説無歧異。根據本條律文，泰庶長仍須繳納户賦。③ 張家山漢簡《二年律令·田律》簡 255："卿以下，五月户出賦錢十六錢，十月户出芻一石，足其縣用，餘以入頃芻律入錢。"此處"卿"指十級左庶長至十八級大庶長，陳松長認爲，此處"卿以下"不包括卿爵，以此推定《二年律令》所規定户賦徵收對象範圍較秦律有所縮小。④ 也有學者指出，"卿以下"包括卿爵在内，《二年律令》與本條律文所規定户賦繳納對象均爲十八級以下，并未縮小。⑤ 此處選用後説。

［3］十月户出芻一石十五斤

京大讀簡班：一石十五斤爲一百三十五斤。本條中，以錢繳納時是（繳納）十六錢，以此爲基準則芻一石約爲十四錢。另一方面，《嶽麓秦簡（貳）》中芻一石爲十六錢，與本條不同。另外，《二年律令》中可見芻一石等於十五錢的换算比率（不過，是"頃芻"）。⑥

朱德貴：係指按户徵收的徵納型態之一，亦可與《二年律令·田律》中之"十月户出芻一石"相對應。⑦

【按】《漢書·律曆志》記載"三十斤爲鈞。四鈞爲石"，⑧此處一石十五斤當折合爲一百三十五斤，本條律文規定以芻繳納十月户賦。十月、五月户賦應等價，⑨則可折合每石芻錢數爲 14 錢；張家山漢簡《二年律令·田律》簡 255 所示五月户賦之十六錢，與十月户賦之一石芻同樣等價，可折合一石芻價格爲十六錢；簡 241 規定"芻一石當十五錢，稾一石當五錢"，一石芻價格爲十五錢。已知秦漢律文中芻的基本價格有三種：14 錢/石、15 錢/石、16 錢/石，不過彼此差額較小，這可能是秦及漢初物價迭漲所致。⑩ 陳松長嘗試結合秦及漢初度量衡差異，推測《二年律令》之"一石十六錢"或爲"一石十五斤十六錢"的省寫。⑪ 可備爲一説。關於此處收芻的原理，京大讀簡班認爲，給官有牛馬供給芻的時間段主要是十一月到次年三

---

① 陳松長主編：《嶽麓書院藏秦簡（肆）》，163 頁。
② ［日］"秦代出土文字史料の研究"班：《嶽麓書院所藏簡〈秦律令（壹）〉譯注稿 その（二）》，18 頁。
③ 參見于振波《從簡牘看漢代的户賦與芻稾税》；周海鋒《秦律令研究——以〈嶽麓書院秦簡〉（肆）爲重點》，72 頁。
④ 參見陳松長《秦代"户賦"新證》。
⑤ 參見于振波《從簡牘看漢代的户賦與芻稾税》；周海鋒《秦律令研究——以〈嶽麓書院秦簡〉（肆）爲重點》，72 頁；齊繼偉《秦漢賦役制度叢考》，26 頁。
⑥ ［日］"秦代出土文字史料の研究"班：《嶽麓書院所藏簡〈秦律令（壹）〉譯注稿 その（二）》，18 頁。
⑦ 朱德貴：《簡牘所見秦及漢初"户賦"問題再探討》。
⑧ 《漢書》卷二一上，969 頁。
⑨ 參見周海鋒《秦律令研究——以〈嶽麓書院藏秦簡〉（肆）爲重點》，71 頁。
⑩ 參見周海鋒《秦律令研究——以〈嶽麓書院藏秦簡〉（肆）爲重點》，71-72 頁。
⑪ 參見陳松長《秦代"户賦"新證》。

月。而夏季馬牛大概是在牧草地放養。十月的户賦以芻徵收,與此相關。①

[4]布

京大讀簡班:按照睡虎地秦簡的换算比,錢十六錢相當於十一分之十六布(約 1.45 布)。②

朱德貴:此處之"布"既可指是一種用來交换的等價物,亦可認爲是一種實物,如雲夢秦簡《金布律》載:"布袤八尺,福(幅)廣二尺五寸。布惡,其廣袤不如式者,不行。(簡 66)錢十一當一布。其出入錢以當金、布,以律。(簡 67)"③

【按】律文規定以錢、芻繳納户賦。不過,若黔首"欲出布",則須按"錢十一當一布"的比價來上交"户賦"。④ 這一點表明,《嶽麓秦簡(肆)》的時代與睡虎地秦簡相近,仍保留著錢、布并行的貨幣制度。⑤

[5]望

嶽簡整理小組:釋爲"望日"。⑥

京大讀簡班:釋文作"望日",但據圖版改(爲"望")。⑦

"落葉掃秋風"(網名):簡 119 正/1230 正原釋文有"以六月望日入之",今按:察此簡紅外、彩色照片,"望"與"入"之間并無"日"字墨迹。此簡前文"以十二月朔日入之",依照前後文意,"望"字後當是漏寫了"日"字,當用〚 〛符補出。⑧

【按】圖版所示"六月望入"作 。"望"字形結構完整,且與前後"月""入"二字字距相當,其後確應無"日"字。《嶽麓秦簡(肆)》簡 2148/350 所見"會十月望",張家山漢簡《二年律令·田律》簡 243 所見"毋出五月望",皆將"望日"簡稱爲"望"。"林少平"指出古人言"望"有不帶日者,不必非要帶"日"字。《釋名》:"望,月滿之名也。月大十六日,小十五日。"本簡文即此種情況。⑨ 不過,"落葉掃秋風"舉例睡虎地《日書甲種》載有"以望之日日始出而食之",故暫時尚不能肯定秦代完全没有"望日"一說。⑩ 結合《嶽麓秦簡(肆)》中已有

---

① 參見[日]"秦代出土文字史料の研究"班《嶽麓書院所藏簡〈秦律令(壹)〉譯注稿 其の(二)》,19 頁。
② [日]"秦代出土文字史料の研究"班:《嶽麓書院所藏簡〈秦律令(壹)〉譯注稿 其の(二)》,18 頁。
③ 參見朱德貴《簡牘所見秦及漢初"户賦"問題再探討》。
④ 朱德貴:《簡牘所見秦及漢初"户賦"問題再探討》。
⑤ 參見朱紅林《〈嶽麓書院藏秦簡(肆)〉疏證》,126 頁。
⑥ 陳松長主編:《嶽麓書院藏秦簡(肆)》,107 頁。
⑦ [日]"秦代出土文字史料の研究"班:《嶽麓書院所藏簡〈秦律令(壹)〉譯注稿 其の(二)》,18 頁。
⑧ "落葉掃秋風"(網名):《嶽麓書院藏秦簡(肆)初讀》第 45 樓回帖,簡帛網,2016 年 3 月 26 日。
⑨ "林少平"(網名):《嶽麓書院藏秦簡(肆)初讀》第 35 樓回帖,簡帛網,2016 年 3 月 26 日。
⑩ "落葉掃秋風"(網名):《嶽麓書院藏秦簡(肆)初讀》第 65 樓回帖,簡帛網,2016 年 3 月 26 日。此外,作者指出,此處"若加'日'字,本簡中'朔日''望日'前後呼應,似更通順"。

辭例,此處同意京大讀簡班觀點,將"望日"改釋爲"望"。

[6]十月户賦,以十二月朔日入之;五月户賦,以六月望入之。

京大讀簡班:關於"以十二月朔日入之"云云,另有觀點認爲表示繳納期限,亦即"在十二月朔日前繳納"的意思。但"以某日"應當解釋爲"在某日",故不采納此説。在特定的日期一并繳納的確看起來很奇怪,但可設想爲是在鄉中將收集的芻、錢暫時保管,并在規定日期匯集而一起向縣繳納。①

【按】此處是針對户賦徵收時間的規定。秦漢簡牘中"以+時間"的表達方式常見兩種:一是"以+年或月",如《嶽麓秦簡(叁)》"多小未能與謀案"簡1209/089"以十年時,與母兒邦亡荆";②睡虎地秦簡《秦律十八種・倉律》簡53"小隸臣妾以八月傅爲大隸臣妾,以十月益食";張家山漢簡《二年律令・金布律》簡422"以冬十一月稟之,盡三月止";睡虎地秦簡《秦律十八種・金布律》簡90"受(授)衣者,夏衣以四月盡六月稟之,冬衣以九月盡十一月稟之"。二是"以+具體日期",如睡虎地秦簡《封診式》簡96"鄉某爰書:男子甲自詣,辭曰:'士五(伍),居某里,以迺二月不識日去亡,毋(無)它坐'";張家山漢簡《奏讞書》案例十八簡125"御史書以廿七年二月壬辰到南郡守府,即下,甲午到蓋盧等治所"等。對比可知,"以+時間"多表示具體時間點,而若要表示時間段,則多用"以+時間,盡+時間"表示。本簡所見"以十二月朔日""以六月望"或指具體日期。

"以"可表示"在""於"之意,"以十二月朔日入之"即在十二月朔日的意思,如京大讀簡班所言。不過,縣内各鄉人户多寡不一,徵收芻、錢或布,手續繁雜冗長,伴隨有登記造册的文書手續。若規定在十二月朔日這一天内完成,實存在顯而易見的困難,律文無從被執行。

結合律文整體來看,此處當理解爲:徵收十月户賦的截止日期在十二月朔日。五月户賦的截止日期在六月望日。

[7]泰守

嶽簡整理小組:即太守,郡守。③

【按】此處"泰守"爲郡守,在《嶽麓秦簡(肆)》中僅見於此處。④ 秦統一之後創造出"泰"字,與"大"在含義、使用方面區别開來,這一時期"太守"可被稱爲"泰守"。漢朝滅秦,就廢除"泰"字而把所有的官名改爲原來的"大"字。⑤ 相比於漢律,户賦屬於縣廷財政收入,嶽麓秦簡所見户賦還與郡府有關。各鄉縣分兩次所徵收的户賦,在"足其縣用"之後,每年都要向上輸送給郡守。

---

① [日]"秦代出土文字史料の研究"班:《嶽麓書院所藏簡〈秦律令(壹)〉譯注稿 その(二)》,19頁。
② 朱漢民、陳松長主編:《嶽麓書院藏秦簡(叁)》,141頁。
③ 陳松長主編:《嶽麓書院藏秦簡(肆)》,163頁。
④ 參見[日]"秦代出土文字史料の研究"班《嶽麓書院所藏簡〈秦律令(壹)〉譯注稿 その(二)》,18頁。
⑤ 參見[日]大西克也《從里耶秦簡和秦封泥探討"泰"字的造字意義》,武漢大學簡帛研究中心主辦《簡帛》第8輯,上海古籍出版社,2013,139-148頁。

[8]户賦不入芻而入錢

朱紅林：每年芻稾税的實物徵收達到一定數量後，官府會要求後繳的百姓改爲貨幣繳納。①

【按】張家山漢簡《二年律令·田律》簡255規定"十月户出芻一石，足其縣用，餘以入頃芻律入錢"，户賦内容可根據縣内季度性用度需求而變化。本條律文同樣反映出，黔首在一定情况下被允許以錢抵充十月户賦。晉文據本律指出，算賦的徵斂形式與秦的經濟發展同步，其早期皆徵收實物，中期以交納實物爲主，後期直到秦亡，則是交錢與交納實物并存；其徵收根源，乃是以耕織相結合的小農經濟的産物。②

[9]吏先爲印(？)斂

【按】圖版所示，"爲""印""即"三字殘損，筆畫模糊，無法清晰識别。此處選取嶽麓秦簡中"爲""印""即"三字若干字形，首先對比如下（表2）：

表2　嶽麓秦簡"爲""印""即"部分字形對照

（肆）1280/120	（肆）1401/110	（肆）1411/121	（肆）1279/128	（肆）1404/132	（肆）1259/136
（肆）1280/120	（伍）1162/109	（伍）1161/124	（伍）1151/125	（伍）1142/126	（伍）1875/127
（肆）1280/120	（肆）1258/137	（肆）1304/234	（肆）0686/304	（肆）0359/335	（伍）1862/142

圍繞"爲""即""印"釋讀，諸位學者持不同觀點。嶽簡整理小組、京大讀簡班讀作"吏先爲(？)印，斂"。其中京大讀簡班對"印"提出質疑。③"落葉掃秋風"讀作"吏先爲(？)即

---

① 朱紅林：《〈嶽麓書院藏秦簡（肆）〉疏證》，127頁。
② 參見晉文《秦代算賦三辨——以近出簡牘材料爲中心》，羅家祥主編《華中國學》2018年秋之卷，武漢：華中科技大學出版社，2019，5頁。
③ 參見陳松長主編《嶽麓書院藏秦簡（肆）》，107頁；[日]"秦代出土文字史料の研究"班《嶽麓書院所藏簡〈秦律令（壹）〉譯注稿　その（二）》，18-19頁。

斂"。① 張以靜讀作"吏先徭,即斂"。② 鄔勖讀作"吏先部,即斂"。③ 圖版可見,"爲"中間筆畫缺失,"印"已有殘筆左半部分模糊難辨,右耳旁字形清晰。嶽簡整理小組、京大讀簡班讀爲"吏先爲印(?),斂"釋讀方法,對"斂"無異議。若此,"斂"作斂收賦稅解,如睡虎地秦簡《爲吏之道》簡7"賦斂毋(無)度",張家山漢簡《二年律令·雜律》簡185"擅賦斂者,罰金四兩,責所賦斂償主",指官吏苛收賦稅。印,秦時縣之穀物、錢財入官以後,需要及時封印,以防止丟竊。睡虎地秦簡《秦律十八種·倉律》簡21"入禾倉,萬石一積而比黎之爲户。縣嗇夫若丞及倉、鄉相雜以印之,而遣倉嗇夫及離邑倉佐主稟者各一户以氣(餼),自封印,皆輒出,餘之索而更爲發户"。穀物入倉之後,需要由縣嗇夫或丞和倉、鄉主管人員共同封緘。睡虎地秦簡《秦律十八種·金布律》簡64"官府受錢者,千錢一畚,以丞、令印印。不盈千者,亦封印之",官府收入錢幣之後也需要令、丞封印。同理,縣廷收到錢及芻、繭等户賦後,或亦應由主管官吏及時封印,"吏先爲印,斂"意爲主管官吏及時封印户賦所得。然而如張以靜所指出,其難解之處在於官吏徵收户賦當在前,封印當在其後,句子應讀爲"吏先斂,爲(?)印"。顯然,已知釋文所示邏輯順序難以自洽。

"落葉掃秋風"認爲"吏先爲(?)即斂"。"即"有立即、當即之意,"即斂"可解釋爲立即、及時收取户賦,以防止典、老經手而導致可能出現的苛斂。理解無窒礙。結合圖版來看,此字也有爲"即"的可能。鄔勖根據圖版,將"爲"改釋爲"部"。"吏先部"指吏先行部署。全句意思即爲:吏要先行部署妥當,再按照部署分別前往民里中徵收户賦。這樣就可以防止出現里中"典、老挾户賦錢"的情況。張以靜讀作"吏先徭,即斂"。"徭"據字形改釋。整句翻譯爲:若吏(在規定徵收户賦錢的時間之前)便出發去徭使,假若到徵收户賦錢的時候,不要……此種理解避免了徵收户賦在前、封印在後的順序問題。不過如此,則律文推衍内容過多,令人難安;户賦徵收之吏應有多人,因某人外出赴徭而影響徵賦的可能性較低;且律文主題爲毋令典、老挾户賦錢,律末又提及官吏外出徭使之事,二者聯繫似乎過於牽强。綜合來看,"落葉掃秋風"、鄔勖觀點雖有識讀差異,不過都與防止典、老經手户賦的宗旨契合。限於圖版筆迹不清,此處將二者觀點并存,以供參考。

[10]毋令典、老挾户賦錢

陳松長:百姓的户賦錢確切無疑是交給典、老的,所以才會規定縣廷要盡快到典、老處收取。④

周海鋒:應當是由鄉或縣直接派官吏去各里徵收户賦,典、老祇協助收取,户賦錢不經過

---

① "落葉掃秋風"(網名):《嶽麓書院藏秦簡(肆)初讀》。
② 張以靜:《嶽麓書院藏秦律令簡研究》,26頁。
③ 鄔勖:《嶽麓秦簡文字詞補遺》,"第十二届出土文獻與法律史研究國際學術研討會",2022,83-84頁。
④ 陳松長:《秦代里吏的配備與運作》,收入其著《秦代官制考論》,上海:中西書局,2018,224頁。

典、老之手。秦律有此規定,或是爲了防止基層里吏盤剥百姓。①

朱紅林:典、老作爲最基層地域組織的行政負責人,也是國家徵發賦税徭役的最直接的組織者。户賦錢的徵收都是經他們的手而上交到鄉或者縣里的。不過賦税的徵收有一個過程,不可能一下子全部收齊。法律要求典、老把收到的户賦錢及時上繳到上級(鄉或者縣),不在自己手裏保存……所謂"十月户賦,以十二月朔日入之,五月户賦,以六月望日入之",十二月朔日、六月望日可能是黔首上繳户賦的最後期限,或者由鄉統一上繳到縣或由縣統一上繳到郡的日子。②

【按】"典、老"指里典和里父老,③參見本史料研讀班所撰《嶽麓書院藏秦律令簡集注(一)》簡 2037/011"集釋"[5]。"挾"表示持有之意,④此句完整含義爲:吏徵收户賦錢,不要讓典、老持有户賦錢。⑤ 這與前文規定縣吏要立即、及時收取户賦,避免典、老苛取賦斂的規定相合。

【解説】

本條律文是關於户賦徵收時間、收繳物種、輸送以及折算方式等的規定。關於 1287/118、1230/119、1280/120 三簡的編連關係,陳松長認爲簡牘文字形體相同,内容前後連貫,編聯應該没什麽問題。但值得注意的是,第三枚簡的後半段文字與前面的律文之間有一段空隔,這空白處又看不出有刮削的痕迹,而這後面的文字抄寫於兩道編繩之間,其字體也與前者有點不同,因此我們認爲,它很可能是律文之後附加上去的有關這條律文的實施條款。⑥京大讀簡班同樣注意到在本條文的末尾,附記了禁止里典、里老持有户賦錢的主旨;其與上文之間存在空白,看起來像是在被編綴的細繩區分的"第二欄"中的追記。⑦ 不過在嶽麓秦簡中,留白之後補充律令内容的例子僅此一見。

關於本條律文歸屬問題,《二年律令》將户賦相關的律文歸入《田律》,此處屬於《金布律》,陳松長認爲這或許是芻稾的生産與田作和收成有關,而户賦就是根據"入頃芻律入錢"的,因此户賦或許也可能是田律的内容之一。⑧

【譯文】

金布律規定:在繳納户賦時,從泰庶長以下,在十月每户繳納芻一石十五斤,在五月每户繳納十六錢。如欲以布代替者,許之。十月的户賦,截止於十二月朔日將其繳納;五月的户

---

① 周海鋒:《秦律令研究——以〈嶽麓書院藏秦簡〉(肆)爲重點》,73 頁。
② 朱紅林:《〈嶽麓書院藏秦簡(肆)〉疏證》,127 頁。
③ 陳松長主編:《嶽麓書院藏秦簡(肆)》,163 頁。
④ 參見馬麗娜《〈嶽麓書院藏秦簡(肆)〉詞彙研究》,58 頁;[日]"秦代出土文字史料の研究"班:《嶽麓書院所藏簡〈秦律令(壹)〉譯注稿 その(二)》,19 頁。
⑤ 參見馬麗娜《〈嶽麓書院藏秦簡(肆)〉詞彙研究》,58 頁。
⑥ 參見陳松長《秦代"户賦"新證》,5-9 頁。
⑦ [日]"秦代出土文字史料の研究"班:《嶽麓書院所藏簡〈秦律令(壹)〉譯注稿 その(二)》,19 頁。
⑧ 陳松長:《秦代"户賦"新證》,5-9 頁。

賦,截止於六月望日將其繳納。每年輸送到泰守處。十月的户賦不以芻繳納而以錢繳納時,繳納十六錢。　　官吏要及時收取户賦,不要讓典、老持有户賦錢。

【簡文】

●金布律曰官府爲作務市受錢及受齎租質它稍入錢皆官爲缿謹爲缿空叜毋令錢 $_{1411/121}$ 能出以令若丞印封缿而入與入錢者參辨券之輒入錢缿中令入錢者見其入月壹輸 $_{1399/122}$ 缿錢及上券中辨其縣廷月未盡而缿盈者輒輸之不如律 └貲一甲 $_{1403/123}$

【釋文】

●金布律曰:官府爲作務[1]、市[2]受錢,及受齎[3]、租[4]、質[5]、它稍入錢[6],皆官爲缿,謹爲缿空(孔),叜(須)毋令錢 $_{1411/121}$ 能出,以令若丞印封缿而入,與入錢者參辨券之,輒入錢缿中,令入錢者見其入。月壹輸 $_{1399/122}$ 缿錢,及上券中辨其縣廷,月未盡而缿盈者,輒輸之。不如律,貲一甲。$_{1403/123}$

【集釋】

[1]作務

鄔文玲:簡文中的"作務"很可能是指售賣人員,類似於今天的售貨員。[①]

李勉:我們可以把"作務"譯作市場中的經營活動,"爲作務者"既包括售賣者,也包括市中的手工作坊工人,還可能包括從事雜事者。[②]

陳偉:這兩條律文所説的"爲作務",也應是指隸臣妾出僕、"僱爲它作務"一類事情,或者至少包括這些事情在内。[③]

陸德富:嶽麓秦簡《金布律》及張家山漢簡《金布律》明確"爲作務"的主語爲"官府""官",可見秦簡中的"爲作務"實際是指官營手工業。[④]

京大讀簡班:作務,製造物品并盈利的行爲。[⑤]

【按】秦代律令與行政文書中的"作務"可從高震寰之説理解爲"爲官府産錢的各種勞動",參見本史料研讀班所撰《嶽麓書院藏秦律令簡集注(一)》簡0797/010"集釋"[7]。

[2]市

陳松長:"官府爲作務市"也就是官府爲手工業者之流專設商貿市場的意思。[⑥]

陳偉:市,即交易,是"爲作務"與"官府"(或曰"官")兩者共同的謂語。[⑦]

---

① 鄔文玲:《里耶秦簡所見"户賦"及相關問題瑣議》,228頁。
② 李勉:《秦及漢初縣行政運作諸問題研究——以簡牘資料爲中心》,南京大學博士學位論文,2016,47頁。
③ 陳偉:《秦簡牘校讀及所見制度考察》,武漢大學出版社,2017,194頁。
④ 陸德富:《戰國時代官私手工業的經營形態》,上海古籍出版社,2018,180頁。
⑤ [日]"秦代出土文字史料の研究"班:《嶽麓書院所藏簡〈秦律令(壹)〉譯注稿 その(二)》,20頁。
⑥ 陳松長:《睡虎地秦簡"關市律"辨正》,《史學集刊》2010年第4期。
⑦ 陳偉:《關於秦與漢初"入錢缿中"律的幾個問題》,《考古》2012年第8期。

【按】睡虎地秦簡《秦律十八種·關市》簡 97 見有"爲作務及官府市",高敏認爲"官府市"就是官辦的店鋪。① 吴榮曾指出"市"即市貿,"官府市"即官府所經營的商業。② 何四維與陳偉也將"市"理解爲交易。③ 以上諸家對"市"的解釋可從。就本簡而言,"官府爲市受錢"可理解爲"官府從事商品交易所取得的收入"。

[3] 齎

嶽簡整理小組:齎錢,指因損害公家財物後照價賠償的錢。④

陳松長:"受錢及受齎租"……"齎",付也。《禮記·聘禮》"又齎皮馬",鄭玄注:"齎,猶付也。""齎租"即所交付的税款。⑤

陳偉:嶽麓書院秦簡"受齎錢",正與睡虎地秦簡"入齎錢"相對而言,是接受損壞公物後依價賠償的錢款……秦與漢初簡牘中常常看到"債"的説法……懷疑"齎錢"也屬於"債"錢。⑥

京大讀簡班:通"資",廣義的錢財之意,但整理小組解釋爲損壞官有財物時所支付的賠償金。睡虎地秦簡中的確出現了與賠償損害有關的"齎",如"齎律"記載了公器的基準價格,以用作出現損壞時計算賠償金額的依據。還能確認的是,在對官府造成損失而進行賠償時,要製作"辨券"。⑦

【按】本律所言的"受齎、租、質、它稍入錢"當屬不同種類的官府收入。關於"齎"的理解,諸家形成兩種觀點:其一,將律文斷讀爲"受齎、租、質、它稍入錢",其中"齎"即"齎錢",嶽簡整理小組、陳偉持此種觀點;其二,將律文斷讀爲"受齎租、質、它稍入錢","齎"爲動詞,有"交付"之意,陳松長持該意見。我們認爲可從嶽簡整理小組觀點。"齎"又見於睡虎地秦簡"齎律""齎錢",朱紅林指出二者都出現在損壞公物或損傷他人而進行賠償的場合。⑧ 睡虎地秦簡《秦律十八種·工律》簡 102—103:"入叚(假)而毋(無)久及非其官之久也,皆没入公,以齎律責之。"此律規定,百姓借用有官府標記的武器,交還時却并非原物,則不僅物品要全部没入官府,還要按照"齎律"確定的價值賠償。睡虎地秦簡《法律答問》簡 90"摮布入公,如貲布,入齎錢如律",規定在邦客與主人鬬毆的情況下,若邦客用兵刃、棍棒、拳指傷人,對其處罰"摮以布",按照法律規定折合成錢繳納。本律所言之"受齎",當可理解爲官府接受的作爲賠償或處罰的金錢。

---

① 參見高敏《從雲夢秦簡看秦的若干制度》,收入其著《雲夢秦簡初探》,鄭州:河南人民出版社,1979,230 頁。
② 參見吴榮曾《秦的官府手工業》,中華書局編輯部編《雲夢秦簡研究》,北京:中華書局,1981,43 頁。
③ 參見 A.F.P.Hulsewé:*Remnants of Ch'in Law*,Leiden E.J.Brill,1985,p.56;陳偉《關於秦與漢初"入錢缿中"律的幾個問題》。
④ 陳松長主編:《嶽麓書院藏秦簡(肆)》,164 頁。
⑤ 陳松長:《睡虎地秦簡"關市律"辨正》。
⑥ 陳偉:《關於秦與漢初"入錢缿中"律的幾個問題》。
⑦ [日]"秦代出土文字史料の研究"班:《嶽麓書院所藏簡〈秦律令(壹)〉譯注稿 その(二)》,20 頁。
⑧ 參見朱紅林《〈嶽麓書院藏秦簡(肆)〉疏證》,131 頁。

［4］租

李力：陳松長認爲嶽麓秦簡所見"'齎租'即所交付的税款"。將"齎"字作爲動詞"交付"理解尚存可商之餘地，但把該"租"字理解爲"税款"即"市租"則是準確的。①

京大讀簡班：租中用錢交納者。本條是與領受錢有關的規定，因此這裏的"租"不是田租，而是指市租、海租等以錢交納的租。②

【按】楊振紅在探討張家山漢簡《二年律令·金布律》簡 429"官爲作務、市及受租、質錢，皆爲鈰……租、質、户賦、園池入錢，縣道官毋敢擅用"時指出，秦漢時期田租徵收采用的是實物地租，而在簡 429 所羅列的各項税目中，質錢、園池入錢顯然應屬於"山川園池市井（肆）租税之入"，③簡文中的租應該也理解爲"市井（肆）租税"的市租，而非田租。縣道官需每三個月要將此類收入的餘額上報郡，再由郡上報丞相、御史，則可反證這些税收的性質與算賦、田租、芻稾税等性質不同。④ 京大讀簡班援引《漢書·食貨志》與《二年律令》相關律文，指出"租"的種類包括市租、海租等。楊振紅、京大讀簡班觀點可從。

［5］質

嶽簡整理小組：質錢，指官府爲大型交易提供質劑而收取的税錢。⑤

京大讀簡班：大型動産買賣之前由官府發給的證明書、購買許可證。記有買賣的奴隸、家畜的價格或外表特徵。質錢是爲取得"質"而向官府交納的錢、保證金。這是一種銷售税，交納後，官府承認此次買賣，并擔保契約的公正履行與價格的合理等。⑥

【按】張家山漢簡《二年律令·金布律》簡 429"官爲作務、市及受租、質錢"中的"質錢"或應與本律所受之"質"相同。關於秦漢律所見"質錢"的性質，此前曾有學者將其理解爲抵押，如京都大學"三國時代出土文字資料"研究班、專修大學讀簡班均將《二年律令》所見"質錢"理解爲因債權、債務關係而形成的抵押之錢；⑦《嶽麓秦簡（肆）》的公布提供了關於質錢的直接證據，此後"抵押"説便逐漸消退。除此之外的諸家之説大致可歸納爲兩類：其一，將"質"解爲"質劑"，則"質錢"即爲官府爲某些交易提供契券時收取的税金。張家山漢簡整理

---

① 李力：《秦漢律所見"質錢"考辨》，《法學研究》2015 年第 2 期。
② ［日］"秦代出土文字史料の研究"班：《嶽麓書院所藏簡〈秦律令（壹）〉譯注稿 その（二）》，20 頁。
③ 參見楊振紅《出土簡牘與秦漢社會（續編）》，桂林：廣西師範大學出版社，2015，277 頁。
④ 參見楊振紅《出土簡牘與秦漢社會（續編）》，278 頁。
⑤ 陳松長主編：《嶽麓書院藏秦簡（肆）》，164 頁。
⑥ ［日］"秦代出土文字史料の研究"班：《嶽麓書院所藏簡〈秦律令（壹）〉譯注稿 その（二）》，20 頁。
⑦ 如"三國時代出土文字資料"研究班將"質錢"譯爲"抵押錢"，專修大學讀簡班認爲《二年律令·金布律》簡 429 中的"質錢"可以解釋爲適用於有關官有物的借貸，民對於公之債務的抵押。詳見［日］冨谷至編《江陵張家山二四七號墓出土漢律令の研究　譯注篇》，272-273 頁；［日］專修大學《二年律令》研究會《張家山漢簡〈二年律令〉譯注（一〇）—金布律》，《專修史學》44，2008，124-125 頁。

小組、陳偉、賀旭英、朱紅林持此類觀點。① 其二，將"質"理解爲"擔保"。早稻田大學簡帛研究會從"擔保"的角度理解"質錢"，認爲是民借了官有器物等并作爲擔保而交付給官府的錢。② 李力指出"質"本身即爲秦漢律中債的擔保方式，"質錢"則是借貸期滿後由民衆交還官府（以贖回擔保之物）的本金與利息。③ 京大讀簡班指出，所謂"質錢"是爲取得允許從事交易的證書"質"而交納的保證金。官府在收取後即承認買賣有效，并爲契約公正履行和價格合理提供保證。其說可從。"質"作"擔保"之意的用例常見於秦及漢初律令，如睡虎地秦簡《法律答問》簡148"'百姓有責（債），勿敢擅強質，擅強質及和受質者，皆貲二甲。'廷行事強質人者論，鼠（予）者不論；和受質者，鼠（予）者□論"；張家山漢簡《二年律令·雜律》簡187"諸有責（債）而敢強質者，罰金四兩"。無論是將人身還是物品作爲"強質"的對象，其基本目的均是爲確保債務履行而提供某種保證與擔保。《嶽麓秦簡（肆）》簡J42/205—1263/206"賣奴卑（婢）、馬牛者，皆以帛書質，不從令者，貲一甲。賣半馬半牛者，毋質諸鄉"，律文爲買賣奴婢、馬牛等大型動產時需取得"質"這種證明書提供了佐證。本律的"質錢"同樣應理解成爲保證契約履行并維持交易完成，向官府交納以便取得交易證明書的保證金。

[6]稍入錢

嶽簡整理小組：在秦漢出土簡帛文獻中，它是秦漢時期的一種地方財政收入。④

馬麗娜：秦漢時期的一種地方財政稅收。《居延新簡》簡E.P.T5:124B"□□□稍入錢出入簿"。⑤

京大讀簡班：每次小額交納的錢。"稍"爲小額、每次一點點之意，"稍入錢"可能包括衆多的小額收入項目。⑥

【按】目前學界對"稍入錢"的探討，或從內涵分析著手，如陳松長、李力認爲"稍入錢"即"漸入之錢"，或指定期（或按月）繳入的錢款；⑦或歸納"稍入錢"所包含的款項範疇，如陳偉指出"官府、爲作務市受錢"（含二事）、"受齎錢""受租錢""受質錢"可能并不都能歸入"稍入錢"，⑧鄔文玲將齎錢、租錢、質錢歸入"稍入錢"範疇，⑨而郭浩則認爲"作務入錢"是秦稍入

---

① 參見陳偉《關於秦與漢初"入錢缿中"律的幾個問題》；賀旭英《秦漢〈金布律〉研究》，湖南大學碩士學位論文，2015，19-20頁；朱紅林《秦漢簡"質錢"與〈周禮·質人〉中的相關制度——竹簡秦漢律與〈周禮〉比較研究（八）》，收入《出土文獻與法律史研究現狀學術研討會論文集》，廣州：暨南大學出版社，2017，43頁。
② 參見[日]早稻田大學簡帛研究會《張家山二四七漢墓竹簡譯注——二年律令譯注（五）金布律譯注》，早稻田大學長江流域文化研究所編《長江流域文化研究所年報》5，2007，327頁。
③ 參見李力《秦漢律所見"質錢"考辨》。
④ 陳松長主編：《嶽麓書院藏秦簡（肆）》，164頁。
⑤ 馬麗娜：《〈嶽麓書院藏秦簡（肆）〉詞彙研究》，32頁。
⑥ [日]"秦代出土文字史料の研究"班：《嶽麓書院所藏〈秦律令（壹）〉譯注稿 その（二）》，21頁。
⑦ 參見陳松長《睡虎地秦簡"關市律"辨正》；李力《關於秦漢簡牘所見"稍入錢"一詞的討論》，《國學學刊》2015年第4期。
⑧ 參見陳偉《關於秦與漢初"入錢缿中"律的幾個問題》。
⑨ 參見鄔文玲《里耶秦簡所見"户賦"及相關問題瑣議》。

錢的重要來源。① 睡虎地秦簡《秦律十八種·金布律》簡 79"百姓叚(假)公器及有責(債)未賞(償),其日踐以收責之,而弗收責,其人死亡;及隸臣妾有亡公器、畜生者,以其日月減其衣食,毋過三分取一",陶安指出文獻史料中可以見到"稍食""稍秣"等慣用語,"稍"表示將"食"或"秣"按一定周期逐步少量供給的意思。② 睡虎地秦簡中的"稍"多有"逐漸"之意,本條律文中的"稍入錢"也可理解爲"漸入之錢",也就是反復出現的,定期累次匯入的官府收入款項,并非一次性的收入。

【解説】

關於本條律文句讀,學界諸説可歸納爲以下三種意見:一是如嶽簡整理小組將"作務"與"市"斷開,讀爲"官府爲作務、市",理解爲"官府爲作務""官府爲市";二是如陳偉讀爲"官府、爲作務市",即理解爲"官府市""爲作務市";三是如陳松長、李力讀爲"官府爲作務市",以"官府"爲主語,理解爲官府爲手工業者設置商貿市場,或官府進行手工業作坊交易的行爲。基於對簡文的不同斷讀,諸家對"官府爲作務市"的理解也出現差異。如陳偉認爲"爲作務市"進行手工業作坊(大多指私營手工業作坊製作并銷售或販賣其產品)交易的行爲。③ 李勉指出"作務"指市場上的經營活動,其參與者既包括售賣者,也包括手工業生產者和從事雜事者。④ 李力則認爲"官府爲作務市"是指官府進行手工業作坊交易的行爲。⑤ 據上文集釋分析可知,嶽簡整理小組的句讀相對合理,"官府爲作務市受錢"當即"官府爲作務受錢""官府爲市受錢",分別表示官府從事手工業、隸臣妾從事傭作所得收入,以及官府從事商業貿易獲得的收入。

《嶽麓秦簡(肆)》簡 1411/121—1403/123 與睡虎地秦簡《秦律十八種·關市》簡 97、張家山漢簡《二年律令·金布律》簡 429—432 的内容存在相似之處。對比這些律文,可知在受錢對象方面,嶽麓秦簡《田律》律文集中在官吏向縣購買芻稾、禾、粟、米、菽等農產品所交付的金錢,這與其他律文存在較大不同,或許這是該律文歸屬於《田律》的原因。在入錢程序方面,睡虎地秦簡《關市》的規定最爲簡略,僅涉及"爲作務市及官府市受錢","輒入其錢缿中,令市者見其入"。這種情形或如陳偉所言,睡虎地秦簡《關市》祇涉及與"市"即交易有關的内容,而《金布律》除此之外還多出"受齎、租、質、它稍入錢"。⑥ 由於《關市》與《金布律》二律各有側重,⑦律文的規定也詳略有别。

---

① 參見郭浩《秦漢時期現金管理芻議——以嶽麓秦簡、居延漢簡"稍入錢"爲例》,《中國社會經濟史研究》2013 年第 3 期。
② 參見[德]陶安あんど《秦漢刑罰体系の研究》,東京外國語大學アジア·アフリカ言語文化研究所,2009,454 頁,注釋 47。
③ 參見吳榮曾《秦的官府手工業》,43 頁;A.F.P.Hulsewé: Remnants of Ch'in Law, p.56;徐世虹等《秦律研究》,武漢大學出版社,2017,306 頁。
④ 參見李勉《秦及漢初縣行政運作諸問題研究——以簡牘資料爲中心》,47 頁。
⑤ 參見徐世虹等《秦律研究》,275-306 頁。
⑥ 參見陳偉《關於秦與漢初"入錢缿中"律的幾個問題》。
⑦ 參見陳偉主編《秦簡牘合集·釋文注釋修訂本》(壹),武漢大學出版社,2016,98 頁。

比較嶽麓秦簡與張家山漢簡《金布律》律文,則更能感到二者或存在前後相承的關係。兩條律文在受錢對象的規定上各有側重,嶽麓秦簡涉及"齎錢"與"它稍入錢",而張家山漢簡則多出了"户賦""園池入錢";在入錢程序方面,張家山漢簡律文顯得更加言簡意賅;至於輸錢的要求,嶽麓秦簡重在規定每月向縣廷輸送,張家山漢簡側重要求每三月向郡(郡向丞相、御史)上報錢數。朱紅林指出,這中間可能存在制度變化而導致的律文詳略的變化。①

【譯文】

金布律規定:官府從事手工業、傭作所得以及從事商業貿易的收入,以及損害賠償金、市租、保證金與其他各種反復出現的錢款收入,均須由官府製作錢鈲,謹慎地製作錢鈲上的(入錢)孔,務必使錢無法拿出。用縣令或縣丞的璽印封緘錢鈲,并與繳納錢者製作叁辨券,立即將繳納的錢投進鈲中,使繳納者親眼目睹投入的情形。每月一次將鈲中錢及叁辨券的中間一辨輸送縣廷;一月未盡而錢鈲已滿的,立即輸送。違反律令,罰一甲。

【簡文】

●金布律曰市衞術者没入其賣殹於縣官吏循行弗得貲一循縣官有賣殹不用 1289/124

此律└有販殹旬以上必於市不者令續䍐没入其所販及賈錢於縣官典老伍人見及或告之 1288/125

而弗告貲二甲有能捕告贖䍐罪一人購金一兩└賣瓦土瑴糞者得販賣室中舍中租如律令 1233/126

【釋文】

●金布律曰:市衞術[1]者,没入其賣殹(也)[2]於縣官[3],吏循行[4]弗得,貲一循〈盾〉。縣官有賣殹(也),不用 1289/124 此律[5]。有販殹(也),旬以上必於市[6];不者,令續〈贖〉䍐(遷)[7],没入其所販及賈錢[8]於縣官。典、老、伍人見及或告之[9] 1288/125 而弗告,貲二甲。有能捕告贖䍐(遷)皋一人[10],購金一兩。[11]賣瓦土瑴(墼)糞[12]者,得販賣室中舍中[13],租如律令[14]。 1233/126

【集釋】

[1]衞術

嶽簡整理小組:大道。《睡虎地秦簡·法律答問》:"有賊殺傷人衞術,偕旁人不援,百步中比野,當貲二甲。"②

京大讀簡班:道路。③

---

① 參見朱紅林《〈嶽麓書院藏秦簡(肆)〉疏證》,129-130 頁。
② 陳松長主編:《嶽麓書院藏秦簡(肆)》,164 頁。
③ [日]"秦代出土文字史料の研究"班:《嶽麓書院所藏簡〈秦律令(壹)〉譯注稿 その(二)》,22 頁。

周海鋒:"衢"指道路交叉之處……"衢術"連用則指通途大道。①

朱紅林:嶽麓簡的這條律令似乎禁止的不是市場上的情況,而是在市場之外的大街上叫賣的現象,而且强調的是十字路口之類交通要衝。②

【按】據簡文文義,此條金布律是禁止在"衢術"販賣之規定。"衢""術"爲二詞,"衢"在《説文·行部》中釋爲"通道",③《玉篇·行部》釋爲"交道",④"術"在《説文·行部》中釋爲"邑中道也",⑤合用的"衢術"應爲交通道路的泛稱。

[2]没入其賣殹(也)

京大讀簡班:"賣"字後若接"殹(也)"字,行文將變得不自然。比照其他散見的"賣殹"文例,或應認爲是衍字或誤字。⑥

[3]縣官

京大讀簡班:官府……《二年律令》中幾乎見不到"縣官"前加"於"的用法。⑦

【按】關於"縣官",參見本史料研讀班所撰《嶽麓書院藏秦律令簡集注(五)》簡1278/106—1283/108"集釋"[4]。秦漢簡中常見"没入某縣官"的規定,如《嶽麓秦簡(肆)》簡1279/128—1410/129"犯令者,皆貲各二甲,没入馬縣官",《嶽麓秦簡(陸)》簡1486-1+1486-2/003"賈人買者,買二枚以上,罨(遷),没入臧(贓)縣官",⑧指由縣官(官府、國家)没收相應財物。此外,睡虎地秦簡《秦律十八種·工律》簡103還可見"没入公"的規定,與"没入某縣官"含義相同。"没入某縣官"的用法在漢律中也有使用,如張家山漢簡《二年律令·關市律》簡260"市販匿不自占租,坐所匿租臧(贓)爲盜,没入其所販賣及賈錢縣官",及張家山漢簡《二年律令·户律》簡323"諸不爲户有田宅附令人名,及爲人名田宅者,皆令以卒戍邊二歲,没入田宅縣官"。如京大讀簡班所指出的,"縣官"之前使用"於"字與其他律文在語法上存在差異,⑨其原因暫不明確。

[4]循行

嶽簡整理小組:巡視、巡察。《漢書·文帝紀》:"二千石遣都吏循行。"⑩

京大讀簡班:巡視、巡察。⑪

---

① 周海鋒:《秦律令研究——以〈嶽麓書院藏秦簡〉(肆)爲重點》,75頁。
② 朱紅林:《〈嶽麓書院藏秦簡(肆)〉疏證》,137頁。
③ [清]段玉裁注:《説文解字注》卷四,78頁。
④ [南朝梁]顧野王編著,呂浩校點整理:《珍本玉篇音義集成》卷一〇《行部》,277頁。
⑤ [清]段玉裁注:《説文解字注》卷四,78頁。
⑥ [日]"秦代出土文字史料の研究"班:《嶽麓書院所藏簡〈秦律令(壹)〉譯注稿 その(二)》,22頁。
⑦ [日]"秦代出土文字史料の研究"班:《嶽麓書院所藏簡〈秦律令(壹)〉譯注稿 その(二)》,22-23頁。
⑧ 陳松長主編:《嶽麓書院藏秦簡(陸)》,上海辭書出版社,2020,47頁。
⑨ 參見[日]"秦代出土文字史料の研究"班《嶽麓書院所藏簡〈秦律令(壹)〉譯注稿 その(二)》,24頁。
⑩ 陳松長主編:《嶽麓書院藏秦簡(肆)》,164頁。
⑪ [日]"秦代出土文字史料の研究"班:《嶽麓書院所藏簡〈秦律令(壹)〉譯注稿 その(二)》,23頁。

朱紅林:這裏的"吏循行"似乎也是指市場官吏對於市場秩序的循察,強調市場經營要按部就班,各就各位,不能隨地擺攤,占道販賣。①

【按】秦漢時官吏的巡視均可稱爲"循行",如《龍崗秦簡》簡39"禁苑嗇夫、吏數循行",②《嶽麓秦簡(陸)》簡2120+2139/101"吏謹循行,舉不當者論之"。③ 另外,睡虎地秦簡《秦律十八種・金布律》簡68"賈市居列者及官府之吏,毋敢擇行錢、布;擇行錢、布者,列伍長弗告,吏循之不謹,皆有罪",也是與官吏巡視市場有關的規定。

［5］縣官有賣殹(也)

周海鋒:縣官可以在交通要道出售物品,表明秦代官府有專門從事貿易者。④

［6］有販殹(也),旬以上必於市

朱紅林:這條材料説的是十日以上的販賣行爲,必須進入市場中進行。十日以上的販賣行爲,一般屬於職業商販,應該向官府繳納商業税,祇有在市場中才容易控制和管理。《周禮・地官・司市》……的思想是所有的商業交易活動都應該在官府控制下的市場中進行,以便管理。這顯然是不容易也不可能做到的。嶽麓秦簡要求十日以上買賣活動必須在市場中進行,可以説是《周禮》商業控制思想在現實社會中的進一步體現。⑤

周海鋒:"販"既可指買賣行爲,也可指做買賣者。⑥

【按】據《説文・貝部》"販,買賤賣貴者",⑦可知"販"本意包含買、賣兩個行爲。漢律常見"販"與"賣"合用,如張家山漢簡《二年律令・關市律》簡258所見"販賣繒布幅不盈二尺二寸者,没入之",及前引簡260所見"没入其所販賣及賈錢縣官",簡261亦可見"及販賣貿買"一語,又張家山漢簡《奏讞書》案例二十二簡204可見"販繒者",可知漢律中"販"多強調售賣行爲。故本處"有販"或與"有賣"義同。關於此句釋義,朱紅林説法可從。

［7］不者,令續〈贖〉罨(遷)

京大讀簡班:"不者令",或爲"違反的人使其"之意。"令贖"這樣的詞彙亦可見於《二年律令》。但"不者"這樣的詞在法律條文中幾乎未見,可能爲"不從令者""不從律者""不如令"等詞的省略,也可能是單純的誤寫。⑧

---

① 朱紅林:《〈嶽麓書院藏秦簡(肆)〉疏證》,136頁。
② 陳偉主編:《秦簡牘合集》(貳),武漢大學出版社,2014,38頁。
③ 陳松長主編:《嶽麓書院藏秦簡(陸)》,99頁。
④ 周海鋒:《秦律令研究——以〈嶽麓書院藏秦簡〉(肆)爲重點》,75頁。
⑤ 朱紅林:《〈嶽麓書院藏秦簡(肆)〉疏證》,137頁。
⑥ 周海鋒:《秦律令研究——以〈嶽麓書院藏秦簡〉(肆)爲重點》,74頁。
⑦ ［清］段玉裁注:《説文解字注》卷一二,282頁。
⑧ ［日］"秦代出土文字史料の研究"班:《嶽麓書院所藏簡〈秦律令(壹)〉譯注稿 その(二)》,23頁。

[8]賈錢

京大讀簡班:價款。此處指售出商品收取的錢。①

陳松長:賣得款項。②

[9]典、老、伍人見及或告之而弗告

獄簡整理小組:或,有人。告,報告。③

京大讀簡班:"典、老",里典、里老。"伍人",五家爲"伍",同伍的人稱爲"伍人"。④

朱紅林:或告之而弗告,有人告訴他們(典、老、伍人),他們不向官府舉報。第一個"告"的主語是"或",即"有人";第二個告的主語是"之",即典、老、伍人。⑤

[10]贖遷罪一人

京大讀簡班:這裏的贖遷罪者,指前文所述在市場以外的場所販賣十日以上的人。⑥

朱紅林:這裏的贖遷罪者,應該指的是前面所謂的因長期在市場之外販賣經營而被處以贖遷罪者,即"有販殹(也),旬以上必於市,不者令續〈贖〉罷(遷)"者。⑦

[11]瓦土毃(墼)糞

獄簡整理小組:瓦,已燒土器之總稱。墼,磚坯。糞,廢棄的粗劣之物。⑧

京大讀簡班:瓦,燒製土器的總稱。土墼,曬乾的磚坯。糞,廢棄物,此處修飾"瓦土墼"。⑨

周海鋒:瓦土即用土燒製而成的器物……墼糞當指用糞便壓製而成的磚狀物。⑩

朱紅林:瓦,里耶秦簡 8-135 有"故荆積瓦"。《校釋》:"積瓦,儲藏的陶器。"居延舊簡 220.18 "器疏(疏)"中有"緩瓦一"。506.1 "守御器簿"中有"瓦箕、枓各二"。墼,里耶秦簡 8-145 有"五人墼:婢、般、橐、南、儋",《校釋一》曰:"墼,未燒的磚坯。《説文》:'墼,瓴適也。一曰未燒也。'王筠釋例:案瓴適今謂之磚。"⑪

【按】從簡文文意來看,糞或可修飾墼,墼糞可理解成廢棄或粗劣的磚頭。簡文"瓦土毃(墼)糞"可理解爲土製器具與粗劣的磚坯。獄簡整理小組意見或更妥當。

---

① [日]"秦代出土文字史料の研究"班:《嶽麓書院所藏簡〈秦律令(壹)〉譯注稿 その(二)》,23 頁。
② 陳松長:《嶽麓秦簡與秦代法律制度研究》,173 頁。
③ 陳松長主編:《嶽麓書院藏秦簡(肆)》,164 頁。
④ 參見[日]"秦代出土文字史料の研究"班《嶽麓書院所藏簡〈秦律令(壹)〉譯注稿 その(二)》,23 頁。
⑤ 朱紅林:《〈嶽麓書院藏秦簡(肆)〉疏證》,137 頁。
⑥ [日]"秦代出土文字史料の研究"班:《嶽麓書院所藏簡〈秦律令(壹)〉譯注稿 その(二)》,23 頁。
⑦ 朱紅林:《〈嶽麓書院藏秦簡(肆)〉疏證》,138 頁。
⑧ 陳松長主編:《嶽麓書院藏秦簡(肆)》,164 頁。
⑨ 參見[日]"秦代出土文字史料の研究"班《嶽麓書院所藏簡〈秦律令(壹)〉譯注稿 その(二)》,24 頁。
⑩ 周海鋒:《嶽麓書院藏秦簡〈金布律〉研究》,74 頁。
⑪ 朱紅林:《〈嶽麓書院藏秦簡(肆)〉疏證》,138 頁。

[13]室中、舍中

京大讀簡班:"室"指以有血緣者爲中心的家庭所生活的"住居""居宅";"舍"指官吏自己使用的宿舍或客舍之類。①

朱紅林:室中,指在私人家中,也有可能指私人作坊……舍中,當指旅舍之中,當時的旅舍亦有交易功能。②

周海鋒:"室中""舍中"傳世文獻多見,指私人屋舍之中。③

李亞光:室,就是房屋,以主人的卧室爲中心。④

【按】諸家對"舍"的理解有所不同。京大讀簡班認爲"舍"是官吏自己使用的宿舍或房屋,而朱紅林則認爲"舍"爲市舍。參看前面的簡文"賣瓦土墼(墼)糞",首先可以排除官吏説。從全文來看,此處的"舍"并不特別强調是否爲市舍,或指黔首之舍。律文區分室、舍,或是因二者所牽涉的連坐範圍有所不同。

[14]租如律令

京大讀簡班:指按照律令徵收租。⑤

【解説】

如陳松長所言,本條是規範買賣場所的法律條文。⑥ 京大讀簡班認爲本條是對交易進行的場合、日數及違反時的處罰等的規定,并指出,條文構成遵循"原則"→"罰則"→"例外"的順序。⑦ 朱紅林則指出本條是禁止私人違法占道經營的規定,并進一步考證了戰國秦漢時期由官方控制的市場都是封閉性的市場,商品攤位規劃有序,違反規定者將受到處罰。⑧ 本條律文反映了秦官府對民間交易行爲的規範與監管,同時也反映了由官府主導的部分交易可能具有一定的特殊性。

【譯文】

金布律規定:若有人在道路上進行交易,其售賣之物將由官府没收,吏巡查時若没有抓到,罰貲一盾。官府進行售賣,不適用本條律。私人販賣,若達到十天以上,必須在市場内進行,違反此律者令贖遷,其販賣之物以及販賣所得錢由官府没收。里典、里老、伍人發現以上行爲以及有人告知他們以上行爲,但是他們没有告訴官府,罰貲二甲。有能够追捕或者向官府告發犯此律應處贖遷罪者一人,給予賞金一兩。販賣土製器具與粗劣磚坯的人,可以在室

---

① 參見[日]"秦代出土文字史料の研究"班《嶽麓書院所藏簡〈秦律令(壹)〉譯注稿 その(二)》,24頁。
② 朱紅林:《〈嶽麓書院藏秦簡(肆)〉疏證》,138頁。
③ 周海鋒:《嶽麓書院藏秦簡〈金布律〉研究》,74頁。
④ 李亞光:《再論"室人"與"同居"——以簡牘爲核心看戰國秦漢時期的農業家庭》,《安徽農業大學學報(社會科學版)》2018年第6期。
⑤ [日]"秦代出土文字史料の研究"班:《嶽麓書院所藏簡〈秦律令(壹)〉譯注稿 その(二)》,24頁。
⑥ 參見陳松長《嶽麓秦簡與秦代法律制度研究》,173頁。
⑦ 參見[日]"秦代出土文字史料の研究"班《嶽麓書院所藏簡〈秦律令(壹)〉譯注稿 その(二)》,24頁。
⑧ 參見朱紅林《〈嶽麓書院藏秦簡(肆)〉疏證》,138頁。

舍内販賣,其繳稅如律令規定。

【簡文】
●金布律曰禁毋敢以牡馬牝馬高五尺五寸以上而齒未盈至四以下服畱車及狠田爲人$_{1229/127}$

就載及禁賈人毋得以牡馬牝馬高五尺五寸以上者載以賈市及爲人就載犯令者皆$_{1279/128}$

貲各二甲没入馬縣官有能捕告者以馬予之鄉亭嗇夫吏弗得貲各一甲丞令＝史貲$_{1410/129}$

各一盾馬齒盈四以上當服畱車狠田就載者令廏嗇夫丈齒令丞前久右肩章曰當乘$_{1398/130}$

不當乘竊久及詐僞令人久皆罷之没入馬縣官$_{1365/131}$

【釋文】
●金布律曰:禁毋敢以牡馬、牝馬高五尺五寸以上[1],而齒[2]未盈至四以下,服畱車[3]及狠(墾)[4]田、爲人$_{1229/127}$就(僦)載[5],及禁賈人毋得以牡馬、牝馬高五尺五寸以上者載以賈市[6]及爲人就(僦)載。犯令者,皆$_{1279/128}$貲各二甲,没入馬縣官。有能捕告者,以馬予之。鄉亭嗇夫吏[7]弗得,貲各一甲;丞、令、令史,貲$_{1410/129}$各一盾。馬齒至[8]四以上當服畱車、狠(墾)田、就(僦)載者,令廏嗇夫[9]丈齒[10]令、丞前,久(灸)[11]右肩,章曰:當乘。$_{1398/130}$不當乘,竊久(灸)[12]及詐(詐)[13]僞令人久(灸),皆罷(遷)之,没入馬縣官。$_{1365/131}$

【集釋】
[1]高五尺五寸以上

京大讀簡班:身高五尺五寸以上的馬能承擔役使勞動。①

朱紅林:五尺五寸以上,似乎是當時官方用馬,特别是軍馬的身高標準。正因爲如此,法律纔禁止在"服畱車及墾田、爲人僦載"等生産生活領域使用身高在五尺五寸以上的馬。②

高一致:簡文"高五尺五寸"應即肩高,而非馬自頭至足下距離。秦簡中有對馬匹役使的另一個身高標準"五尺八寸"。睡虎地簡馬是執行官方任務的,不論是否爲軍馬,性質似應是官用馬匹。結合嶽麓簡中馬"高五尺五寸",可以看出兩種身高標準下的馬匹執行任務强度不同,睡虎地簡中官用馬匹的要求和標準更高。這種對役使馬匹身高要求上的差異,或許反映的是馬匹官私性質的不同。當然,也有可能官私馬匹"高五尺五寸"均能役使,但官馬并非始役就能執行任務"勝任",中間有一段時間的操練過程。③

---

① [日]"秦代出土文字史料の研究"班:《嶽麓書院所藏簡〈秦律令(壹)〉譯注稿 その(二)》,25頁。
② 朱紅林:《〈嶽麓書院藏秦簡(肆)〉疏證》,140頁。
③ 高一致:《讀〈嶽麓書院藏秦簡(肆)〉雜說一則》,簡帛網,2016年3月27日。

［2］齒

京大讀簡班：指年齡。①

朱紅林：指的是馬的上下兩對永久齒。②

邢義田、高震寰："馬齒盈四以上"或"未盈至四以下"，是指馬滿或未滿四歲以上或以下，而四歲是秦代評斷馬匹是否成熟，可否準備進入服役的一個關鍵年齡。③

【按】京大讀簡班引懸泉簡V1610②：14及居延漢簡510.27、517.14等提出簡牘材料中存在"馬……齒X歲"這樣的辭例，疑此處"歲"字脱落，認爲有可能是四歲。高一致亦持此説，認爲此處的"齒未盈至四"指的是馬四歲而非牙齒數，④而朱紅林則認爲此處的齒指的是馬齒。京大讀簡班在解説部分提到《齊民要術》載："一歲，上下生乳齒各二。二歲，上下生齒各四。三歲，上下生齒各六。四歲，上下生成齒二。五歲，上下著成齒四。"京大讀簡班認爲此處記載與簡文内容有齟齬之處，加之其他簡文材料中所見"馬……齒X歲"這樣的辭例，仍認爲"齒"指代的是年齡。由此，可見解釋馬齒問題的複雜性。

［3］曍車

嶽簡整理小組：一種載物的車。《説文·車部》："曍，直轅車也。"《篇海類編》："載物之車。"⑤

京大讀簡班：整理小組認爲是"一種載物的車"。不過，《説文通訓定聲》僅説"大車直轅之縛曰曍"，其與運輸的關係不詳。不如從《説文》段注將之解釋爲"大車"，可推測"曍車"或爲載人的車。⑥

朱紅林：曍車可用於載物，也可以乘坐。⑦

【按】從"曍車"字義來看，無法判斷本條律文中的"曍車"如嶽簡整理小組所言爲載物之車，京大讀簡班與朱紅林認爲"曍車"爲載人或載物的車觀點可從。

［4］㹎（墾）

嶽簡整理小組：通"墾"，翻耕。《廣雅·釋地》："墾，耕也。"⑧

朱紅林：墾，耕種。⑨

---

① ［日］"秦代出土文字史料の研究"班：《嶽麓書院所藏簡〈秦律令（壹）〉譯注稿　その（二）》，25頁。
② 朱紅林：《〈嶽麓書院藏秦簡（肆）〉疏證》，141頁。
③ 邢義田、高震寰："當乘"與"丈齒"——讀嶽麓書院藏秦簡札記之二》，本文後收入邢義田著《今塵集：秦漢時代的簡牘、畫像與文化流播》，343頁。
④ 參見高一致《讀〈嶽麓書院藏秦簡（肆）〉雜説一則》。
⑤ 陳松長主編：《嶽麓書院藏秦簡（肆）》，164頁。
⑥ ［日］"秦代出土文字史料の研究"班：《嶽麓書院所藏簡〈秦律令（壹）〉譯注稿　その（二）》，25-26頁。
⑦ 朱紅林：《〈嶽麓書院藏秦簡（肆）〉疏證》，142頁。
⑧ 陳松長主編：《嶽麓書院藏秦簡（肆）》，164頁。
⑨ 參見朱紅林《〈嶽麓書院藏秦簡（肆）〉疏證》，143頁。

[5]就(僦)載：

獄簡整理小組：就，通"僦"，租賃。《漢書・酷吏傳》："初，大司農取民牛車三萬兩爲僦，載沙便橋下。"顏師古注："僦，謂賃之與雇直也。"僦載，指雇用車、馬、船運載。[1]

京大讀簡班：雇傭運輸人或貨物。[2]

【按】《說文解字》："僦，賃也。"[3]京大讀簡班引《淮南子・氾論訓》："今夫僦載者，救一車之任，極一牛之力，爲軸之折也。"認爲此處有雇傭運輸人或貨物之意。[4] 相同的辭例還出現在《漢書・王莽傳中》："寶貨皆重則小用不給，皆輕則僦載煩費。"顏師古注："僦，送也。一曰賃也。"[5]將僦載作雇傭運輸理解，可從。

[6]賈市

京大讀簡班：買賣、交易。[6]

[7]鄉亭嗇夫吏：

京大讀簡班：亭嗇夫爲亭的負責人。[7]

朱紅林：此句當讀爲："鄉亭嗇夫、吏弗得，貲各一甲。""鄉亭嗇夫"即"鄉之亭嗇夫"，與作爲一鄉之長的"鄉嗇夫"當有所不同。鄉亭嗇夫負責市場管理。"吏"，即"吏主者"，負責此事的官吏。[8]

高一致：點讀爲"鄉亭嗇夫、吏弗得，貲各一甲；丞、令、令史貲各一盾"，鄉亭嗇夫，鄉亭負責人。[9]

【按】此處諸家的分歧在對"鄉亭嗇夫"的理解上。京大讀簡班認爲此處的"鄉亭嗇夫"分別爲鄉嗇夫、亭嗇夫；朱紅林、高一致將"鄉亭嗇夫"連讀，朱說認爲"鄉亭嗇夫"爲鄉之亭嗇夫，高一致則認爲"鄉亭嗇夫"爲鄉亭的負責人。我們較贊同京大讀簡班的看法，認爲針對本條律文中的"鄉亭嗇夫"的理解需要結合前文中"服畾車""狠田""爲人僦載"以及"賈人載以賈市"而言，需要鄉嗇夫與亭嗇夫等共同參與管理。

[8]至

京大讀簡班：原釋作"盈"，這裏改爲"至"。不過，從前文的"盈至"來看，此處似補一"盈"字更好。[10]

---

[1] 陳松長主編：《嶽麓書院藏秦簡(肆)》，164頁。
[2] [日]"秦代出土文字史料の研究"班：《嶽麓書院所藏簡〈秦律令(壹)〉譯注稿 その(二)》，26頁。
[3] [漢]許慎撰，[宋]徐鉉校定：《說文解字》卷八上，北京：中華書局，1963，168頁。
[4] [日]"秦代出土文字史料の研究"班：《嶽麓書院所藏簡〈秦律令(壹)〉譯注稿 その(二)》，26頁。
[5] 《漢書》卷九九中，4122頁。
[6] [日]"秦代出土文字史料の研究"班：《嶽麓書院所藏簡〈秦律令(壹)〉譯注稿 その(二)》，26頁。
[7] [日]"秦代出土文字史料の研究"班：《嶽麓書院所藏簡〈秦律令(壹)〉譯注稿 その(二)》，26頁。
[8] 朱紅林：《〈嶽麓書院藏秦簡(肆)〉疏證》，143頁。
[9] 參見高一致《讀〈嶽麓書院藏秦簡(肆)〉雜說一則》。
[10] [日]"秦代出土文字史料の研究"班：《嶽麓書院所藏簡〈秦律令(壹)〉譯注稿 その(二)》，26頁。

朱錦程：原釋作"盈"，當爲"至"……另簡1229"●金布律曰：禁毋敢以牡馬、牝馬高五尺五寸以上，而齒未盈至四以下，服輂車及狠（墾）田、爲人"。可知簡1398"馬齒"後脱"盈"字。當補爲"馬齒（盈）至四以上當服輂車、狠（墾）田、就（僦）載者"。①

"落葉掃秋風"（網名）：原釋"盈"，今按，此字爲"至"也。②

【按】從圖版可見，▨字迹清晰，將其改釋爲"至"可從。

[9] 厩嗇夫

京大讀簡班：指厩的負責人。③

[10] 丈齒

嶽簡整理小組：丈量檢測馬的年齒身高。④

京大讀簡班："丈"是測量馬的身高，"齒"是測量馬的年齡。⑤

高一致：所謂"丈齒"，就是查驗馬齒判斷馬齡是否已經四歲。馬已成年，即便身高未達標，也是能役使的，因爲律文僅僅說的是"馬齒至四以上當服、狠（墾）田、就（僦）載者"，并未言及身高。⑥

邢義田、高震寰：丈齒乃"丈量檢測馬的年齒身高"。⑦

【按】學界有關丈齒的問題主要集中在"丈齒"是否需要丈量身高的問題上，嶽簡整理小組、京大讀簡班以及邢義田、高震寰認爲"丈齒"應分別理解，指丈量身高與檢測年齡；高一致則認爲，"丈齒"僅指查驗馬齒，并不涉及身高。我們贊成第一種觀點，認爲"丈齒"應分別理解，指測量身高、年齡。

[11] 久（灸）

京大讀簡班：烙印。⑧

方勇：簡文中的幾處"久"字，整理者皆讀爲"炙"。按，我們認爲讀爲"炙"是不對的。其應該是讀爲"灸"，我們懷疑讀爲"炙"可能是由於整理者的筆誤所致，或者印刷錯誤。⑨

高一致："久"，整理者原讀"炙"，今從方勇先生改讀"灸"。⑩

---

① 朱錦程：《讀〈嶽麓書院藏秦簡〉（肆）札記（一）》，簡帛網，2016年3月25日。
② "落葉掃秋風"（網名）：《嶽麓書院藏秦簡（肆）初讀》。
③ ［日］"秦代出土文字史料の研究"班：《嶽麓書院所藏簡〈秦律令（壹）〉譯注稿 その（二）》，26頁。
④ 陳松長主編：《嶽麓書院藏秦簡（肆）》，164頁。
⑤ ［日］"秦代出土文字史料の研究"班：《嶽麓書院所藏簡〈秦律令（壹）〉譯注稿 その（二）》，26頁。
⑥ 高一致：《讀〈嶽麓書院藏秦簡（肆）〉雜説一則》。
⑦ 邢義田、高震寰：《"當乘"與"丈齒"——讀嶽麓書院藏秦簡札記之二》，本文後收入邢義田著《今塵集：秦漢時代的簡牘、畫像與文化流播》，343頁。
⑧ ［日］"秦代出土文字史料の研究"班：《嶽麓書院所藏簡〈秦律令（壹）〉譯注稿 その（二）》，27頁。
⑨ 方勇：《讀〈嶽麓書院藏秦簡（肆）〉札記一則》，簡帛網，2016年3月25日。
⑩ 高一致：《讀〈嶽麓書院藏秦簡（肆）〉雜説一則》。

【按】《説文解字》載"灸,灼也""炙,炮肉也"。① 從字義上看,灸字更佳,從方勇改釋。

［12］當乘

京大讀簡班:表示馬適於"服曇車,墾田,就載"之用途。"乘"也有指騎乘之例,但這裏指"服曇車,墾田,就載"。②

邢義田、高震寰:"當乘"應是某類馬的通名,非如敦煌懸泉置所見傳馬各有的私名。③

［13］誃(詐)

"落葉掃秋風"(網名):此字當釋爲"誃",同"詐"也。④

【按】從彩版來看,字迹模糊。從紅外掃描版本來看作▨,"落葉掃秋風"之説似乎有一定道理,從其改釋爲"誃(詐)"。

【解説】

過早役使幼馬將不利於馬匹的成長和健康,并對馬匹的使用壽命產生影響。從睡虎地秦簡《廄苑律》《秦律雜抄》中的相關律文可知,秦對官馬的管理細緻、嚴格,過早役使官馬的行爲受到約束。馬匹作爲一種極爲重要的力畜及戰略物資,即便是私馬也要接受官方的控制和管理。此條《金布律》即對私人馬匹的的使用以及規範、監督,做出了細緻的規定。本條律文不僅規範了馬匹的使用年齡、身高,在私人馬匹的市場准入上,要置於令、丞的監督之下,廄嗇夫祇有在他們的監督下完成丈齒環節,纔能夠在馬匹的右肩烙上"當乘",體現了秦對於馬政的重視程度。

【譯文】

金布律規定:禁止役使身高五尺五寸以上但是齒齡未至四以下的牡馬、牝馬拉曇車、耕地以及受他人雇傭而運載;禁止商人使用高五尺五寸以上的牡馬、牝馬運載貨物去市場交易買賣以及受他人雇傭而運載。違犯此令,罰每人各二甲,馬匹由官府没收。有能夠捕告犯此令的人,將犯令者的馬匹給予捕告者。鄉、亭主管官吏與主管此事的官吏没有捕得犯令者,罰每人各一甲;縣令、縣丞、令史没有捕得犯令者,罰每人各一盾。對齒齡達到四以上應用於拉曇車、耕地以及受他人雇傭爲運載的馬,命令廄嗇夫在縣令、縣丞前檢測它們的身高,在馬右肩烙上標記,并寫上:當乘。若有人私自在不當乘用的馬上烙印以及僞造并令人烙印,均處以遷刑,其馬匹由官府没收。

---

① ［漢］許慎撰,［宋］徐鉉校定:《説文解字》卷一〇下,212頁;卷一〇上,209頁。
② ［日］"秦代出土文字史料の研究"班:《嶽麓書院所藏簡〈秦律令(壹)〉譯注稿 その(二)》,27頁。
③ 邢義田、高震寰:《"當乘"與"丈齒"——讀嶽麓書院藏秦簡札記之二》,本文後收入邢義田著《今塵集:秦漢時代的簡牘、畫像與文化流播》,341頁。
④ "落葉掃秋風"(網名):《嶽麓書院藏秦簡(肆)初讀》。

《嶽麓書院藏秦簡(伍)》所見博士制度初探

□ 中國人民大學國學院　宋超

内容提要　《嶽麓書院藏秦簡(伍)》第一組87—88簡爲一條秦令,内容涉及秦王朝對所徵召的博士比照"宦顯大夫"身份,給予一定的法律特權。該條秦令是目前關於秦漢時期博士制度創建最直接的史料。法令頒布時間應不早於始皇二十八年,即李斯擔任丞相期間。秦統治者將博士官的待遇與"宦顯大夫"比照的做法,表明秦漢博士官在制度創建初期就已經獲得比照六百石官吏級別的相關特權,爲我們研究漢代的"比秩"問題提供了新的綫索。

關鍵詞　博士　李斯　比秩　宦皇帝者　嶽麓秦簡

2007年12月,湖南大學嶽麓書院從香港搶救性地購藏了一批珍貴秦簡。其中《嶽麓書院藏秦簡(伍)》第一組共有簡99枚。其中87—88簡内容爲一條秦代法令,釋文如下:

●制詔丞相斯┕:所召博士得與議者┕,節(即)有逮告劾┕,吏治者輒請之,盡如宦顯大夫逮┕。斯言:罷博士者,請輒除其令。[1]

此條秦令内容爲秦始皇向丞相李斯發布命令,對於參與議論所徵召的博士,給予一定的"先請權",即博士如果犯罪,遇到司法告劾,相關官吏須先向上請示,由皇帝裁奪,這種待遇類似於當時的宦皇帝者和顯大夫級別的官吏。李斯進一步補充:如果這些博士一旦被免職,則立即不適用於此令。以往關於秦及漢初博士活動的記載,散見於《史記》《漢書》《淮南子》

---

[1]　陳松長主編:《嶽麓書院藏秦簡(伍)》,上海辭書出版社,2017,68頁。王偉指出該組89簡前有缺簡,335簡後有缺簡,兩簡可以連讀。故89簡與87—88簡内容無關,參見王偉《嶽麓書院藏秦簡札記(四則)》,簡帛網,2020年4月27日。

等傳世典籍。關於秦漢時期博士制度的記載，主要見於《漢書·百官公卿表》和《續漢書·百官志》。①《漢書》與《續漢書》成書年代距離秦及漢初已逾數百年。學者祇能根據有限的資料對秦漢博士制度進行研究，如王國維《漢魏博士考》、錢穆《兩漢博士家法考》、張漢東《論秦漢博士制度》。②《嶽麓書院藏秦簡（伍）》公佈的該份法令是目前已知材料中，研究秦漢時期博士制度最爲直接的一手史料。本文旨在根據簡文内容，結合傳世典籍及睡虎地秦簡、張家山漢簡等出土文獻，分析秦代博士制度創建時期的相關細節。

一 "丞相斯"與法令頒布時間考辨

在《嶽麓書院藏秦簡（伍）》第一組的 99 枚簡中，共有近 20 份法令。其中有明確時間記載的是 01 簡"廿六年十二月戊寅以來"，30 簡"廿六年正月丙申以來"，56 簡"廿六年四月己卯"。③ 可以肯定的是，這組法令的制定時間主要是在始皇二十六年（前 221）完成統一前後。

該組每條法令後附有一個編號，應是這一批法律文書的古代抄録者所作。可惜的是，該組法令編號的情況較爲混亂，87—88 簡在該組律令文書的順序尚需要進一步研究。其中最具參考價值的是，87 簡"制詔丞相斯"的記載，"丞相斯"當爲秦朝丞相李斯。

李斯何時成爲丞相，史書中一直没有明確的記載。我們能夠知道的是《史記·李斯列傳》中所載"二十餘年，竟并天下，尊主爲皇帝，以斯爲丞相"。④ 實際上，在秦始皇統一六國之初李斯仍爲廷尉。根據《史記·秦始皇本紀》，始皇二十八年（前 219）琅邪刻石載"丞相隗狀、丞相王綰、卿李斯"，⑤ 可知在始皇二十八年封禪之後，又南登琅邪，此時秦王朝的丞相并非李斯。李斯作爲丞相在史書中首次出現，已是始皇三十四年（前 213），"始皇置酒咸陽宫，博士七十人前爲壽"，李斯作爲丞相提出焚書之議。⑥ 李斯擔任秦朝丞相的具體時間，仍有待地下材料進一步的確定，祇能推定李斯升任丞相的時間是在始皇二十八年至三十四年之間，繼而可以推定 87 簡的時間不會早於始皇二十八年。再加上《嶽麓書院藏秦簡（伍）》第一組還有三簡内容時間明確爲始皇二十六年，有助於我們認識該組秦簡的大致時間。

在李斯擔任丞相之前，秦廷的諸多政治活動中已有博士的身影。如《秦始皇本紀》記載二十六年，始皇帝初并天下，議論尊號，丞相王綰、御史大夫馮劫，廷尉李斯等言"臣等謹與博士議曰"。⑦ 還有《史記·封禪書》記載始皇二十八年，"於是徵從齊魯之儒生博士七十人，至

---

① 參看張漢東《論秦漢博士制度》，收入安作璋、熊鐵基著《秦漢官制史稿》，濟南：齊魯書社，2007，476-477 頁。
② 參看方麟《秦漢博士制度研究綜述》，北京大學《儒藏》編纂與研究中心編《儒家典籍與思想研究》第 2 輯，北京大學出版社，2010，683-707 頁。
③ 陳松長主編：《嶽麓書院藏秦簡（伍）》，39、48、57 頁。
④ 《史記》卷七八《李斯列傳》，北京：中華書局，1959，2546 頁。
⑤ 《史記》卷六《秦始皇本紀》，246 頁。
⑥ 《史記》卷六《秦始皇本紀》，254 頁。
⑦ 《史記》卷六《秦始皇本紀》，236 頁。

乎泰山下"。① 以上兩事可以確定均在李斯任丞相之前。至於二十八年南登琅琊之後,秦始皇同年返途中經過湘水,此時"上問博士曰:'湘君何神?'博士對曰:'聞之,堯女,舜之妻,而葬此。'"② 此時李斯是否升任丞相,在材料上無法得到判定。87—88 簡內容爲始皇帝制詔丞相李斯,爲所召博士給予一定的法律特權。由此可以看出,秦代對於博士這一職位,是始皇帝的徵召舉措在前,而相關制度完善在後,顯示出博士官制度草創初期的不確定性。筆者推測 87—88 簡該條法令時間應早於始皇三十四年。首先,該組秦簡時間大體在始皇統一前後幾年。其次,史書記載秦始皇三十四年"置酒咸陽宮,博士七十人前爲壽",這些身處咸陽宮的博士應有部分直接來自於二十八年所召的齊魯儒生,人員設置已經相當完備。87—88 簡始皇制詔丞相李斯,可能正是圍繞二十八年在泰山所徵召的這批"齊魯之儒生博士",將其中一些人遷往咸陽,給予一定特權待遇的系列舉措。

以往的研究認爲:"最晚到戰國末,齊、魏、秦三國都設置了博士官。"秦國博士官的文獻依據爲"秦始皇二十六年,初并天下,命臣下議帝號,博士參與其事,説明秦統一前,秦國也有博士官"。③ 這樣的論述現在可以得到進一步的推進,因爲《史記》諸篇與《戰國策》《荀子》《吕氏春秋》等其他戰國文獻均未直接提及秦統一前博士官的存在。秦始皇二十六年參與議論尊號的博士,有可能是統一前秦政權已任用的部分六國游士。根據秦始皇制詔李斯的政令,可以肯定統一前秦的博士官制度并不完善。正是完成統一大業後的秦政權纔能著手徵召東方,尤其是齊魯地區的儒學博士,并借鑒齊國稷下學宮,對博士官制度進行了一系列重要的創建調整。

秦朝君臣制定該條法令解決的是徵召博士的待遇問題,實際上這些博士多是關東六國舊有土地上的文化學者,通過私學教授,有著諸多弟子追隨。秦始皇出於政治目的,將各地民間學者徵爲博士,參與議政,完善他們的待遇,是將民間學者制度化。秦朝二世而亡,許多制度中斷,至漢武帝立太學,設博士弟子,仍然是沿著秦始皇的政治、文化方向推進。博士弟子雖然不是朝廷職官,但博士弟子有確定的員額限制、有免除徭役的待遇,還有進入仕途的機遇,這是針對學者弟子的制度化。秦皇漢武的目標是將民間社會的師者弟子關係部分納入到官方系統,用官僚體制統合民間學術,這是漢代學官制度出現,思想演進的重要特點。

二 "盡如宦顯大夫"與漢代"比秩"

關於博士官的制度,《漢書·百官公卿表》中記載:

---

① 《史記》卷二八《封禪書》,1366 頁。
② 《史記》卷六《秦始皇本紀》,248 頁。
③ 張漢東:《論秦漢博士制度》,收入安作璋、熊鐵基著《秦漢官制史稿》,410 頁。

> 博士,秦官,掌通古今,秩比六百石,員多至數十人。①

討論博士官的設置,會涉及漢代官秩中的"比秩"問題。閻步克已指出張家山漢簡《二年律令·秩律》中"總共能看到二千石到一百二十石 11 個秩級,但沒有一個是'比秩'。而這就提醒我們,'比秩'是較晚時候纔產生的,漢初還沒有"②。并進一步論述"比秩"的萌生來源於"宦皇帝者"的"比吏食俸",朝廷開始讓他們比照地位相近的正秩吏領取俸祿。"宦皇帝者"獲得"比秩"後,將文學之官(包括博士),掾屬,軍職,國官大抵位於"比秩"之中。在這裏閻氏將光禄大夫、太中大夫、議郎、中郎、侍郎、郎中等官歸爲"宦皇帝者";將博士、治禮掌故、文學掌故等歸爲"文學之官"。

實際上 87—88 簡爲我們研究漢代的"比秩"問題提供了新的綫索。根據簡文"所召博士得與議者,節(即)有逮告劾,吏治者輒請之,盡如宦顯大夫逮",可知在博士制度創建之初,其法律地位就已然比照當時官僚體制內的"宦顯大夫"。而嶽麓秦簡中的"宦顯大夫"正是睡虎地秦簡《法律答問》中涉及的"宦者顯大夫",《法律答問》提到:

> 可(何)謂"宦者顯大夫"? ·宦及智(知)於王,及六百石吏以上,皆爲"顯大夫"。

整理小組《注釋》進一步指出:

> 《漢書·惠帝紀》:"爵五大夫、吏六百石以上,及宦皇帝而知名者,有罪當盜械者皆頌繫。"與本條可參看。③

在秦法中明確規定"宦者顯大夫"的範圍是"宦及智(知)於王"與六百石以上官吏。秦始皇制詔李斯,規定所召博士面對告劾時,享受的待遇比照"宦顯大夫",正是在法律特權方面將博士官直接比照六百石官吏。如果沒有睡虎地秦簡,我們很難理解嶽麓秦簡中"宦顯大夫"的內涵。而如果沒有嶽麓秦簡,我們也無法得知睡虎地秦簡的"宦者顯大夫"這一概念在政治與司法中如何具體運用。《法律答問》中所謂"宦及智(知)於王"其實是一個非常模糊的表述,王的"知"與"不知"很難得到客觀驗證,有待於制度進一步完善以劃分不同官員的身份待遇,這就爲漢代官制"比秩"的出現提供了某種綫索。

秦始皇時期將博士官的法律特權比照六百石的官員,這與《漢書》中博士秩比六百石有著密切的聯繫。"比秩"的內涵非常豐富,遠遠不是簡單的薪俸比附。閻步克已指出"比秩"

---

① 《漢書》卷一九《百官公卿表》,北京:中華書局,1962,762 頁。
② 閻步克:《中國古代官階制度引論》,北京大學出版社,2010,239 頁。
③ 睡虎地秦墓竹簡整理小組編:《睡虎地秦墓竹簡》,北京:文物出版社,1978,233-234 頁。

是一種很特別的官階,而中國古代官僚品秩總體上構成就有五種要素:權責、資格、薪俸、特權、禮遇。[①] 以往我們對於"比秩"最直觀的認識集中在薪俸方面與正秩官吏的增減比照,嶽麓秦簡恰恰反映出"比秩"在特權,尤其是法律特權方面的設計。無論是特權待遇還是薪俸規定,都是"比秩"作爲官階設計必須包含的要素。博士官地位在漢代十分特殊,可以服兩梁冠,臘日會有皇帝賜羊,這些禮遇可能是在漢代尊崇儒學後逐漸形成的。秦政權更重視法律,可能會優先考慮給予博士一定的法律特權。

在"比秩"問題上,博士官的特權待遇和薪俸規定,兩者形成的時間孰先孰後,或是同時制定落實,目前尚無法判定。對於秦朝君臣來說,這是一個新官階設計和調試的具體問題。其中一些細節的重新認識,有待更多新資料的發現。博士官既不是"宦皇帝者",又不是正秩官吏,亟需給予一定程度的政治待遇,當然也需要相應的物質保障。始皇將博士官比照"宦顯大夫"的做法,是正值大一統局面初創,將民間學者納入到官僚制度框架的重要嘗試。

三　餘論

博士官遭遇告劾時參照宦皇帝者與六百石的正秩官吏,司法部門必須向皇帝請示裁奪。處置官員的權力牢牢地被始皇帝把握,顯示出秦政"法治"與"人治"的複雜關係。貴族社會"刑不上大夫"的舊有傳統仍然以某種方式得到了保留。但博士一旦被罷免,則"請輒除其令",又顯示出官僚體制下官員一旦免職,則特權立即作廢的時代特點。

根據《嶽麓書院藏秦簡(伍)》第一組87—88簡,我們可以對"比秩"問題得出三個較新的認識:其一,漢代"比秩"的萌芽在秦時已經出現。其二,"比秩"的出現不僅在於薪俸方面的"比吏食俸",同樣體現在法律特權等其他方面。其三,在實際的政治運轉中,博士官這一類"文學之官"很早就在某些特權待遇上比照了六百石官員。雖然"宦皇帝者"系統發展較早,但"比秩"的形成可能并非是一個先由"宦皇帝者"開始,再到納入其他"非吏"職位的演進順序。

附記　本文初稿於2018年9月在首都師範大學第三屆簡帛學論壇上提交并做現場報告,感謝與會老師的批評;在修改過程中,又得到匿名審稿專家的指正,謹致謝忱。

---

① 閻步克:《中國古代官階制度引論》,37頁。

秦牛耕推廣程度新探*

□ 揚州大學社會發展學院　劉鵬　丁冰潔

内容提要　戰國後期秦國已使用牛耕技術從事農業生産。秦統一後在帝國境内飼養了相當數量的官牛；從爭牛、盜牛、馬牛買賣、車牛使用等情形看，秦民間養牛也具有一定的普遍性。牛耕在内史等地得到一定普及進而向周邊推廣，應是完全可能的。但對於其普及程度和推廣速度，仍不能估計過高。耕牛并非每個小農生産者家庭所能輕易擁有，即便在有一定牛耕基礎的地區，普通秦民也仍然不免陷入耕牛不足的困境。此外，地方固有耕作習俗的傳統慣性，也應是秦統一後未能快速推廣牛耕的一個重要因素。在廣大的關東六國故地，牛耕還遠未達到普遍推行的程度。

關鍵詞　牛耕　公田　民田　推廣程度　秦簡

　　中國傳統社會以農立國，牛耕與鐵農具的推廣則是農業生産力進步的重要標誌。關於秦的牛耕技術，趙國貴族趙豹曾描繪説："秦以牛田，水通糧，其死士皆列之於上地，令嚴政行，不可與戰。"[1]足見戰國後期，與山東諸國的農耕技術相較，秦國的牛耕具有絶對優勢。[2]然而，對於戰國秦漢時期的牛耕推廣程度和農業生産水準，論者仍存在較大分歧。[3] 那麽，戰國後期秦國和統一後的秦王朝牛耕的推廣程度究竟如何？徐中舒先生曾對東亞大陸牛耕的

---

* 本文爲國家社科基金後期資助項目"秦農業經營與管理研究"（22FZSB003）研究成果之一。
[1]　[西漢]劉向集録：《戰國策》卷一八《趙策一》，上海古籍出版社，1998，618頁。
[2]　徐中舒先生論證認爲，戰國秦是中國古代牛耕推行的一個重要時期，并提示了秦對關東六國的優勢。參見徐中舒《論東亞大陸牛耕的起原》，成都《工商導報·學林》副刊第24期，1951年12月23日，收入其著《先秦史十講》，北京：中華書局，2015，162-168頁。
[3]　相關研究綜述可參見楊際平《秦漢農業：精耕細作抑或粗放耕作》，《歷史研究》2001年第4期；侯旭東《漁采狩獵與秦漢北方民衆生計——兼論以農立國傳統的形成與農民的普遍化》，《歷史研究》2010年第5期。

起源與發展作了專門探討。① 睡虎地秦簡公布後,吳福助先生考察了鐵犁牛耕對嬴秦農業生產的具體影響。② 近年來,隨著里耶秦簡、嶽麓秦簡等簡牘材料的不斷刊布,有關戰國後期秦國和秦王朝的牛耕資料愈加豐富,③相關問題似有進一步探討空間。如所周知,秦的土地主要包括授予百姓的民田以及由政府直接墾種的公田,故本文擬在前人研究基礎上,分别從公田、民田生産活動出發,對秦牛耕的推廣程度再作些探討。不到之處,謹請方家指正。

一 公田生産中的牛耕

關於秦公田生産中的牛耕,睡虎地秦簡《厩苑律》提供了珍貴資料:

> [1]以四月、七月、十月、正月膚田牛。卒歲,以正月大課之,最,賜田嗇夫壺酉(酒)束脯,爲旱〈皂〉者除一更,賜牛長日三旬;殿者,誶田嗇夫,罰冗皂者二月。其以牛田,牛減絜,治(笞)主者寸十。有(又)里課之,最者,賜田典日旬;殿,治(笞)卅。(13—14)④

所謂"田牛",即用於耕田的牛,與簡文中"其以牛田"正相呼應。簡[1]是關於耕牛飼養業績的考課規定,顯然是針對官有耕牛而言的,"其以牛田"自然也就是指利用官有耕牛墾種公田。吳福助先生比對睡虎地秦簡中大量的考課律文後,指出秦律考課耕牛的期數最爲頻繁,懲罰也最爲嚴厲。⑤ 足見秦政府對耕牛以及牛耕技術的重視。

與上述"田牛"相對,當時還有用於駕車的牛,即所謂"服牛"。如睡虎地秦簡《田律》簡11:"乘馬服牛稟,過二月弗稟、弗致者,皆止,勿稟、致。"⑥秦簡中常見"公馬牛"的固定稱謂,⑦其中的"公牛"即包含用於駕車、耕田等不同用途的官牛。⑧ 當然,這祇是從社會功用上進行的劃分,并不意味著田牛、服牛等是截然分開的。正如簡[1]"其以牛田"的表述所示,這些耕牛在農閒時也可能兼供交通、運輸之需,農忙時則用來墾耕官有的田地。⑨ 新近刊布

---

① 徐中舒:《論東亞大陸牛耕的起原》,159-169頁。
② 吳福助:《嬴秦牛耕新證》,《簡牘學報》1986年第12期,收入其著《睡虎地秦簡論考》,臺北:文津出版社,1994,207-252頁。
③ 按:誠如徐中舒先生所言,"牛耕的工具是犁,犁的前端犁鋧就是由耟逐漸演化而成……鋧鋧是鐵做的,鐵器出現以前,是不會有犁的,也不會有牛耕的"(徐中舒:《論東亞大陸牛耕的起原》,159頁)。由此可見,一般情况下牛耕均與鐵犁配套而行。
④ 陳偉主編:《秦簡牘合集(壹)》(釋文注釋修訂本),武漢大學出版社,2016,49頁。
⑤ 吳福助:《嬴秦牛耕新證》,217-222頁。
⑥ 陳偉主編:《秦簡牘合集(壹)》(釋文注釋修訂本),46頁。
⑦ 如睡虎地秦簡《厩苑律》簡16"將牧公馬牛"、《徭律》簡117"縣葆禁苑、公馬牛苑",等等。陳偉主編:《秦簡牘合集(壹)》(釋文注釋修訂本),52、105頁。
⑧ 關於秦國牛的用途,可參見袁延勝《從雲夢秦簡看秦國牛的用途》,《文博》2002年第5期。
⑨ 吳福助:《嬴秦牛耕新證》,216頁。

的嶽麓秦簡《縣官田令》恰好提供了這方面的材料：

[2]田不急時欲令田徒及車牛給它事,而以田急時以它徒賞(償),許之;其欲以車牛賞(償),有(又)許之。·縣官田令甲(227)①

《縣官田令》是針對公田的管理者所頒布的法令條文。② 所謂"田不急時",即農閒時節。秦政府允許農閒時以田徒、車牛從事其他勞役,農忙時再用其他種類的勞動力補償。此外,想用車牛予以補償,也是允許的。毋庸諱言,此處的"車牛"主要係指牛、牛車的配套使用,作爲重要的運輸工具而爲農業生產所必須。

但值得注意的是,牛在農業生產中的作用顯然不祇限於運輸。睡虎地秦簡《倉律》簡51云:"隸臣田者,以二月月稟二石半石,到九月盡而止其半石。"③可知當時農業生產活動一般從二月開始,一直持續至九月底。而所謂"田急時",至少包括"穜(種)時、治苗時各二旬"(144)或"穜時、治苗時、穫(穫)時各二旬"(275)。④ 耕種、治苗、收穫各二十天,堪稱最爲緊要的農忙時節。揆諸情理,除收穫時急需車牛進行穀物運輸外,耕種時對耕牛的使用也是極爲緊要的。既然簡[2]顯示,公田生產部門及其他車牛償還部門收穫時節可以供給車牛進行穀物運輸,那麼耕種時節提供耕牛進行田地墾種,也就完全可以想見了。所不同者,也僅是將與牛車配套使用的服牛,轉而充當與犁配套使用的耕牛罷了。與之相對,公田生產部門在農閒時以耕牛或車牛充作它役,則主要是交通、運輸之需。如嶽麓秦簡《繇律》簡148—149云:"給邑中事,傳送委輸,先悉縣官車牛及徒給之,其急不可留,乃興繇(繇)如律。"⑤其中用於"給邑中事,傳送委輸"的官有車牛,很可能就包括了空閒下來的官有耕牛。

上述情形既然顯示秦已使用牛耕技術墾種公田,那麼在現實運作中,影響其使用與推廣的一個重要因素,就是秦政府提供的耕牛數量了。《漢書·地理志》云:"正西曰雍州:其山曰嶽,藪曰弦蒲,川曰涇、汭,其浸曰渭、洛;其利玉、石;其民三男二女;畜宜牛、馬,穀宜黍、稷。"⑥足見戰國時期秦國關中地區頗具蓄積牛馬的風俗傳統。《商君書·去強》云:"強國知十三數:竟內倉口之數,壯男壯女之數,老弱之數,官士之數,以言説取食者之數,利民之數,馬牛芻藳之數。"⑦牛的數量是強國必知的"十三數"之一。由此,戰國秦不僅具有養牛的自

---

① 陳松長主編:《嶽麓書院藏秦簡(陸)》,上海辭書出版社,2020,171頁。
② 陳松長:《嶽麓秦簡中的"縣官田令"初探》,《中州學刊》2020年第1期。
③ 陳偉主編:《秦簡牘合集(壹)》(釋文注釋修訂本),72頁。
④ 陳偉主編:《秦簡牘合集(壹)》(釋文注釋修訂本),119頁;陳松長主編:《嶽麓書院藏秦簡(肆)》,上海辭書出版社,2015,159頁。
⑤ 陳松長主編:《嶽麓書院藏秦簡(肆)》,117頁。
⑥ 《漢書》卷二八上《地理志上》,北京:中華書局,1962,1540-1541頁。
⑦ 蔣禮鴻:《商君書錐指》卷一《去強》,北京:中華書局,1986,34頁。

然地理優勢,統治者也對養牛格外重視。可以説,至少秦國故地關中地區,完全具備蓄積相當數量官有耕牛的主客觀條件。《史記·范雎蔡澤列傳》云:"秦王乃拜范雎爲相。收穰侯之印,使歸陶,因使縣官給車牛以徙,千乘有餘。"① 秦昭王時期,穰侯被逐,動用的官車牛竟達"千乘有餘"。秦國官牛數量的龐大,由此可見一斑。

現有簡牘資料亦顯示,秦確實存在相當數量的官牛。如上揭簡[1]顯示,秦統治者會對縣、鄉、里的耕牛飼養業績進行頻繁考課,這本身就是秦地方政府廣泛飼養耕牛的一個直觀反映。此外,秦律還有牧養服牛的細緻規定。睡虎地秦簡《厩苑律》云:

[3]將牧公馬牛,馬〖牛〗死者,亟謁死所縣……今課縣、都官公服牛各一課,卒歲,十牛以上而三分一死;不【盈】十牛以下,及受服牛者卒歲死牛三以上,吏主者、徒食牛者及令、丞皆有辠(罪)。内史課縣,大(太)倉課都官及受服者。(16—20)②

細繹簡文語義,"將牧公馬牛"帶有游牧性質,往往會歷經若干個縣,其服牛數量當不在少數。且由簡文可知,秦國的"縣、都官"普遍飼養服牛。當然,睡虎地秦律有其寫定的年代特徵,因之此處的"縣、都官"也有其特定範圍。《置吏律》簡157—158云:"縣、都官、十二郡免除吏及佐、羣官屬,以十二月朔日免除,盡三月而止之。其有死亡及故有夬(缺)者,爲補之,毋須時。"③"十二郡"與"縣、都官"并列,應指秦內史以外的地方。④ 由此,彼時的"縣、都官"似特指秦國內史所轄區域。

儘管如此,隨著戰國後期的形勢發展,秦的官牛飼養完全突破了內史所轄地區。里耶秦簡中有如下兩則材料:

[4]倉曹計録:禾稼計,貸計,畜計,器計,錢計,徒計;畜官牛計,馬計,羊計;田官計。凡十計。史尚主。(8-481)

[5]畜官課志:徒隸牧畜死負、剝賣課,徒隸牧畜畜死不請課,馬產子課,畜牛死亡課,畜牛產子課,畜羊死亡課,畜羊產子課。·凡八課。(8-490+8-501)⑤

里耶秦簡出土於湖南省龍山縣里耶鎮,是秦洞庭郡遷陵縣官署所在地。簡8-757"今遷陵廿

---

① 《史記》卷七九《范雎蔡澤列傳》,北京:中華書局,2013,2912頁。
② 陳偉主編:《秦簡牘合集(壹)》(釋文注釋修訂本),52-53頁。
③ 陳偉主編:《秦簡牘合集(壹)》(釋文注釋修訂本),125頁。
④ 晏昌貴:《睡虎地秦簡"十二郡"及相關問題》,收入陳偉等著《秦簡牘整理與研究》,北京:經濟科學出版社,2017,117頁。
⑤ 陳偉主編:《里耶秦簡牘校釋(第一卷)》,武漢大學出版社,2012,164、168頁。

五年爲縣"顯示,①這個僻處湘西的小縣直到秦王政二十五年(前222)纔開始設立,屬於典型的新征服地區,即所謂"新地"。即便如此,簡[4]、[5]"畜官牛計""畜牛死亡課""畜牛産子課"等信息清楚表明,當時遷陵縣已經設立了專門的官牛業主管機構——畜官,并切實開展了官牛飼養工作。

又里耶簡8-199+8-688+8-1017+9-1895:"卅年十二月乙卯,畜□□□作徒薄(簿)。受司空居貲□□。受倉隸妾三人,小隸臣一人。凡六人。【一人】牧馬武陵:獲。一人牧牛:敬。一人牧羊:□……十二月乙卯,畜官守丙敢言之:上。敢言之。"②秦始皇三十年(前217),畜官安排了一位名叫敬的徒隸"牧牛"。這也是秦牧養官牛現實運作的一個顯例。由此可見,秦的官牛飼養絕不僅限於内史,而應在帝國境内具有相當的廣泛性。筆者曾經指出,秦縣一級地方行政機構應該普遍設有諸如畜官之類的官營畜牧業機構,再結合都官中亦有主管牛馬牧養者,且在帝國境内有廣泛分佈等情況看,秦官營養牛業的規模不可謂不大。③由此,再綜合秦在内史飼養官牛最爲悠久,且牛耕基礎也最爲堅實等情形看,秦在内史等地普遍使用牛耕技術墾種公田,進而向周邊推廣,應該是完全可能的。

當然,我們也應當看到,擁有相當數量的耕牛并不必然導致普遍牛耕局面的出現。對於秦牛耕的普及程度和推廣速度,仍不能盲目估計過高。以里耶簡所記載的遷陵地區爲例,簡8-355云:"□【黔】首習俗好本事不好末作,其習俗槎田歲更,以異中縣。"所謂"本事",即農業生産;所謂"末作",即工商業之屬。同樣是積極從事農業生産,當地農民却習慣采用一種名爲"槎田歲更"的耕作方式,與"中縣"判然有别。校釋小組指出,"槎田"可能是指斫木爲田,"歲更"意爲每年更替,"槎田歲更"應是指一種耕作制度。④ 近年刊布的里耶秦簡(貳)中的一條材料,進一步顯示了此種耕作方式在遷陵地區的普遍性:

[6]廿八年正月辛丑朔丁未,貳春鄉敬敢言之:從人城旦皆非智(知)簍田殹(也),當可作治縣官府。謁盡令從人作官府及負土、佐甄,而盡遣故佐負土男子田。及乘城卒、諸黔首抵辠(罪)者皆智(知)簍田,謁上財(裁)自敦遣田者,毋令官獨(9-22)遣田者。謁報。敢言之。今敬正月壬子受徒,弗報。(9-22)(背)⑤

---

① 陳偉主編:《里耶秦簡牘校釋(第一卷)》,217頁。
② 陳偉主編:《里耶秦簡牘校釋(第二卷)》,武漢大學出版社,2018,389頁。
③ 參見拙文《秦官牛業主管機構及車牛使用管理》,待刊稿。
④ 陳偉主編:《里耶秦簡牘校釋(第一卷)》,136、137頁。
⑤ 陳偉主編:《里耶秦簡牘校釋(第二卷)》,33-34頁。

所謂"箠田",當與"槎田"同義。"從人城旦皆非知箠田"等信息顯示,槎田具備一定的操作難度,并不爲"從人城旦"所熟悉。簡[6]大意應是,貳春鄉嗇夫認爲從人城旦都不會槎田,但可以在官署勞作,因此請求讓他們從事作官府、背土、輔助製作瓦器等工作,而讓先前背土、輔助製作瓦器的男子槎田。這很可能是因爲他們具備槎田技能。足見在遷陵地區的公田生産中,槎田是完全占據主流的耕作方式。

毋庸諱言,槎田耕作比當時的牛耕技術落後不少。王勇先生即指出,槎田這種耕作方式就是原始的刀耕火種。[①] 現有資料顯示,遷陵自立縣不久就設有畜官。[②] 且如前文所述,畜官也切實開展了官牛飼養工作。利用這些官牛耕種公田,似乎是很自然的事情。然而,現實却與此大相徑庭。可見擁有相當數量的官牛,并不一定意味著牛耕的順利使用與推廣。對此,誠如上揭睡虎地秦簡《田律》"乘馬服牛稟"、《廏苑律》"今課縣、都官公服牛各一課""内史課縣,太倉課都官及受服者"等律文所顯示的,秦國官牛仍主要是充作服牛,以供交通、運輸之用。《商君書·弱民》云:"背法而治,此任重道遠而無馬牛,濟大川而無舡楫也。"[③]所舉稱的也是乘馬、服牛在交通運輸中的顯著作用。

此外,簡 8-355"其習俗槎田歲更,以異中縣"也透露出了部分原因。即槎田是遷陵地區的固有耕作習俗,打破這種傳統慣性并非易事。如秦王政二十年(前 227),南郡守騰在下發給各縣道的文書中説:"古者,民各有鄉俗,其所利及好惡不同,或不便於民,害於邦……今灋(法)律令已具矣,而吏民莫用。"(1—3)[④]體現的正是帝國政令推行與地方舊俗傳統之間的衝突。遷陵地區仍采用槎田耕作,未必就不是這種"吏民莫用"秦之"法律令"的具體表現。由此,哪怕秦統治者在這些地方建立了新政權,一定程度上也祇得權且因俗而治。這或許也是牛耕技術未能在"新地"快速推廣的一個重要因素。

綜上,戰國後期秦國已使用牛耕技術墾種公田,秦統一後又在帝國境内飼養了相當數量的官牛。秦在内史等地普遍使用牛耕技術墾種公田進而向周邊推廣,應是完全可能的。但對於其普及程度和推廣速度,仍然不能估計過高。地方固有耕作習俗的傳統慣性,應是秦未能在新地快速推廣牛耕的一個重要原因。

---

① 王勇:《里耶秦簡所見秦遷陵的農作與環境》,武漢大學簡帛研究中心主辦《簡帛》第 17 輯,上海古籍出版社,2018,134 頁。
② 按:里耶簡 9-643 云:"廿七年十一月乙卯,畜官枯、令史逐☐。"(陳偉主編:《里耶秦簡牘校釋(第二卷)》,170 頁)這是已刊里耶秦簡資料中,出現的最早的有明確紀年的畜官。秦以十月爲歲首,秦始皇二十七年(前 220)十一月實則與遷陵設縣的次年(前 221)非常接近。可見,畜官很可能在遷陵設縣之初或稍後不久就設立了。
③ 蔣禮鴻:《商君書錐指》卷五《弱民》,126 頁。
④ 陳偉主編:《秦簡牘合集(壹)》(釋文注釋修訂本),29 頁。

二　民田生産中的牛耕

　　在秦的各種土地類型中,與政府直接掌控的公田相較,授予廣大秦民耕種的民田無疑占據了更大比重。細繹前揭趙豹之語,"秦以牛田"也祇有覆蓋到相當地域的民田生産上,纔能顯現出較之於山東諸國的絶對優勢;"皆列之於上地"的敢死之士,亦應是秦國境内有條件使用牛耕技術的重要群體。

　　與前述公田生産相似,民間大量養牛亦是小農生産得以普遍推行牛耕的必要條件之一。睡虎地秦簡中有如下兩則材料:

　　　　[7]百姓有貲贖責(債)而有一臣若一妾,有一馬若一牛,而欲居者,許。(《秦律十八種》140)
　　　　[8]爭牛　爰書:某里公士甲、士五(伍)乙詣牛一,黑牝曼麎(麋)有角,告曰:"此甲、乙牛殹(也),而亡,各識,共詣來爭之。"即令令史某齒牛,牛六歲矣。(《封診式》23—24)[1]

簡[7]出自《司空律》,强調居貲贖債者願意提供一名臣、妾或者一頭馬、牛來代替自己服役,也是可行的。這説明秦民家庭中養牛并非罕見,否則該律文就没有如此規定的必要了。簡[8]所載的爭牛爰書中,甲、乙都自稱牛係本人所有,因而爭執不下。無論其具體所屬如何,要之皆爲民間養牛之顯例。

　　現有秦簡資料中,還有豐富的盗牛材料,籍此亦可窺秦民間養牛之一斑。爲討論方面,兹擇要輯録相關材料如下:

　　　　[9]人臣甲謀遣人妾乙盗主牛,買(賣),把錢偕邦亡,出徼,得,論各可(何)殹(也)? 當城旦黥之,各畀主。(《法律答問》5)
　　　　[10]甲盗牛,盗牛時高六尺,毄(繫)一歲,復丈,高六尺七寸,問甲可(何)論? 當完城旦。(《法律答問》6)
　　　　[11]甲告乙盗牛若賊傷人,今乙不盗牛、不傷人,問甲可(何)論? 端爲,爲誣人;不端,爲告不審。(《法律答問》43)
　　　　[12]□捕　爰書:男子甲縛詣男子丙,辭曰:"甲故士五(伍),居某里,迺四月中盗牛,去亡以命。丙坐賊人□命。自晝甲見丙陰市庸中,而捕以來自出。甲毋(無)它

---

[1] 陳偉主編:《秦簡牘合集(壹)》(釋文注釋修訂本),113、275頁。

坐。"(《封診式》17—18)①

正如《鹽鐵論·刑德》所云:"商君刑棄灰於道,而秦民治。故盜馬者死,盜牛者加,所以重本而絶輕疾之資也。"②秦統治者爲"重本而絶輕疾之資",對盜牛行爲予以嚴懲。簡[9]係私人奴婢盜竊主牛的判罰問答,亦是秦民家庭畜養私奴婢和牛的例證,正可與前揭簡[7]相互參證。簡[10]應是盜牛案件中非常棘手的問題,因之有必要作出專門的法律解答。簡[11]將"盜牛""賊傷人"相提并論,足見盜牛行爲在現實生活中的常見性。簡[12]士伍甲并無其他犯罪行爲,因盜牛逃亡在外,最後憑籍捕獲"坐賊人□命"的男子丙而"自出"。此外,張家山漢簡《奏讞書》"黥城旦講乞鞫"案中,還詳細記載了士伍毛盜牛被抓,因無法忍受嚴刑拷問而誣告樂人講與其合謀盜牛,後者因之被誤判爲黥城旦的案件細節。③ 值得注意的是,此案發生於秦王政二年(前245)。某種意義上講,上述諸種盜牛案件都折射出了秦民間養牛的普遍。

秦簡資料中還常見民間的牛馬買賣。睡虎地秦簡《日書·秦除》簡23貳云:"收日,可以入人民、馬牛、禾粟,入室、取妻及它物";簡25貳云:"閉日,可以劈決池,入臣徒、馬牛、它生(牲)。"《日書·良日》簡70云:"牛良日,甲午、寅、戊午、庚午、寅、丙寅、壬寅、丁酉、未。甲辰,可以出入牛、服之。"④均反映了馬牛買賣在秦社會經濟生活中的普遍。近年刊布的嶽麓秦簡《金布律》還對馬牛買賣有細緻規範:

[13]黔首賣馬牛勿獻(讞)廷,縣官其買殹(也),與和市若室,勿敢强。買及賣馬牛、奴婢它鄉、它縣,吏爲(?)取傳書及致以歸及(?)免(?),弗爲書,官嗇夫吏主者,貲各二甲,丞、令、令史弗得,貲各一甲。其有事關外,以私馬牛羊行而欲行賣之及取傳賣它縣,縣皆爲傳,而欲徒賣它縣者,發其傳爲質。黔首賣奴卑(婢)、馬牛及買者,各出廿二錢以質市亭。皇帝其買奴卑(婢)、馬,以縣官馬牛羊貿黔首馬牛羊及買,以爲義者,以平賈(價)買之,輒予其主錢。(198—202)⑤

律文反映秦代私人買賣奴婢、馬、牛是百姓的合法權力,但需符合政府的相關規定,如交易主要在官方開辦的市亭中的□馬行進行;必須經過官府的質證方爲合法;異地交易必須有標注

---

① 陳偉主編:《秦簡牘合集(壹)》(釋文注釋修訂本),183、184、198、272頁。
② 王利器:《鹽鐵論校注》卷一〇《刑德》,北京:中華書局,1992,566頁。
③ 彭浩、陳偉、[日]工藤元男主編:《二年律令與奏讞書——張家山二四七號漢墓出土法律文獻釋讀》,上海古籍出版社,2007,359-360頁。
④ 陳偉主編:《秦簡牘合集(貳)》(釋文注釋修訂本),武漢大學出版社,2016,339、492頁。
⑤ 陳松長主編:《嶽麓書院藏秦簡(肆)》,133-135頁。

清晰的傳致過所等證明文件。① 反之,則可能被視爲盜賣行爲,要受到相應懲處。如該律文繼而規定:"舍室爲里人盜賣馬、牛、人,典、老見其盜及雖弗見或告盜,爲占質,黥爲城旦,弗見及莫告盜,贖耐。"(204—205)②另外,簡[13]"縣官其買也""以縣官馬牛羊貿黔首馬牛羊及買"等信息還顯示,百姓、官府之間還存在馬牛的買賣。相關情形爲我們理解秦民間耕牛的數量及規模,提供了珍貴視角。

此外,秦簡中還透露了百姓車牛的相關信息:

[14]給邑中事,傳送委輸,先悉縣官車牛及徒給之,其急不可留,乃興繇(徭)如律;不先悉縣官車牛徒,而興黔首及其車牛以發繇(徭),力足以均而弗均,論之。(148—150)

[15]發繇(徭),興有爵以下到人弟子、復子,必先請屬所執灋,郡各請其守,皆言所爲及用積徒數,勿敢擅興,及毋敢擅傳(使)敖童、私屬、奴及不從車牛,凡免老及敖童未傅者,縣勿敢傳(使)。(156—157)③

簡[14]強調在"給邑中事,傳送委輸"等國家公共事務中,必須先役使國家所掌控的徒隸與官車牛,其次纔能以徭役的名義徵發普通百姓及其車牛。簡[15]規定不得擅自徵發"不從車牛"。整理者注釋云:"不從車牛,指不當跟隨車牛一起服役者。秦代服徭或可以車牛代替,主人則不必前往。"④這與前述簡[7]百姓居貲贖債者以牛代役的情況,在法律精神上也是一致的。簡[14]、[15]徵發百姓車牛服徭役,應當都屬於這種律文精神的運作體現。要之,這些都建立在相關百姓家庭擁有車牛的基礎上。

但也必須看到,耕牛并不是每個小農生產者家庭所能輕易擁有的。睡虎地秦簡《法律答問》簡209云:"可(何)如爲'大誤'?人戶、馬牛及者(諸)貨材(財)直(值)過六百六十錢爲'大誤',其他爲小。"⑤牛的貴重可見一斑。上揭簡[7]顯示,居貲贖債者可以提供一名臣、妾或者一頭馬、牛代替自己服役。即便如此,秦簡中仍有大量百姓服居貲贖債勞役的實例。⑥究其原因,主要是秦社會經濟生活中各種貲罰非常普遍,從而使廣大貧民階層構成了最廣泛的居貲來源。⑦ 由此可見,廣大貧民家庭是不大可能普遍擁有耕牛的。更值得注意的是,牛

---

① 王勇:《嶽麓秦簡〈金布律〉關於奴婢、馬牛買賣的法律規定》,《中國社會經濟史研究》2016年第3期;曹旅寧:《漢唐時期律令法系中奴婢馬牛等大宗動產買賣過程研究——以新出益陽兔子山漢簡所見異地買賣私奴婢傳致文書爲綫索》,《社會科學》2020年第1期。
② 陳松長主編:《嶽麓書院藏秦簡(肆)》,135-136頁。
③ 陳松長主編:《嶽麓書院藏秦簡(肆)》,117、119-120頁。
④ 陳松長主編:《嶽麓書院藏秦簡(肆)》,167頁。
⑤ 陳偉主編:《秦簡牘合集(壹)》(釋文注釋修訂本),262頁。
⑥ 參見劉鵬《里耶秦簡所見居役的幾個問題》,《河南工業大學學報(社會科學版)》2018年第5期。
⑦ 劉鵬:《秦簡牘所見居貲贖債問題再探》,《北京社會科學》2021年第8期。

耕最初與一車兩馬的原理相同,轅在當中,所以必須用兩牛曳引向前。① 西漢中期趙過推行代田法,牛耕需用"二牛三人"。當時"民或苦少牛,亡以趨澤"②,即有些農民由於缺少耕牛,不能趁土地濕潤及時耕作。這種需同時使用兩頭牛纔能進行的耕作技術,無疑更加重了百姓少牛的困境。一兩百年前欲行牛耕的秦民,未必就不會經常面臨如此窘境。

更值得注意的是,現有秦簡資料顯示,家境殷實的秦民家庭也似非一定擁有耕牛。且看如下三則材料:

[16]封守 鄉某爰書:以某縣丞某書,封有鞫者某里士五(伍)甲家室、妻、子、臣妾、衣器、畜產。·甲室、人:一宇二内,各有户,内室皆瓦蓋,大木具,門桑十木。·妻曰某,亡,不會封。·子大女子某,未有夫。·子小男子某,高六尺五寸。·臣某,妾小女子某。·牡犬一。(8—10)

[17]卅二年六月乙巳朔壬申,都鄉守武爰書:高里士五(伍)武自言以大奴幸、甘多,大婢言、言子益等,牝馬一匹予子小男子產。典私占。(8-1443+8-1455)

[18]卅五年七月戊子朔己酉,都鄉守沈爰書:高里士五(伍)廣自言:謁以大奴良、完,小奴嚋、饒,大婢闌、願、多、□,禾稼、衣器、錢六萬,盡以予子大女子陽里胡,凡十一物,同券齒。典弘占。(8-1554)③

簡[16]出自睡虎地秦簡《封診式》,是一則關於查封被審訊人士伍甲家產的爰書。其中"畜產"一項,與之相對應者僅有"牡犬一",并不見有耕牛。當然,這仍然存在多種情況,比如被盜、走失,等等。但揆諸情理,最有可能的還是士伍甲家中并沒有養牛。簡[17]、[18]均出自里耶秦簡,都是將部分家產分給成年子女的爰書。簡[17]士伍武分給小男子產的財產,共計成年奴婢4人,母馬1匹。儘管財產中有牲畜一項,却是較牛更爲貴重的馬。④《史記·貨殖列傳》即云:"故曰陸地牧馬二百蹄,牛蹄角千,千足羊,澤中千足彘,水居千石魚陂,山居千章之材……此其人皆與千户侯等。"顯示"牧馬二百蹄"與"牛蹄角千"相當,即50匹馬與166.7頭牛是等值的。故《集解》注引《漢書音義》曰:"馬貴而牛賤,以此爲率。"⑤簡[18]士伍廣分給大女子胡的財產,共計成年奴婢6人、未成年奴婢2人、禾稼、衣器以及錢6萬。這些財產不可謂不豐厚,同樣没有耕牛。究其原因,一種可能就是士伍武、士伍廣家中也都没

---

① 徐中舒:《論東亞大陸牛耕的起原》,161頁。
② 《漢書》卷二四上《食貨志上》,1139頁。
③ 陳偉主編:《秦簡牘合集(壹)》(釋文注釋修訂本),269頁;陳偉主編:《里耶秦簡牘校釋(第一卷)》,326、356-357頁。
④ 按:張家山漢簡《二年律令·户律》簡337云:"民大父母、父母、子、孫、同產、同產子,欲相分予奴婢、馬牛羊、它財物者,皆許之,輒爲定籍。"(彭浩、陳偉、[日]工藤元男主編:《二年律令與奏讞書——張家山二四七號漢墓出土法律文獻釋讀》,225頁)足見馬、牛與奴婢、其他財物一樣,也是可以作爲一種財產被分予出去的。漢初去秦不遠,情況應當類似。
⑤ 《史記》卷一二九《貨殖列傳》,3942、3943頁。

有養牛。① 當然,簡[17]、[18]反映的是遷陵地區的個案情況,没有畜養耕牛與當地百姓樵田的耕作習俗是一致的。

由上,從爭牛、盜牛、馬牛買賣、車牛使用等情形看,秦民間養牛應當具有一定的普遍性。但耕牛却非每個小農生產者家庭所能輕易擁有,即便是在有一定牛耕基礎的地區,普通秦民也仍然不免陷入耕牛不足的困境。

三 秦牛耕的推廣程度

對於秦的國土疆域,前揭睡虎地秦簡《置吏律》"縣、都官、十二郡"顯示,秦曾經歷了内史與十二郡并舉的時期。據晏昌貴先生最新研究,秦最早設置的十二郡爲:

> 上郡(前328)、巴郡(前316)、漢中郡(前312)、蜀郡(前311)、黔中郡(前308)、河外郡(約前307)、河東郡(前290)、隴西郡(前280)、南郡(前278)、河内郡(前273)、南陽郡(前272)、北地郡(前272)。

此後秦於莊襄王元年(前249)置三川郡,三年(前247)置上黨、太原郡,秦王政五年(前242)置東郡。誠如晏先生所言,秦十二郡見諸法律文書,可見有一個相對穩定的存在期,或亦具有某種象徵意義,至秦始皇統一全國,并有三十六郡之設。② 其中,自秦王政十六年(前231)開展大規模統一戰爭,至二十六年(前221)最終吞并六國,其間所占領的地區都應被稱作"新地"。③

前揭趙豹所言"秦以牛田,水通糧,其死士皆列之於上地,令嚴政行,不可與戰",繫於秦昭王四十五年(前262),④正處於秦十二郡相對穩定的存在期内。如前所述,當時秦確實已經使用牛耕技術從事農業生產,并存在相當數量的耕牛。司馬遷在《史記·貨殖列傳》中描述道:"關中自汧、雍以東至河、華,膏壤沃野千里,自虞夏之貢以爲上田……故關中之地,於天下三分之一,而人衆不過什三;然量其富,什居其六。"⑤所謂"關中自汧、雍以東至河、華,膏壤沃野千里",正與秦内史所轄地域相當。關中地區在人衆"不過什三"的情況下,財富却

---

① 按:嶽麓秦簡《識劫𡝭案》簡115—116:"識故爲沛隸,同居。沛以三歲時爲識取(娶)妻;居一歲爲識買室,賈(價)五千錢;分馬一匹,稻田廿畝,異識。"(陳松長主編:《嶽麓書院藏秦簡(叁)》,上海辭書出版社,2013,155頁)大夫沛分給識的財物中,有馬1匹,稻田20畝,同樣没有耕牛。當然,與簡[17]、[18]類似,這些都可能存在其他情形,即士伍武、士伍廣、大夫沛確實畜養了耕牛,祇是没有將其分出。
② 以上俱參見晏昌貴《睡虎地秦簡"十二郡"及相關問題》,112-113頁。
③ 張夢晗:《"新地吏"與"爲吏之道"——以出土秦簡爲中心的考察》,《中國史研究》2017年第3期。
④ 楊寬:《戰國史》,上海人民出版社,2016,445頁。
⑤ 《史記》卷一二九《貨殖列傳》,3930-3931頁。

能達到"什居其六",除"膏壤沃野千里"的地利條件外,戰國以來的牛耕實踐也當是其中的一個重要因素。① 正如徐中舒先生所言,如果没有牛耕,秦國也就不能抽出更多的壯丁和積聚更多的糧食來作長期的戰爭。如果没有水通糧(即後來的漕運),也就不能把它所能積聚的糧食,輸送到遠方去征服其他的國家。② 綜上可見,鐵犁牛耕在秦内史等地得到一定普及進而向周邊推廣,應該是完全可能的。

但這種普及程度與推廣速度也不宜估計過高。如遷陵地區於秦統一前夕設縣,屬於典型的"新地"。③ 前揭簡[6]顯示,至少在秦統一後的始皇二十八年(前219),當地仍沿用著槎田歲更的耕作方式。又《後漢書·王景傳》云:

> 明年,(王景)遷廬江太守。先是百姓不知牛耕,致地力有餘而食常不足。郡界有楚相孫叔敖所起芍陂稻田。景乃驅率吏民,修起蕪廢,教用犁耕,由是墾闢倍多,境内豐給。④

所謂"明年",即漢章帝建初八年(83),當東漢前期。此前廬江郡百姓"不知牛耕",直到太守王景上任後,"驅率吏民,修起蕪廢,教用犁耕",方纔開創了"墾闢倍多,境内豐給"的局面。該地戰國晚期尚屬楚,楚滅亡後成爲秦的"新地"。從"先是百姓不知牛耕"等信息上看,我們很難想像三百年前秦統一六國後,曾在這片區域推廣過牛耕。

此外,《鹽鐵論·未通》載御史語云:"内郡人衆,水泉薦草,不能相贍,地勢温濕,不宜牛馬;民蹠耒而耕,負擔而行,勞罷而寡功。"整理者注引《漢書·宣帝紀》云:"本始元年詔:'内郡國舉文學高第。'"韋昭曰:"中國爲内郡,緣邊有夷狄障塞者爲外郡。"⑤可見,漢之"内郡"與當時的邊郡相對,是對内地郡縣的一種習稱,其中關東六國故地的絕大部分應涵蓋在内。御史所云内郡之民"蹠耒而耕",就是通常所説的耒耕,是鐵犁牛耕通行前最爲普遍的耕作方

---

① 前揭簡8-355"☐黔首習俗好本事不好末作,其習俗槎田歲更,以異中縣"顯示,遷陵地區習慣槎田耕作,與"中縣"判然有别。校釋小組認爲:"中縣,内地。《漢書·高帝紀下》:'前時秦徙中縣之民南方三郡。'顏師古注引如淳曰:'中縣之民,中國縣民也。'"(陳偉主編:《里耶秦簡牘校釋(第一卷)》,137頁)如此,秦之"中縣"似指與邊郡相對的内地郡縣。其實不然。秦簡中尚有"中縣道",如嶽麓秦簡肆24—25:"亡不仁邑里、官,毋以智(知)何人殴(也),中縣道官詣咸陽,郡[縣]道詣其郡都縣。"(陳松長主編:《嶽麓書院藏秦簡(肆)》,46-47頁)該律文中,"中縣道"正與"郡縣道"相對。它實則係指關中縣道,以商鞅變法時所置41縣爲基礎,是秦國的王畿地區、秦帝國的核心區。(郭濤:《出土簡牘所見秦代地方行政運行的空間結構》,《學術月刊》2023年第4期)"中縣"屬内史管轄,與遷陵地區落後的槎田耕作明顯有異,由此亦可見其耕作技術所具備的顯著優勢。
② 徐中舒:《論東亞大陸牛耕的起原》,162-163頁。
③ 按:譚其驤先生以遷陵地區屬黔中郡。(參見譚其驤主編《中國歷史地圖集》第二册"秦·淮漢以南諸郡",北京:中國地圖出版社,1982,11-12頁)而如上文所示,秦於前308年已設置黔中郡,屬十二郡之一。如此,似乎遷陵縣亦屬十二郡。其實不然。秦置黔中郡後,其名稱和轄境均有重大變化。(晏昌貴:《睡虎地秦簡"十二郡"及相關問題》,109、113頁)簡牘資料則清晰顯示,遷陵設縣晚至秦始皇二十五年,屬於典型的"新地"。
④ 《後漢書》卷七六《王景傳》,北京:中華書局,1965,2466頁。
⑤ 王利器:《鹽鐵論校注》卷三《未通》,190、193頁。

式。該材料顯示,西漢中期内郡由於人口、資源、氣候等因素而缺少耕牛,耒耕仍是一種極爲普遍的耕作方式。《淮南子·繆稱訓》:"夫織者日以進,耕者日以却,事相反,成功一也。"高誘注云:"却謂耕者却行。"①就是指這種勞動者需不斷退行的耒耕作業。《九章算術·均輸》有算題云:"今有程耕,一人一日發七畝,一人一日耕三畝,一人一日耰種五畝。今令一人一日自發、耕、耰種之,問治田幾何?答曰:一畝一百一十四步七十一分步之六十六。"②今按:《九章算術》的編纂年代不早於西漢中期,③其中反映的仍是依靠人力進行的耒耕。綜上不難想見,在一百餘年前的秦代,關東六國故地雖然人口壓力相對較小,但氣候因素并未有大的差異,牛馬缺乏仍是顯然的,耒耕也應是一種極爲普遍的耕作方式。

更爲緊要的是,正如前揭趙豹所言,關東六國并未有多少牛耕基礎。④ 縱使擁有一定數量的牛,也主要不是用於田地耕作。如戰國中期燕軍圍困齊即墨時,齊將田單"乃收城中得千餘牛,爲絳繒衣,畫以五彩龍文,束兵刃於其角,而灌脂束葦於尾,燒其端。"⑤被圍困的一座齊國孤城中,尚有牛一千餘頭。但這些牛既繫於城中,應該不是用於耕作的。甚至楚漢相爭時期,張良與劉邦的對話中還有這樣的内容:"放牛桃林之陰,以示不復輸積。今陛下能放牛不復輸積乎?"⑥顯示牛主要用於物資的運輸蓄積。另外,據楊際平先生統計研究,《漢書》《後漢書》記載兩漢賜女子百户牛酒共 23 次,其中西漢 22 次,東漢惟章和二年(85)1 次。西漢如此頻繁賜百姓牛、酒,也説明牛尚未普遍用於耕作。⑦ 西漢尚且如此,戰國關東地區牛的用途就更加可見一斑了。

此種情形從當時百姓的耕種能力上也可推知一二。銀雀山漢簡《守法守令等十三篇》云:

> [19]一人而田大畝廿〔四者王,一人而〕田十九畝者朝(霸),〔一人而田十〕四畝者存,一人而田九畝者亡。王者一歲作而三歲食之,霸者一歲作而二歲食〔之,存者一歲作

---

① 何寧:《淮南子集釋》卷一〇《繆稱訓》,北京:中華書局,1998,732 頁。
② [魏]劉徽注,[唐]李淳風注釋:《九章算術》卷六《均輸》,北京:中華書局,1985,107 頁。
③ 誠如《四庫全書總目》對該書所作提要云:"今考書有長安上林之名,上林苑在武帝時……知述是書者,在西漢中葉後矣。"[魏]劉徽注,[唐]李淳風注釋:《九章算術》"提要",1 頁。
④ 《國語·晉語九》云:"夫范、中行氏不恤庶難,欲擅晉國,今其子孫將耕於齊,宗廟之犧,爲畎畝之勤。"(徐元誥撰,王樹民、沈長雲點校:《國語集解》(修訂本),北京:中華書局,2002,453 頁)似乎春秋時期已有牛耕。但據徐中舒先生研究,牛耕的開始不能早過西元前五世紀——前三世紀,戰國時代牛耕在三晉并不普遍。(徐中舒:《論東亞大陸牛耕的起原》,162 頁)《韓非子·五蠹》:"今境内之民皆言治,藏商、管之法者家有之,而國愈貧,言耕者衆,執耒者寡也。"([清]王先慎撰,鍾哲點校:《韓非子集解》卷一九《五蠹》,北京:中華書局,2013,493-494 頁)韓非是戰國晚期韓國人,他將"言耕者衆"與"執耒者寡"對言,表明在他所處的時代環境中,耒耕就是農耕的代名詞。這與"戰國時代牛耕在三晉并不普遍"的看法也是一致的。
⑤ 《史記》卷八二《田單列傳》,2961 頁。
⑥ 《史記》卷五五《留侯世家》,2465-2466 頁。
⑦ 楊際平:《秦漢農業:精耕細作抑或粗放耕作》。

□□□食]之,亡者一歲作十二月食之。①

據整理小組研究,十三篇大概都是戰國時代的作品。② 所謂"大畝",是戰國時期單位面積爲240平方步的新畝制。簡文以耕種面積描述了不同農夫的耕種能力,按遞減順序分別是王者24畝、霸者19畝、存者14畝、亡者9畝。王者一年勞作可供三年之食,霸者可供兩年之食,亡者則僅能供一年之食,也就是没有任何蓄積了。《淮南子·主術訓》亦云:"夫民之爲生也,一人蹠耒而耕,不過十畝。"③耒耕能力介於"存者""亡者"之間,足見《十三篇》所言并非虚語。牛耕則與此顯然不同。《漢書·食貨志》云:"率十二夫爲田一井一屋,故畝五頃,用耦犁,二牛三人,一歲之收常過縵田畝一斛以上,善者倍之。"④所謂"故畝五頃",即大畝500畝,與先前的小畝1200畝相當。采用鐵犁牛耕的方式,共用2牛3人,可耕種大畝500畝,平均每人約167畝。完全依靠人力進行的耒耕,顯然不能與之同日而語。當然,這是西漢中期趙過推行代田的相關情況,堪稱當時最先進的耕作方式。但毫無疑問,哪怕是最普通的牛耕,其耕作效率也是遠勝於耒耕的。由此可見,戰國時期關東地區普遍采用的仍是耒耕,并非牛耕。

另一方面,自始皇二十六年(前221)統一六國至二世三年(前207)覆亡,秦享國僅十五年。儘管秦始皇自我標榜"皇帝之功,勤勞本事。上農除末,黔首是富""男樂其疇,女修其業,事各有序",⑤但從整個統治時期看,畢竟是"至於始皇,遂并天下,内興功作,外攘夷狄,收泰半之賦,發閭左之戍"。⑥據王子今先生研究,秦始皇實現的統一,并不僅僅限於對黄河流域和長江流域的控制,亦包括向北河的軍事拓進以及征服嶺南之後南海等郡的設置。⑦ 秦固然重視農業生産,如秦始皇批評官吏"不以田爲事""以澍種時繇(徭)黔首而不顧其時",要求"毋令吏以苛繇(徭)奪黔首春夏時";⑧甚至秦二世也强調"毋以繇(徭)賦擾黔首"。⑨但在當時的社會政治環境下,秦又如何能很好地提供發展農業生産所需的條件呢?尤其是在并未有多少牛耕基礎的關東六國故地,秦又如何能在如此短促的時間内普遍推行鐵犁牛耕呢?

綜上可見,牛耕在秦内史等地得到了一定普及,但秦統一後在廣大的關東六國故地,牛

---

① 銀雀山漢墓竹簡整理小組編:《銀雀山漢墓竹簡(壹)》,北京:文物出版社,1985,145頁。
② 銀雀山漢墓竹簡整理小組編:《銀雀山漢墓竹簡(壹)》"編輯説明",11頁。
③ 何寧:《淮南子集釋》卷九《主術訓》,684頁。
④ 《漢書》卷二四上《食貨志上》,1139頁。
⑤ 《史記》卷六《秦始皇本紀》,310、318頁。
⑥ 《漢書》卷二四上《食貨志上》,1126頁。
⑦ 王子今:《秦統一局面的再認識》,《遼寧大學學報(哲學社會科學版)》2013年第1期。
⑧ 陳松長主編:《嶽麓書院藏秦簡(肆)》,216-217頁。
⑨ 釋文參見陳偉先生《〈秦二世元年十月甲午詔書〉校釋》一文。陳偉:《秦簡牘校讀及所見制度考察》,武漢大學出版社,2017,358頁。

耕還遠未達到普遍推行的程度。

結語

　　對於戰國秦漢時期的牛耕推廣程度和農業生產水準,以往學界多給予較高評價。楊際平先生則針對性指出,秦至東漢中期,我國農業生產仍處於由鋤、鍤耕向犁耕過渡時期。東漢後期或魏晉南北朝,北方中原地區始進入牛耕時代,南方還要晚一些。① 應該説,這種説法是極富啓發意義的。但也應看到,秦王朝享國僅十五年,而秦漢長達四百餘年;戰國秦與山東六國并列同時,其牛耕狀况却大異其趣。在牛耕推廣方面,戰國秦與統一後的秦王朝顯然又是一脈相承的。以往限於材料,學界多將秦、漢兩個歷史時期合并考察。隨著近年相關資料的更多刊布,秦牛耕的相關問題有了進一步檢討空間。本文即主要利用秦簡資料,同時結合相關傳世文獻,對戰國後期秦國和秦王朝牛耕的推廣程度進行了專門探討。

　　考察結果顯示,戰國後期秦國已使用牛耕技術墾種公田,秦統一後又在帝國境内飼養了相當數量的官牛。秦簡中的爭牛、盗牛、馬牛買賣、車牛使用等信息表明,秦民間養牛應當具有一定的普遍性。從秦國故地關中地區畜牛傳統最爲悠久,牛耕基礎也最爲堅實等情形看,牛耕在内史等地得到一定普及,進而向周邊推廣,應該是完全可能的。但對於其普及程度和推廣速度,仍不能估計過高。耕牛并非每個小農生產者家庭能够輕易擁有,即使在有一定牛耕基礎的地區,普通秦民也仍然不免陷入耕牛不足的困境。在基礎薄弱甚至没有基礎的地區,地方固有耕作習俗的傳統慣性更加大了牛耕推廣難度,這也應是秦統一後未能快速推廣牛耕的重要因素。從秦的疆域變遷歷程和現實農業環境看,秦王朝時期在廣大的關東六國故地,牛耕還遠未達到普遍推行的程度。對秦牛耕推廣程度的相關研究,不僅有助於客觀認識秦民家庭的耕種能力與生產水準,還對從農業經濟視角探討秦王朝興衰有重要意義。相信隨著秦簡資料的更多刊布,相關問題可以得到更清晰的認識。

附記　本文蒙匿名審稿專家審閱并提出寶貴修改意見,謹致謝忱!

---

① 楊際平:《試論秦漢鐵農具的推廣程度》,《中國社會經濟史研究》2001 年第 2 期;楊際平:《秦漢農業:精耕細作抑或粗放耕作》。

里耶秦簡中的遷陵官嗇夫
——兼談《遷陵吏志》的性質*

□ 中國社會科學院大學歷史學院　趙斌

内容提要　里耶秦簡所見秦遷陵縣的官嗇夫有：司空、少内、倉、畜官、庫、都鄉、貳春鄉、啓陵鄉、尉官、田、田官、厩嗇夫。里耶秦簡《遷陵吏志》是縣廷據縣下各機構上呈的吏員缺見情況製成的，可能是秦始皇二十六年（前221）縣内官吏缺見情況的總括，此爲留存的副本，正本需上呈洞庭郡。憑現有資料還無法確定《吏志》所載"官嗇夫十人"的具體所指。

關鍵詞　里耶秦簡　官嗇夫　遷陵吏志

里耶秦簡中有一方題爲《遷陵吏志》（後文簡稱《吏志》）的木牘，記載了秦遷陵縣幾類官吏的定員數、實際人數與缺員數。内容如下：

　　1.遷陵吏志：吏員百三人。令史廿八人，【其十】人繇（徭）使，【今見】十八人。官嗇夫十人，其二人缺，三人繇（徭）使，今見五人。校長六人，其四人缺，今見二人。官佐五十三人，其七人缺，廿二人繇（徭）使，今見廿四人。牢監一人，長吏三人，其二人缺，今見一人。凡見吏五十一人。（9-633）①

對於《吏志》中"官嗇夫十人"的具體所指，學界進行了熱烈討論，但可惜的是，至今仍未形成

---

* 本文係中國社會科學院大學（研究生院）研究生科研創新支持計劃項目"里耶秦簡所見遷陵縣官嗇夫設置探析"（2023-KY-36）之成果，并得到"古文字與中華文明傳承發展工程"的支持。

① 陳偉主編：《里耶秦簡牘校釋（第2卷）》，武漢大學出版社，2018，167-168頁。本文所引里耶秦簡第9層簡文均見此書，後文僅列簡號。

統一的認識。① 本文拟對存在爭議的官嗇夫逐一進行考察,以期能够確定秦遷陵所設置的官嗇夫,并在此基礎上對《吏志》的性質提出一點自己的認識。

一　秦遷陵縣之庫、鄉、尉官嗇夫

目前而言,秦縣内的司空、少内、倉、畜官嗇夫爲官嗇夫,學界已經基本達成共識。而對於庫、鄉、尉官、田、田官、船官、發弩、厩等機構長官是否爲官嗇夫則有分歧。下面就對這些存在分歧的官嗇夫逐一進行考察。

先來看庫嗇夫,多數學者認爲庫嗇夫爲縣屬官嗇夫之一。② 鄒水杰則認爲庫嗇夫"可能屬於諸官之下的'小官'嗇夫或都官下的離官嗇夫。"③

庫嗇夫是官嗇夫,還可以補充一些證據。睡虎地秦簡中有這樣一則材料:

> 2.實官佐、史被免、徙,官嗇夫必與去者效代者。節(即)官嗇夫免而效,不備,代者【與】居吏坐之。故吏弗效,新吏居之未盈歲,去者與居吏坐之,新吏弗坐;其盈歲,雖弗效,新吏與居吏坐之,去者弗坐,它如律。　效(《秦律十八種》162—163)④

上面這則《效律》中管理"實官"的長官被稱作官嗇夫。陳偉據嶽麓秦簡的記載指出倉、庫均爲實官。⑤ 相關材料如下:

> 3.·内史襍律曰:芻稾詹、倉、庫實官積,垣高毋下丈四尺,它藉(牆)財(裁)爲候,晦令人宿候。二人備火,財(裁)爲【池】□水,官中不可爲池者財(裁)爲池官旁。(1413+1297)
>
> 4.·内史襍律曰:黔首室、侍(寺)舍有與詹、倉、庫實官補屬者,絶之,毋下六丈。它

---

① 學術史的情况,將在正文述及。
② 參見裘錫圭《嗇夫初探》,中華書局編輯部編《雲夢秦簡研究》,北京:中華書局,1981,252頁;單印飛《略論秦代遷陵縣吏員設置》,武漢大學簡帛研究中心主辦《簡帛》第11輯,上海古籍出版社,2015,93頁;單印飛《秦至漢初縣行政機構設置辨析》,《中國史研究》2022年第1期;[日]水間大輔《里耶秦簡〈遷陵吏志〉初探——通過與尹灣漢簡〈東海郡吏員簿〉的比較》,武漢大學簡帛研究中心主辦《簡帛》第12輯,上海古籍出版社,2016,186頁;陳偉《秦簡牘校讀及所見制度考察》,武漢大學出版社,2017,132頁;劉鵬《也談簡牘所見秦的"田"與"田官"——兼論遷陵縣"十官"的構成》,武漢大學簡帛研究中心主辦《簡帛》第18輯,上海古籍出版社,2019,68-69頁;[韓]琴載元《里耶秦簡所見秦代縣吏的調動》,《西北大學學報(哲學社會科學版)》2020年第1期;孫聞博《從鄉嗇夫到勸農掾:秦漢鄉制的歷史變遷》,《歷史研究》2021年第2期;魯西奇《秦代的縣廷》,《史學月刊》2021年第9期。
③ 鄒水杰:《秦簡"有秩"新證》,《中國史研究》2017年第3期,48頁注釋②。
④ 陳偉主編:《秦簡牘合集(壹)》,武漢大學出版社,2014,137頁。
⑤ 陳偉:《秦簡牘校讀及所見制度考察》,141-142頁。

垣屬焉者,獨高其侍(置),不從律者,貲二甲。(1266+1274)①

所以,倉、庫爲實官,管理實官的長官稱作官嗇夫,那麼庫嗇夫自然也是官嗇夫。需要注意的一點是,大概由於文書運行層級的不同,庫在縣與縣的平行文書或郡縣間的上、下行文書中多稱爲"遷陵庫",在縣內運行的文書中則省略縣名,徑稱爲"庫"。遷陵縣下其他機構亦是如此,如里耶秦簡8-410的"遷陵田"。②

此外,里耶秦簡中還多見庫製作"作徒簿"的記載,兹舉一例:

5. 廿九年八月乙酉,庫守悍作徒薄(簿):受司空城旦四人、丈城旦一人、舂五人、受倉隸臣一人。·凡十一人……(8-686+8-973)

八月乙酉,庫守悍敢言之:疏書作徒薄(簿)牒北(背)上,敢言之。逐手。

乙酉旦,隸臣負解行廷。(8-686背+8-973背)

一般認爲,庫守是庫嗇夫不在官署時的代理官吏。③ 可以看到上引材料中,庫接收司空、倉調配的徒隸,"作徒簿"文書直接傳達給縣廷。這一切都與自成系統、獨立性較强的都官特質不符,所以庫不應該屬於都官系統。④ 而且據嶽麓秦簡記載,負責製作"作徒簿"的機構長官爲官嗇夫:

6. ·令曰:縣官□□官？作徒隸及徒隸免復屬官作□□徒隸者自一以上及居隱除者,黔首居☒及諸作官府者,皆曰觳薄(簿)之,上其廷,廷日校案次編,月盡爲冣(最),固臧(藏),令可案殿(也)。不從令,丞、令、令史、官嗇夫、吏主者,貲各一甲。稗官去其廷過廿里到百里者,日薄(簿)之,而月壹上廷,恒會朔日。過百里者,上居所縣廷,縣廷案之,薄(簿)有不以實者而弗得,坐如其稗官令。(2142+1854+1925+1921)⑤

雖然這則材料有缺字,但其大意是對縣屬各官製作"作徒簿"的規定則無疑問,這些"官"的

---

① 材料3、4見陳松長主編《嶽麓書院藏秦簡(肆)》,上海辭書出版社,2015,124、126頁。釋文據陳偉意見有所更改。
② 陳偉主編:《里耶秦簡牘校釋(第1卷)》,武漢大學出版社,2012,144頁。本文所引里耶秦簡第8層簡文均見此書,後文僅列簡號。
③ 參見陳治國《里耶秦簡"守"和"守丞"釋義及其他》,《中國歷史文物》2006年第3期;孫聞博《里耶秦簡"守"、"守丞"新考——兼談秦漢的守官制度》,卜憲群、楊振紅主編《簡帛研究二〇一〇》,桂林:廣西師範大學出版社,2012,66-75頁;秦濤《秦律中的"官"釋義——兼論里耶秦簡"守"的問題》,《西南政法大學學報》2014年第2期;袁延勝、時軍軍《再論里耶秦簡中的"守"和守官》,《古代文明》2019第2期。
④ 秦之都官是獨立於縣的政府機構。縣與都官隸屬於兩個不同的官僚系統,互不統屬。參見王戰闊《睡虎地秦簡"都官"新解》,《南都學壇》2013年第2期;周艷濤《秦簡所記"都官"性質新議》,《中華文化論壇》2013年第12期。
⑤ 陳松長主編:《嶽麓書院藏秦簡(伍)》,上海辭書出版社,2017,181-182頁。

長官爲官嗇夫。除了庫之外,被學者公認屬於"十官"的少内、倉、畜官等,同樣有作徒簿。①

綜合上述論證,可將庫嗇夫視爲遷陵縣下官嗇夫之一。

秦遷陵縣有三個鄉,分别是都鄉、啓陵鄉與貳春鄉。水間大輔對於這三個鄉嗇夫是否屬於官嗇夫猶豫不定。他指出《吏志》不記載鄉嗇夫的原因待考,祇提出兩種可能性:第一、官嗇夫的定員數中含鄉嗇夫;第二、鄉嗇夫不入於縣吏之列。② 劉鵬亦認爲"鄉官似不在遷陵縣'十官'之列。祇是由於史料闕如,相關問題仍然待考。"③單印飛認爲"鄉均是與官有别的行政機構。至於鄉有時被稱爲鄉官,鄉佐有時被稱爲官佐,這裏的官應理解爲廣義的官府、官署之意而非狹義的官。"④鄒水杰、孫聞博、琴載元、魯西奇將三個鄉嗇夫視作官嗇夫,并做了詳細論證。⑤

遷陵縣三個鄉嗇夫是官嗇夫,在此還可稍做補充。前文已提及,製作"作徒簿"的機構的長官爲官嗇夫,而里耶秦簡中多見鄉"作徒簿"。遷陵三鄉各舉一例:

7. 六月都鄉不上乙丑作徒【薄(簿)】……(8-1425)
8. ☑【癸】卯,貳春鄉守綽作徒薄(簿)……(8-787)
9. 卅一年四月癸未朔癸卯,啓陵鄉守逐作徒薄……(8-1278+8-1757)

里耶秦簡中還有一則吏員轉遷的記録,也可以作爲鄉嗇夫是官嗇夫的佐證:

10. 卅二年,啓陵鄉守夫當坐。上造,居梓潼武昌。今徙(8-1445)
　　爲臨沅司空嗇夫。時毋吏。(8-1445背)

這則材料中啓陵鄉的代理嗇夫"夫"犯法"當坐"本要被處罰,却因爲"時毋吏"被調去臨沅任職司空嗇夫。可見,鄉與司空的級别應當差不多,司空嗇夫爲官嗇夫,那麼鄉嗇夫亦是。

另據黎明釗、唐俊峰的研究,鄉有一項職責是製作計、課文書上呈縣廷。⑥ 睡虎地秦簡中明文規定,"計校"出錯官嗇夫要受罰:

---

① 如里耶秦簡中有:"畜官、田官作徒簿"(8-285)"叚倉兹敢言之:上五月作徒簿"(8-1559)"少内守敵作徒簿"(8-2034),皆可爲證。
② [日]水間大輔:《里耶秦簡〈遷陵吏志〉初探——通過與尹灣漢簡〈東海郡吏員簿〉的比較》,187-188 頁。
③ 劉鵬:《也談簡牘所見秦的"田"與"田官"——兼論遷陵縣"十官"的構成》,73 頁。
④ 單印飛:《秦至漢初縣行政機構設置辨析》,77 頁。
⑤ 參見鄒水杰《秦簡"有秩"新證》,44-46 頁;孫聞博《里耶秦簡〈遷陵吏志〉考釋——以"吏志"、"吏員"與"員"外群體爲中心》,《國學學刊》2017 第 3 期;孫聞博《從鄉嗇夫到勸農掾:秦漢鄉制的歷史變遷》,72-74 頁;[韓]琴載元《里耶秦簡所見秦代縣吏的調動》,27 頁;魯西奇《秦代的縣廷》,17 頁。
⑥ 黎明釗、唐俊峰:《里耶秦簡所見秦代縣官、曹組織的職能分野與行政互動——以計、課爲中心》,武漢大學簡帛研究中心主辦《簡帛》第 13 輯,上海古籍出版社,2016,133 頁。

11.計校相繆(謬)殹(也),自二百廿錢以下,誶官嗇夫;過二百廿錢到二千二百錢,貲一盾;過二千二百錢以上,貲一甲。人户、馬牛一,貲一盾;自二以上,貲一甲。(《效律》56—57)

12.計脱實及出實多於律程,及不當出而出之,直(值)其賈(價),不盈廿二錢,除;廿二錢以到六百六十錢,貲官嗇夫一盾;過六百六十錢以上,貲官嗇夫一甲,而復責其出殹(也)。人户、馬牛一以上爲大誤。誤自重殹(也),減皋(罪)一等。(《效律》58—60)①

律文中的"計"當就是里耶秦簡中的"計"類文書,其中對"人户"的統計,由鄉嗇夫負責。因此,以上兩則材料中因統計"人户"數出錯而受罰的"官嗇夫",應該就是鄉嗇夫。綜上,可以確定遷陵三個鄉嗇夫爲官嗇夫。②

至於尉官,一些學者認爲里耶秦簡中的"尉"即縣尉,尉官是縣尉的官署。③ 但與之矛盾的是,縣丞與"尉"之間既有下行文書,又有平行文書。④ 所以合理的解釋是,里耶秦簡中"尉"或指縣尉或指尉官嗇夫,具體所指要依據語境確定,尉官嗇夫是官嗇夫。⑤ 在此還可以補充兩則材料:

13.卅六年十一月甲申朔戊子,鄢將奔命尉沮敢告貳春鄉主:……敢告主……(9-1114)

14.尉計及尉官吏節(即)有劾,其令、丞坐之,如它官然。(《效律》54)⑥

上引里耶秦簡 9-1114 中的"某敢告某主……敢告主"格式,是秦平行文書的程式化用語,⑦所以"鄢將奔命尉"的秩級與貳春鄉嗇夫相當,應是鄢縣下的尉官嗇夫。

對於材料 14 中的"尉",睡虎地秦墓竹簡整理小組注釋:"尉,此處指縣尉。"譯文:"縣尉

---

① 材料 11、12 見陳偉主編《秦簡牘合集(壹)》,164 頁。
② 里耶秦簡 8-1555 中庫與鄉并列,"庫佐"、"鄉佐"統稱爲"官佐"。
③ 孫聞博《里耶秦簡〈遷陵吏志〉考釋——以"吏志"、"吏員"與"員"外群體爲中心》,15-16 頁;[韓]琴載元《里耶秦簡所見秦代縣吏的調動》,26-27 頁;魯西奇《秦代的縣廷》,24 頁;高震寰:《對里耶秦簡〈遷陵吏志〉的另一種假設》,周東平、朱騰主編《法律史譯評(第九卷)》,上海:中西書局,2021,43-44 頁;單印飛《秦至漢初縣行政機構設置辨析》,76 頁。
④ 如里耶秦簡"丞繹告尉主"(8-69)"遷陵丞昌告尉主"(8-140)"遷陵守丞綰告尉"(8-2001)"遷陵丞歐敢告尉"(16-5)"遷陵守丞敦狐敢告尉"(16-6)。本文所引里耶秦簡第 10、12、16 層簡的圖版及釋文見里耶秦簡博物館等編著《里耶秦簡博物館藏秦簡》,上海:中西書局,2016。
⑤ 鄒水杰:《秦簡"有秩"新證》,48 頁;吳方基:《簡牘所見秦代縣尉及與令、丞關係新探》,《中華文化論壇》2017 年第 2 期;劉鵬:《也談簡牘所見秦的"田"與"田官"——兼論遷陵縣"十官"的構成》,69-70 頁。
⑥ 陳偉主編:《秦簡牘合集(壹)》,163 頁。
⑦ 參見鄒水杰:《秦代簡牘文書"敢告某某主"格式考》,卜憲群、楊振紅主編《簡帛研究二〇〇九》,桂林:廣西師範大學出版社,2011,79-87 頁;鄒水杰《里耶秦簡"敢告某主"文書格式再考》,《魯東大學學報(哲學社會科學版)》2014 年第 5 期。

的會計以及縣尉官府中吏如犯有罪行,該縣令、丞應承擔罪責,和其他官府一樣。"① 簡文中的"尉"與"尉官"似不好均認爲是縣尉。律文中在説到"尉計及尉官吏"若"有劾"時,"其令、丞坐之,如它官然",顯然"它官"是指縣下諸官,故這裏的"尉官"大概率是指尉官這個機構。這樣,可以確定尉官爲縣下諸官之一,尉官嗇夫自然也是官嗇夫。

二 秦遷陵縣之田、田官、船官、發弩、廄嗇夫

上節確定了遷陵的庫、鄉、尉官嗇夫均是官嗇夫。本節就田、田官、船官、發弩、廄嗇夫進行討論。

里耶秦簡中記載的"田"與"田官",一些學者認爲兩者所指相同。② 不過,從簡牘材料來看,"田"與"田官"兩機構雖然都隸屬於縣廷,却是截然有別的。大體而言,"田"主管全縣田事,"田官"主要職能是經營管理公田。③ 田官屬於縣下諸官之一,學者們的研究已有詳盡的論證,不再贅述。

現來看"田",有學者已指出田嗇夫爲縣屬官嗇夫。④ 在此還可以補充嶽麓秦簡中的材料:

15. ·田律曰:租禾稼、頃芻稾,盡一歲不齎(畢)入及諸貣它縣官者,書到其縣官,盈卅日弗入及有逋不入者,貲其人及官嗇夫、吏主者各一甲〢,丞、令、令史各一盾。逋其入而死、亡有辠毋(無)後不可得者,有(又)令官嗇夫、吏代償。(1278+1282+1283)⑤

16. ·田律曰:毋令租者自收入租,入租貣者不給,令它官吏助之。不如令,官嗇夫、吏貲各二甲,丞、令、令史弗得及入租貣不給,不令它官吏助之,貲各一甲。(1224+J45)⑥

上述兩則材料中"租禾稼、頃芻稾"與"入租"之事都由田嗇夫負責,而在律文中,負責這些事

---

① 睡虎地秦墓竹簡整理小組:《睡虎地秦墓竹簡》,北京:文物出版社,1978,124 頁。
② 參見孫聞博《秦縣的列曹與諸官——從〈洪範五行傳〉一則佚文説起》,武漢大學簡帛研究中心主辦《簡帛》第 11 輯,上海古籍出版社,2015,80 頁;[日]水間大輔《里耶秦簡〈遷陵吏志〉初探——通過與尹灣漢簡〈東海郡吏員簿〉的比較》,186 頁;鄒水杰《秦簡"有秩"新證》,48 頁;魯西奇《秦代的縣廷》,28-29 頁。
③ 參見王彥輝《〈里耶秦簡〉(壹)所見秦代縣鄉機構設置問題蠡測》,《古代文明》2012 年第 4 期;陳偉:《里耶秦簡所見的"田"與"田官"》,《中國典籍與文化》2013 年第 4 期;李勉、晉文《里耶秦簡中的"田官"與"公田"》,楊振紅、鄔文玲主編《簡帛研究二〇一六(春夏卷)》,桂林:廣西師範大學出版社,2016,120-131 頁;劉鵬《也談簡牘所見秦的"田"與"田官"——兼論遷陵縣"十官"的構成》,63-66 頁。
④ 裘錫圭:《嗇夫初探》,248 頁;李勉:《再論秦及漢初的"田"與"田部"》,《中國農史》2015 年第 3 期,48 頁;劉鵬:《也談簡牘所見秦的"田"與"田官"——兼論遷陵縣"十官"的構成》,71 頁;孫聞博:《從鄉嗇夫到勸農掾:秦漢鄉制的歷史變遷》,73 頁。
⑤ 陳松長主編:《嶽麓書院藏秦簡(肆)》,103 頁。
⑥ 陳松長主編:《嶽麓書院藏秦簡(肆)》,125 頁。

務的官吏則被稱作"官嗇夫",因此田嗇夫應當是官嗇夫。

對於船官,鄒水杰認爲是《吏志》所記十官之一。"秦簡中尚未見船嗇夫,但張家山漢簡《二年律令·賊律》有'船人渡人而流殺人,耐之,船嗇夫、吏主者贖耐。其殺馬牛及傷人,船人贖耐,船嗇夫、吏贖罨(遷)'(簡6)。可知漢初是有船嗇夫之設的,遷陵縣有多個津渡,因事設船官,船官之長似亦爲船嗇夫。"①一些學者則認爲船官爲司空下的小官,如朱聖明指出船官與司空的執掌均與船務有關,"臆以爲船官爲縣司空下屬職官。因爲從制度的合理性來看,縣司空的職責範圍遠廣於船官,斷不可能爲船官之下屬。縣廷也不太可能設置兩個職責範圍重合度較高而又互不相涉的職位。"②劉鵬認爲船官祇是司空之下的小官,更可能没有設置船(官)嗇夫。③ 孫聞博認爲"船官主官也稱嗇夫,然船隻製造使用與司空職掌密切,船官下屬司空,不是縣内主要諸官。"④魯西奇、單印飛亦將船官看作司空下的小官。⑤

就目前公布的資料來看,未見船官的計、課文書以及作徒簿等,再結合學者們的論證,將船官看作是司空下的小官較爲合理。那麽船官是否設有嗇夫呢? 劉鵬利用睡虎地秦簡《金布律》"小官毋(無)嗇夫者"這一材料,説明船官作爲司空下的小官不設嗇夫。律文如下:

17.都官有秩吏及離官嗇夫,養各一人,其佐、史與共養;十人,車牛一兩(輛),見牛者一人。都官之佐、史冗者,十人,養一人;十五人,車牛一兩(輛),見牛者一人;不盈十人者,各與其官長共養、車牛,都官佐、史不盈十五人者,七人以上鼠(予)車牛、僕,不盈七人者,三人以上鼠(予)養一人;小官毋(無)嗇夫者,以此鼠(予)僕、車牛。(《秦律十八種》72—74)⑥

可以看到,律文一開始便限定了此規定針對的是都官,後文所列都是都官的官吏,而遷陵司空、船官并不屬於都官系統。故以此論證船官無嗇夫實有不妥。張家山漢簡的記載中有船嗇夫、吏以及船人。雖然秦簡未見船嗇夫,但有"船人"的記載:

18.啓陵津船人高里士五(伍)啓封當踐十二月更……(8-651)

加之《二年律令》與秦律的繼承關係,可以推測船官設有嗇夫。綜合來看,船官爲司空下的小官,設有嗇夫,但船嗇夫不是官嗇夫。

---

① 鄒水杰:《秦簡"有秩"新證》,48 頁。
② 朱聖明:《里耶秦簡所見秦代遷陵縣公船相關問題研究》,《古代文明》2014 年第 2 期。
③ 劉鵬:《也談簡牘所見秦的"田"與"田官"——兼論遷陵縣"十官"的構成》,68 頁。
④ 孫聞博:《從鄉嗇夫到勸農掾:秦漢鄉制的歷史變遷》,73 頁。
⑤ 魯西奇:《秦代的縣廷》,29 頁;單印飛:《秦至漢初縣行政機構設置辨析》,81 頁。
⑥ 陳偉主編:《秦簡牘合集(壹)》,93 頁。

至於發弩與厩,鄒水杰認爲里耶秦簡所示的厩嗇夫、發弩嗇夫等,并非直屬縣的諸官機構之長,可能屬於諸官之下的小官嗇夫或都官下的離官嗇夫。① 劉鵬認爲發弩與厩是縣屬諸官之一。② 孫聞博指出:"發弩、厩官的負責人雖也稱嗇夫,但偏屬軍事治安系統,與縣尉關係更近。"這些嗇夫未必就是官嗇夫。③ 琴載元認爲秦遷陵縣下諸官包括發弩與厩。④ 魯西奇則認爲發弩爲尉官下的小官,而厩就是畜官。⑤ 單印飛認爲厩嗇夫爲官嗇夫,發弩可能是設於縣尉之內的次級機構,并非縣直屬機構。⑥

目前所見里耶秦簡中,沒有發弩稱爲官的證據,也未見發弩製作計、課文書以及作徒簿的記錄。值得注意的是,里耶秦簡中有份"作徒簿"的製作者名叫囚吾,而此人擔任的官職有發弩嗇夫、校長以及田佐。相關簡文如下:

19.☐囚吾作徒薄(簿)
　　九人與吏上事守府☐
　　一人除道澤務☐☐
　　三人行廟。☐(8-681)

20.卅年九月甲戌,少內守扁入佐毚貲一盾……發弩囚吾一甲、佐狐二甲。凡廿五甲四盾。爲☐(8-1783+8-1852)

21.……敬已遣寬與校長囚吾追求盜。(8-167+8-194+8-472+8-1011)

可惜的是,由於簡的殘斷,無從得知這份作徒簿是囚吾擔任何官職時所做。此外,睡虎地秦簡記載:

22.除士吏、發弩嗇夫不如律,及發弩射不中,尉貲二甲。(《秦律雜抄》2)⑦

這裏的"發弩嗇夫"無疑是縣內的,與"士吏"并列,大概二者秩級相當。"士吏"秩級低於"有秩"大概是斗食。⑧ 所以僅憑目前的資料來看,暫不宜將發弩嗇夫列爲遷陵官嗇夫之一。

厩嗇夫的情況與發弩嗇夫不同。劉鵬指出,厩設有厩守與厩佐,與遷陵縣其他諸官領導

---

① 鄒水杰:《秦簡"有秩"新證》,48頁注釋②。
② 劉鵬:《也談簡牘所見秦的"田"與"田官"——兼論遷陵縣"十官"的構成》,71-73頁。
③ 孫聞博:《從鄉嗇夫到勸農掾:秦漢鄉制的歷史變遷》,73頁。
④ [韓]琴載元:《里耶秦簡所見秦代縣吏的調動》,26頁。
⑤ 魯西奇:《秦代的縣廷》,25、30頁。
⑥ 單印飛:《秦至漢初縣行政機構設置辨析》,79、80頁。
⑦ 陳偉主編:《秦簡牘合集(壹)》,166頁。
⑧ 陳偉主編:《秦簡牘合集(壹)》,168頁。

層的常規設置類似;司空佐至厩佐當爲平行遷轉,所以厩是遷陵縣屬諸官之一。[1] 可以補充的是,睡虎地秦簡與嶽麓秦簡中還有一些資料,表明厩嗇夫是官嗇夫。嶽麓秦簡中有厩嗇夫負責給馬做標記的規定:

23. ·金布律曰:禁毋敢以牡馬、牝馬高五尺五寸以上,而齒未盈至四以下,服輂車及狠(墾)田、爲人就(僦)載,及禁賈人毋得以牡馬、牝馬高五尺五寸以上者載以賈市及爲人就(僦)載,犯令者,皆貲各二甲,没入馬縣官。有能捕告者,以馬予之。鄉亭嗇夫吏弗得,貲各一甲;丞、令、令史貲各一盾,馬齒盈四以上當服輂車、狠(墾)田、就(僦)載者,令厩嗇夫丈齒令、丞前,久(灸)右肩,章曰:當乘。不當乘,竊久(灸)及詐僞令人久(灸),皆黥(遷)之,没入馬縣官。(1229+1279+1410+1398+1365)[2]

由此則材料可知,馬到了可以"服輂車、狠(墾)田、就(僦)載"的年齡,需要厩嗇夫在令、丞面前核查,即"丈齒",並在右肩用烙印標記上"當乘"。睡虎地秦簡《效律》中也有相關的規定:

24. 馬牛誤職(識)耳,及物之不能相易者,貲官嗇夫一盾。(《效律》44)[3]

這則律文規定若官嗇夫誤給馬牛加標記,就要受到貲一盾的處罰。兩相結合,顯然"誤職(識)"馬牛的官嗇夫就是厩嗇夫。另外,上節所引材料11、12中提到的"計"類文書,有一項內容爲統計"馬牛"數,這應當是厩嗇夫的工作。所以材料11、12中負責統計"馬牛"數的官嗇夫即厩嗇夫。

還有一點,就是遷陵縣厩嗇夫有無可能屬於都官系統呢?前文已説過,都官自成系統、獨立性較强。但是里耶秦簡所見遷陵的厩明顯與都官特質不符。首先,劉鵬已指出司空與厩之間的吏員可以遷轉;其次,睡虎地秦簡有這樣的律文:

25. 臚吏乘馬篤、掌(胔),及不會臚期,貲各一盾。馬勞課殿,貲厩嗇夫一甲,令、丞、佐、史各一盾。馬勞課殿,貲皂嗇夫一盾。(《秦律雜抄》29—30)[4]

"馬勞課殿"要"貲厩嗇夫一甲",而令、丞因爲負連帶責任要被罰一盾。若厩嗇夫屬於都官

---

[1] 劉鵬:《也談簡牘所見秦的"田"與"田官"——兼論遷陵縣"十官"的構成》,72-73頁。
[2] 陳松長主編:《嶽麓書院藏秦簡(肆)》,110-111頁。
[3] 陳偉主編:《秦簡牘合集(壹)》,160頁。
[4] 陳偉主編:《秦簡牘合集(壹)》,182頁。

系統，令、丞不該負連帶責任。故厩嗇夫也是遷陵諸官嗇夫之一。[1]

經過考證，可以確定遷陵縣下設置的官嗇夫有：司空、少內、倉、畜官、庫、都鄉、貳春鄉、啓陵鄉、田、田官、尉官、厩嗇夫，共計12名。還需注意的是，里耶秦簡中有名爲"獻官"的機構，可能也是縣下諸官之一。[2]

上述結論又與《吏志》"官嗇夫十人"這一記錄產生了矛盾。若要解釋此問題，就必須探討《吏志》的性質。

三 《遷陵吏志》性質蠡測

由於里耶秦簡的散亂殘斷，很難瞭解《吏志》的製作背景，要想準確把握其性質，還需進一步思考以下幾個問題：

其一，嗇夫類吏員的數量問題。經過前兩節的考證可知，遷陵官嗇夫的數量超過了《吏志》所記的十人，這是令人費解的一點。此外，即便不考慮哪些嗇夫爲官嗇夫，借助里耶秦簡的記載，能夠知道遷陵縣下的嗇夫有：田官、畜官、倉、庫、厩、司空、船官、少內、尉、發弩、田、鄉官嗇夫等。[3] 簡單計算便可得知，遷陵縣設置的嗇夫超過十個，但是《吏志》中記錄的嗇夫類官吏祇有十人，多出的嗇夫又該歸入哪類吏員呢？

其二，部分官吏不在《吏志》的記錄中。《吏志》中的官吏分可爲以下幾類：令史、官嗇夫、校長、官佐、牢監、長吏。但是根據里耶秦簡的記載，遷陵縣的官吏還有令佐、獄佐、尉史、諸官史、司馬等，這些都不在《吏志》的記錄中。

對於上述第一個問題，琴載元亦指出遷陵諸官有12個，但與本文有別。[4] 其就此問題提出三種假設：第一、在製作"遷陵吏志"時，就有"官嗇夫十人"，而此後增設兩部官；第二、"遷陵吏志"所涉及的區域範圍祇針對都鄉，而不包括離鄉嗇夫，除去兩個離鄉嗇夫，就與《吏志》所記的"官嗇夫十人"符合；第三、遷陵縣文書中出現的某些官是都官，即中央直屬，所以

---

[1] 張家山336號漢墓《功令》簡120載："六十 縣、都中置傳馬百匹以上，厩嗇夫秩如故，不盈百匹至廿八匹斗食，不盈廿八匹毋置厩嗇夫，便"（彭浩主編：《張家山漢墓竹簡[三三六號墓]》，北京：文物出版社，2022，上册，117頁）。説明西漢初年都官系統下亦有厩嗇夫，因而秦代有可能存在屬於都官的厩嗇夫。

[2] 據里耶秦簡9-1162的記載，沅陵縣亦有獻官，且與遷陵少內有政務往來。遷陵獻官則與縣下其他各官如司空、鄉官、田、倉等都有政務往來，見簡8-1559、9-165+9-473、9-1486、9-2289等。睡虎地秦簡記載："縣工新獻，殹，貲嗇夫一甲，縣嗇夫、丞、吏、曹長各一盾（《秦律雜抄》，簡18—19）"（陳偉主編：《秦簡牘合集（壹）》，178頁）。這裏被處罰"貲一甲"的嗇夫更可能是獻官嗇夫。綜合來看獻官很有可能是遷陵縣下諸官之一。

[3] 里耶秦簡中記錄的嗇夫往往以"職官+人名"的形式出現，代理嗇夫則用"職官+守"的形式表示。如"田官守"（8-672）、"畜官守"（8-199+8-688）、"倉是"（8-45）、"庫武"（8-149）、"厩守慶"（8-163）、"司空色"（8-47）、"少內守華"（8-58）、"尉守傗"（8-140）、"發弩繹"（8-761）、"田晁"（8-725+8-1528）、"田守武"（8-274+8-2138）、"都鄉守敬"（8-170）、"啓陵鄉守狐"（8-769）、"貳春鄉守綽"（8-787）等。

[4] 琴載元的觀點：田、司空、倉、少內、畜、船、庫、厩、發弩、都鄉、貳春鄉、啓陵鄉。[韓]琴載元：《里耶秦簡所見秦代縣吏的調動》，26頁。

其官不在《吏志》中。① 第一種假設很有可能成立,詳細分析見後文對《吏志》性質的推論。第二種假設不成立。據于振波的研究,校長爲都亭嗇夫,"爲了管理縣内主幹道路上的亭,各縣會根據需要,設置一個或多個都亭;都亭既可設置於縣治,也可設置於縣治以外的地方。"②《吏志》記載校長有六名,所以顯然不可能都設置在縣治(即都鄉範圍内)。第三種假設亦不成立。前文在分析庫與㢺時已提及,都官的特點就是自成系統、獨立性較强,而本文所討論的官嗇夫都與此特點不符。

對於第二個問題,水間大輔推測,縣尉的指揮系統或與掌管民政的縣令、丞之間有區别,尉史、髳長、士吏是縣尉指揮下的吏,所以没有被統計在《吏志》中。但是對於令佐、獄佐、史均不見於《吏志》的理由,未提出任何推論。③ 孫聞博指出,令佐、獄佐、尉史、諸官史、鄉史、史、士吏等官吏不在"吏員"範圍内,故《吏志》不記録。④ 綜合二者的觀點,均無法解釋縣司馬爲何不在《吏志》的記録中。從簡牘資料來看,縣司馬秩級較高,不應該不在"吏員"範圍。據睡虎地秦簡記載,縣設有司馬這一官職:

26. ·駕馬五尺八寸以上,不勝任,奔挚(縶)不如令,縣司馬貲二甲,令、丞各一甲。先賦駕馬,馬備,乃鄰從軍者,到軍課之,馬殿,令、丞二甲;司馬貲二甲,灋(廢)。(《秦律雜抄》9—10)⑤

高震寰在綜合兩家觀點的基礎上,提出一種假設:《吏志》分類非常粗略,尉史、令佐等官吏其實已經包含在各個項目之下。⑥ 但依舊無法解釋嗇夫類吏員的數量問題。

可見在《吏志》製作背景未知的情况下,要想瞭解其性質實屬不易。不過,里耶秦簡中有關"司馬"的材料,爲推測《吏志》的製作時間提供了綫索。簡文如下:

27. 廿六年八月庚戌朔丙子,司空守樛敢言:前日言競陵漢陰狼假遷陵公船一,袤三丈三尺,名曰□,以求故荆積瓦。未歸船。狼屬司馬昌官。謁告昌官,令狼歸船。報曰:狼有逮在覆獄己卒史衰、義所。今寫校券一牒上,謁言己卒史衰、義所,問狼船存所。其亡之,爲責券移遷陵,弗□□屬。謁報。敢言之。/【九】月庚辰,遷陵守丞敦狐却之:司空自以二月叚(假)狼船,何故弗盡辟□,今而誧(甫)曰謁問覆獄卒史衰、義。衰、義事已,不智(知)所居,其聽書從事。/應手。即令走□行司空。(8-135)

---

① [韓]琴載元:《里耶秦簡所見秦代縣吏的調動》,26頁。
② 于振波:《秦漢校長考辨》,《中國史研究》2018年第1期,28頁。
③ [日]水間大輔:《里耶秦簡〈遷陵吏志〉初探——通過與尹灣漢簡〈東海郡吏員簿〉的比較》,194-195頁。
④ 孫聞博:《里耶秦簡〈遷陵吏志〉考釋——以"吏志"、"吏員"與"員"外群體爲中心》,12頁。
⑤ 陳偉主編:《秦簡牘合集(壹)》,173頁。
⑥ 高震寰:《對里耶秦簡〈遷陵吏志〉的另一種假設》,37-57頁。

28.【廿】六年二月癸丑朔丙子，唐亭叚（假）校長壯敢言之：唐亭旁有盜可卅人。壯卒少，不足以追。亭不可空。謁遣【卒】索（索）。敢言之。/二月辛巳，遷陵守丞敦狐敢告尉、告卿（鄉）主，以律（9-1112）令從吏（事）。尉下亭鄣，署士吏謹備。貳卿（鄉）上司馬丞。/亭手。/即令走涂行。

二月辛巳，不更興里戍以來。/丞半。壯手（9-1112背）

對於上引材料 27，鄒水杰指出"此簡由遷陵縣司空守樛謁告司馬昌官，説明此處司空是向上級報告、請求，司馬昌官的回復也用'報曰'，則司馬更像是比縣屬機構更高的郡屬機構（12-1780 也是由縣倉嗇夫謁告郡發弩）。又根據簡 8-461'邦司馬爲郡司馬'，可知郡是明確設有司馬的。簡 9-1112 有'尉下亭鄣，署士吏謹備。貳鄉上司馬丞'語，司馬設丞，秩級應較高。同樣，8-657 有'下卒長奢官'，根據 12-691'洞庭卒長，官在遷陵'，可知卒長是洞庭屬吏，其治所在遷陵。如此，則内官、司馬、卒長均爲郡設機構，祇是上引司馬昌、卒長奢駐於遷陵。"① 當時洞庭郡在貳春鄉有駐軍。② 所以大概在秦始皇二十六年（前 221）遷陵縣有郡司馬在此負責軍務。故簡 9-1112 中會有"貳卿（鄉）上司馬丞"，簡 10-1021 還有"遷陵稟司馬丞"這些記録。

既然秦始皇二十六年（前 221）遷陵縣有郡司馬在此負責軍務，那麽就暫無設置縣司馬的必要了。又《吏志》未記録縣司馬，是故推測《吏志》製作時間大概是在秦始皇二十六年（前 221）前後。有了這個綫索後，再來看《吏志》的具體用字。③

翁明鵬指出，秦統一前表示"缺少"義項的字用"夬"，統一後改作"缺"④《吏志》中的"缺"字符合統一後的特徵。又，若以"叚""假"的差異來推測，遷陵縣吏開始使用統一後新字形的時間早不過秦始皇二十六年十一月。⑤ 綜上，《吏志》的製作似應在秦始皇二十六年（前 211）。

有了上述判斷後，再來看《吏志》記録的缺員情況：十名官嗇夫缺兩名；六名校長缺四名；五十三名官佐缺七名；三名長吏缺兩名。其中校長和長吏的空缺情況尤爲嚴重。而最令人詫異的是，作爲一縣之中最重要的長吏，缺員竟達到了三分之二。《吏志》所示的缺吏情況與秦律的規定完全背道而馳，秦簡《置吏律》規定官吏在出現空缺時需要及時補充：

---

① 鄒水杰：《秦簡"有秩"新證》，46 頁注釋⑥。《里耶秦簡牘校釋》中將 9-1112 中"司馬丞"之丞注釋爲人名。陳偉主編：《里耶秦簡牘校釋（第 2 卷）》，261 頁。
② 陳偉主編：《里耶秦簡牘校釋（第 2 卷）》，261 頁。
③ 通過用字形判斷《吏志》的製作時間以及後文所引翁明鵬、石洋的文章，均承蒙匿名審稿專家告知，特此致謝！
④ 翁明鵬：《秦統一後的字詞關係調整和新見字研究例説》，《漢字漢語研究》2020 年第 1 期，68-69 頁。
⑤ 參見石洋《里耶秦方"叚如故更假人"新解》，中國文化遺產研究院編《出土文獻研究》第 18 輯，上海：中西書局，2019，121 頁。

29. 縣、都官、十二郡免除吏及佐、群官屬,以十二月朔日免除,盡三月而止之。其有死亡及故有夬(缺)者,爲補之,毋須時。(《秦律十八種》157—158)①

30. ·置吏律曰:縣、都官、郡免除吏及佐、群官屬,以十二月朔日免除,盡三月而止之。其有死亡及故有缺者,爲補之,毋須時。(1227+J43)②

所以一般情况下縣中官吏不會出現較多缺員的情况,更不會空缺兩名長吏。但若考慮到遷陵縣設立的時間,即秦王政二十五年(前222),③這一情况就可以理解了。《吏志》製作於秦始皇二十六(前221)年,此時全國纔剛統一,必然需要大量官吏,遷陵設縣亦不久又屬新地,而新地缺吏是常態。④ 所以前文所列的那些《吏志》未記録的官員,此時還未在遷陵設置,自然也不會被記録在册。

不過即便推論出了《吏志》的製作時間,還不足以確認其性質。幸運的是,里耶秦簡中的一些材料有助於瞭解《吏志》的性質。見下:

31. 囚缺吏見一人。(8-1118)
32. 倉吏見三人,其一叚(假)令佐。(8-1231)
33. ☐貳春吏見(現)三人(8-1704)
34. 少内缺吏見二人。(8-1593)
35. 吏凡百四人,缺卅五人。·今見五十人。☐(8-1137)

上引材料31至34記録了縣下各機構吏員的缺見情况,材料35所記人數與《吏志》的記載近似,當爲某個時間段縣内吏員缺見情况的記録。這幾支簡原本當是在成册的文書中,⑤《吏志》很有可能是在此基礎上製作出來的。

《遷陵吏志》屬於"志"類文書,冠以遷陵之名,當是要上呈洞庭郡。嶽麓秦簡就有相關規定:

36. 上計冣(最)、志、郡〈群〉課、徒隸員簿,會十月望。同期,一縣用吏十人,小官一

---

① 陳偉主編:《秦簡牘合集(壹)》,135頁。
② 陳松長主編:《嶽麓書院藏秦簡(肆)》,141頁。
③ 里耶秦簡8-757載:"今遷陵廿五年爲縣。"
④ 蔡萬進指出,秦令中的"荆新地"應指秦滅楚後新占領的地區,是相對於"公元前278年'越宛有郢'置南郡的楚地而言的。"蔡萬進:《秦"所取荆新地"與蒼梧郡設置》,《鄭州大學學報》2008年第5期;朱錦程認爲秦對"新地吏"特殊選用的原因之一就是新地缺吏情况嚴重。朱錦程:《秦對新征服地的特殊統治政策——以"新地吏"的選用爲例》,《湖南師範大學社會科學學報》2017第2期。
⑤ 此文書或是縣廷統計各機構吏員缺見情况後形成的,詳細記録了縣内官吏的缺見情况。但目前無證據表明這幾支簡屬於同一文書。

人,凡用令史三百八人,用吏三百五十七人,上計㝡(最)者,被兼上志、群課、徒隸員簿。·議:獨令令史上計㝡(最)、志、群課、徒隸員簿,用令史四百八十五人,而盡歲官吏上攻(功)者(2148+0813+0805)[①]

所以按照上述規定,遷陵縣需要在十月望日前將《吏志》送達洞庭郡。現在所見的應是遷陵留存的副本。

對於"志"這類文書,有學者指出是用來記錄的一種文書,但未言明具體記錄了多長時間的情況。[②] 要回答此問題,不妨先看看標明時間的"志"類文書:"貳春鄉枝(枳)枸志"(8-455)寫明"卅四年不實";"卅四年啓陵鄉見户當出户賦者志"(8-518);"四時志"(8-24)自然是一年的情況。據這些例子來看,里耶秦簡所見"志"類文書似以一年爲期限,對某項事務進行統計。其實材料 36 中就明文規定,縣廷所做的"志"類文書要歲盡上呈郡府。因此《遷陵吏志》無疑是一年的記錄。

通過上面的分析,可推測出《遷陵吏志》是對秦始皇二十六年(前 222)遷陵縣官吏缺見情況的記錄。其製作過程大抵如下:遷陵縣下各機構先將吏員缺見情況上呈縣廷;縣廷統計後形成一册詳細記錄縣内官吏缺見情況的文書;然後以此爲基礎製成《遷陵吏志》上呈洞庭郡。

至此,雖然確認了秦遷陵縣設置的官嗇夫,并推論出《遷陵吏志》的製作背景及性質,但囿於材料,要想確認"官嗇夫十人"的具體所指,依舊是個難題。或許隨著新資料的公布,這一問題的答案會逐漸浮出水面。

附記 小文的寫作,曾得到鄒水杰師、鄔文玲師、王玉、陸力、蘇曉敏、王曉蕾的幫助,匿名審稿專家也提出了精當的意見,特此致謝!

---

① 陳松長主編:《嶽麓書院藏秦簡(肆)》,211 頁。
② 李均明:《里耶秦簡"計録"與"課志"解》,武漢大學簡帛研究中心主辦《簡帛》第 8 輯,上海古籍出版社,2013,156-157 頁;孫聞博:《里耶秦簡〈遷陵吏志〉考釋——以"吏志"、"吏員"與"員"外群體爲中心》,11 頁。

馬王堆帛書《刑德》甲篇刑德小游相關問題補議*

□ 南京大學文學院　高潔　程少軒

> **內容提要**　馬王堆帛書《刑德》甲篇是數術理論與實踐經驗相結合的文本,其中與刑德小游相關的内容存在較大爭議。根據《刑德》甲篇的特點,可以發現該篇刑德小游的運行方式隨年改變。漢高祖十一年時刑在子、午日及德在午日的宫位符合帛書中刑德小游的一般規律,運行週期爲六十日,德在子日的宫位則由編者根據漢軍討伐陳豨之役的戰況確定。
>
> **關鍵詞**　馬王堆帛書　刑德　小游

　　馬王堆帛書《刑德》甲篇、乙篇、丙篇及《陰陽五行》乙篇中都有《刑德占》,除《刑德》丙篇之外,其他三篇的《刑德占》都由《太陰刑德大游圖》《刑德小游圖》和《刑德解說》三部分構成。其中刑、德的運行可以分爲小游與大游兩種,小游指刑、德隨日干支的變化移徙於東西南北中五方正奇宫,與之相關的内容見於諸篇的《刑德小游圖》及《刑德解說》。

　　馬克、陳松長、陶磊等學者已經總結出《刑德》乙篇及《陰陽五行》乙篇中刑德小游的基本運行規律,[①]其結論得到了學界的廣泛認可,《長沙馬王堆漢墓簡帛集成》也采用了這套方案。但《刑德》甲篇由於文本的特殊性,其中的刑德小游仍有不少問題。陳松長指出該篇與

---

* 本文爲國家社科基金重大項目"簡帛陰陽五行類文獻集成及綜合研究"(編號:20&ZD272)和古文字與中華文明傳承工程規劃項目"阜陽漢簡整理與研究"(編號:G2407)的階段性成果。

① 陳松長:《馬王堆帛書〈刑德〉研究論稿》,臺北:臺灣古籍出版有限公司,2001,113-126頁;[法]馬克(原署名M.卡林諾斯基 Marc Kalinowski):《馬王堆帛書〈刑德〉試探》,饒宗頤主編《華學》第1期,廣州:中山大學出版社,1995,82-110頁;陶磊:《馬王堆帛書〈刑德〉甲、乙本的初步研究》,卜憲群、楊振紅主編《簡帛研究二〇〇四》,桂林:廣西師範大學出版社,2006,104-111頁。

漢高祖十一年密切相關,是一種以刑德法來占測當年戰爭勝負、人事吉凶的實用性文獻。[①]此説頗資參考,《刑德》甲篇是理論與實踐相結合的産物,比純理論性質的《刑德》乙篇、《陰陽五行》乙篇更加複雜,其中的刑德小游解讀起來也更困難。本文總結前人觀點,根據《刑德》甲篇的特點,嘗試解決其中與刑德小游相關的問題。

一 兩種刑德小游對比

《刑德》乙篇與《陰陽五行》乙篇中刑德小游的運行法則幾乎完全相同。爲便於討論,我們將《刑德》乙篇《刑德解説》(以下簡稱《解説》)中的相關部分摘録如下:

> ●荊(刑)、德六日而并斿(游)也,亦各徙所不朕(勝);₆荊(刑)以子斿(游)於奇,以午與德合於正,故午而合,子而離。
> ●戊子荊(刑)、德不入中₇宫,徑徙東宫;戊午德入,荊(刑)不入,徑徙東南宫。亓(其)初發也,荊(刑)起甲子,德₈起甲午。皆徙庚午,居庚午各六日。荊(刑)徙丙子,德徙丙午,居各六日。皆₉并壬午,各六日。荊(刑)、德不入,徑徙甲午,各十二日。荊(刑)徙庚子,德徙庚午,各六₁₀日。皆徙丙午,各六日。荊(刑)徙壬子,德徙壬午,各六日。德徙戊午,荊(刑)不入₁₁中宫,徑徙甲子。德居中六日,徙甲午。荊(刑)【從因甲】子十二日。德居甲午六₁₂日,荊(刑)德皆并,復徙庚午。[②]

首句簡要叙述刑德小游的總體運行規則,其後具體羅列一甲子之内刑德所處的方位。刑的方位依次爲東方奇宫(東南)→西方正宫→南方奇宫(西南)→北方正宫→東方正宫→東方正宫→西方奇宫(西北)→南方正宫→北方奇宫(東北)→東方奇宫(東南),之後再從東方奇宫開始循環;德的方位依次是東方正宫→西方正宫→南方正宫→北方正宫→東方正宫→東方正宫→西方正宫→南方正宫→北方正宫→中央正宫,之後再從東方正宫開始循環。

而《刑德》甲篇《解説》中的刑德小游與《刑德》乙篇、《陰陽五行》乙篇(以下簡稱"兩乙篇")有所不同,最直觀的差異是刑亦可入中宫,且其中出現了兩處具體的紀年文字。我們將相關内容摘録如下:

> 十一年十二月己亥上朔,荊(刑)、德以其庚子并居西宫。₆₁丙午荊(刑)、德并居南宫。₆₂壬子荊(刑)居東北宫ㄴ,德復居西宫。₆₃戊午荊(刑)、德并居中宫。₆₄甲子荊(刑)居東

[①] 陳松長:《馬王堆帛書〈刑德〉甲、乙本的比較研究》,《文物》2000 年第 3 期,收入其著《簡帛研究文稿》,北京:綫裝書局,2008,151-152 頁。
[②] 裘錫圭主編:《長沙馬王堆漢墓簡帛集成(伍)》,北京:中華書局,2014,37 頁。

南宫ㄴ,德復居西宫。₆₅庚午荆(刑)德并居西宫。₆₆丙子荆(刑)居西南宫ㄴ,德居西宫。₆₇壬午荆(刑)、【德并居囗宫】。₆₈戊子荆(刑)【居囗宫,德】居西宫。₆₉甲午荆(刑)、德皆居東宫。₇₀庚子荆(刑)居西北【宫】,德居西宫。₇₁十一年乙巳上朔,荆(刑)、德以丙午并居南宫。₇₂壬子荆(刑)居北宫,德復居南宫。₇₃戊午荆(刑)、德并居中宫。₇₄甲子荆(刑)居東北,德居南。₇₅庚午荆(刑)、德并居西宫。₇₆丙子荆(刑)居西南宫,德居南宫。₇₇壬午荆(刑)、德皆居北宫。₇₈戊【子】荆(刑)居中柱北市,德居南宫。₇₉甲午荆(刑)、德【皆】居東宫。₈₀庚子荆(刑)【居囗囗】宫,德居南宫。₈₁【丙】午荆(刑)、德復并南宫。₈₂●此荆(刑)德小游也。₈₃①

對於兩處紀年信息,學者們有不同的看法。陳松長根據該篇《太陰刑德大游圖》中乙巳年旁邊標有"今皇帝十一",判斷此處的"十一年"爲漢高祖十一年;②馬克、武田時昌認爲"十一年十二月己亥上朔"是漢高祖十一年,而"十一年乙巳上朔"可能是漢高祖十二年的誤寫;③張培瑜、張健根據傳世文獻所載上朔按年取干支的方法,推定此處的紀年文字是漢文帝十一年;④陳炫瑋通過與實際曆表相對照,指出"十一年十二月己亥上朔"祇能是在漢高祖十一年十二月,"十一年乙巳上朔"在二月。⑤ 該篇整體與實際應用結合得較爲緊密,陳炫瑋據曆表得出的結論是可信的,"十一年"及"十一年十二月"均屬漢高祖十一年。

二 刑在子日之宫位

由於帛書殘損,《刑德》甲篇中刑德小游的部分宫位有缺文。此外,學者們普遍認爲該篇刑在子日的宫位存在錯訛。對於其中的缺字、錯字,目前已經基本達成共識的校補方案是第73行中的"北宫"改爲"東北宫"、第75行中的"東北"改爲"東南"、第81行的缺字補爲"居西北"。在該篇《解説》第63—71行中,刑於甲子日居東南宫、丙子日居西南宫、庚子日居西北宫、壬子日居東北宫,同篇中還有"【甲子東南禺(隅),丙子西南】禺(隅),庚子西北禺(隅),壬子東北禺(隅)"的表述。⑥ 兩乙篇《解説》中的刑德小游雖然没有直接寫明日期與

---

① 裘錫圭主編:《長沙馬王堆漢墓簡帛集成(伍)》,23—24頁;第82行中"并"字之釋從鄔可晶,參見鄔可晶《讀馬王堆帛書〈刑德〉、〈陰陽五行〉、〈天文氣象雜占〉瑣記》,中國文化遺產研究院編《出土文獻研究》第15輯,上海:中西書局,2016,263—264頁。
② 陳松長:《試論帛書〈刑德〉甲、乙本的撰抄年代》,收入其著《簡帛研究文稿》,北京:綫裝書局,2008,156頁。
③ [法]馬克:《馬王堆帛書〈刑德〉試探》,97—98頁;[日]武田時昌:《刑德游行の占術理論》,《日本中國學會報》63,2011,12頁。
④ 張培瑜、張健:《馬王堆漢墓帛書刑德篇與干支紀年》,《華岡文科學報》2002年第25期,105頁。
⑤ 陳炫瑋:《馬王堆帛書〈刑德〉甲、乙本撰抄年代補議》,中國文字編輯委員會編《中國文字》新34期,臺北:藝文印書館,2009,166—167頁。
⑥ 裘錫圭主編:《長沙馬王堆漢墓簡帛集成(伍)》,26頁。

方位的對應關係,但經推算可知子日時刑居四隅。此外,諸篇《刑德小游圖》(以下簡稱《小游圖》)中也有四子日與四奇宫的對應,因此學者們對這三行的校補意見是可信的。

對於第 69 行中戊子日刑所居宫位的名稱,學者們的看法存在一些分歧。陳松長將其補爲"中宫",① 陶磊仿照第 79 行的"中柱北市"補爲"中柱南市",② 武田時昌與黄儒宣則直接沿用了"中柱北市"之名,③ 我們認爲武田時昌與黄儒宣的處理方式是比較妥當的。帛書中東、西、南、北四方奇宫均表述爲具體方位,不會與正宫相混;中央奇宫若徑稱"中宫"則無法與中央正宫區分,因此補爲"中宫"欠妥;在諸篇《小游圖》中,中央正宫均居南,奇宫居北,因此"中柱北市"可表示中央奇宫,若稱"中柱南市"則所指不明,且同一奇宫不必有兩個不同的名稱,陶磊"中柱南市"的説法似有誤。

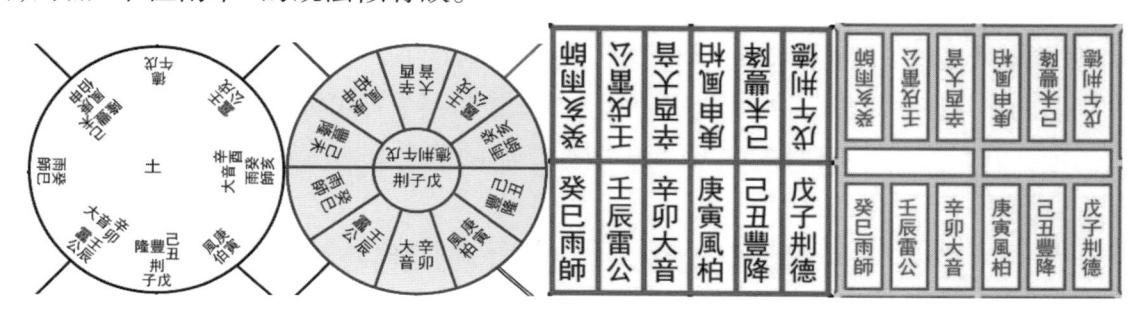

諸篇《刑德小游圖》中宫圖④

三　刑德子日同宫考

在《刑德》甲篇的刑德小游中,"刑、德以其庚子并居西宫"是學者們爭議的焦點。兩乙篇中刑德均於子日離、午日合,甲篇除該句之外也皆是如此。但在該句中,刑德却於子日居於同宫,似乎有些反常。

陳松長將"庚子"改爲"庚午",⑤ 但庚午與下一句中的丙午相距較遠,無法銜接,此説似誤;陶磊爲解決此問題,在陳説的基礎上將第 61—71 行中所有的干支都隨"庚午"進行修正,即子日改爲午日、午日改爲子日,⑥ 這幾乎完全改變了帛書的原貌,亦不可行。陳炫瑋、武田時昌、黄儒宣采用了另一種思路,不變動日期干支,而是調整刑之宫位,將"刑、德以其庚子并

---

① 陳松長:《試論帛書〈刑德〉甲、乙本的撰抄年代》,157 頁。
② 陶磊:《馬王堆帛書〈刑德〉甲、乙本的初步研究》,106 頁。
③ [日]武田時昌:《刑德游行の占術理論》,13-14 頁;黄儒宣:《馬王堆帛書〈上朔〉綜論》,《文史》2017 年第 2 輯,18-21 頁。
④ 裘錫圭主編:《長沙馬王堆漢墓簡帛集成(壹)》,216、224、233 頁;裘錫圭主編:《長沙馬王堆漢墓簡帛集成(貳)》,5 頁。
⑤ 陳松長:《試論帛書〈刑德〉甲、乙本的撰抄年代》,157 頁。
⑥ 陶磊:《馬王堆帛書〈刑德〉甲、乙本的初步研究》,106 頁。

居西宫"改爲"庚子刑居西北宫,德居西宫。"①此説亦有不足之處,若是單個方位確實容易抄錯,例如第 73 行、75 行中的錯訛,但并居與分居在表述上有很大差異,不應簡單以誤抄來解釋。

學者們嘗試用各種方法使該句符合刑德"子離午合"的法則,但都忽視了一點,這并不是刑德運行唯一的可能性。帛書中共有四種《刑德占》版本,分别在《刑德》甲篇、乙篇、丙篇及《陰陽五行》乙篇中。《刑德》丙篇大約編撰於漢高祖二年前後,《刑德》甲篇的撰抄時間大概在漢高祖十一年至十二年之間,《陰陽五行》乙篇抄於吕后年間,《刑德》乙篇抄成時代可能晚至漢文帝時期。② 在抄成時代較早的《刑德》丙篇及《陰陽五行》乙篇《小游圖》中,刑德在子午日均同宫,祇合不離;在《刑德》甲篇的《小游圖》中,刑在子日居於奇宫,德在午日居於正宫,二者祇離不合;在最晚抄成的《刑德》乙篇《小游圖》中,"子離午合"的模式纔最終被確定下來。因此早期刑德的遷徙并非祇有一種情況,二者在午日可能離,在子日也可能合。

我們把諸篇《小游圖》與《解説》中關於刑德小游的信息列表對比如下:

表 1　諸篇《刑德小游圖》與《刑德解説》對比

	《刑德小游圖》		《刑德解説》	
《刑德》丙篇	刑德子午均合	刑入中宫	無	無
《刑德》甲篇	刑德子午均離	刑入中宫	刑德子合午離 刑德子離午合	刑入中宫
《陰陽五行》乙篇	刑德子午均合	刑入中宫	刑德子離午合	刑不入中宫
《刑德》乙篇	刑德子離午合	刑入中宫	刑德子離午合	刑不入中宫

由上表可知《小游圖》與《解説》并不完全相合,③圖像保留了更多原始的信息,更新較爲緩慢。例如在兩乙篇的《解説》中刑不入中宫,但是其《小游圖》的中宫裏仍然有刑。《刑德》甲篇《解説》"刑入中宫"符合更早的設計,因此該篇中刑德的分合也完全可能出現早期多元、複雜的情況。

第 62 行的丙午是《刑德》甲篇刑德小游運行法則發生改變的關鍵節點,此前刑德於子日

---

① 陳炫瑋:《馬王堆帛書〈刑德〉甲、乙本撰抄年代補議》,168 頁;[日]武田時昌:《刑德游行の占術理論》,14 頁;黄儒宣:《馬王堆帛書〈上朔〉綜論》,18—21 頁。
② 程少軒:《馬王堆帛書〈刑德〉、〈陰陽五行〉諸篇曆法研究——以〈陰陽五行〉乙篇爲中心》,《"中研院"歷史語言研究所集刊》第 87 本第 2 分,2016,314—315 頁。
③ 陳松長認爲《刑德》甲篇《小游圖》與《解説》的不同之處是由於抄寫的疏漏所致,我們不贊同這種看法。從表格中可以看出諸篇的《小游圖》與《解説》均有别,不宜簡單以抄寫失誤解釋。參見陳松長《馬王堆帛書〈刑德〉甲、乙本的比較研究》,141 頁。

同宫,此後於午日同宫。值得注意的是,該行中的丙午并非普通的日子,而是漢高祖十一年立春。立春在當時行用的顓頊曆中具有十分重要的意義,是回歸年的標誌。[1] 因此該篇中刑德離合關係的改變很可能并非祇是書手隨意的筆誤,而是隨回歸年的更替而發生、有迹可循的。

第61行中的庚子屬於前一個回歸年,62行中的丙午進入了新的一年。從這一天開始,刑德依次於丙午居南宫、戊午居中宫、庚午居西宫、壬午居北宫、甲午居東宫,接著繼續從丙午居南宫開始排列,循環週期爲六十日,這與兩乙篇中的小游週期完全相同。

第62行、72行、82行的丙午日是三個小游週期的起點,祇不過前兩個首尾完整,後一個僅有開頭。在一個週期之後多抄寫下一個的開頭,這種叙述模式在帛書中十分常見,例如上引兩乙篇中刑德小游"亓(其)初發也,荆(刑)起甲子,德起甲午。皆徙庚午,居庚午各六日。……荆(刑)【從因甲】子十二日。德居甲午六日,荆(刑)德皆并,復徙庚午。"刑德大游亦如此,如《刑德》甲篇中的"十年【并】居木,十一年并居金,十二年并【居火,十三年并居水】,十四年德與荆(刑)離,德居土,荆(刑)居木,離【=(離,離)廿(二十)歲而復并居】水,德從水徙土,荆(刑)【從水】徙木。"[2]兩乙篇中的"甲子之舍始東南以順(馴—順)行,廿(二十)歲而壹=周=(一週,一週)而荆(刑)德四通,六十歲而周=(週,週)于癸亥而復從甲子始。"[3]這應該是爲了提示讀者該數術模型將從開頭繼續週而復始地循環運行下去。

根據上文的分析,我們可以將《刑德》甲篇《解説》中的刑德小游列表如下:

表2 《刑德》甲篇刑德小游運行[4]

干支	刑	德	干支	刑	德	干支	刑	德	干支	刑	德
			丙午62	南	南	丙午72	南	南	丙午82	南	南
			壬子	東北	西	壬子	北〈東北〉	南			
			戊午	中	中	戊午	中	中			
			甲子	東南	西	甲子	東北〈東南〉	南			

---

[1] 朱桂昌:《古四分曆解説——晚秦漢初曆法探原》,收入其著《顓頊日曆表》,北京:中華書局,2012,544頁。
[2] 裘錫圭主編:《長沙馬王堆漢墓簡帛集成(伍)》,25頁。"德居土"的原釋文爲"德徙土",按"徙"當改釋爲"居";末句原釋文爲"荆(刑)居木",按"居"當改釋爲"徙",且根據帛塊方位可知"徙木"之前還有兩個字的空間,所以應釋爲"荆(刑)【從水】徙木"。
[3] 裘錫圭主編:《長沙馬王堆漢墓簡帛集成(伍)》,36頁。
[4] 陰影一欄爲小游起點,"62""72""82"爲行數。

續表

干支	刑	德	干支	刑	德	干支	刑	德	干支	刑	德
			庚午	西	西	庚午	西	西			
			丙子	西南	西	丙子	西南	南			
			壬午	【北】	【北】	壬午	北	北			
			戊子	【中柱北市】	西	戊子	中柱北市	南			
			甲午	東	東	甲午	東	東			
庚子	西	西	庚子	西北	西	庚子	【西北】	南			

四　德在子日之宫位

最後我們討論德在子日的宫位。子日時,德在第一個週期中均居西宫,第二個週期中均居南宫,這與兩乙篇中的情况有别。馬克、黄儒宣、程少軒等學者通過不同的方式來解釋這一現象,下面我們分别進行討論。

馬克認爲刑德小游與大游之間存在聯繫,第 72 行中的"十一年"爲"十二年"之誤,在該篇的大游中刑德於十一年、十二年并居西方、南方,因此子日時德之小游分别居西宫、南宫。① 此説的前提是年份書寫有誤,但根據陳炫瑋等學者的驗證,兩處紀年信息均爲漢高祖十一年,所以此説不妥。

黄儒宣將刑德小游按照初徙之日分爲兩組,第一組初徙之日爲庚子,刑德居西北宫,五行屬金,因此德在子日皆居西宫;第二組初徙之日爲丙午,刑德居南宫,五行屬火,因此德在子日皆居南宫。② 以刑德在運行週期首日的宫位五行決定德在子日的宫位没有合理依據,并且在此方案中刑德小游的運行週期是六十六日,與兩乙篇不合。此外,這會導致每個週期刑德的起始宫位都不相同,且總有某一宫會重複出現,例如在第二週期中,刑德於午日移徙於南宫→中宫→西宫→北宫→東宫→南宫。黄説對刑德小游運行週期的判斷有誤,以此爲基礎的"初徙之日"也不可靠。

程少軒認爲《刑德》甲篇中的刑德方位是占書的編撰者根據漢軍討伐陳豨的實際戰况反

---

① ［法］馬克:《馬王堆帛書〈刑德〉試探》,97 頁。
② 黄儒宣:《馬王堆帛書〈上朔〉綜論》,20-21 頁。陳炫瑋、陶磊等學者也將《刑德》甲篇中的小游按照紀年文字分成兩個部分,每個部分六十六日。參見陳炫瑋《馬王堆帛書〈刑德〉甲、乙本撰抄年代補議》,168 頁;陶磊《馬王堆帛書〈刑德〉甲、乙本的初步研究》,105-106 頁。

推而得的：

在影響戰事的因素中，背、迎方位比右、左方位更重要，德的方位比刑的方位更重要……高祖十一年十二月至四月，正是漢軍討伐叛將陳豨之時……漢軍的進軍方向，若以攻下東垣爲界，上半段主要沿太行山東麓自西南向東北進攻，後半段則以自南向北爲主攻方向。若按《刑德》"戰欲背之右之，勿迎勿左"的原則，刑、德應在西、南方位纔對漢軍戰事有利。①

根據上文的分析，《刑德》甲篇中刑的運行及德在午日的運行符合理論模型，與實際情况關係不大，因此程少軒將該篇刑德小游所有的西、南宫位與戰争相聯繫欠妥，但我們認爲此説的部分思路是可取的。

要探究德在子日的反常宫位，可以從《刑德》甲篇的文本性質及刑德占的用途入手。該篇作爲兵占書，幾乎都是與戰争密切相關的内容，例如第 94—95 行"【謹】司（伺）三戊以觀四旁戊午、戊子、戊戌軍陳（陣）之氣也，若見戈雲、鈎雲、帚雲、【若清】寒疾風，勬（戮）殺暴疾，發屋折木，天下昏海（晦），是氣也戰，在【邑】兵起。"第 111 行"凡占戰之道，必以戊戌之奇風，至于折木發室，蘮（飄）礫石，必戰。"②整理者指出其所據史實爲楚漢彭城之戰。③ 同篇《太陰刑德大游圖》旁標注"【今皇】帝十一年，大（太）陰在巳，左行，歲居一辰，大（太）陰在所，戰，弗敢攻。"④

其中的刑、德更是完全用於占測軍事，除系統地據刑德方位占戰争的内容"倍（背）荆（刑）、德，戰，勝，拔國。倍（背）德右荆（刑），戰，勝，取地……"之外，⑤散見的補充叙述也均與之有關，例如"凡德在中宫，不可用【＝】兵＝（用兵，用兵）者，其國有□……凡五根，雖倍（背）荆（刑）、德，勝，不取地"等。⑥

馬克指出應該考慮乙篇獨立於所有具體的上下文闡述刑德小游理論，而甲篇則將這種理論具體運用於"漢高祖十一年"。絶不可能是計算上的錯誤造成這種相異。⑦ 我們贊同此説，德在子日的宫位很可能是刑德占術理論運用於該年特定時間的結果。結合上文分析，這應該與當時發生的戰争有關。"刑德小游"占辭反映的具體時間是高祖十一年十二月至四月。在這期間，除漢軍討伐陳豨之役外，再無其他戰事。對於此戰的進軍路綫而言，刑德在西方、南方對漢軍有利，而帛書中德在兩個週期的子日時分别位於西方和南方，這與當時的實際戰況完全吻合。

---

① 程少軒：《馬王堆帛書〈刑德〉甲篇"刑德小游"占辭與漢軍討伐陳豨之役》，《中國出土資料研究》20,2016,107-108 頁。
② 裘錫圭主編：《長沙馬王堆漢墓簡帛集成（伍）》，25-27 頁；"海"字之釋讀從鄔可晶，參見鄔可晶《讀馬王堆帛書〈刑德〉、〈陰陽五行〉、〈天文氣象雜占〉瑣記》，265 頁。
③ 裘錫圭主編：《長沙馬王堆漢墓簡帛集成（伍）》，27 頁。
④ 裘錫圭主編：《長沙馬王堆漢墓簡帛集成（伍）》，18 頁。
⑤ 裘錫圭主編：《長沙馬王堆漢墓簡帛集成（伍）》，28 頁。
⑥ 裘錫圭主編：《長沙馬王堆漢墓簡帛集成（伍）》，26-27 頁。
⑦ ［法］馬克：《馬王堆帛書〈刑德〉試探》，97 頁。

考慮到《刑德》甲篇的編者有理論結合實際的傾向，并將此付諸於編撰實踐中，其根據漢軍討伐陳豨之役的情況改變德在子日的宫位也是極有可能的。同篇内的其他改動之處，例如刑德大游的基本運行法則雖與兩乙篇相同，但編者根據實際情況將起算年份由六十干支之首的甲子年，調整爲劉邦稱帝建立漢朝之己亥年。編者還依據秦滅六國的戰例，對《刑德》丙篇以刑德占軍事的占辭作了一些修改。[①]

　　爲何刑之宫位及德在午日的宫位没有被一并調整呢？我們認爲編者的選擇非常巧妙，祇改變德在子日的宫位與該年刑德小游的原則"荆（刑）以子游於奇，以午與德合於正而左之"不衝突，不會影響刑德小游的總體運行面貌。這樣一來，該篇刑德小游既有理論模型的精巧構思，同時又符合實際戰爭的情況，顯得更爲準確可靠。

　　綜上所述，在《刑德》甲篇中，刑德小游的離合關係隨年改變。在漢高祖十一年立春之後的回歸年中，刑以徙所不勝的原則移徙於五方，奇正宫相間；德於午日時與刑并居正宫，子日時其宫位由編者根據真實戰況確定，刑、德的運行週期爲六十日。本文總結前説，根據《刑德》甲篇的特點，理清了該篇刑德小游的運行法則。

---

① 裘錫圭主編：《長沙馬王堆漢墓簡帛集成（伍）》，1頁。

馬王堆《陰陽五行》甲篇"室"補札

□ 湖北省文物考古研究院　高一致
□ 武漢康禮高級中學　徐丹

内容提要　馬王堆帛書《陰陽五行》甲篇"室"2行上"室刀高之"之"刀",可讀作"迢","刀(迢)高"即高峻義。3行上"畏其宫"之"畏"讀作"圜","畏(圜)其宫"是指將家宅之牆垣築成圓形。3行上"筑(築)藶(牆)尌之正室"之"尌"應讀作"屬",連接義,"正室"或指祖廟之類。5行下"爵宫庭(庭)以筳(築)藶(牆)"之"爵"讀作"削","宫庭"疑指中庭天井或堂下院落。8行下"以泰井之土塗(塗)"之"泰"或逕讀作"汏",洗滌、淘洗義,"汏井"意近於淘井。9行下"樹木當比隅"是説樹木對著宅舍四角。10行上"東藶(牆)以爲危"之"危"當如字讀,訓作高。

關鍵詞　馬王堆帛書　《陰陽五行》　室　形法　相宅

"室"是馬王堆漢墓帛書《陰陽五行》甲篇(舊稱《篆書陰陽五行》和《式法》)中的一篇,[①] 現存凡10行,内容相對完整。因其是逐條列舉營築宅室的禁忌,再整理者擬篇名爲"室",認

---

*　本文寫作得到國家社科基金青年項目"出土簡牘所見秦漢倉儲制度研究"(20CZS014)的資助。
①　1973年出土時《陰陽五行》甲篇已殘損嚴重,過去未被完整公布,原整理者僅披露了部分較完整帛書圖版,並以摘要形式刊布部分章節的釋文(傅舉有、陳松長:《馬王堆漢墓文物》,長沙:湖南出版社,1992;陳松長:《馬王堆帛書藝術》,上海書店出版社,1996;陳松長:《漢墓帛書陰陽五行甲篇》,上海書畫出版社,2000;馬王堆漢墓帛書整理小組:《馬王堆帛書〈式法〉釋文摘要》,《文物》2000年第7期)。2001年陳松長編著、文物出版社出版的《馬王堆漢墓帛書文字編》中收録了"室"篇很多此前未公布的字形和辭例。陳松長、范常喜、劉傑等學者曾據此對其中部分文字作有改訂、考釋(陳松長:《帛書〈陰陽五行〉甲篇的文字釋讀與相關問題》,《簡帛語言文字研究》第1輯,成都:巴蜀書社,2002,258-271頁;范常喜、劉傑:《從戰國古文釋馬王堆帛書〈式法〉中的幾個字》,《考古與文物》2013年第3期)。2014年裘錫圭主編、中華書局出版的《長沙馬王堆漢墓簡帛集成》是對馬王堆漢墓簡帛再整理成果,刊布了全部帛書的清晰圖版,並在文本復原與考釋方面貢獻很大。"室"篇圖版與釋文分别收於其中第一册和第五册。本文以《集成》"室"篇釋文爲底本(後文簡稱作"整理者2014"),不另注明。

爲其性質屬於形法家言。① 我們研習"室"篇時,對其中一些字句進行了重新釋讀。兹謄録於下,不當之處,敬請指正。

一 室刀(迢)高之

"室"篇2行上釋文有作:

・凡室刀高之,兇(凶)。

此句由墨點提啓下文,占斷結果爲凶,説明這條營室禁忌的内容是完整的。其中"室刀高之",整理者及學者無説。"刀"或當讀作"迢"。迢從召聲,召亦從刀聲,刀、迢音近可通。迢,有高峻義。《文選・王延壽〈魯靈光殿賦〉》:"迢嶢倜儻,豐麗博敞,洞轇轕乎其無垠也。"李善注:"迢嶢,高貌也。"②陸機《擬西北有高樓》:"高樓一何峻,苕苕峻而安。"③皆可參。"刀(迢)高"或近於迢嶢、迢峻。整句大意是説房室過於高峻,乃凶象。雖然古代典籍中頌揚巍峨樓宇的詩文屢見不鮮,但古人對於居住於高處却是有所顧忌的。如《吕氏春秋・孟春紀》"重己"篇云:"室大則多陰,臺高則多陽,多陰則蹷,多陽則痿,此陰陽不適之患也,是故先王不處大室,不爲高臺。"④古人認爲樓臺過高,則陽氣過盛,非陰陽調和的居所。本條帛文"凡室刀(迢)高之,兇(凶)"大概藴含類似的原理。此外,在古代建築條件下,土木結構的宅室修造過高還會增加坍塌的風險,帛書中因宅室高聳而得出凶的結論或亦與此相關。

二 睘(圜)其宫,錯其門

3行上釋文有作:

睘(環)其宅□□其門□【□□】以筑(築)

上述文字是"整理者2014"將殘帛拼合得到的,其注云:"其門"前一字右從"昔",或是"錯"字。⑤鄔可晶先生指出,該字釋"錯"可從,而"錯"上一字,從筆畫看,似是"宫",同時帛

---

① 裘錫圭主編:《長沙馬王堆漢墓簡帛集成(伍)》,北京:中華書局,2014,87頁。
② [梁]蕭統編,[唐]李善注:《文選注》卷一一,上海古籍出版社,1986,510頁。
③ [梁]蕭統編,[唐]李善注:《文選注》卷三〇,1430頁。按:張衡《西京賦》:"干雲霧而上達,狀亭亭以苕苕。"李善注:"苕苕,高貌也。"(參看《文選注》卷一,57頁)。這裏"苕"皆當讀作"迢",訓作高。
④ 許維遹:《吕氏春秋集釋》卷一,北京:中華書局,2009,22頁。
⑤ 裘錫圭主編:《長沙馬王堆漢墓簡帛集成(伍)》,87頁。

書殘片原先拼合時略有下移,"睘其"之"其"與"錯"字之間祇有一個字,即"宮"。但是因帛皺裂扭曲,"宮"的上半部分已嚴重變形。① 名和敏光先生認爲,"以筑(築)/□□"殘片不當拼合於此,《陰陽五行》甲篇的殘片30因筆劃密合、有反印文比對,可放置"室"篇第2—4行,而本句"其門"後的殘字可釋作"大",與殘片30上的"兇"字連讀。② 從鄔文與名和文中拼合後圖版來看,帛書殘片與周圍較爲密合,且其改釋文字令整段語句更爲順暢,知二説當可信。據此,帛文應作"睘其宮,錯其門,大兇"。③

從文意來看,"整理者2014"讀"睘"爲"環"恐非,"睘"或可讀作"圜"。圜,即圓形。《周禮·考工記·輿人》:"圜者中規,方者中矩。"④《漢書·律曆志上》:"規矩相須,陰陽位序,圜方乃成。"⑤帛文中"睘(圜)"應是用作動詞。宮,可作房屋、居室的通稱,亦可指牆垣。《禮記·儒行》:"儒有一畝之宮,環堵之室,篳門圭窬,蓬戶甕牖。"鄭玄注:"宮,謂牆垣也。"⑥"睘(圜)其宮"似指將宅室或牆垣築成圓形,而以後一種稍勝。《周禮·地官·比長》:"若無授無節,則唯圜土内之。"鄭玄注:"圜土者,獄城也。"⑦《釋名·釋宮室》:"獄……又謂之圜土,言築土表牆,其形圜也。"⑧古代"圜土"指獄城,或因之故忌諱築造圓形的牆垣。

錯,有交錯、錯亂義。《詩·小雅·楚茨》:"爲賓爲客,獻醻交錯。"毛傳:"東西爲交,邪行爲錯。"⑨又可訓作背離、岔開義。《鹽鐵論·相刺》:"堅據古文以應當世,猶辰參之錯,膠柱而調瑟,固而難合矣。"⑩《氾勝之書·種稻》:"始種稻欲溫,溫者缺其塍,令水道相直;夏至後大熱,令水道錯。"⑪皆可參。"錯其門"或指門安置得不規整,有所偏離、不正。傳世相書《黃帝宅經》"凡修宅次第法"云:"宅以形勢爲身體,……以屋舍爲衣服,以門戶爲冠帶。"⑫古人將宅室之門戶比作人的冠帶,門戶自當如冠帶以端正爲宜,故"錯其門"亦屬不吉。

---

① 鄔可晶:《讀馬王堆帛書〈刑德〉、〈陰陽五行〉、〈天文氣象雜占〉瑣記》,中國文化遺産研究院編《出土文獻研究》第15輯,上海:中西書局,2016,269—270頁。
② [日]名和敏光:《馬王堆漢墓帛書〈陰陽五行〉甲篇〈室〉、〈築〉的綴合校釋》,《第二十八屆中國文字學國際學術研討會論文集》,臺灣大學,2017年5月12日—13日。
③ 值得注意,新公布的胡家草場漢簡《家占》卷"家人"篇簡726釋文中有"不欲不環其宮而索其門,是胃(謂)窮"一句,亦可證學者對上述帛文的拼合復原意見可信。不過,胡家草場簡此句爲"不+不"雙重否定句式,整理者語譯前半句作"不要建屋時不環繞其宮室而讓門空著",與我們理解有别。由於這部分竹簡僅公布釋文、未見圖版,我們仍堅己説,暫不就此回應。參看劉國勝、孫夢茹《胡家草場漢簡日書〈家占〉卷初識》,《江漢考古》2023年第2期。
④ [清]孫詒讓撰,王文錦、陳玉霞點校:《周禮正義》卷七四,北京:中華書局,1987,3201頁。
⑤ 《漢書》卷二一上,北京:中華書局,1962,970頁。
⑥ [東漢]鄭玄注,[唐]孔穎達正義,吕友仁整理:《禮記正義》卷六六,上海古籍出版社,2008,2223頁。
⑦ [清]孫詒讓撰,王文錦、陳玉霞點校:《周禮正義》卷二二,889頁。
⑧ [東漢]劉熙撰,[清]畢沅疏證,[清]王先謙補,祝敏徹、孫玉文點校:《釋名疏證補》卷五,北京:中華書局,2008,183頁。
⑨ [清]馬瑞辰撰,陳金生點校:《毛詩傳箋通釋》卷二一,北京:中華書局,1989,704頁。
⑩ 王利器:《鹽鐵論校注》卷五,北京:中華書局,1992,255頁。
⑪ 萬國鼎:《氾勝之書輯釋》,北京:中華書局,1957,121頁。
⑫ 顧頡主編:《堪輿集成》,重慶出版社,1994,第1册,4頁。

三　筑(築)藞(牆)尌(屬)之正室

3 行上釋文有作：

> 筑(築)藞(牆)尌(樹)之正室,必有詎。

"尌之正室"句,"整理者 2014"僅讀"尌"作"樹",未詳説。尌,上古音禪紐侯部,或讀作章紐屋部的"屬"。禪章二紐不遠,侯屋對轉,尌、屬二字音近。何琳儀先生認爲,"尌"字從又從木,會以手立木之意,豆聲。[①] 簡帛文字中多見一種從言從豆的"詎"讀作"屬"之例,如九店楚簡日書《建除》"凡坪日,利以祭祀、和人民、詎(屬)事",清華簡《鄭武夫人規孺子》"曰=(孺子)女(如)母(毋)智(知)邦正(政),詎(屬)之夫=(大夫)""詎(屬)之夫=(大夫)及百執事,人膚(皆)思(懼),各共(恭)其事"。[②] 又,銀雀山漢簡《守法守令十三篇》"兵令"簡 968"將與卒,非有父子之親,血□之樹(屬)、六親之私",[③] 從尌聲的"樹"可讀爲"屬"。這些例子都説明從豆聲字可與從蜀聲"屬"字相通。故帛書中"尌"當可讀作"屬"。屬,《説文》:"屬,連也。"即連接、連續之義。胡家草場漢簡《家占》卷"家人"篇簡 726 正有"凡家人不欲築行垣屬之室"句,可參。[④]

正室,古可指正房,亦可指祖廟。《禮記·雜記上》:"主妾之喪,則自祔。至於練、祥,皆使其子主之。其殯、祭不於正室。"[⑤] 酈道元《水經注·穀水》注云:"廟及路寢皆如明堂,而有燕寢焉,惟祧廟則無。後代通爲一廟,列正室於下,無復燕寢之制。"[⑥] 皆可參。"筑(築)藞(牆)尌(屬)之正室"似是説築牆連接、抵觸到了祖廟,或因此對祖先有所冒犯,被視爲不祥。

"必有詎"之"詎",陳松長先生疑字讀作"魄"。[⑦] 此説可從。《説文》:"魄,陰神也。"《左傳》昭公七年載子產曰:"人生始化曰魄,既生魄,陽曰魂……匹夫匹婦强死,其魂魄猶能馮依於人,以爲淫厲"。[⑧] 或許在古人觀念中,築牆觸犯祖廟,會受祖先魂魄所擾,前後文意正相合。敦煌卷子"陰陽宅圖經"P4686(Pt1297V)及"諸雜推五姓陰陽等宅圖經(一)"P2615a 中《占傷敗法》載"凡居宅地有八不可居"中"三曰祠神之所,若舊廟所及廟東及社西及南,并不

---

① 何琳儀:《戰國古文字典——戰國文字聲系》,北京:中華書局,2004,372 頁。
② 參看白於藍《簡帛古書通假字大系》,福州:福建人民出版社,2017,234 頁。
③ 銀雀山漢墓竹簡整理小組編:《銀雀山漢墓竹簡(壹)》,北京:文物出版社,1985,149 頁。
④ 劉國勝、孫夢茹:《胡家草場漢簡日書〈家占〉卷初識》。
⑤ [東漢]鄭玄注,[唐]孔穎達正義,吕友仁整理:《禮記正義》卷五〇,1599-1600 頁。
⑥ [北魏]酈道元著,陳橋驛校證:《水經注校證》卷一六,北京:中華書局,2007,398 頁。
⑦ 陳松長:《帛書〈陰陽五行〉甲篇的文字釋讀與相關問題》,271 頁。
⑧ [唐]孔穎達撰,浦衛忠等整理,楊向奎審定:《春秋左傳正義》卷四四,北京大學出版社,2000,1437-1438 頁。

可居",①《陽宅十書》謂"凡宅不居當衝口處,不居寺廟,不近祠社、窯冶、官衙"中"不居寺廟,不近祠社",②皆屬於類似的禁忌原理,可參。

四 爵(削)宫庭(庭)以㙑(築)䖄(牆)

5行下釋文有作:

> 爵宫庭(庭)以㙑(築)䖄(牆),不出三歲弗居。

此句中"爵",整理者及學者似皆無説,我們稍作補釋。爵,上古音精紐藥部,疑讀作心紐藥部的"削"。同爲精紐藥部的雀,可通"削"。郭店楚簡《太一生水》簡9"天道貴溺(弱),雀成者以益生者",裘錫圭先生按:"疑'雀'可讀爲'削'"。③ 又,雀,通"爵"。郭店楚簡《緇衣》簡28"古(故)上不可以埶(褻)坓(刑)而翌(輕)雀(爵)"。上博簡《緇衣》篇中對應郭店簡《緇衣》讀作"爵"之字寫作🗋,馮勝君先生釋作"箾"。④ "箾"通"爵",從竹、㫋聲,"㫋"從肖得聲。可知,"爵"亦可通從肖聲的"削"。

削,分、割裂義,更有侵削義。《戰國策·齊策一》:"夫齊削地而封田嬰,是其所以弱也。"高誘注:"削,分也。"⑤《左傳》昭公元年:"封疆之削,何國蔑有?"孔穎達疏:"言封疆之相侵削,何國無有。"⑥庭,同"庭",可指廳堂,亦可指堂前之地。《儀禮·燕禮》:"賓入及庭,公降一等揖之。"⑦劉向《九歎·思古》:"甘棠枯於豐草兮,藜棘樹於中庭。"王逸注:"堂下謂之庭。"⑧"宫庭"或即宫之庭,疑指中庭天井或堂下院落之意。帛文"爵(削)宫庭(庭)以㙑(築)䖄(牆)"或是指侵削家中天井或院落來築牆作它用。後文"不出三歲弗居"大概是説不出三年就不能住人。可見,"削宫庭以築牆"被認爲是不吉之事。

從整體來看,侵削家中天井或院落來築牆作它用,會直接壓縮家居環境中的活動空間,破壞原有家宅格局,因此這種做法對居家生活是不便的。古代堪輿文獻中極爲重視廳堂前和天井這一區域的風水。《黄帝宅經》"凡修宅次第法"云:"忌龜頭,廳在午地,向北沖堂,名

---

① 關長龍:《敦煌本數術文獻輯校》,北京:中華書局,2019,673、713頁。
② 顧頡主編:《堪輿集成》,第3册,191頁。
③ 荆門市博物館編:《郭店楚墓竹簡》,北京:文物出版社,1998,126頁。
④ 馮勝君:《讀上博簡〈緇衣〉札記二則》,上海大學古代文明研究中心、清華大學思想文化研究所編《上博館藏戰國楚竹書研究》,上海書店出版社,2002。
⑤ 諸祖耿:《戰國策集注匯考》卷八,南京:鳳凰出版社,2008,473-474頁。
⑥ [唐]孔穎達撰,浦衛忠等整理,楊向奎審定:《春秋左傳正義》卷四一,1318-1319頁。
⑦ [東漢]鄭玄注,[唐]賈公彦疏,王輝整理:《儀禮注疏》卷一四,上海古籍出版社,2008,399頁。
⑧ [宋]洪興祖撰,白化文等點校:《楚辭補注》,北京:中華書局,1983,308頁。

曰凶亭,有稍高豎屋亦不利。訣云,龜頭午必易主,亦云妨主,諸院有之,亦不吉。"①所謂"龜頭"是指院內午位(正南方)有廳沖北堂的布局,院內堂前有稍高的豎屋也是不利的。《陽宅十書》"論宅內形第八"亦有云:"中堂不可架直屋,停喪之房多不利","凡宅天井中,不可積屋水,主患疫痢。不可堆亂石,主患眼疾"。② 同樣,"論宅內形第八"中"陽宅內形吉凶圖説"收有"小字房"圖,其解辭作"莫蓋小字房,陽人有災殃。人口多有病,一年兩度亡","堂屋前中間有正房是也。主常服藥、人災,不吉利"。③ 此"小字房"圖(下左)及示意圖(下右)類似如下:

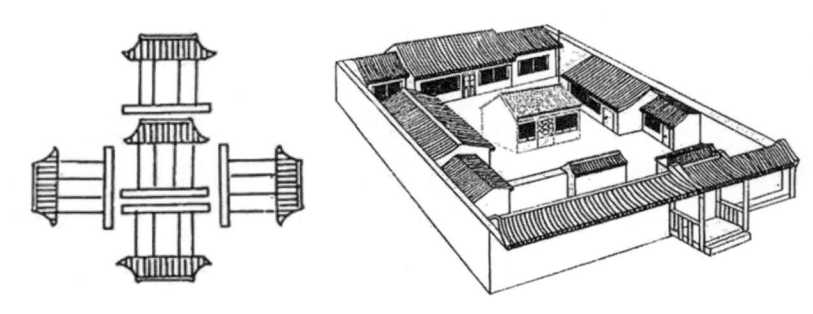

就傳世相宅書而言,家宅中的中庭天井或者堂下院落中是不宜隨意處置或改動格局的。帛文"爵(削)宮庭(庭)以筮(築)薦(牆),不出三歲弗居",若釋讀不誤,或即與此類禁忌相關,甚至可能是後者之淵源。

五　以泰(汏)井之土塗(塗)

8 行下釋文有作:

> 以泰井之土塗(塗),大兇(凶)。

陳劍先生疑"泰"讀作義爲"治井"之"渫"。④ 將"泰井"理解爲"治井"是有道理的。不過,"泰"或可逕讀作"汏"。汏,又作汰。《說文·水部》:"汏,淅瀾也。從水,大聲。"段玉裁注:"凡'沙汏''淘汏',用淅米之義引伸之。或寫作汰。……若《左傳》'汏侈''汏輈'字皆即汏字之假借。"⑤ 簡帛文字中"泰"假借作"大"或"太"極爲常見。⑥ 汏本有洗滌、淘洗義,故"泰(汏)井"意近於淘井。

---

① 顧頡主編:《堪輿集成》,第 1 册,4 頁。
② 顧頡主編:《堪輿集成》,第 2 册,258-259 頁。
③ 顧頡主編:《堪輿集成》,第 2 册,267 頁。
④ 轉引自裘錫圭主編《長沙馬王堆漢墓簡帛集成(伍)》,87 頁。
⑤ [清]段玉裁撰:《說文解字注》,上海古籍出版社,1981,561 頁。
⑥ 參看白於藍《簡帛古書通假字大系》,776-777 頁。

所謂"泰(汏)井之土"就是一般説的井底泥,古人認爲此物出自井底,稟地中至陰之氣,性至冷。醫籍中亦記作井底沙,取其陰冷之性用以治療燒瘡、熱病等。《證類本草》卷五:"井底沙,至冷,主治湯火燒瘡用。《千金方》:蝎螫人,以井底泥涂傅之,温則易之。"①《本草綱目》土部"井底泥"條:"療妊娠熱病,取傅心下及丹田,可護胎氣。"②皆可參。塗,塗抹義。《書·梓材》:"若作室家,既勤垣墉,惟其塗墍茨。"③這裏"以泰(汏)井之土垛(塗)"應是説用淘井的泥土來塗粉房屋,蓋井底泥至陰、至冷,古人忌之而視此舉爲大不吉。

六　樹木當比隅

9 行下釋文有作:

樹木當比隅,兇(凶)。

此條較簡略,蕭旭先生認爲"比"當作"北"。帛書疑指東北隅,脱一"東"字。《爾雅》:"東北隅謂之宧。"《釋文》引李巡曰:"東北者,陽氣始起,育養萬物,故曰宧。宧,養也。"《釋名》:"東北隅曰宧。宧,養也,東北陽氣始出布養物也。"樹木當東北隅,則陽氣不得布養,故凶。④

視"比"作"北",疑字前脱"東",似無理據。比,有周遍、周邊義。《墨子·節葬下》:"諸侯死者,虛車府,然後金玉珠璣比乎身,綸組節約,車馬藏乎壙。"孫詒讓閒詁:"比乎身,猶言周乎身。"⑤《漢書·王尊傳》:"(匡衡)設不正之席,使下坐上,相比爲小惠於公門之下,動不中禮"顔師古注:"比,周也。"⑥隅,角落。"比隅"或即宅舍四周的角落,也就是宅舍四隅。"樹木當比隅"是説樹木對著宅舍四角。這類布局中房屋四周樹木密集,往往過於蔭蔽,采光、通風受到較大影響,并非適宜的居住環境,因此是凶象。《陽宅十書》"論宅外形第一"中"陽宅外形吉凶圖説"就載有此類凶宅圖(下左),該圖所配解辭作"林中不得去安居,田宅莫把作丘墳。田蠶歲歲多耗散,宅内驚擾鬼成精",⑦正可與帛文相參。另外,"陽宅外形吉凶圖説"中還有幾幅圖(下中、下右),⑧亦可參。

---

① [宋]唐慎微撰,尚志鈞等校點:《證類本草》卷五,北京:華夏出版社,1993,128 頁。
② [明]李時珍撰:《本草綱目》卷七,北京:人民衛生出版社,1975,439 頁。
③ 屈萬里:《尚書集釋》,上海:中西書局,2014,172 頁。
④ 蕭旭:《馬王堆帛書〈陰陽五行〉甲篇校補》,復旦大學出土文獻與古文字研究中心網,2015 年 3 月 26 日。
⑤ [清]孫詒讓撰,孫啓治點校:《墨子閒詁》卷六,北京:中華書局,2001,172 頁。
⑥ 《漢書》卷七六,3231-3232 頁。
⑦ 顧頡主編:《堪輿集成》,第 2 册,200 頁。
⑧ 顧頡主編:《堪輿集成》,第 2 册,197 頁。

```
     林         墳  林 桑          桑
  林┌──┐林   林┌──┐     ┌──┐
   │凶│     │凶│      │凶│
   │宅│     │宅│      │宅│
   └──┘     └──┘      └──┘
  林  林林   林 墳  林 桑         桑
```

七　東䉵（牆）以爲危

10 行上釋文有作：

中宮而筑（築）庳（卑），東䉵（牆）以爲危，兇（凶）。

本條頗難索解。名和敏光先生以爲"庳（卑）"屬下讀。① 卑、危上古音同爲支部，從二字協韻來看，"庳（卑）"或仍應屬上讀。陳劍先生疑"危"讀爲"垝"，訓爲"坫"，②未有詳説。

前文已述，宮可作房屋、居室的通稱，亦可指牆垣。"室"篇中宮字多見，如 1 行上"廡中宮悤"、3 行"無古（故）而筑（築）宮西北隅以爲子弟宮"。所謂"廡中宮悤"或當讀作"廡中宮，悤（凶）"。③ 廡，《楚辭·九歌·湘夫人》："合百草兮實庭，建芳馨兮廡門。"朱熹集注："廡，堂下周屋也。"④《後漢書·孝靈帝紀》："（光和三年）二月，公府駐駕廡自壞。"李賢注："廡，廊屋也。"⑤ 據此，"廡中宮"或指設廡於中宮。這種理解下，"中宮"似應解作牆垣之内。帛文"廡中宮，悤（凶）"大概是説設廊屋於牆垣之中的院子内，乃凶象。此條的禁忌原理或與"爵（削）宮庭（庭）以築（築）䉵（牆），不出三歲弗居"相近。因此，我們傾向於將"中宮而筑（築）庳（卑）"之"中宮"也理解爲牆垣之内，整句大體是説牆垣之中院子内的建築低矮。

危，陳劍先生訓作"坫"，或取"坫"之低矮義來與"筑（築）庳（卑）"相應。⑥ 這種意見或許未必合適。危，當如字讀，取其高義，與卑相對。"東䉵（牆）以爲危"句，承前文而言，就是説牆垣之内的建築低矮，東邊的牆爲高，帛書視這種情況爲凶象。其實睡虎地秦簡日書《相宅》篇 23 背貳/144 反貳所載"垣東方高西方之垣，君子不得志"，⑦表達就是相近含義。東方

---

① ［日］名和敏光：《馬王堆漢墓帛書〈陰陽五行〉甲篇〈室〉、〈築〉的綴合校釋》。
② 轉引自裘錫圭主編《長沙馬王堆漢墓簡帛集成（伍）》，87 頁。
③ "整理者 2014"疑讀"悤"爲"凶"或"窗"，參看裘錫圭主編《長沙馬王堆漢墓簡帛集成（伍）》，87 頁。
④ ［宋］朱熹撰，蔣立甫點校：《楚辭集注》，上海古籍出版社，2001，38 頁。
⑤ 《後漢書》卷八，北京：中華書局，1965，344 頁。
⑥ 坫乃古代所設用於置藏器物的土臺。《論語·八佾》："邦君爲兩君之好，有反坫。"《禮記·明堂位》："崇坫康圭。"孔穎達疏："爲高坫受賓之圭舉於其上也。"《禮記·内則》："大夫於閣三，士於坫一。"孔穎達疏："士卑不得作閣，但於室中爲土坫庋食也。"可參。
⑦ 陳偉主編：《秦簡牘合集（壹）》，武漢大學出版社，2014，438 頁。

垣牆過高，在古人看來本就非吉兆。這可能與古禮制中尚右觀念有關。如《春秋繁露》"天辨在人第四十六"云："天下之尊卑隨陽而序位……故人主南面以陽爲位也，陽貴而陰賤，天之制也。禮之尚右，非尚陰也，敬老陽而尊成功也。"[1]《論衡·四諱篇》亦云："夫西方，長老之地，尊者之位。尊長在西，卑幼在東。"[2]古代尊陽尚右，對應到方位之中北方爲陽，故人主居之而南面，西方爲右，相對於東則亦爲尊。因此，東方垣牆高過西邊，有礙尊卑之序位，不合"天之制"，這或是古人忌諱此事的原由。

---

[1] 蘇輿撰，鍾哲點校：《春秋繁露義證》，北京：中華書局，1992，336—337頁。
[2] 黄暉撰：《論衡校釋》卷二五，北京：中華書局，1990，970頁。

説帛書《經法》等四篇"物乃下生"與"刑法不人"

□ 信陽師範大學文學院　杜新宇

内容提要　馬王堆漢墓帛書《經法·名理》"物乃下生"之"物"爲逆物,即不合乎道的事物,"下生"意爲下降出生。《十六經·兵容》"刑法不人"意爲刑天法地而不法人,"刑法"是上文"刑天""法地"的省略,屬俞樾所說的"蒙上文而省",此句實際上主張用兵當法天地人三者,法天法地而不法人,兵亦不能成。

關鍵詞　《名理》　物乃下生　《兵容》　刑法不人

　　馬王堆漢墓帛書《經法》《十六經》《稱》《道原》四篇,整理者稱之爲"《老子》乙本卷前佚書"或"《經法》等四篇",唐蘭先生認爲這四篇文獻即《漢書·藝文志》所載的《黄帝四經》。[①] 裘錫圭先生認爲不是。[②] 無論如何,《經法》等四篇具有經典性,出土至今,一直受到學界重視。2014年,中華書局出版了由裘錫圭先生主編,湖南省博物館、復旦大學出土文獻與古文字研究中心編纂的《長沙馬王堆漢墓簡帛集成》。此次帛書的整理,水平很高,解決了很多問題,既是對以往研究的總結,又是今後進一步研究的基礎,也使學界意識到馬王堆漢墓帛書仍有較多可研究的地方。就《經法》等四篇的字詞及文句解釋方面來說,也有推敲琢磨的空間。本文擇取"物乃下生"與"刑法不人"兩條來談,供學界參考。以下分條陳述。

---

* 本文爲河南省哲學社會科學規劃項目《清華簡〈子產〉思想研究》(項目編號:2021BZX011)的成果,且得到國家哲學社科後期資助項目"帛書《經法》等四篇集注"(22FZSB0007)的資助。
① 唐蘭:《〈黄帝四經〉初探》,《文物》1974年第10期。
② 參裘錫圭《馬王堆帛書〈老子〉乙本卷前古佚書并非〈黄帝四經〉》,陳鼓應主編《道家文化研究》第3輯,上海古籍出版社,1993,249—255頁。本文取整理者的說法,稱之爲"《經法》等四篇"。

一

　　有物始【□】,建於地而洫(溢)於天,莫見亓(其)刑(刑—形),大盈冬(終)天地之間(間)而莫知亓(其)名。莫能見知,故有逆成;物乃下生,故有逆刑。禍及亓(其)身。(《經法·名理》)①

　　先説"有物始【□】","物",《馬王堆漢墓帛書〈經法〉》謂指"道",②"始"後之字殘失,錢玄、③魏啓鵬、④陳鼓應、⑤余明光等學者補爲"生",⑥可信。最先出生之"物"顯然爲"道",此"物"被描述爲"無形""無名",正與"道"合。

　　"物乃下生,故有逆刑",整理者所編各種釋文注釋版本及《長沙馬王堆漢墓簡帛集成》(以下簡稱《集成》)皆未有注,其他學者則有不同的理解,其不同理解的核心在於對其中之"物"有不同認知。魏啓鵬先生讀"物"爲"滑",訓爲混亂,擾亂。又解"逆刑"爲"背逆事理,不順四時刑德的濫用刑殺"。⑦ 陳鼓應先生給出兩種解釋,云:

　　　　物乃下生,故有逆刑:"物",事(《詩·烝民》傳:"物,事")。"下"疑爲"怀(倍)"之缺訛。"下"與"不"形近易訛。《易·損卦》:"不制於柔",《釋文》云:"不制,一本作下制"。"逆刑"猶濫刑。此二句承"莫能見知"而言,謂因爲不能認識"道",所以便有悖逆的事情發生,也因此便有了刑罰的濫施。又解:"物"即下文"萬物群材"之"物"。"下",失分(《書·五子之歌》孔傳:"下,謂失分")。"刑",即"三時成功,一時刑殺"之"刑",指生殺消長的自然規律。此二句是説:衆物過長失分,所以有違逆自然規律的事情發生。⑧

余明光先生謂:"'物乃下生'之上似有脱文。物,這裏指群衆。如'衆論謂物議''衆望謂物

---

① 裘錫圭主編,湖南省博物館、復旦大學出土文獻與古文字研究中心編纂:《長沙馬王堆漢墓簡帛集成(肆)》,北京:中華書局,2014,147頁(爲便於閲讀,其文中標注的行號未引)。
② 馬王堆漢墓帛書整理小組編:《馬王堆漢墓帛書〈經法〉》,北京:文物出版社,1976,43頁。
③ 錢玄:《帛書〈老子〉乙本卷前古佚書釋文補正》,江蘇省語言學會主編《語言研究集刊》第1輯,南京:江蘇教育出版社,1986,293頁。
④ 魏啓鵬:《馬王堆漢墓帛書〈黃帝書〉箋證》,北京:中華書局,2004,85頁。
⑤ 陳鼓應:《黃帝四經今注今譯——馬王堆漢墓出土帛書》,北京:商務印書館,2007,180頁。
⑥ 余明光:《黃帝四經新注新譯》,長沙:嶽麓書社,2016,129頁。
⑦ 魏啓鵬:《馬王堆漢墓帛書〈黃帝書〉箋證》,86頁。
⑧ 陳鼓應:《黃帝四經今注今譯——馬王堆漢墓出土帛書》,182頁。

望'。這句話是説,群衆在下面違法犯禁、惹是生非。逆刑,違背常理,濫用刑罰。"①蕭旭先生説:"物,鬼物、神怪。《後漢書·明帝紀》:'觀物變。'李賢注:'《春秋傳》曰:"凡分至啓閉,必書雲物,爲備故也。"杜預注云:"物謂氣色災變也。"''下'字不誤。"②

上述説法皆不確。將"物乃下生,故有逆刑"置於道家著作的話語體系下理解纔可能得出正確答案。裘錫圭先生指出,《老子》中有將"爲"區分爲合乎道的"爲"與不合乎道的"爲"的現象:

> 聖人"能輔萬物之自然而弗能爲"這句話對我們分析《老子》中"爲"的含義有重要意義。在老子看來,"輔萬物之自然"的行爲都是合"道"的行爲,那麽,"弗能爲"的"爲"就應該是當作"不合'道'的行爲"講的。我們把這種意義的動詞性的"爲"包括在專指不合"道"的行爲的"爲"字中。單用"爲"字來專指不合"道"的行爲的用法,可以説是《老子》特有的。③

《老子》中的"事",也存在此種用法:

> 如"取天下常以無事,及其有事,不足以取天下"(48章)、"以正治國,以奇用兵,以無事取天下"(57章)。取天下當然不能什麽事也不做,這裏所説的"事"應該是特有所指的,老子主張"以道莅天下"(60章),"取天下"不能有事的"事"應該是指那些不合"道"的事。又如"我無事而民自富"(例10)、"爲無爲,事無事,味無味"(例11),兩處的"無事"之"事"也應是同義的。在古今漢語裏,"事"字都有專指"事故"的用法,但是,以"事"專指不合"道"的事,則是《老子》所特有的。④

裘先生進一步指出《老子》中的"知""欲"也有以"道"區分的現象,而且解釋了《老子》此種用法的來源:

> 《老子》中的"爲"有專指老子所反對的、不合"道"的行爲的用法,這跟一般漢語中"欲"有專指"貪欲"等不好的"欲"的用法是相類的。《老子》中用"事"、"知"和"爲"來專指不合"道"的事情、知識和作爲,可以説是對一般漢語中以"欲"專指不好的欲的用

---

① 余明光:《黄帝四經新注新譯》,131頁。
② 蕭旭:《馬王堆帛書〈經法〉四種古佚書校補》,收入其著《群書校補》第1册,揚州:廣陵書社,2011,9頁。
③ 裘錫圭:《説〈老子〉中的"無爲"和"爲"——兼論老子的社會、政治思想》,《中華文史論叢》2019年第4輯,43頁。
④ 裘錫圭:《説〈老子〉中的"無爲"和"爲"——兼論老子的社會、政治思想》,44頁。

法的模仿。①

其實,類似的用法不限於《老子》,清華簡《子產》也有此類用法:

> 君人亡事,民事是事。昱(得)民天央(殃)不至,外戟(仇)否。以厶(私)事=(事使)民,事起貨=行=皋=起=民=蘇=(禍行,禍行罪起,罪起民矜,民矜)上危。㠯(己)之皋(罪)也,反以皋(罪)人,此胃(謂)不事不戻。(10—11)②

從上可見,《子產》主張君人當"亡(無)事""不事",其實不是真的"無事",其所謂無事,指的是無私事,此與《老子》"無事"之"事"指不合"道"的事可謂同類。可能《子產》此種用法是從《老子》借鑒而來,如果《子產》篇中的内容反映的是子產的思想,而子產是與老子同時代的人,那麽《老子》中以"道"將"欲""知""爲""事"進行區分,有没有可能是從類似《子產》中以"民事"爲標準將事分類借鑒來的呢? 或者可能他們"對一般漢語中以'欲'專指不好的欲的用法的模仿"之外的某些類似用法有過借鑒呢? 此問題有待進一步研究。

由上文引述,《經法·名理》"物乃下生"之"物"所指就不難明了了,"莫能見知,故有逆成"謂不能見知"道",所以有悖逆生成。"物乃下生"承此而言,"物"當指逆物,亦即逆事,是不合道的"事物"。《經法·論》:"物有不合於道者,胃(謂)之失=理=(失理。失理)之所在,胃(謂)之逆。"③《論》之"逆""物"正是不合"道"的。《文子·符言》:"欲尸名者必生事,事生即舍公而就私,倍道而任己,見譽而爲善,立而爲賢,即治不順理,而事不順時。治不順理則多責,事不順時則无功。妄爲要中,功成不足以塞責,事敗足以滅身。"④"事生"與"道"相背,可見,《文子》中的"事"也是與"道"相違背的逆事。《經法》《文子》顯然都借用了《老子》的話語體系。"下""生"屬同義連用。《經法·名理》"物乃下生"言"逆物"下降出生,"物乃下生"是道的反面,所以會有"逆刑"。逆刑,指違逆所致之刑。⑤ 類似的表述可見清華簡《子犯子餘》子犯回答秦穆公的問話,其文云:"誠女(如)宔(主)君之言。虘(吾)宔(主)好定而敬訐(信),不秉褐(禍)利,身不忍人,古(故)走去之。"⑥劉釗先生指出,"禍利"指因禍帶來的利益。⑦ 甚確。"禍利"正好與本文"逆刑"參看,"逆刑"顯然指違逆道所帶來的刑。所以後面進一步説"禍及其身"。

---

① 裘錫圭:《説〈老子〉中的"無爲"和"爲"——兼論老子的社會、政治思想》,47頁。
② 李學勤主編:《清華大學藏戰國竹簡(陸)》,上海:中西書局,2016,137頁。
③ 裘錫圭主編,湖南省博物館、復旦大學出土文獻與古文字研究中心編纂:《長沙馬王堆漢墓簡帛集成(肆)》,141頁。
④ 王利器:《文子疏義》,北京:中華書局,2000,176頁。
⑤ 此點蒙劉釗先生指示。
⑥ 李學勤主編:《清華大學藏戰國竹簡(柒)》,上海:中西書局,2017,92頁。
⑦ 劉釗:《利用清華簡(柒)校正古書一則》,"古文字微刊"微信公衆號,2017年5月1日。

二

兵不刑天,兵不可動(動)。不法地,兵不可昔(措)。刑法不人,兵不可成。(《十六經·兵容》)①

"刑法不人"難解,1974 版《馬王堆漢墓帛書(壹)》説:"《鶡冠子·兵政》:'用兵之法,天之,地之,人之。'其意與此文同。蓋謂用兵需法天道、地道、人道。'兵不刑天'之刑,當訓爲法。"②1980 版《馬王堆漢墓帛書(壹)》注釋相同。③ 1976 年的《馬王堆漢墓帛書〈經法〉》謂:"本篇論述用兵應該'刑天'、'法地'、'法人',掌握有利時機,纔能成功。"④此書又疑"人"上脱一"因"字。⑤ 將本段文字理解爲"用兵當法天道、地道、人道"是絶大多數學者都同意的。所以,"刑法不人,兵不可成"一定是講"法人"的。高亨、董治安二位先生最早提出"刑法不人"疑當作"不法人"的觀點,⑥錢玄,陳鼓應等先生也懷疑"刑法不人"當作"不法人"。⑦ 疑"刑法不人"本作"不法人",則"刑"爲衍文,而"法"又與"不"字誤倒,此説過於複雜,恐難使人相信。余明光先生亦將"法不人"當作"不法人",祇是其將刑字解釋爲"兵",不作衍文處理。⑧ 亦不可信。另外,"不人"其實已經可以表達出不法人的意思,脱"因"字之説亦不可從。

本段文字主要難點在於"刑法"二字,我們認爲,"刑法"應爲前文"兵不刑天""不法地"中"刑天""法地"之省。古人之言簡省,或有上文中言及,則於下文中省略的情況,俞樾總結爲"蒙上文而省"。⑨ 此已爲訓詁學中的基礎知識。"刑法不人"是刑天、法地而不人的省略,"不人"謂不法人。"刑法不人"謂以天地爲法而不以人爲法,則兵不可成。主要表達用兵不但當法天地,而且要以人爲法,如僅僅以天地爲法而不以人爲法,用兵也不能取得成功,突出了"以人爲法"的重要性。用兵需以天地人爲法,是兵家常用的表述。《六韜·武韜·發啓》:"天道無殃,不可先倡。人道無災,不可先謀。必見天殃,又見人災,乃可以謀。"⑩此段

---

① 裘錫圭主編,湖南省博書館、復旦大學出土文獻與古文字研究中心編纂:《長沙馬王堆漢墓簡帛集成(肆)》,164 頁。
② 馬王堆漢墓帛書整理小組編:《馬王堆漢墓帛書(壹)》,北京:文物出版社,1974,29 頁。
③ 國家文物局古文獻研究室編:《馬王堆漢墓帛書(壹)》,北京:文物出版社,1980,71 頁。
④ 馬王堆漢墓帛書整理小組編:《馬王堆漢墓帛書〈經法〉》,72 頁。
⑤ 馬王堆漢墓帛書整理小組編:《馬王堆漢墓帛書〈經法〉》,72 頁。
⑥ 高亨、董治安:《〈十大經〉初論》,《歷史研究》1975 年第 1 期,96 頁。
⑦ 錢玄:《帛書〈老子〉乙本卷前古佚書釋文補正》,294 頁;陳鼓應:《黄帝四經今注今譯——馬王堆漢墓出土帛書》,280-281 頁。
⑧ 余明光:《黄帝四經新注新譯》,196 頁。
⑨ 參見俞樾等《古書疑義舉例五種》,北京:中華書局,1956,37 頁。
⑩ 徐培根:《太公六韜今注今譯》,臺北:臺灣商務印書館,1977,80 頁。

文字謂兵之謀,在乎敵方是否有天殃與人災,依據天與敵人的情況來謀兵,其實就是以人和天爲法。《荀子·議兵》:"王曰:'請問兵要。'臨武君對曰:'上得天時,下得地利,觀敵之變動,後之發,先之至,此用兵之要術也。'"[①]《議兵》臨武君所談"兵"雖是戰術層面的,但也可以與《兵容》參看,"觀敵之變動"之類也就是以"人"爲法。

結語

綜上,《經法·名理》"物乃下生"之"物"當解釋爲逆物,即不合乎道的事物。"物乃下生"意爲逆物下降出生。《十六經·兵容》"刑法不人"之"刑""法"爲上文"刑天""法地"的省略。"刑法不人"意爲刑天法地而不法人。從上文中不難得出以下認識:一是在解釋《經法》等四篇這類思想性很强的著作時,要充分考察到其思想背景和話語體系,否則,易失之於淺;二是《經法》等四篇文獻爲韻文,由很多名言警句連綴成文,其話語較爲精簡整齊,行文中勢必用了很多訓詁學中所謂的條例或修辭手法。因此,在解釋《經法》等四篇時,一定要充分考慮到相關情形。

---

① [清]王先謙撰,沈嘯寰、王星賢點校:《荀子集解》,北京:中華書局,1988,265-266頁。

張家山漢簡《功令》"補吏令"條疏證*

□ 湖南師範大學歷史文化學院
□ 出土文獻與中國古代文明研究協同創新中心

鄔水杰

内容提要 張家山 M336 漢簡《功令》"補吏令"條對中二千石至二百石以及官府屬吏的遷補作了詳細規定。令文出現了"中二千石"秩級,突出了郡守在二千石中的地位;屬吏的升遷分爲嗇夫類屬吏和史類屬吏兩途,一般情況下二者的遷補并不交叉;補吏的標準是功次與吏能,且年齡在 50 歲以下,目標是進入長吏序列。漢初史類屬吏無秩級,祇在補吏時相當於嗇夫類屬吏的等級。從地方上請形成的令條可以看出,王國官吏可與漢吏通課遷補。王國界内園邑、奉邑中漢吏可遷補諸侯國吏的規定,顯示了漢法通行於王國,有利於深化對西漢惠吕、文帝時期郡國并行體制及其演變的認識。

關鍵詞 "補吏令"　中二千石　嗇夫類屬吏　史類屬吏　漢法

1986 年初,荆州博物館在江陵張家山發掘清理了漢墓 M136(後改爲 M336),出土了一批竹簡。[①] 2022 年,由彭浩先生主編的《張家山漢墓竹簡[三三六號墓]》正式出版,指出發掘工作從 1985 年冬開始。這批年代下限定爲漢文帝七年(前 173)的西漢早期竹簡中,首次出

---

* 本文爲國家社會科學基金項目"簡牘所見秦漢邊陲地區的郡縣化研究"(20BZS027)的階段性成果。
① 發掘簡報載:"1985 年秋和 1988 年初,荆州博物館先後發掘清理了張家山 M127、M136 兩座漢墓,再次出土一批竹簡。"荆州地區博物館:《江陵張家山兩座漢墓出土大批竹簡》,《文物》1992 年第 9 期。然 1987 年的《中國考古學年鑒》在"文物考古新發現"欄目中列有陳躍均所撰《江陵縣張家山漢墓竹簡》,記録 M327、M336 的發掘時間分別爲 1985 年 8 月和 1986 年 1 月,應是簡報所載有筆誤或印刷錯誤。中國考古學會編:《中國考古學年鑒 1987》,北京:文物出版社,1988,207-208 頁。

現了官吏考核、任免和升遷遞補的令文彙編《功令》,[1]對深入瞭解西漢初期官吏的考核、任用具有重要價值。[2] 因此《功令》甫一公布,即有學者對簡文的編聯、斷句和考釋作了補正與研究。《功令》中有一條涉及官吏遷補序列的令文(本文稱爲"補吏令"),對理解秦及漢初職官設置與祿秩等級極爲重要。筆者在研讀本條令文的過程中,對部分標點斷讀存在疑問,現將筆者理解的"補吏令"簡文和標點迻錄於下,詳細說明見後文:

　　·中二千石有缺,課郡守以補之。┕郡尉補郡守,它吏千石補二千石。八百石補千石,六百石補八百石。┕五百石補六(15)百石。┕四百石補五百石。┕三百石補四百石。┕二百石補三百石。┕斗食、學(16)佴通課補有秩,有秩通課補有秩乘車,有秩乘車通課補丞尉。令史通課補屬、尉佐,屬、尉佐通課補卒史,卒【史】補丞尉、丞相大尉(17)史。丞相大尉史年五十以下治獄者補御史,御史補六百石。不當補御史者與秩比通課。謁者、郎中亦上功勞,謁者(18)各以其秩與外吏課功勞,┕郎中比謁者。┕不欲爲吏,署功牒。(37)[3]

令文首先列舉了從中二千石下至二百石的逐級遷補,然後按職類分別列舉了斗食、學佴和令史至丞尉的兩條遷補途徑,卒史除了可補丞尉外,又可補丞相、太尉史,再補御史,最後遷補爲六百石職吏。令條最後是對謁者、郎中功勞考課的補充說明。現根據秦及漢初律令與文書簡牘記錄,對"補吏令"作一疏證,重點關注屬吏遷補的部分。需要指出的是,令條的最後部分并未提及謁者、郎中所補何種祿秩等級的吏,故本文不作分析。

一　中二千石至二百石的遷補

　　1. ·中二千石有缺,課郡守以補之。┕

根據圖版,《功令》竹簡有三道編繩,先編後寫,編繩位的右側有三角形小契口。本簡令

---

[1] 嶽麓秦簡《置吏律》中有"縣以攻(功)令任除有秩吏"的規定,但并未出現《功令》的條文。陳松長主編:《嶽麓書院藏秦簡(肆)》,上海辭書出版社,2015,137頁。司馬遷記載他曾閲讀《功令》,見《史記》卷一二一《儒林列傳序》,北京:中華書局,2014,3785頁。
[2] 荆州博物館:《湖北北陵張家山M336出土西漢竹簡概述》,彭浩執筆,《文物》2022年第9期;荆州博物館編,彭浩主編:《張家山漢墓竹簡[三三六號墓]》,北京:文物出版社,2022,《前言》1頁。
[3] 整理者在簡18後接簡19"其補六百石以上者當聞"。彭浩主編:《張家山漢墓竹簡[三三六號墓]》,98頁。黄浩波先生指出簡18後應接簡37,今從之。黄浩波:《張家山三三六號漢墓竹簡〈功令〉編連芻議》,簡帛網,2023年3月20日。下文所引《功令》內容,衹標簡號,不再出注。部分簡文標點據文義有所修正,如非特別需要,也不一一出注。

文起首符"·"位於上編繩之外,而令文正文全部書於編繩之内,部分文句之間有鉤校符斷開。本句末即有鉤校符表示斷讀。

　　對於本句的"中二千石",整理者根據勞榦先生的研究理解爲"京師官署的二千石官",并通過《漢律十六章·朝律》中位次順序中無"中二千石"記録,認爲"文帝前元時期的'中二千石'或非秩級,係專指京師官署的二千石吏"。① 然《史記·孝文本紀》載景帝元年十月(前157)詔令中有:"其與丞相、列侯、中二千石、禮官具爲禮儀奏。"②詔令明確記載了朝廷官吏中存在"中二千石"這一等級。③ 楊振紅先生根據文獻推定御史大夫、廷尉等秩從二千石升爲秩中二千石應發生在文帝六年以後至文帝去世前。④ 2021年,荆州胡家草場西漢簡牘部分公布,《朝律》中有:"再撢(拜),反(返)立(位)。郎中舉璧。典客臚傳:'中二千石進。'大行撢(拜)如將軍。典客臚傳曰:'諸侯王使者進,至末賓。'末賓出,引使者,使者趨、隨入,竝(并)趏(跪)末賓左。典客復臚傳如初"(簡380+379)。⑤ 在嚴肅的朝儀場合,典客臚傳的"中二千石"應爲正式的秩級,而非僅限於在長安的二千石,⑥或指模糊的"京師二千石"。⑦張家山漢墓M336的年代下限是漢文帝七年,胡家草場漢墓M12爲不早於文帝後元年(前

---

① 彭浩主編:《張家山漢墓竹簡[三三六號墓]》,98頁。
② 《史記》卷一〇《孝文本紀》,551頁。學者一般將此詔令繫於前156年,然景帝時仍然以十月爲歲首,十月還在公元前157年。
③ 閻步克先生推測,這裏的"中二千石"也可能祇是"中央的二千石"之意,還不等於"中二千石"已經是一個秩級,漢景帝裁抑王國官之時,調高中央二千石俸額,或壓低王國二千石俸額,使"中二千石"變成一個新秩。閻步克:《從爵本位到官本位——秦漢官僚品位結構研究》,北京:三聯書店,2009,303-304頁。閻先生的推測來源於當時祇有這一條孤證所致。周群先生認爲元狩六年的史料中將中二千石與二千石并列,纔體現出中二千石不再專指京師二千石,而是高於二千石的一個秩級。周群:《西漢二千石秩級的演變》,《史學月刊》2009年第10期。而本條令文中正好既有"中二千石",也有"二千石"。孫正軍先生將中二千石形成諸説歸納爲"文帝時説""景帝時説"和"武帝時説"三種,無定論的原因乃由於傳世史料的缺乏。他針對景帝朝中二千石與諸侯相被區別對待的史實,提出景帝朝的"中二千石"或可被視爲一種過渡形態的觀點。孫正軍:《漢武帝朝的秩級整理運動——以比秩、中二千石、真二千石秩級的形成爲中心》,《文史哲》2020年第5期。這些觀點主要是就傳世文獻的分析得出,近年新出簡牘給了重新檢討的契機。
④ 楊振紅:《秦漢官僚體系中的公卿大夫士爵位系統及其意義——中國古代官僚政治社會構造研究之一》,《文史哲》2008年第5期,收入其著《出土簡牘與秦漢社會(續編)》,桂林:廣西師範大學出版社,2015,52-58頁。
⑤ 荆州博物館、武漢大學簡帛研究中心編著,李志芳、李天虹主編:《荆州胡家草場西漢簡牘選粹》,北京:文物出版社,2021,54頁。簡380的"璧",整理者作"壁(璧)",然圖版中文字下部從"王",即"玉"字,當釋作"璧"。
⑥ 彭浩先生指出,簡文記載的是朝賀儀式片斷,"中二千石"指出席朝賀的二千石官僅限於在長安者。彭浩:《讀胡家草場漢簡札記兩則》,簡帛網,2021年10月17日。
⑦ 周波先生認同勞榦以"中"指京師,又從胡家草場《祠律》"二千石吏……家在長安中者",將"中二千石"理解爲"與地方相對的中央之二千石這一集合"。周波:《從胡家草場漢律看"中二千石"的涵義并論其演化爲秩級的時代》,載復旦大學出土文獻與古文字研究中心編《出土文獻與古文字研究》第10輯,上海古籍出版社,2022,272頁。然而本條《祠律》簡文爲:"二千石吏不起病者,祠以特牛,家在長安中者,謁者致祠;千石到六百石吏,祠以少牢。"李志芳、李天虹主編:《荆州胡家草場西漢簡牘選粹》,簡1552,98頁。簡文并非指中央二千石或京師二千石,而是特指"家在長安中"的二千石吏,死官歸葬長安時,朝廷會派謁者以特牛致祠。另外,《二年律令·秩律》中有二千石"車騎尉"(簡440),整理者注爲"車騎都尉"。據《史記·馮唐列傳》,馮唐爲中郎署長,由於應對合文帝心意,遷爲居於京師的車騎都尉,管理中郎和郡國的車戰之士,景帝即位時遷爲楚相(3335-3340頁)。馮唐是從"京師二千石"的"車騎都尉"遷爲地方二千石的國相,至少説明"京師二千石"的等級不會高於地方守相。因此不能將"中二千石"理解爲"京師二千石"。

163)的文帝時期,而賈誼在文帝二年即被超遷爲太中大夫,[①]因此,漢文帝采納賈誼建議進行的官秩改革應該是可能發生的。上述材料中的"中二千石"當爲文帝時在二千石之上新增的秩級,目的是"提高中央列卿的秩級,以此樹立中央王朝的權威和地位"。[②]

令文表示,中二千石缺員,并非所有二千石吏都有補缺的資格,而是祗能考課郡守來補缺,明確顯示中二千石秩級高於二千石的郡守。《功令》中常將郡與二千石官并列,如第九條:"前日詔吏謹察諸吏廉絜、平端者用之。今二千石官、郡守未嘗有言良吏者,甚不稱吾欲癈(厲)吏之意。其令二千石官、郡守各謹察諸吏廉絜、平端、毋害者,具署官秩、所以異之狀,徑上,會十月朔日,且以智(知)二千石官、郡守能獨察其吏者"(簡51—53)。第八十六條規定:"中二千石丞缺,以守丞久者補"(簡143)。不僅中二千石需由郡守課補,中二千石丞也需由郡太守丞久任者課補,顯示出郡守與一般的二千石官在升遷上是有差別的。如此,嶽麓秦簡中的"廷內史郡二千石官共令",[③]當理解爲"廷尉、內史、郡、二千石官共令"。[④]

2. 郡尉補郡守,它吏千石補二千石。

本句中的"二千石"進一步明確了前句的"中二千石"是更高的秩級。張家山漢墓M247《二年律令·秩律》中記載郡守和郡尉均爲二千石,[⑤]然嶽麓秦簡秦令有:"·郡尉不存,以守行尉事;泰守不存,令尉爲叚(假)守。"[⑥]明確顯示從秦開始,郡尉與郡守即存在一定的等級差別。[⑦]《二年律令·賜律》載:"二千石吏不起病者,賜衣襦、棺及官衣常(裳)。郡尉,賜衣、棺及官常(裳)。千石至六百石吏死官者,居縣賜棺及官衣。"(簡283—284)[⑧]因爲郡尉秩二千石,故郡尉死官與二千石吏一樣使用"不起病"的諱稱,然郡尉受賜衣物較二千石吏少,比千石吏多,顯示出郡尉較一般二千石稍低的等級。且"郡尉補郡守",應是承前"課郡守以補之"而省略"課"字,實際上郡尉補郡守需要考課,説明由郡尉遷補郡守,相當於升遷,這也是

---

① 《史記》卷八四《屈原賈生列傳》,3021頁。
② 楊振紅:《出土簡牘與秦漢社會(續編)》,58頁。
③ 陳松長主編:《嶽麓書院藏秦簡(肆)》,209頁。
④ 陳松長先生等將令名理解爲"廷、內史、郡二千石官三類官員"。陳松長等:《嶽麓秦簡與秦代法律制度研究》,北京:經濟科學出版社,2019,259頁。
⑤ 彭浩、陳偉、[日]工藤元男主編:《二年律令與奏讞書——張家山二四七號漢墓出土法律文獻釋讀》,簡440—441,上海古籍出版社,2007,258頁。
⑥ 陳松長主編:《嶽麓書院藏秦簡(柒)》,簡0371,上海辭書出版社,2022,63頁。
⑦ 游逸飛先生在考察了秦代郡制"三府分立"的特色後指出,秦代郡守與郡尉各自開府,但郡守地位高於郡尉。游逸飛:《製造"地方政府"——戰國至漢初郡制新考》,臺北:臺大出版中心,2021,195-220頁。
⑧ 彭浩、陳偉、[日]工藤元男主編:《二年律令與奏讞書》,208頁。

郡守在職權重要性和官吏等級上的體現。① 《漢書·百官公卿表》中郡尉"秩比二千石",② 在漢初《功令》中即可見端倪。

除開郡守、尉之外的二千石吏有缺,就從千石吏遷補。秦及漢初尚不存在比二千石的秩級,二千石之下即爲千石。③ 從這條規定可以看出,郡守在二千石吏中具有非同一般的地位,漢宣帝慨歎的"良二千石",④ 即指郡國守相而言。

  3.八百石補千石,六百石補八百石。┘

從本條規定可知,千石、八百石、六百石是三個連續的秩級,中間不存在其他秩級。《功令》七十三規定:"議:諸侯中大夫得上功與六百石吏通課補,補八百石。"(簡129)令文明確了六百石吏和相當於六百石的諸侯中大夫考課補八百石。⑤ 令文中的"中大夫",《漢律十六章·朝律》記漢朝百官位次有"千石、中大夫"(簡338),記諸侯官吏朝賀貢物時有"六百石、中大夫、御史、博士、奉常"(簡344—345),説明此時漢中大夫等級高於諸侯中大夫,賈誼《新書·等齊》所謂"天子之與諸侯,臣之與下,宜撰然齊等若是乎",⑥ 或是僅就大體言之,不必理解爲所有置吏完全齊等。令文明確了"諸侯中大夫"的課補,但未明確是否與漢六百石吏通課,也未指出是否補爲漢吏,然不管其所補八百石吏是漢吏還是諸侯吏,至遲在文帝七年,《功令》已是規範漢吏、諸侯吏升遷、任免的通行法令,諸侯王置吏需要滿足《功令》的要求。需要説明的是,西漢後期,成帝將八百石省并入六百石,故《漢書·百官公卿表》已無八百石的秩級。⑦

從圖版可以看出,本句的兩處"八百石"前都有一段空白,從空白的長度來看,或原有三字,後來校讎或修訂時刮削刪除所致。從《功令》圖版來看,簡15、17、25、34、40、84、118、138均有削除字迹留下的空白,另有簡17、39、45、75、91、97、113、130、131、157部分文字明顯較其他文字排列更緊密,顯是削除原文後增加更多文字所致,這也説明西漢吕后、文帝時對《功令》的内容作過較多調整,基層官吏手中的律令抄本需校讎多次,因而存在多處增加或削除文字的現象。

---

① 嚴耕望先生稱"郡守於一郡政務無所不統","爲一元首性之地方長官"。嚴耕望:《中國地方行政制度史甲部　秦漢地方行政制度》,臺北:"中研院"歷史語言研究所,1997,74頁。
② 《漢書》卷一九上《百官公卿表上》,北京:中華書局,1962,742頁。
③ 閻步克:《從爵本位到官本位》,88-92頁。
④ 《漢書》卷八九《循吏傳》,3624頁。
⑤ 閻步克先生論證了中大夫是皇帝的侍從散官,屬宦皇帝者,在漢初時不用禄秩等級進行管理。閻步克:《從爵本位到官本位》,400-407頁。諸侯中大夫的性質也應是"宦",而非"吏",因而在漢初時無秩,衹是相當於某個秩級或等級。
⑥ [漢]賈誼撰,閻振益、鍾夏校注:《新書校注》,北京:中華書局,2000,46頁。
⑦ 《漢書》卷一〇《成帝紀》陽朔二年載:"夏五月,除吏八百石、五百石秩。"李奇曰:"除八百就六百,除五百就四百。"(312頁)

4. 五百石補六百石。└四百石補五百石。└三百石補四百石。└二百石補三百石。└

嶽麓秦簡、里耶秦簡、張家山 M247 漢簡、張家山 M336 漢簡、胡家草場漢簡中皆有五百石的秩級，史籍記載漢成帝時方省并五百石，説明秦及漢初令長、丞尉的禄秩級别較後世更多、更細密。《功令》八十六規定："郡尉丞有缺，以御史不治獄視事久及擇五百石宜者補。"（簡 142）郡尉丞六百石，令文明確了郡尉丞可擇不治獄的御史和五百石吏課補。其他秩級也是按秩次等級逐級考課升遷。《功令》還規定："吏有缺，謹以功勞次補之。"（簡 20）官吏考課升遷的標準是功勞和行政能力，因此《功令》中特别列出了《功勞式》（簡 6—11），官吏個人也有單獨的"功將（狀）"牒。①

《二年律令·秩律》中縣道邑的最低秩級爲三百石，丞尉最低二百石。然而，《秩律》中列舉了八百石、六百石縣所屬田、鄉部爲二百石，千石縣所屬司空還高至二百五十石，②但司空、田、鄉部畢竟衹是縣屬諸官，其長官爲有秩乘車嗇夫，性質爲少吏，與作爲長吏的丞尉存在性質上的不同。然而，"補吏令"的"二百石補三百石"并未規定"二百石"是少吏還是長吏，顯示這一規定也涵蓋了二百石少吏遷升三百石長吏的情況，③與後文"有秩乘車通課補丞尉"一致。

至此，《功令》"補吏令"條文中明確列舉了從中二千石到二百石的秩級序列。相較吕后時期的《秩律》，禄秩序列的上端增加了中二千石秩級。而從《功令》七十三的規定可知，諸侯吏和漢吏一樣遵循這一規範性法令。④

二 嗇夫類屬吏向丞尉的遷補

《功令》令文在列舉完二百石以上官吏的禄秩升遷序列後，將屬吏的升遷分爲兩途，即主

---

① 對於"功將（狀）"，西北漢簡中多有"功將"（居延新簡 EPT50∶10）、"功勞墨將"（居延漢簡 282.7，居延新簡 EPT5∶1 等），李均明先生分類爲"功勞墨將名籍"。李均明：《秦漢簡牘文書分類輯解》，北京：文物出版社，2009，379－380 頁。然宋華强先生根據圖版，指出應作"功捋"，即"功閥"。宋華强：《釋張家山漢簡〈功令〉和西北漢簡的"捋"字》，簡帛網，2023 年 5 月 11 日。
② 彭浩、陳偉、［日］工藤元男主編：《二年律令與奏讞書》，簡 450、464、468、264、270、291 頁。
③ 廖伯源先生根據尹灣漢簡記録，將二百石以上吏稱爲"朝廷命官"，以與長官自辟署的屬吏相區别。廖伯源：《簡牘與制度：尹灣漢墓簡牘官文書考證（增訂版）》，桂林：廣西師範大學出版社，2005，105 頁。鄒水杰指出秦、西漢時期"長吏"尚未完全專有名詞化，故不能徑稱二百石以上吏爲"長吏"。鄒水杰：《秦漢"長吏"考》，《中國史研究》2004 年第 3 期。
④ 益陽兔子山遺址 7 號井第 7 層出土了可能是惠帝時期的律名木牘，其中有"諸侯秩律"，張忠煒、張春龍先生認爲："諸侯秩律衹有 1 篇且通行於所有王國。"張忠煒、張春龍：《漢律體系新論——以益陽兔子山遺址所出漢律律名木牘爲中心》，《歷史研究》2020 年第 6 期。結合文帝時《功令》的規定，這一推測是有道理的。

管行政事務的嗇夫類屬吏與處理文書的史類屬吏兩類。① 本條即規定有具體行政職掌的嗇夫類屬吏的遷轉序列。

1.斗食、學佴通課補有秩。

從本條令文的圖版來看，"斗食學"三字寫於簡16"補三百石"之後，簡下端尚有20餘字的空白，"佴"字位於簡17上編繩之内，但占據原本兩個字的長度。由於簡16下端空位太長，似不太可能是誤書後刮削幾字所致。從内容來看，簡15、16所列爲二百石以上的升遷序列，而"斗食學"以降則爲屬吏升遷的序列，或原本是分開另起一枚簡書寫的，但由於書寫時漏寫了"斗食"或"學佴"中的某一種（以漏寫"學佴"的可能性大），或是修訂律令時需要增加"學佴"，在校對時就將簡17上端二字削去，先於簡16文字之後加上鉤校符斷句，再添上"斗食學"三字，并在簡17上端刮削過的空白處寫上"佴"字，以示文字的連讀。從圖版來看，這四個字要較其他字寫得稍大，筆迹稍粗，極有可能是後來增補。

"斗食"表示的是有秩之下的禄秩等級，也用"斗食吏"表示這個等級的職吏，②簡59、116列的"斗食嗇夫"是職官名稱。但"學佴"則爲具體的職官，嶽麓秦簡伍《遷吏令》中還有暫時代理的"守學佴"。③ 張家山漢簡《史律》中，學佴帶領史、卜、祝學童去太史、太卜、太祝那裏參加考試，④或者學佴的職責是管理史、卜、祝學童，有一定行政權力和責任，⑤故而會因學童不入爲吏受罰："不入史、卜、祝者，罰金四兩，學佴二兩。"⑥但學佴并未列入斗食吏的禄秩等級，故單獨列出。⑦《功令》中斗食、學佴、令史三者常常并列出現（簡159、164、168），説明學佴和令史雖未列入禄秩序列，然在等級上相當於斗食，而且在升遷上也同等對待。《二年律令·賜律》有："賜吏酒食，衛（率）秩百石而肉十二斤、酒一斗；斗食、令史肉十斤，佐史八斤，

---

① 閻步克先生根據張家山漢簡《二年律令》的規定，指出漢初存在宦、吏與非吏三種不同的職類。閻步克：《從爵本位到官本位》，90-92頁。有關史類屬吏，參朱騰《秦縣中的史類吏員研究》，《中國人民大學學報》2017年第6期。
② 居延漢簡有："斗食吏三人，一月奉用錢二千七百，一歲奉用錢三萬二千四百。"（簡4.11）簡牘整理小組編：《居延漢簡（壹）》，臺北："中研院"歷史語言研究所，2014，11頁。
③ 嶽麓秦簡伍："以次爲置守學佴。·遷吏卅三。"（簡273/1774）陳松長主編：《嶽麓書院藏秦簡（伍）》，上海古籍出版社，2017，188頁。整理者斷爲"守、學佴"，現據文意改。
④ 《史律》有："史、卜子年十七歲學。史、卜、祝學童學三歲，學佴將詣大史、大卜、大祝，郡史學童詣其守，皆會八月朔日試之。"（簡474）彭浩、陳偉、[日]工藤元男主編：《二年律令與奏讞書》，296頁。
⑤ 朱騰先生通過《史律》和里耶秦簡14-18中有關"學佴"的簡文，指出學佴"當是學室中的教員"。朱騰：《六合爲家：簡牘所見秦縣治理研究》，上海：中西書局，2023，117頁。
⑥ 彭浩、陳偉、[日]工藤元男主編：《二年律令與奏讞書》，簡480，301頁。
⑦ 曹旅寧先生指出學佴應該是後來文學或文學卒史的前身。曹旅寧：《張家山336號漢墓〈功令〉"不史""頗有史""善書""吏事"考釋》，簡帛網，2023年4月11日。然學佴爲斗食級别的嗇夫類屬吏，而文學卒史爲郡卒史等級的史類屬吏，性質和等級均存在差别。

酒各一斗。"①律條原連讀爲"斗食令史",斷讀爲"斗食、令史"纔更合適。②

然而,斗食并非秦漢官吏序列中的最低一級,佐史纔是。可能是因爲斗食秩不滿百石,或稱爲"毋(無)秩小佐",③故在《秩律》中無一席之地,連帶著在《功令》"補吏令"中也沒有提及。里耶秦簡10-15列舉了遷陵縣某位小吏的伐閱,他在成爲斗食吏之前,有"爲官佐六歲,爲縣令佐一歲十二日"的經歷。④《二年律令·賜律》中有"不更比有秩,簪裊比斗食,上造、公士比佐史"。⑤《功令》也有:"縣道官自次官史、佐勞,補斗食、令史,勿上"(簡25)。令文明確縣道官屬中的官佐、官史,要通過勞次補斗食、令史。睡虎地M77漢簡即有"二年官佐功次"統計文書。⑥ 令文中的"勿上",表示縣道官將佐史遷補爲斗食、令史,毋須向上級報告。

有秩同樣表示禄秩等級,但也可爲職官名稱,《功令》簡23、98中的"有秩嗇夫"即爲具體職官名稱。關於有秩吏的任命機構,嶽麓秦簡《置吏律》明確規定:"縣除有秩吏,各除其縣中。"⑦也即任命有秩吏的主體是縣,而不是郡,更不是中央朝廷。⑧ 然而,漢初《功令》則規定"御史、丞相襍補屬、尉佐以上,二千石官補有秩嗇夫"(簡22),則有秩吏的除補機構在漢初已由縣升爲二千石官。《續百官志》"太尉"條本注:"或曰,漢初掾史辟,皆上言之,故有秩比命士。"⑨學者多引用本條材料論證漢初有秩吏需上報皇帝,但從《功令》來看,漢初有秩吏的任命權在二千石官,屬、尉佐這種史類屬吏纔需上報朝廷批准。

部分縣邑斗食吏數量太少,有秩缺多,也可以酌情由令史補有秩吏,《功令》册四載:"沛、豐、小黃吏有秩、有秩乘車缺,奉常課其邑有秩、斗食功勞以補。有秩缺多,斗食少,不足,得取令史勞多者補。"(簡101—102)當然,這衹能是特別針對奉常所轄沛、豐、小黃邑的權宜之計,并非補吏之常途。漢代邊地也往往需要從他縣選除官吏,如《功令》卅三:"北地守書言:月氏道大柢(抵)蠻夷,不習吏事。請令旁縣道給令史、吏,能自給止。"(簡87)北地郡月氏道多蠻夷,民衆大都不具備爲吏的知識,衹能在周邊縣道選任,但必須上報朝廷同意。而邊地蠻夷區域的郡守也可以一同考課本道斗食、令史、有秩補本道有秩、有秩乘車,而非從

---

① 彭浩、陳偉、[日]工藤元男主編:《二年律令與奏讞書》,簡297,212頁。
② 鄒水杰:《秦簡"有秩"新證》,《中國史研究》2007年第3期。
③ 嶽麓秦簡肆有:"置吏律曰:縣除小佐毋(無)秩者,各除其縣中,皆擇除不更以下到士五(伍)史者爲佐,不足,益除君子子、大夫子、小爵及公卒、士五(伍)子年十八歲以上備員,其新黔首勿强,年過六十者勿以爲佐。"(簡210/1396+211/1367)陳松長主編:《嶽麓書院藏秦簡(肆)》,137-138頁。
④ 里耶秦簡博物館、出土文獻與中國古代文明研究協同創新中心中國人民大學中心編著:《里耶秦簡博物館藏秦簡》,上海:中西書局,2016,128頁。
⑤ 彭浩、陳偉、[日]工藤元男主編:《二年律令與奏讞書》,簡292,211頁。
⑥ 陳偉:《睡虎地漢簡中的功次文書》,《文物》2018年第3期。
⑦ 陳松長主編:《嶽麓書院藏秦簡(肆)》,簡1272,136頁。
⑧ 鄒水杰:《秦簡"有秩"新證》,《中國史研究》2017年第3期。秦代遷陵縣諸多外來小吏,確實是因爲遷陵爲新地的緣故。游逸飛列舉了里耶秦簡中籍貫可考的19名遷陵縣吏,全爲外郡人。游逸飛:《製造"地方政府"》,181-187頁。
⑨ 《後漢書》,北京:中華書局,1965,3558頁。

他縣道補吏入多有蠻夷之道任職。《功令》三載:"武都道、羌道、平樂皆蠻夷,守課此道斗食、令史功勞多者補其有秩,有秩補其有秩乘車,它如律令"(簡40)。這些詔令固定下來後,即成爲法令。① 將地方請書形成的詔令列入《功令》,明確顯示西漢初期有秩吏遷補的原則性與靈活性。

另外,西漢郡國設置有與縣道同級的都官,《功令》八十二載:"諸都官斗食、有秩皆移功勞其家在所内史、郡守,内史、郡守通課以補其縣道,及都官在其界中者,在所郡守[守]通課用補如令。御史奏請許。制曰:可"(簡136—137)。都官雖屬中都官派出機構,但詔令明確規定内史、郡守要將界中都官斗食、有秩與所屬縣道吏一同考課遷補。《二年律令·置吏律》規定:"都官除吏官在所及旁縣道。都官在長安、櫟陽、雒陽者,得除吏官在所郡及旁郡。"② 吕后二年之前,都官祇能除吏所在或周邊縣道,但文帝時的《功令》則以詔令的形式明確可以在本郡所有縣道除吏。這種變化或是都官隸屬郡國的前奏。③

2.有秩通課補有秩乘車,有秩乘車通課補丞尉。

本條令文中,有秩分兩個等級:有秩和有秩乘車。《二年律令·秩律》中將有秩區分爲有乘車者和毋乘車者,其中有乘車者的秩級爲二百五十石、二百石、百六十石三等,對應本條令文的"有秩乘車";毋乘車者的秩級爲百廿石,對應"有秩"。雖然《二年律令》中不見有秩内部的遷轉序列,但由於存在秩等差別,從低秩遷爲高秩應該需要考課。然而,《功令》則祇列出"有秩"和"有秩乘車","有秩"需要通過考課纔能遷補"有秩乘車","有秩乘車"通過考課後可遷補"丞尉"。但在具體的行政運作中,從斗食超遷至有秩乘車也非鮮見,如里耶秦簡10-15的閥閱文書有:"爲縣斗食四歲五月廿四日。爲縣司空有秩乘車三歲八月廿二日。守遷陵丞六月廿七日。"④秦遷陵縣應屬六百石的低秩縣,縣屬司空仍然是"有秩乘車",可見《秩律》中六百石縣的司空爲百六十石"有乘車者",即承自秦制。

按《秩律》規定,千石、八百石縣丞、尉爲四百石,六百石、五百石縣道丞、尉爲三百石,三百石縣道丞、尉爲二百石,相應的有秩乘車秩級有二百五十石、二百石、百六十石三等,本條"有秩乘車通課補丞尉"可能指相應等級的有秩乘車可補相近秩級的丞尉。然察舉制實施後,就有可能跨越秩等升遷。西漢後期的尹灣漢簡中有楚國相書佐以廉遷爲三百石朐邑右

---

① 有關秦令的制定,可參陳松長等《嶽麓秦簡與秦代法律制度研究》,415-420頁;張楠提出了"有過程令"的概念,見張楠《秦令制定與中央政務決策研究》,南開大學博士學位論文,2022,22-55頁。
② 彭浩、陳偉、[日]工藤元男主編:《二年律令與奏讞書》,簡218,178頁。
③ [晉]司馬彪《續百官志》"大司農"條本注曰:"郡國鹽官、鐵官本屬司農,中興皆屬郡縣。"《後漢書》,3590頁。
④ 里耶秦簡博物館、出土文獻與中國古代文明研究協同創新中心中國人民大學中心編著:《里耶秦簡博物館藏秦簡》,128頁。

尉、梁國相書佐以廉遷任三百石襄賁左尉等實例。① 案尹灣漢簡木牘一正列太守府吏員爲"大守一人,丞一人,卒史九人,屬五人,書佐十人,嗇夫一人",②書佐列於屬之後、嗇夫之前,則太守府書佐可能相當於斗食或有秩,與三百石縣尉之間至少隔著有秩乘車這類秩等,"以廉遷"則是突破這一等級的途徑。史載薛宣"少爲廷尉書佐、都船獄史。後以大司農斗食屬察廉,補不其丞"。③《後漢書·循吏傳·童恢》載童恢曾除不其令,④至少爲六百石,則不其丞很可能爲三百石秩。薛宣從斗食升遷至三百石,跨度不小。日本學者西川利文推測,官秩二百石的長吏,是屬吏因"功次"而晉升的官員,察舉制度其實是登用三百石以上官僚的制度。⑤ 雖不確切,但至少部分道出了當時的真實情況。

《功令》規定,"二千石補有秩乘車"(簡156),"二千石補有秩、有秩乘車"(簡162),説明有秩乘車的任命權在屬所二千石。另外,雖然"有秩乘車"爲少吏,而"丞尉"爲長吏,但"有秩乘車通課補丞尉"和"二百石補三百石"的規定顯示,文帝時期二者之間的遷補也祇是通過類似的考課,少吏與長吏之間的晉升之途尚不存在鴻溝。即使到了武帝之後的察舉時代,低秩長吏仍然以功次遷升爲多。⑥

《功令》記載了若干特殊情況,如九十五:"丞相上奏〈奉〉常書言:萬年、長陵、安陵縣中吏得上功勞與它縣官吏通課、遷。·今萬年官毋乘車吏,而有有秩三人,毋所遷。請移其功勞内史通課、遷,便。"(簡169—170)萬年、長陵、安陵三縣均爲奉常所轄陵邑。《二年律令·秩律》載萬年爲三百石邑,丞、尉秩二百石,鄉部百六十石。⑦《功令》這份單獨上請文書顯示,文帝時萬年邑下屬機構(含鄉部)最高秩級爲百廿石的有秩,邑内不設有秩乘車等級的機構,説明至遲在文帝時,萬年邑下屬機構(含鄉部)已經降爲百廿石的有秩毋乘車者,與長吏的秩級差距進一步拉開。⑧ 同時,《功令》規定必須有秩乘車纔能升遷爲二百石丞、尉,萬年邑有秩"毋所遷"意味著在本縣已無升遷空間,因此祇能請求在内史轄區範圍内考課,⑨升遷爲内史轄縣的有秩乘車。

《功令》五規定:"吏有缺,以功勞次補之。故諸侯子徙關中者頗有史,可以爲吏,用之不

---

① 連雲港市博物館等編:《尹灣漢墓簡牘》,木牘三正,北京:中華書局,1997,86頁。
② 連雲港市博物館等編:《尹灣漢墓簡牘》,77頁。"書佐十人"在木牘二中被分爲"書佐九人、用筭佐一人"(79頁)。
③ 《漢書》卷八三《薛宣傳》,北京:中華書局,1962,3385頁。
④ 《後漢書》卷七六《循吏傳》,2482頁。
⑤ [日]西川利文:《漢代長吏的任用(補論)》,日本《鷹陵史學》28(2000年),轉引自[日]濱川榮著,張學鋒譯《2000年日本史學界關於戰國秦漢史的研究》,《中國史研究動態》2002年第3期。
⑥ 參見廖伯源《簡牘與制度:尹灣漢墓簡牘官文書考證(增訂版)》,1-47頁。
⑦ 彭浩、陳偉、[日]工藤元男主編:《二年律令與奏讞書》,簡465—466,290頁。
⑧ 鄒水杰指出漢文帝後元年前的改革,將縣屬諸官嗇夫分化爲"有秩嗇夫"和"斗食嗇夫",確立了縣廷對諸官的政治强勢。鄒水杰:《從虎溪山漢簡〈計簿〉看漢初縣屬嗇夫的分化》,《史學月刊》2022年第4期。從本條《功令》來看,這種改革進行得更早。
⑨ 萬年邑爲奉常所屬,但地處内史界中,故得由内史考課遷吏。

應(應)令。議:令郡守、縣令擇諸侯子徙其郡、縣,史可以爲吏者,以補乘車以下吏,令與故民爲吏者相襍。其可以爲丞、尉以上者,御史、丞相用之,毋以功勞次"(簡42—43)。① 對於關東遷往關中的"故諸侯子",②達到"史"的標準,郡縣補有秩乘車以下職吏。而達到任職丞、尉資格的,則由御史、丞相用之,説明"有秩乘車通課補丞尉"的考課任命權在中央朝廷。

秦漢簡牘中常見大量暫時代理的"守官"現象,《功令》中也有規定:"丞、尉以上有缺未補,二千石官調令旁近官守焉。有秩乘車以下,令、丞亦令近者守,皆須其真吏到罷之,敢擅免者奪爵一級。丞、尉以上當免者,二千石官、二千石官丞弗先得,罰金各四兩"(簡31—32)。丞、尉的任命權雖在朝廷,但有缺需要守吏暫代,則由二千石官調度,而且丞、尉有過錯當免,其監察權和責任也在二千石官及其佐貳之丞。對於有秩乘車以下吏,則由縣令、丞任命守吏。《功令》對不同官吏考課遷補的規定細碎繁密而又清晰明確。

三　史類屬吏向職吏的遷補

與嗇夫類屬吏相并行的是史類屬吏,它們的遷補序列中,除了遷補目的之一的"丞尉",其他職官名均不見於《秩律》。表明遲至文帝時代,史類屬吏尚無秩級,祇能相當於或類比職吏的某一秩級。③ 史類屬吏和嗇夫類屬吏的遷補機構也不同,《功令》載:"御史、丞相襍補屬、尉佐以上,二千石官補有秩嗇夫"(簡22)。④ 有秩嗇夫祇需要屬所二千石官遷補,但屬、尉佐以上必須由朝廷的御史、丞相共同遷補,顯示了二者的不同。

相同的是,二者最終都遷補爲丞尉以上長吏,地方的史類屬吏在遷補丞、尉後正式進入禄秩序列,而遷補丞相史與太尉史的,可經由御史而遷補六百石職吏。説明在漢初,史類屬吏最終還是要成爲職吏,從而進入到禄秩序列之中。

1.令史通課補屬、尉佐。

令史是縣廷處理文書的屬吏。上文已經指出,令史相當於斗食之秩等,且與斗食一樣是

---

① 簡42下端有表示序號的"己"字。黄浩波先生認爲簡19"其補六百石以上者當聞"可能接於簡43之後,是關於任用諸侯子有史者爲六百石以上吏員需要上報皇帝的補充規定。黄浩波:《張家山三三六號漢墓竹簡〈功令〉編連芻議》,簡帛網,2023年3月20日。
② 李開元先生對"高帝五年詔"中的"諸侯子"作了解讀,指出即"諸侯國人"。李開元:《漢帝國的建立與劉邦集團:軍功受益階層研究》,北京:三聯書店,2000,24-28頁。
③ 閻步克先生注意到張家山漢簡《秩律》中看不見六百石以下掾史,指出它們當在"自辟除"之列,應當"無秩級",即没有官階。閻步克:《從爵本位到官本位》,429頁。
④ 簡牘資料顯示,秦代兩類屬吏的任免稍有不同,嶽麓秦簡令文顯示:"史以上牒丞【相】、御史,御史免之;屬、尉佐、有秩吏,執灋免之,而上牒御史、丞相。"陳松長主編:《嶽麓書院藏秦簡(肆)》,簡0523+0520,209頁。

由佐史晉升而來。睡虎地秦墓 M11 竹簡《葉書》記錄了墓主喜的宦歷：[①]三年八月，喜揄史；四年十一月，喜□安陸□史；[②]六年四月，爲安陸令史；七年正月甲寅，鄢令史。[③] 喜從獲得"史"的資格到成爲令史，經過了 33 個月。里耶秦簡記有"資中令史陽里釦伐閱"："十一年九月揄爲史。爲鄉史九歲一日，爲田部史四歲三月十一日，爲令史二月"（簡 8-269）。[④] 釦擔任令史之前爲史長達十三年又三個月。喜的宦歷和釦的伐閱表明，縣下之"史"要經過多次晉升纔能遷任令史。嶽麓秦簡記錄了爽任史職的經歷："廿四年十二月丁丑，初爲司空史。"（簡 0687）。"廿五年十一月壬子，徙爲令史"（簡 0625）。[⑤] 爽在成爲縣令史之前，任職司空史，即"官史"。《功令》有載："縣道官自次官史、佐勞，補斗食、令史，勿上。其當逋〈補〉令史者，必嘗長曹二歲、壹計以上，年卌八以下，乃用之"（簡 25）。令文明確縣道必須給官史、佐按勞次排出順序，如果是升任令史的，還必須在列曹中主事二年、[⑥]經歷一次上計，并且年齡在 48 歲以下，方可任用。可見遷補令史對任職經歷的重視。

如果是在上級機構任職，《功令》另有規定："中尉所調視事盈四歲未遷者，得移功勞副居縣，與其官佐史通課，補斗食、令史，官有缺亦用之"（簡 56—57）。第九十八條載："中尉下請書：公車司馬佐不計長曹、與府佐同官，宜與府佐通課補斗食、令史"（簡 176）。即在中尉府任職四年未升遷，就可與縣中佐史一同參加考課，選補斗食、令史。而公車司馬佐，不計在曹中主事與否，也不計是否與府佐在同一機構，都可與府佐通課，選補斗食、令史。這些規定基本保證了朝廷中都官屬吏任職四年就有升遷的機會，以吸引優秀人材去中都官任職。[⑦]

官史、佐遷補令史，還有文書處理能力的要求。秦漢以文書御天下，不管史類屬吏還是嗇夫類屬吏，日常工作之一是處理行政文書。具備這種文書處理能力被稱作"史"，[⑧]否則稱作"不史"。[⑨] "史"是小吏的基本素質之一，合格了纔能成爲"史"。《二年律令·史律》載：

[①] 整理小組擬題名《編年記》，彭浩先生等重新整理時根據印臺、松柏漢簡的題名，改稱《葉書》。陳偉主編、彭浩等撰著：《秦簡牘合集（壹）》，武漢大學出版社，2014，8 頁。

[②] 陳侃理先生認爲此句可釋讀爲"喜除安陸鄉史"。陳侃理：《睡虎地秦簡〈編年記〉中"喜"的宦歷》，《國學學刊》2015 年第 4 期。則喜也是從官史升任令史。

[③] 陳偉主編、彭浩等撰著：《秦簡牘合集（壹）》，10-11 頁。

[④] 陳偉主編：《里耶秦簡牘校釋（第一卷）》，武漢大學出版社，2012，125-126 頁。

[⑤] 陳松長主編：《嶽麓書院藏秦簡（柒）》，175 頁。

[⑥] 睡虎地秦簡《效律》載："倉嗇夫及佐、史，其有免去者，新倉嗇夫、新佐、史主廥者，必以廥籍度之"（簡 32）。陳偉主編：《秦簡牘合集（壹）》，158 頁。這個"新佐、史主廥者"，就是新任主管廥的倉佐、史。

[⑦] 《功令》卅六："吏當爲中都官吏、中都官吏亡，及爲詐（詐）以避行，若以去其官欲爲縣、它官吏者，皆終身毋得爲吏，犯令及吏除者奪爵各一級。前令爲吏者勿斥"（簡 89—90）。從這條規定來看，可能很多小吏不願意在中都官任職，而傾向於在縣官爲吏，故頒布此令。

[⑧] 沈剛先生也指出"史"是一種專門行政技能。沈剛：《秦簡所見地方行政制度研究》，北京：中國社會科學出版社，2021，85 頁。

[⑨] 額濟納漢簡有："□隧長或不史不能知案民田官皆就□"（簡 2000ES9S：12）。魏堅主編：《額濟納漢簡》，桂林：廣西師範大學出版社，2005，267 頁。

"試史學童以十五篇,能風(諷)書五千字以上,乃得爲史。"①《功令》中有"頗有史、可以爲吏"(簡42)、"史可以爲吏"(簡43)的記錄,敦煌漢簡還記載了過去"不史"、現在"史"的例子:"玉門千秋隧長敦煌武安里公乘吕安漢,年卅七歲,長七尺六寸,神爵四年六月辛酉除。功一、勞三歲九月二日,其卅日父不幸死寧。② 定功一、勞三歲八月二日。訖九月晦庚戌,故不史,今史"(1186)。③ 然而,還是有部分小吏不能達到"史"的要求,如懸泉漢簡有:"馴望亭長當市里士五王快,年卅七。不史,仇健。本始五年三月戊辰除"(V92DXT1712④:15)。④《功令》第二條規定,"不史"的有秩小吏,需要有一定數量的"功",且得到丞相、御史特別審批,纔能遷補特定崗位:"議:發弩、校長、髳長、候長當補乘車而不史者,令上功丞相、御史,丞相、御史以補塞尉、城尉二百石吏"(簡39)。這些"不史"的屬吏爲亭長、發弩、校長、髳長、候長等有秩級別的武職或軍吏,由於不具備文書處理能力,即便功次條件滿足晉升要求,也衹能特批爲武職的二百石吏,或許這就成爲他們仕途的終點。可見文書處理能力是秦漢官吏晉升的必要條件,不獨史類屬吏如此。⑤

官佐史遷任斗食、令史後,就走上了兩條不同性質的晉升之路,由於有官佐史、斗食、令史和丞尉作參照,兩類屬吏的遷補序列可做成表1:

表1

官史、佐	斗食、學佴	有秩	有秩乘車	丞尉		
	令史	屬、尉佐	卒史	丞尉、丞相大尉史	御史	六百石

從對照表中可以明確看出,在禄秩等級上,令史相當於斗食,屬、尉佐相當於有秩,卒史相當於有秩乘車。

令史在傳世典籍和出土文獻中極爲常見,按《功令》規定可遷補爲屬、尉佐,但年齡的限制仍然存在。《功令》七十五規定:"令史年五十以上與斗食通課補有秩,勿以補屬、尉佐"(簡130)。令文明確年齡達到50歲的令史,與斗食一起考課補有秩,從而進入職吏的禄秩序列。《功令》還載有西宫詹事請書:"西宫詹事、詹事湯沐邑在内史、郡者,亦移内史、郡守用補,比。請:西宫詹事、湯沐邑各上斗食、學佴、令史年五十以上功及有秩缺内史、郡守,内史、郡守通課用補,比丞相議詹事湯沐邑,比御史奏"(簡163—165)。那些隸屬西宫詹事的湯沐邑令史,按照丞相此前議定的做法,年齡50歲以上即可與斗食、學佴一同上報功勞,接

---

① 彭浩、陳偉、[日]工藤元男主編:《二年律令與奏讞書》,簡475,297頁。
② 原釋文作"憲",根據圖版和文義改釋。
③ 張德芳:《敦煌馬圈灣漢簡集釋》,蘭州:甘肅文化出版社,2013,圖版357頁,釋文668頁。
④ 郝樹聲、張德芳:《懸泉漢簡研究》,蘭州:甘肅文化出版社,2009,41頁。
⑤ 對秦代文法吏和文吏政治的研究,參見閻步克《士大夫政治演生史稿》,北京大學出版社,1996,224-267頁。

受内史、郡守的考課,按規定遷補有秩吏,而不是在史類屬吏序列内遷補屬、尉佐。

傳世典籍中的"掾屬"之名使得"正曰掾,副曰屬"廣爲人知。① 但在諸官與列曹并立的秦及西漢初期,簡牘文書中記載的郡吏是"卒史"與"屬"。里耶秦簡文書16-5、16-6 開頭爲"洞庭守禮謂縣嗇夫、卒史嘉、叚(假)卒史穀、屬尉",②説明洞庭郡派卒史、假卒史和屬監察縣中行政事務。嶽麓秦簡《内史旁金布令第乙十八》載:"●令曰:叚(假)廷史、諸傳(使)有縣官事給殹(也),其出縣盼(界)者,令乘傳(使)馬,它有等殹(也)。卒史、屬、尉佐☐乘比叚(假)廷史、卒史覆獄乘傳(使)馬者,它有等比。"③令文規定卒史和屬、尉佐有公事出差,得乘使馬。西漢晚期,尹灣漢簡木牘二正記載太守吏員中有"屬五人",都尉吏員中有"屬三人",木牘三也出現了"大守屬""都尉屬""大司農屬""衛尉屬""大常屬""丞相屬"遷補長吏的記録,④明確了"屬"爲郡、二千石官及以上官府的屬吏。

然而,"尉佐"在傳世文獻中未見,因此,"屬尉佐"在出土文獻中剛出現的時候,斷讀爲"屬尉、佐"和"屬、尉佐"者皆有。⑤ 周海鋒指出當讀爲"屬、尉佐","屬"和"尉佐"均是秩級低於二百石高於百二十石的低級官吏。⑥ 但從屬、尉佐的遷補序列來看,它們處於相當於斗食吏的令史之後,而在相當於有秩乘車的卒史之前,因此祇能對應有秩毋乘車的等級。嶽麓秦簡《廷内史郡二千石官共令》顯示:"屬、尉佐、有秩吏,執灋免之,而上牒御史、丞相"(簡0520)。⑦ 又《史學童詐不入試令》規定:"諸吏爲詐(詐)以免去吏者,卒史、丞、尉以上上御史,屬、尉佐及乘車以下上丞相"(簡1866+J71-3)。⑧ 兩條令文均將屬、尉佐對應乘車以下有秩吏。按《秩律》所載,有秩毋乘車者爲百廿石,則屬、尉佐也祇對應百廿石的秩級。⑨

由於郡和二千石官、丞相府均置有"屬",《功令》册三對任職距離有規定:"令史當補屬、尉佐者,去家毋過千五百里"(簡100)。正因爲這一規定,《功令》九十七載有長信詹事奏請:"丞相上長信詹事書言:令曰:上令史功勞屬所二千石官,令史通課補屬、尉佐,去家毋過千五百里。·今靈文園奭言,令史功上長信詹事遠。·請上在【所】郡守,上其國丞相、御史通課"(簡173—175)。靈文侯園邑在吳國會稽郡,園邑令史當補長信詹事府屬、尉佐,但詹事府離家太遠,故靈文園主官奭向朝廷上奏,請求由會稽郡守上報吳國,由吳國丞相、御史考課

---

① 《續漢書·百官志一》"太尉"條注引《漢書音義》,見《後漢書》,3559頁。
② 里耶秦簡博物館、出土文獻與中國古代文明研究協同創新中心中國人民大學中心編著:《里耶秦簡博物館藏秦簡》,142、143頁。
③ 陳松長主編:《嶽麓書院藏秦簡(伍)》,簡263/1917+264/1899,上海辭書出版社,2017,185頁。
④ 連雲港市博物館等編:《尹灣漢墓簡牘》,86-90頁。
⑤ 張家山漢簡《二年律令》中斷讀爲"屬尉、佐",《嶽麓書院藏秦簡(肆)》中斷讀爲"屬、尉佐",《功令》中則連讀爲"屬尉佐"。
⑥ 周海鋒:《秦官吏法研究》,西安:西北大學出版社,2021,217-219頁。
⑦ 陳松長主編:《嶽麓書院藏秦簡(肆)》,210頁。
⑧ 陳松長主編:《嶽麓書院藏秦簡(陸)》,上海辭書出版社,2020,178頁。
⑨ 《漢書》卷八三《薛宣傳》載有"大司農斗食屬"(3385頁),則西漢後期中二千石官署"屬"的秩級已降至斗食。

遷補爲吳國的屬、尉佐。《功令》百也載少府上奏:"丞相上少府書言,令曰:上令史功勞屬所二千石官,通課補屬、尉佐,毋過千五百里。・今安成國〈園〉勝言,令史功上少府遠,請上在所郡守,守上其國丞相、御史通課如令。"(簡 179—180)①安成侯園邑在趙國清河郡,距少府遼遠,園邑長官上請,由趙國丞相、御史考課園邑令史遷補趙國的屬、尉佐。

長信詹事與少府均爲漢二千石官,其下轄的靈文園與安成園,所置均爲漢吏,但在距長安太遠的情況下,經上請皇帝同意,漢吏可由諸侯國丞相、御史考課升遷爲諸侯國吏。其他遠離長安的奉邑也存在這種處理方式,《功令》九十四載:"丞相上長信詹事書言,令曰:御史、丞相補屬、尉佐以上,二千石官補有秩、【有】秩乘車。今魯、淮陰爲奉邑,屬長信詹事,其有秩、有秩乘車節(即)缺,倮(課)奉邑令相補,及上令史功勞漢丞相、御史,丞相、御史遷之,皆漢,遠,不便。請令奉邑在諸侯者,各上其有秩、有秩乘車、斗食、學佴、令史功勞,及有秩、有秩乘車缺在所國御史、丞相、郡守,御史、【丞】相、郡守罨(遷)通〈補〉。"(簡 166—168)魯和淮陰作爲漢公主或皇后奉邑,屬長信詹事,邑內有秩、有秩乘車和令史按規定應由長信詹事、漢丞相、御史考課遷補,但由於距長安太遠,即上請由所在諸侯國的丞相、御史、郡守考課遷補。說明在文帝時代,處於關東遼遠諸侯國境內的園邑、奉邑,雖屬漢二千石官,其斗食、學佴由邑令或邑長考課遷補,有時也可以兩個奉邑互相遷補,但有秩、有秩乘車、令史以上,均報請皇帝後由所在國丞相、御史考課,遷補爲諸侯國吏,或由諸侯國吏遷補爲奉邑漢吏。

不止少吏,長吏也存在類似情況。《功令》十八載:"臨光侯相言,相、丞、尉皆故漢吏,御史以詔遷。請得上功勞與漢吏通課。・相國、御史以聞,請詔所令御史爲侯邑置相、丞、尉者,皆令上功勞與漢吏通課"(簡 75+76)。② 高后四年(前 184),封吕須爲臨光侯,所在地的漢長吏通過御史上請,拜爲侯邑相、丞、尉。③ 臨光侯相請求侯邑長吏能與漢吏一同考課功勞。文帝時臨光侯已經被廢,但吕后時的詔令內容在《功令》中保留下來,説明侯邑長吏與漢吏通課功勞的規定繼續生效。淮南同樣也有漢人與淮南國人在淮南爲吏的情況,《功令》卅五載:"淮南請:得以漢人爲淮南吏爵大夫以上者補六百石。・制曰:亦通用其國人大夫以上"(簡 88)。按《功令》規定:"爵公大夫以上補六百石以上"(簡 73),但淮南高爵者少,請求允許漢人爵大夫以上者補六百石,皇帝回覆淮南國人同樣可以大夫的爵位補六百石。④

這意味著在《功令》的規範之下,漢吏與諸侯國吏的遷補雖然從總體上需要區分,但在特定情況下,經過上請,漢吏可由諸侯國丞相、御史、郡守考課諸侯國吏遷任,漢吏也可以在諸

---

① 原釋文作"守上其園丞相",據圖版和文意改。
② 簡 75 下端有表序號的"癸"。
③ 馬孟龍認爲:"侯邑的'侯相'雖由列侯任命、支付俸禄,但仍是替朝廷管理食邑,而非代替列侯行使治民權。"馬孟龍:《漢初侯國制度新論》,《歷史研究》2023 年第 2 期。但從本條令文來看,臨光侯相、丞、尉祇能稱"故漢吏",即侯邑長吏在性質上已經轉變成爲"侯吏",而非"漢吏",那就不是替朝廷治民了。
④ 本條令文顯示淮南爲國,《功令》廿五顯示廬江郡爲淮南國支郡,則令文的時代應在文帝六年(前 174 年)淮南王劉長被廢之前。《史記・漢興以來諸侯王年表》載文帝前六年:"(淮南)王無道,遷蜀,死雍,爲郡。"(997 頁)

侯國任職。而諸侯國大小官吏的任免、遷補，均要遵守《功令》，特殊情況也得上請皇帝許可。如《功令》廿五："廬江郡斗〈久〉遠，吏民少，不足自給吏有秩以下，請得除國中它郡縣及得調發國中它郡、縣吏均焉"（簡81）。文帝時廬江郡屬淮南國，按規定有秩吏以下在本郡内任除，但由於廬江偏遠，文化落後，没有足夠的官吏人選，祇得請求在淮南國内的其他郡縣任除和調發，但必須上請皇帝許可。陳蘇鎮先生根據《二年律令》，認爲文帝前王國法令中有各國自行制定的内容。① 張忠煒和張春龍先生則根據兔子山7號井第7層惠帝時期律名木牘中"秩律"與"諸侯秩律"的律名，認爲王國必須奉行漢制。② 從文帝前期的《功令》來看，王國官吏的設置與遷補，需要奉行漢法。而這些規定很可能是從高后時即如此。③

2. 屬、尉佐通課補卒史，卒【史】補丞尉、丞相大尉史。

圖版中，"卒史"之"史"後無重文符號，"補丞尉丞＝相＝大＝尉＝"幾字甚密，與本簡上部的"通課補有＝秩＝乘＝車＝"和簡18下部的"上功勞謁者"相比較，可知"丞尉丞＝相＝大＝尉＝"與"有＝秩＝乘＝車＝"或"功勞謁者"所占空間差不多，而簡18上端的"史＝"正常。可能"補丞尉丞＝相＝大＝尉＝"原來祇有五字（不計重文號），推測原爲"丞相"或"大尉"，後來修訂時增補了二字。而在刮削過程中，將"史"後面的重文符號誤削，造成了缺漏。

漢初"丞相"與"太尉"的置廢直接影響到條文的修訂。漢初丞相常置，但高祖十一年更名"相國"，④惠帝、吕后時置左右丞相，文帝二年復置一丞相。⑤ 彭浩先生據此指出張家山漢簡《津關令》中"凡有相國稱謂的令是在高祖九年至惠帝六年十月間頒布的"。⑥ 如此，則本條《功令》應頒於文帝二年復置丞相之後。而"太尉"官，高帝五年、十一年曾罷省，惠帝六年復置，文帝三年復罷。⑦ 因而簡文更可能是修訂時增補了"大尉"二字，且祇能發生於文帝三年之前。如此一來，本條令文的修訂年代應繫於文帝二年至三年之間。楊振紅先生指出的

---

① 陳蘇鎮：《〈春秋〉與"漢道"：兩漢政治與政治文化研究》，北京：中華書局，2011，83-94頁。
② 張忠煒、張春龍：《漢律體系新論——以益陽兔子山遺址所出漢律律名木牘爲中心》，《歷史研究》2020年第6期。
③ 上引《功令》十八臨光侯相的上言，應在吕后四年或之後不久。又《功令》九十："丞相、御史請，外郎出爲吏者以補三百石。·制曰：可。·高皇后時八年八月丙申下"（簡152），整理小組認爲是漢文帝用吕后紀年發出。彭浩主編：《張家山漢墓竹簡[三三六號墓]》，122頁。王勇先生指出此時文帝尚未來到長安，詔令是少帝所下。王勇：《張家山336墓〈功令〉152簡"高皇后時八年八月丙申下"乃漢少帝所頒行》，簡帛網，2023年4月11日。
④ 《史記》卷一八《高祖功臣侯者年表》載蕭何"元年爲丞相，九年爲相國"（1064頁），然《蕭相國世家》明確記漢十一年："上已聞淮陰侯誅，使使拜丞相何爲相國"（2449頁），《漢書》卷一九上《百官公卿表序》也謂"十一年更名相國"（724頁），《秦漢官制史稿》采十一年説（安作璋、熊鐵基：《秦漢官制史稿》，濟南：齊魯書社，2007，26頁）。
⑤ 《漢書》卷一九上《百官公卿表序》，724頁。
⑥ 彭浩：《〈津關令〉的頒行年代與文書格式》，《鄭州大學學報（哲學社會科學版）》2002年第3期。
⑦ 安作璋、熊鐵基：《秦漢官制史稿》，74頁。

文帝官制改革也當發生於文帝三年之前,①"中二千石"的出現也需提前至文帝三年前。

卒史是秦漢二千石官的重要屬吏,《功令》規定以屬、尉佐遷補,但秦漢簡牘文獻中多見以令史遷補卒史者。張家山漢簡《奏讞書》案例二二秦王政六年(前241)"不智(知)何人刺女子婢寂里"案中,咸陽縣獄史舉關"能得微難獄",縣丞毅禮"謁以補卒史"。② 嶽麓秦簡《爲獄等狀四種》案例〇九"同、顯盜殺人案",獄史洋同樣以"能得微難獄",被"綏任謁以補卒史"。案例一〇秦王政廿年(前227)"䰋盜殺安、宜等案"中,獄史偵查求得凶手後,縣廷上報:"觸爲令史廿二歲,年卅三。彭沮、衷勞、年中令。皆請(清)絜(潔)毋(無)害,敦愨(慤)守吏(事),心平端禮。任謁課以補卒史,勸它吏。"③ 三個案例均爲縣廷治獄令史"能得微難獄",④然後縣廷上請"謁課以補卒史"。雖然簡牘中沒有記錄謁請的回覆,但從縣廷的文書來看,在特定情况下,令史可以直接謁補卒史,是毋庸置疑的。《史記·蕭相國世家》載蕭何爲沛縣主吏令史時,⑤"秦御史監郡者與從事,常辨之。何乃給泗水卒史事,第一"。⑥ 御史直接讓縣吏蕭何給事泗水卒史,同樣説明令史可直接遷補卒史。嶽麓秦簡伍《遷吏歸吏群除令》載:"·令曰:有發繇(徭)事(使),爲官獄史者,大縣必遣其治獄冣(最)久者,縣四人,小縣及都官各二人,乃遣其餘,令到已前發(?)者,令卒其事,遣詣其縣官,以攻(功)勞次除以爲叚(假)廷史、叚(假)卒史、叚(假)屬者,不用此令"(簡1885—1886)。⑦ 張家山漢簡《二年律令·史律》規定了史類屬吏的考試與誦課:"試史學童以十五篇,能風(諷)書五千字以上,乃得爲史。有(又)以八艚(體)試之,郡移其八艚(體)課大(太)史,大(太)史誦課,取冣(最)一人以爲其縣令史,殿者勿以爲史。三歲壹并課,取冣(最)一人以爲尚書卒史"(簡475—476)。⑧ 律文中的"尚書卒史",李迎春先生指出爲郡中以文書事務爲主要職責的卒史。⑨ 此律同樣顯示縣令史可以通過考課遷補郡卒史。

有關卒史的等級,《漢書·兒寬傳》載兒寬"功次補廷尉文學卒史",臣瓚注曰:"《漢注》

---

① 鄒水杰據虎溪山漢簡指出縣屬嗇夫的分化也發生於文帝六年至後元年之間。鄒水杰:《從虎溪山漢簡〈計簿〉看漢初縣屬嗇夫的分化》,《史學月刊》2022年第4期。然《功令》簡22載"御史、丞相掾補屬尉、佐以上,二千石官補有秩嗇夫",簡59有"屬、尉佐、有秩、斗食嗇夫、獄史、令史當治獄三歲以上",則這種變化也應發生於文帝三年前。
② 彭浩、陳偉、[日]工藤元男主編:《二年律令與奏讞書》,378頁。
③ 陳松長主編:《嶽麓書院藏秦簡(壹—叁)釋文修訂本》,上海辭書出版社,2018,155-160頁。
④ 秦代縣廷令史治獄即爲獄史,其正式的身份還是令史。鄒水杰:《簡牘所見秦代縣廷令史與諸曹關係考》,楊振紅、鄔文玲主編《簡帛研究二〇一六(春夏卷)》,桂林:廣西師範大學出版社,2016,144頁。
⑤ 蕭何的令史身份,參鄒水杰《"蕭何爲主吏"考》,載北京大學歷史學系、北京大學中國古代史研究中心編《吳榮曾先生九十華誕頌壽論文集》,北京:中華書局,2022,378-391頁。
⑥ 文穎曰:"何爲泗水郡卒史。"《史記》卷五三《蕭相國世家》,2446頁。
⑦ 陳松長主編:《嶽麓書院藏秦簡(伍)》,192頁。
⑧ 彭浩、陳偉、[日]工藤元男主編:《二年律令與奏讞書》,297頁。
⑨ 李迎春:《論卒史一職的性質、來源與級別》,西北師範大學歷史文化學院等編《簡牘學研究》第6輯,蘭州:甘肅人民出版社,2016,137-138頁。前引《功令》十一中明確郡、二千石官有"治獄卒史",傳世和出土文獻中見有大量"文學卒史",説明卒史本有分工,郡中有"尚書卒史"實屬正常。

卒史秩百石。"①《儒林傳序》記元帝時"郡國置五經百石卒史"。②《乙瑛碑》明確記載了東漢永興元年(153)魯相乙瑛向司徒、司空府"請置百石卒史一人",③似乎兩漢卒史的禄秩等級均爲百石。但文帝時代的《功令》中,卒史之類的史職屬吏并無禄秩,卒史祇是相當於有秩乘車的等級。《二年律令·秩律》記有秩乘車爲百六十至二百五十石的禄秩等級,那麽不同的卒史是否也有等級差別呢?

《功令》十一記載:"議:屬、尉佐、有秩、斗食嗇夫、獄史、令史嘗治獄三歲以上,④年卅五以下至卅,欲誠〈試〉二千石官,縣道官遣詣廷,廷以大獄、獄計、奏灙(讞)、律令有罪名者誠〈試〉之,并以廷史、郡治獄卒史員衛(率)十人而取誠〈試〉高者二人,上御史,以補郡、二千石官治獄卒史。廷史缺,以治獄卒史上苐(第)補"(簡59—61)。本條功令有幾層涵義:首先規定有秩級別和斗食級別或等級相當的小吏,滿足治獄年限和年齡限制,均可參加廷尉的考試;考試成績前百分之二十可由御史補郡、二千石官治獄卒史;若廷史有缺,就在治獄卒史考課優秀者中選補。⑤漢廷針對治獄卒史的選補,還專門訂立一條功令,説明治獄卒史雖然也是卒史,但與一般的卒史應有所區別,不能通過簡單的考課選補。尹灣漢簡載太守府有卒史九人,但有"署曹"和"不署曹"之別,體現爲地位高低與是否被太守重用。⑥ 而《功令》卅七載:"請:郡治獄卒史郡三人,在員中節(即)有缺,丞相、御史以功次、能治獄者補"(簡91)。治獄卒史每郡祇三人,必須在"能治獄"、任職久的卒史中選補。前引《功令》八十六規定,不治獄的御史祇能補郡尉丞,而治獄的御史則能補太守丞,説明能治獄和不能治獄還是有差別的,故"功勞式"中要特別標明"爲某吏若干歲月,其若干治獄"(簡7第一欄)。如果説文書能力是升任卒史的基本條件,而能否治獄則是卒史能否受到重用的關鍵因素。以上材料顯示,漢初卒史是有等級差別的,或可對應有秩乘車的幾個秩等。

到漢武帝時代,卒史的禄秩等級有了制度上的明確區分。《史記·儒林列傳》載公孫弘上請曰:"請選擇其秩比二百石以上,及吏百石通一藝以上,補左右内史、大行卒史;比百石已下,補郡太守卒史:皆各二人,邊郡一人。先用誦多者,若不足,乃擇掌故補中二千石屬,文學

---

① 《漢書》卷五八《公孫弘卜式兒寬傳》,2628頁。
② 《漢書》卷八八《儒林傳》,3596頁。
③ 徐玉立主編:《漢碑全集(二)》,鄭州:河南美術出版社,2006,678-679頁。
④ 嘗,整理者釋爲"當",曹旅寧先生據簡報公布的照片,已將此字釋爲"嘗"。曹旅寧:《張家山336號漢墓〈功令〉的幾個問題》,《史學集刊》2012年第1期。
⑤ 《功令》六十三對怎樣纔能算治獄有明確規定:"請:身治斷獄三歲以上乃署能治獄,其其治獄歲數如式令。其以卒史、屬主獄而非身斷之也,及以丞以上居治獄官者皆不得爲治獄,不從令者以署能不以實令論。吏智(知)聽與同罪"(簡125—126)。
⑥ 蔡萬進:《尹灣簡牘所反映的漢代卒史署曹制度》,李學勤、謝桂華主編《簡帛研究2002、2003》,桂林:廣西師範大學出版社,2005,270-274頁。

掌故補郡屬,備員。請著《功令》。"①《漢書·循吏傳·黄霸》記其"補左馮翊二百石卒史",②李迎春先生指出中二千石九卿屬吏的秩次高於郡太守屬吏,確爲的論。③

另外,《漢律十六章·朝律》載:"都官長丞五百石至三百石,丞相史、大(太)尉史、廷史、卒史陪立千石以下後,北上"(簡339)。④似乎律文中丞相史和太尉史相當於五百石,廷史相當於四百石,卒史有相當於三百石的位次。衛宏《漢官舊儀》載:"漢初置相國史,秩五百石。後罷,并爲丞相史。"⑤雖然漢初相國史不會有秩級,但應有相當於五百石秩的等級。如此一來,大縣四百石的丞尉確實可由相當於三百石的卒史直接課補,相當於五百石的丞相史、太尉史由卒史中明習律令的高第課補,也就成爲可能。《功令》五十載:"制曰:諸補丞相史、大(太)尉史者,謹以功第次、明律令者"(簡112)。而《漢書·曹參傳》載參爲相國:"擇郡國吏長大,訥於文辭,謹厚長者,即召除爲丞相史",⑥這是以黄老無爲思想治國時的特例。尹灣漢墓出土的西漢後期《東海郡下轄長吏名籍》中,四百石的下邳丞由"故豫州刺史從事史以捕格山陽亡徒將率"升遷,⑦下邳右尉爲"從史以廉遷",⑧説明確實有州郡史類屬吏遷補四百石的大縣丞尉,而即丘、曲陽、開陽等小縣、侯國丞尉以太守卒史或文學卒史遷補者則更多。⑨可見郡國卒史升遷爲丞相史,并非衹存在於制度的規定中。

3.丞相、大尉史年五十以下治獄者補御史,御史補六百石。不當補御史者與秩比通課。

秦及漢初簡牘文獻中的"御史",需據上下文理解爲"御史大夫",或是其下的屬吏"御史"。本條令文中的"御史"乃是後者。

《秩律》没有列出御史的秩級,《賜律》殘簡有"御史比六百石"(簡296),説明御史最初無秩,未列入禄秩等級,但賞賜時可比照六百石。⑩《功令》同樣有體現:"吏及宦皇帝者秩六百石以上及謁者、御史以老免若罷官,及病而免者,皆勿事"(簡34)。《朝律》記朝賀時有規定:"(諸侯)吏千石至六百石、中大夫、御史、博士、奉常用鴈(雁)。"⑪可知漢初御史作爲御史

---

① 《史記》卷一二一《儒林列傳》,3790頁。
② 《漢書》卷八九《循吏傳》,3627-3628頁。如淳注爲三輔尤異,嚴耕望從之。見嚴耕望《秦漢地方行政制度》,116頁。
③ 李迎春:《論卒史一職的性質、來源與級别》,147-148頁。
④ 彭浩主編:《張家山漢墓竹簡[三三六號墓]》,211頁。
⑤ [漢]衛宏撰:《漢官舊儀》卷上,收入孫星衍等輯、周天游點校《漢官六種》,北京:中華書局,1990,36頁。
⑥ 《漢書》卷三九《蕭何曹參傳》,2019頁。
⑦ 《續百官志》"司隸校尉"條記州從事史"皆州自辟除,故通爲百石云",則其禄秩與卒史等。見《後漢書》,3614頁。
⑧ 連雲港市博物館等編:《尹灣漢墓簡牘》,木牘三正,85頁。
⑨ 參見廖伯源《簡牘與制度:尹灣漢墓簡牘官文書考證(增訂版)》,22-26頁。
⑩ 閻步克:《從爵本位到官本位》,420頁。
⑪ 彭浩主編:《張家山漢墓竹簡[三三六號墓]》,簡344—345,212頁。

大夫府的史類屬吏,并未進入禄秩序列,祗是相當於六百石。① 因此,《功令》八十六規定:"郡尉丞有缺,以御史不治獄視事久及擇五百石宜者補。守丞有缺,以尉丞、御史治獄視事久者補"(簡142—143)。御史不治獄的祗相當於五百石職吏,可遷補郡尉丞;而治獄的御史則相當於六百石郡尉丞,通過考課可補六百石太守丞。②

令文明確標示"年五十以下",説明那些年齡超過50歲的丞相史、太尉史,不再有機會補爲御史,應是與五百石、六百石職吏一同考課,直接轉入職吏序列,再無升遷機會。

西漢景帝、武帝時期的趙禹,可以説是史類屬吏升遷的典型之一。《漢書・酷吏傳》載趙禹:"以佐史補中都官,用廉爲令史,事太尉周亞夫。亞夫爲丞相,禹爲丞相史,府中皆稱其廉平。……武帝時,禹以刀筆吏積勞,遷爲御史。上以爲能,至中大夫。"③ 趙禹爲右扶風斄縣人,在縣中爲佐史,由於距京師較近,補爲中都官令史。在周亞夫任職太尉、丞相期間,逐漸升遷爲五百石丞相史,處理相府文書。在武帝時積功勞遷爲御史,又以能力出衆任職中大夫,最後官至廷尉。趙禹是通過史類屬吏的序階,一步步升遷至朝中大吏的典型。

結語

張家山336號漢墓出土了西漢文帝前期的《功令》,其中"補吏令"條對中二千石至二百石以及官府屬吏的遷補均作出了詳細規定。令文對理解秦及漢初職官設置與禄秩序列極爲重要。

根據令文開頭并列的"中二千石"和"二千石",結合《史記・孝文本紀》所載景帝元年十月詔書、荆州胡家草場漢墓所出文帝時《朝律》的"中二千石"記載,可以推知漢文帝時期,在二千石之上新增了中二千石的秩級。令文將郡守、都尉與一般的二千石區别開來,顯示了郡守在二千石中具有非同一般的地位。二千石之下,設有千石、八百石、六百石、五百石、四百石、三百石和二百石幾個逐級遷補的秩級,説明此時令長、丞尉的秩級較後世更爲細密。

"補吏令"將屬吏的升遷分爲兩途,即處理行政事務的嗇夫類屬吏和處理文書事務的史類屬吏,一般情況下二者的遷補并不交叉。張家山M247漢墓所出吕后時期的《秩律》,最低祗及百廿石的有秩毋乘車者,而"補吏令"則從斗食的遷升開始,《功令》的部分條文還涉及官史、佐等佐史級别。嗇夫類屬吏的遷補序列是斗食、有秩、有秩乘車,最終遷爲丞尉,從而進入長吏序列。與斗食等級相當的是學佴,但學佴單獨列出,意味著學佴雖有管理學童之職,秦及漢初之時并無禄秩,祗能參照斗食進行考課與遷補。史類屬吏是由令史遷屬、尉佐,

---

① 武帝時期,謁者、御史皆進入禄秩序列,《漢書・百官公卿表》記爲比六百石。
② [漢]衛宏《漢舊儀》卷上記漢武帝時丞相府屬吏"皆從同秩補"。孫星衍等輯:《漢官六種》,68—69頁。然本條令文顯示,漢初太守丞也是從同秩補。
③ 《漢書》卷九〇《酷吏傳》,3651頁。

晉升卒史後遷補丞尉，進入長吏序列。然卒史還可遷補丞相史、太尉史，再課補御史。三者作爲公府屬吏，仍然是史類屬吏的性質，但最終歸宿仍然是遷補六百石職吏，升至長吏的序列。有秩以上的嗇夫類屬吏由屬所二千石官課補，屬、尉佐以上史類屬吏則由中央的御史、丞相課補。有秩乘車即《秩律》中的"有乘車者"，涵蓋二百五十石、二百石、百六十石的秩等，卒史也可能有與之相當的等級差別，而屬、尉佐則祇相當於百廿石有秩的等級。

從《功令》多處將"斗食、(學佴、)令史"、"屬、尉佐、有秩"和"卒史、有秩乘車"相并列的情況，結合《秩律》的規定，可知漢初史類屬吏無秩，不列入禄秩等級，祇是相當於嗇夫類屬吏的等級。丞相史、太尉史與御史也是同樣性質。若干石的秩級祇是針對有具體行政事務的職吏。閻步克先生著重對漢初宦皇帝者、御史和中央官署掾屬無秩的問題作了發覆，但對各官署"自辟除"的屬吏，由於文獻不足徵，祇能推測"掾史身份其實是多種多樣的"。[1] 現在由於《功令》的公布，可以明確知曉漢初史類屬吏無秩，儘管屬、尉佐以上并非"自辟除"，而是由丞相、御史遷補，但無秩的性質不變。武帝以降"百官皆吏"的禄秩改革，纔使得史類屬吏正式進入禄秩序列。

從圖版顯示簡文的書寫來看，條文中多有削除、增補等痕跡，表明秦漢律令的校讎、修訂是常態，也顯示出文帝時律令時有變動。地方官吏上請皇帝許可形成的詔令，也會漸次納入令條之中。奉常所轄陵邑中高級屬吏的遷補，有可能納入内史統一考課。長信詹事和少府所屬的園邑、奉邑，如果處於關東諸侯國界中，距長安太遠，經上請，屬、尉佐以上也可由所在國丞相、御史考課、遷補爲諸侯國吏。經皇帝同意，淮南國也可雜用漢人與諸侯國人除補六百石以上吏，其支郡缺乏屬吏時也可以在整個國中課補。這些功令令條顯示，文帝前期王國官吏的設置與遷補，雖然實施權在王國，但需要奉行漢法。

文帝時《功令》中與補吏相關的令條，尤其是屬吏遷補的規定，將嗇夫類屬吏與史類屬吏兩條遷補途徑清晰呈現出來。而王國官吏可與漢吏通課遷補，及王國內園邑、奉邑中漢吏可遷補諸侯國吏的規定，既顯示了漢法通行於王國，也體現了西漢初期官吏遷補的原則性與靈活性，有利於深化對西漢郡國并行體制及其演變的認識。

---

[1] 閻步克：《從爵本位到官本位》，443-451 頁。

張家山漢簡《功令》"補吏令"條疏證

張家山 336 號漢墓竹簡《功令》讀記（二）*

□ 中國社會科學院古代史研究所
□ "古文字與中華文明傳承發展工程"協同攻關創新平臺

鄔文玲

内容提要 結合張家山 336 號漢墓竹簡《功令》、張家山 247 號漢墓竹簡《二年律令·秩律》以及《漢官儀》的記載來看，漢代公主傅的屬吏應包含傅中府、傅令史等。張家山 336 號漢墓竹簡《功令》各條中的"勮"字，皆應理解爲職任繁勮之義。

關鍵詞 功令　公主傅　傅中府　傅令史　勮

新近公布的張家山 336 號漢墓竹簡《功令》中有幾條涉及和親公主官屬的令文，爲了討論方便起見，先將整理者的釋文迻錄如下：

簡（1）冊　其令匈奴公主傅（附）中府居匈奴盈四歲、令史二歲，更。令史除，鴈（雁）門代賜勞如視事日數。九七

簡（2）冊七　義渠故左王公主、義渠王公主傅（附）令史有缺，令隴西郡補以爲常。一〇七

簡（3）·義渠王公主傅（附）令史謝當辤官居外蠻夷中，勮願視事盈四歲更，定視事外盈四歲，守調，以功次當補令一〇八史者代。故左王公主傅（附）令史比。一〇九①

---

* 先前曾撰寫過一篇札記小文，討論張家山 336 號漢墓竹簡《功令》中所涉及的赦令，糾正了幾處將"赦"字誤作"效"字的釋文，題爲《張家山 336 號漢墓竹簡〈功令〉讀記》，刊載於龔留柱主編《朱紹侯逝世周年紀念文集》（鄭州：河南大學出版社，2023）。本文仍是關於《功令》的札記，故題爲"讀記（二）"，以示接續之意。
① 荆州博物館編，彭浩主編：《張家山漢墓竹簡[三三六號墓]》，北京：文物出版社，2022，113 頁、115 頁。

令文中的匈奴公主和義渠王公主，曹旅寧已做過討論，認爲分別指漢朝與匈奴、義渠的和親公主。①

令文中的"傅"，整理者括注讀作"附"，疑未安。王勇主張"傅"如字讀，認爲這裏的"傅"字具有標誌某一類官職的作用，不過對於其具體含義，他提出了"可取傅相之義"與"或可理解爲著名籍、給公家徭役之類"兩種方案，而更傾向於後者。他指出諸侯王、列侯、太子、公主皆有一套自己的官制，當有一套自己的官署名籍，"傅"字在表示傅籍時似亦可指此。②不過，從相關制度淵源來看，將這裏的"傅"理解爲傅相之義似更爲可取。

自周代以來，貴族子弟皆有保傅，而師、保、傅則有内外之别，擔任者既有男性也有女性。"内師""内保""内傅"爲撫育之官，其主要職責是撫育、教導幼童，可由女性擔任。"外師""外保""外傅"爲輔正教學之官，其主要職責是輔助教導成年貴族子弟，由男性擔任，《大戴禮記·保傅》云"選天下端士，孝悌閑博有道術者，以輔翼之"。③《禮記·内則》："十年，出就外傅，居宿於外，學書計。"鄭玄注："外傅，教學之師也。"④王后、公主、夫人等成年女性，則有傅有母。《春秋公羊傳》襄公三十年："宋災，伯姬存焉，有司復曰：'火至矣，請出。'伯姬曰：'不可。吾聞之也：婦人夜出，不見傅、母，不下堂。'傅至矣，母未至也，逮乎火而死。"何休《解詁》云："禮：后、夫人必有傅、母，所以輔正其行，衛其身也。選老大夫爲傅，選老大夫妻爲母。"⑤《獨異志》載："後漢明帝楊后，花面美色，有顛狂病，發則殺人。惟内傅孟召爲文，后每讀之，顛狂輒醒。時人語曰：'孟召文，差顛狂。'"⑥西漢枚乘《七發》云："今夫貴人之子，必宫居而閨處，内有保母，外有傅父。"⑦《西京雜記》載："趙王如意年幼，未能親外傅，戚姬使舊趙王内傅趙媪傅之。"⑧此處"内傅"與"外傅"并舉，"内傅"趙媪爲女性，"内傅"即"保母"，"外傅"即"傅父"，應爲男性大夫。表明到漢代初年貴族子弟的保傅仍然内外有别。⑨ 從關係性質上講，内傅爲私屬，而外傅爲臣屬，需由君主任命。⑩ 再據漢初匈奴和親公主出嫁時文帝命宦者中行説"傅公主"之例，則《功令》簡文中的"公主傅"，類似於外傅性質，由君主任命，於公主爲臣屬。

從文意來看，令文中涉及對和親公主官屬的任期規定。簡（1）即第卅條所言"匈奴公主

---

① 曹旅寧：《張家山336號漢墓〈功令〉匈奴公主義渠故左王公主義渠王公主考釋》，簡帛網，2023年4月10日。
② 王勇：《"傅公[主]家丞""傅中府""傅令史"：張家山漢簡〈秩律〉、〈功令〉和親材料管窺》，簡帛網，2023年4月11日。
③ [清]王聘珍撰，王文錦點校：《大戴禮記解詁》卷三《保傅》，北京：中華書局，1983，51頁。
④ [清]孫希旦撰，沈嘯寰、王星賢點校：《禮記集解》卷二八《内則》，北京：中華書局，1989，769頁。
⑤ [漢]何休解詁，舊傳[唐]徐彦疏：《春秋公羊傳注疏》卷二一《襄公三十年》，[清]阮元校刻《十三經注疏》，北京：中華書局，2009，5025-5026頁。
⑥ 杜文瀾輯，周紹良點校：《古謡諺》卷六七"時人爲孟召語"條，北京：中華書局，1958，770頁。
⑦ [南北朝]蕭統編，[唐]李善注：《文選》卷三四，北京：中華書局，1977，779頁。
⑧ [晉]葛洪撰，周天游校注：《西京雜記》"魚藻宫"條，西安：三秦出版社，2006，18頁。
⑨ 參見高華平《楚簡文字中的"師""保""傅"與先秦的保傅制度》，《中國文化研究》2012年夏之卷。
⑩ 參見宋小克《論春秋時期的師保》，《求是學刊》2015年第3期。

傅中府居匈奴盈四歲、令史二歲,更",其中的"傅",應即公主官屬"傅"。《漢官儀》曰:

> 長公主傅一人,私府長一人,食官一人,永巷長一人,家令一人,秩皆六百石,各有員吏。而鄉公主傅一人,秩六百石;僕一人,六百石;家丞一人,三百石。①
> 長公主官屬,傅一人,員吏五人,騶僕射五人,私府〔長〕、食官〔長〕、永巷(長)令、家令各一人。②

據此可知,漢代長公主、鄉公主皆設有官屬"傅"一人,秩六百石。長公主傅有員吏五人。

關於"中府",整理者引《漢書·東方朔傳》及唐顏師古注:"掌金帛之藏者也。"(西漢)公主中府或王府中府省稱,掌藏金帛之所。《漢書·東方朔傳》:"令中府曰:'董君所發,一日金滿百斤,錢滿百萬,帛滿千匹,乃白之。'"顏師古注曰:"中府,掌金帛之藏者也。"③

中府或即私府,根據前引《漢官儀》,長公主府設有官屬"私府長"一人,秩六百石。不過從文意來看,令文中的"傅中府",很可能是指公主傅的屬吏中府。

"傅令史",亦指公主傅的屬吏令史。因此,這幾條令文分別涉及匈奴和親公主"傅中府""傅令史"與義渠和親公主"傅令史"的任职期限與選任規定。

漢代和親公主遠嫁時,除了不菲的陪嫁物資外,還應有人數可觀的專門的隨從官屬一同遠赴異域,侍奉公主。據《漢書·西域傳》,漢武帝時期張騫出使西域,意圖聯合烏孫對付匈奴,烏孫成爲漢匈雙方博弈和爭取的力量。烏孫最初首鼠兩端,一方面臣服於匈奴,一方面與漢使交通但拒絕聯姻。後匈奴得知消息後,揚言要攻打烏孫,烏孫十分害怕,轉而倒向漢朝尋求支持,主動派遣使者進獻馬匹,希望娶漢朝公主爲妻,結爲兄弟。漢武帝徵詢群臣的意見,得到贊同,不過要求烏孫先行聘禮。於是烏孫以一千匹馬行聘。元封年間,漢朝以江都王劉建的女兒細君爲公主,嫁給烏孫昆莫爲妻,被昆莫封爲右夫人。細君公主出嫁時,漢朝不僅賞賜了大量的物資,還爲其配備了多達數百人的官屬侍從人員,"賜乘輿服御物,爲備官屬宦官侍御數百人,贈送甚盛"。到了烏孫之後,細君公主"自治宮室居,歲時一再與昆莫會,置酒飲食,以幣帛賜王左右貴人",④意即自行營造宮室居住,每年祇在一定的時節與昆莫聚會幾次,喝酒吃飯,還用財物、絲織品等賞賜給昆莫左右的貴人。由此看來,在烏孫和親的細君公主似擁有相對獨立的財政權力。

又元康年間,烏孫昆彌上書,希望恢復與漢朝的和親,迎娶漢朝公主,得到宣帝的認可:

---

① 《後漢書》卷一○《皇后紀》注引《漢官儀》,北京:中華書局,1965,458 頁。[清]孫星衍等輯,周天游點校:《漢官六種·漢官儀》,北京:中華書局,1990,134 頁。
② 《後漢書》卷一五《鄧晨傳》注引《漢官儀》,584 頁。[清]孫星衍等輯,周天游點校:《漢官六種·漢官儀》,134 頁。
③ 荆州博物館編,彭浩主編:《張家山漢墓竹簡[336 號漢墓]》,113 頁。
④ 《漢書》卷九六《西域傳》,北京:中華書局,1962,3903 頁。

元康二年,烏孫昆彌因惠上書:"願以漢外孫元貴靡爲嗣,得令復尚漢公主,結婚重親,畔絶匈奴,願聘馬騾各千匹。"詔下公卿議,大鴻臚蕭望之以爲"烏孫絶域,變故難保,不可許"。上美烏孫新立大功,又重絶故業,遣使者至烏孫,先迎取聘。昆彌及太子、左右大將、都尉皆遣使,凡三百餘人,入漢迎取少主。上乃以烏孫主解憂弟子相夫爲公主,置官屬侍御百餘人,舍上林中,學烏孫言。天子自臨平樂觀,會匈奴使者、外國君長大角抵,設樂而遣之。使長(盧)〔羅〕侯光禄大夫惠爲副,凡持節者四人,送少主至敦煌。未出塞,聞烏孫昆彌翁歸靡死,烏孫貴人共從本約,立岑陬子泥靡代爲昆彌,號狂王。惠上書:"願留少主敦煌,惠馳至烏孫責讓不立元貴靡爲昆彌,還迎少主。"事下公卿,望之復以爲"烏孫持兩端,難約結。前公主在烏孫四十餘年,恩愛不親密,邊竟未得安,此已事之驗也。今少主以元貴靡不立而還,信無負於夷狄,中國之福也。少主不止,縣役將興,其原起此"。天子從之,徵還少主。①

此次和親雖然最終因烏孫昆彌翁歸靡去世、烏孫貴人没有遵從翁歸靡的承諾立元貴靡爲昆彌而中途作罷,但宣帝爲和親行動做了諸多準備安排,"上乃以烏孫主解憂弟子相夫爲公主,置官屬侍御百餘人,舍上林中,學烏孫言"。可見,在和親公主相夫出嫁前,朝廷爲她配置了上百人的"官屬侍御"群體,并要求他們學習烏孫語言。

"官屬宦官侍御""官屬侍御"之長,很可能就是"傅"。《史記·匈奴列傳》載:

老上稽粥單于初立,孝文皇帝復遣宗室女公主爲單于閼氏,使宦者燕人中行説傅公主。説不欲行,漢彊使之。説曰:"必我行也,爲漢患者。"中行説既至,因降單于,單于甚親幸之。②

和親公主出嫁匈奴時,孝文帝命中行説"傅公主",意即侍奉、輔佐公主,爲"公主傅"。一旦爲"公主傅",可能是長期或者終身性的。《功令》中的相關條文規定了傅中府、傅令史的任期,未言及傅的任期,或可爲旁證。故而中行説不樂意遠赴異域擔任公主傅。

從相關資料來看,不衹和親公主出嫁時有"傅"侍從,舉凡公主出嫁時應皆有"傅"及官屬侍從。《漢書·東方朔傳》載,隆慮公主的兒子昭平君娶了漢武帝的女兒夷安公主爲妻,隆慮公主病重時,以金千斤、錢千萬爲兒子昭平君預贖死罪,得到漢武帝的准許。隆慮公主死後,"昭平君日驕,醉殺主傅,獄繫内官"。關於"主傅",顏師古注引服虔曰:"主傅,主之官也。"如淳曰:"禮有傅姆。説者又曰傅者老大夫也,漢使中行説傅翁主也。"師古曰:"傅姆是

---

① 《漢書》卷九六《西域傳》,3905-3906 頁。
② 《史記》卷一一〇《匈奴列傳》,北京:中華書局,1959,2898 頁。

也。服説失之。"①這裏的"主傅",應即昭平君之妻夷安公主之"傅"。

據前引《漢官儀》,漢代長公主官屬傅一人,有員吏五人。從《功令》中的稱謂"傅中府""傅令史"來看,傅的員吏應包含中府、令史。

另外,張家山漢簡《二年律令·秩律》中有關於公主家丞的秩級規定:

> 李公主、申徒公主、榮公主、傅公[主]家丞,秩各三百石。四七二 ②

王勇認爲其中的"李公主、申徒公主、榮公主",皆是與匈奴、義渠等外國和親的公主,而"傅公[主]家丞"與張家山336號漢墓《功令》所言和親公主官屬"傅中府""傅令史"稱謂一致,傅字的含義當相同。之所以特别强調"傅公[主]家丞""傅中府""傅令史"等稱謂,或許是公主和親之後,其在國内尚有食邑或湯沐邑,還有一套官吏存在,故以示區别。因此主張將《秩律》此條重新斷讀作:"李公主、申徒公主、榮公主傅公[主]家丞,秩各三百石。"③不過,從目前的資料來看,這一讀法似乎還難以完全坐實。一是根據前引《漢官儀》的記載,公主傅與公主家丞并舉,二者之間似無統屬關係;二是李公主、申徒公主、榮公主等稱謂與《功令》中對和親公主的稱謂冠之以和親對象如匈奴公主、義渠王公主等不同。關於公主和親之後在國内尚有食邑或湯沐邑的推測,證據也似還不夠充分。從有限的史料來看,公主和親之後可能并未保留國内的食邑或湯沐邑。《漢書·西域傳》記載了解憂公主年老時請求回到漢地之事:

> 元貴靡、鴟靡皆病死,公主上書言年老土思,願得歸骸骨,葬漢地。天子閔而迎之,公主與烏孫男女三人俱來至京師。是歲,甘露三年也。時年且七十,賜以公主田宅奴婢,奉養甚厚,朝見儀比公主。後二歲卒,三孫因留守墳墓云。④

漢宣帝准許了解憂公主的請求,將其迎送回京師,"賜以公主田宅奴婢,奉養甚厚,朝見儀比公主",似乎表明解憂公主和親期間,國内可能并未保留有食邑或湯沐邑,因而她回歸之後纔需要重新賜予田宅奴婢。懸泉漢簡中保留了漢朝派人迎送解憂公主回國的公文書資料,其中解憂公主被稱爲烏孫公主:"甘露三年十月辛亥,丞相屬王彭,護烏孫公主及將軍、貴人、從者,道上傳車馬爲駕二封軺傳,□請部。御史大夫萬年下謂(渭)成(城),以次爲駕,當舍傳舍,如律令。(V1412③:100)"⑤

---

① 《史記》卷六五《東方朔傳》,2851—2852頁。
② 張家山二四七號漢墓竹簡整理小組:《張家山漢墓竹簡[二四七號墓]》(釋文修訂本),北京:文物出版社,2006,80頁。
③ 王勇:《"傅公[主]家丞""傅中府""傅令史":張家山漢簡〈秩律〉、〈功令〉和親材料管窺》,簡帛網,2023年4月11日。
④ 《漢書》卷九六《西域傳》,3908頁。
⑤ 胡平生、張德芳:《敦煌懸泉漢簡釋粹》,上海古籍出版社,2001,138頁。

簡(1)令文中的"令史除,雁門代賜勞如視事日數"一句,王勇主張改讀作"令史除雁門、代,賜勞如視事日數"。意思是傅令史之任,就近於雁門郡、代郡中選擇,猶如下一條簡(2)所言,義渠公主傅令史有缺"令隴西郡補,以爲常",皆是就近補官。① 可從。"賜勞如視事日數",即按照任職天數加倍賜予勞績,應是對遠赴匈奴異域擔任和親公主傅令史的特別優待。換句話説,擔任匈奴和親公主傅令史兩年,就可以獲得四年的勞績。從《功令》的相關規定來看,當時各級官吏的升遷采用的是"通課"制度,用現在的話説,就是考績時按照功勞統計結果進行"大排名",功勞名次就成爲職務晉升的依據。令史層級的升遷也是如此,"令曰:上令史功勞屬所二千石官,令史通課補屬尉佐,去家毋過千五百里"。② 由此可見,如擔任匈奴和親公主傅令史獲得雙倍勞績,無疑有助於提升功勞名次,從而獲得更多晉升機會。

　　簡(3)中的"謝當辤",整理者注釋認爲是人名,未安。從令文含義和漢代律令生成方式來看,此處"謝當"爲人名,"辤"即"辭",爲陳述言説之意。表明本條令文是在采納謝當所陳述情況的基礎上而形成的。從漢初簡牘資料來看,"辭""言""請"等皆是公文書中的制度性用語,但適用對象有别。"辭"通常用於吏民個人向主事官府陳述情況,提出訴求,如《功令》九十九:"丞相下中尉請書言,巍官大夫若思等五人、陽平公乘縱等二人皆辭曰:調爲都官佐,家去官遠,不能自給,願罷,得復歸居縣須缺。請所前調河東郡爲都官佐未遷欲罷者,比若思等。"③ 在司法文書中,表示當事人供述、陳述以及乞鞫上訴,通常也用"辭"。比如張家山漢簡《奏讞書》案例二:"十一年八月甲申朔丙戌,江陵丞驁敢讞(讞)之。三月己巳大夫祿辤(辭)曰:六年二月中買婢媚士五(伍)點所,賈(價)錢萬六千,迺三月丁巳亡,求得媚,媚曰:不當爲婢。"④ 張家山漢簡《二年律令·具律》:"气(乞)鞫者各辭在所縣道,縣道官令、長、丞謹聽,書其气(乞)鞫,上獄屬所二千石官,二千石官令都吏覆之。"⑤ "言"與"請"通常用於官府主官向上級乃至皇帝報告和請示相關事項。如《功令》卅九:"雲中守言:河陰邊小民史者少,不能自給吏。請斗食、令史、佐史缺,守調,令旁縣補,能自給止。"《功令》卅五:"淮南請:得以漢人爲淮南吏爵大夫以上者補六百石。·制曰:亦通用其國人大夫以上。"⑥

　　"勮",整理者屬下讀,注釋認爲是"務"之意,并引《説文·力部》:"務也。"《説文解字義證》:"務也者,李善注王粲詩引作甚也。"⑦ 從前後文來看,"勮"解作"務"未安。此處"勮"宜從本義,理解爲繁重、艱難之義,與"易"相對。意思是義渠王公主的官屬傅令史名叫謝當,上

---

① 王勇:《"傅公[主]家丞""傅中府""傅令史":張家山漢簡〈秩律〉、〈功令〉和親材料管窺》,簡帛網,2023年4月11日。
② 《功令》九十七,見荆州博物館編,彭浩主編《張家山漢墓竹簡[三三六號墓]》,124頁,簡173—174。
③ 《功令》九十九,見荆州博物館編,彭浩主編《張家山漢墓竹簡[三三六號墓]》,125頁,簡177—178。
④ 彭浩、陳偉、[日]工藤元男主編:《二年律令與奏讞書:張家山二四七號漢墓出土法律文獻釋讀》,上海古籍出版社,2007,337頁,簡8—9。
⑤ 彭浩、陳偉、[日]工藤元男主編:《二年律令與奏讞書:張家山二四七號漢墓出土法律文獻釋讀》,139頁,簡116。
⑥ 《功令》卅九、卅五,分别見於荆州博物館編,彭浩主編《張家山漢墓竹簡[三三六號墓]》,113頁簡95、111頁簡88。
⑦ 荆州博物館編,彭浩主編:《張家山漢墓竹簡[336號漢墓]》,115頁。

言説,在外蠻夷之地任職,比在内地繁勮,希望任職滿四年就可以調換崗位。朝廷采納了他的意見,規定義渠王公主傅令史任職滿四年就可以調換崗位,由郡守調遣依功勞等次應當遷補令史的人代替。義渠左王公主傅令史的任期和調任更替亦準此執行。整理者已經指出,義渠王公主傅令史四歲更,與内地吏員任職時限相同,而不同於在匈奴公主傅令史任職二年更,并按視事日數賜勞。

因此,前述令文可改讀如下:

卌　　其令匈奴公主傅中府居匈奴盈四歲、令史二歲,更。令史除鴈(雁)門、代,賜勞如視事日數。

卌七　　義渠故左王公主、義渠王公主傅令史有缺,令隴西郡補,以爲常。

·義渠王公主傅令史謝當辤:官居外蠻夷中,勮,願視事盈四歲更。定視事外盈四歲,守調以功次當補令史者代。故左王公主傅令史比。

張家山 336 號漢墓《功令》第八十九條中的"勮"亦宜理解爲繁重、艱難之義。

簡(4)八十九　　大(太)官中般、厨、右槽(曹)槽(曹),未英(央)大(太)官右般、厨、右槽(曹)、上槽(曹)槽(曹),長信私官中般、厨、右槽(曹)槽(曹),詹事私官中般、一五〇 槽(曹),勮(據)議賜〈賜〉其嗇夫吏及令史常監者勞歲六月。視事不盈歲者,以日數計賜〈賜〉之。一五一①

此則令文中的"勮"字,整理者屬下讀作"據",未做注解。從前後文來看,這裏的"勮"字當讀作本字,理解爲繁重、艱難的本義。令文意思是説由於太官、未央太官、長信私官、詹事私官下屬的各般、各厨、各曹等機構,事務繁勮不易,所以提議對這些機構的主要負責官吏進行獎賞,賜予額外的勞績,任職滿一年賜予六個月的勞績。任職不滿一年的,根據任職天數按照比例賜予相應的勞績。因此,簡(4)當改讀作:

八十九　　大(太)官中般、厨、右槽(曹)槽(曹),未英(央)大(太)官右般、厨、右槽(曹)、上槽(曹)槽(曹),長信私官中般、厨、右槽(曹)槽(曹),詹事私官中般、槽(曹),勮。議:賜〈賜〉其嗇夫吏及令史常監者勞歲六月。視事不盈歲者,以日數計賜〈賜〉之。

《功令》第百一條中的"勮",同樣是繁重、艱難之義。

---

① 荊州博物館編,彭浩主編:《張家山漢墓竹簡[336 號漢墓]》,121 頁。

簡(5)百一　制詔御史,宦爲吏者尚給事,前異勮它官而不得上功,議令上功如令,令與外吏通課,其當遷_一八一_其官,御史請。宦者爲吏者皆自占上功勞,各以官秩與外吏通課。功次當遷而宦吏有缺,遷如令。_一八二_①

此則令文中的"勮",也是繁重、艱難之義,指在皇帝身邊或者宫廷内任職者,承擔的事務跟其他機構相比,更爲繁難不易。先前因其事務繁勮却不能上報累積功勞,曾經議定命令他們按照律令規定上報功勞。(現在)命令他們與外吏一起考核累計功勞,并按照功次和律令規定進行升遷。其中"宦爲吏者"當斷讀作"宦、爲吏者",指宦者和爲吏者兩類人員,與後文"宦者爲吏者""宦吏"相應,後二者亦應分別斷讀作"宦者、爲吏者""宦、吏";"前異勮它官而不得上功,議令上功如令"一句,係追溯回顧之語,可與後文斷開。故該條令文可改讀如下:

百一　制詔御史:宦、爲吏者尚給事,前異勮它官而不得上功,議令上功如令。令與外吏通課,其當遷其官,御史請。宦者、爲吏者皆自占上功勞,各以官秩與外吏通課。功次當遷而宦、吏有缺,遷如令。

居延漢簡中有一枚殘簡,編號爲210.29,殘存"職勮,視事盈三"等字,②雖然前後文有缺失,但大意應該是指某一類崗位職任繁勮,任職滿三年之後即可調離,更換至别的崗位。《功令》中所見上述幾例"勮",均應理解爲職任繁勮之義。

從《功令》中的相關規定來看,和親公主的官屬傅中府、府令史等,皆根據漢朝的相關律令,由漢朝邊郡選拔合適的人選充任,定期輪换,并給予一定的勞績奬勵,與漢朝境内官吏"通課"考核,累計功勞,按照功次晉升職務。這表明,和親公主官屬實際上隸屬於漢朝官僚系統,在性質上相當於漢朝的派出機構,其薪俸由漢朝供給,與漢朝保持著非常密切的聯繫。這樣的體制,無疑有助於漢朝對和親諸國局勢的了解與掌控。

附記　本文的寫作,得到中國人民大學歷史學院張忠煒先生、中國社會科學院古代史研究所石洋先生以及審稿專家的諸多指正。謹此致謝! 本文獲中國社會科學院學科建設"登峰戰略"資助計劃資助,編號DF2023YS15(出土文獻與先秦秦漢史)。

---

① 荆州博物館編,彭浩主編:《張家山漢墓竹簡[336號漢墓]》,125頁。
② 簡牘整理小組編:《居延漢簡(貳)》,臺北:"中研院"歷史語言研究所,2015,258頁。

張家山 336 號墓《漢律十六章》札記三則[*]

□ 中國社會科學院法學研究所　黄海

内容提要　新近公布的張家山 336 號漢墓竹簡《漢律十六章》爲漢代法制研究提供了大量信息。新見《遷律》相關律文顯示了巴蜀地區在秦漢時期作爲遷刑目的地的特殊地位，以及蠻夷與邊縣之人在犯遷罪時會以"贖遷"代替遷刑的情況，并明確了遷罪當中"包"的範圍。由新見《囚律》簡 169 至 171 條則可知律文中的"加其罪一等"與漢初的刑罰體系在細節上并非完全契合，而這也是律文會在已經明言加罪一等的情況下仍不厭其煩地羅列出具體加刑方式的原因。此外，通過《襍律》簡 301 可以澄清既往研究對《二年律令·雜律》簡 186 所載律文的誤解，爲漢初"奪爵"與"戍"在處罰中可以并行提供例證。

關鍵詞　遷　加其罪一等　奪爵　戍

一　《遷律》與遷罪

張家山 336 號漢墓《漢律十六章》中出現了之前未見的三條《遷律》律文，對於我們更好地認識秦及漢初的遷罪具有重要的意義。其中簡 320 至 323 所載律文尤爲重要，現擬以該律文爲中心進行初步地討論。

《漢律十六章·遷律》簡 320 至 323 所錄律文如下：

---

[*] 本文係國家社科基金青年項目"出土文獻所見秦及漢初刑制源流研究"（項目編號 20CFX007）、國家社科基金重大項目"甲、金、簡牘法制史料匯纂通考及數據庫建設"（項目編號 20&ZD180）的階段性成果。

諸當卷(遷)者,已卷(遷)涪陵、成都、新都、雒、涪、梓潼卷(遷)陽陵,郫、臨邛、武陽卷(遷)葭明,葭明、陽陵各調處之其僕訽(句)褆(是)陽鄉。它郡皆卷(遷)上郡,上郡守處廣衍。廣衍、雲中郡、涪陵、下雋、成紀、冀、襄武、狄道、臨洮、氐道、羌道、武都道、葭明、陽陵及蜀六道、涪之氐部民也,令贖卷(遷)。諸當卷(遷)者皆包妻子、同居,入其田宅縣,卷(遷)所縣予田宅。其女出爲人妻,數雖在父母所,勿包。①

此條主要規定了"已遷"者若再犯遷罪應如何處置的問題,部分不適合"遷"的地域如何處理犯遷罪之人的問題,以及遷罪之人被遷時涉及的家人問題。以下將對這幾個方面的情況進行初步探討。

(一)遷罪與巴蜀

律文首先就"已遷"者若再犯遷罪應如何處置的問題進行了規定,依據初次被遷時的目的地,主要分爲三部分。爲清晰起見,列表 1 如下:

表 1 《遷律》簡 320 至 323 條所遷地示意

序號	已遷地	再遷地
A	涪陵、成都、新都、雒、涪、梓潼	陽陵
B	郫、臨邛、武陽	葭明
C	它郡	上郡(廣衍)

在 A、B、C 三部分中,依據整理者的注釋及黃浩波先生的考訂,②雖然各個地名的具體區劃或仍有討論的餘地,但 A、B 兩部中的初次被遷之地均處於巴蜀地區當無疑問。與 A、B 兩部不厭其煩地將各地地名詳細羅列不同,C 部則徑稱"它郡",暗示了巴蜀地區作爲遷罪目的地的特殊位置,③這也與文獻所載相符。《史記·項羽本紀》載項羽、范增密謀封劉邦爲漢中王,云"項王、范增疑沛公之有天下,業已講解,又惡負約,恐諸侯叛之,乃陰謀曰:'巴、蜀道險,秦之遷人皆居蜀。'乃曰:'巴、蜀亦關中地也。'故立沛公爲漢王,王巴、蜀、漢中,都南

---

① 彭浩主編:《張家山漢墓竹簡[三三六號墓]》,北京:文物出版社,2022,208-209 頁。
② 參見彭浩主編《張家山漢墓竹簡[三三六號墓]》,209 頁;黃浩波:《張家山三三六號漢墓竹簡〈遷律〉淺識》,簡帛網,2023 年 3 月 14 日。
③ 黃浩波先生亦通過此條意識到了這一點,參見黃浩波《張家山三三六號漢墓竹簡〈遷律〉淺識》,簡帛網,2023 年 3 月 14 日。

鄭"。① 其中的"秦之遷人皆居蜀"正反映了巴蜀地區在秦時多作爲遷刑之目的地的現象。②這一現象當也延續到了漢初,如《史記·袁盎鼂錯列傳》載漢文帝遷其弟淮南王劉長事,云"淮南王益橫。及棘蒲侯柴武太子謀反事覺,治,連淮南王,淮南王徵,上因遷之蜀",③即以蜀地爲遷之目的地。至於"秦之遷人皆居蜀"的原因,則當是爲了利用遷人充實巴蜀地區的人口,以更好的開發這一地區。④

總而言之,由該條律文可知,漢初的巴蜀地區延續了秦時作爲遷刑目的地的特殊地位,故而律文中會對這一地區作爲初遷地的情況進行更爲詳細的分類,而對於其他地區則祇以"它郡"概稱之。

(二)"遷"與"贖遷"

在此條律文中,規定了部分地區之人若犯遷罪,不用被遷,而祇需贖遷即可,即律文所謂的"廣衍、雲中郡、涪陵、下雋、成紀、冀、襄武、狄道、臨洮、氐道、羌道、武都道、葭明、陽陵及蜀六道、涪之氐部民也,令贖遷"。以"贖遷"代"遷"的範圍包括"廣衍、雲中郡、涪陵、下雋、成紀、冀、襄武、狄道、臨洮、氐道、羌道、武都道、葭明、陽陵及蜀六道、涪之氐部民",通過整理者注釋可知,這些地區分散在各地,并無太多地理上的關係。那麽,律文中的這些地區有何共同點?或者説,律令是以什麽標準篩選出了這些地區?

《漢律十六章·遷律》簡 318 至 319 所載律文可以給我們答案,該律文如下:

> 諸侯人有罪當邊(遷)者,趙、齊邊(遷)燕,楚邊(遷)吳,淮南、燕、長沙各邊(遷)及處邊縣讎(稠)害所,其與蠻夷、邊縣民,令贖邊(遷)。⑤

該條律文主要規定了諸侯國之人與遷罪有關的情況,即諸侯國人犯遷罪時被遷的目的地,以及部分地區之人犯遷罪時以贖遷代之。⑥ 其中規定,"其與蠻夷、邊縣民"犯遷罪時"令贖遷",⑦這應當便是漢律篩選以"贖遷"代"遷"地區的標準。

---

① 《史記》卷七《項羽本紀》,北京:中華書局,2014,402 頁。
② 秦人以巴蜀地區爲遷刑之目的地在文獻中多有例證。參見黃海《嶽麓秦簡所見"郡、襄武、上雒、商、函谷關"與秦漢時期的關中》,張傳璽主編《中國古代法律文獻研究》第 16 輯,上海:中西書局,2023,52 頁。
③ 《史記》卷一○一《袁盎鼂錯列傳》,3316 頁。
④ 參見黃海《由"遷"至"遷刑"——秦"遷"入刑考》,《交大法學》2019 年第 4 期,151 頁。
⑤ 彭浩主編:《張家山漢墓竹簡[三三六號墓]》,208 頁。
⑥ 該條簡文的具體討論可參見黃浩波《張家山三三六號漢墓竹簡〈遷律〉淺識》,簡帛網,2023 年 3 月 14 日;劉盼《張家山漢簡〈遷律〉讀札(二則)》,簡帛網,2023 年 12 月 1 日。
⑦ 秦漢時期的贖刑按性質可大致分爲獨立刑與附屬刑兩類,可參見張建國《論西漢初期的贖》,《政法論壇》2002 年第 5 期,36-42 頁;[日]角谷常子《秦漢時代の贖刑》,[日]梅原郁編《前近代中國の刑罰》,京都大學人文科學研究所,1996,93-94 頁。韓樹峰先生認爲附屬刑的贖刑一般以"令贖某刑"的方式存在於律文中,若按這一標準判斷,則此條律文中的"贖遷"當屬附屬刑。參見韓樹峰《漢魏法律與社會——以簡牘、文書爲中心的考察》,北京:社會科學文獻出版社,2011,34 頁。

爲了理解這一標準,首先需要對"其與蠻夷、邊縣民"的意思稍作討論。黄浩波先生認爲此句似不當有頓號,意爲"與蠻夷交界的邊縣之民",此固可備一說。除此之外,我們或也可以將此處的"與蠻夷"理解成與漢朝相與交善,爲漢朝黨與的蠻夷。《史記·項羽本紀》"田假爲與國之王,窮來從我,不忍殺之"句,《集解》引如淳曰"相與交善爲與國,黨與也",《索隱》引高誘《戰國策》注云:"與國,同禍福之國也。"① "與國"的語法構成和此處的"與蠻夷"相同,故而如此理解當可成立,所謂的"與蠻夷",即與漢朝親善的蠻夷。

按照以上解讀,以"贖遷"代"遷"地區的確定標準分爲兩個方面,其一爲是否爲與漢朝親善的蠻夷地區,其二爲是否爲邊疆地區。

漢律以此爲標準設置以"贖遷"代"遷"地區,其原因當與遷罪的性質息息相關。秦及漢初遷罪設立的目的主要有二,即懲罰犯罪與充實邊地。② 蠻夷地區及邊疆地區大多本身條件已經很差,若遷至其他相對較好的地區,則違背其懲罰性質;同時,蠻夷地區及邊疆地區大多本身需要人口充實,若將其民遷出,則違背其充實邊地之意。

(三)"包"的範圍

遷罪在執行時需要家屬同行,這種政策被稱爲"包",《遷律》簡 320 至 323 所載律文可以幫助我們進一步認識"包"。

"包"最早見於睡虎地秦簡,相關記載使學界初步認識了"包",其中《法律答問》簡 60 至 62 所載尤爲重要:

> 廷行事有罪當䙴(遷),已斷已令,未行而死若亡,其所包當詣䙴(遷)所。(簡 60)
> 嗇夫不以官爲事,以奸爲事,論可(何)殹(也)?當䙴(遷)。䙴(遷)者妻當包不當?不當包。(簡 61)
> 當䙴(遷),其妻先自告,當包。(簡 62)③

由以上三簡可知"包"這一政策有如下特點:首先,當事人被論處遷罪之後,即使本人在遷之前已經死亡或逃亡,在"包"範圍内的家人仍然需要遷往目的地(簡 60);其次,當事人之妻在"包"的範圍之内,且即便其妻自告也不能例外(簡 62);最後,嗇夫在特定情況之下觸犯遷罪,其妻不用被"包"(簡 61)。

不過,通過以上的記載,我們仍無法明確"包"的具體範圍,而《遷律》簡 320 至 323 所載律文則恰好給我們提供了有關信息。律文後半云:"諸當䙴(遷)者皆包妻子、同居……其女出爲人妻,數雖在父母所,勿包。"由此可知,"包"的範圍包括當事人的妻子、同居,而已經出

---

① 以上引文并見《史記》卷七《項羽本紀》,387 頁。
② 參見黄海《由"遷"至"遷刑"——秦"遷"入刑考》,《交大法學》2019 年第 4 期,150-151 頁。
③ 三簡并見睡虎地秦墓竹簡整理小組編《睡虎地秦墓竹簡》,北京:文物出版社,1990,釋文注釋 107-108 頁。

嫁的女兒則不在"包"的範圍之内。當然,本條所反映的"包"之範圍祇是漢初的情况,秦時"包"的範圍是否與漢初存在差異,因材料所限,我們仍然不得而知。

二 "加其罪一等"與漢初的刑罰體系

關於秦及漢初的刑罰體系,之前學界已從各個方面進行了較爲充分的研究。[1] 張家山336號墓《漢律十六章》的公布,爲進一步研究秦及漢初的刑罰體系提供了不少新見材料。其中,《囚律》簡169至171條的内容涉及"加其罪一等"與刑罰體系之間的關係,其内容如下:

>　　囚遂駕(加)其罪一等,【當】笞者罰金一兩,罰金一兩者罰二兩,罰二兩者罰四兩,罰四兩者贖耐,贖耐者贖黥,贖黥者贖斬,贖斬者贖城旦舂,贖城旦舂者贖死,贖死、罨(遷)及當耐爲司寇者耐爲隸臣妾,耐爲隸臣妾者,完爲城旦舂,完爲城旦舂及鬼【薪】白粲者黥爲城旦舂,黥爲城旦舂者駕(加)其刑,刑盡者棄市。罪罰有日數者各倍之。[2]

該條律文是有關囚犯逃亡需罪加一等的規定。律文對於如何罪加一等進行了詳細的描述,使我們可以更好地明確一些有關漢初刑罰體系的既往認識,并進一步探討"加其罪一等"與刑罰體系的關係。

(一)"罰金"與"贖"

根據《囚律》簡169至171條的律文可知,漢初刑罰體系中,在笞刑之上的是罰金刑與贖刑。二者均爲上繳罰金的刑罰,我們暫稱之爲經濟刑。

以本條律文來看,兩種經濟刑似乎邊界明顯、涇渭分明。罰金刑分爲一兩、二兩、四兩三個等級,在其之上則爲贖刑,分爲贖耐、贖黥、贖斬、贖城旦舂、贖死五個等級。不過,若參考其他相關材料,則會發現兩種經濟刑的界綫其實較爲模糊,而并非如此清晰。[3]

首先,贖刑之中并不是祇有五個等級,此點已爲學界共知。《漢律十六章·具律》簡146至147載有如下律文:

---

[1]　可參照陶安先生所整理的文獻目録。[德]陶安あんど:《秦漢刑罰体系の研究》,東京外国語大学アジア・アフリカ言語文化研究所,2009,567-580頁。
[2]　彭浩主編:《張家山漢墓竹簡[三三六號墓]》,187頁。
[3]　對此問題學界之前已有認識,并多有討論。相關討論參見[日]水間大輔《秦漢刑法研究》,東京:知泉書館,2007,63-72頁;[日]宮宅潔著,楊振紅、單印飛、王安宇、魏永康譯,楊振紅、石洋審校《中國古代刑制史研究》,桂林:廣西師範大學出版社,2016,21-25頁;[韓]任仲爀著,朴美玉譯《秦漢律的罰金刑》,《湖南大學學報(社會科學版)》2008年第3期,30-31頁。

贖死金二斤八兩,贖城旦舂、鬼薪白粲金一斤八兩,贖斬、府(腐)金一斤四兩,贖劓、黥金一斤,贖耐金十二兩,贖䙴(遷)金八兩。①

可以看到,贖刑除了上述五個等級之外,還有"贖遷"這一等級,其爲贖刑當中等級最低的處罰,處罰金額爲八兩。然而,《囚律》169 至 171 條律文中并未提及"贖遷"。

其次,罰金刑雖然大多數時候金額確實集中於一兩、二兩與四兩,但處以八兩(即贖刑最低處罰金額)以上罰金的條文仍然是存在的,如"罰金一斤"一類的表述,在秦漢律令之中不乏其例。②

正如任仲爀先生所言,"罰金刑價額與贖刑價額通常會重複,而且缺乏秩序和體系",③贖刑與罰金刑的界綫其實是非常模糊的,二者并未就處罰金額劃分出明顯的界綫。在漢初刑罰體系之中,雖然罰金刑與贖刑是兩種不同的刑種,且贖刑在刑罰序列上重於罰金刑,但作爲以處罰金額爲核心的經濟刑,在實際的條文規定之中,二者的處罰金額界綫却比較模糊,并非涇渭分明。至於產生這種現象的原因,我們仍需在未來進一步討論,唯一可以確定的是,在漢初以後,這種"贖"與"罰金"混合的經濟刑體系最終發展爲了統一的罰金體系,④而變化發生的節點或在漢文帝刑制改革之時。⑤

回到《囚律》169 至 171 條律文來看,此條律文之所以在已經明言"加其罪一等"的情況下仍然不厭其煩地羅列出了如何加刑,且在羅列中略去了贖刑中金額最小的"贖遷",或許正是爲了規避這種模糊界綫帶來的不確定性。由此也可看到,《囚律》169 至 171 條雖明言"加其罪一等",但在一些細節方面與刑罰體系并非完全契合。

(二)"贖死、遷"與"遷、耐"

《囚律》簡 169 至 171 律文中的"加其罪一等"與刑罰體系并非完全契合在律文其他地方也有體現。

律文有"贖死、遷及當耐爲司寇者耐爲隸臣妾"句,規定了三種刑罰在加罪一等的情況下當處以"耐爲隸臣妾"之罰。文中此處將"贖死""遷"與"耐爲司寇"并列,而目前所見材料中將"耐(爲司寇)"與"遷"并列的辭例并不鮮見。例如《二年律令·具律》簡 122 載"人奴婢有刑城旦舂以下至䙴(遷)、耐罪……",⑥在描述人奴婢所犯罪名的範圍時便將"遷"與"耐"并稱。又如《二年律令·具律》簡 121 載"城旦舂、鬼薪白粲有罪䙴(遷)、耐以上而當刑

---

① 彭浩主編:《張家山漢墓竹簡[三三六號墓]》,184 頁。此條律文亦見《二年律令·具律》簡 119,參見彭浩、陳偉、[日]工藤元男主編《二年律令與奏讞書:張家山二四七號漢墓出土法律文獻釋讀》,上海古籍出版社,2007,140 頁。
② 參見[日]宮宅潔著,楊振紅、單印飛、王安宇、魏永康譯,楊振紅、石洋審校《中國古代刑制史研究》,23 頁。
③ [韓]任仲爀著,朴美玉譯《秦漢律的罰金刑》,30 頁。
④ 參見[日]宮宅潔著,楊振紅、單印飛、王安宇、魏永康譯,楊振紅、石洋審校《中國古代刑制史研究》,23 頁。
⑤ 參見[日]水間大輔《秦漢刑法研究》,71-72 頁。
⑥ 彭浩、陳偉、[日]工藤元男主編:《二年律令與奏讞書:張家山二四七號漢墓出土法律文獻釋讀》,141 頁。

復城旦舂……",①亦在描述罪名範圍時將二者并稱。由此可見,在漢初刑罰體系中,"遷"與"耐"地位大概相當,是贖刑以上的最低刑罰。②

具體到《囚律》簡 169 至 171 律文中來看,"贖死"作爲贖刑中的最重刑罰,在刑罰序列中與"遷""耐"相鄰,不過其等級雖然相近,但畢竟并不相同。然而,本條律文中却徑直將三者并稱,這進一步顯示出了律文中所謂的"加其罪一等"在一些細節方面與當時的刑罰體系并非完全契合。與此同時,這也進一步説明了爲何律文在明言"加其罪一等"之後,仍會不厭其煩地通過羅列的方式規定相關執行細節。

三 爵與戍

張家山 336 號墓《漢律十六章·襍律》簡 301 所載律文亦見於《二年律令·雜律》簡 186。二者内容略有差異,《漢律十六章》所載可以幫助我們進一步理解學界之前針對此條律文的一些爭議。

(一)"戍二歲"的對象問題

《二年律令·雜律》簡 186 所載律文内容如下:

> 博戲相奪錢財,若爲平者,奪爵各一級,戍二歲。③

律文係針對"博戲相奪錢財"之人及在博戲中進行裁決之人的處罰規定,針對這兩種行爲人的處罰爲"奪爵各一級,戍二歲"。若依照律文本身來看,罰則相當清晰,即"奪爵一級"與"戍二歲"兩種處罰并行。不過,有學者認爲"戍二歲"之前應有"無爵者"三字,即"奪爵一級"與"戍二歲"并非并行之處罰,而是分別針對有爵之人與無爵之人兩種不同主體的處罰(有爵者奪爵一級,無爵者戍二歲)。

例如,朱紹侯先生依據《二年律令·捕律》中的有關規定,④認爲"這條律文中的'戍二歲'前應補'無爵者'三字,因爲對博戲裁決人的處罰不應高於搏賊不利,逗留不前的將官。

---

① 彭浩、陳偉、[日]工藤元男主編:《二年律令與奏讞書:張家山二四七號漢墓出土法律文獻釋讀》,135 頁。
② 此點在律令中例證頗多,如《二年律令·具律》簡 91 載"城旦舂有罪耐以上,黥之。其有贖罪以下……",便以耐與贖作爲罪名的分界綫。參見彭浩、陳偉、[日]工藤元男主編《二年律令與奏讞書:張家山二四七號漢墓出土法律文獻釋讀》,127 頁。
③ 彭浩、陳偉、[日]工藤元男主編:《二年律令與奏讞書:張家山二四七號漢墓出土法律文獻釋讀》,165 頁。
④ 《二年律令·捕律》簡 142 至 143 載律文:"與盜賊遇而去北,及力足以追逮捕之而官□□□□逗留畏耎(愞)弗敢就,奪其將爵一絡〈級〉,免之,毋爵者戍邊二歲。"該條律文規定了對搏賊不利,逗留不前的將官的處罰,即有爵者奪爵一級,無爵者戍邊二歲。參見彭浩、陳偉、[日]工藤元男主編《二年律令與奏讞書:張家山二四七號漢墓出土法律文獻釋讀》,149 頁。

況且對有爵者奪爵一級,無爵者戍二歲乃是當時慣例,《雜律》不應例外"。① 又如張伯元先生依據《奏讞書》案例十八相關內容,②認爲:"我們把它跟《奏讞書》案例十八中的'奪爵令戍'相對照看,既然這種既要剥奪爵級又要命令去守邊的處罰,複審官員都明確提出它没有法律依據,那我們用它來解讀'奪爵各一級,戍二歲',也就可以比較肯定的説,'奪爵令戍'它不僅要削奪爵級,而且還要去守邊的處斷不能成立,它中間祇能是省略了'無爵者'三個字。"③

在張家山336號墓竹簡公布之前,認爲此條文中"戍二歲"的處罰對象爲無爵者的觀點的確看起來很有道理,不過在《漢律十六章》公布之後,通過對讀可知,這一理解恐難成立。

《漢律十六章·襍律》簡301載此條律文,内容爲:

博戲相奪錢財,若爲平者,奪爵各一級,戍二歲。必身居,毋得以爵賞除。④

相比《二年律令》,此處所載律文内容有所增加。所增内容或是律文修訂的結果,抑或是《二年律令》在抄寫時對律文有所省略,如今已很難確定。不過,因爲兩條律文的高度相似性,其所欲處罰的對象當是相同的。

《漢律十六章》律文後段言"必身居,毋得以爵賞除",由"必身居"的表述可知,律文的處罰對象無論有爵無爵必定需要"身居",也即會被施以"戍"的處罰,否則便没有必要在整條律文的最後專門强調"身居"的問題。若認爲觸犯此律文的有爵者祇會被處以"奪爵",無疑與律文强調的"必身居"是矛盾的。

(二)"奪爵"與"戍"并行之證

秦及漢初,"奪爵"作爲處罰方式既可以單獨適用,也可以與"戍"并行。⑤ 二者并行的情況,在文獻中有不少例證,如《嶽麓書院藏秦簡(叁)》"爲獄等狀四種"中的"綰等畏懦還走案"有如下記載:"……奪爵以爲士伍,其故上造以上,有(又)令戍四歲,公士六歲,公卒以下八歲"。⑥

不過,在張家山336號漢墓竹簡公布之前,二者可以并行的例證主要集中於秦,而漢初

---

① 朱紹侯:《從〈二年律令〉看漢初二十級軍功爵的價值——〈二年律令〉與軍功爵制研究之四》,《河南大學學報(社會科學版)》2003年第2期,56頁。
② 案例十八中,地方官建議對犯罪的新黔首以"奪爵令戍"的方式進行處罰,而複審官員則認爲將新黔首處以"奪爵令戍"之罰於法無據。參見彭浩、陳偉、[日]工藤元男主編《二年律令與奏讞書:張家山二四七號漢墓出土法律文獻釋讀》,364-365頁。
③ 張伯元:《"爵戍"考》,《華東政法學院學報》2004年第1期,75頁。
④ 彭浩主編:《張家山漢墓竹簡[三三六號墓]》,205頁。
⑤ 筆者之前曾就此問題有所梳理,參見黄海《爵刑之間:秦及漢初的二十等爵與刑罰特權》,《浙江大學學報(人文社會科學版)》2023年第8期,158-159頁。
⑥ 陳松長主編:《嶽麓書院藏秦簡(壹—叁)釋文修訂本》,上海辭書出版社,2018,169頁。

之例證則祇有《二年律令·雜律》簡 186 所載律文,且如上所言,其是否確實是規定"奪爵"與"戍"并行的條文在此前仍有爭議。隨著《漢律十六章》的公布,我們確定了這一律文確實是以"奪爵"與"戍"并行作爲罰則,由此爲漢初存在"奪爵"與"戍"并行的處罰方式提供了確定的證據。除此之外,《漢律十六章·囚律》簡 162 至 166 所載律文亦爲我們進一步明確此點提供了新的證據:

> 諸治獄者毋得擅移獄傳囚,囚有它告劾皆移嫩(繫)所并論。其同獄別嫩(繫)不服,必相須決者,乃得移傳相從。令輕從重;重輕等,少從多;多少等,後從先。贖罪以下,移告劾人在所。不當移傳擅移傳,及當而弗移傳者,皆奪爵一級、戍二歲。所擅移傳到其縣道官,縣道官受治論,勿敢環(還),而上屬所二千石官,二千石官劾論。擅環(還)弗受,受弗上,上弗劾論,皆與擅移獄傳囚同罪。二千石官所令其屬官治論,不用此律。①

此條律文内容爲獄案未決之時,有關案件與嫌疑人移交的諸種規定,以及違反規定的處罰。原則上來説,案件與嫌疑人不得隨意移交,在不得不移交的場合,則需依據罪行輕重、嫌疑人人數、入獄時間等問題確定如何移交。若治獄者違反相關規定,則會受到處罰。與此同時,已經被擅自移交至某處的案件與嫌疑人,該處亦不得退回,而是需要辦理案件,并同時報告給上級,由上級對擅自移交者劾論,否則也會受到與擅自移交者一樣的處罰。

在本條律文之中,違反相關規定的治獄者被處以的處罰是"奪爵一級、戍二歲",由此亦可見"奪爵"與"戍"在漢初的刑罰體系之中確實可以并行。

附記 本文承蒙匿名審稿專家提出諸多寶貴修改意見,謹致謝忱,唯文責自負。

---

① 彭浩主編:《張家山漢墓竹簡[三三六號墓]》,186 頁。

銀雀山漢簡地支陰陽小考*

- 吉林大學考古學院古籍研究所
- "古文字與中華文明傳承發展工程"協同攻關創新平臺

王强

内容提要 銀雀山漢簡《曹氏陰陽》有一處簡文與天干和地支的陰陽劃分有關,其中天干與傳世文獻以及其他出土文獻一樣,均是以奇偶作爲劃分依據,但地支的劃分方式却比較特别,以往的研究皆未能作出合理解釋。重新審視相關文獻記載,可知這一類型與四季的劃分有關,并受到五行三合局的影響。此類型最終未能流傳開來,但分列陰陽地支首位的"申"和"寅"却成爲一組重要概念,對後世命理學亦産生重要影響。

關鍵詞 銀雀山 曹氏陰陽 天干 地支 五行

中國古代有所謂"剛日""柔日"之説,見於放馬灘秦簡及傳世古籍,人們據以安排行事,趨避吉凶。如《禮記·曲禮上》云:"外事以剛日,内事以柔日。"孔穎達疏:"剛,奇日也。十日有五奇五偶。甲、丙、戊、庚、壬五奇爲剛也……乙、丁、己、辛、癸五偶爲柔也。"[①]《淮南子·天文》亦云:"凡日,甲剛乙柔,丙剛丁柔,以至於癸。"[②]同理,地支也可以據奇偶劃分爲兩種對立類型,如《五行大義》"論配支干"云:"支則寅、辰、午、申、戌、子爲陽,卯、巳、未、酉、

---

* 本文是國家社科基金青年項目"北京大學藏漢簡《日忌》《日約》兩種未刊數術文獻的整理與研究"(20CYY023)的階段性研究成果。
① [漢]鄭玄注,[唐]孔穎達疏:《禮記正義》,[清]阮元校刻《十三經注疏》,北京:中華書局,2009,2708-2709頁。
② [漢]劉安撰,[漢]高誘注,[清]莊逵吉校:《淮南子》,《諸子集成》第7册,北京:中華書局,2002,49頁。

亥、丑爲陰。"①剛柔亦即陰陽,②傳世古籍中天干地支的陰陽劃分多屬此類,這是第一種類型。

出土文獻則爲我們展示了更多不同類型,根據出土材料,"剛日"又可稱"陽日""牡日""男日"等,"柔日"又可稱"陰日""牝日""女日"等。各批出土材料對天干的陰陽劃分與傳世文獻基本一致,都是以奇數位爲陽,偶數位爲陰,但對地支的劃分却有不同表述。其中最常見的類型見於出土戰國秦漢日書類文獻,如睡虎地秦簡日書乙種109號簡云:"男子日,寅、卯、子、巳、戌、酉;女子日,辰、午、未、申、亥、丑。"③這是第二種類型,不過其背後所依據的數術原理目前尚未探明,有待進一步研究。④ 第三種類型見於銀雀山漢簡《曹氏陰陽》,具體内容爲:

甲、丙、戊、庚、壬,陽也;乙、丁、己、辛、癸,陰也。1631
寅、卯、巳、午、未、戌,陽也;申、酉、亥、【子、丑、辰,陰也。】1632

其天干同樣是以奇偶劃分陰陽,與其他出土和傳世文獻所載別無二致,但是地支的劃分却大不相同,且截至目前僅此一見。下面將三種類型的地支陰陽列表1如下,以便比較:

表1 三種類型地支陰陽

	陽日	陰日
類型①	寅、辰、午、申、戌、子	卯、巳、未、酉、亥、丑
類型②	寅、卯、子、巳、戌、酉	辰、午、未、申、亥、丑
類型③	寅、卯、巳、午、未、戌	申、酉、亥、子、丑、辰

《曹氏陰陽》由於竹簡保存狀況不佳,現在歸屬該篇的文句比較散亂,給深入和系統研究帶來不便。銀雀山漢簡的整理者僅指出該類型與傳世文獻所見有別,没有更多説明。⑤ 後來

---

① 劉國忠:《〈五行大義〉研究》附録五"《五行大義》校文",瀋陽:遼寧教育出版社,1999,183頁。
② 表示陰陽這類二元對立關係的概念有多種,如《五行大義》卷二"論配支干"云:"陽則爲剛、爲君、爲夫、爲上、爲外、爲表、爲動、爲進、爲起、爲仰、爲前、爲左、爲德、爲施、爲開。陰則爲柔、爲臣、爲妻、爲妾、爲財、爲下、爲内、爲裏、爲止、爲退、爲伏、爲位、爲後、爲右、爲刑、爲藏、爲閉。陰陽所擬,例多且略。大綱如此。"參見[日]中村璋八《五行大義校注》,東京:汲古書院,1998,56—57頁。
③ 武漢大學簡帛研究中心、湖北省博物館、湖北省文物考古研究所編,陳偉主編:《秦簡牘合集(壹)》,武漢大學出版社,2014,537頁。
④ 董濤對此做過研究,參見董濤《〈日書〉中的男日、女日與秦漢擇日術》,《魯東大學學報(哲學社會科學版)》2015年第6期。
⑤ 銀雀山漢墓竹簡整理小組:《銀雀山漢墓竹簡(貳)》,北京:文物出版社,2010,206頁。

連劭名先生關注到這一問題,他認爲:

> 十二支配四方,東爲寅卯辰,南爲巳午未,西爲申酉戌,北爲亥子丑,《曹氏陰陽》將東與南的六支中去掉辰,加上西北的戌,這是陽支,又將西與北的六支中去掉戌,加上東南的辰,這是陰支。蕭吉《五行大義》卷二云:"支則寅辰午申戌子爲陽,卯巳未酉亥丑爲陰。"其説與《曹氏陰陽》不同。[1]

不過,連先生這段話衹能算是對地支分布規律的客觀描述。楊安先生在其碩士論文中也有一些討論,但同樣未能對這一類型的來龍去脈做出合理解釋。[2]

《曹氏陰陽》是銀雀山漢簡陰陽時令、占候類古書中的一篇,屬陰陽家文獻,主要内容是從陰陽角度對天地四時和世間萬物進行劃分,并作相應闡發。我們注意到 1623 號簡在談到四季陰陽的劃分時説:"秋冬,陰也。春夏,陽也。"類似説法在古書中亦常見,如《管子·形勢解》:"春者,陽氣始上,故萬物生;夏者,陽氣畢上,故萬物長;秋者,陰氣始下,故萬物收;冬者,陰氣畢下,故萬物藏。"[3]《黄帝内經素問·四氣調神大論》:"夫四時陰陽者,萬物之根本也。所以聖人春夏養陽,秋冬養陰。"[4]《周禮·地官·山虞》:"仲冬斬陽木,仲夏斬陰木。"鄭司農云:"陽木,春夏生者;陰木,秋冬生者,若松柏之屬。"[5]馬王堆帛書《稱》亦云:"春陽秋陰,夏陽冬陰。"[6]皆是其例。

古人結合陰陽五行説和天文曆算知識建構起了一套認識和解釋宇宙間萬事萬物的理論體系,式圖或式盤就是這一體系具體形象的展示。[7] 在式圖上四季、五行、天干、地支等要素有其固定位置,我們可以用圖 1 來表示:

---

[1] 連劭名:《銀雀山漢簡〈曹氏陰陽〉研究》,《中原文物》2007 年第 2 期。
[2] 楊安:《〈銀雀山漢墓竹簡·佚書叢殘〉集釋》,吉林大學碩士學位論文,2013,236 頁。
[3] [清]戴望:《管子校正》,《諸子集成》第 5 册,北京:中華書局,2002,324 頁。
[4] 郭靄春主編:《黄帝内經素問校注》,北京:人民衛生出版社,1992,31 頁。
[5] [漢]鄭玄注,[唐]賈公彦疏:《周禮注疏》,[清]阮元校刻《十三經注疏》,1611 頁。
[6] 湖南省博物館、復旦大學出土文獻與古文字研究中心編纂,裘錫圭主編:《長沙馬王堆漢墓簡帛集成(肆)》,北京:中華書局,2014,187 頁。
[7] 李零:《"式"與中國古代的宇宙模式》,《中國文化》1991 年第 1 期;劉國勝:《楚地出土數術文獻與古宇宙結構理論》,丁四新主編《楚地簡帛思想研究(二)》,武漢:湖北教育出版社,2004,238-252 頁。又,"式圖"過去又有"TLV 紋""規矩紋""勾繩圖""日廷圖"等稱呼方式。近年程少軒先生撰文認爲此種圖式的通名應爲"羅圖",參見《湖北出土簡帛日書國際學術研討會論文摘要合編》,武漢,2018 年 11 月,68-81 頁。本文暫沿用"式圖"這一叫法。

图 1 式图

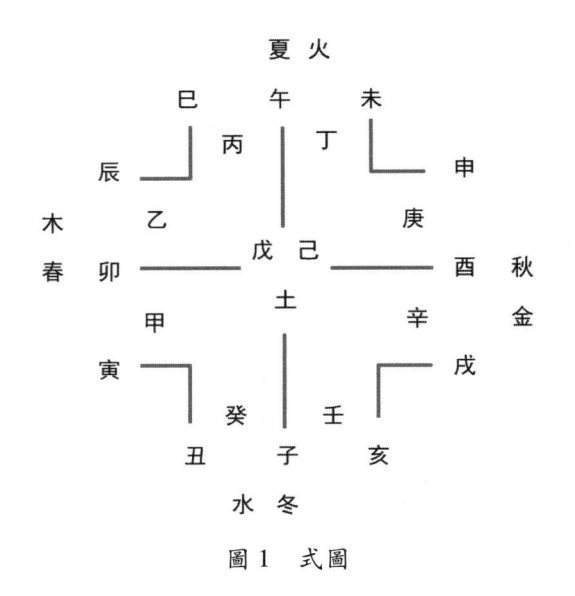

由於各要素位置固定,彼此之間形成穩定的搭配,從而具有一定的换算關係。春夏對應的地支爲寅、卯、辰、巳、午、未,秋冬對應的地支爲申、酉、戌、亥、子、丑。《曹氏陰陽》中春夏秋冬分屬陰陽,那麽各自配屬的地支也可分屬陰陽,這是該篇地支陰陽劃分的主要依據。但這樣得到的地支陰陽與簡文記載并不完全相同,即兩者中"辰"和"戌"是相互易位的。我們懷疑這可能是參考五行三合局所作的調整。三合局是用來描述五行力量强弱變化趨勢的學說,起源甚早,在睡虎地秦簡和放馬灘秦簡日書中已有記載,且一直沿用至後世。[1] 清代官修選擇通書《協紀辨方書》卷一"三合"載:

申子辰合水局,亥卯未合木局,寅午戌合火局,巳酉丑合金局。〇《考原》曰:三合者,取生旺墓三者以合局也。水生於申,旺於子,墓於辰,故申子辰合水局也;木生於亥,旺於卯,墓於未,故亥卯未合木局也;火生於寅,旺於午,墓於戌,故寅午戌合火局也;金生於巳,旺於酉,墓於丑,故巳酉丑合金局也。[2]

該書又用圖 2 來表示三合局:

―――――――――
[1] 饒宗頤:《秦簡中的五行説與納音説》,《古文字研究》第 14 輯,北京:中華書局,1986,261-280 頁;劉樂賢:《五行三合局與納音説——讀饒宗頤先生〈秦簡中的五行説與納音説〉》,《江漢考古》1992 年第 1 期。
[2] [清]允禄、[清]梅瑴成、[清]何國宗等:《欽定協紀辨方書》,《四庫術數類叢書(九)》,上海古籍出版社,1991,153 頁。

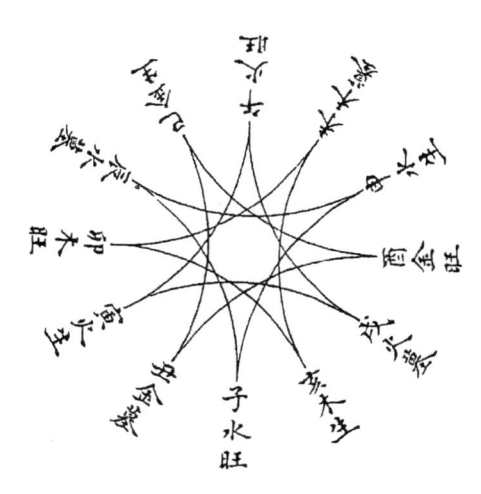

圖2　三合局

據此可知，三合五行中戌爲火，辰爲水。而火和水分別爲陽暖和陰寒的代表，如《黃帝内經素問·陰陽應象大論》云"水爲陰，火爲陽"，清人張志聰進一步解釋："水性潤下，故爲陰；火性炎上，故爲陽。"①《風俗通義·祀典》引鄧平説"臘者，所以迎刑送德也，大寒至，常恐陰勝，故以戌日臘。戌者，土氣也，用其日殺雞以謝刑德，雄著門，雌著户，以和陰陽，調寒暑，節風雨也"，其中"土氣"在有些版本中也作"温氣"，②可能就是受三合局的影響，"寒温"是陰陽的另一種表達。將戌配屬陽日、辰配屬陰日之後，三合局中的火局就全屬於陽，而水局全屬於陰，這就兼顧了地支所代表的固有五行屬性及其三合五行屬性。辰、戌分列地支陰陽的最後一位，可能也是在刻意强調它們是後期調整而來的。

　　大概由於這一地支陰陽類型與見於日書類文獻的類型一樣，原理不像以奇偶定陰陽那樣簡單明瞭，因而流傳不廣。但陽性地支首位的"寅"和陰性地支首位的"申"却成爲一組重要的概念。《難經·第十九難》云："男子生於寅，寅爲木，陽也。女子生於申，申爲金，陰也。"③《離騷》："攝提貞于孟陬兮，惟庚寅吾以降。"王逸注："寅爲陽正，故男始生而立於寅。庚爲陰正，故女始生而立於庚。言己以太歲在寅、正月始春、庚寅之日下母之體而生，得陰陽之正中也。"④莊逵吉云："甲寅庚申也。甲者陽正，寅亦陽正也。庚者陰正，申亦陰正也。"⑤可見不僅與季節相對應的地支分陰陽，同位相配的天干也具備了相應的陰陽屬性。

　　許慎《説文解字》關於"包"字的解説也與此有關：

　　　　包，象人裹妊，巳在中，象子未成形也。元氣起於子。子，人所生也。男左行三十，

---

① 山東中醫學院、河北醫學院校釋：《黃帝内經素問校釋》，北京：人民衛生出版社，2009，55頁。
② 王利器：《風俗通義校注》，北京：中華書局，1981，375頁。
③ 凌耀星主編：《難經校注》，北京：人民衛生出版社，2013，37頁。
④ [宋]洪興祖：《楚辭補注》，北京：中華書局，1983，3頁。
⑤ [漢]劉安撰，[漢]高誘注，[清]莊逵吉校：《淮南子》，212頁。

女右行二十,俱立於巳,爲夫婦。裹妊於巳,巳爲子,十月而生。男起巳至寅,女起巳至申。故男年始寅,女年始申也。凡包之屬皆從包。①

《淮南子·氾論》"《禮》三十而娶",高誘注有類似的説解。② 清乾嘉以來的學者對《説文解字》這段文字的理解大都比較準確。其推演的第一步是設立一個起點"子"。這是因爲古人認爲"元氣"是構成萬物的原始物質,《論衡·言毒》云:"萬物之生,皆稟元氣。"③顓頊曆正月建寅,子爲十一月,冬至之月,陰氣極,陽氣生。《釋名》云:"子,孳也,陽氣始萌,孳生於下也。"④故曰"元氣起於子"。所謂"左行""右行"均是就地支在式盤或式圖上的分布位置而言,可參考前面的示意圖。左行爲順時針,右行爲逆時針,自子位出發順數三十地支到達巳位,逆數二十地支也到達巳位,此即"俱立於巳"。《周禮·地官·媒氏》:"令男三十而娶,女二十而嫁。"⑤因此有"男左行三十,女右行二十"之説。既然"爲夫婦"於巳位,那麽理想狀態下自然是"懷妊於巳"。從懷妊到生産需要十個月,所以又按照男女的不同從巳位出發"左行"或"右行"十位,這樣得到的結果便是"男年始寅,女年始申"。這是當時人對"寅""申"兩個地支來源的解釋,但這不過是在已知兩個地支陰陽屬性的前提下進行的逆向推理,究其本質其實衹是一個可以自洽的數字游戲。如前文所述,其真正的來源是古人對四季陰陽的劃分。

段玉裁在爲"包"字作注時引《神仙傳》"王綱"條云"陽生立於寅,純木之精;陰生立於申,純金之精",又云"今日者卜命,男命起寅,女命起申"。⑥ 宋人洪邁在《容齋續筆》中談到:"今之五行家學,凡男子小運起於寅,女子小運起於申。"⑦所謂小運,"亦稱'流年'。據説人的運氣每十年一大變,名爲大運;每一年行一運,名爲小運。小運主一年的吉凶。《李虚中命書·三元九限》:'寅申二命,小運不專。一歲一移,周而復始。'宋朱翌《猗覺寮雜記》卷下:'三命家行小運,男起丙寅,女起壬申'",⑧可見這兩個地支後來成爲命理學上的兩個重要支點。

附帶一提,我們在檢索文獻的過程中發現,時代較晚的命理學著作《滴天髓》在論述寒暖燥濕時説:"天道有寒暖,發育萬物,人道得之,不可過也;地道有燥濕,生成品匯,人道得之,不可偏也。"清末徐樂吾補注:"天道地道者,干支也。天干金水爲寒,木火爲暖;地支西北爲

---

① [漢]許慎:《説文解字》,北京:中華書局,1963,188 頁。
② [漢]劉安撰,[漢]高誘注,[清]莊逵吉校:《淮南子》,212 頁。
③ 楊寶忠:《論衡校箋》,石家莊:河北教育出版社,1990,725 頁。
④ [漢]劉熙撰,[清]畢沅疏證,[清]王先謙補,祝敏徹、孫玉文點校:《釋名疏證補》,北京:中華書局,2008,10 頁。
⑤ [漢]鄭玄注,[唐]賈公彦疏:《周禮注疏》,[清]阮元校刻《十三經注疏》,1579 頁。
⑥ [漢]許慎,[清]段玉裁:《説文解字注》,上海古籍出版社,1981,434 頁。
⑦ [宋]洪邁撰,孔凡禮點校:《容齋隨筆》,北京:中華書局,2005,409 頁。
⑧ 陳永正主編:《中國方術大辭典》,廣州:中山大學出版社,1991,321 頁。

濕,東南爲燥,此就五行之方位言。秋冬爲寒濕,春夏爲暖燥,此就時令之氣候言。寅、卯、巳、午、未、戌爲陽暖之鄉,辰、申、酉、亥、子、丑爲陰寒之地。陽暖支上臨以甲、乙、丙、丁、戊、己,則暖而近於燥;陰寒支上臨以庚、辛、壬、癸、乙、巳,則寒而流於濕。"①徐注關於地支陰陽的劃分與《曹氏陰陽》完全相同,但由於時代懸隔,徐説是有文獻依據,還是僅爲個人識見,我們不得而知,姑置此備考。

---

① ［明］劉基原著,徐樂吾補注:《滴天髓補注》,北京:中醫古籍出版社,2012,205頁。按徐注最後一句恐怕有誤,疑當作"陽暖支上臨以甲、乙、丙、丁、戊……陰寒支上臨以庚、辛、壬、癸、己……"或"陽暖支上臨以甲、乙、丙、丁、戊、己……陰寒支上臨以庚、辛、壬、癸、戊、己……"。

漢代邊塞戍卒及其家屬身份問題再認識
——從西北漢簡所見"冗""給事"說起*

□ 吉林大學古籍研究所　楊憲傑

內容提要　秦漢各級官府都活躍著以"冗""給事"身份從事各種雜役的平民。這類人員通過長期供役,在領取廩食的同時,甚至還可以獲得出仕爲吏的資格。從西北漢簡的記載來看,西北邊郡各級政府也不例外;并且"卒家屬廩名籍"中所見戍卒,按性質就屬此類人員。換言之,西北漢簡所見"卒家屬廩名籍"記錄的應即是長期服役於邊塞之邊地籍戍卒及其探親家屬的廩食等相關信息,與漢代其他郡國無關。

關鍵詞　漢代邊塞　西北漢簡　戍卒　戍卒家屬

西北漢簡有不少記錄邊塞戍卒及其家屬信息的名籍,如"卒家屬名籍""卒家屬廩名籍""戍卒家屬在署廩名籍""戍卒家屬居署名籍"等。自相關學者對此類簡牘進行集成整理以來,[①]學界已就邊塞戍卒攜帶家屬、戍卒及家屬身份、戍卒家屬家庭結構、戍卒家屬廩食程序

---

* 本文爲國家社科基金青年項目"簡牘所見秦區域治理之圈層理念研究"(22CZS006)階段性成果。
① [英]邁克爾·魯維一著,于振波、車今花譯:《漢代行政記錄》,桂林:廣西師範大學出版社,2005,206-230頁;[日]永田英正著,張學鋒譯:《居延漢簡研究》,桂林:廣西師範大學出版社,2007,283-284頁;李天虹:《居延漢簡簿籍分類研究》,北京:科學出版社,2003,66-70頁;李均明:《秦漢簡牘文書分類輯解》,北京:文物出版社,2009,359-361頁。

及其居住和管理等問題展開了諸多討論。① 并且,隨著肩水金關大量出土邊吏家屬出入符,使得有關邊塞吏、卒家屬問題的研究得到了進一步展開。② 然而即便如此,學界對以上諸問題的討論依然分歧巨大。而對"卒家屬廪名籍"中所見戍卒及其家屬身份的認定,即是其中之一。③ 有鑒於此,以下我們將從西北漢簡所見"冗""給事"說起,通過考察二者與"卒家屬廪名籍"中戍卒性質的一致性,來重新釐定漢代邊塞戍卒及其家屬的身份問題。

---

① 管東貴:《漢代邊塞眷禀的範圍與分級》,李亦園、喬健編《中國的民族、社會與文化——芮逸夫教授八秩壽辰論文集》,臺北:食貨出版社,1981,205頁;[日]森鹿三著,金立新譯:《論居延出土的卒家屬廪名籍》,中國社會科學院歷史研究所戰國秦漢史研究室編《簡牘研究譯叢》第1輯,北京:中國社會科學出版社,1983,100-112頁;楊劍虹:《從居延漢簡看西漢在西北的屯田》,《西北史地》1984年第2期;[日]米田賢次郎著,余太山譯:《秦漢帝國的軍事組織》,中國社會科學院歷史研究所戰國秦漢史研究室編《簡牘研究譯叢》第2輯,北京:中國社會科學出版社,1987,178頁;[日]永田英正著,那向芹譯:《居延漢簡烽燧考——特以甲渠候官爲中心》,中國社會科學院歷史研究所戰國秦漢史研究室編《簡牘研究譯叢》第2輯,264頁;薛英群:《居延漢簡中的"秋射"與"署"》,《史林》1988年第1期;王震亞、張小鋒:《漢簡中的戍卒生活》,甘肅省文物考古研究所、西北師範大學文學院歷史系《簡牘學研究》第2輯,蘭州:甘肅人民出版社,1998,129頁;施偉青:《漢代居延隨軍戍卒家庭人口的若干問題》,《中國社會經濟史研究》1998年第3期;李振宏:《漢代屯戍生活中的古典人道精神》,《歷史研究》2001年第5期;賈麗英:《從居延漢簡看漢代隨軍下層婦女生活》,《石家莊師範專科學校學報》2004年第1期;邵正坤:《漢代邊郡軍糧禀給問題探討》,《南都學壇》2005年第3期;王子今:《漢代軍隊中的"卒妻"身份》,《南都學壇》2009年第1期;楊芳:《漢簡所見河西邊塞軍屯人口來源考》,《中國邊疆史地研究》2009年第1期;王海:《河西漢簡所見"辟"及相關問題》,卜憲群、楊振紅主編《簡帛研究二〇〇八》,桂林:廣西師範大學出版社,2010,166-170頁;趙寵亮:《行役戍備:河西漢塞吏卒的屯戍生活》,北京:科學出版社,2012,331、357頁;李志遠:《西漢西北地方戍卒生活研究》,東北師範大學碩士學位論文,2008;伊青寧:《漢代西北戍卒研究——以居延漢簡爲中心》,西北師範大學碩士學位論文,2011;魏振龍:《漢代居延隨軍戍卒家屬研究——以漢簡爲中心》,西北師範大學碩士學位論文,2017。

② 張俊民:《新、舊居延漢簡校讀二例》,《考古與文物》2009年第2期;袁延勝:《肩水金關漢簡家屬符探析》,中共金塔縣委、金塔縣人民政府、酒泉市文物管理局、甘肅簡牘博物館、甘肅敦煌學學會編《金塔居延遺址與絲綢之路歷史文化研究》,蘭州:甘肅教育出版社,2014,220-227頁;黃艷萍:《漢代邊境的家屬出入符研究——以西北漢簡爲例》,《理論月刊》2015年第1期;侯宗輝:《漢代戍邊吏卒"家屬"人口的西向流動及影響》,《聊城大學學報(社會科學版)》2016年第5期;郭偉濤:《漢代的出入符與肩水金關》,甘肅簡牘博物館、西北師範大學歷史文化學院、河西學院河西史地與文化研究中心、蘭州城市學院簡牘研究所編《簡牘學研究》第7輯,蘭州:甘肅人民出版社,2018,98-104頁;魏學宏、侯宗輝:《肩水金關漢簡中的"家屬"及其相關問題》,《敦煌研究》2017年第4期;鍾良燦:《西北漢簡所見吏卒家屬研究》,鄔文玲主編《簡帛研究二〇一七(春夏卷)》,桂林:廣西師範大學出版社,2017,237-256頁;齊繼偉:《西北漢簡所見吏及家屬出入符比對研究》,《敦煌研究》2018年第6期。

③ 由於河西邊塞出土涉及戍卒及其家屬的名籍簡頗多,日本學者森鹿三據此認爲"隧卒幾乎都有家屬"(參見[日]森鹿三著,金立新譯《論居延出土的卒家屬廪名籍》,中國社會科學院歷史研究所戰國秦漢史研究室編《簡牘研究譯叢》第1輯,109頁)。換言之,他認可戍卒及家屬隨軍屯邊是漢代社會的普遍現象。至於屯邊戍卒家屬的身份,學者們也多以"隨軍家屬"四字籠統定義(參見管東貴《漢代邊塞眷禀的範圍與分級》,李亦園、喬健編《中國的民族、社會與文化——芮逸夫教授八秩壽辰論文集》,205頁;施偉青《漢代居延隨軍戍卒家庭人口的若干問題》;李振宏《漢代屯戍生活中的古典人道精神》;王子今《漢代軍隊中的"卒妻"身份》;鍾良燦:《西北漢簡所見吏卒家屬研究》,鄔文玲主編《簡帛研究二〇一七(春夏卷)》,238-245頁)。如前所述,漢代西北邊郡戍卒僅就籍貫而言,其來源就包括涉及内郡和邊郡的全國大部分地區。所以學界既然將戍卒家屬普遍視爲隨軍家屬,也就是認同了内郡國戍卒、邊郡本地籍戍卒都有攜帶家屬到邊的權利。如管東貴認爲服役於邊地的戍卒,"其隨軍家屬政府也按規定給予糧食"(參見管東貴《漢代邊塞眷禀的範圍與分級》,李亦園、喬健編《中國的民族、社會與文化——芮逸夫教授八秩壽辰論文集》,205頁);李振宏指出"漢代屯戍制度,允許戍卒帶家屬戍邊,并且給家屬充足的生活保障"(參見李振宏《漢代屯戍生活中的古典人道精神》);

一　西北漢簡所見"冗""給事"身份考察

　　我們知道，秦漢各級官府除去二百石以上的長吏和百石以下的少吏之外，其下還有大量以平民身份充當雜役者。如閻步克即指出，秦漢官府中有充當雜役的庶民，并可領取稍食。① 而日本學者宮宅潔、渡邊信一郎等也認爲，在漢代官府的最下層，有既不像"官"也不像"民"的公務服役者從事諸如警衛、打雜、傳遞信息等日常雜役。② 楊振紅結合秦漢簡牘，從供役的角度將此類在官府中服役的普通編户民區分爲兩種類型：一是長期居官府供役的"冗"，二是輪番更代供役的"更"。③ 侯旭東在認同楊振紅"冗""更"說法的同時，從"給事"的角度進一步解釋，漢代不論官吏，還是戍卒、百姓，都有脱離本職或本機構到其他機構承擔某種工作的情況；而進行長期性服役的"給事"，涉及的往往是百姓中的特定群體。④ 此外，楊振紅認爲"冗"是作爲"員"即國家正式任命的職事官、吏的對立面而存在的。⑤ 侯旭東也指出，秦漢以來存在的"給事"，是官、民爲官府工作的一種方式，西漢不占編制。⑥ 由此可見，無論從長期供役，還是皆屬於没有編制的編外人員來看，此類以庶民身份長期服務於官府的"冗""給

（接上頁）王震亞、張小鋒認爲"漢代鼓勵戍卒攜帶家屬在邊塞常居"（參見王震亞、張小鋒《漢簡中的戍卒生活》，甘肅省文物考古研究所、西北師範大學文學院歷史系編《簡牘學研究》第 2 輯，129 頁）；楊芳推測漢代政府爲充實邊地、穩定軍心，鼓勵吏卒攜帶家屬在邊塞常居（參見楊芳《漢簡所見河西邊塞軍屯人口來源考》）；李斯還認爲由於當時吏卒多帶家屬，政府在爲其家屬發放廩食的同時，還要廩鹽（參見李斯《西北漢簡所見廩鹽制度蠡測》，卜憲群、楊振紅主編《簡帛研究二○一一》，桂林：廣西師範大學出版社，2013，142 頁）。不過，近年來開始有部分學者注意到由於屯邊戍卒來源不同，其家屬隨軍的狀況也各有不同。如趙寵亮認爲"戍卒家屬名籍"所見戍卒應皆非邊郡人，所以其家屬纔得以到邊郡隨軍生活；而邊郡籍吏卒家屬，衹是到戍所探望家人（參見趙寵亮《行役戍備：河西漢塞吏卒的屯戍生活》，331 頁）；邵正坤則將"卒家屬"分爲邊地本郡和其他郡兩種情況，認爲對於本郡邊兵家屬，軍隊酌情給予稟食；而外郡"吏卒家屬"不少屬於親屬探親，在軍隊暫時居住（參見邵正坤《漢代邊郡軍糧廩給問題探討》）。此外，魏振龍將屯邊戍卒分爲本地、內郡兩類，指出并非所有的戍卒都能攜帶家屬戍邊，西北漢簡所見"卒家屬"乃是本地戍卒屯邊的證據，尚未發現内郡戍卒攜帶家屬的例子（參見魏振龍《漢代居延隨軍戍卒家屬研究——以漢簡爲中心》）；而日本學者鷹取祐司則認爲漢成帝中期以後西北邊地防務發生重大變化，其表現就是内地需服役的戍卒以錢財僱傭邊縣編户民代役，因常年受僱代役，所以西北漢簡所見"卒家屬"即是政府允許到烽隧系統共同居住的邊地籍戍卒家屬（參見鷹取祐司著，郭聰敏譯《漢代長城防衛體制的變化》，周東平、朱騰主編《法律史譯評》第 8 卷，上海：中西書局，2020，168-170 頁）。

① 閻步克：《品位與職位：秦漢魏晉南北朝官階制度研究》，北京：中華書局，2002，131-134 頁。
② ［日］宮宅潔著，顧其莎譯：《漢代官僚組織的最下層——"官"與"民"之間》，徐世虹主編《中國古代法律文獻研究》第 7 輯，北京：社會科學文獻出版社，2013，127 頁。
③ 楊振紅：《秦漢簡中的"冗"、"更"與供役方式——從〈二年律令·史律〉談起》，卜憲群、楊振紅主編《簡帛研究二○○六》，桂林：廣西師範大學出版社，2008，84-85 頁。
④ 侯旭東：《長沙走馬樓三國吴簡所見給吏與吏子弟——從漢代的"給事"說起》，《中國史研究》2011 年第 3 期。
⑤ 楊振紅：《秦漢簡中的"冗"、"更"與供役方式——從〈二年律令·史律〉談起》，卜憲群、楊振紅主編《簡帛研究二○○六》，88 頁。
⑥ 侯旭東：《長沙走馬樓三國吴簡所見給吏與吏子弟——從漢代的"給事"說起》。

事",在本質上都具有一致性。①

值得注意的是,爲何秦漢基層庶民熱衷於長期供役各級官府? 如前所述,閻步克已經指出這些服役於官府的庶民,可從政府領取廩食。又,楊振紅以漢代長安出土的骨簽爲例,認爲長期服役的"冗工"比定期更代的"工"地位高;并且這些冗者由於長期供役,在賦役等方面也享有一定的優惠政策。② 其實,或如侯旭東所言,一方面"冗"與"更"雖均屬於給事官府,但"冗"因需長期服役,即便從事的工作或許有些低賤,却可以得到官府的廩食,不失爲一種謀生的手段;因此,有一技之長,又爲官府所需要的百姓循此亦可維持生存。另一方面,這些人如果服役過程中能力出衆,得到首長的肯定,且服役地又有職位空缺時,是存在被提拔爲小吏的可能的。③ 那麽,這類以"冗""給事"身份長期供役於各級官府的庶民,在漢代西北邊郡是否有所體現? 他們又能否最終以此類身份獲取爲吏資格? 以下我們以西北漢簡爲主要依據,來嘗試討論這一問題。

首先,張家山漢簡《二年律令》有簡(1):

(1) 諸冗作縣官及徒隸,大男,冬稟布袍表裏七丈、絡絮四斤,袴(袴)二丈、絮二斤。④

按前文對"冗"的解釋,此簡所見"冗作縣官"應指長期在官府服役的平民。而敦煌懸泉漢簡也見與"作"相關的記載,如簡(2)—簡(3):

(2) ■右六月庚午作四人,得茭千一百八十束 ☐☐　《懸·貳》Ⅰ 90DXT0209⑤:4⑤
(3) ☐☐公乘並年卅四,府作☐☐　　　　　　《懸·貳》Ⅱ 90DXT0111①:396

---

① 里耶秦簡《遷陵吏志》,記録了秦代遷陵縣縣吏的員額,其中不見令佐、獄佐等,孫聞博稱之爲"'員'外群體"(參見孫聞博《里耶秦簡〈遷陵吏志〉考釋——以"吏志"、"吏員"與"員"外群體爲中心》,《國學學刊》2017 年第 3 期)。而尹灣漢簡《東海郡吏員簿》在記載東海郡太守府吏員時寫道"贏員廿一人"(參見連雲港市博物館、東海縣博物館、中國社會科學院簡帛研究中心、中國文物研究所編《尹灣漢墓簡牘》,北京:中華書局,1997,102 頁)。關於"贏員",廖伯源解釋爲"超出之吏員"(參見廖伯源《簡牘與制度:尹灣漢墓簡牘官文書考證(增訂本)》,桂林:廣西師範大學出版社,2005,50 頁)。我們認爲此類秦漢簡牘所見"員外群體""贏員",在身份上很可能即是以"冗""給事"長期服役於郡縣官署的本地籍編外庶民。
② 楊振紅:《秦漢簡中的"冗"、"更"與供役方式——從〈二年律令·史律〉談起》,卜憲群、楊振紅主編《簡帛研究二〇〇六》,86、88 頁。
③ 侯旭東:《長沙走馬樓三國吴簡所見給吏與吏子弟——從漢代的"給事"説起》。
④ 彭浩、陳偉、[日]工藤元男主編:《二年律令與奏讞書——張家山二四七號漢墓出土法律文獻釋讀》,上海古籍出版社,2007,250 頁。
⑤ 甘肅簡牘博物館、甘肅省文物考古研究所、陝西師範大學人文社會科學高等研究院、清華大學出土文獻研究與保護中心編:《懸泉漢簡(貳)》,上海:中西書局,2020,311 頁。本文簡稱《懸·貳》,此後所引同書簡文,不另注。

簡(2)"作四人"應可理解爲服役者四人;據出土地以及簡首墨迹,知此簡即懸泉置對服役於此之四人六月份伐茭數量的統計。而簡(3)所見"府作",或指在郡府服役勞作之意。而以上二簡所見"作",不能排除是短期服役於官府之邊民的可能性。[1]

又敦煌懸泉漢簡還見簡(4):

(4)☐以食冗作席工,宜年里紆更始一人食☐　　　《懸·貳》Ⅰ90DXT0209⑤:9

結合簡(1)"冗作縣官",知此簡所記"冗作席工",應指代長期以編席爲務在懸泉置進行勞作的邊縣庶民。因此,懸泉置還需爲其提供廩食供給。

另外,與"冗"相比,西北漢簡記載邊民以"給事"方式供役於邊地者更多,如簡(5)—簡(7):

(5)九月癸酉,將屯張掖大守☐
　　☐/屬富昌、給事佐☐　　　　　　　　　　　　　73EJH2:95[2]
(6)元鳳六年三月甲戌朔朔丁丑,敦煌大守登、候充國行丞事,謂縣官:領南☐☐卿史龍前移書,令縣官爲☐☐☐☐道上、亭作立鐓各有數。今史望來行縣,環言縣毋堅木以作立鐓軸板釭令。　　　　　　　　　　　　　《懸·貳》Ⅰ90DXT0209⑤:19A
　　/掾德、屬彊漢、給事佐奉　　　　　　　《懸·貳》Ⅰ90DXT0209⑤:19B[3]
(7)神爵二年三月丙午朔甲戌,敦煌大守快、長史布施、丞德,謂縣、郡庫:大守行縣閲傳車被具多敝☐,爲調易☐☐☐書到,遣吏迎受,輸敝被具郡庫,相與校計,如律令。
　　　　　　　　　　　　　　　　　　　　　　《懸·貳》Ⅰ91DXT0309③:236A
　　掾堅來、守屬敞、給事令史廣意、佐富昌　　《懸·貳》Ⅰ91DXT0309③:236B

據簡文知,以上三簡所記或皆是邊地庶民以給事佐、給事令史的身份,參與到張掖郡太守府、敦煌郡太守府等郡府文書的簽發之中。

又西北漢簡還見簡(8)和簡(9):

---

[1] 當然,漢代西北邊地各級官署服役人員身份複雜。以懸泉置爲例,除去平民其下服役者還包括戍卒、官徒等。所以以上二簡也不能排除是懸泉置對服役於此的戍卒、邢徒等勞作的相關統計。此點承蒙匿名審稿專家提醒,致謝。
[2] 甘肅簡牘博物館、甘肅省文物考古研究所、甘肅省博物館、中國文化遺産研究院古文獻研究室、中國社會科學院簡帛研究中心編:《肩水金關漢簡(肆)》,上海:中西書局,2015,下册,138 頁。
[3] 西北師範大學簡牘讀書班:《讀〈懸泉漢簡(貳)〉札記(二)》,簡帛網,2021 年 12 月 21 日。

(8)居延給事佐徐外人,劍一☐　　　　　　　　　　　　　　73EJT24:741①
(9)居延都尉給事佐居延始至里萬常善,年卅四歲,長七尺五寸,黑色。

《居·壹》43.2+77.81②

簡(8)"居延"應指居延縣。據此二簡可知,不僅邊郡太守府,西北邊縣以及各都尉府也都存在以"給事"方式長期供役的邊地庶民。總之,根據簡(4)—簡(9)可以看出,無論是"冗"還是"給事",在漢代西北邊郡太守府以下各級官署中都應是普遍存在的。

最後,敦煌懸泉漢簡有簡(10):

(10)……里上造董嘉,給事府,永始四年七月甲辰除。

《懸·壹》Ⅰ90DXT0114①:214③

此簡記錄了董嘉因給事郡府而獲得爲吏資格,并最終憑藉這一資格被除爲小吏的過程。④ 此外,懸泉漢簡還見簡(11):

(11)☐衆年卅七,史,署東道郵書,建平四年二月己卯除。

《懸·壹》Ⅰ90DXT0112①:14

由此簡所記這位名"衆"的邊民在除吏之前服役於東道郵知,其職業應當是郵人。由於郵人作爲平民從事的職役,屬於長期任役的"冗"範疇。⑤ 據此也可看出,簡(11)記載的即是郵人"衆"因長期"冗作"於東道郵而被提拔爲小吏的相關信息。所以,結合簡(10)和簡(11)可知,漢代西北邊縣籍庶民的確可以通過長期"冗作"或"給事"太守府以下各級官署,獲得出

---

① 甘肅簡牘博物館、甘肅省文物考古研究所、甘肅省博物館、中國文化遺産研究院古文獻研究室、中國社會科學院簡帛研究中心編:《肩水金關漢簡(叁)》,上海:中西書局,2013,下册,16頁。
② 簡牘整理小組編:《居延漢簡(壹)》,臺北:"中研院"歷史語言研究所,2014,141頁。本文簡稱《居·壹》,此後所引同書簡文,不另注。
③ 甘肅簡牘博物館、甘肅省文物考古研究所、陝西師範大學人文社會科學高等研究院、清華大學出土文獻研究與保護中心編:《懸泉漢簡(壹)》,上海:中西書局,2019,510頁。本文簡稱《懸·壹》,此後所引同書簡文,不另注。
④ 當然,由於簡(10)簡首殘損,根據殘文我們似乎也可將其内容理解爲董嘉在永始四年(前13)被除爲郡府"給事"。按此理解,此處的"給事"應是一種小吏職位。然而敦煌懸泉漢簡"VT1712④:15"見"馴望亭長當市里士五王快年卅七,不史,冗健,本始五年三月戊辰除"(參見張俊民《敦煌懸泉置出土文書研究》,蘭州:甘肅教育出版社,2015,141頁)。對比這兩支内容、格式相似的除吏簡可知,與"冗健"一樣,簡(10)所書"給事府"也應該祇是一種爲吏資格,而非小吏職位本身。并且這一情況也應同樣適用於簡(11)。
⑤ 孫聞博:《里耶秦簡〈遷陵吏志〉考釋——以"吏志"、"吏員"與"員"外群體爲中心》;楊振紅:《秦漢簡中的"冗"、"更"與供役方式——從〈二年律令·史律〉談起》,卜憲群、楊振紅主編《簡帛研究二○○六》,86頁;侯旭東:《皇帝的無奈——西漢末年的傳置開支與制度變遷》,《文史》2015年第2輯。

仕爲吏的資格。

二 "卒家屬廩名籍"所記戍卒及其家屬身份再推測

漢代西北邊塞軍政系統活躍著大量的屯邊戍卒。通過西北漢簡我們可以看到,就籍貫而言,這些戍卒來源於包括内郡國和邊郡在内的全國大部分地區。[1] 如王彦輝所言,秦漢一般正卒的"一歲屯戍"以戍邊爲主;作爲内郡國正卒的一種經常性義務衹有戍邊一年;他們作爲屯邊戍卒服完一年兵役之後,即可罷遣歸家。[2] 然而里耶秦簡記有"冗戍士五",[3]孫聞博指出"冗戍"應當是服役期限較長的戍卒。[4] 據此可見,秦代戍卒屯邊,并非都局限於一年之期。而且到西漢時期,與内郡國相比,屯戍於本地的西北邊縣籍戍卒,也是可以長年累月服務於軍政系統的。[5] 如居延新簡見簡(12):

(12)☐戍卒居延昌里石恭,三年署居延代田亭,三年署武成 二月丁丑自取。
☐隧,五年因署受絮八斤。

《新·一》EPT4:5[6]

從此簡所記居延縣籍戍卒"石恭"從三年到五年的活動軌迹來看,其應是長期勞作於邊塞屯戍系統的邊地籍戍卒。[7] 前面我們曾説過,漢代西北邊郡各機構存在長期服役的"冗"或"給事"。而像簡(12)這類戍卒,從本質上來講也應屬於孫聞博所言長期服役的"冗戍"範疇。

又孟志成在研究邊郡吏員選任時注意到,西漢邊地隧長一般從戍卒中提拔。[8] 再加上居延新簡"EPT54:4"所見"收虜隧長石恭",[9]可知作爲常年"冗戍"於邊地軍政系統的獎勵,簡(12)中戍卒"石恭"很可能在屯邊數年之後,被選拔爲基層小吏收虜隧長。那麼,像簡(12)

---

[1] 趙寵亮:《行役戍備:河西漢塞吏卒的屯戍生活》,25-36 頁;楊芳:《漢簡所見河西邊塞軍屯人口來源考》。
[2] 王彦輝:《論秦漢時期的正卒與材官騎士》,《歷史研究》2015 年第 4 期。
[3] 陳偉:《里耶秦簡牘校釋》第 1 卷,武漢大學出版社,2012,197 頁。
[4] 孫聞博:《秦漢軍制演變史稿》,北京:中國社會科學出版社,2016,295 頁。
[5] 張瑛、肖從禮考察西北漢簡已經注意到,西北邊塞"有相當數量的戍卒其服役時間不止一歲,有的多達幾十年"(參見張瑛、肖從禮《漢代居延地區社會生活史研究》,蘭州大學出版社,2018,48 頁),衹是兩位學者并未進一步深究這一論題。
[6] 張德芳主編,孫占宇著:《居延新簡集釋(一)》,蘭州:甘肅文化出版社,2016,263 頁。本文簡稱《新·一》,此後所引同書簡文,不另注。
[7] 鷹取祐司認爲戍卒"石恭"連續服役三年不能視爲徭役,其所受"絮八斤"屬於俸祿範疇;因此"石恭"是領取俸祿的僱傭戍卒(參見[日]鷹取祐司著,郭聰敏譯《漢代長城防衛體制的變化》,周東平、朱騰主編《法律史譯評》第 8 卷,169-170 頁)。可備一説。
[8] 孟志成:《候長、隧長的任用和獎懲》,甘肅省文物考古研究所、西北師範大學文學院歷史系編《簡牘學研究》第 3 輯,蘭州:甘肅人民出版社,2002,218 頁。
[9] 張德芳主編,馬智全著:《居延新簡集釋(四)》,蘭州:甘肅文化出版社,2016,359 頁。

這類通過長期"冗作"屯戍系統換取爲吏資格的情况在漢代西北邊縣籍戍卒中是否普遍存在？以下我們通過考察西北漢簡所見"卒家屬廩名籍"展開這一論題。

如前所述，西北漢簡所見戍卒家屬名籍稱謂衆多。李天虹、李均明認爲此類簡牘的製作，主要用於戍卒家屬口糧發放，因此將其統一稱爲"卒家屬廩名籍"。[①] 此類名籍簡的大致格式，如簡(13)—簡(14)所示：

(13) 第四隧卒張霸。 弟大男輔，年十九。
　　　　　　　　　　弟使男勳，年七。　　見署用穀七石八升大。
　　　　　　　　　　妻大女，年十九。

《居·貳》133.20[②]

(14) 制虜卒周賢。 妻大女止耳，年廿六，用穀二石一斗六升大。
　　　　　　　　　子使女捐之，年八，用穀一石六斗六升大。
　　　　　　　　　子使男並，年七，用穀二石一斗六升大。　凡用穀六石。

《居·壹》27.4

當然，僅憑以上二簡所見戍卒及其家屬信息，并不足以爲我們瞭解和考察西北邊地籍戍卒是否能夠通過長期戍邊獲取出仕資格提供有效信息。

然而，居延漢簡有與之内容、格式相似的簡例，如簡(15)：

(15) 制虜隧卒張放。 妻大女自予，年廿三，用穀二石一斗六升大☐
　　　　　　　　　　子未使男野，年二，用穀一石六斗六升大☐

《居·叁》231.25[③]

簡(15)出土於破城子，下殘。但據簡文可知，此簡應是戍卒張放家屬的廩食名籍。與此同時，涉及張放的同名簡牘還有簡(16)：

(16) 史鄭忠、南界士吏張放☐
　　　守令史張武第一・守右尉☐☐

《居·貳》132.24

---

① 李天虹：《居延漢簡簿籍分類研究》，66-69 頁；李均明：《秦漢簡牘文書分類輯解》，359-361 頁。
② 簡牘整理小組編：《居延漢簡(貳)》，臺北："中研院"歷史語言研究所，2015，81 頁。本文簡稱《居·貳》，此後所引同書簡文，不另注。
③ 簡牘整理小組編：《居延漢簡(叁)》，臺北："中研院"歷史語言研究所，2016，68 頁。本文簡稱《居·叁》，此後所引同書簡文，不另注。

此簡中張放的身份是"士吏"。而且除此之外,西北漢簡中與張放相關的信息還有很多。①李振宏、孫英民結合此類簡牘考證,張放是從簡(15)所記戍卒起步,最終一步步得以升遷,至少從綏和前後開始,其開始相繼擔任北部候長、甲渠候長、吞遠候長,繼而遷補爲簡(16)所記"士吏"。②我們認爲,張放既然能夠擔任候長、士吏等基層吏職,表明其籍貫隸屬張掖郡應無可疑。③據此可知,簡(15)中擁有邊縣户籍的張放,應同簡(12)所見居延縣民石恭一樣,也經歷了從戍卒出仕爲戍吏的仕進過程。

當然,類似于石恭、張放的情況,在西北漢簡所見其他戍卒家屬廩食名籍中也有體現,如簡(17)—簡(18):

(17)俱起隧卒王並　妻大女嚴,年十七,用穀二石一斗六升大。（第一、二欄）
　　　　　　　　　子未使女毋知,年二,用穀一石一斗六升大。
　　　凡用穀三石三斗三升少。（第三欄）

《居·貳》203.13

(18)卒王襃　妻大女信,年十八。
　　　　　　見署用穀☐

《居·壹》95.20+95.19+95.18+95.17+95.16

據簡文知,簡(17)和簡(18)分别記録了戍卒王並、王襃家屬的廩食信息。李振宏、孫英民通過考察西北漢簡所見涉及以上二人的相關信息指出:王並,開始如簡(17)所記爲戍卒,但之後擔任過第七燧長及尉史等職,主要活動於河平年間;王襃,也是從簡(18)戍卒做起,其後相繼擔任燧長、候長、士吏等職,活躍於新莽時期。④

此外,額濟納漢簡還見戍卒王敞的家屬廩食名籍,如簡(19):

---

① 如居延漢簡"168.7""203.18""267.25",居延新簡"EPT5:140""EPT8:1""EPT59:249"等。
② 李振宏、孫英民:《居延漢簡人名編年》,北京:中國社會科學出版社,1997,268頁。
③ 這裏還需指出的是,李振宏、孫英民認爲簡(15)和簡(16)所見張放,在王莽居攝元年(1)被提拔爲甲渠候,直到始建國天鳳年間,一生幾十年都勞頓在邊塞防綫上(參見李振宏、孫英民《居延漢簡人名編年》,268頁)。然而如上所述,我們既然肯定了簡(15)和簡(16)中張放擁有邊地户籍,按照漢代二百石以上朝廷命官必用外郡吏員的規定,他是不可能有機會在本郡擔任甲渠候這一長吏職位的。所以李振宏、孫英民將王莽以後張放擔任甲渠候相關簡牘信息的統計,應存在錯誤。當然,這種錯誤主要還是由於西北漢簡所見戍卒重名者較多,導致相關學者在對他們進行人名編年時難免會出現信息偏差造成的。
④ 李振宏、孫英民:《居延漢簡人名編年》,200-201、326-327頁。

$$
(19)\text{第卅一隧卒王敞}\begin{cases}\text{母大女□如,年六十二。} & \text{見在署,用穀二石九升少}☐\\ \text{子小男駿,年一。} & \text{見在署,用穀七斗六升少}☐\\ \text{妻大女如,年廿六。} & \text{見在署,用穀二石九升少}☐\end{cases}
$$

2000ES7SF1:11①

而居延漢簡"564.16"又記"觻得安定里王敞"。② 李振宏、孫英民結合其他簡牘考證出,王敞也是由戍卒提升,并擔任過隧長、令史等諸多職務。③ 如此看來,以"卒家屬廩食名籍"爲基礎,再結合西北漢簡人名編年,我們至少又可以肯定張掖郡籍戍卒王並、王襃、王敞等三人,也擁有從戍卒仕進爲戍吏的仕宦經歷。又根據簡(12)所見居延縣民石恭在擔任隧長之前,曾長期擔任戍卒來看,我們似乎可推測簡(15)張放以及簡(17)至簡(19)王並、王襃、王敞,也應是通過長期"冗戍"邊塞,最終換取了爲吏資格。進一步來講,我們甚至可以大膽推測西北漢簡所見"卒家屬廩名籍",記錄的就是長期冗作屯戍系統之邊縣籍戍卒家屬的廩食名籍。

三 "卒家屬廩名籍"所記爲邊地籍"冗戍"及其家屬身份信息原因試析

前文我們推測了西北漢簡所見"卒家屬廩名籍"所記即是長期"冗作"邊塞屯戍系統之戍卒及其家屬的相關身份信息。其主要理由至少有三。

首先,從籍貫方面考慮,除去以上所列"卒家屬廩名籍"簡之外,西北漢簡還見簡(20)—簡(22):

$$(20)\text{餅庭隧卒,鳴沙里大夫范弘,年卅四。}\begin{cases}\text{父大男輔,年六十三~,弟大男憲,年十七~}☐\\ \text{妻大女始,年十八}\triangle☐\end{cases}$$

《新·六》EPT65:145④

$$(21)☐☐☐☐\text{當遂里士伍王惲,年卅五。}\begin{cases}\text{妻大女臨,年卅八}☐\\ \text{子小男崇,年七。}\\ \text{子小男尊,年三,出入安。}\end{cases}$$

《新·六》EPT65:121

---

① 孫家洲:《額濟納漢簡釋文校本》,北京:文物出版社,2007,32頁。
② 簡牘整理小組編:《居延漢簡(肆)》,臺北:"中研院"歷史語言研究所,2017,239頁。
③ 李振宏、孫英民:《居延漢簡人名編年》,172頁。
④ 張德芳主編,韓華著:《居延新簡集釋(六)》,蘭州:甘肅文化出版社,2016,265頁。本文簡稱《新·六》,此後所引同書簡文,不另注。

　　　　　　　　　　父大男長,年五十☐
（22）甲渠三堠隧卒,當遂里左豐。母大女㚲,年卅八☐　　　《新·六》EPT65:478
　　　　　　　　　　妻大女用,年廿二☐

　　以上三簡皆出土於甲渠候官,并且簡中記録籍貫信息時直接忽略郡縣而從里寫起。結合漢代居延縣所轄里有"當遂里"和"鳴沙里"知,簡(20)至簡(22)記録的其實就是居延縣籍戍卒家屬的廩食名籍。① 據統計,西北漢簡所見"卒家屬廩名籍"中,記録戍卒及其家屬信息相對完整的簡例一共有28枚。② 雖然通過以上考察我們能够確定這類戍卒籍貫隸屬的祇有以上七例,但無一例外的邊地籍籍貫,不得不令我們懷疑西北漢簡所見"卒家屬廩名籍",其所記其實或即是本地籍戍卒及其家屬的信息,與其他郡縣屯邊戍卒無關。③

　　其次,從内郡國戍卒的角度來講,其家屬也不可能出現隨軍生活的情况。第一,如前所述,漢代内郡國正卒戍邊以一年爲期。王彦輝指出,此類戍卒由縣、侯國徵發,派令史將至郡國治所集中,郡國再指派長吏與各縣侯國令史共同將護至戍所;戍卒罷歸故里,首先由隧長護送至候部,然後再從候官集中到部都尉,最後在郡府集結,而戍卒原籍郡縣亦會到太守府迎接罷卒。④ 據此過程可知,内郡國戍卒屯邊,從徵發派遣到罷戍歸家,都由各級官府吏員直接參與并詳細記録,但其中并未涉及戍卒家屬的任何信息。第二,無論是傳世還是出土文獻,也可證明内郡國戍卒家屬不能隨軍。傳世文獻方面,《鹽鐵論》中文學在論及西漢丁男服役時,説"長子不還,父母愁憂,妻子詠歎,憤懑之恨發動於心,慕思之積痛於骨髓";⑤同書有賢良言"今山東之戎馬甲士戍邊郡者,絶殊遼遠,身在胡、越,心懷老母。老母垂泣,室婦悲恨,推其饑渴,念其寒苦";⑥而《執務》篇也談到屯戍之士"盡苦寒之地""涉胡、越之域",以

---

① 趙寵亮:《行役戍備——河西漢塞吏卒的屯戍生活》,361頁;鍾良燦:《西北漢簡所見吏卒家屬研究》,鄔文玲主編《簡帛研究二〇一七(春夏卷)》,250頁。
② 魏振龍在研究戍卒家屬問題時,根據"居延漢簡"和"居延新簡"共羅列出26枚信息完整的戍卒家屬名籍簡(參見魏振龍《漢代居延隨軍戍卒家屬研究——以漢簡爲中心》),但遺漏了額濟納漢簡中所記"史惕"(ESC:55)和"王敞"(2000ES7SF1:11)兩位戍卒家屬廩食名籍簡。
③ 魏振龍通過考察西北漢簡所見戍卒家屬名籍簡,也認爲這些戍卒及家屬是本地人氏的可能性很大(參見魏振龍《漢代居延隨軍戍卒家屬研究——以漢簡爲中心》)。
④ 王彦輝:《論秦漢時期的正卒與材官騎士》。關於此點,侯旭東也解釋,遣送罷卒的程式大體自下而上逐級遣送:先由各候長將罷卒至候官處,各候官再將罷卒送到郡集中,再由丞相史或本郡官吏接回,候官向太守府遣送時則需要給負責護送的屬吏簽發傳類文書(參見侯旭東《西北漢簡所見"傳信"與"傳"——兼論漢代君臣日常政務的分工與詔書、律令的作用》)。
⑤ [漢]桓寬著,王利器校注:《鹽鐵論校注》卷九《徭役》,北京:中華書局,1992,520頁。
⑥ [漢]桓寬著,王利器校注:《鹽鐵論校注》卷七《備胡》,446頁。

致"父母延勁而西望,男女怨曠而相思"。① 如果漢代內郡國戍卒家屬可以隨軍居住,那麼《鹽鐵論》又何來控訴漢代兵役繁重,以致父子不見、夫妻分離的感慨。

此外,出土文獻方面,居延漢簡有簡(23):

(23)☑□□□戍卒邊遠,去父母親戚,居寒苦。吏將作任人力,謹愚以文理□

《居·叁》279.3

此簡出土於破城子。據殘存簡文知,簡(23)或是居延都尉府下發甲渠候官的文書,文書要求候官善待遠道而來的屯邊戍卒。而此簡中所言戍卒"邊遠去父母親戚",應即是證明漢代屯邊內郡國戍卒與家屬兩地相隔的真實寫照。②

最後,我們之所以認爲西北漢簡所見"卒家屬廩名籍"中戍卒屬於邊縣籍"冗戍"範疇,主要還與其和屯邊普通戍卒待遇之不同有關。如前所述,漢代內郡國正卒都要承擔戍邊一年的兵役。而從西北漢簡的記載來看,即便是邊縣籍吏民,也要承擔這爲期一年的正役。③因此,在擔任正卒的這一年中,邊地籍戍卒應和內郡國戍卒一樣,皆不得隨意離開戍所。

然而西北漢簡常見與戍卒活動相關的反常記錄,如簡(24):

(24)鄣卒王同,歸取婦。   EPT43:103④

據簡文知,此簡記錄的是鄣卒王同在屯戍期間歸家娶親的相關信息。又如居延新簡還見簡(25):

(25)鄣卒蘇寄,九月三日封符,居家十日,往來二日,會月十五日。

《新·一》EPT17:6

由簡文知,此簡應是鄣卒蘇寄在屯戍期間以符傳歸家休假的相關記錄。漢代屯邊戍卒有休

---

① [漢]桓寬著,王利器校注:《鹽鐵論校注》卷七《執務》,456頁。
② 另外,西北漢簡還有不少書信簡,由於內郡國戍卒戍邊遠離家鄉,導致其與親人"久不相見",故需通過書信表達思鄉、思親之意(參見孫占鰲、尹偉先主編《河西簡牘綜論》,蘭州:甘肅人民出版社,2016,376頁)。
③ 此類邊縣籍戍卒在服一年正役前後,同樣也需按更戍制度規定由郡縣集中發送和遣返(參見王彥輝《論秦漢時期的正卒與材官騎士》)。
④ 張德芳主編,楊眉著:《居延新簡集釋(二)》,蘭州:甘肅文化出版社,2016,366頁。

假制度。① 但與一般戍卒能"作十日輒休一日"的規定相比,②簡(25)所見鄣卒能夠合法歸家連休十天,這應非一年一更的正卒所能享受的權利。③ 更不用說簡(24)所記鄣卒王同在擔任戍卒期間,還可申請回家結婚的情況。

面對這種局面,唯一的合理解釋就是簡(24)和簡(25)所見鄣卒都屬於非正役期間屯戍於邊地的"冗戍"。與一年一更的"更卒"相比,他們由於長期戍守邊地,因此取得了較高的地位,甚至據此享受到了同戍吏一樣,可以歸家休假以及暫時離職處理其他私人事務的權利。同理,戍卒家屬到邊也應與之類似,即在一年之內的正役期間,即便是邊縣籍戍卒,其家屬也應和內郡國戍卒家屬一樣,沒有資格前往屯戍系統。而西北漢簡所見戍卒家屬廩食名籍,也衹能發生在常年戍邊的邊縣籍"冗戍"身上。④

如前所述,由於漢代西北邊縣籍"冗戍"需要連年工作並生活在烽隧系統之中,導致其平時難以與家屬團聚。鑒於因戍邊而與親屬長期兩地分隔,在漢代被視作違背人情之事。⑤ 所以允許此類戍卒家屬定期到屯戍系統探親,⑥應是彌合以上矛盾的重要舉措。而且與"冗戍"請假歸家休息相比,允許其家屬到邊地省親,不論對官方還是對"冗作"戍卒本身來講都有好處。如對屯戍系統而言,家屬到邊塞省親,可以保證熟知烽隧系統運作的"冗作"戍卒繼續堅守崗位;而對邊縣籍"冗戍"而言,家屬來邊,既可抵消其因歸家休假而可能產生的路途

---

① 相關研究參見邢義田《漢代邊塞軍隊的給假、休沐與功勞制——讀〈居延新簡〉札記之二》,李學勤主編《簡帛研究》第1輯,北京:法律出版社,1993,192-205頁;趙蘭香《漢代西北邊塞塞吏卒與內郡官吏的休假制度異同考述》,甘肅省文物考古研究所、西北師範大學文學院歷史系編《簡牘學研究》第4輯,蘭州:甘肅人民出版社,2004,211-218頁;趙寵亮《行役戍備:河西漢塞吏卒的屯戍生活》,95-113頁。
② 張德芳主編,肖從禮著:《居延新簡集釋(五)》,蘭州:甘肅文化出版社,2016,343頁。
③ 還需指出的是,西北漢簡常見戍卒"攢假"的情況,如居延新簡"EPT65.51""EPT65.323"所見"第二十一隧卒杜詡,休二十日""第二十五隧卒鮑永,休三十日"。趙寵亮指出以上二簡所見隧卒休假二十或三十天的情況,很可能是戍卒連續工作,長期未休假積攢而來的(參見趙寵亮《行役戍備:河西漢塞吏卒的屯戍生活》,97頁)。但儘管如此,攢假連休對在一年屯戍期內的內外郡服役正卒並沒有太大意義。因爲漢代遣返罷卒分批進行、並有嚴格的時間規定,即使攢假連休,作爲個人,他們也不可能獲得提前結束屯戍生活的權利。所以即便攢假一月,他們也不能獲得提前回家與家人團聚的機會。故而,此類長時間的攢假連休,或許也只能發生在邊地籍"冗戍"身上。
④ 因西北漢簡多見邊塞關卡出土吏卒親屬過關記錄及戍吏家屬符,而漢代河西邊塞低級戍吏又都從本郡選取。所以孫聞博很早就意識到制度上的允許,與居官去家較近,使得這些戍吏家屬可以出入關與屬吏相聚(參見孫聞博《秦漢的女子參戰與親屬隨軍》,中國中古史集刊編委會編《中國中古史集刊》第3輯,北京:商務印書館,2017,38-39頁)。由此可見,漢代河西地區戍吏家屬是可以到屯戍系統與戍吏團聚的。或是因此之故,邊地"冗戍"戍卒及其家屬也便同樣享受到了這一權利。
⑤ 孫聞博:《秦漢帝國"新地"與徙、戍的推行——兼論秦漢時期的內外觀念與內外政策特徵》,《古代文明》2015年第2期。
⑥ 我們認爲,西北漢簡所見戍卒家屬廩食名籍,應即邊縣籍戍卒家屬到屯戍系統探親時官府給予軍糧的記錄。因此,居延漢簡"133.8"所見"·右省卒家屬名籍,用穀卅石",居延新簡"EPT40:18"所見"·第廿三部建平三年七月家屬妻子居署省名籍",應如李天虹所言,"省"應即省親之意(參見李天虹《居延漢簡簿籍分類研究》,69頁)。

時間消耗,進而變相增加與家屬團聚的時間;①同時官方爲其家屬提供的免費廩食,也可減輕此類戍卒因長期戍邊而可能產生的沉重家庭經濟負擔。②

---

① 如居延漢簡"EPT50∶10"記居延縣籍甲渠候官第十隧長徐譚,其家距張掖太守府一千零六十三漢里。又居延縣毗鄰居延都尉轄區,而張掖郡太守府也是觻得縣所在地,所以若觻得縣籍戍卒長期屯戍居延地區,其需歸家時,按漢代河西邊塞行書標準一日夜一百六十里算,其間路途消耗至少也在六到七天。若休假一月,就有半月損耗在來回之間的路途之上。
② 西北漢簡多見戍吏因"貧寒"而被迫離職"罷休"的情況(相關研究可參見李天虹《居延漢簡所見候官少吏的任用與罷免》,《史學集刊》1996年第3期;邢義田《從居延漢簡看漢代軍隊的若干人事制度——讀〈居延新簡〉札記之一》,收入其著《治國安邦:法制、行政與軍事》,北京:中華書局,2011,548-553頁;趙寵亮《行役戍備——河西漢塞吏卒的屯戍生活》,151頁;鍾良燦《〈居延新簡〉所見"寒吏"》,《南都學壇》2015年第2期)。由此可見,服役於屯戍系統的邊地籍吏卒,其中很多家庭經濟條件比較差,故而由官府爲省親的"冗戍"家屬提供廩食,無論對這些戍卒還是其家庭來說,無疑都意義巨大。

"御錢"與"司御錢"考辨
——以懸泉漢簡爲中心*

□ 首都師範大學歷史學院 羅晨

内容提要 懸泉漢簡中所見"御錢"與"司御錢"是兩種不同種類的錢。"御錢"是廄御在從事本職工作時得到的錢,一般先是由發布任務的機構付給廄御所在的機構,進而再由該機構發放給任務的實際承擔人。御錢的付受應是一次一結,且每月需將御錢的付受情況整理爲出入簿上報。"司御錢"是廄御在承擔了其本職工作外的其他任務時得到的錢。當廄御在縣域内承擔非本職工作的任務時,"司御錢"是按次結算,直接由相關機構支付給廄御本人;若涉及跨縣任務,則可一月或數月由廄御所屬縣派人迎取。此外,當廄御有事不能按時到崗時,可僱用其他人代替自己執行任務,僱傭期限通常以月爲單位計算,以其承擔任務是否屬於廄御的本職工作及單月内勞作的次數,分别計算御"賈錢"和司御"賈錢"。其中"賈"通"價","賈錢"即爲"價錢"。御錢、司御錢的付受,均有相應的券書作爲憑證。

關鍵詞 懸泉漢簡 御錢 司御錢 賈錢

懸泉漢簡中可見多件記有"御錢""司御錢"的簡牘文書,學界多將其納入經濟史料,對記載的錢數進行定量考察,却鮮見對此相似概念進行辨析。[①] 由於這些材料均在懸泉置遺址

---

* 本文爲國家社科基金重大項目"中韓日出土簡牘公文書資料分類整理與研究"(20&ZD217)階段性成果。
① 關於"御錢"與"司御錢",胡平生、張德芳認爲其爲驛置經費,包括馬匹飼養、車輛維護、驛置人員薪俸等諸項費用在内,詳見胡平生、張德芳編撰《敦煌懸泉漢簡釋粹》,上海古籍出版社,2001,74-75頁;張俊民認爲"御錢"或稱"司御錢"是當時在懸泉置養馬、駕車之人應得的報酬,詳見其《西漢效穀縣基層組織"鄉"的幾個問題》,《魯東大學學報(哲學社會科學版)》2013年第1期;郭浩認爲"司御錢"是不願意服役的司御向政府交付的錢,以其留任或僱傭一些願意繼續從事工作的司御,詳見其《西漢地方郵政"財助"問題芻議》,《中國社會經濟史研究》2014年第4期;王錦城認爲"司御錢"既可指司御的薪俸,又可指司御代替他人服更役而取得的更賦,詳見其《西北漢簡所見"司御錢"考》,《敦煌研究》2018年第6期。

發現,故其應爲當時實際使用過的簡牘文書。秦漢時期在簡牘文書的製作、書寫等方面均有較爲嚴格的規定,有時相似的内容也有可能是不同機構、不同事項、不同用途的記録,因此對"御錢"和"司御錢"這兩個概念似乎仍存在些許進一步探討的空間。

一　懸泉漢簡中的"御錢"

根據現有材料,"御錢"一詞共在懸泉漢簡中出現 9 次:

簡 1
陽朔四年三月御錢出入簿☐　　　　　　　　　　　　Ⅰ 90DXT0110①:119[①]

簡 2
入閏月御錢三千　陽朔二年三月辛未縣泉嗇夫尊受尉曹史賞(左齒)
　　　　　　　　　　　　　　　　　　　　　　　　Ⅰ 90DXT0111②:5[②]

簡 3
入閏月四月御錢萬　陽朔二年閏月壬申縣泉置嗇夫尊受少内嗇夫壽(右齒)
　　　　　　　　　　　　　　　　　　　　　　　　Ⅰ 90DXT0210①:96[③]

簡 4
出遮要六月御錢三千五百　其千六百五十付張子候　千付君卿　八百五十☐……牛康受　元始四年六月庚子安樂鄉嗇夫并付遮要置嗇夫敞　　92DXH12:1[④]

簡 5
入正月御錢二千　元延四年正月辛卯縣泉置嗇夫訢受魚離鄉嗇夫柳
　　　　　　　　　　　　　　　　　　　　　　　　Ⅱ 90DXT0114③:428[⑤]

簡 6
入九月御錢五百　河平四年九月丙子縣泉廄佐何受☐(右齒)　　Ⅱ T0314①:21[⑥]

[①] 甘肅簡牘博物館、甘肅省文物考古研究所、陝西師範大學人文社會科學高等研究院、清華大學出土文獻研究與保護中心編:《懸泉漢簡(壹)》,上海:中西書局,2019,下册,372 頁。
[②] 甘肅簡牘博物館、甘肅省文物考古研究所、陝西師範大學人文社會科學高等研究院、清華大學出土文獻研究與保護中心編:《懸泉漢簡(壹)》,下册,392 頁。
[③] 甘肅簡牘博物館、甘肅省文物考古研究所、陝西師範大學人文社會科學高等研究院、清華大學出土文獻研究與保護中心編:《懸泉漢簡(貳)》,上海:中西書局,2020,下册,341 頁。
[④] 張俊民:《懸泉漢簡中有明確紀年可考的物價資料》,收入其著《敦煌懸泉置出土文書研究》,蘭州:甘肅教育出版社,2015,33 頁。
[⑤] 甘肅簡牘博物館、甘肅省文物考古研究所、西北師範大學簡牘研究院、清華大學出土文獻研究與保護中心編:《懸泉漢簡(叁)》,上海:中西書局,2023,下册,443 頁。
[⑥] 張俊民:《懸泉漢簡刻齒文書概説》,收入其著《敦煌懸泉置出土文書研究》,393 頁。

簡 7

☒□今見得御錢五萬八千　　　　　　　　　　　　　Ⅱ90DXT0111②:173①

簡 8

五月御錢二千八百　佐順受假佐明友　　　　　　　　ⅤT1311③:154②

簡 9

☒□卒御錢直九千九百十七并書言縣縣不肯爲責兩置御瓜田卒錢月輸府

　　　　　　　　　　　　　　　　　　　　　　　　ⅡT0215S:265③

上述9簡中皆記録有與"御錢"相關的内容,爲進一步分析"御錢"的基本情况提供了原始材料。

簡1長12.6釐米,寬0.8釐米,厚0.2釐米,下端殘斷,爲紅柳質地,④其記録内容爲"陽朔四年三月御錢出入簿",故應當是御錢出入簿的標題簡。根據這些信息,可知懸泉置中應設有專人負責御錢的出入記録,且御錢的出入情况應是以月爲單位進行匯總,形成册書。

簡2至簡6所記皆爲御錢出入的具體情况,且大部分側面均有刻齒,⑤懸泉漢簡中大量帶有刻齒的簡牘文書均屬於券類文書,⑥故此5簡應爲每次出入御錢時記録的券書。一方面,這些券書的記録以單日單次爲單位,故其應是匯總成"御錢出入簿"的基礎材料。由此亦可知,御錢應是按次結算,其出入記録按月匯總成"御錢出入簿"。另一方面,借助御錢付受雙方的身份,可以對御錢作進一步分析。爲更加直觀,兹將付受雙方的身份列表1如下:

表1　懸泉漢簡所見御錢付受雙方身份信息彙總

序號(簡號)	付錢方	受錢方
簡2(Ⅰ90DXT0111②:5)	尉曹史(賞)	懸泉置嗇夫(尊)
簡3(Ⅰ90DXT0210①:96)	少内嗇夫(壽)	懸泉置嗇夫(尊)
簡4(92DXH12:1)	安樂鄉嗇夫	遮要置嗇夫(敞)
簡5(Ⅱ90DXT0114③:428)	魚離鄉嗇夫(柳)	懸泉置嗇夫(訢)

---

① 甘肅簡牘博物館、甘肅省文物考古研究所、陝西師範大學人文社會科學高等研究院、清華大學出土文獻研究與保護中心編:《懸泉漢簡(貳)》,下册,507頁。
② 張俊民:《懸泉漢簡中有紀年可考的物價資料》,50頁。
③ 張俊民:《西漢敦煌郡縣置名稱考》,收入其著《敦煌懸泉置出土文書研究》,175頁。
④ 甘肅簡牘博物館、甘肅省文物考古研究所、陝西師範大學人文社會科學高等研究院、清華大學出土文獻研究與保護中心編:《懸泉漢簡(壹)》,下册,619頁。
⑤ 由于簡4的圖版尚未公布,故目前可以確定的是簡2、簡3與簡6側面有刻齒,簡5無刻齒。但依據簡牘文書所記内容來看,簡4與簡5同樣爲御錢出入的記録,故其也與券書相關。
⑥ 張俊民:《懸泉置出土刻齒簡牘概説》,武漢大學簡帛研究中心主辦《簡帛》第7輯,上海古籍出版社,2012,235-236頁。

續表

序號(簡號)	付錢方	受錢方
簡6(ⅡT0314①:21)	?（不詳）	縣泉廐佐(何)

資料來源:《懸泉漢簡(壹)(貳)(叁)》《敦煌懸泉置出土文書研究》。

御錢的支付者身份已知有"尉曹史""少內嗇夫""安樂鄉嗇夫""魚離鄉嗇夫"。曹、官并立的情況自秦已經產生,且當時已經有"尉曹"存在。[1] 簡 2 所記時間爲"陽朔二年(前23)",爲西漢成帝時期,可知彼時也應設有尉曹。據《續漢書·百官志》記載,"尉曹史"應爲太尉下屬長史所管理的二十四掾史之一,"主卒徒轉運事"。[2] 但簡 2 應屬縣級文書,故此處尉曹史應不是漢代中央一級的官員。而漢代郡、縣一級政府中也同樣設有尉曹,如下 2 簡可爲此提供佐證:

簡 10
　　若爲尉曹吏……
　　可縣內吏書但遲汝及張佐□鞠穀下
　　隨誠耳君邑邑以楷模教□□□□□□
　　身遠心近室上示□　　　　　　　　　　　　　　　　　　　　　EPT5:76A[3]

簡 11
　　穀兵物府尉曹李史校兵物既　　　　　　　　　　　　　　　　　EPT20:9[4]

簡 10 中有"尉曹吏",又有"可縣內吏書"的說法,由此判斷,則漢代縣中應也設有尉曹。簡 11 中明確記錄有"府尉曹",則此處尉曹應設在郡或與郡同級的單位。懸泉置雖然位於敦煌郡效穀縣境內,但其需要接受敦煌郡和效穀縣兩級政府的雙重領導,[5] 故簡 2 中的"尉曹史"應爲郡級或縣級的尉曹史。又根據簡 2 記載,尉曹史將御錢付給了懸泉置嗇夫,則應是尉曹使用了懸泉置中的廐御、車、馬(牛)等進行轉運工作。

簡 3 中的"少內嗇夫"在懸泉漢簡中多有出現,如:

[1] 關於這一點,學者的研究成果多有證實,如孫聞博《秦縣的列曹與諸官——從〈洪範五行傳〉一則佚文說起》,武漢大學簡帛研究中心主辦《簡帛》第 11 輯,上海古籍出版社,2015,75-87 頁;鄒水杰《簡牘所見秦代縣廷令史與諸曹關係考》,楊振紅、鄔文玲主編《簡帛研究二〇一六(春夏卷)》,桂林:廣西師範大學出版社,2016,132-146 頁;單印飛《秦至漢初縣行政機構設置辨析》,《中國史研究》2022 年第 1 期。
[2] 《後漢書》志二四《百官一》,北京:中華書局,1965,3557-3559 頁。
[3] 張德芳主編,孫占宇著:《居延新簡集釋(一)》,蘭州:甘肅文化出版社,2016,153 頁。
[4] 張德芳主編,孫占宇著:《居延新簡集釋(一)》,213 頁。
[5] 呂志峰:《敦煌懸泉置考論——以敦煌懸泉漢簡爲中心》,《敦煌研究》2013 年第 4 期。

簡 12

出五月奉食錢八百八十五 建始二年六月己未少内嗇夫朱□付望都亭長成禁
□□□□　　　　　　　　　　　　　　　　　　　　　　ⅣT0617③:3①

簡 13

出　貇田五十一畞
　　糴粟小石廿石直錢二千七百　　建始二年十二月　少内嗇夫輔付壽親里董彭
　　　　　　　　　　　　　　　　　　　　　　　　　Ⅰ90DXT0111②:97②

簡 14

　　帛二斤糴小麥五斛
出　絲絮八斤糴粟八斛二斗　三月甲申少内嗇夫岑付擅利里張儀
　　橐絮十一斤糴小麥六斛　　　　　　　　　　　　ⅣT0617③:4③

簡 15

敦煌縣斗食令史萬乘里大夫王甲自占書功勞

爲敦煌少内嗇夫十月

爲敦煌斗食令史一歲

凡爲吏一歲十月

大凡勞一歲十月

今爲敦煌縣斗食令史一歲十月·應令（以上爲第一欄）

能書會計治官民頗知律令文

年若干歲

長若干

敦煌萬乘里 用二尺質（以上爲第二欄）

不告歸 某年

某年某月以修行書次除爲某官佐若干歲月日

某月某日以功次遷爲少内嗇夫十月某年某月

某日令甲以能授甲爲令史 ·產某郡某縣

列上各案

占本始四年功勞訖十月晦某日（以上爲第三欄）A

---

① 張俊民:《懸泉漢簡中有明確紀年的物價資料》,27 頁。
② 甘肅省簡牘博物館、甘肅省文物考古研究所、陝西師範大學人文社會科學高等研究院、清華大學出土文獻研究與保護中心編:《懸泉漢簡（壹）》,下册,405 頁。
③ 張俊民:《懸泉漢簡中有紀年可考的物價資料》,56 頁。

伏衣衣 敦煌大守府府吏 去去去時（習字）B

　　　　　　　　　　　　　　　　Ⅰ 90DXT0309③:49①

　　結合簡 3 與簡 12 至簡 14 的內容，可知"少內嗇夫"的職責至少應包括：奉食錢、御錢的出入，以及用土地、絲織品等購入糧食。由此可見，"少內嗇夫"的職掌應當與財政事務有關。而簡 15 中王甲爲敦煌縣斗食令史，他在自占功勞時將"爲敦煌少內嗇夫十月"與"爲敦煌斗食令史一歲"合計爲"凡爲吏一歲十月"，據此類比，則簡 3 中的"少內嗇夫"也應爲縣屬吏。故簡 3 所記少內嗇夫將御錢付給懸泉置嗇夫，也應是懸泉置爲縣內機構提供了相關運輸方面的服務，故需支付御錢。

　　簡 4 與簡 5 中所記御錢的付受均是由鄉嗇夫付給置嗇夫。根據簡 4 所記，安樂鄉嗇夫支付給遮要置嗇夫御錢共計 3500 錢，但這 3500 錢是由牛康代爲接受，其中 1650 錢應支付給張子候、1000 錢應支付給君卿、850 錢應支付給簡文所記的另外一人，故此 3 人纔應爲安樂鄉任務的本來承擔者。關於牛康的身份，還有其他簡文可以證明：

　　簡 16
　　　入東綠緯書二封西域都護上公車司馬 元始五年四月乙巳日中縣泉嗇夫鳳受遮要
　　　御牛康　　即時遣望行（左齒）
　　　　　　　　　　　　　　　　Ⅱ 90DXT0114③:401②

　　簡 4 所記時間爲"元始四年（4）"，簡 16 所記時間爲"元始五年（5）"，二者祇相隔 1 年時間。故簡 16 中的遮要御牛康應與簡 4 中的牛康爲同一人。③ 由此看來，則此次御錢的發放經歷了這樣一個過程：先是由安樂鄉支付給了遮要置，進而遮要置將這筆御錢發放給了厩御牛康，而牛康還要將這 3500 錢分三份發放給任務的三位實際承擔人。由此看來，御錢的付受首先應是機構間的付受，進而纔是由機構發放給個人，而最終得到御錢的人，應爲此次任務的實際承擔者。簡 5 的情況應與簡 4 類似，懸泉置完成了魚離鄉的任務，故魚離鄉支付給懸泉置御錢。

　　簡 6 由于信息不全，目前祇知接受御錢的一方爲懸泉厩佐，但由此可知御錢的付受并不一定是交給置嗇夫，也可以交付給其他人，但所交付之人一般均爲機構的主管吏員或主管吏

---

① 甘肅簡牘博物館、甘肅省文物考古研究所、陝西師範大學人文社會科學高等研究院、清華大學出土文獻研究與保護中心編：《懸泉漢簡（貳）》，下冊，358 頁。
② 甘肅簡牘博物館、甘肅省文物考古研究所、西北師範大學簡牘研究院、清華大學出土文獻研究與保護中心編：《懸泉漢簡（叁）》，下冊，439 頁。
③ "御"即"厩御"，是厩的骨幹成員，其主要工作爲駕車馬迎來送往，傳遞信件爲其經常性工作。詳見李均明《通道厩考——與敦煌懸泉厩的比較研究》，清華大學出土文獻研究與保護中心編，李學勤主編《出土文獻》第 2 輯，上海：中西書局，2011，259-260 頁。

員的助手。此一點亦可在簡8中得到證實。

至于簡9,雖然信息也不全,但從中可知置中的"瓜田卒"可能是承擔了縣裏的一些任務,縣裏本應支付給其御錢9917錢。由此可知,御錢最終應付給任務的實際承擔者。

通過對上述9簡的分析可知:御錢應是置中的工作人員(御、瓜田卒)等承擔(郡)縣、鄉運輸任務後得到的錢,而厩御的主要工作是駕車馬迎來送往,經常性業務則是傳遞信件,[①]故如"徒卒轉運"等類似的任務應屬於厩御的本職工作範疇。御錢的發放流程一般是先由發布任務一方的部門(如尉曹、縣少内、鄉等)支付給任務承擔者所屬的機構(如懸泉置、懸泉厩等),進而再由任務承擔者所屬的機構發放給實際承擔任務者本人。御錢的結算應是以次爲單位,每次任務完成後會製作相對應的券書作爲付受憑證。且御錢的出入情況每月要匯總成"御錢出入簿",應是需要定時上報。

二 懸泉漢簡中的"司御錢"

懸泉漢簡中還可見一種"司御錢":

簡17
出正月司御錢四百 甘露四年二月癸亥縣泉厨佐付司御徐光☒(左齒)

Ⅱ90DXT0114③:219[②]

簡18
出二月司御錢六百 甘露四年二月己未縣泉厨佐憲付御□□☒(左齒)

Ⅱ90DXT0114③:493[③]

簡19
出司御錢四百□ 甘露四年二月己未縣泉厨佐憲付御吳甲母徐(左齒)

Ⅱ90DXT0114④:303[④]

據簡17至簡19可知:其一,此3簡左側皆有刻齒,也應屬於券類文書。懸泉漢簡中亦有"司

---

① 李均明:《通道厩考——與敦煌懸泉厩的比較研究》。
② 甘肅簡牘博物館、甘肅省文物考古研究所、西北師範大學簡牘研究院、清華大學出土文獻研究與保護中心編:《懸泉漢簡(叁)》,下册,418頁。
③ 甘肅簡牘博物館、甘肅省文物考古研究所、西北師範大學簡牘研究院、清華大學出土文獻研究與保護中心編:《懸泉漢簡(叁)》,下册,457頁。
④ 甘肅簡牘博物館、甘肅省文物考古研究所、西北師範大學簡牘研究院、清華大學出土文獻研究與保護中心編:《懸泉漢簡(叁)》,下册,515頁。

御錢券"的記録，①故此 3 簡即應爲"司御錢券"。其二，根據此 3 簡所記内容，司御錢的記録同樣是以單日單次爲單位，且簡 18 與簡 19 所記日期爲同一天，故由此可知司御錢也是按次結算。其三，司御錢的支付方均是懸泉厨佐，且是直接付給從事相關工作的司御本人。至於此處司御所承擔的具體工作爲何，或許可以從相關簡文中尋找痕迹：

簡 20
出錢卅五買雞一隻 十二月辛丑御房益壽市付厨　　　　　　　　　　　VT1311③:8②

簡 20 中的"御房益壽"應即爲"司御房益壽"，③由此可知簡 20 記録的應是懸泉厨讓司御幫忙購買雞的事情。此外，既然"御"與"司御"通用，"御"即"厩御"，則此三者所指應爲同一職務，那麽無論是到懸泉厨幫忙，還是幫助懸泉厨購買物資，似乎均不屬於"司御"的本職工作範疇。

此外，還有一點值得注意的是，郭浩曾指出"司御"爲地方郵政的"財助"人員，所謂"財助"人員即酌情裁量提供幫助的人手，且不願意服役的司御可以直接上交司御錢給政府，由政府出面留任或僱傭一些願意繼續從事工作的司御。④ 結合簡 17 至簡 20 的内容來看，"司御"可作爲地方郵政的"財助"應是如此，懸泉厨也爲郵政機構懸泉置的下屬機構；但依據簡 17 至簡 19 的内容來看，"司御錢"應是懸泉厨佐支付給司御本人的錢，而并非是司御上交的錢。因此，綜合來看，"司御錢"應是由於司御承擔了本職工作之外的事務而得到的報酬更爲合理。

除懸泉漢簡外，在居延漢簡、肩水金關漢簡中也有一些與"司御錢"相關的記録，將其與懸泉漢簡中的内容結合分析，有助於更加全面地了解"司御錢"的情況：

簡 21
士吏觻得高平里公乘范吉年卅七厂 迎司御錢居延 八月戊戌入
［月］甲辰出　　　　　　　　　　　　　　　　　　　　　　　　　　　170.7⑤
簡 22
其三千司御錢未入候史禹當入 凡在□□萬三千九百［廿］五
萬一千六百九十五付守令史音當移出

---

① 詳見甘肅簡牘博物館、甘肅省文物考古研究所、陝西師範大學人文社會科學高等研究院、清華大學出土文獻研究與保護中心編《懸泉漢簡（壹）》，下册，551 頁，簡號爲 I90DXT0116②:23。
② 張俊民：《懸泉漢簡中有紀年可考的物價資料》，51 頁。
③ 關於"御房益壽"即"司御"，張俊民已有相關論述，詳見其《懸泉漢簡中有紀年可考的物價資料》，51-52 頁。
④ 郭浩：《西漢地方郵政"財助"問題芻議》，《中國社會經濟史研究》2014 年第 4 期。
⑤ 簡牘整理小組編：《居延漢簡（貳）》，臺北："中研院"歷史語言研究所，2015，172 頁。

　　　　五百六十三徒許放施刑胡敞當入定有餘錢萬四千四百五十七　　　　　269.11①

簡 23

　　　　入五月司御錢千五百

　　　　□六十四　　　　　　　　　　　　　　　　　　　　　　　　　　　339.19②

簡 24

　　　　入四年十二月盡五月二月司御錢三千　受居延　　　　　　　　73EJT23∶707③

簡 25

　　　　當　　取迎五月六月司御錢三□

　　　　□□　卅以將軍行塞置不□　　　　　　　　　　　　　　　　　73EJT24∶81④

　　上述 5 簡中，簡 21 與簡 25 均提到了"迎司御錢"，但值得注意的是，同簡 17 至簡 19 相比，此 5 簡并非券書。而簡 21 與簡 25 中所記支付"司御錢"的都是居延縣，且簡 21 中明確記有"迎司御錢"的是觻得縣公乘范吉，由此看來，似乎居延縣内司御較少或無司御，故需跨縣僱用觻得縣等地的司御從事一些工作。故由此看來，跨縣承擔非本職工作的任務時，似乎可由司御所屬縣派人向對方機構"迎司御錢"。另外，簡 23 中司御錢爲 1 個月的數目，而簡 24 中司御錢爲 6 個月的數目，簡 25 中司御錢爲 2 個月的數目，故這種跨縣"迎司御錢"的期限雖然以月爲單位，但似乎并不固定。簡 22 似乎涉及司御錢的分配問題，但由於信息殘缺，具體司御錢與候史、令史、徒等關係尚不明朗。

　　綜合上述對懸泉漢簡、居延漢簡及肩水金關漢簡中有關"司御錢"内容的分析，可知："司御錢"應是由於司御承擔了自己本職工作之外的任務而得到的錢，在本縣内部承擔任務時，通常按次結算，由指派任務的機構直接發放給司御本人；若跨縣承擔任務，則以一月或數月爲單位結算，可以由司御所屬縣派人向對方機構迎取。司御錢的付受同樣會有相應的券書作爲憑證，即"司御錢券"。

三　懸泉漢簡所見"御"與"司御"的"賈錢"

　　除"御錢"和"司御錢"外，懸泉漢簡中還可見"御"和"司御"的"賈錢"記録，其中"御賈錢"目前僅 1 見：

---

① 簡牘整理小組編：《居延漢簡（叁）》，臺北："中研院"歷史語言研究所，2016，178 頁。
② 簡牘整理小組編：《居延漢簡（肆）》，臺北："中研院"歷史語言研究所，2017，40 頁。
③ 甘肅簡牘保護研究中心、甘肅省文物考古研究所、甘肅省博物館、中國文化遺產研究院古文獻研究室、中國社會科學院簡帛研究中心編：《肩水金關漢簡（貳）》，上海：中西書局，2012，中册，203 頁。
④ 甘肅簡牘保護研究中心、甘肅省文物考古研究所、甘肅省博物館、中國文化遺產研究院古文獻研究室、中國社會科學院簡帛研究中心編：《肩水金關漢簡（貳）》，中册，288 頁。

簡 26

初元二年十一月丁巳朔庚申效穀宜禾里石廣宗爲三月□□至富□爲一月御賈錢千三百今餘九百錢月十五日畢（右齒） Ⅰ 90DXT0116②:146①

此簡表明石廣宗應得到御錢1300錢,但其中有900錢還沒有拿到,需到本月15日結清。② 依簡文所記,初元二年(前47)十一月朔日(初一)爲丁巳日,據此推算庚申日爲十一月初四,也即表明立此券書的時間在約定的結清餘錢的日期之前,故此說可從。

"司御賈錢"目前凡4見：

簡 27
□段柱爲同縣大穰里任居正月司御賈錢六百期月廿日畢古酒旁二斗旁人吕少
Ⅱ T0115③:63③

簡 28
□□□望□里李稚君爲效穀壽貴里承寄□七月司御賈錢千五百約至縣官事……
Ⅱ T0213③:139④

簡 29
□委粟里田禹居縣泉閏月司御賈錢千三百約已□ Ⅱ T0214③:121⑤

簡 30
初元四年六月戊寅朔甲申效穀高義里薄子林爲同縣執適里重富昌庸六月司御賈錢七百前入四百七十餘□（右齒） A
二斗□ B Ⅴ T1311③:109⑥

結合簡26至簡30來看,這些內容涉及御、司御的"賈錢"。所謂"賈錢",即指支付的錢款或金額。⑦ 其實此處的"賈"應與"價"通用,類似的用法在傳世文獻中也可發現,如《漢書·宣帝紀》記載"鹽,民之食,而賈咸貴,衆庶重困。其減天下鹽賈",顏師古注"賈讀爲價。

---

① 甘肅簡牘博物館、甘肅省文物考古研究所、陝西師範大學人文社會科學高等研究院、清華大學出土文獻研究與保護中心編：《懸泉漢簡(壹)》,下册,569頁。
② 張俊民：《懸泉漢簡中有明確紀年的物價資料》,22頁。
③ 張俊民：《懸泉漢簡中所見物價資料輯考》,收入其著《敦煌懸泉置出土文書研究》,96頁。
④ 張俊民：《懸泉漢簡中所見物價資料輯考》,96頁。
⑤ 張俊民：《懸泉漢簡中所見物價資料輯考》,96頁。
⑥ 張俊民：《懸泉漢簡中有明確紀年的物價資料》,23頁。
⑦ 京都大學人文科學研究所簡牘研究班編：《漢簡語彙 中國古代木簡辭典》,東京：岩波書店,2015,45頁。

其下亦同";①《漢書·食貨志》記載"當具有者半賈而賣",顏師古注"賈讀爲價"。② 由此可見,則"賈錢"即應爲"價錢",故上述5簡中,"御"與"司御"均應上讀,即:某人爲某月御或司御,價錢爲何。

此外,"賈錢"的類似用法在一些涉及交易的券書中也可以發現,如:

簡 31

神爵三年十月戊午朔己未效穀高議里公乘赦之貰買上黨郡余吾邑東鄉官□城東里周解襦一領賈錢千錦七尺直四百五十約及五月錢畢韓望知券齒(左齒) A

趙中賢皆知齒沽酒旁一斗 B　　　　　　　　　　　　　　　Ⅰ90DXT0112③:11③

簡 32

□置長樂里晏奴田卅五假賈錢九百錢畢巳丈田即不足計假數環錢旁人淳于次孺王兄鄭少卿古酒旁二斗皆飲之 A

即有物故環錢生□ B　　　　　　　　　　　　　　　　　　　　　　557.4④

其中簡 31 中提到"襦一領,賈錢千",即表明此件襦的價格爲 1000 錢;簡 32 中提到"田卅五假,賈錢九百錢",即表明 35 假田的價格是 900 錢。

若如此,則依據簡 26 記載可知:石廣宗"爲三月□□"和"爲一月御",兩項合計的價格應是 1300 錢。依據簡 27 至簡 30 的記載可知:段柱替同縣的任居"正月司御",價格是 600 錢;李稚君替承寄充當"七月司御",價格是 1500 錢;田禹居"閏月司御",價格是 1300 錢;薄子林充當"六月司御",價格是 700 錢。

這種厩御由於某些原因不能到崗而僱用他人替代自己的情況也屬常見,如:

簡 33

七月厩御遺二人　閏月厩御遺二人　十月厩御遺二人　十一月厩御

　　　　　　　　　　　　　　　　　　　　　　　　　Ⅰ90DXT0209③:6+1⑤

---

① 《漢書》卷八《宣帝紀》,北京:中華書局,1962,252 頁。
② 《漢書》卷二四上《食貨志上》,1132—1133 頁。
③ 甘肅簡牘博物館、甘肅省文物考古研究所、陝西師範大學人文社會科學高等研究院、清華大學出土文獻研究與保護中心編:《懸泉漢簡(壹)》,下册,455—456 頁。
④ 簡牘整理小組編:《居延漢簡(肆)》,220 頁。
⑤ 甘肅簡牘博物館、甘肅省文物考古研究所、陝西師範大學人文社會科學高等研究院、清華大學出土文獻研究與保護中心編:《懸泉漢簡(貳)》,下册,304 頁。

簡33中的"逋"應指到規定時間而不來者,[①]故"厩御逋"即應指厩御沒有按時到崗。當厩御因故不能到崗而又有任務需要承擔時,應當會依據任務是否屬於厩御本職工作,進而分別用御的價錢和司御的價錢僱用其他人代替自己勞作。

綜合簡26至簡30的券書內容可以發現:其一,無論是厩御的本職工作亦或是非本職工作,均可出錢僱用其他人員代替自己完成;其二,無論是御的價錢還是司御的價錢,均是以整月爲單位計算的,且同爲被僱傭1個月,錢數并不完全相同。出現這種情況的原因可能如前所述,即同縣或同機構内部御錢、司御錢的付受均是以次爲單位結算,故若單月内承擔任務次數多,錢數也會相應多一些;承擔任務次數少,錢數也相應會少一些。

結語

"御錢"與"司御錢"爲兩種不同種類的錢的名目,區分二者的標準在於厩御或其僱傭之人所承擔的任務是否屬於厩御的本職工作範疇。若屬於,則任務承擔者所得爲"御錢";若不屬於,則任務承擔者所得爲"司御錢"。至於"御錢"與"司御錢"的性質究竟爲薪俸、更賦還是其他,由於目前材料有限,似乎尚無法作更進一步地判斷。

附記 拙文在寫作過程中承河北師範大學歷史文化學院賈麗英教授悉心指導,在投稿過程中又得到編輯部審稿老師、匿名評審專家惠賜諸多寶貴意見,在此謹致謝忱!文中疏漏由作者本人承擔。

---

① 張俊民:《懸泉漢簡中有明確紀年的物價資料》,24頁。

試説"髤布併塗"與"皁繒并塗"*

□ 中國社會科學院古代史研究所
□ "古文字與中華文明傳承發展工程"協同攻關創新平臺

曾磊

内容提要 簡牘所見"髤布併塗"與"皁繒并塗"即漆布製作的屏泥和黑色繒帛製作的屏泥。屏泥是漢代傳車的基本配置,覆蓋在車軾與車輿之間,可以拆卸,用於遮蔽塵土和雨天排水。表面施彩的屏泥在秦漢時代也是車輿等級的標識物。

關鍵詞 懸泉漢簡　屏泥　顔色

居延漢簡 157.24A 中有"髤布併塗"一詞,簡文如下:

(1)正月癸酉,河南都尉忠丞下郡大守、諸侯相,承書從事,下當用者。賽字子功,年五十六,大狀,黑色,美須。建昭二年八月
　　　　庚辰亡,過客居長安當利里者雒陽上商里范義。壬午,賽置所乘車馬,更乘騩牡馬、白蜀車,髤布併塗,載布　　　　　　　　　　　　　　　　157.24A[①]

此簡應是一份通緝文書。被通緝者名賽,字子功,時年 56 歲。賽身材高大,膚色偏黑,美須,在建昭二年(前 37)八月庚辰逃亡,曾經路過客居長安當利里的雒陽上商里范義的居所。八月壬午,賽更換了所乘車馬,改乘一輛騩色公馬拉的白蜀車。"白蜀車",《中國簡牘集成》以

---
* 本文爲"古文字與中華文明傳承發展工程"規劃項目"簡帛學的理論探索與實踐"(項目號:G3455)的階段性研究成果。
① 簡牘整理小組編:《居延漢簡(貳)》,臺北:"中研院"歷史語言研究所,2015,141 頁。

爲是"蜀郡所造之車名"。"縢布併塗",《中國簡牘集成》認爲"縢,通漆。縢布或指漆布作的車棚"。① 此説并不完全準確。還有學者認爲,"縢布併塗"是"用漆布做成的車薦"。此説將"併塗"與"薄土"混淆,不確。②

懸泉漢簡又載:

(2) 屏塗一具　　□□分丿　　案九
　　屏□　　　　　　　　　杯十
　　裝□索　　　　　　　　葦
　　□□□□□□□　　　□□　　　Ⅰ 90DXT0210①:60B+89B③

(3) 五鳳四年九月己巳朔戊子,淵泉丞賀敢言之:大司農卒史張卿所乘傳車一乘,皁留黃蓋、杅衣各一,皁繒并塗一具,駕一被具,張卿乘西,付冥安,皆完。今張卿還至
　　　　　　　　　　　　　　　　　　　　　　　　　　　　　　　Ⅱ 90DXT0114③:461

簡(2)和簡(3)的"屏塗一具"和"皁繒并塗"應與"縢布併塗"相關。對於"皁繒并塗",有學者指出:

"并"假爲"屏",是車輿前方、左右遮罩風雨的帷子,或稱車衣。涂是皁繒上髹油漆……此類蔽風雨、御寒暑之車衣、馬衣,又稱屏泥、障泥。材料、工藝、色澤、裝飾各異,但用途是一。④

---

① 中國簡牘集成編輯委員會編:《中國簡牘集成·甘肅省、內蒙古自治區卷》,蘭州:敦煌文藝出版社,2001,第6册,133頁。
② 伊強:《試説漢簡中的"并塗"、"併塗"》,簡帛網,2010年11月8日;伊強:《漢簡名物詞考釋二則》,武漢大學簡帛研究中心主辦《簡帛》第8輯,上海古籍出版社,2013,433-438頁。
③ 除單獨注明外,本文所引懸泉漢簡皆出自甘肅簡牘博物館、甘肅省文物考古研究所、陝西師範大學人文社會科學高等研究院、清華大學出土文獻研究與保護中心編《懸泉漢簡(壹)(貳)》,上海:中西書局,2019、2020;甘肅簡牘博物館、甘肅省文物考古研究所、西北師範大學簡牘研究院、清華大學出土文獻研究與保護中心編:《懸泉漢簡(叁)》,上海:中西書局,2023。簡(2)首先由謝明宏綴合,姚磊、西北師範大學簡牘讀書班先後對釋文進行了補充。"屏□",姚磊釋作"屏塗",西北師範大學簡牘讀書班釋作"屏星"。此字字形作"",與"塗""星"字形尚有差距,且存疑。參見謝明宏《〈懸泉漢簡(貳)〉綴合(十三)》,簡帛網,2021年12月5日;姚磊《讀〈懸泉漢簡〉札記(二十五)》,簡帛網,2022年5月16日;西北師範大學簡牘讀書班《讀〈懸泉漢簡(貳)〉札記(五)》,簡帛網,2022年5月31日。"裝",此前皆未釋。"裝□索"或與"裝索"有關。"裝索"是一種傳車被具。張俊民認爲,"'裝索'應該是繩索之類的物品,暫歸爲車馬類附屬品"。參見張俊民《懸泉漢簡中所見物價資料輯考》,收入其著《敦煌懸泉置出土文書研究》,蘭州:甘肅教育出版社,2015,94頁。
④ 初昉、世賓:《懸泉漢簡拾遺(四)——〈敦煌懸泉置漢簡釋粹〉例七七至一〇三之考釋補》,中國文化遺產研究院編《出土文獻研究》第11輯,上海:中西書局,2012,227-228頁。此文發表時,該簡尚未正式公布,"皁繒并塗",作者引作"皁繒并涂"。

按,"并"即"屏",當是,簡(2)可證。"塗"可釋爲"泥",其例甚多。如《詩・小雅・角弓》"如塗塗附",毛傳:"塗,泥。"① 又如,《孟子・公孫丑上》"坐於塗炭",趙岐注:"塗,泥。"② "併塗""屏塗""并塗"即"屏泥",但并不能等同於車衣、馬衣、障泥等。

"屏泥"屬於車輿部件,覆蓋在車軾與車輿之間,可以拆卸,用來遮蔽車前駕馬揚起的塵土和雨天排水,亦是區分車輿等級的禮儀標識(圖1)。③

漢代屏泥的樣式,常製成略略下凹的反弧形,中間分隔爲數段,形似一道道屋瓦。如,四川資陽蘭家坡1號漢墓銅車的屏泥,車輿前軫下部爲立板,上部爲後傾略內凹的斜板,斜板頂端橫施軾,立板、斜板以一整塊銅板彎曲而成。立板外壁飾以4道橫向的細陽綫紋,模擬橫向闌條。斜板外壁飾以7道縱向的細陽綫紋,形似仰置的8塊板瓦(圖2)。④

圖1　車輿屏泥(陰影部分)説明圖⑤　　　圖2　四川資陽蘭家坡1號漢墓銅車示意圖

---

① [漢]毛公傳,[漢]鄭玄注,[唐]孔穎達等正義:《毛詩正義》卷一五《小雅・角弓》,[清]阮元校刻《十三經注疏》,北京:中華書局,2009,1054頁。
② [漢]趙岐注,舊題[宋]孫奭疏:《孟子注疏》卷三下《公孫丑上》,[清]阮元校刻《十三經注疏》,5853頁。
③ 關於屏泥爲何物,前人多有討論,相關研究可參看謝文奕《漢代"屏泥"考》,梁安和、徐衛民主編《秦漢研究》第13輯,西安:西北大學出版社,2019,307-314頁。
④ 四川省文物考古研究院、資陽市雁江區文物管理所:《四川資陽市雁江區蘭家坡漢墓發掘簡報》,《四川文物》2019年第1期。
⑤ 此圖據劉永華"雙轅車車輿馬具名稱説明圖"改繪(劉永華:《中國古代車輿馬具》,北京:清華大學出版社,2013,前言10頁)劉永華所繪之圖與孫機《漢代物質文化資料圖説》所繪漢代雙轅馬車綜合復原示意圖類似(孫機:《漢代物質文化資料圖説(增訂本)》,上海古籍出版社,2008,135頁,圖版30),但二圖均將車前軫(陰影之下的部分)標注爲屏泥,誤。

屏泥是漢代傳車的基本配置。懸泉漢簡又有：

（4）☐新鄉巍子張付魚離嗇夫未還屏泥一具。　　　　　Ⅰ90DXT0112①:42

（5）☐一乘軺駕一被具。（以上第一欄）
其一都吏趙卿所乘，傳蓋、屏泥、茵、伏、薄土皆故敝。
一乘都吏郭卿所乘，屏泥、茵、伏、薄土皆敝。（以上第二欄）
元始五年正月戊子，縣泉置御李隆付遮要御牛康。☐（以上第三欄）
　　　　　　　　　　　　　　　　　　　　　　　　Ⅱ90DXT0113①:31

（6）・懸泉置遣吏御持傳車四乘，傳蓋、屏泥駕二被具、莊具，馬八匹，柱魚離駕☐
　　　　　　　　　　　　　　　　　Ⅱ90DXT0114②:109+Ⅱ90DXT0114S:167①

（7）懸泉置遣吏持傳車十乘，馬廿五匹，皆駕三被具。蓋、蓋重、屏泥、裏 ☐
　　　　　　　　　　　　　　　　　　　　　　　　Ⅱ90DXT0215②:439②

（8）間出之廷，掾不肯白。屏泥毋府記，莫槩。夜狂人來遣，當得幾異☐
遣君卿韋革驂五枚，單革戀奄四枚，就。昨莫一戀爲五，欲遣君卿車，卿坐倉
　　　　　　　　　　　　　　　　　　　　　　　　ⅡT0115③:426AB③

地灣漢簡亦載：

（9）已收彭裘索。遣吏之城官取屏泥未還，＝遣吏。　　　86EDT5H:19④

從以上簡文來看，"屏泥"與"蓋""蓋重""茵""伏""薄土""裘索"等皆屬於傳車被具。
　　"緤布併塗"說明，屏泥可以用布帛製成，其表面可以髹漆。四川資陽蘭家坡1號漢墓銅車上的屏泥，發掘者即認爲其材質是對紡織品的模擬。⑤《説文》"幦，鬣布也"，段玉裁以爲"許以鬣布釋幦，幦之本義也。經典用爲車覆笭之字也"。⑥ 可見覆蓋車笭的"幦"，也是以"鬣布"製成。《續漢書·輿服志上》又載，公、列侯、中二千石、二千石夫人"非公會，不得乘

---

① 綴合據謝明宏《〈懸泉漢簡（三）〉綴合（四）》，簡帛網，2023年6月30日。
② 郝樹聲、張德芳：《懸泉漢簡研究》，蘭州：甘肅文化出版社，2009，33頁。
③ 張俊民：《敦煌懸泉置出土文書研究》，蘭州：甘肅教育出版社，2015，451頁。
④ 甘肅簡牘博物館，甘肅省文物考古研究所，出土文獻與中國古代文明研究協同創新中心中國人民大學分中心編：《地灣漢簡》，上海：中西書局，2017，彩色圖版70頁，紅外綫圖版166頁。
⑤ 四川省文物考古研究院、資陽市雁江區文物管理所：《四川資陽市雁江區蘭家坡漢墓發掘簡報》，《四川文物》2019年第1期。
⑥ [漢]許慎撰，[清]段玉裁注：《說文解字注》卷一四，上海古籍出版社，1988，362頁。

朝車,得乘漆布輜軿車,銅五末"。①《說文》:"輜軿,衣車也。"②《後漢書·梁冀傳》"作平上軿車",李賢注引《蒼頡篇》云:"衣車也。"③可見作爲"衣車"的"輜軿車"也可以"漆布"製作。

　　傳統土法製漆布需以桐油、胡麻油等爲原料配製成塗料,塗於棉織品上,其上再塗一層清漆。④ 秦漢時期如何製作漆布,目前尚不明晰,但考古發現中確有漢代漆布製品出土。如新疆羅布淖爾曾出土兩塊油漆麻布殘塊,表作黑色,背作褐色,邊緣露出布之織紋。黃文弼推測兩布是用來包裹物件。⑤ 山東諸城西漢木槨墓中曾出土一卷漆紗。⑥ 敦煌馬圈灣遺址也出土有漆紗十件。⑦

　　《南齊書·輿服志》說:"文物煌煌,儀品穆穆。分別禮數,莫過輿服。"⑧《隋書·禮儀志五》也說:"輿輦之別,蓋先王之所以列等威也。"⑨車輿不僅用於運輸,還可以用來"分別禮數",用來"列等威"。懸泉漢簡中有一枚殘簡,其簡文作"制度有節,群庶衣服、輿馬有別☐(ⅡT0115③:122)",⑩所謂"制度有節""輿馬有別",體現出森嚴的等級差別。從《續漢書·輿服志上》的記載來看,漢代高等級車輛的車輪、飛軨、車轓、蓋蚤、交絡帷裳、扇汗等部件的顏色使用最爲醒目,也具有一定等級差別。⑪ 而表面施彩的屏泥在秦漢時代其實也是車輿等級的標識物。懸泉漢簡載:

　　(10) 傳車一乘畫屏☐　　　　　　　　　　　　　　　　　　Ⅰ90DXT0109S:83

張俊民指出,"傳車之中多現'屏泥'之具,并不見畫屏。'傳車一乘畫屏',應是有畫屏之傳車,可能是規格更高級的一種傳車。至於畫屏用在何處,尚可待究"。⑫ 按,"畫屏"後殘斷,

---

① 《續漢書》志二九《輿服上》,北京:中華書局,1965,3648頁。
② [漢]許慎撰,[清]段玉裁注:《說文解字注》卷二七,720頁。
③ 《後漢書》卷三四《梁冀傳》,1180頁。
④ 吳國貞:《漆布製造》,《化學世界》1953年第3期;吳國貞:《中國土法制漆布的研究》,《化學世界》1953年第9期。
⑤ 黃文弼:《羅布淖爾考古記》,北京:國立北平研究院史學研究所、中國西北科學考察團理事會,1948,167頁。
⑥ 諸城縣博物館:《山東諸城縣西漢木槨墓》,《考古》1987年第9期。
⑦ 甘肅省文物考古研究所:《敦煌馬圈灣漢代烽燧遺址發掘報告》,甘肅省文物考古研究所編《敦煌漢簡》,北京:中華書局,1991,55頁。
⑧ 《南齊書》卷一七《輿服志》,北京:中華書局,1972,343頁。
⑨ 《隋書》卷一○《禮儀志五》,北京:中華書局,1973,191頁。
⑩ 張俊民:《懸泉漢簡:社會與制度》,蘭州:甘肅文化出版社,2021,301頁。
⑪ 以車蓋爲例,皇帝"翠羽蓋黃裏",皇太子、皇子"青蓋",皇孫"綠蓋",公、列侯、中二千石、二千石、千石"皁繒覆蓋",六百石、三百石"皁布蓋",二百石"白布蓋"五個等級。車蓋的顏色等級爲:黃—青—綠—皁—白。參見《續漢書》志二九《輿服上》,3644—3648頁。
⑫ 張俊民:《懸泉置漢簡釋文校讀(二)》,簡帛網,2021年11月26日。"畫屏"二字,整理者釋作"盡舊"。此從張俊民釋。"屏"字字形作"雁",張俊民認爲,此字上部是"尸",釋作"屬"字下部不符,"舊"字上部不符,此字可以藉助第一字"畫"釋作"屏"字,但又感覺下部多出"石"部。按,下部的"石"字或是墨點,并非筆劃。簡(4)之"屏"字形作"屏",與此近似,可參。

文意不明,推測其後當是"泥"字。"畫屏泥"或是有圖案裝飾的屏泥。秦始皇陵 1 號銅車的車軾和 2 號銅車前輿的車軾,與前軨之間都覆蓋一坡形掩板,掩板四周有邊框,上面綴有銀質的鉚釘,質地似爲板材,使軾前形成一個陰蔽的空間。整理者將掩板稱之爲軓,① 其實就是屏泥。1 號銅車在軾前掩板的邊欄及中心即有用朱色、藍色、白色、綠色等勾勒的各式紋樣。2 號銅車掩板上的紋樣雖銹蝕嚴重,但從殘迹看,其四周環繞著寬帶邊欄,内區則在天藍色的底色上繪著白色流雲紋(圖3)。②

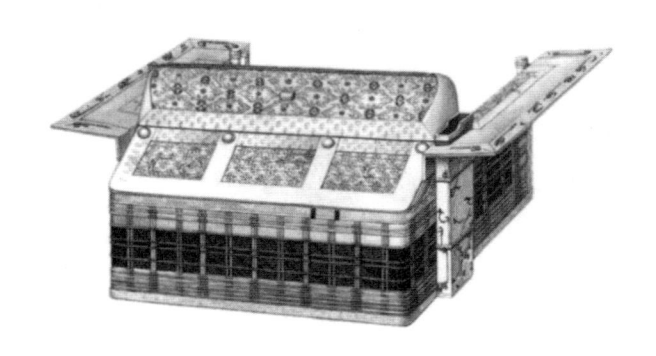

圖3　秦始皇陵2號銅車車輿復原圖③

作爲帝王車駕的銅車馬,如此華麗的紋飾絶非一般平民所能使用。《漢書·循吏傳·黄霸》:

> 宣帝下詔曰:"制詔御史:其以賢良高第揚州刺史霸爲潁川太守,秩比二千石居官,賜車蓋,特高一丈,别駕、主簿車,緹油屏泥於軾前,以章有德。"④

---

① 秦始皇兵馬俑博物館、陝西省考古研究所:《秦始皇陵銅車馬發掘報告》,北京:文物出版社,1998,344-345 頁。《説文》:"軓,車軾前也。"段玉裁注:"杜子春注《大馭職》、鄭司農注《輈人》、後鄭注《少儀》皆曰:'軓,謂車軾前也'。""車軾前"的説法比較模糊,諸家説法各異,這使得今人對"軓"的認識也有極大分歧。本文取軓爲掩板説。段玉裁注接著説:"《秦風》:'陰靷鋈續',傳曰:'陰,揜軓也。'"又引戴震曰:"車旁曰輢,式前曰軓,皆揜輿版也。軓以揜式前,故漢人亦呼曰揜軓。《詩》謂之'陰'。"([漢]許慎撰,[清]段玉裁注:《説文解字注》卷二七,721 頁)相關研究參見渠川福《太原金勝村車馬坑與東周車制散論》,《文物季刊》1992 年第 2 期;曹建墩《三禮名物分類匯釋》,北京:人民出版社,2021,337-338 頁。
② 秦始皇兵馬俑博物館、陝西省考古研究所:《秦始皇陵銅車馬發掘報告》,36 頁,166 頁。
③ 劉永華:《中國古代車輿馬具》,135 頁。
④ 《漢書》卷八九《循吏傳·黄霸》,北京:中華書局,1962,3629 頁。中華書局標點本斷作"秩比二千石,居官賜車蓋",誤。此據董志翹《〈漢書〉校點贅議》,《古籍整理研究學刊》1990 年第 2 期。"别駕、主簿車",中華書局點校本斷作"别駕主簿車",亦誤。别駕從事與主簿均爲刺史屬吏,并非一職。此段《太平御覽》卷二六三所引《漢書》作:"黄霸爲豫州刺史,三歲,宣帝詔賜車蓋特高一尺。别駕、主簿車緹油屏星於軾前,以彰有德。"嚴耕望認爲,"今本《漢書·黄霸傳》'賜車蓋'至'章有德'二十三字,在遷潁川太守下,明誤。《補注》引宋祁曰:'景本越本無此二十三字'則脱訛久矣"(嚴耕望:《中國地方行政制度史甲部——秦漢地方行政制度》,上海古籍出版社,2007,306-307 頁)。嚴耕望之説當是。此亦證"居官"一詞當上屬。

黄霸的别駕、主簿所乘之車以"緹油屏泥"裝飾。緹,《説文》:"帛丹黄色。"①緹是絲織品的一種,後以緹爲顔色詞,借指丹黄色。"緹油屏泥"即丹黄色的屏泥。② 懸泉漢簡又有:

(11)☐完因、伏各一,幣。緹屏泥一具,完。毛裴索一,完。
　　☐薄土一,完。皁布覆苓一,完。輪,厚三寸。(以上第一欄)
　　陽朔三年十月己未,縣泉徒孔護
　　受魚離置嗇夫立。送都吏張卿(以上第二欄)

Ⅱ90DXT0112③:153③

此簡的"緹屏泥",恰可與"緹油屏泥"互證。此外,《續漢書·輿服志上》説小使車"不立乘,有騑,赤屏泥,油重,絳帷"。④《後漢書·劉盆子傳》説,劉盆子被立爲皇帝後"乘軒車大馬,赤屏泥,絳襜絡,而猶從牧兒遨"。李賢注:"赤屏泥謂以緹油屏泥於軾前。"⑤李賢注顯然來自《黄霸傳》,但"赤屏泥"應是赤色的屏泥,顔色較"緹油屏泥"更醒目。上引簡(3)的"皁繒并塗",則是黑色的屏泥。

　　紅色系的顔色在漢代等級很高,普通車輛無法施用。《劉盆子傳》説劉盆子車施"赤屏泥",是爲了彰顯其身份,雖不合皇帝用車的禮儀,但也可體現出赤色屏泥作爲禮儀標識的重要性。山東臨淄山王村漢代兵馬俑10號車,與9號車(主車)并列於兵馬俑陣後部,馭手立乘,車輿左側還設有箭箙,或爲主車的護衛之車。此車等級較高,車輿前軨及左右兩側車輢有凸起的方格及相疊的菱形圖案,整個車輿包括屏泥皆塗飾赤色,色彩艷麗,在隊列中非常醒目。⑥ 黄霸的"別駕、主簿車"上的緹色屏泥與衆不同,顔色雖較赤色略淺,但一大片顔色鮮明的屏泥置於車輿之前,能給人以明顯視覺衝擊,更能體現出其"以章有德"的目的。

---

① [漢]許慎撰,[清]段玉裁注:《説文解字注》卷二五,650頁。
② 後代又常以"緹油"代指書籍,與屏泥無涉。參見羅維明《中古墓誌詞語研究》,廣州:暨南大學出版社,2003,166-167頁;謝國劍:《釋"緹油"》,《語文學刊》2013年第14期。
③ "因",整理者釋作"箱",誤。此字字形作"󱀀",上有木屑覆蓋,字形不清晰。"因"即"車茵",是供乘車者使用的墊子。在懸泉簡中常與"伏"并列。如簡Ⅰ90DXT0114①:70"出鞴、革伏各二",簡Ⅰ90DXT0309③:68"皁韋因一""皁韋伏一"。"裴",整理者釋作"裝",此字字形作"󱀁",上有草頭。
④ 《續漢書》志二九《輿服上》,3651頁。"赤屏泥,油重,絳帷",中華書局標點本斷作"赤屏泥油,重絳帷",誤。此處的"重"應是"童"的異寫,"油重"即"油童(幢)",是用油布製作的幢。後代車輿亦多有"油幢"之制。參見曾磊《"童車"試解》,中國社會科學院古代史研究所文化史研究室主辦,劉中玉主編《形象史學》2022冬之卷,北京:中國社會科學出版社,2022,136-154頁。
⑤ 《後漢書》卷一一《劉盆子傳》,481頁。
⑥ 山東省文物考古研究所、臨淄區文物管理局編:《臨淄山王村漢代兵馬俑》,北京:文物出版社,2017,80、226-227頁,彩版一四九。

而簡(3)乘坐傳車的張卿身份僅爲"大司農卒史",其傳車使用"皁繒并塗",或與其級别較低有關。

附記 本文獲中國社會科學院學科建設"登峰戰略"資助計劃資助,編號 DF2023YS15(出土文獻與先秦秦漢史)。

居延新簡《丁宫等入關檄留遲册》所見檄書傳遞問題*

□ 中南財經政法大學法學院　管笑雪

内容提要　居延新簡《丁宫等入關檄留遲册》是在甲渠候官遺址發現且内容密切相關的一系列簡册文書,主要内容是丁宫等人的入關檄書傳送失期,居延都尉府責令甲渠候官調查此事,甲渠候官又命令下屬候長進行調查,并將調查結果彙報給居延都尉府。結合其他簡册的内容和檄書形制,可以推測甲渠候官發布調查命令的檄書應僅有一份,傳遞方式爲"以次傳",方向可能是從北向南,按照不侵部、吞遠部、誠北部、臨木部的順序依次進行傳遞。

關鍵詞　册書復原　推辟　檄書傳遞　居延新簡

　　1973 至 1974 年,甘肅居延考古隊對破城子等三處遺址進行試掘,從中出土了數量可觀的册書,内容豐富,保存較爲完整,對學術研究有重要價值。[1] 破城子(編號 A8)爲漢代甲渠候官遺址,通常認爲房屋二十二(F22)是文書檔案室,其中發現一批關於丁宫等人入關檄留遲一事的簡册文書,内容大概是東漢建武四年(28)十一月卅井關守丞匡以檄書向居延都尉府報告都田嗇夫丁宫、禄福男子王歆、男子郭長入關,因檄書未能按時送達,居延都尉府命令甲渠候官對檄書留遲之事展開調查。本文將之定名爲《丁宫等入關檄留遲册》。

　　既往學者對《丁宫等入關檄留遲册》的研究,主要集中在册書復原、由册書文本展開的案情分析以及以"文書學"的方法探討其文書性質和行政運作等方面,如陳中龍最先指出在 EPF22:125-151 之外,尚有 EPF22:324 和 EPF22:464 與之内容相關,并在簡册分組的基礎

---

* 本文爲國家社科基金重大項目"甲、金、簡牘法制史料彙纂通考及數據庫建設"(項目號:20&ZD180)的階段性成果。
[1] 初仕賓、任步雲:《居延漢代遺址的發掘和新出土的簡册文物》,《文物》1978 年第 1 期。

上討論了入關檄傳遞的過程,以及相應的漢代時制和郵程問題。① 羅仕傑則重點從字迹、編繩等視角將簡册重新分組,復原公文流轉過程,并據簡文内容考察漢代入關通報制度。② 由於簡册内容主要反映的是郵書傳遞失期問題,汪桂海、高榮由此延伸討論了漢代對行書速度的規定以及失期後的處罰。③ 繼而,冨谷至運用"古文書學"的研究方法,圍繞檄書形制的獨特之處,考證其功能和效果,其論述之精妙令人歎服。④ 藤田勝久在探討漢代檄的傳遞方法時亦引述本簡册組,并分析了檄書原件和備份的形態。⑤ 在前賢著述的基礎上,本文擬進一步探究甲渠候官及其下屬諸部在推辟過程中的檄書傳遞,以期從中窺見漢帝國文書行政最末端一些具體而微的情景。

一 《丁宫等入關檄留遲册》釋文

鑒於此前已有諸多學者對《丁宫等入關檄留遲册》的幾組册書進行研究,現主要參考《居延新簡集釋》,參酌既有的斷讀意見,將釋文照録如下:

(1) 甲渠言,卅井關守丞匡檄言,都田嗇夫丁宫等
　　簿入關,檄留遲,謹推辟如牒。　　　　　　　　　　　　　　　EPF22:125
(2) 建武四年十一月戊寅朔乙巳,甲渠鄣守候博,叩頭死罪　　EPF22:126A
　　掾譚習　　　　　　　　　　　　　　　　　　　　　　　　　　EPF22:126B
　　敢言之。府記曰:卅井關守丞匡檄言,居延都田嗇夫丁　　　EPF22:127
　　宫、禄福男子王歆、郭長等入關,檄留遲,後宫等到。　　　　EPF22:128
　　記到,各推辟界中,定吏主當坐者名。會月晦。・謹推辟　　EPF22:129
　　界中,驗問候長上官武、隧長董習等,辭相付受☐　　　　　EPF22:130
　　及不過界中如牒,謹已劾。厶領職教勑吏毋狀,叩頭死罪　EPF22:131
　　死罪。敢言之。　　　　　　　　　　　　　　　　　　　　　　EPF22:132
(3) 卅井關守丞匡檄一封詣府十一月壬辰,言居延都田嗇夫丁宫、禄福男子
　　　　　　　　　　　　　　　　　　　　　　　　　　　　　　　　EPF22:133
　　王歆等入關,檄甲午日入到府,留遲。　　　　　　　　　　　EPF22:134

---

① 陳中龍:《"丁宫、王歆留遲推辟"簡試析》,《簡牘學報》第 17 期,臺北:簡牘學會編輯部,1999,235-248 頁。
② 羅仕傑:《〈丁宫等入關檄留遲推辟牒〉問題研究》,《嶺東通識教育研究學刊》第 5 卷第 2 期,2013,97-111 頁。
③ 參見汪桂海《漢代官文書制度》,桂林:廣西教育出版社,1999,194-196 頁;高榮《秦漢郵書檔案管理制度初探》,《人文雜誌》2002 年第 2 期。
④ [日]冨谷至著,劉恒武、孔李波譯:《文書行政的漢帝國》,南京:江蘇人民出版社,2013,43-88 頁。
⑤ [日]藤田勝久:《漢代檄的傳達方法及其功能》,張德芳主編《甘肅省第二屆簡牘學國際學術研討會論文集》,上海古籍出版社,2012,45-66 頁。

　　　　　·謹推辟驗問臨木候長上官武、隧長　　　　　EPF22：135
　　　陳陽等，辭，不受。卅井關守丞匡言宮、　　　　　EPF22：136
　　　男子王歆等入關檄，不過界中。　　　　　　　　　EPF22：137
（4）卅井關守丞匡檄一封詣府十一月乙未，言男子郭長入關，檄丁酉食　EPF22：138
　　　時到府，留遲。　　　　　　　　　　　　　　　　EPF22：139
　　　　　·謹推辟驗問臨木候長上官武、隧長張勳　　　EPF22：140
　　　等，辭，今月十八日乙未食坐五分，木中　　　　　EPF22：141
　　　隧長張勳受卅井誠勢北隧長房岑，鋪時勳　　　　　EPF22：142
　　　付城北助隧長王明。下鋪八分，明付吞遠助　　　EPF22：143
　　　隧長董習＝留不以時行。其昏時，習以　　　　　　EPF22：144
　　　檄寄長＝持檄道宿，不以時行。　　　　　　　　　EPF22：145
　　　檄月廿日食時到府。　　　　　　　　　　　　　　EPF22：146
　　　吞遠隧去居延百卅里。檄當行十三時。　　　　　　EPF22：147
　　　定行廿九時二分，除界中十三時☐　　　　　　　　EPF22：148
　　　案：習典主行檄書，不☐　　　　　　　　　　　　EPF22：149
　　　時二分，不中程，謹已劾。　　　　　　　　　　　EPF22：150
（5）甲渠鄣候以郵行☐
　　　府告居延甲渠鄣候，卅井關守丞匡十一月壬辰檄言，居延都田嗇夫丁宮祿福男
　　子王歆等入關，檄甲午日入到府，匡乙未復檄言　　EPF22：151A
　　　男子郭長入關，檄丁酉食時到府，皆後宮等到，留遲，記到，各推辟界中，定吏主
　　當坐者名，會月晦，有　　　　　　　　　　　　　　EPF22：151B
　　　教。建武四年十一月戊戌起府。　　　　　　　　　EPF22：151C
　　　十一月辛丑甲渠守候告尉，謂不侵候長憲等，寫移，檄到，各推辟界中相付受日
　　時，具狀。會月廿六日。如府記律令。　　　　　　　EPF22：151D
（6）持行到府，皆後宮等到，留遲，記到，各推辟界中，相付日時具言狀。會月廿六
日。謹案，鄉嗇夫丁
　　　宮入關，檄不過界中。男子郭長入關，檄十一月十八日乙未食坐五分，木中隧長
　　張勳，受卅井誠勢　　　　　　　　　　　　　　　　EPF22：324
　　　北隧長岑。鋪時，勳付城北隧助吏王明。下鋪八分，明付吞遠隧助吏☐☐。皆
　　中程，留遲不在界中，敢言之。　　　　　　　　　　EPF22：464[1]

---

[1]　張德芳主編，張德芳著：《居延新簡集釋（七）》，蘭州：甘肅文化出版社，2016，238-244、272、297頁。

其中簡 EPF22:125 中"丁宮等",原釋文作"丁宮□";"薄入",原釋文作"等入",皆從《居延新簡集釋》改釋。① 簡 EPF22:128 中"長"字,原釋文作"良",《居延新簡集釋》據圖版改釋。② 可從。簡 EPF22:464 的墨迹脱落,集釋者據簡面侵蝕痕影辨認。③《居延新簡集釋》中出現的"隊"字,是"隧"字在漢簡中多見的異體字,今統一作"隧"。

二 簡册分組與内容梳理

對於簡册的分組,羅仕傑根據編繩和書寫痕迹,并結合文書所載時間與内容,將《丁宮等入關檄留遲册》分爲六個部分:(1)簡 EPF22:125 是篇題;(2)簡 EPF22:126—132 是甲渠守候博就入關檄留遲一事向居延都尉府報告調查結果;(3)簡 EPF22:133—137 是甲渠守候博對都田嗇夫丁宮、禄福男子王歆等入關檄留遲的調查結果;(4)簡 EPF22:138—150 是甲渠守候博對男子郭長入關檄留遲的調查結果;(5)簡 EPF22:151A—D 的内容是居延都尉府要求甲渠候對入關檄留遲一事進行調查,接着甲渠守候告塞尉命不侵候長等進行調查;(6)簡 EPF22:324、464 編號雖不相連,但從釋文來看當是相連的,推測是臨木及誠北二部對甲渠候官所做報告的一部分。④ 其説大致可從。祇是各組文書分别由哪一機構製作,是正本亦或副本,以及這六組文書究竟有什麽關係等問題,尚存不同意見。

要回答這些問題,需先對每組簡的性質進行辨析。若按照文書産生的先後順序,最先被製作出來的應當是簡册(5)。這是一件長約 55 釐米的四面體觚,觚上有封泥匣。冨谷至對簡文大意進行解釋:

> 甲渠鄣候以郵行
> 都尉府向居延甲渠候官通告。卅井關守丞匡十一月壬辰的檄文提到居延都田嗇夫丁宮、禄福男子王等入關之事,檄在甲午(日入時)送達都尉府。匡在乙未日再次寫檄文,言及男子郭長入關之事,檄在丁酉食時到達都尉府。兩檄都延期到達。收到文書之後在各個區段進行調查,然後確定應當被問責的主管官吏的姓名,以月底作爲最後期限。有教(確認已經通告)。建武四年十一月戊戌起府
> 十一月辛丑,甲渠守候向都尉府報告:已通知不侵候長憲等人,收到此檄之後將之謄寫下發,責令調查各區段傳遞的日期時間等具體情况。以月二十六日爲期限。

---

① 張德芳主編,張德芳著:《居延新簡集釋(七)》,463 頁。
② 張德芳主編,張德芳著:《居延新簡集釋(七)》,464 頁。
③ 張德芳主編,張德芳著:《居延新簡集釋(七)》,533 頁。
④ 羅仕傑:《〈丁宮等入關檄留遲推辟牒〉問題研究》,97–111 頁。

以上。①

可以看到,簡册(5)應當是一份復合文書,A、B、C面字迹清晰工整,D面字迹潦草,明顯不是同一書手寫就。從記載内容可知,A、B、C面是居延都尉府下達給甲渠候官的調查命令,D面是甲渠候向其下屬候長們發布調查命令的文書。考慮到它出土於甲渠候官遺址,當爲文書副本,蓋因調查命令已經下達,不會出現在甲渠候官。鷹取祐司指出,此檄是"都尉府遞送給甲渠候官的實物",D面則是甲渠候官向候長們下達命令的副本。② 所言甚是。

然冨谷至的解釋仍有需要辨析之處。簡册(5)D面中的"告尉",不應理解爲"向都尉府報告",而當指"告知塞尉"。③ "告尉謂……"在漢簡中習見,陳夢家指出,"告尉"的"尉"當是"塞尉"之省,"塞尉乃候的屬吏,位次在候長之上,故候官行下文書皆經塞尉而下達於士吏、候長等"。④ 同時,蘇衛國考查簡文中的"告"和"謂",指出其體現的是文書下行關係。⑤ 綜上所述,此處的"告尉"應爲甲渠候告知下屬塞尉。

根據簡文内容,都田嗇夫丁宮、禄福男子王歆等在十一月壬辰(十五日)入關,卅井關守丞匡當日將入關之事以檄書呈報居延都尉府,此檄書在甲午(十七日)日入時送達。男子郭長在十一月乙未(十八日)入關,卅井關守丞匡再次將入關之事以檄書呈報,此檄書在丁酉(二十日)食時送達。這兩封檄書都延期到達,居延都尉府要求甲渠候官在統轄區域内調查此事,以晦日(三十日)爲最後期限。命令在建武四年十一月戊戌(二十一日)從都尉府發出。甲渠候官在十一月辛丑(二十四日)發出命令,要求不侵候長等調查檄書交接的具體日期和時間,并將情况以文書呈報,以二十六日爲最後期限。

在甲渠候官的調查命令發出後,下屬候長們需要調查具體經過,并將情况及時上報,甲渠候官從而在此基礎上製作文書向居延都尉府報告調查情况。上文已經提到,羅仕傑認爲,簡册(6)就是臨木及誠北部對甲渠候官所做報告的一部分。陳中龍亦有此認識,不過他將簡册(6)和簡册(3)(4)歸爲一類,稱之爲"推辟内容簡"。⑥ 檢視簡册(2)(3)(4)和簡册(6)的筆迹(參見表1),可以發現,簡册(2)(3)(4)的"推辟""驗問""留遲"寫法都極其相似,應出於一人之手,并且字迹都比較潦草,而簡册(6)與簡册(3)(4)的"入關檄"之"入"字寫法有明顯的不同,且簡册(6)的"留遲"筆迹工整,二者應當不是同一個書手所書。再看其形制,

---

① [日]冨谷至著,劉恒武、孔李波譯:《文書行政的漢帝國》,49頁。
② 引文所在段落由鷹取祐司執筆,參見[日]冨谷至編,張西艷譯《漢簡語彙考證》,上海:中西書局,2018,107頁。
③ 陳中龍、羅仕傑均作此理解,但没有展開充分的解釋。參看陳中龍《"丁宮、王歆留遲推辟"簡試析》,241頁;羅仕傑《〈丁宮等入關檄留遲推辟牒〉問題研究》,101頁。
④ 陳夢家:《漢簡綴述》,北京:中華書局,1980,51頁。
⑤ 蘇衛國:《小議簡牘文書中的"告""謂"句式——秦漢官文書用語研究之一》,卜憲群、楊振紅主編《簡帛研究二〇〇五》,桂林:廣西師範大學出版社,2005,228頁。
⑥ 陳中龍:《"丁宮、王歆留遲推辟"簡試析》,236-239頁。

簡册(6)是木兩行,而簡册(2)(3)(4)都是單行簡。從内容上看,簡册(2)以"敢言之"作爲文書開端和結尾的格式用語,是典型的上行文書,但其中并未涉及對入關檄留遲的具體調查結果,還需要輔之以具體的調查結果文書,纔能夠形成完整的上報文書。

由此判斷,簡册(2)(3)(4)是由同一書手謄抄的副本,[①]其原件爲甲渠候官上報給居延都尉府的調查報告,原件已送往都尉府,副本在甲渠候官留檔保存。其中簡册(3)(4)的格式非常特别,以"卅井關守丞匡檄一封詣府"起首,其下數簡簡首皆空白,冨谷至推測這是"因爲它是原本寫在多面體檄上的抄件",[②]可備一説。簡册(6)當爲上行文書正本的一部分,收件方是甲渠候官。其内容涉及臨木、誠北兩部對此事的調查説明,爲何臨木、誠北兩部的報告會出現在同一份文書之内?不由讓人猜測,簡册(6)有可能是塞尉在綜合各部調查結果基礎上所寫出的報告。

表1 六組簡册字形對照

	簡册(1)	簡册(2)	簡册(3)	簡册(4)	簡册(5)	簡册(6)
推辟	EPF22:125	EPF22:129	EPF22:135	EPF22:140	EPF22:151B	
驗問		EPF22:130	EPF22:135	EPF22:140		
留遲	EPF22:125	EPF22:128	EPF22:134	EPF22:139	EPF22:151B	EPF22:324

---

① 邢義田認爲簡册(1)(2)(3)(4)出現"厶"符號,比較像文書的草稿。不過草稿亦可留存作底,其性質即變爲存檔的副本,并不矛盾。參見邢義田:《漢代簡牘公文書的正本、副本、草稿和簽署問題》,收入其著《今塵集:秦漢時代的簡牘、畫像與文化流播》上海:中西書局,2019,上册,247頁。
② [日]冨谷至著,劉恒武、孔李波譯:《文書行政的漢帝國》,58頁。

續表

	簡册（1）	簡册（2）	簡册（3）	簡册（4）	簡册（5）	簡册（6）
入關檄	EPF22:125	EPF22:128	EPF22:134	EPF22:138	EPF22:151B	EPF22:324
男子		EPF22:128	EPF22:137	EPF22:138	EPF22:151A	EPF22:324

圖版來源：《居延新簡集釋（七）》。

  調查報告顯示，臨木候長上官武、臨木隧長陳陽等人，[①]都稱不曾收到過丁宫、王歆等人的入關檄書，檄書傳遞并没有經過甲渠候官的統轄區域。男子郭長的入關檄書則於乙未（十八日）食坐五分，[②]由卅井候官勞北隧隧長房岑交給臨木部木中隧隧長張勳，張勳在餔時交給誠北部誠北助隧長王明，王明在下餔八分交給吞遠部吞遠助隧長董習。到此時爲止，檄書傳遞還未超期限。問題應出在董習處：董習在收到檄書後，留書不發，至十八日昏時，董習又將檄交給男子郭長，即入關者本人。郭長并非負責傳遞文書的吏員，其所耽擱的時間，當由"行檄書"的董習負責。從檄書傳送到董習處起算，至二十日食時送到居延都尉府爲止，總共用時廿九時二分。漢時，居延地區郵書傳遞的規定程限約爲"十里一時"，[③]吞遠隧距離居延一百三十里，檄書傳遞的期限本該是十三時，現用時二十九時二分，逾期十六時二分，由此被認定爲"不中程"。所謂"中程"，即符合規定程限。李均明指出，文書末尾的"中程""不中程"其實是考核評語，評價郵書傳遞是否符合時限。[④] 以上即是具體調查結果，甲渠候官於建武

[①] 陳中龍指出，當時陳陽應任"臨木隧長"，《居延新簡》EPF22:259："臨木隧長陳陽木中隧長張勳武賢隧長張忠"。參見陳中龍《"丁宫、王歆留遲推辟"簡試析》，239頁。

[②] 張德芳認爲，"食坐"同"食時"不是同義詞，它排在"食時"之後，當爲食時之後略爲休息和小坐的片刻的時間。參見張德芳《懸泉漢簡中若干"時稱"問題的考察》，中國文物研究所編《出土文獻研究》第6輯，上海古籍出版社，2004，194頁。

[③] 劉欣寧指出，郵書規定一時行十里，換算爲今日單位一小時行2.67公里。參見劉欣寧《漢代政務溝通中的文書與口頭傳達：以居延甲渠候官爲例》，《"中研院"歷史語言研究所集刊》第89本第3分，2018，459頁。

[④] 李均明：《漢簡所見時限與延期》，中國政法大學法律古籍整理研究所編《中國古代法律文獻研究》第10輯，北京：社會科學文獻出版社，2016，146頁。

四年十一月乙巳(二十八日)將此調查結果上報至居延都尉府。

陳中龍指出,從這組簡文所見,居延地區時制似應爲"一日十六時制"。① 根據宋會群、李振宏研究,十六時制的時序爲平旦、日出、蚤食、食時、日中、餔時、下餔、日入、昏時、夜食、人定、夜少半、夜半、夜大半、雞鳴、晨時。② 這恰能夠與本簡中入關檄從十八日下餔八分到二十日食時、用時二十九時二分的計算相符合,故"食時、日中、餔時、下餔"的時序是可信的。

至於簡册(1),僅有一枚木兩行。羅仕傑認爲這是甲渠候官上報至居延都尉府的推辟結果的篇題(副本)。冨谷至則認爲,第一組簡是"將該系列文書放入文書庫中保存之際附上去的標題"。③ 即此爲甲渠候官文書存檔的標題簡。從簡文中"謹推辟如牒"的文書用語來看,這應當是上呈文書的篇題無疑。不過當它被保存在甲渠候官後,吏員將之視爲文書存檔的標題簡,亦有可能。

綜上所述,《丁宫等入關檄留遲册》是多份册書的集合,其中有居延都尉府下達甲渠候官的調查命令,亦有甲渠候官下達候長們的調查命令的副本,還有候長上報甲渠候官的調查報告,以及甲渠候官上報居延都尉府的調查報告副本。可見,隨著行政活動的展開,文書的添附、轉抄、存檔時有發生,其性質也會因此發生轉變。

三 檄書如何傳遞:對"不侵候長憲等"的考察

此處考察的檄,是指上文述及的簡册(5)那種四面形觚,并非所有的檄都呈現出這樣的形態。④ 與一般的簡牘相比,這類檄具有文字外露、内容公開的特點,藤田勝久在研究檄的傳遞方式時就指出,"檄所傳達的對象不僅限於長吏和具體的擔當人,而且還向吏卒廣爲告知"。⑤ 這種"廣爲告知"的功能在實際行政過程中如何體現?《丁宫等入關檄留遲册》中的這枚木觚即絶佳的觀察對象。

上節對簡册(5)的内容進行了簡單的介紹,已知其 A、B、C 三面是居延都尉府發給甲渠候官的調查命令,D 面爲甲渠候官給不侵候長等下達調查命令的副本:

---

① 陳中龍:《"丁宫、王歆留遲推辟"簡試析》,244 頁。
② 宋會群、李振宏:《秦漢時制研究》,《歷史研究》1993 年第 6 期。
③ [日]冨谷至著,劉恒武、孔李波譯:《文書行政的漢帝國》,57 頁。
④ 從形制上看,檄還有板檄、合檄等類别,相關研究可參看連劭名《西域木簡中的記與檄》,《文物春秋》1989 年第 1 期;鄔文玲《"合檄"試探》,卜憲群、楊振紅主編《簡帛研究二〇〇八》,桂林:廣西師範大學出版社,2010,152—173 頁;何佳、黄樸華《東漢簡"合檄"封緘方式試探》,《齊魯學刊》2013 年第 4 期。
⑤ [日]藤田勝久:《漢代檄的傳達方法及其功能》,61 頁。

十一月辛丑甲渠守候告尉,謂不侵候長憲等,寫移,檄到,各推辟界中相付受日時,具狀。會月廿六日。如府記律令。　　　　　　　　　　　　　　　　　EPF22:151D

根據其中"檄到"一語可知,甲渠候官發送給候長們的文書正本同樣是"檄",并且應當與我們所見到的簡册(5)內容一致,是甲渠候官對此木觚的謄抄複製。

如此,簡文所謂的"不侵候長憲等"當如何理解?既然居延都尉府要求調查的是丁宫等人的入關檄失期之事,則凡是檄書傳遞所需要經過的部,都應接受調查。正如富谷至所言,"經過卅井關(卅井縣索關　A21)去居延都尉府的話,必然會經過甲渠候官的管轄區域,那裏由南至北依次設有臨木、誠北、吞遠、不侵等部,E.P.F22:151D 中所説的不侵候長憲等,正是指這四部的候長"。①

這四部的位置關係比較明確,李均明指出,"屬於甲渠河南塞的由南往北依次是臨木部、誠北部、吞遠部、不侵部。每部通常管轄 7 座烽隧,也有少至 5 座,多至 8 座者"。② 宋會群、李振宏進一步考證出臨木部南臨卅井候官,不侵部北臨居延候官。③ 根據前述簡册(4)的內容,男子郭長的入關檄正是經由卅井候官的誠勢北隧長傳遞給甲渠候官臨木部木中隧長,再傳遞給甲渠候官誠(城)北部城北助隧長,接著傳遞給吞遠部吞遠助隧長。由此可見,若入關檄按照正常的郵書路綫傳遞,接下來就應當由吞遠部傳遞給不侵部,再由不侵部傳至居延候官界內。因此,甲渠候官的調查命令所發送給的對象,必然是不侵候長、吞遠候長、誠北候長以及臨木候長四人。

據此,富谷至認爲,甲渠候官向所屬各部下發的檄總計有四份。④ 這個結論看似順理成章,但若仔細思索"不侵候長憲等"這一稱謂,即可發現存有難以疏通之處。若甲渠候官將檄書分別下發各部,文書稱謂就應指明"某某候長",而非"不侵候長憲等"這一群體稱謂。反之,當文書中出現的是群體稱謂,意味著這份文書的收件者很可能不止一個。亦即,甲渠候官向所屬各部下發的檄很可能祇有一份,這份甲渠候官下達給不侵候長、吞遠候長、誠北候長和臨木候長的檄,是按照從北向南的順序依次在這四個部之間傳遞。文書中的"寫移"一詞也爲我們提供了綫索。鄔文玲在研究《甘露二年御史書》時指出,"寫移"義爲"謄寫轉呈"。在"寫移書到"一語中,"寫移"與"書到"實爲二事,"一是要求謄寫轉呈文書,二是要求收到文書之後要按照有關規定及時處理相關事務并作回復"。⑤ 本簡中的"寫移,檄到"與"寫移,書到"義近,指各部的候長需要將此檄謄寫後傳遞給下一個部,并在收到檄之後及時

---

① [日]富谷至著,劉恒武、孔李波譯:《文書行政的漢帝國》,49 頁。
② 李均明:《漢代甲渠候官規模考(下)》,中華書局編輯部編《文史》第 35 輯,北京:中華書局,1992,91 頁。
③ 宋會群、李振宏:《漢代居延甲渠候官部隧考》,《史學月刊》1994 年第 3 期。
④ [日]富谷至著,劉恒武、孔李波譯:《文書行政的漢帝國》,58 頁。
⑤ 鄔文玲:《〈甘露二年御史書〉校讀》,中國政法大學法律古籍整理研究所編《中國古代法律文獻研究》第 5 輯,北京:社會科學文獻出版社,2012,57 頁。

調查回復。

或有觀點認爲,"不侵候長憲等"是抄寫副本時的省寫,并不足以證明檄書祇有一份。這就要再次對"檄"的特殊形狀進行申明。檄是記載著文書内容的多面體,在移送過程中,其上文字能够被完整看到。冨谷至强調,檄"具備與露布一樣大家都能看到的文書内容的樣態。"[1]這就使得每個傳送者某種意義上都是文書的"觀看者"。因此,同一郵路上的一份檄,完全能够替代四份檄以實現信息傳遞。那麽檄書從甲渠候官傳遞到下屬各部是否經過同一郵路? 又沿著怎樣的路綫進行?

這就需要對甲渠候官與不侵等部之間的方位關係進行申説。考古發掘已判明,甲渠候官的位置在破城子(A8)。但各部的位置并非確定無疑。宋會群、李振宏認爲,居延都尉府的位置在 K688 城,居延城在 K710,并以此爲依據,推定不侵部在 F84 以南;推測吞遠部在 T88 以南,T106 以北;誠北部在 T106 以南,T110 以北;臨木部在 T110 以南,T129 以北。[2] 吉村昌之則根據 EPF22∶147 中的"吞遠隧去居延百卅里檄當行十三時",得出吞遠到居延都尉府的距離是"百三十里",認爲居延都尉府的位置在遺址 K710,并推定吞遠隧是遺址 F84。[3] 由於宋會群、李振宏與吉村昌之對居延都尉府的位置認定不同,導致雙方對四部位置的復原相差較大。而居延都尉府究竟在 K688 還是在 K710,至今尚未有定論。

現根據宋會群、李振宏的觀點繪製出圖 1,[4]并比較吉村昌之所繪製的甲渠塞附近的地圖(見圖 2),[5]分析兩種復原意見與本檄書反映的郵書傳遞情况是否相符。

---

[1] [日]冨谷至著,劉恒武、孔李波譯:《文書行政的漢帝國》,67 頁。
[2] 宋會群、李振宏:《漢代居延甲渠候官部隧考》,《史學月刊》1994 年第 3 期。
[3] [日]吉村昌之著,楊振紅譯:《居延甲渠塞的部隧設置》,李學勤、謝桂華主編《簡帛研究二○○一》,桂林:廣西師範大學出版社,2001,下册,717 頁。
[4] 圖 1 轉引自劉欣寧文章并有所修改,原圖爲書中折頁附圖。參見 Bo Sommarström, *Archaeological Researches in the Edsen-gol Region Inner Mongolia*, Stockholm: Statens Etnografiska Museum, 1956-1958;轉引自劉欣寧《漢代政務溝通中的文書與口頭傳達:以居延甲渠候官爲例》,457 頁。
[5] 中文譯本無圖。圖 2 參見[日]吉村昌之《居延甲渠塞における部隧の配置について》,《古代文化》第 50 卷第 7 號,1998,14 頁;轉引自羅仕傑《〈丁宫等入關檄留遲推辟牒〉問題研究》,111 頁。

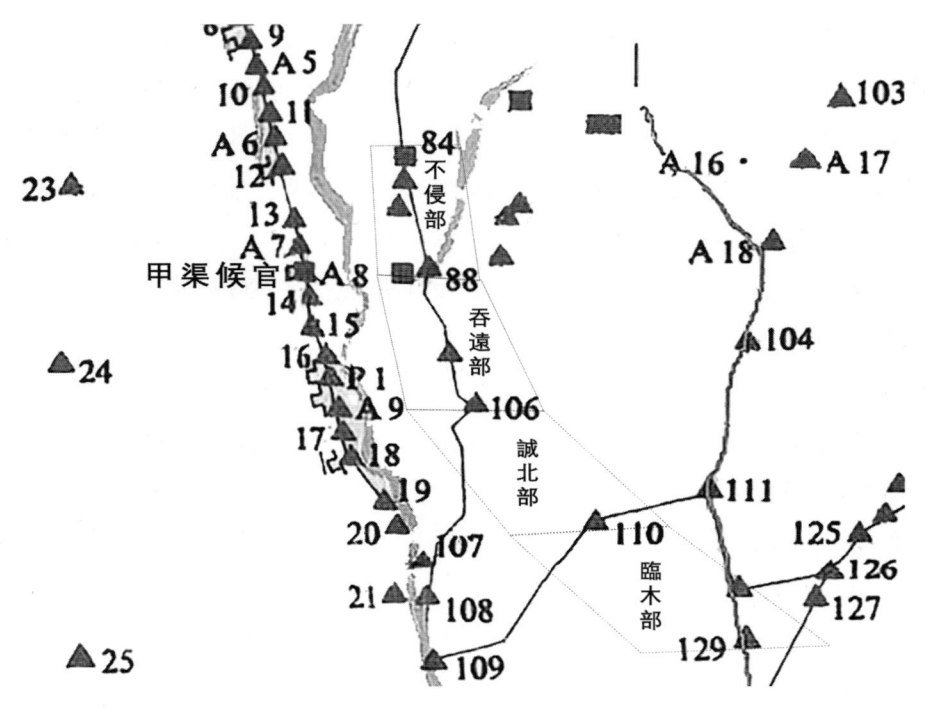

图1　宋會群、李振宏"不侵等部"復原位置圖

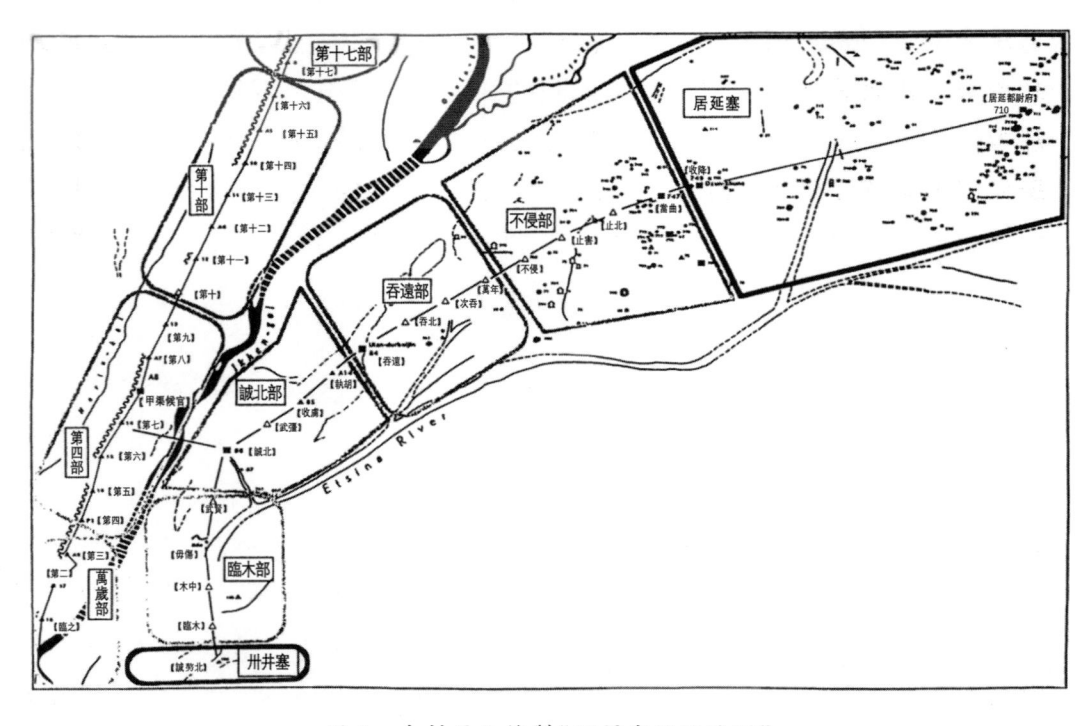

图2　吉村昌之繪製"甲渠塞附近地圖"

從圖 1 的復原情況來看,甲渠候官離吞遠部最近,不侵部次之,而距離臨木部最遠。圖 2 的復原情況則顯示,甲渠候官距誠北部最近,臨木部次之,離不侵部反而最遠。根據本簡內容,命令接收者是以"不侵候長"爲起首,應當可以推測,甲渠候官距離不侵部應該較近,而距離臨木部較遠,因此文書傳遞要從不侵部開始向臨木等部傳遞。同時,永田英正亦根據居延漢簡中的南書、北書資料,對郵書的遞送經路進行復原并指出"甲渠候官很可能位於不侵隧至吞遠隧之間的路途或附近"。① 綜上所述,與本檄傳遞情況更爲符合的是宋會群、李振宏對四部位置的復原意見。

故甲渠候官向不侵、吞遠、誠北、臨木四部下發寫有命令的檄應當在同一郵路上。又因檄書傳遞路綫上的每個傳遞者都能看到所載信息,製作多封檄書就顯得多此一舉。更爲合理的推論是檄的數量僅有一封,甲渠候官將檄先發送給不侵候長,再沿著不侵、吞遠、誠北、臨木這條路綫傳遞檄書即可。

這種檄書傳遞方式在居延地區可見相似例證。藤田勝久的研究引述了另一枚四面體的檄,即居延漢簡 278.7A—D:

　　十二月辛未甲渠毋傷候長文候史倌人敢言之日蚤食時臨木隧卒路人望見河西有虜騎廿亭北地谿中即舉蓬燔一積新虜即西北去毋所失亡敢言之／十二月辛未將兵護民田官居延都尉債城倉長禹兼行☒　　　　　　　　　　　　　　　　　　　278·7A

　　廣田以次傳行至望遠止☒寫移疑虜有大衆不去欲并入爲寇檄到循行部界中嚴教吏卒驚蓬火明天田謹迹候＝望禁止往來行者定蓬火輩送便兵戰鬭具毋爲虜所萃槧已先聞知失亡重事毋忽如律令／十二月壬申殄北[守]（封泥槽內有近人以鉛筆所作記號）
　　　　　　　　　　　　　　　　　　　　　　　　　　　　　　　278·7B

　　候長紈⌞未央候史包隧長畸等疑虜有大衆欲并入爲寇檄到紈等各循行部界中嚴教吏卒定蓬火輩送便兵戰鬭具毋爲虜所萃槧已先聞知失亡重事毋忽如律令☒　278·7C

　　十二月辛未甲渠☒　　　　　　　　　　　　　　　　　　　　　278·7D②

其第二面上端"廣田以次傳行至望遠止",應當是指該檄自廣田隧依次傳遞至望遠隧爲止。藤田勝久指出,此檄是從殄北候官傳遞過來的,殄北候官向候長、候史、隧長等順序傳遞,下達命令,要求吏卒提高警戒。③ 這與本文討論的檄書傳遞有相似之處,亦略有差異。自廣田隧依次傳遞到望遠隧爲止,意味著該檄需要在每個隧之間依次傳遞。而前面討論的甲渠候官下達調查命令的檄書,則是在每個部之間依次傳遞,可能并不需要逐隧傳遞,此點從

---

① ［日］永田英正著,張學鋒譯:《居延漢簡研究（下）》,桂林:廣西師範大學出版社,2007,364 頁。
② 本段釋文引自簡牘整理小組編《居延漢簡（叁）》,臺北:"中研院"歷史語言研究所,2016,203-204 頁。
③ ［日］藤田勝久:《漢代檄的傳達方法及其功能》,60 頁。

郭長入關檄傳遞的過程中也可以看到。這或許是因爲，前者的命令需要被每個隧知道，而後者的命令祇需要由各部完成。

　　不過即便存在這樣的差異，兩份檄書的傳遞方式依然非常相似，檄書在每個部之間依次傳遞的過程，應當亦被稱爲"以次傳"。檄書的形制與其傳遞方式有很大關係，其在傳遞過程中無需拆封，由此可以保留其封泥匣上的封泥印信，這在依次傳遞以周告吏卒的過程中能夠更好地實現"有所憑信"的功能。綜上所述，此種形制的檄書依次傳遞，應當是具有普遍性的。

附記　本文在參會時有幸得到梁健老師、周海鋒老師的寶貴意見，特此致謝。并感謝匿名審稿老師惠示卓見。惟文中疏漏，概由本人負責。

西北漢簡校讀札記*

□ 華東師範大學中國文字研究與應用中心　林嵐

内容提要　西北漢簡中用作"韋"之專職量詞的"利",當讀爲"剺","剺"原本表示剥割義,用作量詞是動詞虚化的結果。肩水金關漢簡 73EJT37∶1151A 原釋爲"穿"之字,應是表示帽子的"𩑶(冒)"。居延漢簡 530.9D 中的"斥汙"當讀爲"尺蠖",與剛卯中常見的"庶疫"不是一物,但皆表示病疫、邪祟之類對人有害的事物。

關鍵詞　西北漢簡　利　冒　斥汙

　　近年來,隨著西北漢簡的陸續整理與公布,學界湧現出許多優秀成果。但由於西北漢簡數量龐大,部分問題尚未得到很好解決。我們利用秦漢簡語料庫,[①]通過對同一字詞全部辭例的比對,對西北漢簡中部分字詞的釋讀提出新的看法。

一　用作量詞的"利"

居延漢簡和居延新簡中,有一個與"韋"搭配的"利",共見 4 例,具體辭例如下:

1. 韋少一利　　　　　　　　　　　　　　　　　　　　　　　　居延漢簡 82.1[②]
2. 白韋三利賈六　　　　　　　　　　　　　　　　　　　　　　居延漢簡 317.24[③]

---

* 本文爲 2022 年度教育部人文社會科學重點研究基地重大項目"古文字編碼字符集研究(出土秦漢文字、民族古文字部分)"(批准號:22JJD740024)階段性成果。
① 本文所用語料庫及相關統計數據均依據華東師範大學中國文字研究與應用中心開發的"秦漢簡帛語料庫"。
② 簡牘整理小組編:《居延漢簡(壹)》,臺北:"中研院"歷史語言研究所,2014,245 頁。
③ 簡牘整理小組編:《居延漢簡(肆)》,臺北:"中研院"歷史語言研究所,2017,16 頁。

3. 韋五利直廿　　　　　　　　　　　　　　　　　　　　居延新簡 EPT52:322①
4. 韋少一利已具　　　　　　　　　　　　　　　　　　居延新簡 EPT59:73②

　　居延漢簡和居延新簡的整理者都未對其中的"利"作出解釋。《中國簡牘集成》的標注本斷句則并不統一，例 1、4 在"利"字前斷句；③例 2、3 在"利"字後斷句。④ 魏德勝先生已指出，"利"字前不當點斷，應屬上讀，在這幾個例子中作爲量詞使用。他進一步認爲，此處的"利"可能是"枚"的誤寫，也可能是"枚"的俗字；另一種可能是"利"就是"韋"的量詞。⑤ 我們贊同魏德勝先生認爲"利"是量詞的觀點，但由於魏先生并未對此說進行論證，我們在此稍作補充。秦漢簡帛文獻中，除用作人名或地名外，無須改讀的"利"多用於表示動詞的吉利、有利或名詞的好處、利益等；另有少量表示鋒利、順暢、利用、補益、痊愈等意義。但"利"字常見的諸義項與上舉用作量詞的用法皆不合。爲方便說明，兹引居延漢簡 82.1 與居延新簡 EPT59:73 兩簡全文如下：

　　　　　　　　　　　榮繩廿四不事用　　禄盧一不調利　　尊火尊一不事用　　表二不事用
　　　　　　　　　　　毋斧　　　　　　　守御品不動　　　堠上深目一不事用少六
　　　　　　第七隧長尊　韋少一利　　　　弩一弦急　　　　圖毋橐
　　　　　　　　　　　□屏風少一　　　　箭編不事用　　　大小積薪薄隨
　　　　　　　　　　　深目一不事用　　　劍削幣　　　　　承苣少卅七
　　　　　　　　　　　　　　　　　　　　　　　　　　　　門關接楪不事用

　　　　　　　　　　　　　　　　　　　　　　　　　　　　　　　　　　居延漢簡 82.1

　　　　　小積薪一緣隨已作治　　　韋少一利已具
　　　　　堠户二幣已具　　　　　　沙中多草土已作治
　　　　　縣索緩一里已作治

　　　　　　　　　　　　　　　　　　　　　　　　　　　　　　　　居延新簡 EPT59:73

　　上引兩條簡文中，用爲器物狀況評定的詞有"少""不事用""不調利""隨""幣（敝）"等，皆爲負面評價。若"韋少一利"中"利"的使用爲同樣性質，當稱"不利"。但西北漢簡中用"不利"來評判器物狀況時，實際上是"不調利"的省稱。如居延漢簡 68.95 的"蓬（烽）一幣

---

① 張德芳主編，李迎春著：《居延新簡集釋（三）》，蘭州：甘肅文化出版社，2016，684 頁。
② 張德芳主編，肖從禮著：《居延新簡集釋（五）》，蘭州：甘肅文化出版社，2016，264 頁。
③ 中國簡牘集成編輯委員會編：《中國簡牘集成》，蘭州：敦煌文藝出版社，2001，第 5 册 238 頁、第 11 册 127 頁。
④ 中國簡牘集成編輯委員會編：《中國簡牘集成》，第 7 册 254 頁、第 10 册 205 頁。
⑤ 魏德勝：《簡帛文獻語言研究應注意的幾個問題》，中國語言學會《中國語言學報》編委會編《中國語言學報》第 14 期，北京：商務印書館，2010，286 頁。

（敝）一銷不利"，①居延漢簡 68.63 則作"蓬（烽）銷不調利"。② 這種用法的"不利"，顯然與"韋"不匹配。而第二條簡文中記載的"韋少一利已具"，是對"韋"缺失後補足的記錄，若將"利"解釋爲"好的"，整句意思難通。西北漢簡中還有不少物品缺失後補足的記載，記爲"少……具"，如肩水金關漢簡 T37:1069："狗少一，今以（已）具。"③又居延漢簡 273.6+88.18+88.17 有"少二斛，今具"，④可見"少"在數詞之後，亦可加上物品的量詞。

在西北漢簡語料庫中，含有"價""值"及各類相關商品價格的語料共 874 條，暫未見到在價格前加上對物品進行優劣判斷的性狀形容詞的例子。⑤ 因此，此處的"利"作爲"韋"的性狀形容詞的可能性不大。

魏德勝先生曾認爲，"屯戍簡牘中'韋'主要用'枚'爲量詞"。⑥ 但檢索語料庫後我們發現，西北漢簡中以"枚"作爲量詞的"韋"僅 6 例，除上舉 1 例見於肩水金關漢簡外，其餘 5 例皆見於居延新簡。從使用頻率上看，用"枚"與用"利"的差距并不明顯。肩水金關漢簡 T24:138："執適隧長王遣，韋五枚，直廿。"⑦此條人名後的部分與例 3 的句子結構完全相同，"五韋"的價值也相當，皆"值廿"，僅是計量單位由"枚"換作"利"，可見"利"確實是"韋"的計量單位。"枚"在秦漢簡帛中是極具適應性的泛指量詞；⑧而"利"目前僅見用來表示"韋"，是"韋"的專職量詞。在秦漢簡帛文獻中，既用"枚"這一泛指量詞的同時，又使用專職量詞的情況亦不罕見。例如，同樣表示裝肉脯的橢圓形大漆盒"大脯檢（奩）"，鳳凰山漢簡一六七號墓簡 25 用"枚"："大脯檢一枚。"鳳凰山漢簡九號墓簡 31 則用"合"："大脯檢一合。"⑨

傳世文獻中未見"利"的量詞用法。我們認爲，用作量詞的"利"皆可讀爲"莉"。《説文·刀部》："莉，剥也，劃也。从刀𥝢聲。"⑩"莉"字古音屬來母之部，"利"字屬來母脂部，二字聲母相同，韻部對轉。且典籍中"莉"字可與從利得聲之字相通，如《漢書》卷八七下《揚雄

---

① 該句釋文從簡牘整理小組編《居延漢簡（壹）》，212 頁。該簡中還見"弩長辟（臂）二，不韋，一不事用"。按，該句斷句從《中國簡牘集成》。此處的"韋"，可能是指包裹弩臂的皮革。居延新簡 EPT56:186 有"椎不韋，負一筭"，《居延新簡集釋》即注："韋，用皮革包裹。"居延漢簡 283.13 還有"椎一，韋幣（敝）"。詳見中國簡牘集成編輯委員會編《中國簡牘集成》，第 5 册，195 頁；張德芳主編，馬智全著《居延新簡集釋（四）》，蘭州：甘肅文化出版社，2016，427 頁；簡牘整理小組編《居延漢簡（叁）》，臺北："中研院"歷史語言研究所，2016，217 頁。
② 簡牘整理小組編：《居延漢簡（壹）》，211 頁。
③ 甘肅簡牘博物館、甘肅省文物考古研究所、甘肅省博物館、中國文化遺産研究院古文獻研究室、中國社會科學院簡帛研究中心編：《肩水金關漢簡（肆）》，上海：中西書局，2015，下册，88 頁。
④ 簡牘整理小組編：《居延漢簡（壹）》，259 頁。
⑤ 居延新簡 EPT59:312B 有"帛可以使直（值）三"，其中的"可以使"似乎是對"帛"的性狀進行了判斷，但該簡上下皆殘泐，難以確定，暫時排除。詳見張德芳主編，肖從禮著《居延新簡集釋（五）》，329 頁。
⑥ 魏德勝：《簡帛文獻語言研究應注意的幾個問題》，285 頁。
⑦ 甘肅簡牘博物館、甘肅省文物考古研究所、甘肅省博物館、中國文化遺産研究院古文獻研究室、中國社會科學院簡帛研究中心編：《肩水金關漢簡（貳）》，上海：中西書局，2012，下册，147 頁。
⑧ 詳見張顯成、李建平《簡帛量詞研究》，北京：中華書局，2017，78—84 頁。
⑨ 湖北省文物考古研究所編：《江陵鳳凰山西漢簡牘》，北京：中華書局，2012，161、69 頁。
⑩ ［漢］許慎撰，［宋］徐鉉校定：《説文解字》卷四下，北京：中華書局，2013，86 頁。

傳下》"分梨單于",顏師古注:"梨與劙同,謂剝析也。"①秦漢簡帛中僅見1例"劙",字形從力作"勞",見於北大秦簡《泰原有死者》簡8"勞(劙)去其皮",②即表示割開物體的外皮。表示剝割的"劙"用作量詞當是動詞虛化的結果。動詞虛化爲量詞後,其所稱量的對象是該動作所導致的結果狀態。這種虛化在先秦兩漢中并不罕見,李建平先生曾整理過先秦兩漢文獻中的16個動狀量詞。③ 此處的"劙"亦是如此,由割開韋的動作演變爲稱量韋的數量。

西北漢簡中還有2例"利"的用法與此處所討論的"利"有關。

1例見於肩水金關漢簡73EJC∶599B:"記報皪得利革肆中丈人王細公、李方、王幼君、累游君、綦毋君、上張子高、綦毋子侯、魯稚文。"④據王錦城先生解釋,該簡"肆中"指"作坊或店鋪之中","王細公……魯稚文"爲"作坊或店鋪中丈人的名字"。⑤ 此處的"利革",當是該"肆"所經營的對象。嶽麓秦簡中有"棺肆"(嶽麓三·簡71)、"市布肆"(嶽麓三·簡109);⑥五一廣場漢簡中有"粢肆"(選釋·簡61)、"皷肆"(選釋·簡61)、"上頭繒肆"(選釋·簡99)、"下頭繒肆"(選釋·簡99)等,⑦各例"肆"前所指皆爲其所經營的對象。尤其是嶽麓秦簡之"市布肆",整理者解釋爲"賣布店",⑧"市布"的結構爲"V+N"。與此相似,肩水金關該例的"革"爲名詞,"利"則可理解爲動詞,是處理"革"的一種手段,同樣可讀爲"劙"。"利(劙)革肆",即指切割皮革的店鋪。這個例子更加明確地展現出"利(劙)"有切割皮革的用法,由此發展出皮革計量單位的意義顯然順理成章。

另1例見於居延新簡EPT50∶144A,該簡屬於計簿類文書,其中有"二利,直(值)廿"。⑨"二"字上仍有墨迹,但已殘斷,不知其所計爲何物。根據該簡的性質與上述"利"的用法,我們認爲,此處"利"亦當是量詞,讀爲"劙",其所稱量的很可能也是皮革類物品。

秦漢簡帛中,以切割義演變作皮革類物品量詞的例子,還有兩組。

一是"弋(栽)"。這種用法的"弋(栽)"僅見於張家山漢簡《算數書》中的《狐出關》《狐皮》2篇,如簡36:"狐皮卅五弋(栽)、貍皮廿五弋(栽)、犬皮十二弋(栽)偕出關。"⑩"弋(栽)"本是表示切割皮毛,由此演變爲計量皮毛的專職量詞。

---

① [漢]班固撰,[唐]顏師古注:《漢書》,北京:中華書局,1962,3561-3562頁。
② 李零:《北大秦牘〈泰原有死者〉簡介》,《文物》2012年第6期。
③ 李建平:《先秦兩漢量詞研究》,北京:中國社會科學出版社,2017,78-103頁。
④ 甘肅簡牘博物館、甘肅省文物考古研究所、甘肅省博物館、中國文化遺產研究院古文獻研究室、中國社會科學院簡帛研究中心編:《肩水金關漢簡(伍)》,上海:中西書局,2016,下冊,124頁。
⑤ 王錦城:《〈肩水金關漢簡〉分類校注及相關問題研究》,華東師範大學博士學位論文,2019,999頁。
⑥ 陳松長主編:《嶽麓書院藏秦簡(壹—叁)釋文修訂本》,上海辭書出版社,2018,147、151頁。
⑦ 長沙市文物考古研究所、清華大學出土文獻研究與保護中心、中國文化遺產研究院、湖南大學嶽麓書院編:《長沙五一廣場東漢簡牘選釋》,上海:中西書局,2015,167、190頁。
⑧ 陳松長主編:《嶽麓書院藏秦簡(壹—叁)釋文修訂本》,151頁。
⑨ 張德芳主編,楊眉著:《居延新簡集釋(二)》,蘭州:甘肅文化出版社,2016,512頁。
⑩ 張家山二四七號漢墓竹簡整理小組編著:《張家山漢墓竹簡[二四七號墓]》(釋文修訂本),北京:文物出版社,2006,136頁。

二是"件"。《説文·人部》:"件,分也。"① 據此,"件"字本義當指分割物體,"引申指被分割開的部分,成爲量詞"。② 表示量詞的"件"在秦漢簡帛文獻中目前共見 14 例,具體辭例如下:

5. 馬旅筋一件	里耶秦簡第九層簡 172③
6. 馬陽筋一件	里耶秦簡第九層簡 172
7. 馬革一件	里耶秦簡第九層簡 172
8. 馬筋一件	里耶秦簡第九層簡 172
9. 馬筋二件	里耶秦簡第九層簡 814④
10. 半件☒	里耶秦簡第九層簡 814
11. 用馬筋一件	里耶秦簡第九層簡 919+1719⑤
12. 半件☒	里耶秦簡第九層簡 919+1719
13. 義陵□□□用度□五件	里耶秦簡第九層簡 1871⑥
14. 其取二件	里耶秦簡第九層簡 1871
15. 大二件將	里耶秦簡第八層簡 529 背⑦
16. 又從卒利親貸韋二件	居延新簡 EPT40:6A⑧
17. 用羊韋八十三件	居延新簡 EPT40:6A
18. 羊韋五件	居延新簡 EPT65:118⑨

從詞語搭配上看,這一時期表示量詞的"件",辭例明確者皆僅用於計量馬筋或皮革。與表示皮革的"韋""革"搭配的共 4 例,如例 8 及例 17;與馬筋搭配的共 7 例,如例 5;例 15 所指不明;例 13—14 由於數詞前所指之物字形殘泐,難以判別。但例 13"度"後之字作 ▨,而例 8 的"筋"字作 ▨,從字形殘筆和意義上看,該字很可能也是"筋"。

從以上三組量詞的使用條件上看,秦漢時期與切割義有關的動狀量詞具有較强的局限性,基本僅用於稱量筋革這類較爲堅硬且有一定韌性之物。而後世典籍文獻中,"剺"已不見

---

① [漢]許慎撰,[宋]徐鉉校定:《説文解字》卷八上,165 頁。
② 李學勤主編:《字源》,董蓮池撰"件"字條,天津古籍出版社、沈陽:遼寧人民出版社,2012,721 頁。
③ 陳偉主編:《里耶秦簡牘校釋(第二卷)》,武漢大學出版社,2018,82 頁。
④ 陳偉主編:《里耶秦簡牘校釋(第二卷)》,210 頁。
⑤ 陳偉主編:《里耶秦簡牘校釋(第二卷)》,225 頁。
⑥ 陳偉主編:《里耶秦簡牘校釋(第二卷)》,378 頁。
⑦ 陳偉主編:《里耶秦簡牘校釋(第一卷)》,武漢大學出版社,2012,175 頁。
⑧ 張德芳主編,楊眉著:《居延新簡集釋(二)》,281 頁。
⑨ 張德芳主編,張德芳、韓華著:《居延新簡集釋(六)》,蘭州:甘肅文化出版社,2016,257 頁。

作爲量詞使用，"裁"還偶見用於表示布匹的數量，[1]"件"的使用範圍則有了明顯擴大。

二　西北漢簡中的"睯（冒）"

　　在查檢全部秦漢簡帛中"利"之辭例時，有 1 例引起了我們的注意，見於肩水金關漢簡 73EJT37：1151A："各有受閣。令持矛去，并取利絉穿。即持皮來，令持三皮予服胡千秋，爲僵治絝（褲）☐。"[2]在這個句子中，"利絉穿"顯然是"取"的賓語，但其內的關係難以判斷，此前亦未見討論。

　　先來看此處的"絉"字。目前所見秦漢簡帛中，"絉"字共 66 例，皆見於西漢中晚期。除此例外，英國國家圖書館藏斯坦因所獲未刊漢文簡牘有 2 例"絉"字由於簡文殘斷過甚，難以判別文意，其餘 63 例皆表示襪子之義。此處的"絉"字很可能亦是表示襪子。而"穿"字在西北漢簡中主要有兩種用法，一是表示鑿穿，如敦煌漢簡 2161"☐人穿井"；[3]二是表示破敝，如居延新簡 EPT6：3"弩幠三（四），其二穿"。[4] 但這兩種用法在該句中皆難以解釋。

　　黃浩波先生曾指出，肩水金關漢簡中的"穿"字，"或從穴從身……或從穴從耳"。[5] 該字字形見下文表 1 字形表[1]，其右側筆畫爲一折筆。西北漢簡中"耳"字常見寫法如字形表[5]、[6]，右側多爲橫筆加豎勾。不從豎勾的"耳"字如字形表[7]、[8]，最上方一橫筆與豎筆并不相連，且該豎筆通常較長。與從身之[4]字相比，該筆之豎則過短；且"穴"形下部與豎筆中皆缺少一撇。該字顯然既不從耳，亦不從身。

　　我們認爲，此字當從目，隸定爲"睯"，即"冒"字。從字形上看，西北漢簡中的"冒"字，上部常從穴作，如字形表[10]，與《說文·目部》中表示"深目"義的"睯"字同形，[6]如字形表[14]。張再興、黃艷萍兩位先生已指出，"冒"字上部從穴，應是"冃"部的譌變，馬王堆簡帛中已有類似的寫法。[7] 王錦城先生亦改釋了部分原釋爲"睯"的"冒"字。[8] 從字形表中可以看出，在西北漢簡中，"睯"與"冒"至少有從穴從目與從冃從目兩種形式的同形，二者常常在字形上難以區分，需要根據語境判斷。從語義上看，若將該字改釋爲"冒"，則"絉（襪）"與"冒（帽）"在句中爲并列關係，二者作爲日常用品在西北漢簡中皆很常見。"利"則是人名，作"絉冒"的定語。居延漢簡 190.36+178.14A 中還有送"冒"的記載："前子淵佳君幸哀家孫，

---

[1] 詳參李建平《先秦兩漢量詞研究》，97 頁。
[2] 甘肅簡牘博物館、甘肅省文物考古研究所、甘肅省博物館、中國文化遺產研究院古文獻研究室、中國社會科學院簡帛研究中心編：《肩水金關漢簡（肆）》，上海：中西書局，2015，下冊，94 頁。
[3] 甘肅省文物考古研究所編：《敦煌漢簡》，北京：中華書局，1991，304 頁。
[4] 張德芳主編，孫占宇著：《居延新簡集釋（一）》，蘭州：甘肅文化出版社，2016，369 頁。
[5] 黃浩波：《肩水金關漢簡地名簡考（八則）》，《簡帛研究二〇一七（秋冬卷）》，桂林：廣西師範大學出版社，2018，122 頁。
[6] ［漢］許慎撰，［宋］徐鉉校定：《說文解字》卷四上，65 頁。
[7] 張再興、黃艷萍：《肩水金關漢簡校讀札記》，《中國文字研究》第 26 輯，上海書店出版社，2017，74 頁。
[8] 王錦城：《釋西北漢簡中的"冒"——兼論"皮冒""草冒"及相關詞語》，《古漢語研究》2019 年第 1 期。

故迎教□爲厚送原頭巾冒。"① 另外,字形[16]整理者原釋作"宵",辭例爲"□宵少一",② 其上下文有"蓬少二""毋狗籠少一"等物品記録。則此處原釋爲"宵"之字,應當也改作表示名物的"宵(帽)"。

表 1　字形

穿	肩水金關漢簡 73EJT37:1151A [1]	居延新簡 EPT44:6A [2]	居延漢簡 564.10 [3]	居延漢簡 513.17+303.15 [4]
耳	肩水金關漢簡 73EJT23:40B [5]	肩水金關漢簡 73EJT33:28 [6]	肩水金關漢簡 73EJT15:24B [7]	額濟納漢簡 2002ESCSF1:6-07 [8]
冒	居延新簡 EPT56:74 [9]	肩水金關漢簡 T37:1542 [10]	肩水金關漢簡 73EJC:611 [11]	居延漢簡 303.11 [12]
宵	居延漢簡 117.15 [13]	居延漢簡 562.15 [14]	居延新簡 EPT58:46 [15]	居延新簡 EPT57:108B1 [16]

---

① 簡牘整理小組編:《居延漢簡(貳)》,臺北:"中研院"歷史語言研究所,2015,194 頁。
② 張德芳主編,馬智全著:《居延新簡集釋(四)》,501 頁。

三 斥汙

居延漢簡 530.9D 整理者作釋文爲"[斥汙]罔單莫敢我當",①前兩個殘字圖版爲 ▨、▨。從字形上看,西北簡中的"斥"字常寫作"庁"形,如居延漢簡 262.18 作 ▨、肩水金關漢簡 T23∶996A 作 ▨ 等。而"汙"字所從的構件"于"的豎筆在西漢中晚期時常寫作折筆,如北大漢簡《妄稽》50 字作 ▨、地灣漢簡 86EDT22∶9A 字作 ▨ 等。因此,這兩個殘字整理者釋作"斥汙"應當沒有問題。但對"斥汙"所指的具體含義,學界暫未見討論。我們認爲,此處的"斥汙",當讀爲"尺蠖"。

從語音上看,"斥""尺"二字皆屬鐸部昌母,"汙"字屬魚部影母,"蠖"字屬鐸部影母,魚鐸二部陰入對轉。"斥"與"尺"、"汙"與"蠖"在典籍及出土文獻中通假的例子亦不罕見。如《周禮注疏》卷五〇《考工記下·弓人》"麋筋斥蠖瀰",賈公彥疏:"斥,音尺……'斥蠖,屈蟲'者,《易》云'尺蠖之屈,以求信'是也。"②又如銀雀山漢簡《晏子·一六》626-627"臣聞斥(尺)汙(蠖)食黄其身黄",③"尺蠖"即作"斥汙"。

從文意上看,此條辭例寫在木質四方體配件之上,爲典籍中所記載的"剛卯"。所謂"剛卯",是流行於漢代的一種辟邪配飾,可與"嚴卯"成對。《説文·攴部》:"改,毅改,大剛卯,以逐鬼魅也。"④據《漢書》卷九九中《王莽傳中》所載:"正月剛卯,金刀之利,皆不得行。"顔師古注引服虔曰:"剛卯,以正月卯日作佩之,長三寸,廣一寸,四方,或用玉,或用金,或用桃,著革帶佩之。今有玉在者,銘其一面曰'正月剛卯'。"又引晉灼曰:"剛卯長一寸,廣五分,四方。當中央從穿作孔,以采絲葺其底,如冠纓頭蕤。刻其上面,作兩行書,文曰:'正月剛卯既央,靈殳四方,赤青白黄,四色是當。帝令祝融,以教夔、龍,庶疫剛癉,莫我敢當。'其一銘曰:'疾日嚴卯,帝令夔化,順爾固伏,化兹靈殳。既正既直,既觚既方,庶疫剛癉,莫我敢當。'"⑤居延漢簡中還有 2 例與"剛卯"相關之辭,懸泉漢簡中亦出土 1 枚剛卯。此外,安徽亳縣(今亳州市)鳳凰臺一號東漢墓亦出土 2 件有刻辭之玉剛卯、玉嚴卯。⑥ 爲方便説明,我們將 6 條辭例移録如下:

1.正月剛卯既央靈殳四方【A】赤青白黄四色賦當【B】帝令祝融以教夔龍【C】斥汙

---

① 簡牘整理小組編:《居延漢簡(肆)》,204 頁。
② [漢]鄭玄注,[唐]賈公彥疏:《周禮注疏》,上海古籍出版社,2010,1718 頁。
③ 銀雀山漢墓竹簡整理小組編:《銀雀山漢墓竹簡[壹]》,北京:文物出版社,1985,104 頁。
④ [漢]許慎撰,[宋]徐鉉校定:《説文解字》卷三下,64 頁。
⑤ [漢]班固撰,[唐]顔師古注:《漢書》,4109-4110 頁。
⑥ 詳見亳縣博物館《亳縣鳳凰臺一號漢墓清理簡報》,《考古》1974 年第 3 期。

岡單莫敢我當【D】　　　　　　　　　　　　　　　　　　　　居延漢簡 530.9

　2. 正月剛卯□□□□□赤青【A】白黃四色□□帝令⊿【B】夔龍□□剛單莫敢□當當我【C】者死見我者亡□□□□長樂未央【D】　　　　　居延漢簡 371.1

　3.正月剛卯□□四方【A】赤青黃白四色氏(是)當【B】帝令兄(祝)融以教夔□【C】［庶役］岡單莫敢我［當］【D】　　　　　　　　　　　　　居延漢簡 446.17①

　4.正月剛卯既央,靈殳四方,赤青白黃,四色是當。帝命祝融,以教夔龍,痒蠪剛癉,莫我敢當。　　　　　　　　　　　　　　　　　　　　　　　　　鳳凰臺剛卯

　5.疾日嚴卯,帝命夔化,慎璽固伏,化茲靈殳。既正既直,既觚既方,赤疫剛癉,莫我敢當。　　　　　　　　　　　　　　　　　　　　　　　　　　鳳凰臺嚴卯

　6. 正月剛卯零踈四方【A】赤青黃白四色是當【B】帝令沖甬以教夔龍【C】庶疫剛單莫敢我當【D】　　　　　　　　　　　　　　　懸泉漢簡ⅡDXT0111③:76②

　其中例 2 釋文與《中國簡牘集成》所作釋文差異很大,我們依據史語所新釋文作此。③ 以上幾條辭例與文獻記載中的剛卯刻文内容大體相合。例 2、6 的"剛單"與例 1、3 之"岡單",皆當從傳世文獻及例 4、5 讀爲"剛癉",指厲鬼。《文選》卷三《東京賦》"剛癉必斃",李善注引薛綜曰:"癉,難也。言鬼之剛而難者,皆盡死也。"④

　例 1 之"斥汙",例 2 殘,例 3 作"庶役",例 4 作"痒蠪",例 5 作"赤疫",例 6 則作"庶疫"。勞榦先生指出,"庶役"當從傳世文獻中讀爲"庶疫"。⑤ 王正書先生認爲,"赤疫"與"庶疫"指的是一種疫疾;而"痒"從干聲,與"赤"字古韻通轉,"蠪"可通"疫"。⑥ 尤仁德先生將例 4 之"痒"讀爲"斥",訓爲"廣";"痒蠪"指衆多的毒蛇。⑦ 我們認爲,將"痒蠪"讀爲"赤疫"之説略顯迂曲。"干"字屬元部見母,"赤"字屬鐸部昌母,二字聲韻皆有距離。而"蠪"是鐸部影母字,"疫"則屬錫部喻母,二者語音亦不近。"痒"字實際上就是例 1 中的"斥"字異體"庁"。秦漢時期,作爲構件的"疒""广"常出現混用,如"厭"字嶽麓秦簡《爲吏治官及黔首》40 作"瘱";⑧"序"字香港中文大學文物館藏東漢《序寧簡》226 既作"序",又寫作"疜";⑨

---

① 簡牘整理小組編:《居延漢簡(肆)》,91 頁。
② "簡"述中國:《來自懸泉置的書籍:"剛卯"韻文》,甘肅簡牘博物館公衆號,2022 年 7 月 6 日,https://mp.weixin.qq.com/s/8-gizUln3qHjDz3EIlu44w。
③ 詳見中國簡牘集成編輯委員會編《中國簡牘集成》,第 8 册 14-15 頁;簡牘整理小組編《居延漢簡(肆)》,57 頁。
④ ［南朝］蕭統選,［唐］李善注:《文選》,北京:商務印書館,1936,65 頁。
⑤ 勞榦:《玉佩與剛卯》,《"中研院"歷史語言研究所集刊》第二十七本,1956,196 頁。
⑥ 王正書:《漢代剛卯真僞考述》,《文物》1991 年第 11 期。
⑦ 尤仁德:《漢代玉佩剛卯嚴卯考論》,《人文雜誌》1991 年第 6 期。
⑧ 陳松長主編:《嶽麓書院藏秦簡(壹—叁)釋文修訂本》,45 頁。
⑨ 陳松長:《香港中文大學文物館藏簡牘》,香港中文大學文物館,2001,97-98 頁。

"病"字居延漢簡311.8寫作"疕"。① "庎(斥)"字寫作從疒之"疜"亦不難理解。而尤說引《集韻·歌韻》"虵,蟲名,蠖也",將"疜蠖"訓爲"衆多毒蛇"似有不妥。《集韻》中表示爬行動物的"蛇"屬透母,音"湯何切";②而訓爲"蠖也"的"虵"字屬定母,音"唐何切"。③《漢語大字典》將後者注爲"尺蠖",音tuó,④與表示爬行動物的"蛇"不同。我們認爲,"斥汙""疜蠖"皆當讀爲"尺蠖"。即在剛卯的文辭中,與"剛癉"并舉,用以表示病疫、邪祟之類對人不利的事物的有兩種,一類爲庶疫(或稱赤疫),一類爲尺蠖。

尺蠖爲尺蠖蛾的幼蟲,《埤雅》稱其爲"蚇蠖,屈伸蟲也。一名蜘蝍,又呼步屈……似蠶食葉"。⑤《農桑輯要》卷三引《農桑要旨》云:"害桑蟲蠹不一,螻蛛、步屈、麻蟲、桑狗。"⑥《桑樹蟲害論》又稱,"此蟲喜食桑之新芽,使葉之收獲減少,若其繁殖盛時,能將全園桑芽,悉行食盡,致不能供養蠶之應用"。⑦ 可見尺蠖會爲害桑蠶。古代農事與桑事并重,皆爲關係到國家穩定的大事,《漢書》卷五《景帝紀》中記載了漢景帝後二年夏四月的一封詔書:"農事傷則飢之本也,女紅害則寒之原也。夫飢寒并至,而能亡爲非者寡矣。朕親耕,后親桑,以奉宗廟粢盛祭服,爲天下先……欲天下務農蠶,素有畜積,以備災害。"⑧又《漢書》卷七二《鮑宣傳》:"凡民有七亡……苛吏繇役,失農桑時,五亡也。"⑨桑事不振爲"寒之原",典籍中又常有與"疾疫"并舉的"饑寒"或"飢寒",如《漢書》卷九《元帝紀》"乃者關東連遭災害,饑寒疾疫,夭不終命";⑩又《漢書》卷七一《于定國傳》"關東流民飢寒疾疫"。⑪

因此,居延漢簡中的"斥汙",與鳳凰臺一號墓玉剛卯上的"疜蠖"當同,皆讀爲"尺蠖"。《奕載堂古玉圖錄》所載剛卯中相關之字作[圖],若摹本不誤,則此字從疒從子,勞榦先生隸定作"疛",并以爲"疛蠖"是"庶疫"的誤字。⑫但依據漢簡中的寫法,"子"草寫時和"干"的寫法有時比較相近,如敦煌漢簡236A"子"字作[圖]、居延漢簡127.16"季"字作[圖]。《圖錄》中的"疛"字恐怕可以釋爲"疜"或"疘"的誤字,亦當讀爲"尺蠖"之"尺"。各件剛卯中有部分文辭較不固定,尤其是在"剛癉"之前的異文很多,所指雖不盡相同,但皆取象於病疫、邪祟、蟲

---

① 簡牘整理小組編:《居延漢簡(肆)》,1頁。
② [宋]丁度等編:《集韻》(附索引),上海古籍出版社,1985,200頁。
③ [宋]丁度等編:《集韻》(附索引),201頁。
④ 漢語大字典編輯委員會編纂:《漢語大字典》,武漢:崇文書局,成都:四川辭書出版社,2010,3038頁。
⑤ 北京圖書館古籍出版編輯組編:《北京圖書館古籍珍本叢刊》第5冊,北京:書目文獻出版社,1988,331頁。
⑥ [元]大司農司編撰,繆啓愉校釋:《元刻農桑輯要校釋》,北京:農業出版社,1988,189頁。
⑦ 余宗農編:《桑樹蟲害論》,引自王祖望主編《中華大典·生物學典·動物分典》二,昆明:雲南教育出版社,2015,938頁。
⑧ [漢]班固撰,[唐]顏師古注:《漢書》,151頁。
⑨ [漢]班固撰,[唐]顏師古注:《漢書》,3088頁。
⑩ [漢]班固撰,[唐]顏師古注:《漢書》,285頁。
⑪ [漢]班固撰,[唐]顏師古注:《漢書》,3043頁。
⑫ "疛"字瞿中溶先生原文認爲似是"疾"字,勞榦先生引作"疛"。詳見[清]瞿中溶《奕載堂古玉圖錄》,88-94頁;勞榦《玉佩與剛卯》,196頁。

害之類於人有大害的事物,且表意上很明確,與下文"莫敢我當"相連,指一切災殃莫能敵我。

另外,我們注意到,居延漢簡與懸泉漢簡的 4 件剛卯中的"莫敢我當",傳世文獻與東漢出土材料中皆作"莫我敢當"。此句的賓語"我"字之前爲否定詞"莫",但在不同材料中賓語"我"後置的位置不同。居延漢簡皆將賓語置於助動詞"敢"之後,其他材料中則置於助動詞之前。這種語序上的差異雖然不會造成表義的不同,但却并非偶然現象。額濟納漢簡 2002ESCSF1:2 有"莫敢義(我)當",[1]與居延漢簡語序相同。另外,馬王堆帛書《太一祝圖》1 有"莫敢我鄉(嚮),百兵莫敢我☐",[2]賓語"我"的位置亦在助動詞之後。而北大秦簡《禹九策》3"莫我敢當",[3]語序則與東漢及典籍所載相同。這種賓語位置的差異應與時代的差別有關。此類否定句式在秦及東漢與傳世文獻中,後置定語皆在助動詞之前;而目前所見西漢簡帛材料中,後置定語則皆緊跟在助動詞之後,可能是西漢時具有時代特色的一種特殊句式結構。

附記 本文的寫作得到匿名審稿專家以及張再興師、孫濤師兄提出的寶貴意見,謹致謝忱。近來,姚磊、張航兩位先生亦對西北漢簡中所見剛卯進行整理與研究,但并未將"斥汙"讀爲"尺蠖",本文可作爲補充。另外,姚先生、張先生將上舉懸泉漢簡Ⅱ90DXT0111③:76 中的"庶疫"改釋爲"庶僂"。該字圖版漫漶,但確與"疫"字不類,從字形與文意上看,懸泉漢簡此例或即"斥(尺)獲(蠖)"。參見姚磊、張航《西北漢簡剛卯考》,西北師範大學歷史文化學院等編《簡牘學研究》第 12 輯,蘭州:甘肅人民出版社,2022,70-88 頁。

---

[1] 魏堅主編:《額濟納漢簡》,桂林:廣西師範大學出版社,2005,285 頁。
[2] 裘錫圭主編,湖南省博物館、復旦大學出土文獻與古文字研究中心編纂:《長沙馬王堆漢墓簡帛集成(陸)》,北京:中華書局,2014,103 頁。
[3] 李零:《北大藏秦簡〈禹九策〉》,《北京大學學報(哲學社會科學版)》2017 年第 5 期。

試論海昏竹簡《詩經》與《毛詩》異文及其價值*

□ 重慶大學新聞學院　張峰
□ 重慶大學人文社會科學高等研究院　張娟娟

內容提要　江西南昌海昏侯墓竹簡《詩經》與《毛詩》存在文字異文和篇目、篇序、章序、章數、句數異文。文字異文主要表現爲通假、義同或義近、義不同，以及文字形近訛誤等；篇目等異文主要表現在組別所含篇目、篇序、章序、章數、句數的不同，尤其是海昏《詩經》中的《小雅》和《國風》，與《毛詩》句數差異甚大，甚至《小雅》章數之間也存在很大不同。海昏竹簡《詩經》與《毛詩》異文具有重要的學術價值，不但能够訂正《毛詩》經文錯誤，還能訂正毛傳、鄭箋等訓釋錯誤，以及學者對經文的斷句錯誤。

關鍵詞　海昏　《詩》　《毛詩》　異文

　　2011年，江西省文物考古研究院發掘了南昌市西漢海昏侯劉賀墓，墓中出土竹簡《詩經》（下簡稱"海昏《詩》"）1200餘枚，整理者先後發表三文對其進行了介紹。[①] 尤其是載於《海昏簡牘初論》一書中的《海昏竹書〈詩〉初讀》一文，概要介紹了海昏《詩》與《毛詩》之間

---

* 本文爲國家社科基金冷門絕學研究專項學者個人項目"出土楚文字疑難字整理、研究及數據庫建設"（22VJXG058）階段性成果。

① 分別是江西省文物考古研究院、北京大學出土文獻研究所、荆州文物保護中心《江西南昌西漢海昏侯劉賀墓出土簡牘》，《文物》2018年第11期，87-88頁；朱鳳瀚《西漢海昏侯劉賀墓出土竹簡〈詩〉初探》，《文物》2020年第6期，63-72頁；朱鳳瀚《海昏竹書〈詩〉初讀》，收入其主編《海昏簡牘初論》，北京大學出版社，2021，71-110頁（該書北京大學出版社2020年也出版過，其中《海昏竹書〈詩〉初讀》頁碼爲79-119頁。2021版對2020版個別釋文有所訂正）。

的異同,并詳細列出了幾組目錄釋文和經文釋文。① 其中目錄釋文包括三《頌》,《大雅》"文王十篇""生民十篇""雲漢十一篇",《小雅》"甫田十篇""嘉魚十篇""魚藻十四篇",《風》"鄭二十一篇""王六篇""秦十篇";經文釋文包括"鴻鴈十篇""檜四篇"。另外,整理者還在文中介紹了海昏《詩》部分注解釋文。

雖然海昏《詩》尚未全部發表,但通過《海昏竹書〈詩〉初讀》一文中整理者對海昏《詩》的介紹,尤其是對釋文的介紹來看,海昏《詩》與《毛詩》之間存在很多異文。② 這些異文具有重要的學術價值,對它們的研究不但能夠更加深入地瞭解海昏《詩》與《毛詩》之間的差異,還能對《毛詩》經文、訓詁等理解提供幫助。有鑒於此,本文擬從海昏《詩》與《毛詩》文字異文,海昏《詩》與《毛詩》各組所含篇目、篇序、章序、章數、句數異文,以及海昏《詩》與《毛詩》異文價值三個方面進行詳細論述。需要説明的是,本文僅據《海昏竹書〈詩〉初讀》一文中整理者發表的海昏《詩》部分簡文進行立論,未來海昏《詩》全部發表時,所表現出的異文内容會更加多樣,其價值會體現得更加明顯。

一 海昏《詩》與《毛詩》文字異文

海昏《詩》與《毛詩》文字異文,有些是可以一一對應的,有些則否。一一對應的異文,主要關係包括通假、義同或義近、義可能不同、海昏《詩》文字訛誤四種。非一一對應的異文主要是海昏《詩》較《毛詩》多字或少字,但整體含義基本相同。

(一)一一對應的異文

1.通假

一一對應的文字異文中,通假關係占據主體,試舉幾例。(1)《衛風·氓》"以望復關",③海昏《詩》作"以望茀菅","茀"(并母微部)、"復"(并母覺部)看似讀音不近,但文獻中有二者均與"服"(并母職部)相通的例證,④故"茀""復"音近可通。(2)《小雅·我行其野》"蔽芾其樗",海昏《詩》作"偏發其仕",整理者對"偏"字未括注爲"蔽",其餘"發""仕"則分别括注爲《毛詩》的"芾""樗"。成都天回鎮老官山漢墓出土竹簡《敝昔醫論》,⑤學術界多認爲"敝昔"即"扁鵲","敝""扁"相通可與此處的"蔽""偏"相通合證,也能益加證明"敝昔"即

---

① 後來整理者之一楊博對《海昏竹書〈詩〉初讀》(2020 版)中的釋文有所訂正,參見楊博《〈海昏竹書《詩》初讀〉訂補》,簡帛網,2021 年 3 月 15 日。另外,本文所引整理者的意見均出自朱鳳瀚《海昏竹書〈詩〉初讀》,收入其主編《海昏簡牘初論》,71-110 頁。除了大段引文出注標示頁碼外,餘者不再詳細出注。
② 本文所據的《毛詩》爲:[漢]毛亨傳,[漢]鄭玄箋,[唐]孔穎達疏《毛詩正義》,[清]阮元校刻《十三經注疏》,臺北:藝文印書館,2001,第 2 册。本文所引《毛詩》經文均出自此書,不單獨出注。本文所説的海昏《詩》與《毛詩》"異文",包含二者之間所有不同,不單指文字不同。
③ 本文直接稱呼"《風、雅、頌·篇名》"的,一般均指《毛詩》而言。這裏的"《衛風·氓》"即指《毛詩》而言。
④ 參見高亨纂著,董治安整理《古字通假會典》,濟南:齊魯書社,1989,440 頁。
⑤ 成都文物考古研究所、荆州文物保護中心:《成都市天回鎮老官山漢墓》,《考古》2014 年第 7 期,62 頁。

"扁鵲"。(3)《大雅·抑》"其在于今",海昏《詩》"今"作"躬",與《邶風·谷風》"我躬不閱",《禮記·表記》引"躬"作"今"一樣,屬於通假。① (4)《小雅·庭燎》"鸞聲噦噦"、《小雅·斯干》"噦噦其冥",海昏《詩》"噦"分別作"讕""囊",讀音可通。(5)《小雅·菀柳》"有菀者柳"、《大雅·桑柔》"菀彼桑柔",海昏《詩》"菀"均作"菩",可通。(6)《鄭風·有女同車》"有女同車"、《檜風·匪風》"匪車偈兮"、《小雅·采芑》"其車三千",海昏《詩》"車"均作"居"。《禮記·禮運》:"天子以德爲車。"鄭注:"車或爲居。"②二者聲近可通。阜陽漢簡《詩經》S045"惠然好我,攜手同居",③《邶風·北風》作"惠而好我,攜手同車"。胡平生、韓自強認爲"居"可能與"車"爲意義不同的異文。④ 許廷桂認爲阜詩"同居"意思是同處,《毛詩》作"車"爲借字。⑤ 按,由於海昏《有女同車》的"車"亦作"居",如果按照許廷桂説,"同居"理解成"同處",其下文爲"將翱將翔,佩玉瓊琚",語義無法與"同處"銜接。以此反觀阜陽漢簡"攜手同居"的"居",當爲"車"的借字。

以上(4)(5)(6)中的通假,顯示出海昏《詩》用同字表同詞,用字具有相對穩定性。當然也有用不同字表同詞的,如《王風·中谷有蓷》"暵其濕矣"、《鄭風·溱洧》"瀏其清矣"、《小雅·隰桑》"心乎愛矣"的"矣"字,海昏《詩》分別作"肆""諆""矣";⑥《小雅·無羊》"誰謂爾無羊""誰謂爾無牛",兩"爾"字海昏《詩》分別作"爾""而"。⑦ 也有海昏《詩》用同字表不同詞的,如海昏《君子陽陽》"君子修修"、《渭陽》"修修我思","修修"分別表示《毛詩》"陶陶""悠悠"。總體來看,海昏《詩》雖多用假借字,但用字相對穩定。

《小雅·角弓》"騂騂角弓",《釋文》:"騂騂,調利也……《説文》作䚧。"⑧今《説文·弓部》"䚧,角弓也"下無引《詩》,《説文·角部》"觲"下引作"《詩》曰:'觲觲角弓',"⑨小徐本"觲"下引作"讀若《詩》曰:'觲觲角弓。'"⑩段玉裁《説文解字注》認爲《釋文》引"《説文》作䚧"乃"陸氏之誤,當云《説文》作觲也。䚧自訓角弓,不訓弓調利"。⑪ 馬瑞辰《毛詩傳箋通釋》駁之,認爲陸引不誤,《説文》當作"䚧,角弓兒",《説文》"觲"下當謂"讀若《詩》曰:'䚧䚧角弓。'"爲陸氏所本。"䚧""騂"自得相通。⑫ 按,海昏《詩》作"涓₌角弓","涓"與"䚧"同

---

① 《檜風·匪風》第二章"匪風飄兮,匪車嘌兮",海昏《詩》"嘌"(滂母宵部)作"漏"(來母侯部)。"嘌"字入韻,疑"漏"讀爲"嘌",但語音不是很近,待考。
② [漢]鄭玄注,[唐]孔穎達疏《禮記正義》,[清]阮元校刻《十三經注疏》,臺北:藝文印書館,2001,第5册,440頁。
③ 胡平生、韓自強:《阜陽漢簡詩經研究》,上海古籍出版社,1988,55頁。
④ 胡平生、韓自強:《阜陽漢簡〈詩經〉簡論》,《文物》1984年第8期,14頁。
⑤ 許廷桂:《阜陽漢簡〈詩經〉校讀札記》,《重慶師範學院學報(哲學社會科學版)》1987年第3期,66-67頁。
⑥ "肆"代表的也可能是與"也"語法功能相同的他詞。
⑦ "爾""而"作爲第二人稱代詞屬於同源關係,參王力《同源字典》,北京:商務印書館,1982,157-158頁。
⑧ [唐]陸德明:《經典釋文》,上海古籍出版社,1985,上册,338頁。
⑨ [漢]許慎:《説文解字》,北京:中華書局,1978,269、94頁。
⑩ [南唐]徐鍇:《説文解字繫傳》,北京:中華書局,1987,85頁。
⑪ [漢]許慎撰,[清]段玉裁注:《説文解字注》,上海古籍出版社,1981,185頁。
⑫ [清]馬瑞辰撰,陳金生點校:《毛詩傳箋通釋》,北京:中華書局,1989,765頁。

聲符,可證陸氏所引不誤。"涓"應爲借字,可讀爲"䎱",①《廣韻·仙韻》"䎱,角弓皃",②"䎱䎱角弓"即"角弓"的意思。

2.義同或義近

《鄭風·將仲子》"無踰我園",海昏《詩》"無"作"毋";《大雅·抑》"肆皇天弗尚",海昏《詩》"弗"作"不";《大雅·烝民》"德輶如毛",海昏《詩》"如"作"若"。這些異文屬於義同,也較多出現在可對讀的傳世文獻與出土文獻中,具有普遍性。

《鄭風·叔于田》"叔適野",海昏《詩》"適"作"于";《秦風·車鄰》"有車鄰鄰",海昏《詩》"車"作"輿";《小雅·菀柳》"有菀者柳",海昏《詩》"者"作"之";《大雅·卷阿》"君子之車"、《小雅·車舝》"間關車之舝",海昏《詩》"車"均作"輿",整理者將"輿"括注爲"車",蔡偉直接讀爲"輿",③可從。這些均屬義同。

《大雅·文王》"亹亹文王",毛傳:"亹亹,勉也。"④海昏《詩》作"海_羞王"。《墨子·明鬼下》引作"穆穆文王",崔靈恩《集注》作"娓娓文王"。⑤ 經典中"亹亹、娓娓、勉勉、明明、没没、勿勿、穆穆、旼旼,皆以聲近互轉,字當以忞忞爲正。忞又通作敯……《釋詁》:'敯,強也。'《説文》:'敯,彊也。'敯又借作昏,《盤庚》'不昏作勞',鄭《注》:'昏讀爲敯。敯,勉也。'《爾雅·釋訓》:'懋懋、慔慔,勉也。'慔慔亦没没之轉"。⑥ 簡文"海"从每(母)聲,可與民、文、矛聲相通,如《楚辭·九章·懷沙》:"離慜而長鞠。"洪興祖《補注》:"慜與潣同。"《楚辭·九章·懷沙》"離慜而不遷兮",洪興祖《考異》:"慜,一作閔。"《尚書·泰誓上》:"罔懲其侮。"《墨子·非命中》引作"毋僇其務"。"務"从孜聲,"孜"从矛聲。⑦ 故"海海"(明母之部)可讀爲"忞忞"(明母文部)等詞,⑧與《毛詩》"亹亹"義同。當然,"亹亹"與"忞忞"聲韻俱同(《廣韻·尾韻》"亹"的俗體作"斖","文"爲聲符可證),"海海"也可以直接讀爲"亹

---

① 參見劉剛《〈詩·魯頌·泮水〉"角弓其觩"別解——讀海昏侯簡〈詩經〉札記一則》,《簡帛國際學術研討會(〈詩〉類文獻專題)論文集》,西南大學漢語言文獻研究所、中國詩經學會,2021年12月27-28日,105-106頁。劉剛認爲"涓"與《毛詩》的"騂"來源不同。從讀音上看,"䎱"爲影母元部,"觲""騂"爲心母耕部,確實不近。李富孫《詩經異文釋》曰:"唐時《説文》'䎱'字引'䎱䎱角弓',今本佚也。"([清]李富孫:《詩經異文釋》,《續修四庫全書》,上海古籍出版社,2002,第75册,236頁。)小徐本"觲"字下引《詩》曰:"讀若《詩》曰:'觲觲角弓。'"([南唐]徐鍇:《説文解字繫傳》,85頁。)説法自相矛盾。故本文前引馬瑞辰《毛詩傳箋通釋》將其改爲"讀若《詩》曰:'䎱䎱角弓。'"大徐本《説文解字》"觲"字下則直接將"讀若"删去(參見[漢]許慎《説文解字》,94頁)。如果徐鍇及馬瑞辰説可信,那麽"䎱""觲"也有相通的可能。
② 《宋本廣韻》,北京市中國書店,1982,120頁。
③ 蔡偉:《海昏竹書〈詩〉異文小札》,《出土文獻文本釋讀與文學研究學術研討會論文集》,濟南大學,2021年5月16日,149頁。
④ [漢]毛亨傳,[漢]鄭玄箋,[唐]孔穎達疏:《毛詩正義》卷一六,[清]阮元校刻《十三經注疏》,第2册,534頁。
⑤ 參見[清]陳喬樅《詩經四家異文考》,《續修四庫全書》,上海古籍出版社,2002,第75册,611頁。
⑥ [清]馬瑞辰撰,陳金生點校:《毛詩傳箋通釋》,796頁。
⑦ 參見張儒、劉毓慶《漢字通用聲素研究》,太原:山西古籍出版社,2002,8-9頁。
⑧ 之部、文部相通可參陳劍《甲骨金文舊釋"尤"之字及相關諸字新釋》,收入其著《甲骨金文考釋論集》,北京:綫裝書局,2007,71-79頁。

亹"。如果從海昏《詩》與《毛詩》對讀的角度看,"海海"與"亹亹"屬於通假關係。①

《大雅·崧高》"亹亹申伯",鄭箋:"亹亹,勉也。"②海昏《詩》"亹亹"作"再₌",二者讀音不近。考慮到上舉《文王》"亹亹"與"海海"的對應關係,蔡偉認爲《崧高》的"'再'疑是'每'之誤寫或爲整理者之誤釋,'再〈每〉₌'與'亹亹'音近致異";蔡文注釋又引郭永秉説認爲"再"可能是"門"字之誤釋。③ 按,本文"通假"部分已經指出,海昏《詩》常用同字表示《毛詩》同詞,所以將"再"看成"每"之誤,理論上應無問題。但是二者字形不近,似無緣致誤。郭永秉將"再"看成"門"之誤,也缺乏根據。如果整理者釋"再"正確的話,疑"再再"讀爲"孜孜/孳孳"(均爲精母之部)。《尚書·泰誓下》:"爾其孜孜,奉予一人,恭行天罰。"孔安國注:"孜孜,勸勉不怠。"《尚書·益稷》:"予何言?予思日孜孜。"孔穎達疏:"孜孜者,勉功不怠之意。"④《禮記·表記》:"俛焉日有孳孳,斃而後已。"陳澔《禮記集説》:"孳孳,勤勉之貌。"⑤"再再(孜孜/孳孳)"與"亹亹"屬於義同。

《小雅·斯干》"維虺維蛇",海昏《詩》"虺"作"虫"(整理者破讀爲"虺")、《小雅·何草不黃》"匪兕匪虎",海昏《詩》"兕"作"雉"(整理者未破讀爲"兕")。"虫"與"虺"、"雉"與"兕"讀音可通,但從文獻記載來看,它們屬於一字異體,如《玉篇·虫部》:"虫,此古文虺字。"《山海經·南山經》:"多腹虫。"郭璞注:"虫古虺字。"⑥《集韻·旨韻》:"兕,獸名。《説文》'如野牛而青'……古作兕、㺉,或作光、雉。"⑦音義俱近。雖然可以將海昏《詩》的"虫""雉"括注爲"虺""兕",但它們之間的實際關係可能是義同,而非通假。

海昏《詩》與《毛詩》文字義同或義近,不僅體現在單個文字之間,也體現在詞和句之間,如《大雅·大明》"乃及王季",海昏《詩》"王季"作"王貴",注解爲:"王貴,王季也。"《檜風·匪風》"中心怛兮",海昏《詩》作"勞心怛兮"。其中的"勞心"猶如《陳風·月出》"勞心悄兮"之"勞心","中心怛兮"與"勞心怛兮"義同。⑧

3.義可能不同

《小雅·斯干》:"秩秩斯干,幽幽南山。如竹苞矣,如松茂矣。兄及弟矣,式相好矣,無相猶矣。"過去學者對"苞"的訓釋大體相近,但對"如竹苞矣,如松茂矣"理解不同,有學者看

---

① 未將此例列於"通假"部分,是爲了據之引出下文中的内容。
② [漢]毛亨傳,[漢]鄭玄箋,[唐]孔穎達疏:《毛詩正義》卷一八,[清]阮元校刻《十三經注疏》,第 2 册,671 頁。
③ 蔡偉:《海昏竹書〈詩〉異文小札》,《出土文獻文本釋讀與文學研究學術研討會論文集》,146 頁。
④ [漢]孔安國傳,[唐]孔穎達疏:《尚書正義》卷一一《泰誓下》、卷五《益稷》,[清]阮元校刻《十三經注疏》,臺北:藝文印書館,2001,第 1 册,156、66 頁。
⑤ [元]陳澔:《雲莊禮記集説》,中央黨校出版社傳統文化研究組編《宋元明清十三經注疏匯要》,北京:中共中央黨校出版社,1996,第 8 册,285 頁。
⑥ 袁珂校注:《山海經校注》,成都:巴蜀書社,1992,3 頁。
⑦ [宋]丁度等編:《集韻》,上海古籍出版社,1985,317-318 頁。
⑧ 《大雅·桑柔》"憂心殷殷",海昏《詩》作"憂心卹□"。按,從對讀角度看,"卹"下當有重文符號,"□"不應該再是經文,疑整理者誤釋。

成比喻句,但對比喻句中的本體理解不同,如(1)毛傳:"苞,本也。"鄭箋云:"言時民殷衆,如竹之本生矣;其佼好,又如松柏之暢茂矣。"孔穎達進一步解釋云:"民既豐富,得以生長,故其民衆多,如竹之叢生,根本之衆矣。其長大又佼好,如松木之葉,常冬夏暢茂,無衰落矣。"①(2)朱熹《詩集傳》訓"苞"爲"叢生而固也",言宮室"下之固如竹之苞,其上之密如松之茂"。②(3)林義光《詩經通解》云:"苞,叢生也。竹苞松茂,喻兄弟聚族而居山澗之側,其親密如竹,其蕃盛如松也。"③有學者并不看成比喻句,如姚際恒《詩經通論》曰"'如竹苞'二句,因其地所有而詠之",并引王雪山說曰:"'如'非喻,乃枚舉焉爾。"④程俊英、蔣見元《詩經注析》直接將"如"翻譯成"有"。⑤

海昏《詩》"苞"(幫母幽部)作"誃"(喻母歌部),二者音義難通。且《毛詩》"苞"字入韻,海昏《詩》"誃"字處在單數句末尾,不韻。海昏《詩》很難與《毛詩》對應。若抛開《毛詩》,依照海昏《詩》所記進行解釋,疑"誃"讀爲"多",訓爲衆。傳世文獻中"某某多矣"的句式多見,《詩經》中也有,如《小雅·魚麗》"物其多矣"。"如竹誃(多)矣"言南山之竹衆多,"如"是枚舉,確實可能不是比喻。

4.海昏《詩》文字訛誤

海昏《詩》有些文字存在訛誤,蔡偉已經指出多例,⑥多可信從。我們在研究的時候,也指出了幾例文字訛誤,有的與蔡偉意見完全相合,如《魯頌·泮水》"角弓其觩",海昏《詩》"觩"作"解",二者音不近、義不同,或爲形近訛誤;⑦《大雅·大明》末章"牧野洋洋","洋"字入陽韻;海昏《詩》作"牧野平平","平"不入韻。漢簡"平"作 ![平] (銀雀山漢簡《孫臏兵法》244)、![平] (馬王堆帛書《相馬經》71),與"羊"作 ![羊] (馬王堆帛書《十六經》57)字形極近,⑧"平"爲"羊"之誤。

《小雅·我行其野》"復我邦家",海昏《詩》作"復我對家",整理者將"對"括注爲"邦"。按,"對"(端母物部)、"邦"(幫母東部)讀音不近,疑整理者釋爲"對"之字爲"封"之誤,或者整理者誤釋。漢簡"對""封"字形極近,容易致誤,如 ![對] (銀雀山漢簡《孫子兵法》192"對")、

---

① [漢]毛亨傳,[漢]鄭玄箋,[唐]孔穎達疏:《毛詩正義》卷一一,[清]阮元校刻《十三經注疏》,第2冊,384頁。
② [宋]朱熹集注:《詩集傳》,上海:中華書局,1958,124頁。
③ 林義光:《詩經通解》,北京:中西書局,2012,209頁。
④ 姚際恒著,顧頡剛標點:《詩經通論》,北京:中華書局,1958,200頁。
⑤ 程俊英、蔣見元:《詩經注析》,北京:中華書局,1999,上冊,543頁。
⑥ 蔡偉:《海昏竹書〈詩〉異文小札》,《出土文獻文本釋讀與文學研究學術研討會論文集》,146-147頁。
⑦ 劉剛認爲"解"應即"觧"字誤釋,"角弓其觩"是《小雅·角弓》"騂騂(觧觧)角弓"的另一種表達形式。《毛詩》的"觩",可能是在"觧"之省體的基礎上訛變而來。參見劉剛《〈詩·魯頌·泮水〉"角弓其觩"別解——讀海昏侯簡〈詩經〉札記一則》,《簡帛國際學術研討會(〈詩〉類文獻專題)論文集》,103-105頁。
⑧ 漢簡字形分別參見銀雀山漢墓竹簡整理小組編《銀雀山漢墓竹簡》,北京:文物出版社,1985,26頁;劉釗主編《馬王堆漢墓簡帛文字全編》,北京:中華書局,2020,上冊,557、416頁。

對(馬王堆帛書《戰國縱橫家書》250"封")。① 《小雅·沔水》"邦人諸友"、《小雅·黃鳥》"此邦之人",海昏《詩》"邦"皆作"封"應是避諱而改。

《大雅·生民》"誕實匍匐",海昏《詩》作"延實趺服"。《釋文》"匍,音蒲,又音符。本亦作扶","匐,蒲北反,又音服。本亦作服"。② 蔡偉指出海昏《詩》的"趺"與"匍"讀音不近,"疑此文是脱了一'匍'字或與之音同或音近之字,又誤衍一字"。③ 按,蔡説似不可從。據《釋文》,《毛詩》"匍"異文作"扶",海昏《詩》的"趺"可能是"跗"(或作"趺")之訛或誤釋,④ 讀爲"匍"。漢簡"伏"與"付"字形很近,容易寫訛或誤釋。⑤

海昏《詩》除了經文訛誤之外,也有其他文字訛誤,如海昏《小雅·斯干》第九章末尾標爲"斯芉(干)⌐四章七句五章五句·凡五十三句"(簡446),這與《毛詩》章句數全同。但是海昏《斯干》第七章下標爲"其七⌐七句",《毛詩》則爲五句。若依海昏《詩》,則比其所標注的《斯干》總句數53句以及"鴻鴈十篇"總句數221句,多出兩句,故"七句"之"七"當是"五句"之誤。

(二)非一一對應的異文

《鄭風·大叔于田》"乘乘黃""乘乘鴇",海昏《詩》作"乘其乘馬""乘其乘□",多代詞"其"字。《周頌·載見》"載見辟王",《墨子·尚同中》引《周頌》作"載來見彼王",袁梅認爲《墨子》所引"殆爲古本"。⑥ 海昏《詩》作"載來見辟王",可見《墨子》所引有據。《大雅·卷阿》"有馮有翼",海昏《詩》作"有逢(馮)有有翼","有"可能爲原簡誤衍。

《周南·關雎》"悠哉悠哉",海昏《詩》作"攸=(悠悠)哉";《檜風·素冠》"我心蘊結兮",海昏《詩》作"心搵(蘊)兮";《小雅·賓之初筵》"籥舞笙鼓",海昏《詩》作"□□生(笙)";《周頌·豐年》"豐年多黍多稌",海昏《詩》作"豐年多黍"。雖海昏《詩》較《毛詩》少字,但含義基本相同。《小雅·庭燎》"庭燎晣晣",海昏《詩》作"廎(庭)僚(燎)胅(晣)",疑"胅"下奪重文符號或整理者漏釋。

另外,海昏《詩》中也有一些非一一對應的虛字異文,如《衛風·氓》"女也不爽"、《小雅·車舝》"間關車之舝兮"、《鄭風·狡童》第二章"不與我食兮"、《小雅·菀柳》第二章"不尚愒焉"、《大雅·卷阿》"伴奐爾游矣"、《大雅·蕩》"女炰烋于中國",海昏《詩》分別少

---

① 字形分別參見銀雀山漢墓竹簡整理小組編《銀雀山漢墓竹簡》,19頁;劉釗主編《馬王堆漢墓簡帛文字全編》,下册,1405頁。
② [唐]陸德明:《經典釋文》,上册,361頁。
③ 蔡偉:《海昏竹書〈詩〉異文小札》,《出土文獻文本釋讀與文學研究學術研討會論文集》,147頁。
④ 《集韻·虞韻》:"跗,足也。或作趺。"[宋]丁度等編:《集韻》,77頁。
⑤ 《衛風·有狐》第二章"心之憂矣,之子無帶",對應海昏《詩》第三章作"之子憂矣,之子無帶",第一個"之子"可能是原簡書手抄錯,或者印刷排版錯誤。
⑥ 袁梅:《詩經異文彙考辨證》,濟南:齊魯書社,2016,797頁。

"也""兮""兮""焉""矣""于",此"乃省文,古書多此例"。①《大雅·雲漢》"散無友紀",海昏《詩》作"散而無友紀",多虛字"而"。

二 海昏《詩》與《毛詩》各組所含篇目、篇序、章序、章數、句數異文

除了上舉文字異文外,海昏《詩》與《毛詩》在各組所含篇目、篇序、章序、章數、句數方面也存在一定的差異,下面分别論述。

表1 海昏《詩》三《頌》與《毛詩》所含篇目等對照②

異同＼類別＼海昏《詩》組		所含篇目	篇序	章序	章數	句數③	總篇章句數
周頌三十一篇	清廟十篇	◎	◎	◎	◎10章	○92句	◎40篇 ◎70章 ○734句
	臣工十篇	◎	◎	◎	◎10章	◎106句	
	閔予小子十一篇	◎	◎	◎	◎11章	◎137句	
魯頌四篇		◎	◎	◎	◎23章	◎243	
商頌五篇		◎	◎	◎	◎16章	○155句	

海昏三《頌》目錄首簡(編號217)記三《頌》40篇,70章,734句,與《毛詩》三《頌》篇數、章數同,但句數較《毛詩》735句少一句。從表1對海昏三《頌》具體統計來看,40篇所在組别、篇序、章序、章數與《毛詩》完全吻合,個别詩篇句數及總句數與《毛詩》小異。具體来說,《周頌》之"清廟十篇"中的《我將》,海昏《詩》目錄作"我將我向(享)七",比《毛詩》"我將我享,維羊維牛,維天其右之。儀式刑文王之典,日靖四方。伊嘏文王,既右饗之。我其夙夜,

---

① 〔清〕王先謙撰,吴格點校:《詩三家義集疏》,北京:中華書局,1987,488頁。其中《狡童》第一章"不與我言兮",《菀柳》第一章"不尚息焉",不知是否少虚字。如果不少,這樣的形式跟安大簡《詩經》部分篇章虚字情形相似。
② 對本文表格說明如下:表中所列"所含篇目"指的是海昏《詩》各組所含詩篇;"篇序"指海昏《詩》組内詩篇順序;"章序"指海昏《詩》每篇詩的章次順序;"章數"指海昏《詩》各組所包含詩篇的總章數,"句數"指各組所含詩篇的總句數。由於"章數""句數"與各組所含篇目有關,海昏《詩》有些組包含的篇目與《毛詩》不盡相同,故而"章數""句數"與《毛詩》各組肯定不同,但這種不同不代表海昏《詩》各篇與對應的《毛詩》有"章數""句數"不同。例如表2中海昏"甫田十篇"所收篇目與《毛詩》"甫田之什"不同,"章數""句數"肯定與《毛詩》不同,故而表中均標注"○"(表示與《毛詩》不完全相同,"◎"表示與《毛詩》完全相同);但"甫田十篇"所含各篇的章數、句數與《毛詩》則完全相同。這些需要讀者注意。
③ 海昏《詩》目錄中部分詩篇句數有一定程度殘缺,表中"句數"下所列的句數,殘缺者一般均據《毛詩》。這僅是爲了對比方便需要,實際海昏《詩》的句數可能與《毛詩》有細微差别。

畏天之威,于時保之"十句少3句。《毛詩序》云:"我將,祀文王於明堂也。"①吕祖謙《吕氏家塾讀詩記》云:"卒章(即後3句——引者注)惟言'畏天之威',而不及文王者,統於尊也。畏天,所以畏文王也,天與文王一也。"②從文義上看,卒章與詩聯繫不緊,疑海昏《詩》不存。

海昏《商頌·殷武》第一章"撻皮(彼)殷武七",爲七句。《毛詩》第一章則爲六句,第二、六章七句,第三章五句,第四、五章六句,句數多寡不一,古人曾疑有衍奪句。如方玉潤《詩經原始》云:"劉氏瑾曰:'篇内第三章爲五句,朱子疑其脱一句。則此詩當作四章,章六句;二章,章七句。'"③這種懷疑不無道理,但是海昏《詩》明確說第三章爲五句,與《毛詩》同,可見朱子之說不一定可信。從海昏《詩》來看,第一章爲七句,較《毛詩》多一句,章句總體上比《毛詩》規整。

除了以上兩篇海昏《詩》句數與《毛詩》句數多寡不同外,其餘未殘缺的句數均同《毛詩》。④ 海昏三《頌》中還有《周頌》"臣工十篇"《噫嘻》,"閔予小子十一篇"《載芟》《酌》《桓》《賚》;《魯頌》中《有駜》第二章,《閟宫》第四、六章;《商頌》中《長發》第一、二、三、五章,《殷武》第二、六章,句數殘缺。如果這些殘缺詩篇的句數完全等同於《毛詩》(表1"句數"欄即按照與《毛詩》完全相同所列),那麽海昏《詩》總句數應爲733句(見表1),這較簡文所記734句少一句。可見在這些殘缺的詩篇中,必有某一章句數較《毛詩》句數多一句。⑤ 由於《有駜》第二章,《閟宫》第四、六章,《殷武》第二、六章,《長發》第五章句數雖殘,但與之相鄰的章句數不殘,且部分存有釋文。根據這些存在的前後章句數及釋文推斷,它們的句數可能與《毛詩》相同。《長發》章句多寡不一,從《長發》所存第二、三章首句經文與《毛詩》相同來看,這兩章句數與《毛詩》也可能是相同的。剩下的《長發》第一章,以及《噫嘻》《載芟》《酌》《桓》《賚》,無法推測句數,它們中間可能有一章較《毛詩》多一句,這樣海昏三《頌》總句數纔能與簡文所記734句相合。

---

① [漢]毛亨傳,[漢]鄭玄箋,[唐]孔穎達疏:《毛詩正義》卷一九,阮元校刻《十三經注疏》,第2册,717頁。
② [南宋]吕祖謙:《吕氏家塾讀詩記》,北京大學《儒藏》編纂中心編《儒藏·精華編·二五》,北京大學出版社,2009,598頁。
③ [清]方玉潤撰,李先耕點校:《詩經原始》,北京:中華書局,1986,653頁。
④ 《周頌·般》三家"時周之命"下較《毛詩》多"於繹思"句(參見[清]王先謙撰,吴格點校《詩三家義集疏》,1060—1061頁),海昏《詩》則同《毛詩》。
⑤ 理論上也可能是多章句數與《毛詩》不同,總和較《毛詩》多一句,但這種可能性似不大。

表2　海昏《詩》之《大雅》、部分《小雅》與《毛詩》所含篇目等對照

異同＼類別　海昏《詩》組		所含篇目	篇序	章序	章數	句數	總篇章句數
大雅	文王十篇	◎	○	◎	○67章	○420句	◎31篇 ◎223章 ○1618句
	生民十篇	○	○	◎	○81章	○622句	
	雲漢十一篇①	○	○	○	○75章	○576句	
小雅	嘉魚十篇	○	○	◎	○47章	○285句	
	鴻鴈十篇	○	○	◎	○36章	○221句	
	甫田十篇	○	○	◎	○39章	○294句	
	魚藻十四篇	◎	◎	○	○61章	◎302句	

　　表2所列各組所含篇目與篇序，整理者已經作了很好的説明，此不贅述。在各篇章序方面，部分與《毛詩》不同。其中海昏《大雅》"雲漢十一篇"中《雲漢》《韓奕》第三、四章爲《毛詩》第四、三章；《行葦》第四、五章爲《毛詩》"故言"第五、四章；《江漢》第一、二章爲《毛詩》第二、一章。海昏《小雅》"嘉魚十篇"中，《蓼蕭》《采芑》第二章爲《毛詩》第三章；《車攻》第五章爲《毛詩》第四章。②"魚藻十四篇"中，《白華》第六、七章爲《毛詩》第七、六章。

　　在章數、句數方面，"文王十篇"首簡（編號206）記67章，420句。章數較《毛詩》66章多1章，句數較《毛詩》414句多6句。海昏《詩》多出的1章是因爲《思齊》分章與《毛詩》"故言"五章（二章章六句，三章章四句）同，而《毛詩》則采用四章（章六句）。根據"文王十篇"目録釋文，海昏《棫樸》推測爲六章章四句，《毛詩》爲五章章四句，多出一章；緊接著的海昏《旱麓》推測爲五章章四句，③《毛詩》則爲六章章四句，比《毛詩》少一章。造成這種局面比較奇怪，④其原因是簡文本就如此，還是其他原因，暫不得而知。如果簡文確實爲五章，根據目録，海昏《旱麓》第一章首句爲"詹（瞻）皮（彼）旱喿（麓）四"、第二章首句爲"㻒（瑟）皮（彼）玉贊（瓚）四"、第三章首句爲"清酒既載四"，餘下皆殘。《毛詩》第二章"瑟彼玉瓚"和第四章"清酒既載"中間還有第三章"鳶飛戾天，魚躍于淵。豈弟君子，遐不作人"，海昏《詩》可能

---

① 相當於《毛詩》的"蕩之什"。
② 海昏《蓼蕭》《采芑》第三章是否爲《毛詩》第二章，以及《車攻》第四章是否爲《毛詩》第五章，由於目録簡文殘缺，不能肯定。但從理論上説，應該如此。
③ 由於海昏《詩》"文王十篇"目録中《棫樸》《旱麓》《靈臺》接續排列，《旱麓》第三章後面、《靈臺》第三章前面，首句均殘。所以理論上説，海昏《旱麓》可以是六章，而海昏《靈臺》則較《毛詩》少一章。但這種可能性似乎不大。另，編號75"故濮五章。四句凡廿句道述□……"，《故濮》是否指《棫樸》，需要再研究。
④ 整理者在"文王十篇"目録中標識"缺一簡"，且并未賦予簡號，但又將"㻒（瑟）皮（彼）玉贊（瓚）四"（對應《毛詩》之《旱麓》第二章）這幾個字記寫在這支簡上。是否誤置，還有待簡文全部發表後定奪。

缺此章。"文王十篇"部分章的句數已經殘缺,主要集中在《綿》《棫樸》《靈臺》《思齊》《文王有聲》等篇,由於句數不殘缺的均可與《毛詩》完全對應,那麼簡文所記較《毛詩》多出的 6 句當在這些殘缺的詩篇中。

"生民十篇"記錄章句數的首簡殘缺,從復原後所存詩篇釋文來看,各篇的章序、各篇的章數均同《毛詩》,各篇句數唯一不同是《瞻卬》比《毛詩》少兩句。海昏《瞻卬》第二、三章分別爲"人有杜(土)田八""㗥厥哲□",分別對應《毛詩》"人有土田""懿厥哲婦",但《毛詩》"人有土田"章爲十句。疑海昏《詩》缺少"哲夫成城,哲婦傾城"二句,全篇可能是二章章十句,五章章八句。

"雲漢十一篇"首簡(編號 244)記 75 章,"五百……言",各篇章句數與《毛詩》稍有不同。其中《行葦》篇,《毛詩》"八章章四句。故言七章,二章章六句,五章章四句",①朱熹《詩集傳》不同意毛、鄭之分,其云"毛七章,二章章六句,五章章四句。鄭八章,章四句。毛首章以四句興二句,不成文理,二章又不協韻。鄭首章有起興而無所興,皆誤",正爲四章章八句。② 海昏《詩》可以確定爲七章,其中後四章章四句,前三章殘缺。從海昏《思齊》與《毛詩》"故言"分章相同來看,《行葦》分章也可能與《毛詩》"故言"同,殘缺的前三章,第一、二章章六句,第三章章四句。③《召旻》第五章"維□□□五",《毛詩》第五章則爲七句"維昔之富,不如時。維今之疚,不如兹。彼疏斯粺,胡不自替?職兄斯引",比海昏《詩》多兩句。在不改變語句的情況下,海昏《詩》最有可能是將《毛詩》前四句連讀爲兩句,作"維昔之富不如時,維今之疚不如兹"。但這與海昏《詩》目録首句作"維□□□"四字不合。當然可以認爲海昏《詩》目録中的詩句超過四字時,當時的抄録者僅録四字,即"維□□□"實際代表的是"維昔之富不如時"。但遍檢目前公布的海昏《詩》目録釋文,未見這種表示方式。故疑《毛詩》前四句,海昏《詩》作"維昔之富,維今之疚",或改作"維富不時,維疚不兹"。

"嘉魚十篇"首簡(編號 362)記 47 章,"……□□十五言"。經統計,所含各篇的章數與《毛詩》各篇完全相同,總和爲 47 章。由於目録中詩篇句數多有殘缺,若殘缺句數與《毛詩》相同,則海昏"嘉魚十篇"總句數應爲 286 句,且所含十篇,每篇句數均應爲偶數句。簡文"……□□十五言"雖有殘缺,推測可能爲"二百八十五言"。如果海昏《詩》所記無誤,那麼"嘉魚十篇"中的某篇之一章或多篇必有與《毛詩》句數不同的,且句數必存在單數。這會導致同一詩篇中句數存在單偶數交叉的情形,反而不如《毛詩》規整。也許海昏《詩》"二百八十五言"是"二百八十六言"之誤。

"魚藻十四篇"記載章句數的首簡殘缺,復原後章數爲 61 章,較《毛詩》62 章少一章,是

---

① [漢]毛亨傳,[漢]鄭玄箋,[唐]孔穎達疏:《毛詩正義》卷一七,阮元校刻《十三經注疏》,第 2 册,603 頁。
② [宋]朱熹集注:《詩集傳》,193 頁。
③ 從押韻的角度考慮,海昏《詩》也可能第一章八句,第二、三章章四句。但這與《毛詩》分章差距過大,似不可從。

因爲海昏《都人士》四章(將《毛詩》第四、五章合爲一章),《毛詩》則爲五章。①

除以上所列海昏《詩》與《毛詩》不同外,海昏《詩》還有部分詩篇與《毛詩》雖然章數相同,但章的起迄不同。如海昏《周頌·閟宮》前四章皆爲 21 句;海昏"文王十篇"《大明》第三、四、五章分別以"[維此文王]""天監在下""大邦有子"開始,全篇形成六句、八句間隔;②海昏"生民十篇"《生民》第四章以"延實跋服"開始。這些分章均比《毛詩》合理。

表 3　海昏《詩》之部分《國風》與《毛詩》所含篇目等對照

異同　　類別 海昏《詩》組	所含篇目	篇序	章序	章數	句數
國風 鄭二十一篇	◎	○	○	◎53	○285
王六篇	◎	○	○	◎28	◎162
秦十篇	◎	○	○	◎27	○177
檜四篇	◎	○	◎	◎12	◎45

表 3 所列海昏《詩·國風》四組詩,所含篇目與《毛詩》完全相同,篇序唯"鄭二十一篇"中以《清人》《叔于田》(即《毛詩》"大叔于田")爲序,《毛詩》正相反。③ 章序不同主要爲:海昏《鄭風·緇衣》、《鄭風·叔于田》第二、三章爲《毛詩》第三、二章;海昏《鄭風·風雨》、《王風·揚之水》第一、二章爲《毛詩》第二、一章;海昏《秦風·黃鳥》第一、二、三章爲《毛詩》第三、一、二章,爲安大簡《詩經》第二、三、一章。④ 整理者指出:"章序因文本而有別,其原因或出於對詩義理解之不同,但《黃鳥》三章相互並列,章序對詩義似亦無大影響,因而各文本類似的此種差別,或是傳抄中造成,或是在《詩》簡正文編連時,因各章首句皆同而顛倒。"⑤ 從海昏《詩》和安大簡《詩》來看,章序顛倒者多爲各章首句相同者,除了極個別出於對詩義理解不同外,絕大多數屬於傳抄諷誦造成的章序差異,與編連應無關。這種差異多無關詩義,且在《詩經》的歷代傳抄中一直存在,如上舉《黃鳥》。

"鄭二十一篇"中,記載章句數的首簡殘缺,經過復原,句數爲 285 句,較《毛詩》283 句多 2 句,即:海昏《丰》四章章四句,而《毛詩》雖也爲四章,但前二章章三句,後二章章四句。頗疑海昏《詩》於《毛詩》第一章"悔予不送兮"、第二章"悔予不將兮"上分別還有一句。

---

① 參看朱鳳瀚《海昏竹書〈詩〉初讀》,收入其主編《海昏簡牘初論》,89 頁。
② 此種分章方法朱熹已經指出,參看[宋]朱熹集注《詩集傳》,177-179 頁。
③ 參看朱鳳瀚《海昏竹書〈詩〉初讀》,收入其主編《海昏簡牘初論》,93 頁。
④ 根據整理者注解文字,其他風詩也有章序不同的,如《衛風·有狐》第二章爲海昏《詩》第三章。
⑤ 朱鳳瀚:《海昏竹書〈詩〉初讀》,收入其主編《海昏簡牘初論》,94 頁。

"秦十篇"目録殘缺較多,但記載章句數的首簡(編號251)幸存,共27章,177句。這與《毛詩》27章,181句中的句數不合。今從"秦十篇"目録看,所存的章句數均與《毛詩》相合;全殘的《駟驖》《終南》《無衣》《權輿》,雖無法確定句數,但它們的章數是與《毛詩》全同的。疑海昏《詩》較《毛詩》缺少的四句均存在於《權輿》當中。《毛詩·權輿》二章章五句,顧炎武《音學五書》曾説:"舊作二章章五句,今詳'於我乎'三字文義未終,難以絶句,當作二章章三句。"①海昏《詩》章句可能如此。又,《爾雅·釋詁》"權輿,始也",郭注引《詩》曰"胡不承權輿",②王先謙認爲:"蓋本舊注所引《魯詩》,故文異而句讀亦異也。"③海昏《詩》當讀爲"于嗟乎不承權輿"爲句,猶如《毛詩·召南·騶虞》"于嗟乎騶虞"爲句。郭引"胡不承權輿"爲句,前"于嗟"自當爲句,可能是三家《詩》中某家的斷句。馬瑞辰認爲"抑或郭璞所見《毛詩》本原作'于嗟乎,胡不承權輿'",④應屬推測之辭。若郭引確如王先謙所説爲《魯詩》,海昏《詩》與郭引不同,似可爲海昏《詩》不爲《魯詩》提供一個證據。

　　又,編號405記載"魏七篇",18章,124句,與《毛詩·魏風》18章,128句之句數不合。由於整理者未列"魏七篇"目録及釋文,不得其詳。

三　海昏《詩》與《毛詩》異文價值

　　1.可以訂正《毛詩》經文錯誤

　　《鄭風·大叔于田》,《釋文》:"叔于田,本或作'大叔于田'者,誤。"⑤海昏《詩》正作"叔于田"。《大雅·皇矣》第四章"維此王季",舊認爲"王季"爲"文王"之誤。⑥海昏《詩》正作"文王",可爲定論。

　　《大雅·蕩》第三章"文王曰咨,咨女殷商。而秉義類,彊禦多懟。流言以對,寇攘式内"、第五章"文王曰咨,咨女殷商。天不湎爾以酒,不義從式",其中的"而秉義類""天不湎爾以酒",海昏《蕩》分别作"而秉義不衛(?)""天免(湎)女以酒"。從文義上看,完全相反。《毛詩》"而秉義類,彊禦多懟",過去理解有分歧,導致對"流言以對,寇攘式内"理解也有分歧。鄭玄箋云:"義之言宜也。類,善。式,用也。女執事之臣,宜用善人,反任彊禦衆懟爲惡者,皆流言謗毁賢者。王若問之,則又以對。寇盗攘竊爲姦宄者,而王信之,使用事於内。"⑦

---

① ［清］顧炎武:《音學五書》,北京:中華書局,1982,100頁。
② ［晉］郭璞注,［宋］邢昺疏:《爾雅注疏》卷一《釋詁》,［清］阮元校刻《十三經注疏》,臺北:藝文印書館,2001,第8册,6頁。
③ ［清］王先謙撰,吳格點校:《詩三家義集疏》,461頁。
④ ［清］馬瑞辰撰,陳金生點校:《毛詩傳箋通釋》,398頁。
⑤ ［唐］陸德明:《經典釋文》,上册,248頁。
⑥ 參看［清］馬瑞辰撰,陳金生點校《毛詩傳箋通釋》,846頁。
⑦ ［漢］毛亨傳,［漢］鄭玄箋,［唐］孔穎達疏:《毛詩正義》卷一八,［清］阮元校刻《十三經注疏》,第2册,642頁。

馬瑞辰《毛詩傳箋通釋》說："類爲善，義亦善也。詩四句皆謂王用善人則爲羣小所譖毀也……'彊禦多懟'，謂王用善人則彊禦多懟怨。因懟怨，遂爲流言於外以遂其讒毀之心，復爲寇盜攘竊於內……《箋》說失之。"① 馬說爲當今絕大多數學者接受。陳奐《詩毛氏傳疏》云："義、類，皆善也。而之言自也。'而秉義類'，言殷商之人自用爲善，所謂'彊禦'也……'流言以對，寇攘式內'，此承'多懟'而言。民多相怨，則讒言羣作，而寇盜攘竊之禍用亂於內矣。"② 俞樾《羣經平議》對前兩句的訓釋與鄭玄、馬瑞辰、陳奐很不同，認爲"義"通"俄"，訓爲邪；"類"通"戾"，訓爲曲，認爲"彊禦多懟"與"而秉義類"一氣相承接，句謂"女執事皆邪曲之人及彊禦衆懟者"。③ 林義光說大體同俞樾，句謂"商紂執持邪曲多怨之人而用之"。林義光同時指出"流言以對"謂"人有讒言則對答之"，"寇攘式內"謂"容納寇攘之人也"。④

按，《毛詩》從第二章至第七章均以"文王曰咨，咨女殷商"開始，下面的詩句多爲批評商紂的話語。如果將"而秉義類"理解成紂王任用善人之類的正面話語，不符合《蕩》篇主旨。故俞樾、林義光不同意鄭玄、馬瑞辰的解釋，將"而秉義類"從反面去理解，這是值得肯定的。但對"義類"改讀的解釋，則不一定可信。陳奐對"義類"的解釋雖然與馬瑞辰相同，但其看到"而秉義類"爲反辭，確有道理；但訓爲"殷商之人自用爲善"（意思是"你們自己以爲好"），⑤并將"彊禦多懟"上下拆分，分屬上下句，較難信從。海昏《蕩》作"而秉義不銜（？）"，蔡偉讀爲"而秉義不銜〈術-遹〉"，句謂"汝殷商之王以秉執道義爲名，却不循轍迹，乃務爲強暴，故招致多怨"。⑥ 整句話均看成反辭，可信；但將"銜"看成誤字有推測之嫌，將"彊禦多懟"分開解釋成"務爲強暴""故招致多怨"，亦頗迂曲。

我們認爲，海昏《詩》作"而秉義不銜（？）"，應是反面話語，顯然比"而秉義類"更符合詩義。"銜"，整理者在釋字後打"？"號，可能原簡模糊難辨。從《毛詩》"類"字入韻看，"銜（？）"與"類"意義可能相近，訓爲善，且可能是某一物部字。當然，如果整理者釋字正確的話，"銜"也可讀爲"善"，《禮記·曲禮上》"日而行事，則必踐之"，鄭玄注："踐讀曰善，聲之誤也。"⑦"銜"不入韻，這與《毛詩》"天不湎爾以酒"的"酒"也不入韻相同。不管如何，"而秉義不銜（？）"的意思可能是"汝持義不善"，是對紂王批評的話語。《毛詩》"而秉義類"很可能奪"不"字，實本應作"而秉義不類"。

《毛詩》"而秉義[不]類，彊禦多懟。流言以對，寇攘式內"如何理解？我們認爲這四句

---

① ［清］馬瑞辰撰，陳金生點校：《毛詩傳箋通釋》，938-939頁。
② ［清］陳奐撰，王承略、陳錦春校點：《詩毛氏傳疏》，北京大學《儒藏》編纂中心編《儒藏·精華編·三四》，北京大學出版社，2009，754頁。
③ ［清］俞樾：《羣經平議》，《續修四庫全書》，上海古籍出版社，2002，第178冊，179頁。
④ 林義光：《詩經通解》，356頁。
⑤ 參看［瑞典］高本漢著，董同龢譯《高本漢詩經注釋》，上海：中西書局，2012，下冊，904頁。
⑥ 蔡偉：《海昏竹書〈詩〉異文小札》，《出土文獻文本釋讀與文學研究學術研討會論文集》，153頁。
⑦ ［漢］鄭玄注，［唐］孔穎達疏：《禮記正義》卷三《曲禮上》，［清］阮元校刻《十三經注疏》，第5冊，62頁。

話都是對紂王的批評話語，主語可能都是紂王。"彊禦"也出現在《蕩》第二章："文王曰咨，咨女殷商。曾是彊禦，曾是掊克，曾是在位，曾是在服。"這裏的"彊禦""掊克""在位""在服"也都是針對紂王而言的，即主語是紂王，并不是如朱熹《詩集傳》所説"强禦，暴虐之臣也。掊克，聚斂之臣也……言此暴虐聚斂之臣，在位用事，"①是針對臣子而言。至於"流言以對""寇攘式内"，上引林義光已經將主語看成紂王。高亨《詩經今注》分別解釋成"殷紂相信流言，以流言應對他人""殷紂收納寇盜而任用他們"，主語也都看成紂王。總之，"而秉義[不]類，彊禦多懟。流言以對，寇攘式内"的意思可能是，你持義不善，你不但是彊禦之人，且又多怨恨。你用流言應對他人，收納寇攘之人。

《大雅·蕩》第五章"天不湎爾以酒"，諸家一般認爲是天不使汝沉湎於酒的意思，唯朱彬《經傳考證》卷五云"猶言湎爾以酒"，②與海昏《詩》含義相同。《毛詩》第二章有"天降滔德，女興是力"，言上天降下了怠慢之德，你還興之甚力，助長爲惡。《毛詩》"天不湎爾以酒，不義從式"語義可與之比較，那麼海昏《詩》作"天免（湎）女以酒，不義從式"似也可通，"義，宜也。式，用也。言不宜從而用酒也"。③句謂，天使汝沉湎於酒，你不應該從而用酒。

2.可以訂正毛傳、鄭箋等訓釋錯誤

《大雅·桑柔》第十二章"大風有隧"，毛傳："隧，道也。"鄭箋："大風之行，有所從而來。"④王引之《經義述聞》認爲"隧之言迅疾也"，⑤爲諸家所信從。海昏《詩》"隧"（邪母物部）作"列"（來母月部），蔡偉讀爲"烈"。⑥可從。"大風有烈"即"大風烈烈"，《毛詩》可能爲借字。⑦

《商頌·長發》"武王載旆，有虔秉鉞"。"旆"字有很多異文，《荀子·議兵》、《韓詩外傳》卷三引《詩》皆作"發"；⑧《説文》引《詩》作"坺"，《説文·土部》："坺，治也。一曰臿土謂之坺。《詩》曰：'武王載坺。'"⑨《玉篇·土部》"坺"下引《詩》同《説文》（《玉篇》"坺"有重文作"墢"）。⑩徐鍇《説文解字繫傳》云："今《詩》作伐。"⑪陳喬樅引臧鏞堂曰："伐即茷字，與

---

① [宋]朱熹集注：《詩集傳》，203頁。
② 轉引自劉毓慶等編撰《詩義稽考》，北京：學苑出版社，2006，3310頁。
③ 屈萬里：《詩經詮釋》，上海辭書出版社，2016，374頁。
④ [漢]毛亨傳，[漢]鄭玄箋，[唐]孔穎達疏：《毛詩正義》卷一八，[清]阮元校刻《十三經注疏》，第2册，657頁。
⑤ [清]王引之撰，虞思徵等校點：《經義述聞》，上海古籍出版社，2018，393頁。
⑥ 蔡偉：《海昏竹書〈詩〉異文小札》，《出土文獻文本釋讀與文學研究學術研討會論文集》，150頁。《説文·風部》："颲，列風也。"（[漢]許慎撰：《説文解字》，284頁。）簡文"列"讀爲"颲"亦通。
⑦ 《毛詩》第十三章首句亦作"大風有隧"，王力《詩經韻讀》入韻，押物部（王力：《詩經韻讀　楚辭韻讀》，北京：中華書局，2014，345頁），王顯《詩經韻譜》則不入韻（王顯：《詩經韻譜》，北京：商務印書館，2011，286頁）。海昏《詩》對應也作"大風有列"，"列"字不入韻。
⑧ 參看[清]王先謙撰，吴格點校《詩三家義集疏》，1113頁。
⑨ [漢]許慎：《説文解字》，286頁。
⑩ 《宋本玉篇》，北京：中國書店，1983，27頁。
⑪ [南唐]徐鍇：《説文解字繫傳》，262頁。

今旆同。"①

按,關於《毛詩》"旆"字的解釋,歷來爭議頗多,主要有如下説法。(1)"旆"訓爲"旗",毛傳:"旆,旗也。"鄭箋:"及建旆興師出伐,又固持其鉞。"②(2)"旆"爲"發"借字。王引之《經義述聞》卷七云:"'發',正字也;'旆'、'坺'皆借字也。'發',謂起師伐桀也……'武王載發',武王則發也。《漢書·律曆志》述周武王伐紂之事曰'癸巳,武王始發',與此'發'字同義。《史記·殷本紀》曰'湯自把鉞以伐昆吾,遂伐桀',即本此詩'武王載發,有虔秉鉞'之文。史公言'把鉞'而不言'載旆',則所見本不作'旆'可知。"③馬瑞辰《毛詩傳箋通釋》贊成王引之説,但訓"載發"爲"始發",謂"始興師"。④ 胡承珙《毛詩後箋》云:"發,行也,以言出師也。"⑤(3)"旆"爲"伐"借字。陳奂《詩毛氏傳疏》云:"'發'、'坺'皆'伐'之假借字。今本經誤作'旆',因又於《傳》文增'旆旗也'三字……鄭所據《毛詩》作'伐'。今《箋》'興師出伐'上亦誤衍'建旆'二字矣。"⑥俞樾《群經平議》卷一一也認爲"作'伐'是也……《書》言'湯始征',《詩》言'武王載伐',其義一也"。⑦

以上異文"旆""發""伐"讀音確實可通,諸家對"發""伐"的解釋也看似有理。海昏《詩》作"武王載閥","閥"整理者括注爲"旆"。按,本文第一部分指出海昏《詩》用字有一定的固定性,海昏《檜風·匪風》"匪風發兮"(注爲"匪風而發然者也")、《商頌·長發》"玄王恒發(撥)","發""撥"均用"發"字表示,那麽"閥"讀爲"伐"的可能性要比讀爲"發"更高。海昏《詩》可能讀爲"武王載閥(伐)",《毛詩》的"旆"也可能是"伐"的借字,言湯始征伐,與下文"韋顧既伐,昆吾夏桀"相應。上引文獻《荀子·議兵》《韓詩外傳》"武王載發",以及《漢書》"武王始發"中的"發"也當讀爲"伐"。"始+伐"這一結構也見於《史記·殷本紀》:"湯征諸侯,葛伯不祀,湯始伐之。"《左傳·成公七年》:"吳始伐楚伐巢,伐徐。"毛傳、鄭箋對"旆"的解釋是否如陳奂所説爲誤衍,不得而知,但海昏《詩》可以證明他們據借字爲訓,有誤。

3.可以訂正學者對經文的斷句錯誤

《周頌·小毖》八句,第一句"予其懲而毖後患",前輩學者在"而"後斷,如袁梅《詩經異文彙考辨證》所引:"《釋文》以'懲而'作音,《正義》亦讀'而'絕句,山井鼎《考文》:古本同……段玉裁《詩經小學》云:'《疏》於"而"字絕句,各本皆云《小毖》一章八句。'胡承珙曰:

---

① [清]陳喬樅:《詩經四家異文考》,《續修四庫全書》,第75册,678頁。
② [漢]毛亨傳,[漢]鄭玄箋,[唐]孔穎達疏:《毛詩正義》卷二〇,[清]阮元校刻《十三經注疏》,第2册,803頁。
③ [清]王引之撰,虞思徵等校點:《經義述聞》,416頁。
④ [清]馬瑞辰撰,陳金生點校:《毛詩傳箋通釋》,1180頁。
⑤ [清]胡承珙撰,郭全芝校點:《毛詩後箋》,合肥:黃山書社,1999,1660頁。
⑥ [清]陳奂撰,王承略、陳錦春校點:《詩毛氏傳疏》,928頁。
⑦ [清]俞樾:《群經平議》,《續修四庫全書》,第178册,190頁。

'《釋文》亦以"懲而"作音,是陸、孔章句正同。'"①當今學者或在"而"前斷,或連讀作一句。海昏《周頌》目録釋文中説《小毖》"予期噔而八",意思是全詩一章八句,首句作"予期噔而",與《毛詩》相合。整理者認爲海昏《小毖》首句"予其懲而"是"予其懲而毖後患"的省略,據此得出海昏《詩》目録中每章首句超過四字時,也有祇選取四字的。② 不確。海昏《小毖》首句作"予期噔而",可證經文當在"而"後斷。

結語

本文根據《海昏竹書〈詩〉初讀》一文中整理者發表的海昏《詩》部分簡文,對海昏《詩》與《毛詩》之間的文字異文,各組所含篇目、篇序、章序、章數、句數異文進行了討論,并簡要論述了異文的價值。總結上文主要觀點如下。

1.文字異文。海昏《詩》與《毛詩》之間的異文可以分爲一一對應和非一一對應兩種,前者異文關係主要是通假,其次是義同或義近,再次是義不同及文字形近訛誤;後者異文雖不對應,但并不會對文義造成影響,屬於文獻流傳過程中的普遍現象。

2.各組所含篇目、篇序、章序、章數、句數異文。這部分主要對海昏《詩》三《頌》、《大雅》,以及《小雅》《國風》部分組別異文進行了討論,可以看出:(1)海昏《詩》與《毛詩》三《頌》之間除了極個别詩篇的句數不同外,其餘均同,表現出強烈的穩定性;(2)《大雅》的不同主要在於"文王十篇"中部分篇序、章數、句數不同,以及"生民十篇""雲漢十一篇"部分篇目、篇序、章數、句數不同;(3)《小雅》所列四組與《毛詩》的不同主要體現在所含篇目、篇序上;(4)《國風》所列四組與《毛詩》總體差異不大,不同主要體現在個别篇目的章序、句數方面。下將海昏《詩》與《毛詩》的總體篇數、章數、句數列表4對比如下。

表4　海昏《詩》與《毛詩》總體篇、章、句數對照③

	海昏《詩》	《毛詩》
三頌	40篇70章734句	40篇70章735句
大雅	31篇223章[1618句]	31篇223章1616句
小雅	[74篇299章2500句左右]	74篇372章2326句

---

① 袁梅:《詩經異文彙考辨證》,802頁。
② 朱鳳瀚:《海昏竹書〈詩〉初讀》,收入其主編《海昏簡牘初論》,78頁。
③ 可參看朱鳳瀚《海昏竹書〈詩〉初讀》,收入其主編《海昏簡牘初論》,96頁。海昏《大雅》句數僅保留"千……百……",《國風》句數僅保留"二千四百□□□言"(編號200),《小雅》信息皆殘。表中《大雅》"1618"句據目録釋文推出,《小雅》信息據總數推出。

續表

	海昏《詩》	《毛詩》
國風	160 篇 484 章 2400 多句	160 篇 484 章 2608 句
總計	305 篇 1076 章 7274 句	305 篇 1149 章 7285 句

從表 4 可以看出,海昏《小雅》章數較《毛詩》少 73 章,但句數却比《毛詩》多 100 多句;《國風》章數與《毛詩》相同,但句數較《毛詩》少 100 多句;海昏《詩》總章數較《毛詩》少 73 章,但句數僅少了 11 句。差異還是非常明顯的。

從本文對《小雅》"嘉魚十篇""鴻雁十篇""甫田十篇""魚藻十四篇"四組、《國風》"鄭二十一篇""王六篇""秦十篇""檜四篇"四組與《毛詩》差異的論述可以看出,它們之間的章數、句數差異顯然没有表 4 中總體差異那麽大。整理者尚未公布的"鹿鳴十篇""節南山十篇""谷風十篇",以及其他十一《國風》,未知與《毛詩》差異大小。但若按照本文對《小雅》四組、《國風》四組的論述進行比較的話,它們之間的差異也可能不會很大。這與表 4 體現的情形完全不同。其原因可能是,本文所有論述均基於整理者的釋文,釋文部分殘缺的,一般據《毛詩》推定。由於《國風》僅存句數差異,通過本文的研究,句數差異的主要原因是:增句或少句、斷句不同。所以海昏《詩》與《毛詩》風詩之間句數相差 100 多句左右是完全可能的。至於《小雅》,可能是某些殘缺的釋文并不與《毛詩》相同,且整理者整理的某些組别釋文并未體現其原貌,原貌可能比整理者釋文中的差别要大。

總之,本文僅是根據《海昏竹書〈詩〉初讀》一文中整理者公布的釋文,對海昏《詩》與《毛詩》之間的異文所作的初步研究。隨著整理者深入整理并公布全部釋文,會揭開很多異文真相,加深我們對海昏《詩》的整體認識,并將推進漢代的《詩》學研究。

《急就篇》姓名"慈仁他"辨正

貴州師範大學文學院
貴州師範大學文學·教育與文化傳播中心   李世持

内容提要　對《急就篇》姓名"慈仁他"的解讀,學界觀點雖略有差異,但基本解讀框架相同,都是切分成"姓氏+人名",即讀作"慈+仁他"或"慈+它人"。全面考察西漢簡牘人名和《漢書》人名用例後發現,不能將其僅僅視爲羅列姓氏和名字的條目,而應該看作是用"慈""仁""他"等三個常用人名用字組合而成的姓名字小系統。該系統中不僅包含了姓氏"慈""仁""佗",人名"仁""他/它""它人",還包含了"君仁""子它"等西漢常見表字。從編排意圖上看,人名編排組合成"慈仁他",不僅有相同義類組合,方便記憶之意,也有避免讀爲"慈它人"這樣的單一組合,而致使其系統性不能充分展示的目的。

關鍵詞　《急就篇》　姓名　慈仁他

漢代蒙學教材《急就篇》羅列的132條漢代姓名,一直以來都是研究姓氏人名的寶貴資料。近年來,隨著考古發掘工作的推進,出土文獻逐日增多,僅出土西漢簡牘就數量龐大,爲深入研究《急就篇》姓名提供了極大便利,時賢的研究成果也頗爲豐富。但全面考察西漢簡牘和《漢書》人名實例後,我們認爲學界對《急就篇》姓名"慈仁他"的解讀存在一定偏誤,當予以辨正。不當之處,敬請批評指正。

---

* 本文爲國家社會科學基金西部項目"秦漢簡帛人名整理研究與人名辭典編纂(編號:20XZS001)"階段性成果。

一 關於"慈仁他"的討論

先學時賢對《急就篇》姓名"慈仁他"的討論,最具代表性的是唐顔師古、宋王應麟及時賢張傳官先生。下面分别梳理他們的觀點。

(一)顔、王觀點:"慈+仁他"

顔、王二氏把"慈仁他"切分爲兩個部分進行研究,一部分是姓氏"慈",另一部分是名字"仁他"。顔氏注:

> 慈氏,本高陽氏才子之後也。美其宣慈惠和,因以爲姓。仁他者,所愛及遠也。①

王氏補注:

> 高陽當做高辛。慈氏見《姓苑》。晉羅友字它仁。《儒行》曰:"敬慎者,仁之地也。"②

以上顔、王二氏的觀點,就目前所見傳世文獻記載人名而言,結論没有太大問題。

(二)時賢的研究:"慈+他仁"

利用出土文獻研究《急就篇》姓名的成果豐碩,涉及人名研究的成果也不少。邢義田、王輝、何茂活、張傳官等諸位先生,都有這方面的研究成果。③ 尤其張傳官還直接討論過人名"慈仁他"。張先生利用漢簡和漢印的材料,從文字書寫形式到人名取義等都做了詳細的討論,認爲"慈仁他"是後人因無法理解"慈他仁"而形成的誤倒,人名取義是來自"仁及他人"的思想。張先生的引證材料豐富,論證邏輯嚴密,其結論似乎也没有問題。

但是,結合漢代簡牘材料中數量龐大的西漢實際人名和《漢書》記載人名考察,我們認爲顔、王二氏及張傳官先生之説,均存在一定偏誤。以下一一辨正。

---

① [漢]史游著,曾仲珊點校:《急就篇》,長沙:嶽麓書社,1989,99頁。
② [漢]史游著,曾仲珊點校:《急就篇》,99頁。
③ 詳見邢義田《漢簡、漢印與〈急就〉人名互證》,收入其著《地不愛寶:漢代的簡牘》,北京:中華書局,2011,84-101頁。王輝《肩水金關漢簡所見〈急就篇〉人名考析》,《檔案》2020年第8期,33-39頁。何茂活《肩水金關漢簡所見〈急就篇〉人名證解》,金瀅坤主編《童蒙文化研究》第3卷,北京:人民出版社,2018年,123-125頁。張傳官《〈急就〉人名"慈仁他"校正》,《中國典籍與文化》2012年第2期,103-105頁。

二 用漢代人名驗證"慈仁他"

結合傳世文獻與出土西漢簡牘材料中實際人名來考察,我們發現,把"慈仁他"切分爲"慈+仁他"或"慈+它人"姓名結構,與西漢姓名的實際情況并不相符。

(一)用作姓的"慈""仁""佗"

《急就篇》姓名"慈仁他",首先包含了姓氏"慈""仁""他"。鄧名世《古今姓氏書辨證》"慈"姓下説:"《姓苑》曰:出自高陽氏,才子八人,天下謂之'八元',其一蒼舒,謚慈,後世以爲氏。《急就章》有慈仁佗。"[①]鄧氏之説,證明了漢代確有"慈"這個姓氏。將"慈"解爲姓氏是没有問題的。

然而,漢代不僅有"慈"姓,也有"仁"姓和"佗"姓。漢簡中就有"仁"姓人士(爲便於觀察,人名用下劃綫標識。爲行文簡潔,本文漢簡人名出處均用簡稱,且如上文已提供出處,則下文不再重複出現。下同,不再重複説明)。如:

(1)戍卒潁川郡潁陰邑真定里公乘仁青跗,年卅四　　　　　　　　肩73EJT8:7
(2)濟陰郡定陶傅里仁帶,年十九歲。　　　　　　　　　　　　　肩73EJT33:61[②]

以上2例"仁"姓,分布在西漢的潁川郡和濟陰郡。又據莊鼎彝所統計的《漢書》不列傳人名,西漢還有"佗"姓。如:

(3)至若北道姚氏,西道諸杜,南道仇景,東道佗羽公子,南陽趙調之徒,盜蹠而居民間者耳,曷足道哉!　　　　　　　　　　　　　　　　　　　　《漢書·郭解傳》[③]

顏師古注:姓佗,名羽字公子。[④] 又張澍《姓韻》載有"它"姓,引《世本》田公"它成"以證。又引《成都志》:"它鼎,建武營游擊它成之父也,甘肅碾伯人。……今碾伯尚有它姓。"[⑤]

由此可見,從姓氏角度上考察《急就篇》姓名中"慈仁他"條目,在漢代至少包含了"慈"

---

① [宋]鄧名世撰,王力平點校:《古今姓氏書辨證》,南昌:江西人民出版社,2006,57頁。
② 甘肅簡牘博物館等編《肩水金關漢簡(壹)(肆)》,上海:中西書局,2013、2015。簡稱"肩"。
③ 莊鼎彝:《兩漢不列傳人名韻編》,上海:商務印書館,1935。"佗"即"他"。段玉裁《説文解字注·人部》"佗"下:"隸變'佗'爲'他',用爲彼之偁。"
④ 《漢書》卷九二《游俠傳》,北京:中華書局,1962,3705頁。
⑤ [清]張澍:《姓韻》,西安:三秦出版社,2003,452頁。

"仁""佗"等3個姓氏。①

(二)用作名的"仁""他/它/""它人"

從人名角度考察,"仁""他/它""它人"都是漢代的常見人名。

1."仁"是漢代高頻人名

漢簡中,"仁"是個高頻人名。考察西漢簡牘,得到用"仁"字命名的人名23例,如下:

> 毛仁(居40.20、居214.43、居257.20)、周仁(居157.10B)、高仁(居95.7)、隗仁(居407.13)、趙仁(居6.17)、毛仁(居新EPT51.126)、孔仁(居新EPT5.146)、周仁(居新EPT21.15)、高仁(居新EN2)、孫仁(居新EPT59.537)、高仁(居新EPT40.7)、莊仁(尹YM6D5正·3)、董仁(釋粹Ⅱ0114④:82)、高仁(懸Ⅰ90DXT0208S:44)、高仁(玉Ⅱ98DYT4:39)、孫仁(肩73EJT37:5、肩73EJT37:1117)、孫仁(肩73EJH2:21)、趙仁(肩73EJT24:38)、蕭仁(肩73EJF3:7+360)、韓仁(肩73EJD:30)、蘇仁(肩73EJT37:225)、聖仁(肩73EJD:235)、孫仁(肩73EJT37:642)。②

上23例以"仁"爲名的人名,分別來自居延漢簡、居延新簡、尹灣漢簡、懸泉漢簡釋粹、懸泉漢簡、玉門關漢簡、肩水金關漢簡等不同批次西漢簡牘,指稱不同的人。

又據莊氏統計,《漢書》中有數條以"仁"爲名的人。如:孝侯劉宮之子劉仁、邯念衍侯劉仁、劉熊渠之子孝侯劉仁、太常轑陽侯江德之子江仁、共侯其章之子其仁、少府徐仁、燕相溫疥之子溫仁、司直田仁、儒者張仁、平阿侯王譚之子王仁、長安公乘嚴仁、新莽司命孔仁、大鴻臚戴仁等。

綜上所見,"仁"在西漢時應該是一個高頻人名。

2."他""人"是漢簡常見人名

"他"與"人"在漢簡中也是常見人名。既可單用,也可與其他音節組合,構成雙音節人

---

① 現代臺灣臺北有"慈仁"姓,不過源出不詳。該姓或許就是受《急就篇》人名"慈仁他"的影響而產生。參見"國學大師·姓氏":http://www.guoxuedashi.net/xingshi/6235mp/。又楊緒賢《白話臺灣區姓氏堂號考》第二部分"臺灣區居民之姓氏"記載有複姓"慈仁"及四字姓"慈仁德姐",但未説明來源與使用民族。二者是否相關,仍需進一步考證。詳見楊緒賢《臺灣區姓氏堂號考》,臺北:臺灣新生報社,1980,41頁。而"佗"姓與"它"姓是否爲同一姓氏,也有待進一步考證。

② 《居延漢簡》簡稱"居",參見"中研院"歷史語言研究所簡牘整理小組編《居延漢簡》(壹—肆),2014-2017。《居延新簡集釋》簡稱"居新",參見張德芳主編《居延新簡集釋》(壹—柒),蘭州:甘肅文化出版社,2016。《尹灣漢墓簡牘》簡稱"尹",參見連雲港市博物館等編《尹灣漢墓簡牘》,北京:中華書局,1997;張顯成、周群麗《尹灣漢墓簡牘校理》,天津古籍出版社,2011。《敦煌懸泉漢簡釋粹》簡稱"釋粹",參見胡平生、張德芳編撰《敦煌懸泉漢簡釋粹》,上海古籍出版社,2001。《懸泉漢簡》簡稱"懸",參見甘肅簡牘博物館等編《懸泉漢簡(壹)》,上海:中西書局,2019。《玉門關漢簡》簡稱"玉",參見張德芳、石明秀主編《玉門關漢簡》,上海:中西書局,2019。《肩水金關漢簡》簡稱"肩",參見甘肅簡牘博物館等編《肩水金關漢簡(壹—伍)》,上海:中西書局,2013-2016。

名。如單音節人名有：

(4) 到九月入錢五百,除錢到春畢已。彭人、范子□、張子功　　　　　居 163.16
(5) 魯國壯里士伍悟他,年卅五。　　　　　　　　　　　　　　　　　肩 73EJT37:988
(6) 候長郭它,稟糧三石三斗三升少　　　　　　　　　　　　　　　　居 132.13
(7) □殄虜里訾它,年廿二。　　　　　　　　　　　　　　　　　　　肩 73EJT7:197
(8) 氐池騎士安漢里解它　　　　　　　　　　　　　　　　　　　　　居 564.4

上例(4)中,"人"顯然是個單音節人名。例(5)中"悟他"中"他"也是單音節人名,而例(6)至例(8)的"郭它""訾它""解它"中,"它"顯然也是一個單音節人名。

莊氏統計名"它"的人,有恭侯馮它、故魏將項它、故昌平侯子吕它、頃侯吕它、俞侯吕它、將軍郭蒙之子郭它等等。

與"人"組合的雙音節人名形式非常多,最常見的有"外人""路人""道人""它人""非人""夫人""千人"等。略舉例如下：

丁外人(肩 73EJT23:436)、王外人(肩 73EJT37:28A、居新 EPT65.344)、周生外人(釋粹Ⅱ0214①:128)、信外人(肩 73EJT6:18B)、袁外人(肩 73EJT24:940)、高外人(居新 EPT57.83)、郭外人(居 116.16)、陳外人(肩 73EJT7:195)、孫外人(居新 EPW123)、張外人(肩 73EJT26:8、肩 73EJT26:13)、尉外人(肩 73EJT11:17)、尉外人(居 521.13)、李外人(馬 540)、徐外人(肩 73EJT24:741)、趙外人(居 103.14)。

皇路人(肩 73EJT21:37)、徐路人(居 49.15+217.7)、奚路人(居 179.4)、衛路人(居 50.16)。

王道人(肩 73EJT24:965)、江道人(肩 73EJT23:379)、尉道人(肩 73EJT22:111A)。

左它人(懸Ⅰ90DXT0110①:111)、張它人(居新 EPT52.157)、成它人(懸Ⅰ90DXT0112②:12)。

樊非人(居新 EPT52.5)、韓非人(居 24.2)、夏非人(肩 73EJT1:36)。

孫夫人(肩 73EJD:141)、扈夫人(肩 73EJC:147B)、鄭夫人(肩 72EJC:147B)。

張千人(肩 73EJT10:531)、張千人(肩 73EJT24:247A)、馮千人(馬 319)。

另外還有其他組合形式,如"虞人""里人""舍人""異人""市人"等,也舉例如下：

石虞人(肩 73EJT31:93)、召里人(肩 73EJT24:48)、朱舍人(肩 73EJT2:103)、李終人(肩 73EJT2:43)、吕異人(肩 73EJH1:3A)、周竟人(地 86EDT3:1)、孟閭人(肩

73EJT30:102)、徐萬人（肩73EJT37:240）、郭市人（居326.22A）、常趙人（居90.65）、黃何人（居504.6）、費塗人（居19.36）

而據莊氏統計的《漢書》不列傳人名中，與"人"組合的雙音節名有"劉魯人""劉佗人""宗正劉它人""齊侯齊市人""高陵侯王虞人""杜衍侯王翕子王郢人""蓋主幸人丁外人""丁復之後丁夫人""太常任越人""幸倡郭舍人"等等。

由此可見，西漢時候"他""人"也是常見人名。

（三）用作表字的"仁""它"

西漢時，"仁""他"不僅可以用作名，還可以用作表字。用作表字的"仁"與"君"構成雙音節的表字"君仁"，并且沒有性別差異；也可以與"幼"構成雙音節表字"幼仁"。而"它"可與"子"組合成雙音節人名"子它"，如：

(9) 關嗇夫居延金城里公乘李豐，卅八。妻大女<u>君仁</u>　　　　肩73EJT37:1105
(10) <u>君仁</u>門下。　　　　　　　　　　　　　　　　　　　額2000ES9SF3:17
(11) 伏地再拜<u>幼仁</u>足下。　　　　　　　　　　　　　　　疏609（正）
(12) 後麗戎、游從居主机菜弟，養男孫丁<u>子沱</u>。　　　　　肩73EJT1:1①

上4例中，例(9)作爲女性的用字，例(10)則顯然是用作男性的字。例(11)"幼仁"當是收信人的字。例(12)中"丁子沱"的"子沱"，當讀爲"子它"，②是"子+某"式的雙音節字。

又，"慈"字實際上也可以用作字，如《後漢書·劉平傳》後附《王望傳》記載：

(13) 王望字<u>慈卿</u>，客授會稽，自議郎遷青州刺史，甚有威名。③

據《後漢書》記載，王望主要活動於後漢顯宗時，與劉平大約同時。而劉平在王莽時爲郡吏，照此推算，他當是西漢末期生人。

以上從名、字兩個角度考察，被認爲是雙音節人名的"仁他"，在漢代實際包含了"仁""他""它""它人"等單雙音節人名，以及"某+仁"或"子+它"這樣的表字組合。

---

① 《額濟納漢簡》簡稱"額"，參見魏堅主編《額濟納漢簡》，桂林：廣西師範大學出版社，2005；孫家洲主編《額濟納漢簡釋文校本》，北京：文物出版社，2007。《疏勒河流域出土漢簡》簡稱"疏"，參見林梅村、李均明編《疏勒河流域出土漢簡》，北京：文物出版社，1984。
② 張傳官先生利用漢印的材料，證明了"沱人"是"它人"的異寫，其説可從。故而"子沱"當讀爲"子它"。參見張傳官《〈急就篇〉人名"慈仁他"校正》，103-105頁。
③ 《後漢書》卷三九《劉趙淳于劉周趙列傳》，北京：中華書局，1965，1297頁。

考察西漢簡牘和《漢書》人名不難發現，"慈仁他"這個姓名條目并不是單純"姓氏+雙音節名"的人名，而是包含了姓、名、字等人名要素的人名組合系統，把"慈仁他"解讀爲"慈+仁他"或"慈+它人"，都不是全面完整的解讀方案。

三　從《急就篇》姓名的編排目的來討論

上面結合出土和傳世文獻中的西漢實際人名來考察，發現"慈仁他"并不是一個實際的人名，而是一個包含了姓、名、字等要素的人名組合系統，解讀爲"姓氏+雙音節名"是對它的誤讀。《急就篇·叙》清楚地表達這部蒙學教材的編排内容是：

> 急就奇觚與衆異，羅列諸物名姓字。分别部居不雜廁，用日約少誠快意，勉力務之必有喜。請道諸章。①

叙言中"羅列諸物名姓字"，指的是姓名類别中羅列了"姓""名""字"等人名要素，而不是羅列一個一個的實際名字。顏師古也提出了類似觀點。他在人名"宋延年"條下的注説：

> 篇首廣陳諸姓與名字者，以示學徒，令其識習，擬施用也。……而説者乃云"是當時弟子名姓"。又云"是古聖賢之人，本出《易緯》，史游重述"。此説皆非也。姓者并是古來所有，非妄造之，名字或是舊人已經稱用，或是新構義理，然非實相配屬，真有其人。所以章中自云"姓名訖，請言物"。又云"諸物訖，五官出"。以此求之，其義可曉，至如雜寶奇繒，殊俗異服，及疾病刑獄，官曹職務，豈非當時庠校之内悉自有乎。皆汎説耳。《易緯》中頗有姓名與此同者，蓋後人妄取以附著之。非本聖人所説也。先儒通論舊云：緯書之作，偽起哀平。應劭撰《風俗通》，亦多設人姓而爲章句偶讀。斯效法《急就》之爲也。②

上顏氏注文表明，他認爲《急就篇》中人名都是泛指，并非實際確有其人。③ 這個觀點無疑是很有見地的。但他在解詁人名取義時，却没有將這一觀點貫徹到底，而是以固定的"姓氏+雙音節名"結構來解讀，得出"仁他"是"所愛及遠"的結論。

---

① ［漢］史游著，曾仲珊點校：《急就篇》，34頁。
② ［漢］史游著，曾仲珊點校：《急就篇》，35-36頁。
③ 當然也不能排除確有其人的情況，那可能是巧合或者是取名時本身就模仿了《急就篇》姓名中的人名。

張傳官先生認爲顏氏所訓有誤,也正是在考察西漢實際人名後,發現并無"仁他"這樣的雙音節人名,故而認爲"仁他"當是雙音節人名"它人"的倒寫。但張先生將"慈仁他"切分成"姓氏+雙音節名"來考察,實際也陷入了類似的固定思維中:西漢没有"仁他"而祇有"它人",所以"仁他"就應該是"它人"的倒寫。至於其引用王應麟補注的"晉羅友字它仁"來證明"它人"的合理性,我們認爲,由於《急就篇》的廣泛傳播,[①]數百年後的晉人在其影響下,模仿、甚至直接使用其中的組合來取名都是可能的,并不足以證明"慈仁他"就是"慈它人"。相反,我們認爲,史游將其編排成"慈仁他",一是爲了同義類組合,以方便記憶,二則更可能就是爲了避免讀成"慈它人",從而使整條人名的系統性不能充分展示的有意之舉。

四　從人名文化特徵來討論

在前面所列的人名實例中可以發現,用作人名的"人"和"仁",分工實際上是比較明確的:單音節人名的"仁"幾乎没有寫成"人"的,而雙音節人名的"人",也很少有寫成"仁"。可見,雖然"仁""人"有通用的時候,但從人名用字角度看,將"人""仁"看作不同的人名更爲恰當,因爲從人名取義的文化特徵看,將"仁"僅僅解讀成是"人"的假借字,"仁"這個人名所包含的哲學意味就被抹殺了。

"仁"字在西漢人名用字系統中并不孤立,可算得上是"儒家文化"人名中的一員。它與"孝""讓""忠""信""親/利親/奉親"等人名,構成了漢代人名取義的儒家思想體系,體現了儒家哲學對漢人的影響。漢簡中就有多例"孝""讓""忠""信"的人名。《急就篇》中還有"程忠信""崔孝讓"這樣的人名條目,但考察漢簡人名,實際并無"忠信""孝讓"這樣的雙音節人名,而以"忠""信""孝""讓"爲名的例子倒不少。可見"忠信"與"孝讓"也是由常見人名"忠""信""孝""讓"組合而成的人名。下面以"孝"爲例進行考察。

用做人名,單、雙音節都有。略舉例如下。

單音節人名有:

王孝(居新 EPT59.251)、王孝(居 27.24)、李孝(居新 EPF22.252、居新 EPF22.256、居新 EPF22.255、居新 EPT44.42、居新 ESC13)、吕孝(肩 73EJD:23)、吕孝(疏 424)、紀孝(居新 EPT52.531)、耿孝(馬 776)、張孝(居新 ESC33)、張孝(居 55.25)、張孝(額 99ES16ST1:12)、陽孝(居新 EPF22.599)、鄭孝(居新 EPT68.108、居新 EPF22.219、居新 EPF22.354)。

[①] 西北漢簡中多次發現《急就篇》内容的簡文,比如居延新簡、敦煌漢簡、疏勒河漢簡均有發現。

雙音節人名則有：

張孝良（居新 EPT49.40B）、薛孝婦（肩 73EJT29:13A）、王孝親（懸 I91DXT0309③:58）、姜孝功（玉Ⅱ98DYT1:41A）等。①

用作表字，構成"孝卿""子孝""孝夫"等雙音節字，并且沒有性别差異。如：

（14）士吏李孝卿	居新 EPS4T2.89A
（15）行召辛子孝，可傳告令以馬。遣子孝	肩 73EJF1:77+78A
（16）莊（？）子孝三百	尹 YM6D7 正
（17）以李長叔、累子孝會府報	肩 73EJT30:56A
（18）辭曹史路子孝叩=頭=。	肩 73EJT30:56A
（19）薛子孝二百	尹 YM6D7 反
（20）嚴子孝二百	尹 YM6D8
（21）王孝夫取，孝夫爲王子襄婦。	居 271.16

上例（14）至例（21）是"孝"用作表字的例子。但是目前而言，同時代的傳世或出土文獻中，都暫時没有看到"孝讓"這樣的雙音節人名。

更重要的是，"孝"還是一個姓氏。《姓韻》指出"孝"姓見於《風俗通》，并舉宋代靖州知州孝發爲例。② 其實漢簡中就有"孝"姓人士，如：

（22）東部肩水記部尤戲孝誠欲告之道涇毋從□得	肩 73EJT26:72
（23）孝賞叩☒	肩 73EJT37:1283

由此可見，"孝讓"中的"孝"實際也包含了姓氏、人名和表字等人名要素。僅僅將其讀作人名用字，顯然是不夠全面和完整的。

又如"程忠信"條，據目前所見西漢出土簡牘材料統計，以"忠"爲名的人名高達 105 條，以"信"爲名的人名有 18 條。而"忠信"這樣的雙音節人名，僅在敦煌漢簡和疏勒河漢簡出現，且恰好就是《急就篇》姓名中的内容，說明"程忠信"這個條目也是一個常見人名用字的組合，其所包含的人名信息量應該是遠遠大於"程+忠信"這種解構方案的。

---

① 《懸泉漢簡》簡稱"懸"，參見甘肅簡牘博物館等編《懸泉漢簡（貳）》，上海：中西書局，2020。
② ［清］張澍：《姓韻》，1067 頁。

由此可見,把《急就篇》人名"慈仁他"解讀成"慈+仁他"或"慈+它人"都不是對這條人名的最佳解讀,祇有跳脱出這個固定的解讀模式,纔有可能最大限度地接近史游編排人名的真相。

餘論

上面我們討論了《急就篇》姓名"慈仁他",既不是"慈+仁他"的結構,也不是"慈+它人"的搭配,而應該是一個涵蓋了姓、名、字等人名要素的人名組合系統。同時,我們也注意到"程忠信""崔孝讓"這樣的人名,也同樣不能切分成"程+忠信"和"崔+孝讓"來研究,可見顏氏的研究框架并不完全契合《急就篇》姓名的編排思路,需要從更多的角度綜合考慮,重新分析《急就篇》姓名的編排體例,纔能最大限度地解讀其中"姓名"條目。關於這個問題,筆者另有專文討論,此不贅述。

附記 本文承蒙匿名審稿專家惠賜修改意見,寫作中得到西南大學漢語言文獻研究所郭麗華老師的審閲意見,於此并致謝忱。

新莽"宰師司馬司威"封泥小考

□ 首都師範大學中國書法文化研究院　王通

内容提要　平帝元始年間是王莽"立威柄"時期,陳崇在此時持續任大司徒司直,其職掌在糾察不法之外還體現在對王莽此時執政權威及合法性進行塑造、宣傳。陳崇居攝年間任司威,封泥"宰師司馬司威"屬此時產物。"宰師司馬"或是王莽名兼宰衡、太師前疑、大司馬的減省稱謂。司威除延續糾察職能外,以"威"爲名與王莽封拜將軍號内外呼應,寄予王莽以名號之"威"震懾翟義叛軍的希望。司威陳崇在"天"的層面助力王莽居攝取得"天降明威"的合法性,又在"人"的層面使王莽在征伐反叛、司掌軍隊、糾察不法中獲得有力支撑,使王莽獲"天人之助"。司威職掌特徵爲新莽建國後五威司命體制的確立奠定了基本雛形和制度框架。

關鍵詞　新莽　宰師司馬司威　陳崇　五威司命

　　元始、居攝時期是王莽樹立政治權威與秉政合法性的重要時段,這一時段持續時間雖短,却爲王莽在建國之前實現勢位進階、威信樹立奠定了重要基礎。由於史料較少,以往研究者對於這一時段的政治走向乃至制度細節較少措意。既往討論又往往囿於漢室正統視角,多以"詐"或"僞"來定位、討論王莽立政與行事。班固評述王莽行事有"乃始恣睢,奮其威詐"語,[①]"詐""僞"固然是王莽行事作風一重要層面,而"威詐"之"威"則尤值得關注。《漢書·王莽傳中》又提到"莽以詐立,心疑大臣怨謗,欲震威以懼下",[②]《漢書·翟方進傳》則稱引班彪評述:"當莽之起,蓋乘天威",[③]由於王莽"詐立",故對其合法性極爲不自信,因此處處企圖用切實的威權控制乃至神秘的天威力量來鞏固權勢,這一點在元始、居攝時期就

---

① 《漢書》卷九九下《王莽傳下》,北京:中華書局,1962,4194頁。
② 《漢書》卷九九中《王莽傳中》,4123頁。
③ 《漢書》卷八四《翟義傳》,3441頁。

有鮮明地體現。

上海博物館所藏"宰師司馬司威"等新莽封泥爲討論這一時期的制度建構細節、合法性樹立進程等問題提供了一個切入點,本文擬從封泥文字本身出發,在結合傳世文獻對封泥文字進行充分解讀的基礎之上,進一步討論元始、居攝時期與王莽合法性樹立相關的系列問題。

一 "宰師司馬司威"與"宰師司馬家丞"封泥著録與討論

上海博物館藏有新莽封泥"宰師司馬司威""宰師司馬家丞"兩種,兩封泥文字格式相同、風格近似,均有"宰師司馬"字樣,學者對此多有著録、討論。較早著録見於孫慰祖主編《古封泥集成》,其中 2278 號爲"宰師司馬家丞"封泥。① 孫慰祖所著《兩漢官印匯考》著録"宰師司馬司威"封泥并做出初步考證:

> 此封泥文爲"宰師司馬司威"。新莽時官多依周制,以"宰""師""司"名之。《漢書·王莽傳》載,其時置太師、國師、大司馬司允、大司徒司置(筆者按:此處當作"大司徒司直",原文筆誤)、大司馬司若(筆者按:此處當作大司空司若)、司恭、司明、司聰、司中大夫。平帝時王莽拜爲宰衡并太傅、大司馬,自請御史刻印章曰:"宰衡太傅大司馬印",印文中三職連稱。此封泥似與同例。《王莽傳》居攝二年(公元七年)下有"司威陳崇",崇平帝時爲大司徒司直。始建國元年(公元九年)封統睦侯。此"宰師司馬司威"職掌無考,姑附于此。②

孫氏在後續文章《封泥所見秦漢官制與郡國縣邑沿革》中有所補充:"王莽於平帝封拜'宰衡并太傅、大司馬',封泥有'宰師司馬司威','司威'必其屬官,《王莽傳》有'司威陳崇'。"③

宰師司馬司威

圖 1 "宰師司馬司威"封泥④

---

① 孫慰祖主編:《古封泥集成》,上海書店出版社,1994,383 頁。
② 孫慰祖:《兩漢官印匯考》,香港:大業公司、上海書畫出版社,1993,《考釋》4 頁。
③ 孫慰祖:《封泥所見秦漢官制與郡國縣邑沿革》,收入其著《可齋論印新稿》,上海辭書出版社,2003,87 頁。
④ 孫慰祖:《中國古代封泥》,上海人民出版社,2002,206 頁。

宰師司馬家丞

圖2　"宰師司馬家丞"封泥①

　　孫氏著錄、討論之後學者間有對此關注討論。如郭俊然《出土資料所見新莽中央職官考》一文指出："實物有印章'宰師司馬司威'。新莽設有司威，《漢書·王莽傳》載：'司威陳崇使監軍。'（師古注言：'爲使而監軍於外。'）又載：'司威陳崇奏，衍功侯光私報執金吾竇況，令殺人，況爲收繫，致其法。莽大怒，切責光。'據此知，司威當乃監察官，宰師司馬司威或是司威之全稱。"②石繼承在《漢印研究二題》下篇《新見新莽官印彙考》中將"宰師司馬家丞"封泥著錄於第一章第一節"四輔、三公、九卿、六監及其屬官印"之下，幷結合"宰師司馬司威"封泥指出："'宰師司馬'未見文獻記載，應當是新莽新置之官，其性質不明。《匯》15有'宰師司馬司威'，印文格式與上揭封泥完全相同。《漢書·王莽傳上》有'司威陳崇'，職掌亦不明確。'宰師司馬司威'與上揭'宰師司馬家丞'一樣，都是'宰師司馬'的屬官。"③

　　我們可以看到以往學者多就封泥文字本身略作考訂，多以司威與陳崇相對應，指出其爲監察之官或是"宰師司馬"之屬官，對其具體職掌多持闕疑態度，對"宰師司馬"具體指向的判定也多采取模糊表述。就印文本身而言，"宰師司馬"稱謂具體所指、"司威"具體職掌還有待進一步探討確認。如將視野再放到元始、居攝時期的職官建構和政治文化當中，尚有一定討論的空間。下面首先對印文中"宰師司馬"的具體指向及"司威"陳崇的具體行事、職掌進行討論。

二　"宰師司馬"稱謂考

　　"宰師司馬司威"封泥中"司威"一職指向較爲明確，而"宰師司馬"的具體所指諸家討論多較模糊。我們首先注意到，王莽"安漢公""宰衡"的名號幷沒有隨著改元居攝、稱"假皇帝"而取消，如居攝元年（6）十二月群臣奏請和王莽白太后下詔書的文字對王莽的指稱就或爲"安漢公"，或爲"宰衡"：

---

① 孫慰祖：《中國古代封泥》，207頁。
② 郭俊然：《出土資料所見新莽中央職官考》，《昆明學院學報》2014年第4期，84頁，收入其著《漢代官僚制度研究：以出土資料爲中心》，鄭州大學出版社，2018，19頁。
③ 石繼承：《漢印研究二題》，復旦大學博士學位論文，2015，158頁。

>（居攝元年）十二月，群臣奏請：“益安漢公宫及家吏，置率更令，廟、廄、廚長丞，中庶子，虎賁以下百餘人，又置衛士三百人。安漢公廬爲攝省，府爲攝殿，第爲攝宫。”奏可。①
>
>（居攝元年）莽白太后下詔曰：“故太師光雖前薨，功效已列。太保舜、大司空豐、輕車將軍邯、步兵將軍建皆爲誘進單于籌策，又典靈臺、明堂、辟雍、四郊，定制度，開子午道，與宰衡同心説德，合意并力，功德茂著。封舜子匡爲同心侯，林爲説德侯，光孫壽爲合意侯，豐孫匡爲并力侯。益邯、建各三千户。”②

王莽在元始年間就是多號兼稱，以彰顯其權兼内外、爵隆位尊，如王莽自稱其“爵爲新都侯，號爲安漢公，官爲宰衡、太傅、大司馬，爵貴號尊官重，一身蒙大寵者五”，③敦煌懸泉置壁書《四時月令詔條》顯示王莽上書時就自稱“安漢公、宰衡、太傅、大司馬莽昧死言”，④可見名號疊加實際用於日常行政之中。元始年間王莽又上書請御史爲宰衡刻印：“宰衡官以正百僚平海内爲職，而無印信，名實不副。臣莽無兼官之材，今聖朝既過誤而用之，臣請御史刻宰衡印章曰'宰衡太傅大司馬印'，成，授臣莽，上太傅與大司馬之印。”⑤這種名號疊加的風格可見也用於印信文字之中。居攝年間“安漢公”“宰衡”的名號既然没有取消，這種疊加的稱謂形式也很可能暫時延續到居攝時期。

居攝元年（6）王莽對元始年間“四輔”職官的名號和人員做出了調整，平帝元始五年（5）時四輔的人員構成爲太師馬宫、太傅王莽、太保王舜、少傅甄豐，而《漢書·王莽傳上》載居攝元年（6）：

>三月己丑，立宣帝玄孫嬰爲皇太子，號曰孺子。以王舜爲太傅左輔，甄豐爲太阿右拂，甄邯爲太保後承。又置四少，秩皆二千石。⑥

此時四輔名號已經更改爲太傅左輔、太阿右拂、太保後承。顯而易見，此前太師的名號和人員在此并未説明。⑦元始年間太師一度爲名儒孔光擔任，孔光在平帝元始五年（5）去世，太

---

① 《漢書》卷九九上《王莽傳上》，4086頁。
② 《漢書》卷九九上《王莽傳上》，4086-4087頁。
③ 《漢書》卷九九上《王莽傳上》，4068頁。
④ 中國文物研究所、甘肅省文物考古研究所編：《敦煌懸泉月令詔條》，北京：中華書局，2001，7頁。
⑤ 《漢書》卷九九上《王莽傳上》，4068頁。關於新莽"宰衡"名號的政治文化意義研究可參王子今《王莽"宰衡"名號與度量衡新制的意義》，《考古》2018年第8期，29-32頁。
⑥ 《漢書》卷九九上《王莽傳上》，4082頁。
⑦ 元始、居攝年間職官變動及任職成員可參饒宗頤《新莽職官考》所附《元始居攝之際公卿表》，收入其著《選堂集林·史林》，中華書局香港分局，1982，上册，290-294頁。

師繼任者爲馬宫,而馬宫不久就上書乞骸骨:"其上太師大司徒印綬使者,以侯就弟。"①在改元居攝之際,太師一職便空缺出來,且四輔的名號也有所調整。《尚書大傳》載:"古者天子必有四鄰:前曰疑,後曰丞,左曰輔,右曰弼。天子有問無以對,責之疑。可志而不志,責之丞。可正而不正,責之輔。可揚而不揚,責之弼。其爵視卿,其禄視次國之君也。"②依照此時四輔職官名號構建的經典淵源,天子四鄰有前疑、後丞、左輔、右弼,似乎應當補充上"太師前疑"一職以凑足"四輔"之數。③

我們推測此時"太師前疑"雖史籍闕載,則很有可能由王莽兼任。此時王莽雖稱"居攝"、稱"假皇帝",勢位已經無限接近於皇權,而在宣傳説辭上仍以輔弼的形象出現,如群臣奏請王莽居攝時就説:"輔翼漢室,保安孝平皇帝之幼嗣,遂寄托之義,隆治平之化。"④且王莽改元居攝之後,激起了大臣、宗室的反抗,翟義等人的起事引起了王莽巨大的恐慌,以至於王莽"惶懼不能食,晝夜抱孺子告禱郊廟,放《大誥》作策,遣諫大夫桓譚等班於天下,諭以攝位當反政孺子之意",⑤一再強調攝位旨在守護漢室江山,之後還要返政於孺子,此時情勢似乎也不允許王莽捨棄輔弼之任的輿論安全性。除此之外,元始年間大司馬一職一直由王莽擔任,居攝時期并未顯示王莽任命了新的大司馬成員,我們推測大司馬也極有可能由王莽繼續兼任。徐冲在《西漢後期至新莽時代"三公制"的演生》一文中指出:"王舜既爲太傅左輔,可知王莽在稱'攝皇帝'後,即相應放棄了太傅之位,大司馬之位應該也未予保留(新的人選未知,可能空缺)。"⑥我們認爲王莽在居攝之後四輔與大司馬的職任情況似乎還應結合居攝時期的政治形勢重新考量。

如以上考論成立,則前論封泥中"宰師司馬"的指向或許可以做出一些解釋,此時王莽名兼宰衡、太師前疑、大司馬,取宰衡之"宰"、太師前疑之"師"、大司馬之"司馬",似乎就能構

---

① 《漢書》卷八一《馬宫傳》,3366 頁。
② [清]皮錫瑞撰,吴仰湘點校:《尚書大傳疏證》卷二《皋陶謨》,北京:中華書局,2022,82 頁。
③ 《肩水金關漢簡(貳)》中簡 73EJT23:878 提示此時"四輔"信息:"居耴三年十月戊朔壬午,大司空假屬建、大司徒屬錯逐捕反虜陳伯陽、王孫慶及新屬當坐者,移監御史、州牧、京兆尹、四輔、郡大守、諸侯相,伯陽、慶所犯悖天逆理,天地所不覆載,臣子所當誅滅☐",參見甘肅簡牘保護研究中心、甘肅省文物考古研究所、甘肅省博物館、中國文化遺産研究院古文獻研究室、中國社會科學院簡帛研究中心編《肩水金關漢簡(貳)》,上海:中西書局,2012,下册 118 頁。筆者標點。劉樂賢指出:"金關漢簡 73EJT23:878 在'京兆尹'和'郡大守'之間寫有'四輔',也令人費解。據古書記載,王莽執政時期是以太傅、太師、太保、少傅爲'四輔',王莽建立新朝以後,是以太師、太傅、國師、國將爲'四輔'。金關漢簡 73EJT23:878 排列在'京兆尹'和'郡大守'之間的'四輔',與上述地位崇高的'四輔'頗不相稱。從文例看,該簡的'四輔'似乎與'三輔'相類,可能是指京畿地區的主管官員。簡文在'四輔'的前面已經有'京兆尹',則'四輔'必定不包括京兆尹。與此相似,居延新簡 ESC97 也是'京兆尹'與'四輔'同見:'☐三百户吏比京兆尹、四輔爲'。可惜簡 ESC97 殘損嚴重,不能爲研究'四輔'的含義提供更多綫索。"參見劉樂賢《金關漢簡中的翟義同黨陳伯陽及相關問題》,《中國史研究》2014 年第 1 期,203-204 頁。今按簡文中"四輔"位置獨特,所指確如劉文所論不屬於位高權重的"四輔"職官,而與京畿地區的區域重新劃分有關,筆者擬另作專文討論。
④ 《漢書》卷九九上《王莽傳上》,4081 頁。
⑤ 《漢書》卷九九上《王莽傳上》,4087 頁。
⑥ 徐冲:《西漢後期至新莽時代"三公制"的演生》,《文史》2018 年第 4 輯,84 頁。

成印文中"宰師司馬"的減省稱號,這在時段和稱謂上都能得到較爲妥帖的解讀。

另外值得注意的是,王莽不斷擴充安漢公的官署規模及屬吏成員,元始五年(5)王莽受"九錫"之後就曾擴充過其官署規模:"署宗官、祝官、卜官、史官,虎賁三百人,家令丞各一人,宗、祝、卜、史官皆置嗇夫,佐安漢公。"① 前引居攝元年(6)十二月群臣奏請中"益安漢公官及家吏"就是又一次爲王莽增加屬吏規模及武裝力量。另一封泥"宰師司馬家丞"中的"家丞"就極有可能是在這一背景之下的其中一員。我們甚至可以推測此時安漢公的官署成員或許普遍配有以"宰師司馬"起首的印信,由於居攝時期持續時間短暫且時局不定,以至留存信息有限。至於以"宰師司馬"起首的封泥、官印還有哪些,尚待新材料的發現。

封泥中"宰師司馬"所指既已討論,指向較爲明確的"司威"陳崇就可在此基礎上進一步說明。司威是陳崇在新莽居攝年間所擔任的職官,相關内容僅見記載於《漢書·王莽傳上》,這一點是毫無疑問的,諸家以此展開討論也是正確的。但對於陳崇的行事、職任還需從元始、居攝年間的政治走向中索解。陳崇所任司威一職的職掌更與其在元始年間所任大司徒司直時的行事、職掌密切相關。我們不妨將視野延伸至元始年間,從其中的政治走向乃至陳崇與王莽的密切配合、互動中討論"司威"職任的具體特徵乃至王莽秉政合法性確立的過程。

三 王莽"立威柄"與司直陳崇行事

平帝元始年間是王莽重返京師後開啓樹立政治權威之路的重要時期。在這一時期王莽迫使董賢、孝成趙皇后及孝哀傅皇后自殺,後又出任大司馬并組建新的政治集團,又以新的政治集團迎立平帝、"定策安宗廟",這一系列政治活動在短短數月之内迅速完成。②《漢書·元后傳》及《辛慶忌傳》載:

> 明年,哀帝崩,無子,太皇太后以莽爲大司馬,與共徵立中山王奉哀帝後,是爲平帝。帝年九歲,當年被疾,太后臨朝,委政於莽,莽<u>頗威福</u>。③
>
> 元始中,安漢公王莽秉政……是時莽方<u>立威柄</u>,用甄豐、甄邯以自助,豐、邯新貴,威震朝廷。④

---

① 《漢書》卷九九上《王莽傳上》,4075 頁。
② 對於元始年間王莽重返京師的政治史研究可參張小鋒《西漢中後期政局演變探微》,天津古籍出版社,2007,191—211 頁。本文著重關注這一時期王莽政治權威樹立的過程及陳崇的仕宦經歷和政治表現。
③ 《漢書》卷九八《元后傳》,4030 頁。
④ 《漢書》卷六九《辛慶忌傳》,2998 頁。

無論是"顓威福"還是"立威柄",都可以看出樹立政治權威是王莽在哀帝崩後、平帝即位的元始年間最爲重要的政治訴求。而王莽此時實現政治權威樹立最爲有力的行動就是組建起其分工明確、各有專擅的統治集團。《漢書·王莽傳上》載:

> 於是附順者拔擢,忤恨者誅滅。王舜、王邑爲腹心,甄豐、甄邯主擊斷,平晏領機事,劉歆典文章,孫建爲爪牙。豐子尋、歆子棻、涿郡崔發、南陽陳崇皆以材能幸於莽。莽色屬而言方,欲有所爲,微見風采,黨與承其指意而顯奏之,莽稽首涕泣,固推讓焉,上以惑太后,下用示信於衆庶。①

陳崇位列其中,與甄尋、劉棻、崔發并列爲"以材能幸於莽"的群體。從後文"黨與承其指意而顯奏之"的表述以及這一群體的日常行事來看,這其中"材能"一個重要的方面就是善於揣摩、逢迎王莽的意圖而搶先一步奉上符命,從而爲王莽樹立秉政之政治合法性造勢。其中重要成員崔發就頗精於此道,在居攝末年巴郡石牛、雍石文等符命蜂擁而起之時,時任騎都尉的崔發就對這些符命文字做出適時的解讀工作,史稱"騎都尉崔發等眂説",②顔師古注:"眂,古視字也。視其文而説其意也。"③新莽建國之後,崔發更是因爲這一番解讀而被封"説符侯",同時又被命爲五威中城將軍。

所謂"附順者拔擢,忤恨者誅滅",王莽樹立政治權威除利用材能之臣造作符命外,也需要親信負責糾察、衝擊不附順王莽的大臣和勢力。陳崇在王莽"立威柄"時期擔任的職官爲大司徒司直,其在元始年間任上就肩負起了這兩方面的重要任務。平帝即位之初大司徒司直本爲金欽:

> 平帝即位,徵爲大司馬司直、京兆尹。帝年幼,選置師友,大司徒孔光以明經高行爲孔氏師,京兆尹金欽以家世忠孝爲金氏友。徙光禄大夫侍中,秩中二千石,封都成侯。④

---

① 《漢書》卷九九上《王莽傳上》,4045–4046 頁。
② 《漢書》卷九九上《王莽傳上》,4094 頁。
③ 《漢書》卷九九上《王莽傳上》,4094 頁。
④ 《漢書》卷六八《金日磾傳》,2964 頁。按此"大司馬司直"當爲"大司徒司直"之誤,《漢書補注》本作"大司徒司直",并引周壽昌曰:"一本作'大司馬'。案哀帝時,更丞相爲大司徒。丞相有司直,大司馬位雖尊,於元壽二年始置,官署有長史,不聞有司直也。"參見[漢]班固撰,[清]王先謙補注,上海師範大學古籍研究所整理《漢書補注》卷六八《金日磾傳》,上海古籍出版社,2012,4650 頁。今按《漢書·百官公卿表上》載:"護軍都尉,秦官,武帝元狩四年屬大司馬,成帝綏和元年居大司馬府比司直,哀帝元壽元年更名司寇,平帝元始元年更名護軍。"(卷一九上,737 頁)平帝元始年間護軍、司直、司隸是并立分屬大司馬、大司徒、大司空之下的屬官,在新莽建國之後更是以三"孤卿"的名號延續。

金欽徙光禄大夫侍中之後大司徒司直繼任者就當是陳崇。① 司直本爲武帝元狩五年（前118）所置，"秩比二千石，掌佐丞相舉不法"，②考察陳崇日常行事職掌正是以糾察大臣、促成王莽樹立秉政權威爲主。陳崇的糾察對象往往是對王莽政治權威與合法性的樹立構成障礙的人物，如孫寶本爲與王舜共同迎立平帝的功臣，却因反對孔光、馬宮稱頌王莽德比周公而遭陳崇舉奏：

> 會寶遣吏迎母，母道病，留弟家，獨遣妻子。司直陳崇以奏寶，事下三公即訊。寶對曰："年七十眊悖，恩衰共養，營妻子，如章。"寶坐免，終於家。③

《漢書・百官公卿表下》載元始二年（2）"光禄大夫孫寶爲大司農，數月免。"④元始二年至三年（2—3）之間正是王莽處處塑造其周公形象的重要時期，孫寶耿直的言論自然使其在數月之内速遭罷黜。

除了本屬大司徒司直分内的糾察之職掌外，陳崇的"材能"自然還體現在善於逢迎王莽并適時地稱頌功德、宣傳風教。陳崇與張敞之孫張竦相善，史稱"竦者博通士，爲崇草奏，稱莽功德，崇奏之"，⑤這一篇稱頌文字引經據典，歷數王莽自年少時期至元始秉政之間的功績，并一一稱引經傳來比附，最後落脚點就是王莽已然德比周公，當加"九錫"殊禮。⑥ 遺憾的是這篇歌功頌德的宏文上奏不久就發生了吕寬之獄這一突發事件，陳崇在這一事變之後便繼續發揮了他司直的糾察之職，舉奏與吕寬、衛氏相勾連的辛氏：

> 及吕寬事起，莽誅衛氏……於是司直陳崇舉奏其宗親隴西辛興等侵陵百姓，威行州郡。莽遂按通父子、遵茂兄弟及南郡太守辛伯等，皆誅殺之。辛氏繇是廢。⑦

吕寬事件使王莽推遲了加九錫的進程，甚至使王莽不惜以"誅管蔡"的名義處死自己兒子王

---

① 《漢書・百官公卿表下》載元始二年（2）："大司馬司直沛武襄君孟爲右扶風，三年爲冀州牧。"（卷一九下，855 頁）《漢書・百官公卿表下》又載元始五年（5）："宰衡護軍武襄爲京兆尹。"（856-857 頁）宰衡即大司馬王莽，宰衡護軍即大司馬護軍，依此元始二年（2）所載"大司馬司直"或爲"大司馬護軍"之誤，所指皆爲武襄。這與前引《漢書・金日磾傳》中"大司馬司直"爲"大司徒司直"之誤當有所不同。
② 《漢書》卷一九上《百官公卿表上》，725 頁。
③ 《漢書》卷七七《孫寶傳》，3263 頁。
④ 《漢書》卷一九下《百官公卿表下》，855 頁。
⑤ 《漢書》卷九九上《王莽傳上》，4053 頁。
⑥ 陳崇上奏文字參見《漢書》卷九九上《王莽傳上》，4054-4063 頁。
⑦ 《漢書》卷六九《辛慶忌傳》，2998 頁。

宇,陳崇正是在這一重大事變之後舉奏清除與之相勾連的殘餘勢力。①

王莽肅清吕寬之獄後,必然對陳崇的材能更加認可,在元始四年(4)之初,陳崇便以大司徒司直的官職執行了爲期一年多的使者任務。《漢書·王莽傳中》載:

> (元始)四年春,郊祀高祖以配天,宗祀孝文皇帝以配上帝。四月丁未,莽女立爲皇后,大赦天下。遣大司徒司直陳崇等八人分行天下,覽觀風俗。②

派遣使者巡行天下是西漢以來的政治傳統,多有觀覽風俗、察舉賢良、審正冤獄、存恤百姓等目的,王莽此時標舉"致太平"的政治口號,派風俗使者分行天下可謂正當其時。在陳崇等人巡行天下的一年之内,王莽也完成了加號"宰衡"、以"九命上公"身份加"九錫"之禮等關鍵政治活動。分行天下的任務完成之後陳崇等人也因爲興太平、宣教化有功而被封爲列侯:

> 風俗使者八人還,言天下風俗齊同,詐爲郡國造歌謡,頌功德,凡三萬言。莽奏定著令。又奏爲市無二賈,官無獄訟,邑無盜賊,野無飢民,道不拾遺,男女異路之制,犯者象刑。劉歆、陳崇等十二人皆以治明堂,宣教化,封爲列侯。③

《漢書·外戚恩澤侯表》載元始五年(5)閏月丁酉王惲、閻遷、陳崇等八人"使行風俗齊同萬國功侯,各千户",④陳崇封侯時所任職官仍是大司徒司直:"以大司徒司直與王惲同功侯。"⑤以此可見在元始年間的五年之内,陳崇應當一直擔任大司徒司直一職。

從以上討論來看,頗具"材能"而深得王莽信用的陳崇在元始年間王莽"立威柄"的重要時期持續擔任大司徒司直一職,其職掌在糾察不法之外,更重要的是對王莽在這一時期的執政權威及合法性進行塑造、宣傳和鞏固,元始年間陳崇與王莽的密切配合也延續到了居攝時期。"宰師司馬司威"封泥中"司威"的具體表現就應當在居攝時期的政治走向中進行解讀。

四 "天人之助"與"司威"陳崇

前引學者對相關封泥的討論於陳崇"司威"一職的職掌也多未能展開論述,其實仔細考

---

① 陳崇任大司徒司直期間還曾彈劾雖被王莽器重而兄弟行爲放縱的陳遵:"後司直陳崇聞之,劾奏'遵兄弟幸得蒙恩超等歷位,遵爵列侯,備郡守,級州牧奉使,皆以舉直察枉宣揚聖化爲職,不正身自慎……臣請皆免。"參見《漢書》卷九二《游俠傳》,3711-3712頁。
② 《漢書》卷九九上《王莽傳上》,4066頁。
③ 《漢書》卷九九上《王莽傳上》,4076-4077頁。
④ 《漢書》卷一八《外戚恩澤侯表》,717頁。
⑤ 《漢書》卷一八《外戚恩澤侯表》,717頁。

察史料,結合前述元始年間陳崇的仕宦經歷以及居攝時期的政治走向,尚能看到一些"司威"設置的綫索和意圖。司威設置的具體時間史料闕載,陳崇爲司威首見於居攝二年(7)十二月王邑等擊破翟義後司威陳崇使監軍上書,居攝時期翟義反叛可以説是這一時段最爲重要的政治事件,這引起了王莽前所未有的恐慌,司威的設置則很有可能和翟義反叛這一事件有關。

首先我們注意到司威以"威"爲名與王莽在封拜將軍時的將軍號内外相呼應,這應當寄予了王莽企圖以名號之"威"來對翟義叛軍進行武力威懾,《漢書·翟義傳》載:

> 莽聞之,大懼,乃拜其黨親輕車將軍成武侯孫建爲奮武將軍,光禄勳成都侯王邑爲虎牙將軍,明義侯王駿爲强弩將軍,春王城門校尉王况爲<u>震威將軍</u>,宗伯忠孝侯劉宏爲奮衝將軍,中少府建威侯王昌爲中堅將軍,中郎將震羌侯竇况兄爲<u>奮威將軍</u>,凡七人,自擇除關西人爲校尉軍吏,將關東甲卒,發奔命以擊義焉。復以太僕武讓爲積弩將軍屯函谷關,將作大匠蒙鄉侯逯并爲橫壄將軍屯武關,羲和紅休侯劉歆爲揚武將軍屯宛,太保後丞丞陽侯甄邯爲大將軍屯霸上,常鄉侯王惲爲車騎將軍屯平樂館,騎都尉王晏爲<u>建威將軍</u>屯城北,城門校尉趙恢爲城門將軍,皆勒兵自備。①

可見王莽封拜將軍時多以威、武爲名,尤以"×威將軍"爲多。諸將軍奮威於外,陳崇司威於内,這種内外呼應是較爲明顯的。陳崇也確實在軍事上起到了司威於内的作用,就在攻破翟義大獲全勝之際,陳崇就擔負起了排比軍功的工作,《漢書·王莽傳上》載:

> (居攝三年)王邑等還京師,西與王級等合擊明、鴻,皆破滅,語在《翟義傳》。莽大置酒未央宫白虎殿,勞賜將帥。<u>詔陳崇治校軍功,第其高下</u>。②

再如居攝二年(7)十二月王邑等擊破翟義後,《漢書·王莽傳上》載有"司威陳崇使監軍上書言",③此處顔師古注爲"爲使而監軍於外",④似乎文意不太順暢。從陳崇職掌來看應還是"司威於内"而非"監軍於外","使"字作動詞解似更妥帖。而"監軍"則提示司威之下當也設具有監察軍隊職權的屬官。值得注意的是,《漢書·王莽傳中》載始建國三年(11)王莽下書:"内置司命軍正,外設軍監十有二人,誠欲以司不奉命,令軍人咸正也。"⑤所謂司命軍正

---

① 《漢書》卷八四《翟義傳》,3427 頁。
② 《漢書》卷九九上《王莽傳上》,4089 頁。
③ 《漢書》卷九九上《王莽傳上》,4088 頁。
④ 《漢書》卷九九上《王莽傳上》,4088 頁。
⑤ 《漢書》卷九九中《王莽傳中》,4125 頁。

就當是五威司命之下主司軍隊的屬官，而軍監十二人當是分派到"猛將十二部"的各部之中用以實時督察之官。① 司威陳崇在王莽建國後即被任命爲五威司命，兩職密切相關，後文將會再論。而由建國後司命軍正與軍監"内置"—"外設"的對應關係來看，居攝時期司威之下很可能設有類似"軍正""軍監"之職，陳崇使上書的"監軍"就很有可能是其中一員。以此可見司威無論從名號還是實際職掌上來看，都在一定程度上與翟義反叛這一突發的軍事事件有關，在這一事件中司威所具備的與軍隊相關的職權和官署，也或初步具備了新莽建國後制度建構的雛形。

其次我們看到陳崇任司威時依然依靠其"材能"對王莽在這一時期執政合法性的鞏固做出了突出貢獻。改元居攝是王莽勢位進階的突破性事件，這也使時人對其是否具有篡奪動機進行揣測，以至於激起了翟義的武裝抗爭。前文對"宰師司馬"稱謂的考論已經提到了王莽此時對其輔弼身份角色的塑造，王莽建國之前行事一貫托名周公，居攝的合法性自然是源於周公攝政的成例，而除此以"歷史重現"的方式來塑造其居攝的正當性外，我們還應注意到其居攝在神聖的力量上更來自於所謂"天降威明"。最爲典型的例子就是王莽依照《周書》所作《大誥》文字中的相關表述：

　　天降威明，用寧帝室，遺我居攝寶龜。②
　　天降威遺我寶龜，固知我國有呰災，使民不安，是天反復右我漢國也。③
　　烏虖！天明威輔漢始而大大矣。④

雖然文字是對《尚書》文字的模擬，⑤但顯然意在宣傳居攝是天降旨意不可違抗。⑥ 陳崇也在剛剛擊破翟義時適時地稱頌了一番王莽的配天之德，指出正是王莽"配天"，纔能擊破反虜：

　　十二月，王邑等破翟義於圉。司威陳崇使監軍上書言："陛下奉天洪範，心合寶龜，膺受元命，豫知成敗，咸應兆占，是謂配天。配天之主，慮則移氣，言則動物，施則成化。

---

① 1983年4月陝西鳳翔縣柳林鎮屯頭村出土新莽官印"五威司命領軍"也顯示出五威司命下設主司軍隊職官，著録討論參見王翰章編著《陝西出土歷代璽印選編》，西安：三秦出版社，1990，3-4頁。王人聰《新莽官印匯考》指出："印文'領軍'當係五威司命之屬官，五威司命掌糾察彈劾上公以下大臣，職事重大，需有較高之威權，故亦領有軍隊。"收入王人聰、葉其峰著《秦漢魏晉南北朝官印研究》，香港中文大學文物館，1990，104頁。
② 《漢書》卷八四《翟義傳》，3428頁。
③ 《漢書》卷八四《翟義傳》，3429頁。
④ 《漢書》卷八四《翟義傳》，3432頁。
⑤ 對王莽所做《大誥》文字與《尚書》文本的關係研究可參程元敏《莽誥商價》，《書目季刊》第17卷第3期，34-41頁。
⑥ 對"威"的訓釋可參孫星衍《尚書今古文注疏》："《釋詁》云：'威，則也。'則者，法也。言天降明法于靈龜，以寧王室。前漢人用今文之義如此。"參見[清]孫星衍撰，陳抗、盛冬鈴點校《尚書今古文注疏》卷一四《周書·大誥》，北京：中華書局，2004，345頁。

臣崇伏讀詔書下日,竊計其時,聖思始發,而反虜仍破;詔文始書,反虜大敗;制書始下,反虜畢斬。<u>衆將未及齊其鋒芒,臣崇未及盡其愚慮</u>,而事已決矣。"莽大説。①

所謂"奉天洪範,心合寶龜"正與王莽《大誥》所言"天降威明,遺我居攝寶龜"相對應,爲王莽居攝提供了"奉天"的神聖性。其中"衆將未及齊其鋒芒,臣崇未及盡其愚慮"一句雖屬頌聖之修辭,但在一定程度上也反映出前述司威陳崇與諸將軍的内外配合關係。

最後司威其實也延續了此前陳崇任大司徒司直的糾察職能,《漢書·王莽傳上》載:"司威陳崇奏,衍功侯光私報執金吾竇況,令殺人,況爲收繫,致其法。"②王光是王莽兄子,王莽在剿滅翟義之後就封了自己兒子王安、王臨爲新舉公、褒新公,同時兄子王光也被封爲衍功侯。王光被封不久就因爲違法犯禁而遭司威陳崇舉奏,王莽雖然衹是"大怒、切責光",而王光母卻聯想到此前王莽不惜處死自己兒子王宇、王獲,而母子雙雙自殺。班固評論道:"初,莽以事母、養嫂、撫兄子爲名,及後悖虐,復以示公義焉。"③可見陳崇此時糾察範圍可謂不顧權勢、親私,這也恰好迎合了王莽爲樹立權威、公義而不惜一切代價的執政風格。

剿滅翟義爲王莽帶來了巨大的自信,也爲王莽做"真皇帝"鋪平了道路:"莽既滅翟義,自謂威德日盛,獲天人助,遂謀即真之事矣。"④司威陳崇既在"天"的層面助力王莽居攝取得"天降明威"的合法性,又在"人"的層面使得王莽在征伐反叛、司掌軍隊、糾察不法中獲得强有力的支撑,王莽自以爲的"威德日盛"是與陳崇司威於内密不可分的。此時司威的職掌既與元始年間陳崇任大司徒司直時的仕宦之途一脈相承,又與受命於天的合法性關聯日趨密切,這些都爲新莽建國之後五威司命制度的確立奠定了基本框架和重要基礎。居攝年間司威的設置雖具臨時性,但因陳崇出任,司威延續了此前陳崇擔任大司徒司直的行事、職掌,同時又增添了司掌軍隊這一大司徒司直不具備的軍事職能,這提示我們在討論王莽元始、居攝秉政時期的職官建構時要充分考量"人"與"事"的偶然性、臨時性因素,這些因素影響下的制度建構又往往在王莽建國後得以延續、落實而成爲固定制度。

餘論

元始、居攝年間是王莽樹立政治權威的重要時期,這一時期的各項舉措奠定了王莽建國之後的軍事、制度、輿論等重要基礎。這一時段僅僅持續數年,史料寥寥數筆,職官變動、人事調整都十分劇烈,史籍所載也多缺漏甚至舛誤,"宰師司馬司威"這兩種封泥爲我們瞭解這

---

① 《漢書》卷九九上《王莽傳上》,4088頁。
② 《漢書》卷九九上《王莽傳上》,4092頁。
③ 《漢書》卷九九上《王莽傳上》,4093頁。
④ 《漢書》卷九九上《王莽傳上》,4090頁。

一時段的政治走向提供了一個可資考察的切入點。

陳崇由大司徒司直至司威的仕宦經歷及職掌特徵,已爲新莽建國之後的合法性控制體系奠定了基本雛形。始建國元年(9),王莽以陳崇爲五威司命"司上公以下",正式地確立了五威司命的監察之權：

> 置五威司命,中城四關將軍。司命司上公以下,中城主十二城門。策命統睦侯陳崇曰："咨爾崇。夫不用命者,亂之原也；大姦猾者,賊之本也；鑄僞金錢者,妨寶貨之道也；驕奢踰制者,凶害之端也；漏泄省中及尚書事者,'機事不密則害成'也；拜爵王庭,謝恩私門者,禄去公室,政從亡矣：凡此六條,國之綱紀。是用建爾作司命,'柔亦不茹,剛亦不吐,不侮鰥寡,不畏強圉',帝命帥繇,統睦于朝。"①

與此同時,陳崇元始年間所任大司徒司直一職更是與大司馬司允、大司空司若共同構成位次在三公、九卿之間的"三孤卿",與五威司命共同承擔監察之職。《漢書·王莽傳中》載："莽即真,尤備大臣,抑奪下權,朝臣有言其過失者,輒拔擢。孔仁、趙博、費興等以敢擊大臣,故見信任,擇名官而居之。"②可見王莽建國之後依然延續了元始時期"附順者拔擢,忤恨者誅滅"的政治風氣,而負責衝擊大臣的名官顯位則正是大司馬司允和五威司命。

五威司命除與三孤卿配合形成監察權威之外,更重要的是與五威將帥相配合,形成内外呼應,主管新室政權合法性的控制和推廣。王莽以符命移漢祚,陳崇任五威司命時就曾建議王莽壟斷符命的製作權："是時爭爲符命封侯……司命陳崇白莽曰：'此開姦臣作福之路而亂天命,宜絕其原。'莽亦厭之,遂使尚書大夫趙并驗治,非五威將率所班,皆下獄。"③而負責頒行、推廣符命的就是五威將帥。五威將帥配有華麗的儀仗隊伍,負責將法定的符命宣揚到天下的各個角落：

> 遣五威將王奇等十二人班《符命》四十二篇於天下。德祥五事,符命二十五,福應十二,凡四十二篇。④

> 五威將乘《乾》文車,駕《坤》六馬,背負鷩鳥之毛,服飾甚偉。每一將各置左右前後中帥,凡五帥。衣冠車服駕馬,各如其方面色數。將持節,稱太一之使；帥持幢,稱五帝之使。莽策命曰："普天之下,迄于四表,靡所不至。"⑤

---

① 《漢書》卷九九中《王莽傳中》,4116頁。
② 《漢書》卷九九中《王莽傳中》,4135頁。
③ 《漢書》卷九九中《王莽傳中》,4122頁。
④ 《漢書》卷九九中《王莽傳中》,4112頁。
⑤ 《漢書》卷九九中《王莽傳中》,4115頁。

而五威司命則居中負責尊崇、執掌新室的"威命"。① 在王莽建國後期,司命更是上應天文,王莽甚至企圖用"威斗"的鑄造達到延續國運、剿滅反叛的作用,這背後包含了與原始道教、讖緯術數相關的"北斗"信仰,有著更爲複雜的思想資源。② 此外,五威將帥也負責出兵征伐,"×威將軍""×威侯"的名號也常常與之相配合出現,前文也提到了司威掌管軍隊的類似職能。

王莽異常重視名號的作用,"威"作爲名號選字、輿論宣傳大量出現,反應了王莽從元始年間以來一貫的政治訴求和政治文化風格,這些都與其對合法性的塑造、控制、推廣密切相關,限於本文討論範圍就不進一步展開了。

---

① 王莽代漢合法性的重要來源是對"皇天威命"的宣傳,如《漢書·王莽傳上》:"遇漢十二世三七之陀,承天威命。"(4093頁)《漢書·王莽傳中》:"皇天明威,黃德當興,隆顯大命,屬予以天下。今百姓咸言皇天革漢而立新,廢劉而興王。"(4109頁)而五威司命的設置正是爲了司掌所謂"新室威命"。《漢書·王莽傳下》載王莽使尚書劾奏五威司命孔仁:"乘《乾》車,駕《巛》馬,左蒼龍,右白虎,前朱雀,後玄武,右杖威節,左負威斗,號曰赤星,非以驕仁,乃以尊新室之威命也。仁擅免天文冠,大不敬。"(4153頁)關於五威司命及相關思想和物質文化體現的新近研究可參繆哲《從靈光殿到武梁祠:兩漢之交帝國藝術的遺影》,北京:生活·讀書·新知三聯書店,2021,150-153頁。
② 相關研究可參蕭登福《讖緯與道教》,臺北:文津出版社,2000,305-350頁;董濤《王莽威斗及相關天文信仰問題考察》,《重慶師範大學學報(社會科學版)》2018年第5期,14-20頁。

東漢臨湘鄉里考*

□ 中國社會科學院古代史研究所
□ "古文字與中華文明傳承發展工程"協同攻關創新平臺

莊小霞

内容提要 根據目前所見出土簡牘,東漢臨湘所轄鄉包括都鄉、小武陵鄉、桑鄉、廣成鄉、平鄉、中鄉、南鄉、南山鄉、沮(柤)、潙鄉、臨潙鄉、長賴鄉、漻陽鄉、莫鄉、戴鄉,不加存疑的劇鄉,計15鄉,加上存疑的劇鄉,計16鄉。五一廣場東漢簡所見東漢臨湘縣里名暫有14個(利里、漻陽里、安成里、樂里、大里、陽里、泉陽里、匠里、逢門里、東門里、滋里、樂成里、竹遂里、御門里)。此外,東漢臨湘轄鄉南山鄉、長賴鄉、臨潙鄉在西漢時都曾是縣,很可能都與西漢臨湘縣界接壤,東漢時都改爲鄉,歸屬臨湘。

關鍵詞 東漢簡牘　臨湘　鄉里

1999年出土的長沙走馬樓吳簡存有大量涉及臨湘侯國轄鄉及里記錄,此前學者們曾據此對孫吳臨湘侯國的轄鄉進行統計和還原,基本明確臨湘至少轄有都鄉、小武陵鄉、東鄉、桑鄉、樂鄉、模鄉、廣成鄉、平鄉、西鄉、中鄉、南鄉11個鄉,大致復原了孫吳時期臨湘侯國的轄

---

* 本文係國家社科基金一般項目"漢晉時期家庭倫理與社會治理研究"(21BZS046)、古文字與中華文明傳承發展工程規劃項目(編號:G3923)階段性成果。

鄉。① 孫吳臨湘侯國設於孫吳黃武二年（223），廣信侯步騭改封臨湘侯，都臨湘，而在此之前的東漢時期，臨湘則是長沙郡郡治所在，《續漢志·郡國四》："長沙郡，十三城，户二十五萬五千八百五十四，口百五萬九千三百七十二。臨湘、攸、茶陵、安城、酃、湘南侯國。衡山在東南。連道、昭陵、益陽、下雋、羅、醴陵、容陵。"②此前囿於材料，對於東漢時期臨湘轄鄉的情況不甚清楚，但自2004年以來長沙五一廣場周邊區域的古井或地窖内陸續出土了數批東漢簡牘，包括2004年出土的東牌樓東漢簡牘、2010年出土的五一廣場東漢簡牘以及2011年出土的尚德街東漢簡牘，③長沙東漢簡牘的出土對於復原東漢臨湘縣鄉里名稱具有重要參考意義。結合走馬樓吴簡所見臨湘侯國轄鄉考察，在一定程度上可以復原東漢臨湘轄鄉。④此外，2003年出土的走馬樓西漢簡主要是西漢武帝時期長沙國使用的行政文書，⑤"其中還有詳細的鄉、里記載，以長沙國治所——臨湘縣為最盛"。⑥走馬樓西漢簡對於進一步瞭解東漢和三國孫吳時期臨湘的歷史沿革也有重要意義，隨著走馬樓西漢簡陸續公布，結合長沙出土各批東漢簡牘和走馬樓吴簡，東漢臨湘鄉里研究仍有剩義可述。

一　東漢臨湘縣與孫吳臨湘侯國重合的轄鄉

此前研究者們比較確定的孫吳臨湘侯國的11個轄鄉中，在已出土長沙東漢簡牘中可見

---

① 侯旭東：《長沙走馬樓吴簡所見"鄉"與"鄉吏"》，《吴簡研究》第1輯，武漢：崇文書局，2004；[日]高村武幸：《長沙走馬樓吴簡にみえる鄉》，長沙吴簡研究會編《長沙吴簡研究報告》第2集，2004；楊振紅：《長沙吴簡所見臨湘侯國屬鄉的數量與名稱》，卜憲群、楊振紅主編《簡帛研究二〇一〇》，桂林：廣西師範大學出版社，2012；王彦輝：《聚落與交通視閾下的秦漢亭制變遷》，《歷史研究》2017年第1期；于振波：《走馬樓吴簡所見鄉級行政》，長沙簡牘博物館編《長沙簡帛研究國際學術研討會論文集》，上海：中西書局，2017；徐暢：《三國孫吳臨湘侯國轄鄉的數量與名稱再探》，《人文雜誌》2019年第10期；楊芬：《孫吴嘉禾年間臨湘中鄉所轄里初步研究》，收入復旦大學歷史學系、《中國中古史研究》編委會編《中國中古史研究》第9卷，上海：中西書局，2021（按，該文曾於2011年提交在湖南長沙舉辦的中日長沙吴簡學術研討會）；徐暢：《東漢三國長沙臨湘縣的轄鄉與分部——兼論縣下分部的治理方式與縣廷屬吏構成》，《中國史研究》2022年第4期。
② 《後漢書》，北京：中華書局，1965，3485頁。
③ 按，長沙東牌樓東漢簡牘的年代大致為東漢靈帝時期。參見長沙市文物考古研究所《長沙東牌樓七號古井發掘報告》，長沙市文物考古研究所、中國文物研究所編《長沙東牌樓東漢簡牘》，北京：文物出版社，2006，28頁。長沙五一廣場東漢簡的年代，"其中最早者為漢章帝章和四年（實際是漢和帝永元二年，屬年號延後現象），時當公元九十年；最晚者為漢安帝永初五年，時當公元一一一年"。參見長沙市文物考古研究所、清華大學出土文獻研究與保護中心、中國文化遺產研究院、湖南大學嶽麓書院編《長沙五一廣場東漢簡牘選釋》，上海：中西書局，2015，前言，7頁。尚德街東漢簡牘的年代，"該批古井的時代大多為東漢中晚期至三國東吴早中期，其中以東漢中晚期為主，所以出土簡牘的時代也可統稱為東漢簡牘"。參見長沙市文物考古研究所《長沙尚德街東漢簡牘》，長沙：嶽麓書社，2016，82頁。所以這三批簡牘的年代基本涵蓋東漢早中晚期，可統稱為東漢簡牘。
④ 徐暢考證認為"東漢早中期臨湘縣應至少轄都鄉、南鄉、中鄉、桑鄉、小武陵鄉、廣成鄉、平鄉、南山鄉、潛陽鄉、長賴鄉、臨潙鄉、潙鄉、沮（桓）鄉、莫鄉14鄉；或者還有劇鄉，則計15鄉"。參見徐暢《東漢三國長沙臨湘縣的轄鄉與分部——兼論縣下分部的治理方式與縣廷屬吏構成》，74頁。
⑤ 長沙簡牘博物館、長沙市文物考古研究所：《長沙市走馬樓西漢古井及簡牘發掘簡報》，《考古》2021年第3期，50頁。
⑥ 參見陳湘圓《走馬樓西漢簡所見里名及相關問題考論》，鄔文玲、戴衛紅主編《簡帛研究二〇二三（春夏卷）》，桂林：廣西師範大學出版社，2022，256頁。

都鄉、廣成鄉、中鄉、南鄉、小武陵鄉、平鄉、桑鄉七鄉,尚未見到東鄉、樂鄉、模鄉、西鄉四鄉。

都鄉。含轄里簡文如:

　　·案都鄉漻陽里大男馬胡南鄉不處里區馮皆坐馮生不占書胡西市亭長今年六月……胡馮及汎所從□☑

　　汝曹護我胡馮亥建可即俱之老舍門汎令亥建馮入老舍得一男子將出胡亥以將老出門汎以所……建以所持矛刺老背亥以☑

　　建辜二旬内其時立物故汎胡建馮亥謀共賊殺人已殺汎本造計謀皆行胡……名數……馮□建格物故亥建(?)及汎等別劾

　　永元十六年七月戊午朔十九日丙子曲平亭長昭劾敢言之臨湘獄以律令從事敢言之

　　　　　　　　　　　　　　　（二五七　木牘2010CWJ1③:71-26）[1]

　　臨湘耐罪大男都鄉利里張雄年卅歲　皆坐吏不以徵逯爲意不承用

　　臨湘耐罪大男南鄉匠里舒俊年卅歲

　　臨湘耐罪大男南鄉逢門里朱循年卅歲　詔書發覺得

　　臨湘耐罪大男南鄉東門里樂竟年廿六歲

　　臨湘耐罪大男中鄉泉陽里熊趙年廿五歲　永初三年正月十二日觳

　　　　　　　　　　　　　　　（四二一　木牘2010CWJ1③:201-30）[2]

　　斤鯸魚七合廿一日王珍持鯸　魚過備例所寅自占名　屬都鄉安成里珍廣成鄉陽里備稱寅魚重卅斤　鯸魚七合官平魚斤直　錢三卅斤幷直錢百卅四

　　　　　　　　　　　　　　　（七四六+五六九　木兩行2010CWJ1③:261-50）[3]

　　少雅河南雒陽平樂鄉壽樂里高　南陽宛叔東棻午親縣民　午南鄉滏里親都鄉樂里初

　　父孟午父伯雅父惠親夫蘭皆前　物故初與母寧少父孫母姜　午母明雅與母斐等各俱居　　　　　　　　　　　　　　　（五九八　木兩行2010CWJ1③:261-82）[4]

由以上簡文可知,都鄉所轄里包括利里、漻陽里、安成里、樂里。連先用復原走馬樓吴簡臨湘都鄉轄里包含高遷里、常遷里、富貴里、變中里、夫秋里、吉陽里、宜陽里、進渚里、陽貴里、春

---

[1]　長沙市文物考古研究所、清華大學出土文獻研究與保護中心、中國文化遺産研究院、湖南大學嶽麓書院編:《長沙五一廣場東漢簡牘(壹)》,上海:中西書局,2018,224—225頁。
[2]　長沙市文物考古研究所、清華大學出土文獻研究與保護中心、中國文化遺産研究院、湖南大學嶽麓書院編:《長沙五一廣場東漢簡牘(貳)》,上海:中西書局,2018,90頁。
[3]　長沙市文物考古研究所、清華大學出土文獻研究與保護中心、中國文化遺産研究院、湖南大學嶽麓書院編:《長沙五一廣場東漢簡牘(貳)》,201頁。
[4]　長沙市文物考古研究所、清華大學出土文獻研究與保護中心、中國文化遺産研究院、湖南大學嶽麓書院編:《長沙五一廣場東漢簡牘(貳)》,206頁。

平里、浦里、X里等12個里。① 對照來看,至少目前所見的東漢和孫吳臨湘都鄉轄里没有同名,但東漢臨湘都鄉轄里在走馬樓西漢簡中有迹可循,走馬樓西漢簡中與東漢臨湘都鄉轄里相同或相近的里名包括臨利里、安成里。②

廣成鄉。含轄里簡文如:

盾隨詳行詳乘馬在前　順後欲之竟所西行去詳例　十四里所欲明未到廣成
大里可十里所至赤坑冢　聞詳從馬上見不知何一男　子伏在草中去大道可
　　　　　　　　　　（五二九　木兩行 2010CWJ1③:261-7）③
斤鯨魚七合廿一日王珍持鯨　魚過備例所寅自占名　屬都鄉安成里珍廣成鄉
陽里備稱寅魚重卅斤　鯨魚七合官平魚斤直　錢三卅斤并直錢百卅四
　　　　　　　　　　（七四六+五六九　木兩行 2010CWJ1③:261-50）④
廣成鄉陽里男子黃京不召自詣縣　□　葆任男子番豫唐除不桃亡以床印爲信
　　　　　　　　　　（六二〇　封檢 2010CWJ1③:261-106）⑤
廣成鄉陽里男子番愔不召自詣縣回葆任男子番緣唐除不桃亡以床印爲信
　　　　　　　　　　（三一四九　封檢 2010CWJ1③:284-277）⑥

廣成鄉所轄里,包括大里、陽里。走馬樓吳簡廣成鄉轄里包括廣成里、弦里。⑦ 對照來看,至少目前所見的東漢和孫吳臨湘廣成鄉轄里没有同名里。走馬樓西漢簡出現陽里,但歸屬材縣。⑧ 此外,下面簡文圖版"武"字并不清楚,該處是墨迹漫漶,還是確有其字,不好説。若是墨迹漫漶,則釋文爲"☒鄉陽里(?)","☒鄉"很可能是廣成鄉:

---

① 連先用:《吴簡所見臨湘"都鄉吏民簿"里計簡的初步復原與研究——兼論孫吴初期縣轄民户的徭役負擔與身份類型》,鄔文玲主編《簡帛研究二〇一七(秋冬卷)》,桂林:廣西師範大學出版社,2018,304頁。
② 按,陳湘圓文"走馬樓西漢簡所見里名一覽表"中,臨利里歸屬臨湘,安成里"無歸屬"。參見陳湘圓《走馬樓西漢簡所見里名及相關問題考論》,257-258頁。
③ 長沙市文物考古研究所、清華大學出土文獻研究與保護中心、中國文化遺産研究院、湖南大學嶽麓書院編:《長沙五一廣場東漢簡牘(貳)》,194頁。
④ 長沙市文物考古研究所、清華大學出土文獻研究與保護中心、中國文化遺産研究院、湖南大學嶽麓書院編:《長沙五一廣場東漢簡牘(貳)》,201頁。
⑤ 長沙市文物考古研究所、清華大學出土文獻研究與保護中心、中國文化遺産研究院、湖南大學嶽麓書院編:《長沙五一廣場東漢簡牘(貳)》,209頁。
⑥ 長沙市文物考古研究所、清華大學出土文獻研究與保護中心、中國文化遺産研究院、湖南大學嶽麓書院編:《長沙五一廣場東漢簡牘(捌)》,上海:中西書局,2023,169頁。
⑦ 參見侯旭東《長沙走馬樓吴簡"嘉禾六年(廣成鄉)弦里吏民人名年紀口食簿"集成研究:三世紀初江南鄉里管理一瞥》,收入其著《近觀中古史:侯旭東自選集》,上海:中西書局,2015,108-142頁。
⑧ 參見陳湘圓《走馬樓西漢簡所見里名及相關問題考論》,258頁。

☐鄉武(？)陽里(？)取錢(？)☐便都鄉小☐

（一九五一 竹簡 2010CWJ1③:266-283）①

中鄉。含轄里簡文如：

臨湘耐罪大男中鄉泉陽里熊趙年廿五歲　永初三年正月十二日觳

（四二一　木牘 2010CWJ1③:201-30）②

此外還有一枚祇有里没有屬鄉的簡文，但從内容（"泉陽里熊趙"）來看，與上簡當屬同個事件文書：

泉陽里熊趙皆坐雄賊曹　掾☐

（二五九〇　竹簡 2010CWJ1③:283-38）③

中鄉所轄里，包括泉陽里。孫吴嘉禾年間臨湘下轄中鄉至少包括七個里，分别是東夫里、小赤里、緒中里、曼渡里、五唐里、梨下里、平眺里。④ 對照來看，至少目前所見的東漢和孫吴臨湘中鄉轄里没有同名，但東漢臨湘中鄉轄里在走馬樓西漢簡中有迹可循，走馬樓西漢簡載臨湘鄉轄里有泉陽里。⑤

南鄉。含轄里簡文如：

永初七年八月乙丑朔十二日丙子　南鄉有秩選佐均助佐襃敢言　之逢門里女子路英詣

☐☐☐……别　爲户謹爰書聽受如牘選　均　襃叩頭死罪敢言之

（三六　木兩行 2010CWJ1①:25-3）⑥

書輒逐召迺考問辭本　縣奇鄉民前流客占　屬臨湘南鄉樂成里今

---

① 長沙市文物考古研究所、清華大學出土文獻研究與保護中心、中國文化遺産研究院、湖南大學嶽麓書院編：《長沙五一廣場東漢簡牘(伍)》，上海：中西書局，2020，100 頁。
② 本條完整簡文參見前文"都鄉"條，長沙市文物考古研究所、清華大學出土文獻研究與保護中心、中國文化遺産研究院、湖南大學嶽麓書院編《長沙五一廣場東漢簡牘(貳)》，90 頁。
③ 長沙市文物考古研究所、清華大學出土文獻研究與保護中心、中國文化遺産研究院、湖南大學嶽麓書院編《長沙五一廣場東漢簡牘(陸)》，上海：中西書局，2020，197 頁。
④ 楊芬：《孫吴嘉禾年間臨湘中鄉所轄里初步研究》，267 頁。
⑤ 參見陳湘圓《走馬樓西漢簡所見里名及相關問題考論》，257 頁。
⑥ 長沙市文物考古研究所、清華大學出土文獻研究與保護中心、中國文化遺産研究院、湖南大學嶽麓書院編：《長沙五一廣場東漢簡牘(壹)》，190-191 頁。

不還本鄉執不復還歸　臨湘願以詔書隨人　在所占謹聽受占定西
　　　　　　　　　　　　　　　　　　　　　　　　（八一　木兩行 2010CWJ1①:85）①
　　臨湘耐罪大男南鄉匠里舒俊年卅歲
　　臨湘耐罪大男南鄉逢門里朱循年卅歲　詔書發覺得
　　臨湘耐罪大男南鄉東門里樂竟年廿六歲
　　　　　　　　　　　　　　　　　　　　　　　　（四二一　木牘 2010CWJ1③:201-30）②
　　午親縣民　午南鄉溢里親都鄉樂里
　　　　　　　　　　　　　　　　　　　　　　　　（五九八　木兩行 2010CWJ1③:261-82）③

南鄉所轄里,包括匠里、逢門里、東門里、溢里、樂成里。孫吳嘉禾年間南鄉明確轄里有平樂里、石門里、義成里、宜陽里。④ 對照來看,至少目前所見的東漢和孫吳臨湘中鄉轄里沒有同名,但東漢臨湘中鄉轄里在走馬樓西漢簡中有迹可循,走馬樓西漢簡中與東漢臨湘南鄉轄里相同或相近的里名包括匠里、筵里、樂成里。⑤

　　雖然此前"南鄉"未見於長沙走馬樓吳簡,但諸家在討論三國孫吳時期臨湘侯國轄鄉時還是都將"南鄉"歸入,如徐暢就指出在常見臨湘侯國 11 個轄鄉中"僅未找到臨湘南鄉的簡例",但其利用長沙五一廣場東漢簡牘簡中"臨湘耐罪大男南鄉匠里舒俊,年卅歲"的記載,認爲從東漢中期到三國時期,"臨湘所屬鄉中已有南鄉"。⑥ 2004 年出土的東牌樓東漢簡牘一三一號簡是長沙出土東漢簡牘中最早見載"南鄉"的簡牘：

　　　　南鄉民也,郭堅壽☒⑦

整理者注釋說"'南鄉',長沙鄉名,屢見於長沙吳簡"。⑧ 但顯然當時整理者還很謹慎,并未說具體屬縣,2011 年出土的尚德街東漢簡牘 038 號簡（2011CSCJ446:4-9）亦出土了一枚"南鄉"簡：

---

① 長沙市文物考古研究所、清華大學出土文獻研究與保護中心、中國文化遺産研究院、湖南大學嶽麓書院編:《長沙五一廣場東漢簡牘(壹)》,198 頁。
② 本條完整簡文參見前文"都鄉"條,長沙市文物考古研究所、清華大學出土文獻研究與保護中心、中國文化遺産研究院、湖南大學嶽麓書院編《長沙五一廣場東漢簡牘(貳)》,90 頁。
③ 本條完整簡文參見前文"都鄉"條,長沙市文物考古研究所、清華大學出土文獻研究與保護中心、中國文化遺産研究院、湖南大學嶽麓書院編《長沙五一廣場東漢簡牘(貳)》,206 頁。
④ 參見凌文超《孫吳户籍之確認——以嘉禾四年南鄉户籍爲中心》,楊振紅、鄔文玲主編《簡帛研究二〇一四》,桂林:廣西師範大學出版社,2014,308 頁。
⑤ 陳湘圓:《走馬樓西漢簡所見里名及相關問題考論》,257 頁。
⑥ 徐暢:《三國孫吳臨湘侯國轄鄉的數量與名稱再探》,《人文雜誌》2019 年第 10 期,110 頁。
⑦ 長沙市文物考古研究所、中國文物研究所編:《長沙東牌樓東漢簡牘》,122 頁。
⑧ 長沙市文物考古研究所、中國文物研究所編:《長沙東牌樓東漢簡牘》,122 頁。

☑南鄉……①

整理者明確注釋爲"臨湘縣屬鄉"。② 由五一廣場東漢簡可知"南鄉"確爲臨湘縣屬鄉。

小武陵鄉、平鄉、桑鄉也都見載於五一廣場東漢簡,但尚未見到相關里名記載。分別舉例如下:

小武陵鄉助佐佑言所
主租叅券墨畢簿書　　　　　　　　　　　　（三〇五　木牘 2010CWJ1③:141）③
☑平鄉男子程馮
　　　　　　　　　　　☐
☑白　密　事　　　　　　　　　　　　　　（四七七　函封 2010CWJ1③:228）④
桑鄉賊捕掾珍言考實
　　　　　　　　　詣左賊　五月廿二日丞開
女子陳謁詣府自言竟解　　　　　　　　　　（五〇〇　木兩行 2010CWJ1③:250）⑤

連先用考證指出,孫吳嘉禾年間臨湘桑鄉轄里有度里、區里、何里。⑥ 東牌樓東漢簡牘八〇號簡"區益子朱户籍":

區　益　　子　公　乘　朱年卅☐筭卒九十復⑦

整理者注釋云:"'區'爲長沙大姓,屢見於長沙吳簡。"⑧區里是否因區姓群居得名？陳湘圓在研究走馬樓西漢簡里名時,曾指出"走馬樓西漢簡中的'共里'就與其里人的姓氏有著密

---

① 長沙市文物考古研究所:《長沙尚德街東漢簡牘》,214 頁。
② 長沙市文物考古研究所:《長沙尚德街東漢簡牘》,214 頁。
③ 長沙市文物考古研究所、清華大學出土文獻研究與保護中心、中國文化遺產研究院、湖南大學嶽麓書院編:《長沙五一廣場東漢簡牘(壹)》,234 頁。
④ 長沙市文物考古研究所、清華大學出土文獻研究與保護中心、中國文化遺產研究院、湖南大學嶽麓書院編:《長沙五一廣場東漢簡牘(貳)》,185 頁。
⑤ 長沙市文物考古研究所、清華大學出土文獻研究與保護中心、中國文化遺產研究院、湖南大學嶽麓書院編:《長沙五一廣場東漢簡牘(貳)》,189 頁。
⑥ 連先用:《走馬樓吳簡所見桑鄉、樂鄉轄里考——兼論吳初臨湘侯國屬里的數量與命名》,《簡帛》待刊。感謝連先用博士惠賜大作。
⑦ 長沙市文物考古研究所、中國文物研究所編:《長沙東牌樓東漢簡牘》,107 頁。
⑧ 長沙市文物考古研究所、中國文物研究所編:《長沙東牌樓東漢簡牘》,107 頁。

切聯繫"。① 其指出"'共里'多見'共'姓里人。因此,我們推測里名的來源之一爲該里多數里人之姓氏,里人之姓氏與里名關係密不可分"。② 如此的話,區里的來源很可能也與區姓相關。

陳湘圓文提到走馬樓西漢簡初步統計記載鄉名18個,③搜檢已公布走馬樓西漢簡文,可確切判定爲臨湘縣屬鄉的包括都鄉、東鄉、南鄉等。④ 另外,陳湘圓指出"五一廣場東漢簡所見臨湘縣里名暫有15個,且大多在走馬樓西漢簡中有迹可循"。⑤ 陳文中所説的東漢臨湘縣15個轄里,通過上文考述可知其中12個可以明確所屬鄉:都鄉4個(利里、澪陽里、安成里、樂里);廣成鄉2個(大里、陽里);中鄉1個(泉陽里);南鄉5個(匠里、逢門里、東門里、潗里、樂成里)。此外還有3個(竹遂里、御門里、平里),其中竹遂里、御門里可認爲屬臨湘縣,且竹遂里很可能屬都鄉,御門里暫未可知屬鄉,而平里不屬臨湘縣,相關簡文如下。

竹遂里:

鄉當又興令前已當王覆中分仲餘財均調　覆得利里宅一區大奴柱小
奴胡下頭繒肆一孔王得竹　遂里宅一區大婢益小奴　秩上頭繒肆一孔當如興決
　　　　　　　　　　　　　　　　　　(四九五　木兩行2010CWJ1③:246)⑥

上簡中出現"利里"和"竹遂里",前文考證已知都鄉轄里有利里,此處竹遂里很可能與利里同屬都鄉。

御門里:

逢□　趣御門里頭從南來　　　　　　　(一〇七八　竹簡2010CWJ1③:264-232)⑦

從目前簡文提供的內容暫未看出御門里歸屬臨湘具體屬鄉。

平里:

□武陵酉陽起江夏　安陸都鄉平里父母前　　　皆物故齋與妻起勳

---

① 陳湘圓:《走馬樓西漢簡所見里名及相關問題考論》,262頁。
② 陳湘圓:《走馬樓西漢簡所見里名及相關問題考論》,263頁。
③ 陳湘圓:《走馬樓西漢簡所見里名及相關問題考論》,256頁。
④ 參見長沙簡牘博物館、湖南大學簡帛文獻研究中心編《長沙走馬樓西漢簡牘選粹》,23、33、51、52、84、99、123頁。
⑤ 陳湘圓:《走馬樓西漢簡所見里名及相關問題考論》,268頁。
⑥ 長沙市文物考古研究所、清華大學出土文獻研究與保護中心、中國文化遺産研究院、湖南大學嶽麓書院編:《長沙五一廣場東漢簡牘(貳)》,188頁。
⑦ 長沙市文物考古研究所、清華大學出土文獻研究與保護中心、中國文化遺産研究院、湖南大學嶽麓書院編:《長沙五一廣場東漢簡牘(叁)》,122頁。

　　　　□宛等俱居其縣都　　亭部與□人(?)等相比近　　　各以販魚軡行
　　　　　　　　　　　　　　　　　　　　　　（一三七　木兩行2010CWJ1②:34）①

顯然,2010CWJ1②:34簡中出現的"平里"屬江夏郡安陸縣都鄉轄里。

　　綜上,五一廣場東漢簡所見臨湘縣里名實際暫有14個,其中13個可以明確屬鄉,還有1個未能確定。另外,陳湘圓在分析走馬樓西漢簡里名時,指出"走馬樓西漢簡中的里名大多以'縣名+里名'的形式出現,少量在'縣名'與'里名'中加有'鄉名'"。② 雖然難以判斷大部分走馬樓西漢簡里名具體屬鄉,但如前文所述,走馬樓西漢簡里名與五一廣場東漢簡臨湘里名確實存在相同或相近的情況。此外,馬王堆漢墓《地形圖》記載了四十餘個長沙國里名,③陳湘圓已指出與走馬樓西漢簡臨湘縣里名相近或相同的里名有臨里、胡里、利里、澪里、造里,④其中利里也記載於五一廣場東漢簡。

二　出土東漢簡牘新見東漢臨湘鄉名

　　除了與走馬樓吳簡所見臨湘鄉名重合的幾個鄉,長沙出土東漢簡牘中還有幾個未見載於走馬樓吳簡的臨湘鄉名,徐暢已經考證出南山鄉、澪陽鄉、長賴鄉、臨潙鄉、潙鄉、沮鄉、枏鄉、莫鄉、劇鄉9個鄉名,⑤但還可再補充一個戴鄉。

　　長賴鄉。簡文舉例如下:

　　　　長賴鄉男子黄過
　　　　自言本事　　（A面）
　　　　長賴鄉黄過自言
　　　　本事　　　　（B面）
　　　　　　　　　　　　（一七八六+一一一三　楬2010CWJ1③:266-118+264-267）⑥
　　　　☑□□辤　　　　皆曰縣民長賴鄉脩與父孫強
　　　　☑□脩新姚(?)　　耳菅丘與男子胡平唐萇

---

① 長沙市文物考古研究所、清華大學出土文獻研究與保護中心、中國文化遺産研究院、湖南大學嶽麓書院編:《長沙五一廣場東漢簡牘（壹）》,208頁。
② 陳湘圓:《走馬樓西漢簡所見里名及相關問題考論》,270頁。
③ 裘錫圭主編,湖南省博物館、復旦大學出土文獻與古文字研究中心編纂:《長沙馬王堆漢墓簡帛集成（陸）》,北京:中華書局,2014,110頁。
④ 陳湘圓:《走馬樓西漢簡所見里名及相關問題考論》,268頁。
⑤ 徐暢:《東漢三國長沙臨湘縣的轄鄉與分部——兼論縣下分部的治理方式與縣廷屬吏構成》,74頁。
⑥ 長沙市文物考古研究所、清華大學出土文獻研究與保護中心、中國文化遺産研究院、湖南大學嶽麓書院編:《長沙五一廣場東漢簡牘（叁）》,上海:中西書局,2019,129頁。

　　　　　　　　　　　　　　（一四二六 木兩行 2010CWJ1③:265-172）①

書　　　　一　　　　封
長　賴　鄉　嗇　夫　陳　隆　名　印
詣　　　　如　　　　署
永元十四年四月十一日辛巳起都郵（A面）
　　　　　　桼
甲子乙丑丙寅（B面）　　　　　　　　　　　　（二一七九 木牘 2010CWJ1③:276）②

　　五一廣場東漢簡中單獨出現"縣民","縣"前不出現具體縣名,都是指臨湘縣,所以由"皆曰縣民長賴鄉脩與父孫强"可知,長賴鄉確爲臨湘縣屬鄉。《長沙走馬樓西漢簡牘選粹》編號94號簡載有"長賴丞":

九年五月乙未朔丁未臨湘令堅長賴丞尊守丞告尉謂倉都
鄉敢告宮司空攸南陽將作定＝王＝后＝營徒髡鉗城旦故大夫臨　　　　　0591③

　　此外96號簡、97號簡都載有"長賴丞",④以及編號108號簡載有"長賴令史",⑤113號簡載有"長賴令"。⑥ 長賴有"丞""令史",說明當時長賴爲縣級機構,西漢時的長賴縣很可能就是東漢臨湘長賴鄉的前身。
　　南山鄉。南山鄉早前曾公布於2004年出土的長沙市東牌樓建築工地第七號古井東牌樓東漢簡牘,其中一〇五簡整理者命名爲"中倉租券簽牌",釋文如下:

　　中倉券也　（正面）
　　南山鄉嗇夫租券本也（背面）⑦

---

① 長沙市文物考古研究所、清華大學出土文獻研究與保護中心、中國文化遺產研究院、湖南大學嶽麓書院編:《長沙五一廣場東漢簡牘(肆)》,上海:中西書局,2019,187頁。
② 本條完整簡文參見前文"都鄉"條,長沙市文物考古研究所、清華大學出土文獻研究與保護中心、中國文化遺產研究院、湖南大學嶽麓書院編《長沙五一廣場東漢簡牘(陸)》,上海:中西書局,2020,135頁。
③ 長沙簡牘博物館、湖南大學簡帛文獻研究中心編:《長沙走馬樓西漢簡牘選粹》,長沙:嶽麓社,2023,97頁。
④ 長沙簡牘博物館、湖南大學簡帛文獻研究中心編:《長沙走馬樓西漢簡牘選粹》,99、100頁。
⑤ 長沙簡牘博物館、湖南大學簡帛文獻研究中心編:《長沙走馬樓西漢簡牘選粹》,111頁。
⑥ 長沙簡牘博物館、湖南大學簡帛文獻研究中心編:《長沙走馬樓西漢簡牘選粹》,116頁。按,本簡"長賴令"在簡末,未知接續簡文何如,所以此處可能就是"長賴令",也可能是"長賴令史"。
⑦ 長沙市文物考古研究所、中國文物研究所編:《長沙東牌樓東漢簡牘》,114頁。

整理者説南山鄉"應爲長沙鄉名。但長沙吴簡僅見'南鄉',未見'南山鄉'。"[①]確實,"南山鄉"未見於研究者通常認爲的走馬樓吴簡臨湘侯國 11 個轄鄉(小武陵鄉、都鄉、東鄉、桑鄉、樂鄉、模鄉、廣成鄉、平鄉、西鄉、中鄉、南鄉)中。筆者對東牌樓簡"中倉租券簽牌"進行研究時曾認爲"東牌樓簡主要是長沙郡和臨湘縣通過郵亭收發的公私文書,所以南山鄉還很可能就是長沙郡治臨湘縣的屬鄉"。[②] 五一廣場東漢簡牘"南山鄉"的記載進一步佐證了此前研究結果,《長沙五一廣場東漢簡牘選釋》中兩見"南山鄉"。其一,見於 CWJ1③:325-4-37 簡,釋文如下:

　　□便因緣。都、解止通舍數日。債代南山鄉正,隨佐區盰在鄉。到九年九月中復還。解、通以庸債、販賣爲事。通同産兄育給事府,今年五月十日受遣將徒[③]

其二,見於簡 CWJ1 ③:325-1-63,釋文如下:

　　南山鄉言民馬忠自言
　　不能趣會假期書。　　　　　　　八月廿八日發。[④]

《選釋》整理者認爲南山鄉等鄉,"這些鄉大多當屬臨湘縣管轄"。[⑤] 之後出版的《長沙五一廣場東漢簡牘(貳)》中亦收録了一枚記載了"南山鄉"的簡文:

　　書　一　封
　　南山鄉別治史朱堂叩頭死罪言事
　　□……　　　　　　　　　　　　　　　　　(四八三　木牘 2010CWJ1③:234)[⑥]

五一廣場東漢簡所載"南山鄉"明確東漢時南山鄉爲臨湘屬鄉,而在更早的西漢時期,"南山"曾是縣。《長沙走馬樓西漢簡牘選粹》編號 18 簡和 48 簡載有"南山長":

---

① 長沙市文物考古研究所、中國文物研究所編:《長沙東牌樓東漢簡牘》,114 頁。
② 莊小霞:《東牌樓簡"中倉租券簽牌"考釋——兼論走馬樓吴簡研究中的幾個問題》,《簡帛》第 5 輯,上海古籍出版社,2010,422 頁。
③ 長沙市文物考古研究所、清華大學出土文獻研究與保護中心、中國文化遺産研究院、湖南大學嶽麓書院編:《長沙五一廣場東漢簡牘選釋》,168 頁。
④ 長沙市文物考古研究所、清華大學出土文獻研究與保護中心、中國文化遺産研究院、湖南大學嶽麓書院編:《長沙五一廣場東漢簡牘選釋》,199 頁。
⑤ 長沙市文物考古研究所、清華大學出土文獻研究與保護中心、中國文化遺産研究院、湖南大學嶽麓書院編:《長沙五一廣場東漢簡牘選釋》,7 頁。
⑥ 長沙市文物考古研究所、清華大學出土文獻研究與保護中心、中國文化遺産研究院、湖南大學嶽麓書院編:《長沙五一廣場東漢簡牘(貳)》,186 頁。

> 九年正月丙申朔辛酉鐵官長齊守臨湘令丞忠敢告定邑主定邑令史
> 辛與行事長南山長行佐齒皆坐劾監臨主守縣官錢盜之　　　　0557①
> 守長寰丞俠招獄史獻則尊監澂捲醜人鞠其獄其獄皆不審壽 曰故爲臨湘令迺
> 元年六月辛丑夜南山長始使人告壽曰前未伏一日橘州中有 亡者今人在宮司 0395②

《長沙走馬樓西漢簡牘選粹》編號 26 簡載：

> 八年五月辛未朔壬申南山令史悥敢告臨湘令史男子戍自詣辞故不更別治長賴稷
> 里爲都鄉嗇夫主治七年狠田租簿不故不以實不亡臨湘以亡駕論命戍完爲　　0795③

上簡中載有"南山令史"。走馬樓西漢簡所載"南山"有長、令史，"南山"確爲一個縣級機構，陳湘圓文章中也提到"走馬樓西漢簡中還有南陽、沅陽、壽陵、西山、南山、定邑等未見於傳世文獻的縣邑名"。④ 南山與前述長賴應該都是西漢時爲縣，東漢時改爲鄉，歸屬臨湘。

漻陽鄉。簡文舉例如下：

> 貸錢有貸名無償心元年　十一月不處日漻陽鄉　佐王副得召辟則疑在直
> 舍賊捕掾向悝游徼黃　勤亭長區昭等俱　之直舍掩捕副不得悝
> 　　　　　　　　　（四九一+一七〇九　木兩行 2010CWJ1③:242+266-41）⑤
> 漻陽鄉男子黃間自言　□六年五月不處日□□　獄□□□
> 　　　　　　　　　（一六七三 竹簡 2010CWJ1③:266-5）⑥

沮鄉和柤鄉。五一廣場東漢簡中同時出現了"沮鄉"和"柤鄉"，就此徐暢認爲"此鄉名'柤'疑爲'沮'之別寫"，⑦可從。

> ☑　　户曹掾史□□□□酉白　前以府書部守史沅綱柤鄉

---

① 長沙簡牘博物館、湖南大學簡帛文獻研究中心編：《長沙走馬樓西漢簡牘選粹》，19 頁。
② 長沙簡牘博物館、湖南大學簡帛文獻研究中心編：《長沙走馬樓西漢簡牘選粹》，50 頁。
③ 長沙簡牘博物館、湖南大學簡帛文獻研究中心編：《長沙走馬樓西漢簡牘選粹》，27 頁。
④ 陳湘圓：《走馬樓西漢簡所見里名及相關問題考論》，267 頁。
⑤ 長沙市文物考古研究所、清華大學出土文獻研究與保護中心、中國文化遺產研究院、湖南大學嶽麓書院編：《長沙五一廣場東漢簡牘(伍)》，上海：中西書局，2020，123 頁。
⑥ 長沙市文物考古研究所、清華大學出土文獻研究與保護中心、中國文化遺產研究院、湖南大學嶽麓書院編：《長沙五一廣場東漢簡牘(肆)》，222 頁。
⑦ 徐暢：《東漢三國長沙臨湘縣的轄鄉與分部——兼論縣下分部的治理方式與縣廷屬吏構成》，74 頁。

☐　　　陵亭長王岑蔡英逐捕　　　溈鄉干胡蒼黃陽記今不
　　　☐　　　得府期盡☐☐☐☐　　　☐☐☐議……
　　☐若　各二人綱一人……　　　得後岑☐☐☐☐☐
　　　☐　　　綱都郵卒屬尉曹收　　　☐卒食(?)簿入☐
　　　☐　　　三月☐日謹具事解府畢　☐岑丞英等☐☐☐
　　　☐　　　　　　　　　　　　　　延平元年☐月☐日戊辰白
　　　　　　　　　　　　　　　　　　（一五六　木牘 2010CWJ1②:54-4）[1]

解逐捕柱等即日未能得案　文書誧御等八家前賣　田溏與柱宋等直錢三萬宋
母焉辥所出錢付誧御等八　家錢記今不還父溫辥　還錢以付沮鄉嗇夫李游
　　　　　　　　　　　　　　　　　（四九〇　木兩行 2010CWJ1③:241）[2]

溈鄉。簡文舉例如下：

　　☐溈鄉……
　　　　　　　五
　　☐☐……　　　　　　　　　　　（二八　木兩行 2010CWJ1①:23-4）[3]
　　書　　　一　　　封
　　溈鄉嗇夫吳對(?)叩頭死罪言事
　　詣　　　如　　　署
　　永初五年八月十六日壬辰起鄉　　　（一四八　木牘 2010CWJ1②:51）[4]

臨溈鄉。簡文如下：

永初四年七月癸未朔四日丙戌，臨溈鄉嗇夫范，助佐朗、崇敢言之。廷下

詔書曰：大司農☐言，東園掾翔、護漕掾洛(?)、守大倉令給事謁者郎中興、領巢官令

（A面）

---

[1] 長沙市文物考古研究所、清華大學出土文獻研究與保護中心、中國文化遺產研究院、湖南大學嶽麓書院編：《長沙五一廣場東漢簡牘（壹）》，211頁。
[2] 長沙市文物考古研究所、清華大學出土文獻研究與保護中心、中國文化遺產研究院、湖南大學嶽麓書院編：《長沙五一廣場東漢簡牘（貳）》，187頁。
[3] 長沙市文物考古研究所、清華大學出土文獻研究與保護中心、中國文化遺產研究院、湖南大學嶽麓書院編：《長沙五一廣場東漢簡牘（壹）》，189頁。
[4] 長沙市文物考古研究所、清華大學出土文獻研究與保護中心、中國文化遺產研究院、湖南大學嶽麓書院編：《長沙五一廣場東漢簡牘（壹）》，209頁。

臨潙鄉小官印。
　　　　　　　　史　白開。
　　　七月　日　郵人以來。（B面）　　　　　　　　　（二八　木兩行 CWJ1③:315）①
　　　府記潙鄉小史柎（A面）
　　　本事（B面）　　　　　　　　　　　　　　　（二二二九　楬 2010CWJ1③:282-41）②

《選釋》整理者認爲"臨潙，臨湘縣屬鄉，因臨潙水而得名，位今長沙市西北"。③ 走馬樓西漢簡亦載有"臨潙"，見於《長沙走馬樓西漢簡牘選粹》編號17簡：

　　　關長若丞前辛齒亡臨潙界中已遣佐徒求捕未得將
　　　移辰陽令官與雜捕齒致若書敢言之　　　　　　　　　　　　　　　　0556④

又參看編號54簡：

　　　人來言曰逈前未伏一日橘州中有亡者其人在宫司空不識其何界壽
　　　即令亭長朝召令史乘之令往問在臨湘界南山界其人已告未＝告將其　0536⑤

簡文中的"臨湘界南山界"即指"臨湘縣縣界和南山縣縣界"，也由此可知編號17簡的"臨潙界"是指"臨潙縣縣界"，走馬樓西漢簡時代的"臨潙"爲縣。

　　莫鄉。徐暢指出"三國孫吳臨湘轄下有模鄉，鄉名近似，或爲同一鄉"。⑥ 可從。簡文舉例如下：

　　　延平年十月
　　　莫鄉男子誦
　　　贖自言本（A面）

---

① 長沙市文物考古研究所、清華大學出土文獻研究與保護中心、中國文化遺産研究院、湖南大學嶽麓書院編：《長沙五一廣場東漢簡牘選釋》，144-145頁。
② 長沙市文物考古研究所、清華大學出土文獻研究與保護中心、中國文化遺産研究院、湖南大學嶽麓書院編：《長沙五一廣場東漢簡牘（陸）》，144頁。
③ 長沙市文物考古研究所、清華大學出土文獻研究與保護中心、中國文化遺産研究院、湖南大學嶽麓書院編：《長沙五一廣場東漢簡牘選釋》，145頁。
④ 長沙簡牘博物館、湖南大學簡帛文獻研究中心編：《長沙走馬樓西漢簡牘選粹》，18頁。
⑤ 長沙簡牘博物館、湖南大學簡帛文獻研究中心編：《長沙走馬樓西漢簡牘選粹》，56頁。
⑥ 徐暢：《東漢三國長沙臨湘縣的轄鄉與分部——兼論縣下分部的治理方式與縣廷屬吏構成》，74頁。

事
在此中(B面)
(一二七五+一四二八　木楬 2010CWJ1③:265-21+265-174)①

戴鄉。簡文如下：

戴鄉嗇夫其月廿七日中部　　督郵掾收充福豰獄充福
卷書言縣所部租畢倉　　　　曹掾馮京史宋信以竟所
(三二〇　木兩行 2010CWJ1③:155)②

如前述提到，五一廣場東漢簡中單獨出現"縣"，一般都指臨湘縣，此處戴鄉也應屬臨湘縣轄鄉。③

此外，還有一個徐暢認爲存疑的"劇鄉"，簡文如下：

南鄉有秩選叩頭死罪白·教署故都亭長區　昭劇鄉佐案南鄉佐鄧信
叔離鄉□□輩邑下人民　方今曹丞正卒未　具須得有謀略吏職各有(A面)
□□□任離鄉□願請昭與　并力唯
廷選惶恐叩頭叩頭死罪死罪……
十月十五日庚午白(B面)(二九四　木牘 2010CWJ1③:132)④

因爲東漢縣級行政有平、劇之別，所以徐暢認爲"'劇'是鄉名或指代事務繁劇，尚難遽斷，暫存疑"。⑤ 本文暫從，但更傾向"劇"指代事務繁劇。

三　結言

以上主要根據目前已公布的長沙出土簡牘對東漢臨湘鄉里進行考述。孫吳臨湘侯國的

---

① 長沙市文物考古研究所、清華大學出土文獻研究與保護中心、中國文化遺産研究院、湖南大學嶽麓書院編：《長沙五一廣場東漢簡牘(肆)》，164-165頁。
② 長沙市文物考古研究所、清華大學出土文獻研究與保護中心、中國文化遺産研究院、湖南大學嶽麓書院編：《長沙五一廣場東漢簡牘(壹)》，237頁。按，此枚簡可與二一八四號簡綴合，綴合簡見長沙市文物考古研究所、清華大學出土文獻研究與保護中心、中國文化遺産研究院、湖南大學嶽麓書院編《長沙五一廣場東漢簡牘(陸)》，136頁。
③ 徐暢統計的臨湘轄鄉漏缺戴鄉。參見徐暢《東漢三國長沙臨湘縣的轄鄉與分部——兼論縣下分部的治理方式與縣廷屬吏構成》，68-87頁。
④ 長沙市文物考古研究所、清華大學出土文獻研究與保護中心、中國文化遺産研究院、湖南大學嶽麓書院編：《長沙五一廣場東漢簡牘(壹)》，232頁。
⑤ 參見徐暢《東漢三國長沙臨湘縣的轄鄉與分部——兼論縣下分部的治理方式與縣廷屬吏構成》，74頁。

11個屬鄉,在長沙出土東漢簡牘中可見都鄉、小武陵鄉、桑鄉、廣成鄉、平鄉、中鄉、南鄉 7 個鄉,另外又新見南山鄉、沮(柤)鄉、潙鄉、臨潙鄉、長賴鄉、澑陽鄉、莫鄉、戴鄉 8 個鄉。所以就目前所知,東漢臨湘所屬鄉不加存疑的劇鄉,計 15 鄉;若加上存疑的劇鄉,計 16 鄉。五一廣場東漢簡所見東漢臨湘縣里名暫有 14 個,而不是此前學者認爲的 15 個。東漢臨湘轄鄉南山鄉、長賴鄉、臨潙鄉在西漢時都曾是縣,很可能都與西漢臨湘縣界接壤,東漢時都改爲鄉,歸屬臨湘。東漢臨湘縣里在考述臨湘從西漢到孫吳的歷史源流演變中起著承上啓下的作用,相信隨著走馬樓西漢簡、五一廣場東漢簡等資料進一步公布,臨湘鄉里的歷史傳承將會更清晰,也有助於我們更深入瞭解長沙臨湘從西漢到三國孫吳幾百年的歷史變遷。

附表　長沙出土簡牘所見西漢至三國孫吳臨湘轄鄉里情況表

時代	鄉里名稱
西漢臨湘縣轄鄉里	都鄉、東鄉、南鄉
東漢臨湘縣轄鄉里	都鄉(利里、澑陽里、安成里、樂里、竹遂里存疑),小武陵鄉,桑鄉,廣成鄉(大里、陽里),平鄉,中鄉(泉陽里),南鄉(匠里、逢門里、東門里、澨里、樂成里),南山鄉,沮(柤)鄉,潙鄉,臨潙鄉,長賴鄉,澑陽鄉,莫鄉,戴鄉,劇鄉存疑
孫吳臨湘侯國轄鄉里	都鄉(高遷里、常遷里、富貴里、變中里、夫秋里、吉陽里、宜陽里、進渚里、陽貴里、春平里、浦里、X 里),廣成鄉(廣成里、弦里),中鄉(東夫里、小赤里、緒中里、曼渡里、五唐里、梨下里、平眺里),南鄉(平樂里、石門里、義成里、宜陽里),小武陵鄉,平鄉,桑鄉,東鄉,樂鄉(度里、區里、何里),模鄉,西鄉

附表説明:1.西漢臨湘縣鄉里現根據已公布走馬樓西漢簡文,可確切判定爲臨湘縣屬鄉僅見都鄉、東鄉、南鄉,至於轄里,走馬樓西漢簡中的里名大都不署轄鄉,陳湘圓《走馬樓西漢簡所見里名及相關問題考論》表 1"走馬樓西漢簡所見里名一覽表"匯總臨湘轄里 33 個,本文不贅述;2.本表中所列臨湘鄉里,涉及此前學者研究成果均已在文章中詳細列出,此處不再一一説明。

附記　本文初稿宣讀於 2023 年 11 月 24 日—27 日在廣西桂林召開的"第五屆簡帛學國際學術研討會暨《簡帛研究》創刊三十周年座談會",感謝唐俊峰和崔啓龍博士當場賜教,并感謝匿名審稿專家惠賜意見。本文獲中國社會科學院學科建設"登峰戰略"資助計劃資助,編號 DF2023YS15(出土文獻與先秦秦漢史)。

試論走馬樓三國吳簡許迪割米案的身份記録
——從一件東漢鞫文書説起[*]

□ 中國社會科學院古代史研究所
□ "古文字與中華文明傳承發展工程"協同攻關創新平臺

王彬

内容提要 以湖南長沙五一廣場出土的"雄、俊、循、竟、趙不承用詔書"案爲綫索,聯繫相近時代的案例,可見與不同的審理環節相對應,文書記録了受審者原有的爵位、官位及論罪後的刑名,既爲審判提供準確的身份信息,又是對事務流程的反映。反觀走馬樓三國吳簡許迪割米案的四件木牘,其身份書寫與時間排序似相互抵牾。在確認木牘排序基本無誤的前提下,應當考慮臨湘小吏區分侯國内外文書的寫作習慣,以及許迪翻供等情况。因此,呈報到縣内諸曹的牘文籠統記録許迪身份爲"大男";而通過諸曹上報給郡級機構的牘文則記録爲"吏"。

關鍵詞 許迪割米案 身份記録 東漢鞫文書

近三十年來,漢三國長沙郡臨湘縣(三國時期爲侯國)的境内出土了大量簡牘,集中在今長沙市中心五一廣場附近,其中大多是官文書。不少學者運用這些文書討論了縣級行政、財政管理、地方社會等問題,具體案件的審理工作亦是其中一個重要的方面。尤其是五一廣場東漢簡牘出土後,藉助册書之間的關聯性,來復原案件流程,增加了很多對司法細節的認識,這些基於司法實踐的認識反過來可以幫助學界進一步探討時代相近的案件。

---

[*] 本文爲國家社科基金青年項目"東漢三國時期的基層統治與鄉村社會研究"(19CZS017)的階段性成果。

"雄、俊、循、竟、趙不承用詔書"案出土了較多的木牘文書,①這些文書在時間上前後銜接,從而得到學界較多的關注。既有研究已經清晰地揭示了該案舉劾、繫、鞫、案、論的文書程序。② 不過,伴隨資料陸續公布,更多信息得到披露。其中,文書群對審理對象身份的記錄值得注意。

一 身份記錄與審判環節的關係

2013年《文物》雜誌在五一廣場東漢簡的發掘簡報上便公布了一件"雄、俊、循、竟、趙不承用詔書"案的鞫文書。這件文書作於東漢安帝永初三年(109),提供了該案的基本案情,兹引釋文如下:

1. 鞫:雄、俊、循、竟、趙,大男,皆坐。雄,賊曹掾;俊、循,史;竟,驂駕;趙,驛曹史。驛卒李崇當爲屈甫證。二年十二月廿一日,被府都部書,逐召崇,不

2. 得。雄、俊、循、竟、趙,典主者掾史,知崇當爲甫要證,被書召崇,皆不以徵遝爲意,不承用詔書。發覺得。直符户曹史盛劾,辭

3. 如劾。案:辟都、南、中鄉,未言。雄、俊、循、竟、趙辭皆有名數,爵公士以上。癸酉赦令後以來,無他犯坐罪耐以上,不當請。

4. 永初三年正月十四日乙巳,臨湘令丹、守丞皓、掾商、獄助史護,以劾律爵咸論,雄、俊、循、竟、趙耐爲司寇,衣服如法,司空作,計其年。(A)

5. 得平。(B)

壹·三九二,木牘 CWJ1③:201-1③

---

① 關於案件的定名,考慮了"不承用詔書"是漢代的罪名,此點參見李均明《長沙五一廣場出土東漢木牘"直符"文書解析》,《齊魯學刊》2013年第4期,36頁;李均明《長沙五一廣場東漢簡牘考證八則》,柳立言主編《史料與法史學》,臺北:"中研院"歷史語言研究所,2016,111頁;吳雪飛《長沙五一廣場東漢木牘相關法律用語探析》,中國政法大學法律古籍整理研究所編《中國古代法律文獻研究》第9輯,北京:社會科學文獻出版社,2015,191-192頁。張煒軒從涉案人員的行爲出發,定名爲"雄等不以徵遝爲意"案,見《東漢臨湘縣廷掾吏的"不作爲"罪——以五一廣場簡"雄等不以徵遝爲意"案爲中心》,黎明釗、馬增榮、唐俊峰編《東漢的法律、行政與社會:長沙五一廣場東漢簡牘探索》,香港:三聯書店,2019,53-77頁。
② 楊小亮:《略論東漢"直符"及其舉劾犯罪的司法流程》,中國政法大學法律古籍整理研究所編《中國古代法律文獻研究》第9輯,北京:社會科學文獻出版社,2015,176-186頁。
③ 文中所用五一廣場東漢簡牘,取自:長沙市文物考古研究所、清華大學出土文獻研究與保護中心、中國文化遺產研究院、湖南大學嶽麓書院編《長沙五一廣場東漢簡牘選釋》,上海:中西書局,2015;長沙市文物考古研究所、清華大學出土文獻研究與保護中心、中國文化遺產研究院、湖南大學嶽麓書院編《長沙五一廣場東漢簡牘(壹—捌)》,上海:中西書局,2018-2023。

根據以往的研究可知,這件"鞫"文書在廣義上是對案件程序與文書核心内容的概括,不妨視作具有判決書性質的文書。① 細審其内容,可以瞭解到:雄、俊、循、竟、趙五人本爲吏員,雄是賊曹掾,俊和循爲史,竟是驂駕,趙是驛曹史,他們在永初二年十二月廿一日接到命令,要"逐召(驛卒李)崇",但"不得"。他們五人作爲"典主者掾史",明知李崇是"要證",但還是輕忽政務,"不以徵遝(逮)爲意,不承用詔書"。直符户曹史盛發現此事,因此舉劾此五人。永初三年正月十四日,臨湘縣對他們論罪,判處"雄、俊、循、竟、趙耐爲司寇"。

　　值得注意的是,鞫文書記載了雄、俊、循、竟、趙五人身份的三種寫法,分别對應了不同的審判環節。其一,首行記録雄、俊、循、竟、趙爲"大男",是鞫文書寫作時的身份。其二,記録五人的原職:雄,賊曹掾;俊、循,史;竟,驂駕;趙,驛曹史,是他們案發前的官職。其三,雄、俊、循、竟、趙耐爲司寇,這是五人論罪後的刑名。

　　與此相關,五一廣場簡還發現有一件舉劾的報告,②該文書的釋文如下:

　　1. 案:都鄉利里大男張雄,南鄉匠里舒俊,逢門里朱循,東們里樂竟,中鄉泉陽里熊趙皆坐。雄,賊曹掾;俊、循史;竟,驂駕;趙,驛曹史。驛卒李崇當爲屈甫
　　2. 證。二年十二月廿一日,被府都部書逐召崇,不得。雄、俊、循、竟、趙典主者掾史,知崇當爲甫要證,被書召崇,皆不以徵遝爲意,不承用詔書。
　　3. 發覺得。
　　4. 永初三年正月壬辰朔十二日壬寅,直符户曹史盛劾,敢言之。謹移獄,謁以律令從事,敢言之 。

　　　　　　　　　　　　　　　　陸·二一八七　　2010CWJ1③:281-5

舉劾報告的要點與前引鞫文書一致,對應了鞫文書中"直符户曹史盛劾,辟如劾"的内容。祇是,舉劾報告還額外補充了劾的時間:永初三年正月十二日。這件報告列舉了五人的兩種身份:其一大男,其二是他們原本擔任的職務。因此時尚未"論",而没有"耐爲司寇"的記録。

---

① 徐世虹:《秦漢"鞫"文書謭識——以湖南益陽兔子山、長沙五一廣場出土木牘爲中心》,武漢大學簡帛研究中心編《簡帛》,上海古籍出版社,2018,275 頁。張傳璽最近質疑了"鞫"的標題能否概括整件上行文書,見《秦漢治獄之"鞫"與"鞫獄"犯罪》,中國政法大學法律古籍整理研究所《中國古代法律文獻研究》第 16 輯,上海:中西書局,2023,170 頁。
② 楊小亮認爲這件報告并不完整,見《略論東漢"直符"及其舉劾犯罪的司法流程》,183 頁。唐俊峰從寫作方式入手,分析了這件劾文在秦漢劾文格式演變中所處的位置,見《秦漢劾文格式演變初探》,中國政法大學法律古籍整理研究所編《中國古代法律文獻研究》第 11 輯,北京:社會科學文獻出版社,2017,148-157 頁。

以其他竹簡佐證，前引鞫文書、劾文書還另有草稿，又或其他文書轉述了相關內容。[①]"證二年十二月廿一日被府都部書 逐召崇不得雄俊循竟趙典主者"（陸·二五八七+二八二三）。這枚簡的内容與鞫文第1—2行、劾文第2行文字一致，下端文字較殘，但從上端文字的筆勢和結構判斷，竹簡與另外兩件木牘并非同一人（至少并非同時）書寫。

表1　字迹對比表

簡號/釋文	證	十二	被
壹·三九二			
陸·二一八七			
陸·二五八七+二八二三			

就表1三個字的結筆而言，下欄竹簡陸·二五八七+二八二三的書手更具提、頓、撇等書寫傾向，而壹·三九二、陸·二一八七的書手運筆都較爲平直。

劾文木牘還另外發現了對應關係的竹簡。"劾曰案都鄉利里大男張　雄南鄉匠里舒俊逢門里朱循東門里樂竟中鄉"（陸·二五八六+二七五二），竹簡與木牘第1行記載的内容幾乎相同，但竹簡多出"劾曰"二字，推測該簡是其他文書對舉劾報告的引述。

在審理、論罪的過程中，"雄、俊、循、竟、趙"五人所在鄉的鄉嗇夫也參與進來，需要對他們的身份進行說明。對比劾文，鞫文多出了一句"案：辟都、南、中鄉，未言。雄、俊、循、竟、趙辟皆有名數，爵公士以上"。辟即推辟，五一廣場簡中有不少文書使用了這個用語，如"推辟謁舍，亭例船刺無次公等名"（選釋·一一七），"推辟所部，考問伍長"（壹·二九八+二九九）等，表達查究、檢查的意思。居延新簡中同樣也出現不少詞例，如"甲渠言：卅井關守丞匡

[①] 廣瀨熏雄認爲木牘内容大部分可以找到相應的竹簡，并提出2588、2586+2752、2590、2587+2823、2584、2591這幾枚竹簡可以綴合成一個册書，是直符戶曹史張盛的告劾。但是，要注意2586+2752、2590、2587+2823這三枚簡的上端都保存完整且編痕清晰，2586+2752、2590二簡皆10字後空白，而2587+2823是14字後空白，可知該簡内容上或許與告劾相關，但應不屬於這一册書，見《長沙五一廣場東漢簡牘"張雄等不以徵逯爲意不承用詔書案"竹簡文書試析》，周東平、朱騰主編《法律史譯評》第11卷，上海：中西書局，2023，219頁。

檄言都田嗇夫丁宫等薄入關檄留遲,謹推辟如牒"(EPF22:125),[①]"推辟如牒"意爲將核查内容以牒的方式呈上。實際上,推辟都、南、中三鄉的結果,也保留了下來:

　　□毛肜陳□中鄉嗇夫五賢言:雄、俊、循、竟、趙皆有名數爵
　　　　　　　　　　　　　　　陸·二五七九　　竹簡　　2010CWJ1③:283-27

這枚簡的上端殘斷,從下端的文字推測此簡所屬册書是對三鄉報告五人名數爵等信息的匯總。鄉作爲驗問的機關,類似現象還出現在額濟納出土的"候粟君所責寇恩事册書"上,册書包含一件"辛未文書",其中提到"廷却書曰:恩辭不與候書相應,疑非實。今候奏記府,願詣鄉爰書是正,府録令明處,更詳驗問,治決言"(EPF22:30—31),[②]"候粟君所責寇恩事册書"訴訟的前因如所周知,是甲渠候僱用寇恩賣魚,而寇恩未按約定從事,甲渠候主張寇恩應該歸還錢八萬與穀二十石。居延縣收到甲渠候的移文就要求都鄉驗問,都鄉上呈寇恩的供辭爲爰書,居延縣以此報送甲渠候,而甲渠候并不認可。由此,就有了"今候奏記府,願詣鄉爰書是正",即甲渠候行文居延都尉府,要求親自到都鄉以爰書判斷事情的真實。"願詣鄉爰書是正"一句,學者對如何理解"是正"的方法曾有不同意見,但都鄉是受理此事的機關,當無疑問。[③]臨湘縣的情况也大致相同,五一廣場出土過一枚標題簡:

　　都鄉言考實男子
　　吕齋自言解書　　　　　　十月廿三日開
　　　　　　　　　　　　　　　選釋·九〇　　木兩行 CWJ1③:325-1-9

這枚簡表明考實吕齋的是都鄉,當然由於未見到册書其他内容,目前還不知道具體的考實過程。但另外一枚"本事簡"木楬顯示吕齋是南鄉男子(選釋·一二三),或許都鄉是得到縣廷指令而開展考實工作的。

　　根據以上分析,可以得出兩點結論:其一,在舉劾的時候,稱張雄、舒俊、朱循、樂竟、熊趙是大男。其二,臨湘縣還要在鄉一級調查覈實他們五人的身份等事項,對論罪定刑的理由進

---

① 張德芳:《居延新簡集釋(七)》,蘭州:甘肅文化出版社,2016,238 頁。釋文并參馬怡、張榮强主編《居延新簡釋校》,天津古籍出版社,2013,765 頁。
② 張德芳:《居延新簡(七)》,218 頁。釋文并參馬怡、張榮强主編《居延新簡釋校》,754 頁。
③ 裘錫圭、張建國、謝桂華和鷹取祐司的觀點不同,劉欣寧加以辨證,認可裘、張的觀點,此處從之。見劉欣寧《秦漢訴訟中的言辭與書面證據》,李宗焜主編《古文字與古代史》第 5 輯,臺北:"中研院"歷史語言研究所,2017,355-356 頁;裘錫圭《新發現的居延漢簡的幾個問題》,收入《裘錫圭學術文集》第 2 卷《簡牘帛書卷》,上海:復旦大學出版社,2012,29-33 頁;張建國《居延新簡"粟君債寇恩"民事訴訟個案研究》,收入其著《帝制時代的中國法》,北京:法律出版社,1999,315-345 頁;謝桂華《"建武三年十二月候粟君所責寇恩事"考釋》,收入其著《漢晉簡牘論叢》,桂林:廣西師範大學出版社,2014,169-184 頁;鷹取祐司《「候粟君所責寇恩事」册書の再檢討》,收入其著《秦漢官文書の基礎的研究》,東京:汲古書院,2015,649-692 頁。

行補充。而論罪之後,則將新的身份冠在大男之前,這反映在另一件木牘上:

> 臨湘耐罪大男都鄉利里張雄,年卌歲　皆坐吏不以徼遝爲意不承用
> 臨湘耐罪大男南鄉匠里舒俊,年卅歲　詔書發覺得
> 臨湘耐罪大男南鄉逢門里朱循,年卅歲
> 臨湘耐罪大男南鄉逢門里樂竟,年廿六歲
> 臨湘耐罪大男中鄉泉陽里熊趙,年廿五歲　永初三年正月十二日縠
> 　　　　　　　　　　　　貳·四二一　木牘 2010CWJ1③:201-30

木牘由預留的編繩位置分爲三欄,上欄是張雄、舒俊、朱循、樂竟、熊趙五人的鄉里、年齡和身份,即"耐罪大男"。[①] 這一身份也出現在臨湘縣上報此事的文書上:

> 永初三年正月壬辰朔　日,臨湘令丹、守丞晧敢言之。謹移耐罪
> 大男張雄、舒俊、朱循、樂竟、熊趙辭狀一編,敢言之(A)
> 　掾祝商、獄助史黄護(B)
> 　　　　　　　　　　　　貳·四三七　木兩行 2010CWJ1③:202-12

觀察這枚木簡,臨湘令丹、守丞晧、掾祝商在署名處分別有簽署的痕迹:丹、晧、商。[②] "獄助史黄護"五字似乎是一次性書寫的,且與"掾祝"二字的結筆方式相近,或許該文書的B面文字就是由這位獄助史起草,再由"商"簽署的。日期處"永初三年正月壬辰朔　日",某日留有空白,但却存在長官簽署,昭示簡册或不知何故没有發出。雖然并不是最終正式的文書,可從中也能看出:當臨湘縣移送"辭狀一編"時,其呈文還是準確地使用了五人論罪後的身份——耐罪大男。[③]

　　根據五一廣場東漢簡牘中的"鞫"及相關文書,可以得到一個認識:審判文書對當事人身份的描述會隨著審判的進程發生改變。"雄、俊、循、竟、趙不承用詔書"這個案件中,從劾到論罪之後,文書對當事人身份的表述有了不同。站在審判流程的角度看,身份表述對應相關環

---

① 這件木牘寫明了五人繫獄的時間,但不知其作成的時間與目的,或許是作爲案件卷宗的一部分,在論罪後形成。長沙五一廣場也出土了"十二月一日司空臧簿"(壹·二八九),記錄了囚徒卌七人,包括"侚縠"二人,説明"縠"的情況一定會另外記錄在册。既然如此,根據司空的記錄,在案件匯總時羅列五人繫獄的時間,而冠以論罪後的身份,這完全是可能的。
② 邢義田在討論壹·三九二(A)的時候認爲這件文書臨湘令丹的"丹"、守丞晧的"晧"筆迹十分相似。懷疑是同出一手,見《漢晉公文書上的"君教'諾'"、署名和畫諾》,收入其著《今塵集——秦漢時代的簡牘、畫像與文化傳播》,上海:中西書局,2019,321頁。
③ 從簿籍册書簡的情況推斷,這枚呈文簡應該位於簡册的最後,參見侯旭東《西北所出漢代簿籍册書簡的排列與復原——從東漢永元兵物簿説起》,《史學集刊》2014 年第 1 期,58—73 頁。此外,這位獄助史黄護大概在此之前還向左賊曹報告了這件案件的審理過程,已經使用了耐罪大男來説明五人的身份(柒·二六一六)。

節。就結果而論,切如李均明先生所説"經判決後的名單,由於身份已變化,不再體現原職務"。①

"雄、俊、循、竟、趙不承用詔書"案以外,在漢代還能見到其他審理中注意身份記録的案例。益陽兔子山三號井出土了一件西漢元始二年(2)的鞫文書,這件鞫文書屬於"張勛主守盜案"的卷宗,其釋文如下:

鞫(正面)
鞫:勛,不更,坐爲守令史署金曹,八月丙申爲縣輸元年池加錢萬三千臨湘,勛匿不輸,即盜以自給,勛主守縣官錢,臧二百五十以上,守令史恭劾,無長吏使者,審。
元始二年十二月辛酉,益陽守長豐、守丞臨湘右尉顧、兼掾勃、守獄史勝言:數罪以重,爵減,髡鉗勛爲城旦,衣服如法,駕責如所主守盜,没入臧縣官,令及同居會計,備償少内,收入司空作。(背面)

J3⑤:2②

鞫文書所見張勛案的案情不難理解。張勛是長沙益陽縣金曹的代理令史,爵位是不更。元始元年八月的時候,他隱匿貪污了原應向長沙國輸送的"池加錢"。最終益陽縣在元始二年十二月判決張勛髡鉗城旦,加倍追回臟款,由他的家人匯總賠償給少内,他本人則被收入司空勞役。

尤可注意的是,張勛案的鞫文書在"鞫"字之後,存在對其爵位的記録。同樣的,回到"雄、俊、循、竟、趙不承用詔書"案的鞫文書,也是在"鞫"字之後就注明五人的身份是"大男",而且接下來還提到他們"皆有名數,爵公士以上",但具體的情況因"辟都、南、中鄉,未言"導致不明確。也就是説,如果能確認五人具體的爵位,勢必在文書開頭寫明。可見,在西漢末期到東漢中前期,鞫文書上標識具體、準確的爵位身份信息,這是文書寫作的慣例。其書寫的目的從案件後續處理推斷,記録涉案者的身份應該與"爵減"這類法律上的優待有關。③ 而參照前述"雄、俊、循、竟、趙不承用詔書"案的文書,大概在論罪之後就會把新的身份冠在姓名之前(如"臨湘耐罪大男")。從另一個角度來理解,身份書寫同時提示了案件審理所處的流程。

前溯至西漢中期的"令史兒等爲武擅解脱易桎案",亦可見類似的情況,且更加明確以"論"爲界限來區分身份書寫。該案發生在長沙康王九年,即漢武帝元狩三年(前120),基本

---

① 李均明:《長沙五一廣場東漢簡牘所見身份認定述略》,中國文化遺産研究院編《出土文獻研究》第17輯,上海:中西書局,2018,329頁。
② 簡牘的公布及釋文校訂,參見周西璧、湖南省文物考古研究所《洞庭湖濱兔子山遺址考古:古井中發現的益陽》,《大衆考古》2014年第6期;張春龍《益陽兔子山遺址三號井"爰書"簡牘一組》,何駑主編《李下蹊華——慶祝李伯謙先生八十華誕論文集》,北京:科學出版社,2017,859—862頁;徐世虹《西漢末期法制新識——以張勛主守盜案牘爲對象》,《歷史研究》2018年第5期;馬增榮《秦漢的盜賊等級及其對應刑罰》,《法律史譯評》第10卷,上海:中西書局,2022,25頁。
③ 徐世虹:《西漢末期法制新識——以張勛主守盜案牘爲對象》,12—17頁。

的案情清晰,是原長沙國臨武縣縣丞武在任職期間監守自盜,論罪爲髡鉗城旦,囚繫在宫司空獄。他請求宫司空令史兒爲其解除鉗桎,宫司空獄史外、不識則聽任了他們的行爲不舉劾。尤可注意的是,武和兒都寫明了其論罪後的身份以及故爵。而外及不識二人因爲"復治"之前没有"論",因此身份描述還是原有的官職與爵位。①

二 吴簡許迪割米案的文書時序與身份記録

受審人的身份,在不同環節的文書中表達不同,是否論罪是已知的影響因素,這是從前文論證中得出的認識。這一認識有助於我們重新看待時代稍晚的另一個案件——三國吴簡許迪割米案。許迪割米案的册書同樣出土在長沙,是孫吴時期引人注目的貪污軍糧大案。關於這個案件的研究,目前已經積累了較多成果,兹不贅述。② 本文僅討論其中與身份有關的部分。首先徵引信息全面,可以窺見案件全貌的四件木牘,詳見表2:

表2 許迪割米案四件木牘及其所見許迪身份

編號	釋文	許迪身份
224	録事掾潘琬死罪白:關啓,應户曹召:坐大男許迪見督軍支辭,言不 割 食所領鹽賈米一百一十二斛六斗八升,郡曹啓府君,執鞭核③事掾陳曠一百,杖琬卅,勑令更五毒考迪。請勑曠及主者掾石彭考實迪,務得事實。琬死罪死罪。 然考人當如官法,不得妄加毒痛(濃墨大字)④ 　　　　　　　　　　　　　　　　　五月七日壬申白	大男

---

① 該案的資料尚未全部公開,目前已經公布的圖版見:長沙簡牘博物館、湖南大學簡帛文獻研究中心編,李鄂權、陳松長主編《長沙走馬樓西漢簡牘選粹》,長沙:嶽麓書社,2023,97-109頁。對案情的分析參見楊芬、宋少華《長沙走馬樓西漢簡〈宫司空令史兒等爲武擅解脱易桎弗舉劾案〉初步考察》,《簡帛研究二〇二〇(秋冬卷)》,桂林:廣西師範大學出版社,2021,235-252頁。
② 2014年之前的研究綜述參見王彬《吴簡許迪割米案相關文書所見孫吴臨湘侯國的司法運作》,《文史》2014年第2輯。此後,較系統的研究包括徐暢《走馬樓吴簡竹木牘的刊布及相關研究述評》,《魏晉南北朝隋唐史資料》第31輯,上海古籍出版社,2015;徐暢《新刊長沙走馬樓吴簡與許迪割米案司法程序的復原》,《文物》2015年第12期(此文後經修改補充,以《許迪割米案與三國孫吴的法治狀况》爲題發表在長沙簡牘博物館編《長沙簡帛研究國際學術研討會論文集》,上海:中西書局,2017,143-165頁)。郝蒲珍《走馬樓吴簡許迪割米案整理與研究》,西南大學碩士學位論文,2018。鄧瑋光《試析孫吴嘉禾年間的財政危機——以走馬樓吴簡許迪割米案爲中心》,《文史》2019年第3輯,59-76頁。本文對木牘編號及録文的使用參考了徐暢《走馬樓吴簡竹木牘的刊布及相關研究述評》一文,33-36頁。
③ 徐暢:《走馬樓吴簡竹木牘的刊布及相關研究述評》釋作"録",細審圖版,與"核"(捌·4139)較爲接近,故仍釋爲"核"。圖版見宋少華、張春龍、鄭曙斌、黄樸華《湖南出土簡牘選編》,長沙:嶽麓書社,2013,493頁。
④ 在前引研究之外,駱黄海對此批語有進一步討論,見《走馬樓吴簡〈録事掾潘琬白爲考實大男許迪盗食鹽賈米事〉公文木牘草書批文拾遺補闕》,鄔文玲、戴衛紅主編《簡帛研究二〇二二(春夏卷)》,桂林:廣西師範大學出版社,2022,342-353頁。

續表

編號	釋文	許迪身份
34	録事掾潘琬死罪死罪白:被勅,重考實吏許迪坐割盜鹽米意。狀言:案文書,重實錄,迪辭:賣餘鹽四百廿六斛一斗九升八合四勺,得米二千五百六十一斛六斗九升,前列草言郡,但列得米二千四百卅九斛一斗(升),餘米一百一十二斛六斗八升,迪割用飲食。前見都尉,虛言用備摘米,迪實割用米。審實。謹列迪辭狀如牒,乞曹列言府。琬誠惶誠恐,叩頭死罪死罪。 　　　　　　　　　　　　　　　　　詣金曹 　　　　　　　　　　　　　　　十一月廿八日白	吏
50	録事掾潘琬叩頭死罪白:過四年十一月七日,被督郵勅,考實吏許迪。輒與核事吏趙譚、都典掾烝若、主者史李珠,前後窮核考問。迪辭:賣官余鹽四百廿六斛一斗九升八合四勺,得米二千五百六十一斛六斗九升已。二千四百卅九斛一升,付倉吏鄧隆、穀榮等。餘米一百一十二斛六斗八升,迪割用飲食不見,爲廖直事所覺後,迪以四年六月一日,偷入所割用米畢,付倉吏黃瑛受。前録見都尉,知罪深重,詣言:不割用米。重復實核,迪故下辭,服割用米。審。前後搒押迪凡百卅下,不加五毒,據以迪今年服辭結罪,不枉考迪。乞曹重列言府。傅前解,謹下啟。琬誠惶誠恐,叩頭死罪死罪。 若(濃墨草字)　　　　　　　　二月十九日戊戌白	吏
353	中賊曹掾陳曠叩頭死罪白:被曹勅,考實大男許迪,知斷用所賣官鹽賈米一百一十二斛六斗八升,與不言。案文書,被勅,輒考問。迪辭:所領鹽賈米一百一十二斛六斗八升,迪自散用飲食盡。縣前結迪斬罪,懼怖罪重,支辭虛言以米雇摘,令弟冰持草歸家改定。迪手下辭,不以米雇摘,自割食米。審實,謹列見辭狀如牒,請以辭付本曹,據科治罪,謹下啟白。曠誠惶誠恐,叩頭死罪死罪。 若(濃墨草字)　　　　　　　　　四月廿一日白	大男

　　許迪割米案的案情在牘50中呈現得最豐富,要言之:許迪作爲賣鹽吏貪墨了鹽米,這件事被直事廖(咨)發覺上報。於是,許迪偷偷把貪污的米送回倉,録見督軍都尉的時候意識到(臨湘侯國擬定的)罪名重大,所以更改口供説没有貪污。因此,此案發回臨湘重新考實。在以往的研究中,有學者系統地整理了前述案情,將許迪割米案從案發到結案分爲六個環節,分別是:

　　①案發。直事廖咨料校不見許迪備入官米,因此將此事整理上奏。
　　②逮捕。拘捕許迪。

③考實(第一次)。督郵與縣長吏共同參與,開展第一次考實,時間在嘉禾四年十一月七日。這個階段許迪已經辭服,其後結罪。

④死刑上報、錄囚、翻供。在錄見督軍都尉過程中,許迪翻供。

⑤重考實。潘琬先是要求五毒拷打許迪未被批准,記載在牘224上。後來經過幾輪覆審,潘琬上報臨湘侯國金曹許迪割米爲實,記載在牘34上。最後,潘琬將全部結果整理好,請求上報郡府,記載在牘50上。

⑥獄具,依科結罪。陳曠呈文賊曹要求據科結罪,記載在牘353上。①

當把表2與以上六個環節對應起來後,會發現一個問題。那就是在環節⑤—⑥中,許迪的身份記錄似乎發生了兩次改變:大男(牘224)→吏(牘34)、吏(牘50)→大男(牘353),而這與我們在五一廣場東漢簡"雄、俊、循、竟、趙不承用詔書"案中看到的大男(并補充敘述"吏"及"爵"的身份)→耐罪大男的情況截然不同。從表面看,牘224的排序位置似有不妥,應該放置在牘50之後,從而吻合吏→大男的次序。

那麼,如何解釋上述問題呢?首先,要來檢驗一下既有對許迪割米案文書順序的認識是否正確。其次,要討論許迪割米案文書寫作的特殊之處。

目前公布的該案相關木牘與竹簡,數量雖然龐大,但多數没有標注日期,少數有明確年份及月份的,兹加以整理,詳見表3:②

表3 許迪割米案所見時間信息統計

年份	簡文	身份
黃龍三年	十一月十三日許迪後 辭 以黃龍三年正月廿日 受 曹 遣於溇口受官鹽一千七 百 (捌·4036)	給吏
	廿 一年中出給吏到過黃龍三年正月廿日受曹遣於溇口典受官鹽一千七百廿四斛九斗 皆 得 (捌·4177)	
	辭 以黃龍三年正月廿日受曹遣於溇口受官鹽一千四百卅(捌·4201)	
	九 千 廿 不 與 坐 各出别 門 異居迪以建安廿一年中給吏到黃龍三年(捌·4243)	

---

① 歸納自徐暢《許迪割米案與三國孫吳的法治狀況》,149-160頁。此外,鄧瑋光對廖咨的發覺有較細致的討論,見《試析孫吳嘉禾年間的財政危機——以走馬樓吳簡許迪割米案爲中心》,61-71頁。

② 許迪割米案的相關竹簡,取自:長沙簡牘博物館、中國文化遺產研究院、北京大學歷史學系、故宮研究院古文獻研究所、走馬樓簡牘整理組編著《長沙走馬樓三國吳簡(捌)》,北京:文物出版社,2015;長沙簡牘博物館、中國文物研究所、北京大學歷史學系、走馬樓簡牘整理組編著《長沙走馬樓三國吳簡(貳)》,北京:文物出版社,2007。

續表

年份	簡文	身份
嘉禾二年	尚書前言長沙郡所列嘉禾二年官鹽簿溇口典鹽掾（捌·4061）	吏
	尚書前言長沙郡所領嘉禾二年官鹽簿溇口典鹽吏許迪賣鹽（捌·4082）	
	正月廿日受曹遣於溇口典受官鹽到嘉禾二年領受鹽一千四百（捌·4097）	
	囗賣鹽吏典賣官鹽以嘉禾元年二年賣所領鹽一千七百廿四斛九斗賣得絹九十（捌·4094）	
	吏許迪以嘉禾二年中賣餘鹽四百廿六斛一斗九升八合四勺其（捌·4214）	
	☑囗囗錄事掾番琬……迪官鹽以嘉禾二年……所領鹽（捌·4298）	
嘉禾四年	迪以四年六月一日，偷入所割用米畢，付倉吏黃瑛受（牘50號）	吏
	出郡吏許迪所領三年鹽賈吳平斛米一百一十二斛六斗八升摘量　嘉禾四年六月一日關墅郭嵩付倉吏黃瑛受（捌·4076）	
	嘉禾四年八月丁未朔十八日甲子從史位臣廖咨頓首死罪十八……（捌·4062）	
	過四年十一月七日，被督郵勑，考實吏許迪（牘50號）	
	嘉禾四年十一月丙子朔九日甲申核事掾趙譚這貴叩頭死罪敢言之（捌·4081）	
	君教　嘉禾四年十一月十四日己丑書（捌·4172）	
	……嘉禾四年十一月十七日兼金曹囗李珠白言郡吏　許迪割盜鹽米一百一十二斛六斗八升結正罪法（捌·4307）	
	嘉禾四年十一月丙子朔囗日臨湘侯相君丞叩頭死罪敢言之（捌·4239）	
	嘉禾四年十一月丙子朔廿一日丙申臨湘侯相君丞叩頭死罪敢言之（捌·4248）	
嘉禾五年	嘉禾五年正月十七日兼錄事囗…………許迪軍法草（竹簡貳·7192）	未記
	嘉禾五年十一月己巳中部督郵行立節校尉望丞羲囗兼中部督（捌·4236）	
嘉禾六年	嘉禾六年四月丁卯朔廿七日癸巳囗囗臨湘侯相君丞叩頭死罪敢言之（捌·4218）	未記
	……嘉禾六年四月廿日金曹掾囗囗囗囗都鹽食囗囗　囗鹽賈囗米一百一十二斛六斗八升軍法草（捌·4267）	

在表3中,同一年份對許迪的身份記錄,具有相對統一性,也遵循了五一廣場東漢簡所見身份記錄的原則。許迪在黃龍三年(231)"受官鹽",進入了孫吳的鹽政體系,此前身份是"給吏"。① 嘉禾二年(233)許迪經手了官鹽,此時他已經是"吏"。嘉禾四年(235),許迪貪污的事情被廖咨發現而遭到審理結罪,但從李珠在嘉禾四年十一月十七日的上白看(捌·4307),直到該年十一月,許迪由臨湘侯國"結正罪法",他的身份仍然記錄爲"吏"。不過,可惜的是嘉禾五年(236)、嘉禾六年(237)的紀年簡沒有記錄許迪的身份。

從内證的角度,檢驗牘224這件關鍵文書的排序位置是否合理。木牘記載了三個有時間標識性的内容:其一,許迪見督軍;其二,請求五毒拷打許迪未獲批准;其三要求陳曠、石彭考實許迪。許迪見督軍的時間目前不能確定,但從"縣前結迪斬罪,懼怖罪重"(牘353)的情況看,録見定在臨湘侯國"結正罪法"(捌·4307)之後,即牘224必在嘉禾四年十一月之後,當無疑議。"五毒"一詞,在牘50"不加五毒"中再次出現,用來說明按照規定沒有五毒拷打,則牘224必在牘50之前。陳曠、石彭考實許迪,陳曠考實文書是牘353,但其中沒有石彭參與,二者是否對應,還不能確認。不過,從内容看,牘224在牘353之前的可能性較大。

當然,牘224、牘34、牘50、牘353四枚木牘的排序,仍然存在若干缺陷。如牘224提及的"石彭"考實,并沒有對應文書,顯示本案可能還有其他未知的相關簡牘;牘50的排序位置決定了這件文書上報的時間祇能爲嘉禾六年二月,而如此一來,文書中"過四年十一月七日"一句的"過"字,就要理解成"過去",這與以往學界將這個字理解爲"去年"的認識并不相同。

即使還留有這些問題,但如前所述,224→34→50→353這個方案更符合案件審理的邏輯,仍是目前最有可能的木牘排序。

既然如此,許迪身份的記載由"大男"變爲"吏",再由從"吏"轉成"大男",其原因究竟是什麼呢?筆者認爲有兩種可能性要探討,一是文書的寫作者沒有嚴格記錄許迪的身份;二是文書寫作有一些特殊考慮。

針對第一種可能性,雖然經手許迪割米案的長沙郡、臨湘侯國的官吏爲數不少,但在侯國這個層級主要從事考實工作且撰寫文書的并不多,四件木牘則祇出自潘琬和陳曠二人之手。牘224、牘34、牘50又同爲潘琬上報,若説他一人對同一案件的受審人身份含混不清,可能性不大。

第二種可能性則需要關注文書本身的性質,即文書内容經轉寫後將達到的層級,以及轉引上級文書的情況。以往的研究中,已經有學者注意到孫吳臨湘侯國的小吏在寫作公文時,會在官府内部的上行文書中使用專門的上白謙辭。② 此外,侯國屬吏在草擬由侯國上呈長沙

---

① 關於孫吳鹽政及相關吏員設置的一些基本情況,參見蘇俊林《走馬樓吳簡から見た孫吳の鹽政》,伊藤敏雄、關尾史郎編《後漢·魏晉簡牘の世界》,東京:汲古書院,2020,99-116頁。
② 關尾史郎:《「吳嘉禾六(二三七)年四月 都市史唐玉白收送中外估具錢事」試釋》,《東洋學報》95卷1號,2013,33-58頁。

郡的公文時,特意使用了"君"來代替侯國相的"名",而在正式公文中,"君"再替换爲具體的姓名。①

與前述現象類似,牘224"請勑"的對象是臨湘侯國,得到的批示也同樣來自侯國;牘353"請以辭付本曹",則文書最終呈報到侯國的賊曹,二牘對許迪的身份記録均是"大男"。牘34"乞曹列言府"説明文書經過曹的轉寫,其内容最終會由侯國呈報到上級,牘50"乞曹重列言府"亦是如此,二牘記録許迪皆爲"吏"。

身份記録受文書内容是否"列言府"的影響,背後還與文書轉引上級命令有關。牘224是潘琬"應户曹召",牘353是陳曠"被曹敕",這兩個曹都是臨湘侯國的曹。牘50明言"被督郵敕"。而牘34"被敕"没有説明"敕"來自哪個機構,但筆者懷疑很可能也是由侯國上級發來。這就涉及牘34"被敕""重考實"的命令由誰發起的問題,根據竹簡"□被督郵勑□□□□□□□□重考實迪□□□□所考□所□"(捌·4266)的記載看,"重考實"的命令可能與牘50一樣,來自於督郵。

"督郵"在制度上具有監督屬縣的職能,代表長沙郡參與了許迪割米案的審理,②他下達的文書可能指明許迪爲"吏"。目前尚未發現督郵發來"敕"的全文,但根據零星殘存的一些竹簡"□□月□日兼中部督郵書掾晃溇口典鹽掾許迪"(捌·4064)"勑中部督郵亟促考核吏許迪訬米有出郡簿一百一十二"(捌·4110),與督郵有關的文書中,許迪的身份都是記録作吏的。

不僅臨湘小吏區分了最終呈報對象是否在侯國内部,以臨湘侯國名義發出的上行文書也顯示出同樣的傾向:

臨湘侯相管皆叩頭死罪白重部核事掾趙譚實核吏許迪　　　　　捌·4139

臨湘侯相管皆叩頭死罪白重部吏潘琬核校陸口賣鹽　　　　　　捌·4159

臨湘言重實核溇口典鹽吏許迪割用所領米一百一十二斛六斗八升前

捌·4183

這三枚竹簡對應了三件不同的文書。第一件是重新安排趙譚去實核,第二件是重新安排潘

―――――――――

① 王彬:《長沙走馬樓吴簡"許迪割米案"相關文書的集成研究:三國時期基層司法制度管窺之一》,向群、萬毅編《姜伯勤教授八秩華誕頌壽史學論文集》,廣州:廣東人民出版社,2019,69-72頁。

② 羅新:《吴簡所見之督郵制度》,北京吴簡研討班編《吴簡研究》第1輯,武漢:崇文書局,2004,312-313頁。關於秦漢督郵的設立與職能,參見嚴耕望《中國地方行政制度史》甲部《秦漢地方行政制度》,臺北:"中研院"歷史語言研究所,1997,138-144頁。督郵分部與職能超越監察的情况,參見楊鴻年《漢魏制度叢考》,武漢大學出版社,2005,375-381頁。

琬去核校許迪,第三件也是重新部署實核而没有指明具體的人。三枚竹簡所屬册書有共同點,都是由臨湘發出的公文(或其草稿、留底),其最終呈遞的機構不明,但上行的性質從"叩頭死罪白""言"的用語看,當無問題。而對許迪身份的記録,也保持了一致,即"吏"或者"湗口典鹽吏"。

潘琬、陳曠等小吏在記録許迪身份的時候,會注意區分呈報内容的最終流向,究竟是臨湘侯國内部還是外部,其原因大概率在於侯國曾經將許迪"結正罪法"。漢魏時期,縣級機構没有決罪死刑的權力,而需要上報郡府,尤其許迪割米案涉及大宗軍糧。① 關於這次"結正罪法",從前引竹簡捌·4307來看,直到李珠白言的時候,許迪的身份還要記録爲吏。臨湘侯國的上報文書也是如此:

臨湘言部 核 事 掾 趙 譚 考 實 吏 許 迪 坐割盜所典鹽米 一 百 一十二斛六斗八升 具 服 依 科 結正罪法 尚 解 書 詣 府 □□
　　　　　　　　　　　　　　　　　　　　　　　　　　　　　　　　　捌·4199+4232②

而如前文所述,許迪被臨湘侯國結罪之後,録見督軍都尉時突然翻供,從而開啓了"重考實"。也就是説,在此期間,郡府尚未批准臨湘侯國的判決。這就導致臨湘内部公文流轉與呈報給長沙郡的文書之間,小吏會選擇性地將許迪身份分别記録爲"大男"抑或"吏"。

三　結語

根據長沙五一廣場東漢簡牘所見"雄、俊、循、竟、趙不承用詔書"案,可知隨著案件審理流程的展開,受審者的身份記録會根據審理結果而改變。從這一認識出發,重新審視走馬樓吴簡許迪割米案的四件木牘,會發現其寫作許迪身份時并没有遵循由吏到大男的原則,反而呈現出大男到吏再到大男的現象。筆者驗證了既有研究對木牘順序的排列,認爲雖有部分環節尚待釐清,但正確的可能性較高。因此,需要從文書本身的特性去理解——由於臨湘侯國的初次結罪遭到許迪翻供,長沙郡未認定許迪的罪行,其身份在郡級機構還是"吏",而在臨湘内部則習慣更籠統地稱爲"大男"。

臨湘小吏在寫作考實的牘文時,區分了侯國内部的公文與(經過轉寫後)需要呈報到上級的文書兩類,前者記録了許迪爲"大男",後者則稱爲"吏"。透過分析許迪割米案四件木牘中的身份書寫,一則補充了木牘排序方面的論證;二則進一步明確孫吴臨湘小吏在面對文

---

① 王彬:《吴簡許迪割米案相關文書所見孫吴臨湘侯國的司法運作》,85頁。徐暢亦持此説,見《許迪割米案與三國孫吴的法治狀況》,152—153頁。
② 這兩枚簡的編聯,參考了徐暢的復原方案,見《許迪割米案與三國孫吴的法治狀況》,153頁。

書流轉的不同層級時,會采用不同的寫作策略,其不僅體現在謙語的使用上,還影響了對身份的描述。

附記 本文獲中國社會科學院學科建設"登峰戰略"資助計劃資助,編號 DF2023YS15(出土文獻與先秦秦漢史)。

文書校核、吕壹事件與孫吴"中使政治"
——以走馬樓吴簡爲中心的討論*

□ 故宫博物院
□ "古文字與中華文明傳承發展工程"協同攻關創新平臺

崔啓龍

内容提要 從走馬樓吴簡倉帳簿及相關君教文書中可以發現,孫吴朝廷曾多次派遣郎官使者至郡縣校核帳簿文書,這很可能與《三國志·吴書》所載嘉禾年間"中書典校事"吕壹等人"典校諸官府及州郡文書"密切相關。通過尋繹史籍中綫索可知,"吕壹事件"背後可能隱含有孫權整頓財政、加强中央財權的目的。這種任用近臣充當"中使"干預官僚系統行政的模式幾乎與孫吴政權相始終,其建立和發展既反映出孫吴國家制度建設在不同階段的特點,又體現出孫吴皇權的升降態勢。

關鍵詞 走馬樓吴簡　倉帳文書　吕壹事件　郎官　"中使政治"

一　走馬樓吴簡所見孫吴的文書校核行動

(一)倉帳簿中的疑點

在吴簡中,可以發現以年爲單位的州中倉月旦簿楬牌:

---

* 本文爲"古文字與中華文明傳承發展工程"規劃項目"長沙走馬樓三國吴簡·竹木牘"(項目號 G1416)的階段性研究成果。本文寫作者到北京故宫文物保護基金會和萬科公益基金會專項經費資助。

1. 中倉　吏黄諱潘慮嘉禾
   中倉　元年月旦簿(牘·138)①
2. 中倉　吏黄諱潘慮嘉禾二年月旦
   中倉　簿(柒·4707①)
3. 中倉　吏黄諱潘慮嘉禾三年月旦
   中倉　簿起正月迄五月十五日所入(牘·174)

楬在秦漢時期常用於標識物品,如《周禮·秋官·職金》載:"受其入征者,辨其物之媺惡與其數量,楬而璽之。"②大庭脩、李均明將居延漢簡中的楬區分爲"實物楬"與"文書楬",③以上所引吳簡的楬應是後者。永田英正認爲,文書楬的用途是"在整理或保存簿籍等簡牘時,用細繩穿過小孔將之捆綁在簡册口袋之外,以標明口袋中簡册的内容",④也有學者認爲是直接繫於簡册的首簡或末簡,⑤無論如何,楬所標識的簡册内容應當具有關聯性。月旦簿楬牌所指示的應當是一批月旦簿的集合,所謂月旦簿,是指倉庫等機構按月結算的會計文書,此外還有與之相應的季度會計文書"一時簿",一般認爲前者是後者的基礎性數據。⑥ 從這三枚楬牌登載的時段來看,前兩枚均是以年度計,最後一枚比較特殊,爲嘉禾三年(234)"正月迄五月十五日",顯示當年的結算似乎在五月十五日戛然而止,這種現象可以得到州中倉出米簡的佐證。出米簡是三州倉、州中倉月旦簿的重要組成部分,一組完整的州中倉出米簡中一般載有兩個時間點:督軍糧都尉文書下達時間和實際出米時間,作爲月旦簿中唯一明確有時間節點的部分,我們可以根據其中所載時間節點判斷所屬月旦簿的月份。文書下達時間與實際出米時間往往存在長短不一的時間間隔,有僅相隔數天者,亦有相隔數月者。目前所能見到最晚的出米記録是這一組文書:

---

① 本文所引走馬樓吳簡,皆出自長沙文物考古研究所等編著《長沙走馬樓三國吳簡·竹簡[壹]》,北京:文物出版社,2003;長沙簡牘博物館等編著《長沙走馬樓三國吳簡·竹簡[貳]》,北京:文物出版社,2007;長沙簡牘博物館等編著《長沙走馬樓三國吳簡·竹簡[叁]》,北京:文物出版社,2008;長沙簡牘博物館等編著《長沙走馬樓三國吳簡·竹簡[肆]》,北京:文物出版社,2011;長沙簡牘博物館等編著:《長沙走馬樓三國吳簡·竹簡[伍]》,北京:文物出版社,2018;長沙簡牘博物館等編著《長沙走馬樓三國吳簡·竹簡[陸]》,北京:文物出版社,2017;長沙簡牘博物館等編著《長沙走馬樓三國吳簡·竹簡[柒]》,北京:文物出版社,2013;長沙簡牘博物館等編著《長沙走馬樓三國吳簡·竹簡[捌]》,北京:文物出版社,2015;長沙簡牘博物館等編著《長沙走馬樓三國吳簡·竹簡[玖]》,北京:文物出版社,2019。爲行文方便,正文中所引竹簡釋文不再一一出注,祇在簡文後用括號標出簡號。需要說明的是,《長沙走馬樓三國吳簡·竹木牘卷》尚未出版,該卷簡號信息得到了王素師、熊曲女史的惠助,在此謹致謝忱!
② [清]孫詒讓撰,王文錦、陳玉霞點校:《周禮正義》,北京:中華書局,1987,2858頁。
③ [日]大庭脩著,徐世虹譯:《再論"檢"》,收入其著《漢簡研究》,桂林:廣西師範大學出版社,2001,176-204頁。李均明:《秦漢簡牘文書分類輯解》,北京:文物出版社,2009,456-465頁。
④ [日]永田英正著,張學鋒譯:《居延漢簡研究(上)》,桂林:廣西師範大學出版社,2007,57-58頁。
⑤ 汪桂海:《漢代官文書制度》,南寧:廣西教育出版社,1999,211-213頁。
⑥ 王素師對於月旦簿有專文探討,可詳參其文《長沙吳簡中的"月旦簿"與"四時簿"》,《文物》2010年第2期。

4. 邸右郎中李嵩被督〖軍〗〖糧〗〖都〗〖尉〗嘉禾三年五月十二日辛未書給邸+閣司馬魏興書史周尾黄龍二年三月直其年五月十□日……（柒·103+2103）①

表明州中倉出米簡應未有超過嘉禾三年五月十五日者。② 那麼，這個五月的望日究竟有何特殊意涵？在君教木牘中我們發現，在這一日期前後，臨湘侯國曾針對倉庫帳簿中有過一次大範圍的集中校核，根據已刊諸卷竹簡及《竹木牘》卷所收的君教木牘，可以將相關内容製成下表：

表1 君教木牘所見嘉禾三年五月中旬校核文書内容統計

	"白"事年月日	校核内容	整理号
1	五月十二日	中倉領襍米起嘉禾□年正月一日訖三月卅日一時簿	牘·15
2	五月十二日	庫領品市布起嘉禾元年六月一日訖八月卅日一時簿	牘·10
3	五月十二日	庫領品布起嘉禾二年十月一日訖十一月卅日一時簿	牘·13
4	五月十二日	庫領襍〖錢〗起嘉禾二年四月一日訖閏月卅日一時簿	陸·4659
5	五月十二日	庫領錢起嘉禾三年正月一日訖三月卅日一時簿	牘·14
6	五月十三日	三州倉領襍米起嘉禾元年正月一日訖三月卅日一時簿	牘·16
7	五月十三日	三州倉領襍米起嘉禾元年七月一日訖九月卅日一時簿	貳·257
8	五月十三日	三州倉吏領襍米起嘉禾二年九月一日訖卅日一時簿	陸·5422①
9	五月十三日	州中倉領襍米起嘉禾二年九月一日訖十一月卅日一時簿	捌·2788①
10	五月十三日	州中倉領襍米起嘉禾二年十二月一日訖卅日一時簿	捌·2820①
11	五月十三日	庫領品市布起嘉禾元年九月訖十一月卅日一時簿	牘·18
12	五月十三日	庫領品市布起嘉禾元年十二月一日訖卅日一時簿	牘·19
13	五月十三日	庫領品市布起嘉禾二年正月一日訖三月卅日一時簿	牘·20
14	五月十三日	庫領品市布起嘉禾二年六月訖八月卅日一時簿	牘·21
15	五月十三日	庫領新入品布起嘉禾二年七月一日訖九月卅日一時簿	牘·12
16	五月十三日	庫領品市布起嘉禾二年九月一日訖十一月卅日一時簿	牘·24

① 爲與原釋文相區別，本文所增釋、改釋之字均用下劃波浪綫標記，後文以此類推，不再出注。
② 從出米簡的一般情況看，文書下達到實際出米之間的時間差相當不確定，從數日至數月不等。該簡"嘉禾三年五月十二日"祇是督軍糧都尉向邸閣郎中、州中倉下達出米指令的時間，難以判定實際出米爲何時，但這組簡較爲特殊，根據簡文，這是支付邸閣司馬薪酬的記録。而據另一份相關出米記録（捌·3321+3322+3323）顯示，督軍糧都尉在嘉禾二年三月三日下達文書，支付邸閣司馬魏興所領吏周尾二月至三月的"直"，周尾在文書下發當天就領取了糧米，這顯示邸閣司馬及其屬吏的辦公地點與州中倉（邸閣）相距極近，很可能就在一處。如此，則柒·103 的實際出米時間應當不會延宕太久，在五月十五日以内的可能性極大。

续表

	"白"事年月日	校核内容	整理号
17	五月十三日	庫領襍錢起嘉禾二年十二月一日訖卅日一時簿	牘·26
18	五月十五日	嘉禾二年租稅襍米已入未畢白事	牘·34
19-22	五月十五日	嘉禾元年三、七、八、九月言府衆期草刺白事	牘·27/28/29/30
23-25	五月十五日	嘉禾二年正、閏、六月言府衆期草刺白事	牘·31/32/33
26-28	五月十五日／廿五日	嘉禾三年二月、□月、五月言府衆期草刺白事	牘·35/36/40
29	五月十六日	黃龍三年襍限米已入未畢白事	牘·37
30	五月十六日	三州倉領襍米起嘉禾二年六月一日訖八月卅日一時簿	牘·38
31	五月十六日	州中倉領襍米起嘉禾三年四月一日訖五月十五日一時簿	肆·1644+肆·1550+肆·1643
32	五月十六日	庫領襍錢起嘉禾三年四月一日訖五月十五日一時簿	牘·39

表2　君教木牘所示嘉禾三年其他時間校核文書内容統計（序號接上表）

33	正月十日	州中倉領襍米起嘉禾二年正月一日訖三月卅日一時簿	牘·3
34	正月十五日	（某倉）嘉禾二年起四月一日訖閏月卅日襍米旦簿草	牘·4
35	二月三日	中倉吏黃諱所列嘉禾元年正月一日訖三月卅日旦簿草	牘·5
36	二月三日	中倉吏黃諱所列嘉禾元年四月一日訖六月卅日米旦簿草	牘·6
37	二月三日	中倉吏黃諱所列嘉禾元年七月一日訖九月卅日米旦簿草	牘·7
38	四月十六日	（某倉）嘉禾二年起六月一日訖八月卅日襍米旦簿草	牘·9
39	五月某日	某租稅簿	牘·42
40	五月廿九日	嘉禾元年襍限米已入未畢白事	牘·41
41	六月三日	嘉禾某年庫領襍錢一時簿	牘·43
42	七月卅日	嘉禾元年餘禾米已入未集中倉事	牘·45
43	七月卅日	黃龍三年□□襍限米已入未畢白事	牘·44
44	七月卅日	嘉禾元年租稅襍限米已入未畢白事	牘·46

　　吳簡中的君教文書，是縣廷丞、主簿、錄事掾等審查、參議各曹相關事務的公文書，反映了臨湘侯國的日常行政過程。具體到本文探討的校核文書事務，其大致流程爲：倉曹、金曹

等部門先將帳簿文書上交縣廷,再由丞、期會掾、録事掾、主簿等人層層校核,最終製作君教木牘供臨湘侯國長吏畫諾批示。① 換言之,每份君教文書應當均有一份相關帳簿作爲附件。據上表,嘉禾三年五月十五日前後臨湘縣廷所校核的文書,內容相當廣泛:不僅包括倉庫帳簿,如三州倉和州中倉的一時簿,庫領雜錢、品市布的一時簿,另外還包括草刺文書,即臨湘侯國諸曹收發文件的目録;時間跨度也頗大:從黃龍三年(231)至嘉禾三年五月十五日。據上呈文書的時間看,雖然統計截止日期設置在五月十五日,但對於一些時間較早,如嘉禾元年(232)、二年(233)的一時簿,倉曹吏則會提前準備妥當,大都在五月十二、十三日呈上;至於那些近期文書,如嘉禾三年四月至五月的一時簿,則會延至五月十六日。同時也可看到,與"一時簿"不同,"月旦簿"似乎在當年年初就已呈交縣廷審核。雖有"一時簿"也在此時提交的案例(表33號),但僅此一見,從數量上看,"一時簿"的集中校核還是在五月中旬。此外,還有一些集中在六、七月處理的"租稅裾米""裾限米""已入未畢白事""未集中倉事",這些文書不言"簿"而稱"白事",可能是關於倉米逋欠情況的專門匯報,不一定以帳簿形式呈現。這樣的文書在五月中旬也有兩例(表18、29號)。

關於嘉禾三年臨湘侯國所校核文書的時間範圍,據上舉木楬及君教木牘,其下限明確是在嘉禾三年五月十五日這個節點,但上限比較模糊,從"一時簿""月旦簿"相關木牘看,最早是在嘉禾元年正月(表6、35號)。但在其他文書中,又能見到嘉禾三年校核黃龍三年未入裾限米的記録(表28、43號)。此外,在州中倉月旦簿出米簡中,明確登載的最早出米時間是黃龍三年十月,鄧瑋光也復原出了當月及同年十一月、十二月的月旦簿,②這三個月恰爲一個季度,可以構成校核"黃龍三年十月一日訖十二月卅日一時/月旦簿"之類君教文書的相關附件。然而,現存君教木牘中所反映的却是校核"黃龍三年裾限米已入未畢白事",并不與之相應。從黃龍三年月旦簿與嘉禾年間月旦簿出土時的相對位置看,嘉禾元年月旦簿集中在《竹簡[壹]》中,因屬采集簡,出土信息缺失暫且不論,黃龍三年月旦簿集中分布於發掘Ⅰ區C3段,與同樣集中分布的嘉禾二年月旦簿所在的發掘Ⅱ區C段相隔較遠,但通過發掘者提供的"簡牘總平面、立面分布圖"可以看出,Ⅰ區屬於井壁被破壞後散落至下層的"井內擾亂簡",③它的出土位置已非原本堆積位置,故無法斷定這兩批竹簡原本的位置關係。有鑒於

---

① 徐暢:《釋長沙吳簡"君教"文書牘中的"掾某如曹"》,楊振紅、鄔文玲主編《簡帛研究二〇一五(秋冬卷)》,桂林:廣西師範大學出版社,2015,231-236頁。
② 鄧瑋光對於州中倉帳簿的復原研究,分見《對中倉十二月出米簡[肆]4012組的復原嘗試》,《蘇州文博論叢》第6輯,北京:文物出版社,2015,45-55頁;《走馬樓吳簡"出米簿"的復原與研究》,楊振紅、鄔文玲主編《簡帛研究二〇一五(春夏卷)》,桂林:廣西師範大學出版社,2015,201-217頁;《對中倉黃龍三年十一月旦簿的復原嘗試》,楊振紅、鄔文玲主編《簡帛研究二〇一五(秋冬卷)》,桂林:廣西師範大學出版社,2015,182-184頁;《對中倉黃龍三年十月旦簿的復原嘗試》,樓勁主編《魏晉南北朝史的新探索——中國魏晉南北朝史學會第十一屆年會暨國際學術研討會論文集》,北京:中國社會科學出版社,2015,645-677頁。
③ 宋少華、何旭紅執筆:《長沙走馬樓二十二號井發掘報告》,北京大學歷史學系、長沙市文物考古研究所、中國文物研究所編《長沙走馬樓三國吳簡·嘉禾吏民田家莂》(上),北京:文物出版社,1999,7頁。

此,黄龍三年十至十二月的帳簿是否在這次校核範圍内似乎還難以定論,有待於進一步研究。爲謹慎起見,我們暫且將嘉禾元年正月視作是此次校核文書的時間上限。

如此,可以勾勒出嘉禾三年這次校核行動的大致流程:該年正月至二月開始校核月旦簿及部分一時簿,五月中旬集中校核一時簿及草刺文書,五月底至七月校核租税襍米和襍限米的已入未畢情況,此後相關記録消失,校核行動似乎告一段落。行文至此,不禁令人生出疑問:兩漢時期,有所謂"郡國四時上月旦見錢穀簿"的制度,即郡國會按月、按季、按年定時結算倉庫帳簿并上報朝廷,①與之相應,屬縣也要依照此時間節奏向郡府呈報月旦簿與一時簿。居延漢簡中著名的東漢永元(89—105)年間廣地南部《兵釜磑簿》,就是這種制度的生動體現,它由若干"月言簿"(月旦簿)與"四時簿"(一時簿)構成,王素師指出,此類帳簿的特點是"無論是按月結算,還是按季、按年結算,結算日期都不在本月、本季度、本年,而分别在下月一日、下季度的第三個月的第一日、來年正月一日",保持著較爲嚴格的時間規律。從《兵釜磑簿》來看,帳簿製作完成後,會立刻上報上級單位加以審核。如此看來,孫吴嘉禾三年此次校核行動就顯得頗爲反常,臨湘侯國在短時間内,對過去兩年的倉庫收支帳以及縣廷處理文件的細目都作了集中、細緻地檢閱,這明顯不屬於郡縣常規結算的範疇,那麽其意義及背後的行政邏輯又是什麽呢?

(二)臨湘侯國的文書校核行動

通檢已刊吴簡,并未發現有郡縣具體部署這次校核行動的更多文書信息,似乎衹能另尋綫索。事實上,這種跨年度的文書校核在吴簡中還有其他案例可循,在《竹簡[肆]》中集中出現了這樣一批文書簡:

5.臨湘言條列連年懸逋錢□舉言畢□籍簿答善書詣□(肆·1164)

6. ·右連年逋空襍米三千五百二斛三斗八升□合□侯相郭君丞區讓(肆·1230)

7.嘉禾二年十二月十一日右倉田曹史烝堂闢部曲 (肆·1235)
　田曹掾□□白言答右郎中書列懸□米種領草

8.右郎中治所被丁卯書白縣各有文□□□米七萬斛錢(肆·1257)

9.府中部督郵移戊午書自(?)言料校文入及連年逋襍米合(肆·1265)

10.會縣領連年懸空錢卅八萬五千八百六錢謹條列種領與(?)(肆·1266)

11.嘉禾二年十一月癸巳朔日主簿羊君叩頭死罪敢言之(肆·1267)

12.言月日爲簿如牒□有入别言禾郡謹答言□誠惶誠恐叩頭死罪死罪敢言之(肆·1269)

13.牒答言書　詣□右　所(肆·1270)

---

① 王素:《長沙吴簡中的"月旦簿"與"四時簿"》。

14. 臨湘言條列黃龍元二三年□連年逋襀米種領斛數右別如（肆·1271）
15. 主簿劉　恒□（肆·1274）
16. 臨湘謹列黃龍元二三年懸逋錢准和□斛□簿（肆·1286）
17. 彭政等承督郵潘□所□簿言畢料校（肆·1287）
18. 懸逋不見嘉禾元年八月廿九日舉言（肆·1288）
19. 諾①少受命料問事當覆驗今遣吏□書到丞促條列□（肆·1289）
20. 得督留言會初書日時如詔書律令　十月十八日發（肆·1290）
21. 斛數錢米列登簿更真吏者乘里□詣在所計時□□（肆·1291）
22. 嘉禾二年十月丁巳朔十八日丁卯右郎中訵督察告（肆·1294）
23. □錢幾千百萬□何年種領何日□何□足以悉□入（肆·1295）
24. 臨湘下雋攸吳昌劉陽令長侯相□□□文□□年幾萬（肆·1296）
25. 　　相郭君丞唐（？）祁錄事主者周岑石彭謝進（肆·1297）
26. 　·右連年懸空米九千七百七十五斛二升三合二勺五撮三圭此致（肆·1303）
27. 　　期會掾烝若錄事掾陳曠校（肆·1305）
28. 臨湘謹列連年懸空錢種領簿（肆·1306）
29. 者縣界連年遭遇水旱吏民并貧困無所收入養（肆·1364）

　　這批竹簡整理號集中，尺寸相近，內容相關，原本應當是相互編連或集中存放。鑒於相關文書簡爲數衆多，本文不擬備舉，以上僅羅列其中較重要者。從內容上看，這批文書涉及臨湘侯國"料校""文入及連年懸逋"雜米及錢物事宜，大概製作於嘉禾二年，簡5、14、16、28以"臨湘（謹）言"起首，說明這些文書應當屬於臨湘製作的上行文書，但最終出現在"臨湘侯國檔案群"中，或爲底稿或副本。
　　楊芬將這批文書定名爲"懸逋錢米種領斛數簿"，并對其中所涉術語作了研究：認爲"文入"是爲"虛文入帳"，指"文簿有登記而錢米實際未入倉"；"懸逋"在傳世史籍中則常指民衆拖欠應納租調。② 二者語義相關，但在實際入帳時却分爲兩類，其性質可能存在某種差異。此外，"連年"一詞也值得關注，魏斌在集成研究"民還貸食連年襀米簿"時，認爲所謂"連年"即指多年，③具體到以上文書，標題簡5、28中的"連年"應當就是指簡14、16中的"黃龍元二三年"，說明這份"懸逋錢米種領斛數簿"的結算時段是從黃龍元年至三年（229-231）。這與

---

① 整理小組注："諾"字爲草體濃墨批文。
② 楊芬：《長沙走馬樓吳簡考釋三則——"懸逋"、"文入"、"種領簿"》，中國文化遺產研究院編《出土文獻研究》第11輯，上海：中西書局，2012，271-279頁。
③ 魏斌：《走馬樓所出孫吳貸食簡初探》，武漢大學中國三至九世紀研究所編《魏晉南北朝隋唐史資料》第23輯，武漢大學文科學報編輯部，2006，31頁。

上文所述嘉禾三年的文書校核頗有可相互參看之處:首先,它們均是對以往數年間倉庫出入帳情況的集中性核查;其次,依據上文所還原嘉禾三年的行動順序,最後一步是校核嘉禾年間"租稅襢米已入未畢"情況,這本質上就是對倉"文入"和"懸逋"的確認,而此前對於月旦簿、一時簿的校核,應當就是爲最終統計"租稅襢米已入未畢"所作的基礎性工作;最後,如將嘉禾三年核校倉庫文書的時間上限確定在嘉禾元年,那麽正可與"黃龍元二三年"的時段前後銜接。基於以上理由,或可認爲嘉禾三年的校核行動與嘉禾二年料校"文入及連年懸逋"性質類似,均是對於往年帳簿中逋欠情況的清查,不同的是,前者在吳簡中呈現的是清查過程中所涉及的一系列原始文件,如月旦簿、一時簿及倉庫已入未畢情況,而後者從目前來看祇有最後一步校核倉庫懸逋的流程。

　　那麽,嘉禾二年這次集中校核行動的動力何在,是一次郡縣行政的定期自我清查,還是出於上級的統一安排?上舉文書簡 19-24 是解開這一問題的關鍵。這 6 枚竹簡整理號相對集中,形制與其他文書簡差別不大,但書法風格迥異:前者字形平正勻稱,結構方廣整飭,頗有楷意(左、中圖);後者筆劃簡率,結字扁平,橫畫的筆勢明顯左低右高(右圖)。

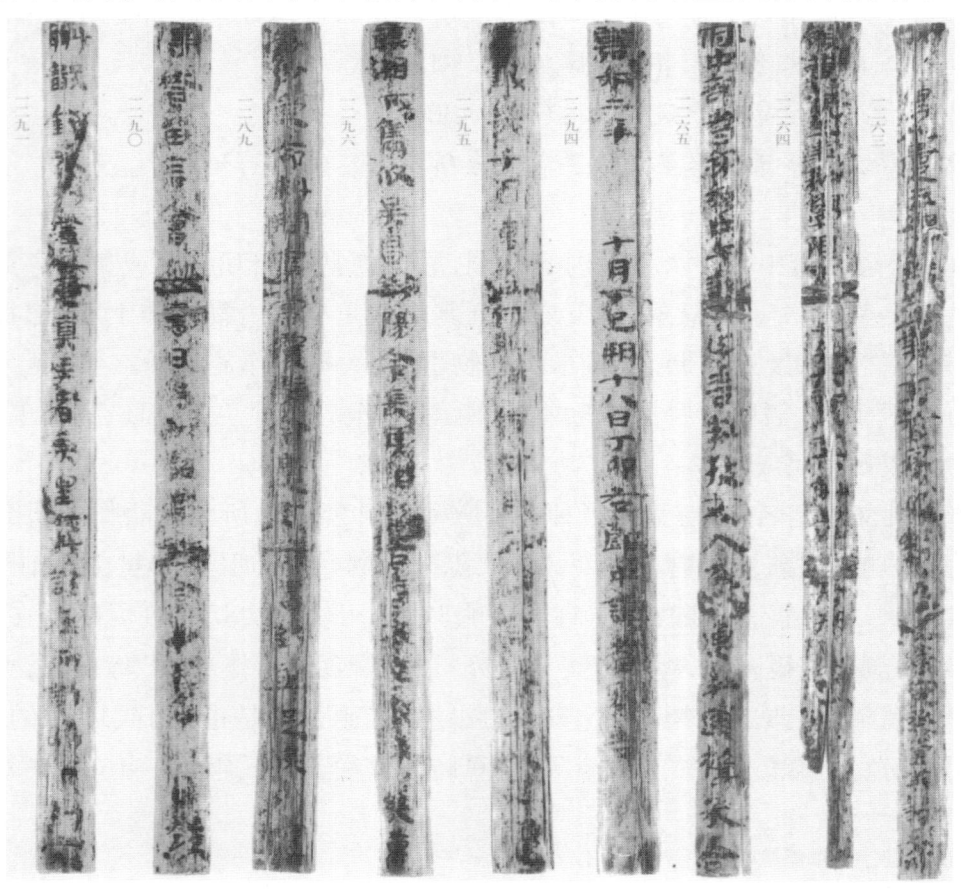

圖 1　簡 19—24(左 6 枚)與其他相關文書簡(右 3 枚)簡影對比

　　從書迹和編繩位置判斷,這 6 枚竹簡原本應出於同一份文書。根據文書內容,可將竹簡大致按如下順序排列：

> 22. 嘉禾二年十月丁巳朔十八日丁卯右郎中訢督察告（肆·1294）
> 24. 臨湘下雋攸吳昌劉陽令長侯相□□□文□□年幾萬（肆·1296）
> 23. □錢幾千百萬□何年種領何日□何□足以悉□入（肆·1295）
> 19. 諾少受命料問事當覆驗今遣吏□書到亟促條列□（肆·1289）
> 21. 斛數錢米列登簿更真吏者乘里□詣在所計時□□（肆·1291）
> 20. 得瞀留言會初書日時如詔書律令 十月十八日發（肆·1290）

其中簡22首題文書製作日期及製作者，應是首簡，依其簡末用語，以下應是文書告知的對象，簡24恰好可以接續。以下竹簡由於字迹漫漶、釋文殘缺，不能完全確定其順序，祇能按照語義大致綴連。簡20的"如詔書律令"，是漢代下行文書結尾的常用語，①可據此判定其爲文書末簡，值得特別關注的是，這枚簡中"十月十八日發"六字是粗筆淡墨草寫，與其他簡文差異極大，顯是另筆書寫。"發"原釋作"致"，但核之圖版該字作，上方"癶"及右下側之"又"均較清晰，故應改釋作"發"字。根據里耶秦簡、居延漢簡、五一廣場東漢簡的相關簡例，這類另筆書寫的文字應屬收件方書於原件上的"簽收記錄"。② 如此看來，這是一封由右郎中在嘉禾二年十月十八日發出的文書，收件方包括臨湘、下雋、攸、吳昌、劉陽這些長沙郡屬縣，從簽收日期看，這份文書在發出當天就被送到了臨湘侯國，表明右郎中的"在所"距離臨湘城應當不遠，或許就駐在城中某處。根據殘缺的文書內容，我們大致可以知道右郎中此行的目的是"受命料問，事當覆驗"，簡23提到了"種領"，參之上舉楊芬觀點，這就是指記錄"懸逋錢米"的帳簿，故"料問"和"覆驗"的對象，應當就是這類帳簿。簡21還顯示，各縣令長在準備就緒後需要將帳簿"詣在所"，即呈交至右郎中所在處。簡8"右郎中治所，被丁卯書，白：縣各有文□□□米七萬斛錢"中的"丁卯書"應當就是指這份右郎中下達的文書。由此看來，這份"丁卯書"應當就是引發嘉禾二年校核行動的"導火索"。那麼接下來的問題，就是要確定發出文書的"右郎中"究竟是何等人物。

孫正軍曾對吳簡中的"左右郎中"研究頗詳，指出漢魏之際郎中開始逐漸"散階化"，其

---

① 汪桂海：《漢代官文書制度》，71頁。
② 相關研究請參汪桂海《漢代文書的收發與啓封》，李學勤主編《簡帛研究》第3輯，南寧：廣西教育出版社，1998，320-327頁；[日]髙村武幸《"發（ひら）く"と"發（おく）る"——簡牘の文書送付に關わる語句の理解と關連して》，《古代文化》第60卷第4號，2009年，102-119頁；[日]藤田勝久《漢代簡牘的文書處理與"發"》，收入黎明釗編《漢帝國的制度與社會秩序》，香港：牛津大學出版社，2012，207-246頁；王素《"畫諾"問題縱橫談——以長沙漢吳簡牘爲中心》，《中華文史論叢》2017年第1期；李凱凱《五一廣場東漢簡所見"史白開"類簡考釋——兼談東漢文書簽收的幾個特點》，《博物院》2020年第6期。據以上成果，在表示啓封文書的用語方面，里耶秦簡及居延漢簡多用"發"字，五一廣場東漢簡則多用"開"，而本文所舉吳簡中則仍用"發"，表明文書用語在漢末之際似乎發生了一些變化。

具體職事變得頗爲模糊,在吳簡中,以州中邸閣"左郎中郭據""右郎中李嵩"及三州邸閣"郎中董基"最爲常見,此外還有散居鄉間、擔任鄉小吏的"郎中王毅",以及州中倉出米簡中監督諸軍的"右郎中何宗"。① 簡 22 所載右郎中之名已不可辨,僅餘一偏旁"言",以此對照以上諸郎中之名,并無相符者,看來應另有其人。可以注意到,簡 22 對右郎中的完整表述是"右郎中䛐督察告","督察"一詞頗引人關注,在吳簡中還可見到:

30. □三月廿三日丁未部督軍行立義都尉規督察告(壹·1134)
31. 嘉禾元年十二月十九日庚戌長沙太守兼中部督郵書掾□督察移(伍·3017)
32. 嘉禾二年十一月丁亥朔十四日丙午郎中□使督察告(伍·3570)

其中"督軍行立義都尉規"應是長沙督軍都尉蔡規,"長沙太守兼中部督郵書掾晃"應是長沙中部督郵,其名爲"晃"。在以上史料中,"督察"均是出現在"職銜+姓名"之後、"告"之前位置。有學者將"督察"視作是御史臺派駐各郡的"督軍都尉"别稱,②但根據上述材料,不祇督軍都尉,督郵書掾和(右)郎中均可被稱作"督察",而"督郵"和"督軍都尉"職事和性質在史籍中是比較清晰的:前者是郡府向轄下各部分派的監察官;後者是孫吳中央向各郡派駐的監軍使者,③他們的共同特點均是由上級派駐下級的監察性官吏,"督察"似應被視作是對其職能的一種描述。

然而,督郵和督軍都尉雖職事有相似之處,但秩級終究有著較大差異,這從文書用語中也可窺知:簡 30 載督軍都尉傳達文書是用"告"字,表明是由其主動製作并發布的命令;而簡 31 載督郵則言"移",表示其本身并不主動下達文書,而是向下轉達郡府的命令,在吳簡中,也幾乎不見督郵獨立向縣發布文書的案例。④ 明乎此,再看簡 22、簡 32 中的"郎中督察",可以得出兩點認識:其一,郎中之名後繫有"督察"二字,表明該郎中的職事應當亦與督郵、督軍

---

① 孫正軍:《走馬樓吳簡中的左、右郎中》,長沙簡牘博物館等編《吳簡研究》第 3 輯,北京:中華書局,2011,262–271 頁。
② 徐暢:《新刊長沙走馬樓吳簡與許迪割米案司法程式的復原》,《文物》2015 年第 12 期。
③ [日]森本淳:《長沙吳簡からみる孫吳の下級軍事制度考初編》,《長沙吳簡研究報告》2008 年度特刊,東京:長沙吳簡研究會,2009,70–74 頁。
④ 督郵在文書行政中的角色似乎歷來如此,在長沙五一廣場東漢簡中有不少關於督郵的史料,其中簡六六六+六七四所反映的情況最爲典型,迻録其文如下:
　　閏月十五日庚辰,長沙大守中部勸農督郵書掾邳、待事史佑督察有案問,寫移臨湘,書到,實核正處言府,關副在所,會麥秋後五日,如律令　閏月十六日開(長沙市文物考古研究所等編著:《長沙五一廣場東漢簡牘[貳]》,上海:中西書局,2018,62 頁)
這枚兩行看似是中部勸農督郵書掾、待事史發往臨湘案問某事的文書,但根據其中"寫移""正處言府"來看,實際上還是郡府委託二人移書臨湘案問事由,而臨湘最終回稟時,也需要先將正本遞交郡府,再將副本抄送督郵書掾的"在所"。可見在東漢時期,督郵、督郵書掾在文書行政中的作用就是如此。此外,此簡中也出現了"督察",其在文書中的位置一如上舉吳簡,應當亦和督郵書掾與待事史的監察職能相關。

都尉相仿,有監察性職能;其二,郎中可以向長沙郡下屬縣獨自發布指令性文書,表明其地位要高於縣,與督軍都尉相埒,而不同於郡督郵。此外,右郎中下達"丁卯書"中的"受命"二字也耐人尋味。先秦秦漢時期,"受命"一詞除了指君王宣誓正統時所稱"承天受命"外,還常表示臣下直接承受君主命令。① 綜合以上迹象,這位"受命料問"的右郎中的真實身分極有可能是由中央、甚或是孫權本人下派的督察使者,換言之,嘉禾二年的這次跨年度文書檢核,應當是一次孫吳中央自上而下、直接部署的清查行動,而非地方郡縣的定期自查。

那麼,性質與之相似的嘉禾三年文書校核行動,其背後的動力是否也是如此呢?確實存在這種可能。如對吳簡所見君教木牘中的長吏批字進行統計,② 可以發現一個有趣的現象:與嘉禾三年檢核行動相關的木牘中,在原本常規畫諾的"君教"二字之下,常常代之以"已核""已校""重核""已出"等字樣,且"已校"多爲朱筆書寫,具體情況見下表統計,而這種情況在嘉禾四年(235)、五年(236)的君教木牘中并不多見。

表3 嘉禾三年君教木牘長吏批字統計

簡號	批字情況	簡號	批字情況
牘·2	拘校出	牘·23	已校/已校/重核/已出
牘·3	拘校/已出/已核	牘·24	已校/已出
牘·4	重拘/已核	牘·25	已校/已出/已核
牘·8	拘校/已核/任出	牘·26	已出
牘·11	拘校/已出	牘·31	已刺
牘·12	已出/已筭	牘·32	已刺
牘·13	已出/已筭	牘·33	已刺
牘·14	已出/已核/已筭	牘·38	已校/重核/已筭
牘·15	已核	牘·39	已校/已出/已筭
牘·19	已出	牘·46	已核/已校/已出
牘·21	已核/已出	牘·47	已核

---

① 如睡虎地秦簡中所見"命書",就是專指秦王發布的文書,如《秦律十八種·行書律》:"行命書及書署急者,輒行之。"《爲吏之道》:"命書時會,事不且須。"(睡虎地秦簡整理小組編:《睡虎地秦墓竹簡》,北京:文物出版社,1990年,61、170頁)"命"在秦漢時期官文書中的行用,詳參汪桂海《漢代官文書制度》,26頁。

② "長吏批字"指君教文書中"君教"二字之下用濃墨、粗筆書寫的內容,常見批文有"諾",亦有諸如"已核""已校"等其他內容。據研究,這些文字應當是長吏本人或其授權他人所作的批覆。相關學術史梳理可參楊頌宇《從五一廣場出土東漢簡牘看試探漢代的"君教"文書》,收入黎明釗、馬增榮、唐俊峰編《東漢的法律、行政與社會:長沙五一廣場東漢簡牘探索》,香港:三聯書店(香港)有限公司,2019,189-220頁。

续表

簡號	批字情况	簡號	批字情况
牘·22	已校/已核/已出		

嘉禾三年君教木牘批字中屢屢出現的"已核""已校""重核"字樣,説明縣廷對這些"陳年舊帳"相當重視,大都重新進行了反覆核校,其中牘23顯示,木牘所涉帳簿文書甚至經過了三道校核,如此審慎的態度,暗示著這或許并不是一次普通的常規檢查。實際上,在君教文書的基本格式中,已經將經手文書的諸位責任人一一標明,即"某某如曹""某某校""某某省",按一般流程,如無特别問題,長君畫諾即可,但以上所舉批字却又另筆標注"已核""已校",實在令人疑惑,或許與這批文書的特殊性質有關。而"已出"的出現,似可説明這些籍簿在縣廷校閱之後還需繼續上行。有鑒於此,我們推測嘉禾三年臨湘侯國的這次文書檢核行動,很可能也是在孫吴中央部署下的一次清查行動,它由朝廷派駐各地的使者(如右郎中督察一類)具體指揮,由縣配合執行。①

此類中央直接干預下的文書校核活動,除了以上兩例外,在吴簡中還可找到其他痕迹。"許迪割米案"早已爲學界熟知,②近來鄧瑋光另闢蹊徑,從該案"事覺"階段入手,重新梳理了該案始末,他認爲:此前學者將該案爆發的原因多歸結於"廖咨校核文書",但根據相關材料可知,該案實則是在中央尚書的指示下,對於長沙郡貪腐官吏的一次"精準打擊"。③ 其説可從,但尚有未盡之處。正如鄧文所指出,該案緣起於尚書對於長沙郡嘉禾二年"官鹽簿"的審計,即如下簡所示:

33.嘉禾四年八月丁未朔十八日甲子從史位臣廖咨頓首死罪上(捌·4062)

34.尚書前言長沙郡所列嘉禾二年官鹽簿涂口典鹽掾(捌·4061)

35.許迪賣鹽四百廿六斛一斗九升八合四勺得米二千四百卌九斛(捌·4078)

36.一升不列鹽米量設移部督軍蔡規功曹隱核别處(捌·4095)

---

① 從上文復原的"丁卯書"來看,右郎中的指令是直接發往長沙郡下各縣,即"告臨湘下雋攸吴昌劉陽令長侯相",其後又言"詣在所",似乎整個文書流程都未經過郡府。此外,簡7稱"右倉田曹史烝堂關部曲田曹掾□□白言答右郎中書列懸□米種領草",此簡小字兩行書寫,其中右倉田曹史烝堂和部曲田曹掾應當都是臨湘縣吏,根據簡文,他們可能是負責對"懸逋米種領簿"進行初步整理的人,"答右郎中"四字也表明這份簿書在縣廷審核完成後是直接送交右郎中,這印證了"丁卯書"中"詣在所"之語。因此,右郎中對於長沙郡下各縣的文書校核,實際上可能并没有經由長沙郡府,而是直接與各縣對接。

② "許迪案"的學術史梳理,可參徐暢《新刊長沙走馬樓吴簡與許迪割米案司法程式的復原》及鄧瑋光《試析孫吴嘉禾年間的財政危機——以走馬樓吴簡許迪割米案爲中心》,《文史》2019年第3輯。

③ 鄧瑋光:《試析孫吴嘉禾年間的財政危機——以走馬樓吴簡許迪割米案爲中心》。

這裏我們感興趣的是文書的時間綫索,根據"長沙郡所列嘉禾二年官鹽簿"來看,長沙郡提供的是一份嘉禾二年官鹽收支情況的年度財務報表,如按一般情況,這份籍簿應當在次年即嘉禾三年初即可製作完畢,但根據廖咨所作答復文書的時間及語氣看,尚書校核官鹽簿并發現疑點的時間應當在之前不久,即嘉禾四年八月前,换言之,嘉禾二年官鹽簿從製成到被尚書校核,其間相隔已有一年有餘。這種由尚書主導校核隔年帳簿的行爲,顯然不是一次常規的年度審計。因之,則又有一問題浮出水面:尚書是如何校核長沙郡官鹽簿的?是長沙郡上呈至中央,還是中央尚書派下吏員就地檢核?我們認爲,後者的可能性更大。張榮強師業已指出,受書寫載體所限,在簡牘時代,包括户籍在内的各種基礎性帳簿一般由縣鄉掌握,中央政府及州郡一般祇掌握數據簡約、幾成具文的上計簿;到紙本時代,中央政府方纔有能力對地方上呈的各式基礎帳簿進行查核。① 吴簡中官鹽簿與上述縣鄉掌握的基礎帳簿不同,由於孫吴是以郡爲主體單位行銷官鹽,②銷售得米也大都進入"郡倉",③因此官鹽簿的製作主體應當是郡。然而,官鹽簿雖是郡級帳簿,但從廖咨引用的尚書文書看,其内容應非内容簡約的"要簿",而是詳細記録每筆收支帳目的"明細帳",故而能精確查出許迪"賣鹽四百廿六斛一斗九升八合四勺得米二千四百卅九斛一升不列鹽米量"這筆問題帳目。此外,從學者整理的"鹽米簿"看,此類籍簿的内容的確相當繁雜,④如以年爲單位編制,簡册的體量和信息量必然不小。由是,想必孫吴朝廷不會一改兩漢以來的慣例,令諸郡大費周章地將官鹽簿謄抄搬運至都城建業後再行校核。綜合以上所論嘉禾二、三年的檢核行動,我們有理由認爲,這次嘉禾四年尚書校核長沙郡官鹽簿,應當也是一次由孫吴中央部署、派遣使者駐郡檢核的行動,至於所校核文書的範圍及操作實況,限於史料不得而知,但至少可以明確它是對長沙郡歷年官鹽收支情況的一次總校核。⑤

---

① 張榮強:《簡紙更替與中國古代基層統治重心的上移》,《中國社會科學》2019 年第 9 期。此外,侯旭東也曾指出,在籍帳文書的層層上呈時,"層級越高,獲得的越是簡單的數字",見《湖南長沙走馬樓三國吴簡性質新探——從〈竹簡[肆]〉涉米簿書的復原説起》,長沙簡牘博物館編《長沙簡帛研究國際學術研討會論文集》,上海:中西書局,2017,85 頁。
② 趙義鑫:《孫吴長沙郡的鹽政與地方行政權力運作的變化》,《湖南社會科學》2020 年第 4 期。
③ 從蘇俊林整理的"鹽米簿"看,官府售鹽所得米基本均是由倉吏監賢登記入帳(《走馬樓吴簡所見鹽米的初步整理與研究》,《鹽業史研究》2018 年第 1 期),而據州中倉出米簡,監賢多被記爲"郡倉吏",由是可知"鹽米"入倉後應當是直接歸由郡吏管轄,可參崔啓龍《走馬樓吴簡所見州中倉、三州倉性質再探——以州中倉"通合類"出米簡爲中心》,待刊稿。
④ 蘇俊林:《走馬樓吴簡所見鹽米的初步整理與研究》。
⑤ "許迪案"關鍵人物廖咨的身份一直較爲模糊,在相關文書中,他的職稱有"從史位廖咨"及"廖直事"兩種,徐暢認爲廖咨是郡縣屬吏,陳榮傑認爲可能是中書典校吕壹的屬下,鄧瑋光則根據廖咨"表上"尚書的行爲,認爲其直接接受尚書的指令。綜合來看,應以鄧説爲勝。在出米簡中常見州中倉爲"尚書郎貴倩"發放俸禄的記録,此人長期活動在長沙周邊"部伍夷民",屬下就有不少從史位跟隨,如:
　　從史位桂陽樂咨　　　　随貴尚書部伍夷民(伍·3637)
　　從史位南郡龍應(?)　　随貴尚書部伍夷民(伍·3638)
可見吴簡中的"從史位"與"尚書"之間存在某種業務關聯,結合廖咨可以上表尚書的行爲,表明尚書派駐臨湘校核文書的很有可能就是這位從史位廖咨。

二　重審"吕壹事件"

　　以上我們頗費筆墨，勾勒出吴簡所見三次文書檢核行動的大致輪廓。可知這三次行動發生在黄龍至嘉禾年間，它們很可能均是由孫吴中央朝廷部署，派出使者直接檢核郡縣文書。大致與此同時，在史書中也有與之相應的記載，即著名的"吕壹案"。吕壹敗亡於赤烏元年（238），其"典校諸官府及州郡文書"大致就應在嘉禾年間（232—238），幾與以上所論事件時間重合。關於此案，學界歷來不乏研究，①走馬樓吴簡出土後，有學者根據"中書典校事吕壹"簡及"許迪案""朱表案"，認爲吕壹可能曾對長沙郡的文書行政施加過影響，②更有學者直接指出吴簡的埋藏或與吕壹的倒臺直接相關。③ 關於吕壹校核文書的目的與性質，以往研究多側重政治層面，將其與孫吴政權的"江東化"趨勢相聯繫，認爲吕壹作爲孫權親信耳目讒毁將吏大臣，反映出君權對於士大夫和地方豪將勢力的打壓。誠然，從《吴書》對吕壹行事的種種描繪看，孫權令其任"中書典校事"，主要目的就是刺舉大小官員不法之事，以圖鞏固孫吴皇權。但如果説這是吕壹等人職事的全部内容，恐也不盡然。正如唐長孺所指出："曹操所置校事，專主刺舉。孫權所置校事，其職務是典校諸官府及州郡文書，屬中書，所以稱爲'中書典校'。典校郎，雖也刺舉群臣，名義上却是中書審查文書的郎官，與魏之校事稍有不同。"④

　　《三國志·吴書·吴主傳》記載，赤烏元年吕壹敗亡後，孫權爲安撫諸將，鼓勵他們積極獻言獻策，曾親自修書一封寄送各處，這封信内容豐富且耐人尋味，現將其主要内容迻録如下：

　　　　袁禮還，云與子瑜、子山、義封、定公相見，并以時事當有所先後，各自以不掌民事，不肯便有所陳……自孤興軍五十年，所役賦凡百皆出於民。天下未定，孽類猶存，士民勤苦，誠所貫知。然勞百姓，事不得已耳。與諸君從事，自少至長……盡言直諫，所望諸君；拾遺補闕，孤亦望之……⑤

---

① 相關研究可參莊輝明《暨艷案與吕壹事件再探討》，《江海學刊》1996年第1期；章義和《孫吴校事與吕壹事件》，《許昌師專學報》1996年第1期；王永平《孫吴之吕壹事件及其性質考論》，《江蘇行政學院學報》2004年第5期等。
② 王素、汪力工：《略談走馬樓孫吴"中書典校事吕壹"簡的意義》，《文物》2002年第10期；陳榮傑《走馬樓吴簡"朱表割米自首案"整理與研究》，《中華文史論叢》2017年第1期；鄧瑋光：《試析孫吴嘉禾年間的財政危機——以走馬樓吴簡許迪割米案爲中心》。
③ 邱東聯：《長沙吴簡與吕壹事件——試析長沙吴簡的埋藏原因》，《中國文物報》1999年12月8日第3版。
④ 唐長孺：《從吐魯番文書中所見的高昌郡縣行政制度》，《文物》1978年第6期，後收入其著《山居存稿》，北京：中華書局，1989，349頁。
⑤ 爲行文簡潔，以下在行文中引用《三國志·吴書》列傳内容時，衹標明各傳標題。

仔細品味,這封言辭懇切的長信可分爲三個層次,信一開頭,孫權委婉表達了對諸將不肯直諫的不滿,第二部分則話鋒一轉,講苦役百姓實屬迫不得已,而第三部分又轉回與諸將對話,在回憶了并肩創業的君臣之誼後,再次希望諸將直言其過。如此看,第二部分實在顯得突兀。孫權特別提到此點,似乎表明吕壹校核文書的行爲不僅嚴重地衝擊了孫吴的君臣信任關係,也極大加劇了民衆的賦役負擔,以至於要在信中專門解釋。關於此,《陸凱傳》中也有反映:

> 夫校事,吏民之仇也。先帝末年,雖有吕壹、錢欽,尋皆誅夷,以謝百姓。[1]

陸凱在這裏將校事擺在了吏民、百姓的對立面,把孫權誅殺吕壹等人描繪成"以謝百姓"而非"以謝將相大臣",透露出校事職事與百姓之間存在嚴重衝突,强調了校事制度的另一個側面。

那麽,校事制度是如何具體影響百姓生活的呢?我們可從吴簡中找到答案,在以上所論嘉禾二、三、四年的文書校核行動中,均可見到孫吴的郎官使者。而史籍中權傾一時的吕壹、秦博等人,本職實際上就是"中書郎",他們"專威福"的權力來源於"典校諸官府及州郡文書"的職事,這與吴簡中在長沙、臨湘校核文書的"右郎中詡""從掾位廖咨"本質上并無差别,祇不過前者的許可權更大、所校核的官吏及事務範圍更廣罷了。從吴簡中看,這些使者赴州郡校核文書除了糾發官吏舞弊、貪腐外(如"許迪案"),還有一項重要任務就是清查地方賦税的逋欠情況,即吴簡中所見"連年懸逋"和"已入未畢"。而這種清查又非單純地核查帳目,從《步騭傳》中言校事"責其成效,課其負殿"可知,[2]這些朝廷使者在檢核文書之外往往還擁有考課官吏的權力,因此在這種政績壓力下,核查逋欠帳目往往藴含著督促郡縣長吏加緊徵收民衆逋欠的意思。這在吴簡中同樣有所反映:

37. 如牒盡力絞促葱□等詭課負者錢有入 復 言祈誠惶誠恐(陸·4711)

38. 尉 曹謹列諸鄉今年財用錢鄉□未畢簿(陸·4777)

39. 尉曹謹列二鄉領 財 用錢已入未畢簿(陸·4687)

40. 錢十五萬九千餘未畢盡力絞促有入 復 □書　詣尉(陸·4801)

41. 未畢八萬九千　　　　　　　　　　鞭杖鄉吏文騰各卅(陸·4686)

42. 模鄉 逋 元年財用 錢 八萬七千九百　　 吏 五 訓 主請鞭杖各 卅 (陸·4811)

---

[1] 《三國志》卷六一《吴書·陸凱傳》,北京:中華書局,1982,1407頁。
[2] 《三國志》卷五二《吴書·步騭傳》,1239頁。

43. 樂鄉遺元年財用錢五萬五百　　　　　吏孫儀主請鞭杖各卅（陸·4813）

44. 廣成鄉遺元年財用錢九萬二百　　　　吏□□主請鞭杖各卅（陸·4814）

以上竹簡均出自揭剥圖陸·46，相關度較高，從簡37—40來看，簡41—44應是臨湘侯國尉曹製作的"諸鄉財用錢已入未畢簿"中的内容，令人矚目的是簡41—44中，在羅列該鄉遺欠財用錢數目之後，還有"吏某某主 請鞭杖各卅"的字樣，其中的"吏某某主"當是指負責該項事務的勸農掾，"鞭杖"作爲漢魏之際刑罰種類，常用於督責官吏，嚴重時可致受刑者死亡。① 可見，民衆逋欠賦稅，不但會影響到郡縣長吏的仕途，直接負責督繳的鄉勸農掾更要承擔連帶責任，遭受嚴酷的鞭杖責罰，因此吳簡中常見官府"促絞"民衆租稅的現象。② 在這種郡—縣—鄉行政壓力層層轉嫁、下移的情況下，底層的民衆自然是壓力的最終承擔者：遭受鞭杖責罰後的鄉吏，想必會更加嚴厲地向民衆催徵（"促絞"）。那些因貧困而逋欠租稅的民衆，命運祇能是更加凄慘。《華覈傳》對孫吳末年這種層層壓逼的情況有過生動描述，其曰：

而都下諸官，所掌别異，各自下調，不計民力，輒與近期。長吏畏罪，晝夜催民，委舍佃事，遑赴會日，定送到都，或藴積不用，而徒使百姓消力失時。到秋收月，督其限入，奪其播殖之時，而責其今年之稅，如有逋懸，則籍没財物，故家户貧困，衣食不足。③

這裏講的雖是"都下諸官"向郡縣徵求租調，但可以反映出郡縣面對"都官"時如履薄冰的心態，以及下層百姓在面臨催徵懸逋時遭受的痛苦。而這正是校事之類的校核使者實實在在影響民衆日常生計最主要的方式。

明乎此，當我們再來看《諸葛恪傳》中的這段記載時，便可體會到另一番含義：

權薨……恪更拜太傅。於是罷視聽，息校官，原逋責，除關稅，事崇恩澤，衆莫不悦。恪每出入，百姓延頸，思見其狀。④

孫權死後，諸葛恪革除前朝弊政，推出"罷視聽，息校官，原逋責，除關稅"四項舉措。其中

---

① 《三國志·魏書·明帝紀》："鞭作官刑，所以糾慢怠也，而頃多以無辜死。其减鞭杖之制，著于令。"（卷三，101頁）王素師有專文探討漢魏時期的"鞭杖"刑罰，詳參《魏晉"鞭杖"刑罰與地方軍政治理——以長沙吳簡與吐魯番文書爲中心》，"地方治理的法制傳統"學術研討會論文集，中國政法大學，2022年11月19日。
② 魏斌曾探討過吳簡中的"促絞"簡，詳參其文《"原除"簡與"捐除名簿"》，長沙簡牘博物館等編《吳簡研究》第3輯，北京：中華書局，2011，193—194頁。
③ 《三國志》卷六五《吳書·華覈傳》，1468頁。
④ 《三國志》卷六四《吳書·諸葛恪傳》，1434頁。

"罷視聽"之"視聽",諸葛亮《便宜十六策》中有"視聽之政,謂視微形,聽細聲"之言,① 應當就是指孫權監視群臣的耳目,可與其後"息校官"并觀,兩者并舉,可能是强調校事官監控輿論、校閲文書兩方面的職能。可見,孫權在誅殺吕壹後,并未隨之廢除"校事"及相關制度。②"原逋責"之"責"應讀作"債",指蠲除民衆所欠租税及貸糧,如前所述,校核使者的職責之一就是督繳逋欠,故這一項實際當被視作"罷視聽,息校官"的配套措施。而"除關税"同樣與"息校官"有千絲萬縷的聯繫,《顧雍傳》言吕壹之惡,其中就有"遂造作権酤障管之利"一項,③顯示出校事們對於商業貿易的染指,而豐厚的關税想必也不會逃出其掌心。可見,諸葛恪的各項新政,無論是"原逋責"還是"除關税",均是圍繞著廢除校事及相關制度展開的。也正是由此,諸葛恪獲得了極高的民望,所謂"百姓延頸,思見其狀",這從另一個側面再次反映出校事制度對於民生的深刻影響。

因此,"校事"制度之於孫權的意義,絶不僅在於通過加强對中央及地方各級官僚的輿論監視,維持政治上的集權與穩定,還在於從經濟層面通過專使校核文書的手段,加强對各級地方財政的監控,最終達到增加財政收入的目的,但這從另一個角度講,就是使民衆的經濟負擔繼續加重。也正是因爲校事們在上構陷將相大臣,在下壓榨編户小民,故無論是史書記載還是後世史家評判,校事基本是以"禍國殃民"的負面形象出現。但如果我們注意這一制度誕生的相關背景,也許能够更爲全面地理解孫權設置校事等官的現實考量。

鄧瑋光曾以"許迪割米案"爲綫索,揭示出孫吴朝廷在嘉禾年間經歷的一場財政危機。④ 結合傳世及出土文獻來看,當時孫吴朝廷所面臨的財政狀况的確不容樂觀,收入方面,嘉禾年間前後持續的天災導致糧食嚴重減産,⑤而此時財政支出却因戰端數起而不降反增,一減一增之間,財政壓力陡增。要緩解這一狀况,首先需要保證已有税源的穩定與可靠,督繳逋欠於是成爲孫權的重要選擇,雖然其屢屢頒下寬民詔書,但從實際執行層面來看,地方官府并未稍稍放鬆聚斂。⑥ 如此,則包括"校事"在内的一衆使者分赴州郡校核文書,就有了整頓財政的意義。

除了財政緊張,"校事"制度設立的另一重要背景,是孫吴政權内部皇權與將權的分立。

---

① [蜀漢]諸葛亮著,段熙仲、聞旭初編校:《諸葛亮集》,北京:中華書局,1960,62頁。
② 高敏:《曹魏與孫吴的"校事"官考略》,《史學月刊》1994年第2期。
③ 《三國志》卷五二《吴書·顧雍傳》,1226頁。
④ 鄧瑋光:《試析孫吴嘉禾年間的財政危機——以走馬樓吴簡許迪割米案爲中心》。
⑤ 凌文超:《孫吴田畝類型與性質新證》,武漢大學中國三至九世紀研究所編《魏晉南北朝隋唐史資料》第47輯,上海古籍出版社,2023,18—42頁。
⑥ 如孫權曾在黄武五年春頒下一份寬民詔書,稱"軍興日久""孤甚愍之""其下州郡,有以寬息",但在當年他與陸遜往來的私人信件中,當陸遜勸諫應"寬賦息調"時,孫權却表達了截然相反的觀點:"至於發調者,徒以天下未定,事以衆濟……若不豫調,恐臨時未可便用也。"(卷四七《吴主傳》,1133頁)此外,從吴簡中"原除"簡和"捐除"簡看,當時蠲免的條件極爲苛刻:若非極度赤貧或舉家逃亡、死亡,一般貧民很難享受到這種待遇(兩類竹簡的復原研究詳參魏斌《"原除"簡與"捐除名簿"》)。

關於這一點,以往學界在論及吕壹事件時多從政爭角度切入,以下試從財權的角度加以論證。孫吴將權之强盛,唐長孺等前輩學者已所論頗多,①但此後也有學者注意到,孫吴的將權在孫權稱帝後有明顯的收斂,無論是兵源還是錢糧兵仗,均有一個從將領自籌到中央調配的過程,②而這一過程伴隨的是中央在財政方面的集權。孫吴建國前,將領在本轄區内擁有極大的財權,如周泰"補春穀長。後從攻皖,及討江夏,還過豫章,復補宜春長,所在皆食其征賦"。③"所在皆食其征賦",本質上就是給予其隨意支配所在財政的權力,此外,孫吴前期實行的奉邑制度實際也與此相仿,均屬直接分割國家財政收入,質言之,這是一種應戰時所需的權宜之策。④ 孫吴建政後,制度稍稍規範,軍將對於郡縣的財政雖已不敢明目張膽地徵取,⑤但依然有所染指。如潘濬曾言"豪將在民間,耗亂爲害,加(步)騭有名勢,在所所媚,不可聽也。"⑥所謂"耗亂爲害""在所所媚",應是指軍將通過各種手段侵漁郡縣財政的行爲。

校事等官的出現,使中央朝廷加强了對軍將和地方州郡財政狀况的監控,除上述吴簡事例外,還有屢被論者稱引的《朱據傳》:

> 嘉禾中,始鑄大錢,一當五百。後據部曲應受三萬緡,工王遂詐而受之,典校吕壹疑據實取,考問主者,死於杖下,據哀其無辜,厚棺斂之。壹又表據吏爲據隱,故厚其殯。權數責問據,據無以自明,藉草待罪。數月,典軍吏劉助覺,言王遂所取。⑦

---

① 代表性成果有唐長孺《孫吴建國及漢末江南的宗部與山越》,收入其著《魏晉南北朝史論叢》,北京:生活·讀書·新知三聯書店,1955,3-29頁;何兹全《孫吴的兵制》,《中國史研究》1984年第3期。
② [日]川勝義雄著,徐谷芃、李濟滄譯:《六朝貴族制社會研究》第2編第2章《孫吴政權與江南的開發領主制》,上海古籍出版社,2007,115-121頁;高敏:《孫吴世襲領兵制度探討》,收入其著《魏晉南北朝兵制研究》,鄭州:大象出版社,1998,68-95頁;何德章:《三國孫吴兵制二題》,武漢大學中國三至九世紀研究所編《魏晉南北朝隋唐史資料》第25輯,武漢大學文科學報編輯部,2009,37-47頁;[日]柿沼陽平:《從走馬樓吴簡看孫吴的中央集權化和軍制》,中國魏晉南北朝史學會編《中國魏晉南北朝學會第十届年會暨國際學術研討會論文集》,太原:北嶽文藝出版社,2011,521-532頁。
③ 語出卷五五《周泰傳》(1288頁)。案,"所在皆食其征賦"雖僅此一見,但如果考慮到孫吴前期的實際情况,可以認爲這并非特例,《吴主傳》:"[建安]八年,權西伐黄祖,破其舟軍,惟城未克,而山寇復動。還過豫章,使吕範平鄱陽,程普討樂安,太史慈領海昏,韓當、周泰、吕蒙等爲劇縣令長。"(卷四七,1116頁)這裏程普、韓當、吕蒙、太史慈等"劇縣令長"應均可享受"所在皆食其征賦"的待遇。
④ 高敏對此已有詳論,詳參《孫吴世襲領兵制度探討》,《魏晉南北朝兵制研究》,84-87頁。
⑤ 《凌統傳》云"統以山中人尚多壯悍,可以威恩誘也,權令東占且討之,命敕屬城,凡統所求,皆先給後聞"(卷五五,1297頁)。按,此時發生在凌統病卒前不久,本傳云凌統卒年四十九,恐誤,陳景雲對此已有辨析,認爲"四"乃"二"之誤,凌統實卒於建安二十二年(217),可從(見盧弼《三國志集解》,北京:中華書局,1982,1032頁下欄)。本傳稱孫權優寵凌統"命敕屬城,凡統所求,皆先給後聞",可知對於一般將領而言,徵調郡縣物資必須"先聞後給",表明軍將此時已不能如孫吴創業之初時那般隨意取用所在郡縣物資。
⑥ 《三國志》卷六一《吴書·潘濬傳》裴注引韋昭《吴書》,1398頁。此事發生於步騭屯漚口時,據《步騭傳》,步騭屯漚口在黄武五年(226)。
⑦ 《三國志》卷五七《吴書·朱據傳》,1398頁。

這條史料一方面顯示出軍將的財政已經由中央統一安排,[①]另一方面也説明吕壹等人校核的範圍絶不僅"諸官府州郡文書",各地軍將的財務狀况當也在其監控之下。此外,這次朱據下獄無疑是吕壹構陷所致,但孫權的態度却耐人尋味。觀之《吴書》,孫權在經濟方面對待軍將一直頗爲優容,《朱據傳》載其案發前"禄賜雖豐而常不足用",説明孫權在賞賜軍將財物時并不吝嗇;即使遇到貪腐問題,孫權也一向較爲寬縱,如《潘璋傳》載"(潘璋)性奢泰,末年彌甚,服物僭擬。吏兵富者,或殺取其財物,數不奉法。監司舉奏,權惜其功而輒原不問。嘉禾三年卒。"[②]潘璋卒於嘉禾三年(234),其"末年彌甚"與朱據案大約同時,傳中記載其晚年奢侈,財物多來源於不法,所用服飾器物多有僭越,在被"監司"舉報後,孫權却因其功"輒原不問"。[③]巧合的是,潘璋病故前官至左將軍,朱據案發前爲右將軍,地位幾乎相埒,而作爲駙馬的朱據甚至更顯貴重,他們都因爲經濟原因被"監司"舉報,但孫權對於前者原諒不問,對於後者却數次責問以致下獄,朱據"藉草待罪"長達數月,處罰不可謂不嚴厲,此間差距耐人尋味。究其原因,恐怕在於潘璋和朱據兩案性質有所不同:潘璋雖然"數不奉法",但從本傳看其不法行爲基本均在自己統領的軍隊内部,在孫吴世襲領兵制的背景下,此種情况屬於營中内部事務,一般不爲孫權所糾;[④]而朱據案則不同,大錢"一當五百"由孫吴官方鑄造發行,軍將所領受的錢額應當均是由中央財政統一調撥,朱據應受的三萬緡被王遂詐領,在别有用心的吕壹眼中,就變爲朱據侵漁國家財政。[⑤]而這恐怕正擊中了孫權最敏感的神經,使其一改往日優容軍將的作風,也棄朱據貴爲駙馬的身份於不顧,親自問罪朱據。在這種震懾下,諸將必然不會再像以往隨意侵剥包括郡縣在内的國家財政系統,孫吴中央的財權也因此得到了有效加强,[⑥]而從整個事件也可看出,校事在其中起到了相當重要的作用。

除了以上兩點現實性因素,孫權本人的執政風格也應是促成校事制度的重要原因。試舉以下兩事以明之。《吕範傳》載:

---

① 何德章:《三國孫吴兵制二題》。
② 《三國志》卷五五《吴書·潘璋傳》,1300頁。
③ 相似的情况還有吕範和賀齊,《吕範傳》載"[範]於時奢靡,然勤事奉法,故權悦其忠,不怪其侈。"此處裴注引《江表傳》曰"人有白範與賀齊奢麗夸綺,服飾僭擬王者。"(卷五六,1311頁)孫權亦優容不問,其對諸將的寬縱可見一斑。胡守爲和田餘慶對孫權"棄瑕取用"的用人特點有過考察,詳參胡守爲《暨艷案試析》,《學術研究》1986年第6期;田餘慶《暨艷案及相關問題——再論孫吴政權的江東化》,收入其著《秦漢魏晉史探微》(重訂本),北京:中華書局,2004,296-327頁。
④ 孫權對於諸將營内事務一般不過度干涉,致使諸將對屬下之生殺予奪頗爲隨意,與潘璋之事相類,甘寧和朱桓都曾擅殺部屬隨從,孫權均不予追究。相關事例分見《甘寧傳》《朱桓傳》,1295、1314頁。
⑤ 川勝義雄也注意到這一問題,惜未詳論,參其著《六朝貴族制社會研究》,117頁。
⑥ 孫吴在建國初期推出了一系列財政集權的手段,除了分派校事等使者校核文書外,還逐漸停廢了奉邑制以及將領兼任郡縣長吏等制度(詳參高敏《孫吴世襲領兵制度探討》),其總體思路,就是要將孫吴創業初期諸將直接割用地方財政的粗放做法,轉變爲由中央統籌調撥地方財政以供給軍用,吴簡中的"督軍糧都尉"作爲將郡縣糧米轉供諸將的樞紐性機構,大概就應設置於此時。

初策使範典主財計,權時年少,私從有求,範必關白,不敢專許,當時以此見望。權守陽羨長,有所私用,策或料覆,功曹周谷輒爲傅著簿書,使無譴問。權臨時悦之,及後統事,以範忠誠,厚見信任,以谷能欺更簿書,不用也。①

《吕岱傳》云:

孫權統事,岱詣幕府,出守吴丞。權親斷諸縣倉庫及囚繫,長丞皆見,岱處法應問,甚稱權意。②

前者發生在孫權早年初守陽羨長時期,後者則是孫權剛剛執政時,足以一窺孫權的施政風格。孫權守陽羨長時年方十五,便親眼目睹了縣吏舞文弄墨、敷衍帳簿的伎倆,深知其害,此後"以範忠誠,厚見信任,以谷能欺更簿書,不用也",反映出其對於基層帳簿真實性的高度重視。另可注意的是其中"策或料覆"一語,這説明早在孫策執政時,雖然江南初定、戎事倥偬,但其仍不忘親自檢核郡縣帳簿。孫權執政後,"爲討虜將軍,領會稽太守",《吕岱傳》載"權親斷諸縣倉庫及囚繫"應當就發生在此時,所謂"親斷諸縣倉庫及囚繫"應當是指親自檢核各縣倉庫帳簿及案獄文書。這裏需要注意的是"諸縣"的指代範圍,當時吴郡已從會稽郡分出,孫權名義上是會稽太守,但身爲吴縣丞的吕岱被召見,這説明此次檢核并不止於會稽一郡,可能還涉及包括吴郡在内的多個郡縣。可見,在其兄孫策的影響下,孫權十分重視郡縣簿書的校核工作,甚至親力親爲。孫吴正式建國後,隨着領地擴大與增置郡縣,轄境内郡縣數量與孫權執政之初已不可同日而語,孫權若再想親斷"諸縣倉庫及囚繫"想必已非易事,因此,向各郡縣派駐專使校核文書,似乎是個合適的選擇。從這個角度看,陳壽在《吴主傳》末評價孫權"性多嫌忌",應非虚言。

綜上可見,中書郎典校事是在孫吴整頓財政、集中財權的大背景下出現的。《諸葛恪傳》中"息校官"一語表明,吕壹等人在赤烏元年(238)獲罪被誅後,校事并未隨之罷廢,而是一直持續到孫亮即位之初(251)。然而在這十餘年間,史書對於校事的記載却付之闕如,甚至在孫權末年"太子黨""魯王黨"針鋒相對的巨大政治風波中也不見其蹤影,似乎暗示校事政治影響力已被大大削弱,這應與吕壹案所造成的不良政治影響直接相關。

三 孫吴"中使政治"考論

以上考察了吴簡所見文書校核行動與"吕壹事件"的原委。總體來看,孫吴建國後,以吕

---

① 《三國志》卷五六《吴書·吕範傳》,1311 頁。
② 《三國志》卷六〇《吴書·吕岱傳》,1383 頁。

壹等"典校事"中書郎作爲皇帝使者活躍在政治、經濟等領域,他們充當皇權蔓延的觸角,成爲孫權強化集權的有力工具。但如果我們繼續搜尋史料,可以發現中書郎典校事祇是孫吳衆多皇帝使者中一例,祇不過因其曾深刻影響高層政局,故而被史家重點書寫關注。在相關史料中可以發現,孫吳一朝的皇帝使者通常還包括尚書郎、郎中、中郎等郎官,他們往往脱離本職,而被差遣至各色行政事務中,職能也不限於檢核文書、監視大臣二端。比如在吴簡臨湘侯國文書中,就可以看到皇帝使者在當地督伐山林、部伍夷民時留下的記録。此外,在《三國志》中也屢屢可見皇帝使者督責大臣、出使異國的記載,他們往往又被稱作"中使"。① 本文將這種頗具孫吳特色,由皇帝差遣近臣(前期主要爲郎官)使者干預、甚至主導行政的模式,稱作"中使政治"。雖然從形式上看,"中使政治"可能承襲自兩漢"宦皇帝者"、郎官使者等制度,②但就其産生背景及具體職能而言,又具有鮮明的孫吳本朝色彩。以下擬結合走馬樓吳簡與傳世史料,考察孫吳"中使政治"建立、演生與發展的過程,以藉此觀察孫吳皇權的升降以及制度建設過程中的某些特點。

(一)走馬樓吳簡所見孫吳早期的"中使政治"

在吳簡州中倉出米簡中,屢見"貴倩"其人,他的職銜被記作"右選曹尚書郎"(貳·7337、7788,柒·2085,捌·3452、3015、3020)、"右選曹尚書郎中"(捌·3219)、"右選曹尚書史"(捌·3240)、"郎中"(貳·3861)。這些大都見於嘉禾二年,前後相差不過數月,可算作同時期的記録。這表明貴倩彼時既是"郎中",亦是"右選曹尚書郎",這與漢代"尚書郎初從三署詣臺試,初上臺守尚書郎,中歲滿稱尚書郎"的制度相吻合,③可知貴倩實質上是由郎官"給事"尚書,故有"右選曹尚書郎中"之稱。出米簡中關於他的記録不少,均與奉直發放有關,僅舉其中一條最完整者:

  出倉吏黄諱、潘慮所領黄龍三年租吳平斛米五斛七斗六升爲稟斛米六斛,邸閣右郎中+李嵩被督軍糧都尉嘉禾二年四月七日丁酉書,給右選曹尚書郎貴倩嘉禾二年四十月

---

① 通檢《吳書》,"中使"凡八見,相對集中於孫權時期,如"權累遣中使責讓遜,遜憤恚致卒"(卷五八《陸遜傳》,1354頁);"中使臨詰,抗無所顧問"(《陸遜傳》,1354頁);"使中使慰勞,聽復本職,發遣還郡"(卷五九《孫登傳》,1366頁)等。余華青認爲此"中使"即東漢之宦官中使(《中國宦官制度史》,上海人民出版社,1993,176頁),似可再議。東漢末年何進被殺後,宦官被屠戮殆盡,獻帝即位,遂"令侍中、給事黄門侍郎員各六人。賜公卿以下至黄門侍郎家一人爲郎,以補宦官所領諸署,侍於殿上"(《後漢書》卷九《孝獻帝紀》,北京:中華書局,1965,367頁),《獻帝起居注》亦載:"諸奄人官,悉以議郎、郎中稱,秩如故。"(《續漢書·百官志三》注引,《後漢書》,3594頁)可見,東漢末年宦官政治權力已被侍中、諸郎等近侍官所接收。漢魏鼎革,魏文帝丕懲東漢宦官專權之弊,又頒令"置散騎常侍、侍郎各四人,其宦人爲官者不得過諸署令"(《三國志》卷二《魏書·文帝紀》,58頁),使宦官參政能力被極大削弱,成爲負責皇室起居的服務人員。孫吳制度多模仿東漢曹魏,加之當時社會上士人群體排斥宦官的風潮,我們認爲《吳書》中的"中使"更可能是皇帝本人差遣的近侍諸官,郎官應在其中占很大比例。

② 關於漢代"宦皇帝者"與郎官使者問題的討論,可詳參閱步克《論張家山漢簡〈二年律令〉中的"宦皇帝"》,《中國史研究》2003年第3期;廖伯源《使者與官制演變:秦漢皇帝使者考論》,臺北:文津出版社,2006。

③ 《續漢書·百官志》李賢注引蔡質《漢儀》,《後漢書》,3598頁。

奉,其年四月十二日付倩所將佰史何陽、周曼。(捌·3443+3452+3455)①

這條記錄顯示,李嵩接到督軍糧都尉指示,令州中倉吏黃諱、潘慮向貴倩發放嘉禾二年四月的奉米,實際領受者是貴倩屬下的小吏何陽、周曼。類似的記錄見於嘉禾元年十月至嘉禾二年十月,這説明貴倩在長沙及周邊逗留的時間不短,至少有一年左右。那麽其具體職事究竟是什麽？以下相關竹簡提供了重要綫索：

45. 待事史武陵黄繢　　　　　　隋貴尚書部伍夷民(伍·3628)
46. 從史位桂陽樂咨　　　　　　隨貴尚書部伍夷民(伍·3637)
47. 從史位南郡龍應(？)　　　　 隨貴尚書部伍夷民(伍·3638)
48. 待事史武陵□□　　　　　　隨貴尚書部伍夷民(伍·3643)
49. 待事史南陽何弈　　　　　　隨貴尚書部伍夷民(伍·3654)
50. 右尉陳貞(？)　　　　　　　使送夷民到建業(伍·3636)

這6枚簡格式相似,均出自Ⅰ-e-⑩坨(揭剥圖伍·圖22),應是從同一卷簡册中散出,從同坨簡提供的内容和時間綫索,可知簡册應是嘉禾二年十一月"舉私學"相關文書,與貴倩相關出米簡的時間斷限相近,因此,簡45—49所記"貴尚書"應當就是指貴倩,這些從史位和待事史因跟隨"貴尚書部伍夷民",不能按時"舉私學",故有如此注記。"部伍夷民"之類的説法習見於《吳書》,指孫吳官府搜刮山越人口的行爲,學界對此已論述頗多。② 簡50顯示,這些"夷民"被徵發後,由臨湘右尉押送至都城建業,這表明"部伍夷民"的行動應是由建業官方面直接安排部署。《吳書》中往往可見孫權派遣軍將在揚州諸郡搜掠山越的記載,而吳簡中貴倩的出現表明,孫權對於遠離京畿的荆州蠻夷也未放鬆壓迫,以至於派遣郎官使者親臨其事。除了獲取人口這一經濟層面因素,"中使"出現在荆州應當還有孫權在政治上的考慮。如此前學者所論,占募是孫吳前期主要的集兵方式,③而占募的主要對象就是山越遺民,故占募從某種程度上可以等同於"部伍",但孫吳建國後,將領占募的弊端日趨凸顯：不僅對郡縣

---

① 該組竹簡由鄔文玲復原,請參《〈長沙走馬樓三國吳簡·竹簡〔捌〕〉所見州中倉出米簿的集成與復原嘗試》,中國文化遺産研究院編《出土文獻研究》第16輯,上海：中西書局,2017,341-363頁,後收入黄正建主編《中國古文書學研究初編》,上海古籍出版社,2019,88-108頁。
② 可參王素師《説"夷民"——讀長沙走馬樓三國吳簡札記》,《故宫博物院院刊》2004年第5期；熊曲《也説吳簡夷民問題》,楊振紅、鄔文玲主編《簡帛研究二〇一五(春夏卷)》,桂林：廣西師範大學出版社,2015,229-236頁。
③ 關於孫吳"占募",可參侯旭東《長沙三國吳簡所見"私學"考——兼論孫吳的占募與領客制》,《簡帛研究二〇〇一》(下册),514-522頁；凌文超《走馬樓吳簡舉私學簿整理與研究——兼論孫吳的占募》,《文史》2014年第2輯；崔啓龍《走馬樓吳簡户籍類文書相關問題研究以——〈竹簡〔陸〕〉爲中心》,北京師範大學碩士學位論文,2018,99-116頁。

正常秩序造成破壞,軍將實力的無序擴張更可能形成對中央的潛在威脅。在多方建議下,孫權在黃武五年至七年(226—228)間下令"絕置占募",即禁止各地軍將私行占募,其中就包括當時駐防長沙漚口的步騭,在此之後,《吳書》中幾乎再也不見將領占募的記載。然而,吳簡所見嘉禾年間尚書郎貴倩在長沙"部伍夷民",就頗耐人尋味,這表明孫權雖然禁止了將領占募,但自己却并沒有停下脚步。换言之,如果將蠻夷人口視作一種戰略資源,那麽孫權下令"絕置占募",就意味著對這種資源的壟斷,以及對各地軍將兵員補充渠道的控扼,而協助孫權實現這一目標的,正是貴倩這類郎官使者,他們在郡縣長期停駐,在搜刮人口的同時,客觀上也充當著皇帝耳目,監視軍將們"絕置占募"的實際執行情況,而這正與上文提到"中使"在强化孫吴中央集權方面的作用相應。①

除了"部伍夷民",吳簡中還能見到郎官使者調發郡縣物資的案例。如"斫伐山林"簡,這批文書零星分布在《竹簡[肆]》《竹簡[伍]》《竹簡[陸]》三册中。② 文書主要内容,大致是長沙郡動員屬縣丞尉率衆斫伐山林材木,如下所示:

51. 嘉禾五年□月廿六日□□□□□□白言:答府書,部丞尉扶突山野,務得好□材,到八月民代事(伍·5465)
52. 嘉禾五年六月廿四日乙未領長沙大守行立節校尉告五部督郵□□(陸·17)
53. 草言府:部丞尉扶突山野,欲得好材,八月就代事

　　　　　　　　　　　六月廿六日兵曹掾謝韶白(柒·2957)
54. 人運集郡,又醴陵、攸、建寧雖列山處所,未列可得株數,臨□(肆·4198)
55. □十一所、攸十二所、劉陽廿三所、吴昌五十二所,行輩得擔樹□□(肆·4182)
56. □株、劉陽三百廿株、吴昌八百六十七株、羅三百廿株,下□(肆·4186)
57. □集郡,又醴陵、攸、建寧雖列山處所,未列可得□(肆·4190)
58. 十二所、劉陽廿三所、吴昌五十二所,行輩得□……□(肆·4192)
59. 人運集郡,又醴陵、攸、建寧雖列山處所,未列可得株數臨□(肆·4198)
60. 劉陽三百廿株、吴昌一百六十七株、羅三百廿株、下雋四百七十七(肆·4221)

這次任務涉及長沙郡下諸縣,看似是由長沙郡府部署指揮,但細察之下實則不然,如以

---

① 派遣近臣外出徵兵,在傳世文獻中亦有例可循,《胡綜傳》載:"[綜]與是儀、徐詳俱典軍國密事。劉備下白帝,權以見兵少,使綜料諸縣,得六千人,立解煩兩部,詳領左部、綜領右部督。"(卷六二,1413頁)解煩軍爲孫吴建政後的禁衛中堅力量,其最初兵員即是"典軍國密事"的胡綜"料諸縣"而得。
② 《竹簡[肆]》中相關部分的復原工作,請參王振華《孫吴"君教"文書與侯國行政過程研究》第5章《主記史與料校所伐山林事務行政過程》,清華大學博士學位論文,2017,69—90頁。

下竹簡所示：

61. 運者宜明以 賞 ,如有所匿,鄉吏帥即 斬 ,丞尉收（肆·4211）
62. 慎勿有所匿,今何使者及 郡 當別列處山,如 有 ☐（肆·4212）
63. 長與同宜孰思之何使者當表之與君憂☐☐（肆·4216）
64. 據曰望白：被何中書注如此,故寫示便促騰告丞☐（肆·4218）
65. 穀可☐☐☐☐☐人☐今何 使 者 下 郡 ☐移縣　☐（肆·4993）
66. 教曰：何中書注如此,促騰告丞尉,其行詧☐（肆·4995）
67. ……六月☐一日☐☐臨湘侯相☐君叩 頭 死罪白☐旁何中書（陸·56）

從以上文書片段,特別是簡 62、65 來看,這位不具名的何中書/何使者地位顯然要高於郡府,由此再推,其身份應當就是中央臨時派駐長沙郡的中書郎,故地方郡府又尊稱其爲"何使者"。他奉使臨湘的目的,從簡 51—60 來看應是徵調長沙當地上好材木,并要求將伐好的材木彙集在郡治,最終很可能也要一并發往建康。此事雖由郡縣具體操辦,但"何中書"亦負有督催之責,簡 62 云"何使者及郡當別列處山,如有……",從行文語氣看,這應是下達給何使者及郡府的下行文書,發出者級别應當不低,"別列處山"根據簡 54—60 應是指調查并統計各縣山中可用材木數目,而"何使者及郡當……"的表述則顯示出,二者均需要對所報文書的真實性負有責任,可見"何中書"出臨長沙,并非衹是單純傳達詔命,還需督辦詔令所要求的具體事務。在戰爭時期,材木可用於製作戰具、戰船,是重要戰略資源,[1]這對於隅居江南的孫吳來說尤是如此。此外,修築宮室也需消耗大量木材,[2]爲了完成修造任務,常常需要動員諸將及州郡配合,即《吳書》中所謂"諸將及州郡皆義作""二千石以下皆自入山督攝伐木",[3]這與上舉簡 53 "部丞尉扶突山野,欲得好材"頗可對觀。因此,孫權派遣中書郎赴長沙親自督辦,顯示其出建康方面對於此事的高度重視,或與宮室營造工程有關,同時也反映出郎官使者在調發物資中也發揮著重要作用：不僅負責傳達詔令,更需實際部署指揮,督促郡縣完成皇帝交代的任務,如此,"中使"得以完全凌駕於郡縣之上,成爲皇帝在地方上的實際代言人。

此外,在州中倉出米簡中還可見到户曹尚書郎黄聲：

---

[1] 何德章：《六朝建康的木材》,武漢大學中國三至九世紀研究所編《魏晉南北朝隋唐史資料》第 24 輯,武漢大學文科學報編輯部,2008,89-94 頁,後收入其著《魏晉南北朝史叢稿》,北京：商務印書館,2010,181-188 頁。
[2] 《孫晧傳》裴注引《太康地記》載："《太康三年地記》曰：吳有太初宮,方三百丈,權所起也。昭明宮方五百丈,晧所作也。"（卷四八,1167 頁）由此看,孫權太初宮之規模雖不如孫晧之昭明宮,但規模已然不小。
[3] 《孫晧傳》裴注引《江表傳》："晧營新宮,二千石以下皆自入山督攝伐木。又破壞諸營,大開園囿,起土山樓觀,窮極伎巧,功役之費以億萬計。"（卷四八,1167 頁）

> 出倉吏黃諱、潘慮所領民還黃龍二年稅吳平斛米卅四斛五斗六升,爲稟斛米卅十六斛,被督軍糧都尉移右節度府黃龍三年二月十五日己巳書,給中户曹尚十書郎黃聲奉,起三年三月訖八月,月六斛,三年十一月一日付吏張鞠(?)(肆·4850+肆·4909+肆·4903)①

其人在吳簡中僅此一見,從接受州中倉奉米的情況來看,黃聲也曾在長沙附近活動,身份或是與貴倩、"何中書"相仿的使者,但具體職事不詳,暫置此備考。

除了以上吳簡展示的情況,《周魴傳》也可提供一則細節。周魴任鄱陽太守時曾與孫權密謀僞降曹休,朝廷爲了假戲真做,於是"頻有郎官奉詔詰問諸事",這種表演目的在於證實周魴此前給曹休密信中前太守王靖的遭遇,即:

> 魴所代故太守廣陵王靖,往者亦以郡民爲變,以見譴責,靖勤自陳釋,而終不解,因立密計,欲北歸命,不幸事露,誅及嬰孩。②

王靖任職時就因"郡民爲變"屢遭譴責,結合"郎官奉詔詰問諸事"的情況來看,奉命譴責王靖的很可能也是郎官使者。王靖在走投無路的情況下,故而"因立密計,欲北歸命",朝廷此舉意在表明周魴現在也面臨同樣的處境,請曹休對周魴勿復有疑。此事也從另一個角度說明:當時朝廷督責郡縣行政是經常性的,否則,鄱陽郡"頻有郎官奉詔詰問"這種反常現象,反倒會令曹休對周魴計畫能否成功產生疑慮;而郡守在日常行政中一旦有失,就立刻會招致中使嚴厲責問,他們代表皇帝降臨郡縣,給長吏以極大的壓力,王靖"勤自陳釋,而終不解",周魴"詣部郡門下,因下發謝"這些極盡卑微之舉,應當均是面對郎官使者所爲。"中使"降臨郡縣時的威權,由此可見一斑。

綜合以上,加之前文所述校事及相關制度,我們可以大略窺知孫吳初期"使者政治"的圖景:孫權利用郎官使者全方位地監控郡縣行政及地方軍將,不僅有使者定期或不定期地出臨郡縣檢查帳目,還有各色使者隨時在郡縣轄境內督辦、執行皇帝交付的任務;使者還有考課、處分官吏之權,如發現長吏有顢頇怠慢之處,使者可當即行使責罰(如簡 61 所示"斬鄉帥"和"丞尉收"),顯示出郎官使者作爲皇權代表,在地方上所擁有的巨大權力。

(二)"中使政治"的成因

上節探討校事制度時已對其出現的背景有所探討,列舉出應付財政壓力、強化中央集權

---

① 此組竹簡最早由鄧瑋光綴連,請參其文《對中倉黃龍三年十一月旦簿的復原嘗試》,本文在其基礎上略有調整。
② 《三國志》卷六〇《吳書·周魴傳》,1388 頁。

和孫權個人執政偏好三種因素。然而在分裂割據時期，增加財政收入與强化集權是各政權共同的訴求，而與孫吳同時的曹魏、蜀漢政權，似乎均未産生此種特徵明顯的"中使政治"。曹魏雖亦有校事官，但其職事僅限於刺舉大臣，與孫吳校事的職事頗有不同，這一點早已爲學界指出。[1] 因此，如要進一步揭示孫吳"中使政治"的成因，除内外局勢因素影響外，還需從孫吳本身制度建設和政治結構的層面再做探討，以下試述其要。

其一，官僚機構的不健全。孫權在黄武元年（222）獲封吴王，開始正式著手建立各項國家制度，但由於時間倉促，其中多有未完善者。《孫休傳》載永安二年（258）三月孫休"備九卿官"。[2] 换言之，從孫權黄武元年正式建立吴國至此三十餘年時間内，朝廷一直是以"九卿未備"的狀態在運行。此外，漢代"二府"之一的御史大夫似也是孫休時初置。[3] 如所周知，"二府"和"九卿"是兩漢維持政治運行最重要的職能部門，但這些部門在孫吳建國後居然長期未齊備，不免令人感到意外。而那些在孫權朝"已備"的諸卿，也多不親本職。如潘濬在孫權稱帝後曾任太常，但在其任上，不僅與陸遜共掌荊州政務，還曾率軍征討武陵蠻，有學者即指出，潘濬太常府實際已成爲孫吳在荊州的最高政務機關，這與太常"掌禮儀祭祀"的本職相去甚遠。可見在孫吳建政初期，國家制度雖然粗備框架，但在政務運行層面却很少發揮實際作用，這似乎也可以解釋爲何"九卿"之官直到孫吳建國三十多年後方纔悉備。

國家各主要職能部門無法履職，各色"中使"得以越俎代庖，出現在各類具體的行政事務中，使整個孫吳國家制度體現出較爲濃厚的臨時性、實用性特點。比如孫權所置中書典校事"典校諸官府及州郡文書"，事實上就是侵奪了原本屬於尚書及丞相府的職權。[4] 再如大司農，孫權稱吳王時就以劉基爲大司農，但同時也設置了節度官：

> 權爲吴王，遷基大農。（《劉繇傳附子基傳》）[5]
> 權爲吴王，初置節度官，使典掌軍糧，非漢制也。初用侍中偏將軍徐詳。（《諸葛恪傳》裴注引《江表傳》）[6]

---

[1] 唐長孺：《從吐魯番文書中所見的高昌郡縣行政制度》；王素師、汪力工：《略談走馬樓孫吳"中書典校事吕壹"簡的意義》。
[2] 《三國志》卷四八《吳書·孫休傳》，1158頁。
[3] 錢大昭曰："大帝時未見有御史大夫之職，孫休時蓋特置以寵異孫恩耳。至五年，又以廷尉丁密、光禄勳孟宗爲左、右御史大夫。"見其著《三國志辨疑》，《續修四庫全書》編纂委員會編《續修四庫全書》，第274册，上海古籍出版社，1996，420頁上欄。
[4] 吕壹等人對於尚書工作的干擾，王素師、汪力工已有探討，可參《略談走馬樓孫吳"中書典校事吕壹"簡的意義》。
[5] 《三國志》卷四九《吳書·劉繇傳附子基傳》，1186頁。
[6] 《三國志》卷六四《諸葛恪傳》裴注引《江表傳》，1430頁。

從吳簡看,孫吳的節度官負責籌算支度州郡糧米以供軍需,①這與大司農傳統職能正相衝突。有趣的是,二者是"權爲吳王"後同時設置的官職,但無論是在傳世文獻還是吳簡中,幾乎見不到大司農主持財政事務的相關記載,這與同時期曹魏的大司農形成鮮明反差。② 值得注意的是,孫吳的首任節度官的是"侍中偏將軍徐詳",此人與胡綜、是儀三人自建政之前就"俱典軍國密事",是孫權的心腹重臣,建政後亦任侍中,本質上與郎官均屬近侍官的範疇。由此,在孫吳國家制度中,文書行政和財政調度兩項軍國要務悉爲皇帝使者掌握,這同時導致作爲正式政務部門的丞相與大司農的虛化。如此發展的結果,就是郡縣長吏直接向皇帝使者也就是皇帝直接負責,各色中使出現在郡縣日常行政文書中,也就不足爲奇了。

其二,郎官隊伍的迅速膨脹。孫吳官僚機構建設雖較遲滯,但郎官系統却頗爲發達。在孫權獲封吳王伊始,郎官系統已隨之建立,殷禮、唐固、朱據等人,便是在此時被選爲郎官。③此後,郎署迅速膨脹,④以至於出現"混濁淆雜,多非其人"的局面。⑤ 孫權在赤烏二年(239)曾發布詔令,稱:

> 郎吏者,宿衛之臣,古之命士也。間者所用頗非其人。自今選三署皆依四科,不得以虛辭相飾。⑥

這説明當時郎官的數量已有不少,從孫權詔書也可看出,孫吳的三署郎署仍然是士人待選盤桓之地,"郎吏者,宿衛之臣,古之命士""選三署皆依四科"云云,反映出孫吳郎官制度主要是沿襲漢代舊制,郎官兼有宿衛和儲官兩種身份。郎官隊伍的參差不齊,很大程度上由其選拔機制的隨意性所致。孫吳早期,除了孫權直接下詔除拜外,各類官吏似乎均享有舉薦郎官的權力。如顧悌、殷禮、谷朗等人,均是由郡吏選拔爲郎,想必應是由郡守舉薦;此外,還有吕岱舉薦徐原、羊衜舉薦李衡的事例,其中吕岱爲豪將,羊衜爲太子賓客,俱非郡守,舉薦標準也多是出於個人喜好。田餘慶評價孫吳郎吏選舉"不依科目,漫無準則",是恰如其分的。

---

① 侯旭東:《吳簡所見"折咸米"補釋——兼論倉米的轉運與吏的職務行爲過失補償》,長沙簡牘博物館、北京吳簡研討班編《吳簡研究》第 2 輯,武漢:崇文書局,2006,176–191 頁;戴衛紅:《長沙走馬樓吳簡中軍糧調配問題初探》,卜憲群、楊振紅主編《簡帛研究二〇〇七》,桂林:廣西師範大學出版社,2010,204–224 頁。
② 曹魏之大司農仍然實際負責國家財政事務,相關記載多見於史籍,可參劉嘯《魏晉南北朝九卿研究》第 3 章第 1 節《司農與太府》,華東師範大學博士學位論文,2010,104–109 頁。
③ 《顧邵傳》裴注引《通語》載"孫權爲吳王,召除[殷禮]郎中"(卷五二,1229 頁);《闞澤傳》載"權爲吳王,拜[唐]固議郎"(卷五三,1250 頁);《朱據傳》稱傳主"黄武初,徵拜五官郎中。"(卷五七,1340 頁)
④ 《朱治傳》曰:"公族子弟及吳四姓多出仕郡,郡吏常以千數,治率數年一遣詣王府,所遣數百人"(卷五六,1305 頁)從郡守朱治數年間"所遣數百人"的規模推測,當時僅是郡守每年薦舉至朝廷的郎官,數量已然不少。
⑤ 《三國志》卷五七《吳書·張温傳》,1330 頁。
⑥ 《三國志》卷四七《吳書·吳主傳》,1143 頁。

爲數衆多的郎官緊密圍繞在孫權周邊,構成了皇權的核心圈層,同時也充當了孫權施展皇權的機動力量,這就爲"中使政治"的運行提供了必要條件。這有類於楚漢相爭時期劉邦集團的核心權力結構,據學者研究,劉邦"侍衛組織原以舍人、中涓、謁者等散從近侍爲中心",構成了此後漢朝侍衛系統的雛形,其職能除了基本的宿衛工作,還有交通書謁、受命出使、出謀畫策、養馬甚至領兵作戰的任務,這些均源於劉邦本人的臨時賦權差遣,具有"戰時體制下濃厚的軍事色彩"。① 從這個角度看,孫權時期形成的中使政治,也可被視作是官僚政治尚未健全之時,具有臨時性的"戰時體制"產物,可被視作是一次郎官制度的"返祖現象"。

(三)"中使政治"在孫吳後期的發展

"吕壹事件"作爲中使政治在孫權朝發展的頂峰,震動孫吴朝野,甚至一度危及孫權的統治根基。赤烏元年(238)孫權處死吕壹,此事告一段落,并於次年元月頒布了遴選三署郎詔書,一如上文所引。詔書中強調今後郎官選舉要依照"四科",即漢代光禄勳選拔郎官補吏的四種標準,即:質樸、敦厚、遜讓、有行(一説敦厚、質樸、遜讓、節儉)。② 孫權在吕壹覆亡此年即頒布此詔令,耐人尋味:孫吳沿襲兩漢以來舊制,尚書郎、中書郎一般是從郎官中選拔,③因此,"中書典校事"吕壹原本應是由郎署選送。如此,孫權詔書中所云"間者所用頗非其人"在當時背景下應是暗指吕壹之禍。這份赤烏二年正月整飭郎署的詔書,大概可被視作是孫權爲肅清吕壹流毒所做的努力。此後孫權病故,輔政諸葛恪終於徹底罷廢校事及相關制度。

孫亮即位後,諸葛恪、孫峻、孫綝輪番登場執掌朝政,大小政事一由權臣控制,皇權衰弱,在此背景下,作爲皇權附庸的中使也難見其蹤。至孫休永安元年(258)誅殺孫綝,皇權纔稍稍展復,但宫省禁衛仍由權臣把控,皇帝施展權力仍受制約。④ 在這一時期,有兩點變化值得關注。

其一,近侍郎官的"清顯化"與專職化使中使人員構成發生變化。所謂"清顯",是史籍對九品中正制下那些"地位清華,遷擢迅捷"官職的描述,⑤尚書郎、中書郎等就在其列,它們一般由高門子弟壟斷。但孫吳建政初期選舉漫無準則,致使郎署中魚龍混雜,郎官裏固然有不少高門子弟,但也不乏像吕壹這樣的寒門,甚至連父兄"附於惡逆"的暨艷都可以出任尚書選曹執掌選舉。此外,孫吳初期諸郎官屢受差遣,就連尚書郎、中書郎這些有明確職事的郎

---

① 李昭毅:《劉邦集團侍衛組織的組成結構、戰時職能與王朝化歷程》,《中華文史論叢》2015 年第 4 期。
② 黄留珠:《秦漢仕進制度》,西安:西北大學出版社,1985,177-178 頁。
③ 上舉"右選曹尚書郎中貴倩"簡,可證孫吳沿襲兩漢舊制,尚書郎選拔自郎吏。此外,《三國志》卷九《魏書·曹爽傳》裴注引《魏略》云:"鄧颺……拜中郎,又入兼中書郎。"(288 頁)可知曹魏中書郎是中郎"入兼"爲之,與兩漢以來尚書郎的選拔方式相類,由此推之,孫吳之中書郎來源亦應如是。
④ 《孫休傳》載"休欲與博士祭酒韋曜、博士盛沖講論道藝,曜、沖素皆切直,布恐入侍,發其陰失,令己不得專,因妄飾説以拒遏之……休雖解此旨,心不能悦,更恐其疑懼,竟如布意,廢其講業,不復使沖等入。"(卷四八,1159-1160 頁)孫休欲引韋昭、盛沖入侍筵講,竟因張布的反對最終作罷,可見彼時宫禁之中,皇帝權力仍然需受到權臣鉗制。
⑤ 張旭華:《魏晉時期的上品與起家官品》,《歷史研究》1994 年第 3 期,後收入其著《九品中正制略論稿》,鄭州:中州古籍出版社,2004,107 頁。

吏也加入其中,從事著與本職毫無關係的事務,如專管起草詔令的中書郎被派遣檢核各級官署文書、徵調郡縣物資,而分理文書的尚書曹郎也被指派去"部伍夷民",這些被時人視作"繁猥"的工作,[1]很難被視作"清顯"。但到了孫休時期,開始大量出現才學雅士和高門子弟起家或擔任中書郎、秘書郎、尚書郎及黃門郎的現象。如"博覽多聞,兼通術藝"的王蕃起家便是尚書郎,再如"以名儒居師傅之位"的薛瑩,也是起家中書郎,華覈和韋昭,也曾盤桓於中書丞、郎等職。此外,如虞汜、虞昺、虞聳、賀邵、顧榮、陸祎、張尚等吳會高門子弟,起家莫不是散騎中常侍、黃門郎等近侍官。如此一來,這些職位的"清顯化"似乎就不可避免了。也正是孫休在位時,出現了"中書不應外出"的論調。孫綝出鎮武昌前,曾向朝廷"求中書兩郎,典知荊州諸軍事,主者奏中書不應外出,休特聽之,其所請求,一皆給與"。[2] 中書郎在孫權時出臨州郡司空見慣,此時"主者"居然會以此種理由阻止,這從側面説明,中書郎在當時已專務本職,不再遠赴郡縣執行各種臨時任務了。事實上,即使到了孫晧復興中使政治時,我們也極少能看到郎官出給雜事的記載。

郎官不再外出差遣,於是此時出現了"察戰"的新名號,它最初見於孫休永安五年(262),孫晧時亦沿用之,在《吳書》中凡兩見:

是歲使察戰到交阯調孔爵、大豬。(《孫休傳》)[3]
晧大怒,遣察戰齎藥賜奮。(《孫晧傳》裴注引《江表傳》)[4]

裴松之注云:"察戰,吳官名號。"[5]表明"察戰"與"中使"這種泛稱不同,是孫吳實際設置的一種官職,但其性質與中使并無大異,汪繼熊即指出"察戰,中使也"。[6] 此外,《晉書·五行志》云"孫休永安五年二月……遣察戰等爲内史,驚擾州郡,致使交阯反亂。"[7]其中特別提到"遣察戰等爲内史",此"内史"與秦漢之内史不同,應即是"中使"別稱。可見,在諸郎官清顯化之後,"中使"的稱號已由察戰官繼承,但從以上有限的案例來看,察戰的權力似已不能與孫權時的郎官使者相提并論。

其二,孫吳國家制度日益健全,政務運行有向傳統軌道靠攏的迹象。孫休即位後,對國家制度多有增易,永安二年(258)三月,下詔"備九卿官",御史大夫也大約在此前後增設,關於九卿實際處理政務的史料雖然付之闕如,但至少從形式上看,孫吳官僚體系框架至此終於

---

[1] 《諸葛恪傳》:"權甚異之,欲試以事,令[恪]守節度。節度掌軍糧穀,文書繁猥,非其好也。"(卷六四,1430頁)
[2] 《三國志》卷六四《吳書·孫綝傳》,1450頁。
[3] 《三國志》卷四八《吳書·孫休傳》,1160頁。
[4] 《三國志》卷五九《吳書·孫奮傳》,1450頁。
[5] 《三國志》卷四八《吳書·孫休傳》,1161頁。
[6] 轉引自盧弼《三國志集解》,932頁下欄。
[7] 《晉書》卷二七《五行志》,北京:中華書局,1974,804頁。

搭建完成。在九卿悉備之後,孫休還力圖恢復兩漢以來的學官和五經博士,永安元年(257)詔曰:"自建興以來,時事多故,吏民頗以目前趨務,去本就末……其案古置學官,立五經博士,核取應選,加其寵禄……以敦王化,以隆風俗。"①孫休不滿於當時吏民"去本就末,不循古道"的局面,謀求仿照漢制重建國家教育體系,以此宣導儒學、整飭風俗。此外,孫休還模仿西漢劉向故事,令韋昭"校訂衆書"入宫侍講,②也正是在此前後,韋昭向朝廷進獻《鼓吹鐃哥》,使孫吳得以擺脱建國以來宗廟"無雅樂"的尷尬局面。③ 從這些迹象我們可以看出,孫休與其父孫權的施政風格大相徑庭,他一改之前專務聚斂、嚴刑峻法等頗具臨時性、乃至軍事色彩的政策,意圖"偃武修文",不僅措意於完善國家正式制度,同時也重視文教事業發展,力圖仿效漢制,推動孫吳由戰時體制向正常國家制度的轉變。由此,盛極一時的中使政治在諸葛恪廢校事後的相當一段時間均保持著沉寂狀態。

孫晧即位後,形勢丕變,他誅殺權臣,皇權得以復張。擺脱桎梏的孫晧也得以爲所欲爲:遷都武昌、修築宫室、南征交州、北出江淮,加之其個人窮奢極欲,使孫吴的財政壓力陡增。賀邵言孫晧"登位以來,法禁轉苛,賦調益繁"應非虚言。④ 此外,孫晧號稱"動必尊先帝"。魏斌在考察孫晧一朝的符瑞傳統時,指出其意圖全面"回歸"孫權時代,⑤誠爲確論。中使政治在此背景下得以復興,不僅是爲了提振皇權、加速聚斂,更是其通過模仿孫權而展現統治合法性的工具。孫晧朝"中使政治"的復興,主要體現以下方面。

其一,起用孫權親近舊人,增設"殿中列將"。何定是其中代表人物,《孫晧傳》裴注引《江表傳》云:

> 定,汝南人,本孫權給使也,後出補吏。定佞邪僭媚,自表先帝舊人,求還内侍,晧以爲樓下都尉,典知酤糴事,專爲威福。而晧信任,委以衆事。⑥

兩漢史籍中,"出補吏"常指郎官離開郎署補任長吏,加之何定此前任"孫權給使",此後又"求還内侍",聯繫上文所考,可知何定在孫權朝的身分極有可能就是郎官使者。除此之外,還有陸凱上書中所謂"陳聲、曹輔,斗筲小吏,先帝之所棄,而陛下幸之"。⑦ 可見,在這些孫

---

① 《三國志》卷四八《吴書·孫休傳》,1158 頁。
② 《韋曜傳》載:"孫休踐阼,爲中書郎、博士祭酒。命曜依劉向故事,校定衆書。又欲延曜侍講。"(1462 頁)
③ 《宋書》卷一九《樂志一》載:"何承天曰:'世咸傳吴朝無雅樂。案孫晧迎父喪明陵,唯云倡伎晝夜不息,則無金石登哥可知矣。'承天曰:'或云今之《神絃》,孫氏以爲宗廟登哥也。'史臣案陸機《孫權誄》'肆夏'在廟,《雲翹》承□',機不容虚設此言。又韋昭孫休世上《鼓吹鐃哥》十二曲表曰:'當付樂官善哥者習哥。'然則吴朝非無樂官,善哥者乃能以哥辭被絲管,寧容止以《神絃》爲廟樂而已乎?"(北京:中華書局,1974,541 頁)
④ 《三國志》卷六五《吴書·賀邵傳》,1458 頁。
⑤ 魏斌:《國山禪禮前夜》,《文史》2013 年第 2 輯。
⑥ 《三國志》卷四八《吴書·孫晧傳》,1170 頁。
⑦ 《三國志》卷六一《吴書·陸凱傳》,1406 頁。

權朝的舊日爪牙,有相當部分被孫晧重新啓用。何定等人由於繫有中郎將等官職,在《吳書》中又被稱作"殿中列將",孫吳的"殿中"含義似與兩漢"禁中"相近,均是親近皇帝之所在,① 他們於內滿足孫晧口腹私欲,於外監控諸將,橫行朝野。至孫晧末年,"殿中親近"已經擴充至數百人。② 其二,重啓校事制度。呂壹事件後,校事制度多爲朝野所詬病,至諸葛恪輔政時被完全廢除。但孫晧繼位後却恢復了這一制度,《陸凱傳》載:

> 夫校事,吏民之仇也。先帝末年,雖有呂壹、錢欽,尋皆誅夷,以謝百姓。今復張立校曹,縱吏言事,是不遵先帝十八也。③

其中提到了"復立校曹",似乎重新設立了"校曹"這一機構,限於史料,其職事頗不明朗,從陸凱諫言中"縱吏言事"的綫索,似可推知或與糾彈大臣有關。④ 但此時孫晧在殿中設置各色中郎將充任爪牙,尤其是司直中郎將,其麾下二十名"彈曲""專糾司不法",想必校事的權力也大大收縮了。值得注意的是,除了"殿中諸將"和校事,宦官此時也重新活躍。如陸凱所云"昔漢之桓、靈,親近宦豎,大失民心。今高通、詹廉、羊度,黃門小人,而陛下賞以重爵,權以戰兵……黃門復走州郡,條牒民女。"⑤ 可見孫晧時宦官除了遴選後宫這一傳統業務,還可以獲封重爵、領兵作戰,其權勢比之東漢桓靈之際的宦官有過之而無不及。

總之,孫晧在繼承了前朝設置的"察戰"官基礎上,不僅恢復了校事制度,還大量增設殿中列將、啓用宦官,"中使"隊伍空前擴大。中使政治的復興,招致了大臣的猛烈批評,上文屢屢徵引的陸凱諫表,其原文指責孫晧有二十條"不遵先帝"之事,其中與中使直接或間接相關者竟有五條之多,足見孫晧在位時中使勢力之大,影響之廣。但實際上,孫晧此類"不遵先帝"的罪狀本身恰恰就是承襲自"先帝"孫權時,陸凱以此爲言,祇是借古諷今而已。

結語

經過以上討論,現將全文要點總結如下:

---

① 《樓玄傳》載:"舊禁中主者自用親近人作之,[萬]或陳親密近識,宜用好人,晧因敕有司,求忠清之士,以應其選,遂用玄爲宫下鎮禁中候,主殿中事。"(卷六五,1454頁)可知孫晧時"禁中"與"殿中"爲同義詞。
② 《孫晧傳》云"殿中親近數百人叩頭請晧殺岑昏"(卷四八,1176頁)。
③ 《三國志》卷六一《吳書·陸凱傳》,1407頁。
④ 在《天發神讖碑》題名中,有"典校皋儀、備□、梅胤、章咸、李楷、賀□、吳寵"([日]三國時代の出土文字資料班:《魏晉石刻資料選注》,京都大學人文科學研究所,2005,185頁),這裏的"典校"是否是孫權時期"中書郎典校事"或"尚書郎典校事"的省稱呢? 恐怕不是,《天發神讖碑》對各官員的職銜羅列的十分詳細,如費宇其人,碑中就不厭其煩地如實記録他的全部職銜"中郎將、行大將軍、裨將軍、關內侯",由此推之,"典校"是省稱的可能性不大,而更像是一種獨立的官稱。其職事應是檢校文書之類,至於其與"校曹"是何關係,限於史料暫不得而知,姑置此備考。
⑤ 《三國志》卷六一《吳書·陸凱傳》,1406頁。

1.從吳簡中倉楬牌、帳簿文書及相關君教木牘可以發現,長沙郡與臨湘侯國在嘉禾二年、三年、四年均進行了文書校核工作,其中前兩次校核範圍較廣。以目前材料看,臨湘侯國在嘉禾二年校閱了黃龍元年、二年、三年的糧米逋欠情況,在嘉禾三年集中校閱了嘉禾元年至嘉禾三年五月十五日的倉庫月旦簿、一時簿、錢米應入未入情況以及縣廷草刺文書。至於嘉禾四年,祇能看到當年朝廷尚書機構校閱過長沙郡鹽米帳,其餘情況不得而知。綜合各種迹象,可知校核行動并非郡縣的日常月度、季度或年度常規結算,而是由朝廷派下的使者直接主導。

2.嘉禾年間這三次文書校核行動,正是發生在"中書典校事"呂壹等人"典校諸官府及州郡文書"的背景下,考慮到吳簡中主導臨湘文書校核的也是朝廷郎官使者,因而我們推測二者之間可能存在密切聯繫。可想而知,像呂壹等人一樣分赴州郡典校文書的郎官還有不少。這反映出孫權在建政之初企圖利用郎官使者典校文書的手段,在政治層面強化對中央及地方軍將、官僚的監控,在財政層面强化中央朝廷的財權,清繳逋欠,整頓財政收入。

3.結合傳世文獻,可以發現這種由皇帝差遣近臣使者干預或直接主導行政的模式在孫吳一朝都頗爲常見,本文稱之"中使政治"。這種模式在孫權建政時就已建立,彼時國家機器的建設尚未完成,郎官規模又迅速膨脹,使皇帝有機會也有條件依照個人喜好,隨時派出以郎官爲主的近臣使者監控官僚系統,或直接處理某類政務。"呂壹事件"就是"中使政治"發展的頂峰。呂壹敗亡後,"中使政治"遭到壓制。孫休執政時期,注重國家制度建設,力圖推動朝政向規範化、制度化發展,與此同時,隨著中書郎、尚書郎等近侍郎官的清顯化,他們退出了中使行列,"察戰"的新名號由此出現,但由於此時皇權受到限制,中使未能得到伸展權力的空間。孫晧繼位後皇權復張,全面模仿孫權時代,不僅恢復了此前的校事官,而且設置殿中諸將、重用宦官充當爪牙,中使的隊伍空前擴大,朝政由此再度陷入混亂,孫吳政權也行將走向終結。

附記 本文的寫作是在王素、張榮強二位老師的指導下完成的,修改過程中得到了熊曲、小林文治、陳韻青、郭嘉琪等諸位師友的幫助,在此一并致以深深的謝意。

走馬樓吳簡所見臨湘廣成鄉、平鄉轄里補考*

□ 信陽師範大學歷史文化學院　連先用

內容提要　走馬樓吳簡所見臨湘侯國廣成鄉凡轄7里，即：廣成里、弦里、平樂里、萬里、漂里、彈溲里和▨陽里；平鄉則至少有息里、平陽里、莨龍里、盡里、□□里、栗里等6個里。這些里多因丘得名，屬於丘名里。

關鍵詞　吳簡　臨湘侯國　廣成鄉　平鄉　里

引言

長沙走馬樓吳簡顯示，[1]臨湘侯國在孫吳嘉禾年間下轄11個鄉。[2] 但關於各鄉所轄的里名，學界迄今尚未完全理清。就本文所關注的廣成鄉、平鄉而言，侯旭東先生在復原整理"廣成鄉嘉禾六年吏民人名年紀口食簿"（以下簡稱"嘉禾六年廣成鄉吏民簿"）時指出，廣成鄉

---

* 本文爲國家社會科學基金青年項目"新刊走馬樓吳簡名籍類簿書復原整理與研究"（19CZS016）階段性成果，并得到信陽師範大學"南湖學者獎勵計劃"青年項目的資助。

① 走馬樓吳簡現已出版10卷，分別爲走馬樓簡牘整理組編著《長沙走馬樓三國吳簡・嘉禾吏民田家莂》，北京：文物出版社，1999；走馬樓簡牘整理組編著《長沙走馬樓三國吳簡・竹簡[壹][貳][叁][肆][伍][陸][柒][捌][玖]》，北京：文物出版社，2003、2007、2008、2011、2018、2017、2013、2015、2019。簡稱《田家莂》《竹簡[壹]》等。引用《田家莂》編號採用原出版號的阿拉伯數字形式，如"4・36"；引用《竹簡》時使用卷次+出版號形式，如"壹・25"。

② 有關討論參看楊振紅《長沙吳簡所見臨湘侯國屬鄉的數量與名稱》，卜憲群、楊振紅主編《簡帛研究二〇一〇》，桂林：廣西師範大學出版社，2012，139-144頁；徐暢《三國孫吳臨湘侯國轄鄉的數量與名稱再探》，《人文雜志》2019年第10期，106-115頁。

共 350 户,下轄包括廣成里、弦里在內的 7 個里。① 在此基礎上,關尾史郎先生以形制、格式、書風等爲依據,將"嘉禾六年廣成鄉吏民簿"現存户人簡分別劃歸 6 里,即:廣成里、弦里、平樂里、α 里、β 里、γ 里。② 至此,7 里當中有 3 里之名得到明確,而其餘 4 里仍然不明,③未免遺憾。至於平鄉,熊曲先生在"臨湘嘉禾□年貧民貸食米斛數簿"的整理與研究中指出,其所轄之里有息里、平陽里和苠龍里,但因主題所限而未展開論述。④

在此背景下,對於廣成鄉、平鄉轄里情況的研究,仍有較多有待繼續推進的空間。這兩個鄉在吳簡中屬於同一廷掾部,有關政務常常共同處理,⑤簡例如:

1. 廣成平鄉領粢租米□百卌三斛六斗(伍·7329)
2. 廣成平二鄉謹列所領嘉禾四年粢租米已入未畢要簿(柒·3254)

因此相關問題可能存在一定的關聯性,今重新梳理相關資料,一并試予補考。敬請大家批評指正。

一　廣成鄉轄里補考

廣成鄉迄今名稱未知的里有 4 個,稽考簡文,它們應爲萬里、漂里、彈溲里和▨陽里。詳情如下:

---

① 侯旭東:《長沙走馬樓吳簡〈竹簡[貳]〉"吏民人名年紀口食簿"復原的初步研究》,《中華文史論叢》2009 年第 1 期,修訂稿收入其著《近觀中古史:侯旭東自選集》,上海:中西書局,2015,81-107 頁;侯旭東:《長沙走馬樓吳簡"嘉禾六年(廣成鄉)弦里吏民人名年紀口食簿"集成研究:三世紀初江南鄉里管理一瞥》,邢義田、劉增貴主編《第四屆國際漢學會議論文集:古代庶民社會》,臺北:"中研院",2013,修訂稿收入其著《近觀中古史:侯旭東自選集》,108-142 頁。
② [日]關尾史郎:《長沙吳簡吏民簿の研究(上)——"嘉禾六(二三七)年廣成鄉吏民簿"の復元と分析—》,《人文科學研究》137,2015,27-98 頁。
③ 關於另外 4 里之名,關尾史郎、鷲尾祐子先生後來又據"嘉禾四年廣成鄉吏民簿"做過一些推測,詳見下文及其注釋。
④ 熊曲:《嘉禾五年貧民貸食米斛數簿研究》,第三屆"簡帛學的理論與實踐學術研討會"論文,北京:2018 年 9 月。該文後以《「嘉禾五年貧民貸食米斛數簿」について》爲題,刊於[日]伊藤敏雄、關尾史郎編《後漢·魏晉簡牘の世界》,東京:汲古書院,2020,27-50 頁。本文所引係其中文底稿,蒙熊曲先生慨然惠賜,謹致謝忱! 又,該簿命名據標題簡"臨湘謹列嘉禾□年貧民貸食米斛數爲簿"(陸·3748),熊曲先生釋"□"爲"五",然圖版漫漶,尚不能完全確認,今暫從原釋。
⑤ 兩鄉存在特定組合的現象,最早由安部聰一郎先生指出,其後徐暢、凌文超先生又做了進一步的探討。詳參[日]安部聰一郎著,劉峰譯《典田掾、勸農掾的職掌與鄉——對長沙吳簡中所見"户品出錢"簡的分析》,楊振紅、鄔文玲主編《簡帛研究二〇一五(秋冬卷)》,桂林:廣西師範大學出版社,2015,249-250 頁;徐暢《走馬樓吳簡所見孫吳"鄉勸農掾"的再研究——對漢晉之際鄉級政權的再思考》,《文史》2016 年第 1 輯,29-30、34、39-40 頁;凌文超《新見"勸農掾料核軍吏父兄子弟木牘文書"補釋》,中國中古史集刊編委會編《中國中古史集刊》第 3 輯,北京:商務印書館,2017,68-72 頁。

（一）萬里

關於廣成鄉下轄里名的探究，自侯旭東先生以來便主要圍繞"嘉禾六年廣成鄉吏民簿"而展開，此簿主體保存在采集簡第 16 盆（貳·1536—2840）中，[①]標題簡如下：

3.廣成鄉謹列嘉禾六年吏民人名年紀口食爲簿（貳·1798/16）

在格式上，該簿户人簡皆以"民""郡吏"等身份開頭，并不直接顯示里名，但廣成里自有標題簡，與簡 3 編號前後相接：

4.廣成里謹列領任吏民人名年紀口食爲簿（貳·1797/16）

各里總計簡中亦寫有里名，如：

5.右廣成里領吏民五十户口食二百九十□人（貳·1671/16）
6.·右弦里領吏民五十户口食三百卌人（貳·1947/16）

據此，廣成鄉轄有廣成里、弦里，絶無疑義。

值得注意的是，"嘉禾六年廣成鄉吏民簿"中還有另外 2 個里的總計簡：

7.☑五十户口食四□□☑（貳·1663/16）
8.·右□里領吏民五十户口食……（貳·2320/16）[②]

前者里名殘失，暫置不論。後者里名雖未釋出，但從圖版看，"□"右上部漫漶，左側及下部尚較清晰，應爲"萬"字（表 1）。也就是説，廣成鄉所轄還有萬里。

---

① 該盆中也闌入了少量中鄉户口簡，其特徵與"嘉禾六年廣成鄉吏民簿"區別明顯。相關辨析，參見侯旭東《長沙走馬樓吴簡"嘉禾六年（廣成鄉）弦里吏民人名年紀口食簿"集成研究：三世紀初江南鄉里管理一瞥》，《近觀中古史：侯旭東自選集》，115 頁。
② 侯旭東：《長沙走馬樓吴簡"嘉禾六年（廣成鄉）弦里吏民人名年紀口食簿"集成研究：三世紀初江南鄉里管理一瞥》，《近觀中古史：侯旭東自選集》，114-115 頁；[日]關尾史郎：《長沙吴簡吏民簿の研究（上）——"嘉禾六（二三七）年廣成鄉吏民簿"の復元と分析——》，39-40 頁。

表1　吴簡"萬"字寫法對比

簡8	壹·1780	壹·2081	叁·888	叁·1337

在吴簡中,許多里名得自於丘。如中鄉所轄7里均是因丘命名,①而"嘉禾六年廣成鄉吏民簿"中弦里、平樂里的部分户人也見於弦丘、平樂丘,②二里亦當因丘得名。循此思路,則可注意到吴簡中還有萬丘:

9.入廣成鄉嘉禾二年税米二斛八斗胄畢⊠嘉禾三年五月十日萬丘吴車關邸閣董基付三州倉吏鄭黑受(陸·3909)

10.入廣成鄉萬丘大男吴□布□匹⊠嘉禾元年□月十五日……付庫吏殷連受③(陸·4930)

該丘僅此兩見,而恰與廣成鄉對應。以此推之,廣成鄉萬里之名應取自萬丘。

(二)漂里

先行研究已注意到,《竹簡[肆]》中也保存了一份廣成鄉户口簿,④標題簡有:

---

① 楊芬:《孫吴嘉禾年間臨湘中鄉所轄里初步研究》,復旦大學歷史學系、《中國中古史研究》編委會編《中國中古史研究》第9卷,上海:中西書局,2021,252-270頁。
② 侯旭東:《長沙走馬樓吴簡"嘉禾六年(廣成鄉)弦里吏民人名年紀口食簿"集成研究:三世紀初江南鄉里管理一瞥》,《近觀中古史:侯旭東自選集》,116-127頁;[日]關尾史郎:《長沙吴簡吏民簿の研究(上)——"嘉禾六(二三七)年廣成鄉吏民簿"の復元と分析—》,55、89-90頁。廣成鄉平樂里户人多對應平樂丘的情況,亦體現於"嘉禾五年平樂里吏民户數品中人名年紀簿",參見崔啓龍《走馬樓吴簡"嘉禾五年平樂里吏民户數品中人名年紀簿"的整理與解析》,鄔文玲、戴衛紅主編《簡帛研究二〇二〇(春夏卷)》,桂林:廣西師範大學出版社,2020,311-314頁。
③ "萬"原釋作"甚",據圖版改。
④ 侯旭東:《長沙走馬樓吴簡〈竹簡〔貳〕〉"吏民人名年紀口食簿"復原的初步研究》,《近觀中古史:侯旭東自選集》,99頁;侯旭東:《長沙走馬樓吴簡"嘉禾六年(廣成鄉)弦里吏民人名年紀口食簿"集成研究:三世紀初江南鄉里管理一瞥》,《近觀中古史:侯旭東自選集》,130、131、134頁;[日]關尾史郎著,楊振紅譯:《從簿籍的製作與管理看臨湘侯國——以名籍類爲中心》,楊振紅、鄔文玲主編《簡帛研究二〇一六(春夏卷)》,桂林:廣西師範大學出版社,2016,325-330頁;[日]鷲尾祐子:《資料集:三世紀の長沙における吏民の世帶—走馬樓吴簡吏民簿の戸の復原—》,東京外國語大學アジア・アフリカ言語文化研究所,2017,115-119頁。

11. ☐嘉禾四年吏民[户]數人名年紀[爲]簿①（肆·2070）

據此可稱其爲"嘉禾四年廣成鄉吏民簿"。該簿户人簡均冠以"嘉禾四年"，數量最多的是廣成里：

12. 嘉禾四年廣成里户人公乘盧☐年六十六強☐（肆·1917）
13. ☐年廣成里户人公乘周車五十二腹心病給關父（肆·1924）
14. 嘉禾四年[廣]成里户人公乘廖(?)邑年☐四刑左足②（肆·1964）
15. 嘉禾四年廣成里户人公乘周明年卅五盲左目（肆·2016）
16. 嘉禾四年[廣]成里户人公乘胡文年六十三[腹][心][病]（肆·2023）
17. 嘉禾四年廣成里户人公乘[利]禿年卅九刑右手（肆·2025）
18. 嘉禾四年廣成里户人公乘朱萇年六十六刑左足給亭雜人（肆·2042）
19. 嘉禾四年廣成里户人公乘郭當年廿七給習射（肆·2043）
20. 嘉禾四年廣成里户人公乘周符年廿二給州私學　☐（肆·2081）
21. ☐年廣成里户人公乘廖士年廿三給習射（肆·2053）
22. 嘉禾四年廣成里户人公乘☐[民]年七十五③（肆·2453）
23. 嘉禾四年廣成里户人[公][乘]☐重年五十八（肆·2457）
24. 嘉禾四年廣成里户人公乘周[托]年[卅]一盲右目④（肆·2462）
25. ☐廣成里户人公乘蔡☐年廿六給鹽兵（肆·2632）
26. ☐[成]里户人公乘周從年廿三給亭復人⑤（肆·2633）
27. 嘉禾四年廣成里户人公乘黄[齮]年五十八腹心病⑥（肆·2660）
28. 嘉禾四年廣成里户人公乘謝尤年……（肆·2665）
29. 嘉禾四年廣成里户人公乘蔡睪年卅五（肆·2669）
30. 嘉禾四年廣成里户人公乘周☐年五十給縣吏（肆·2675）

---

① "[户]"原釋作"☐"，"[爲]"原釋作"數"，據圖版改。
② "[廣]"原釋作"☐"，據圖版改。"刑"，整理者或釋爲"刱"，今統一做"刑"。
③ "[民]"原釋作"☐"，據圖版改。
④ "[托]"原釋作"☐"，據圖版改。
⑤ 從圖版上看，"三"字第一道横畫模糊，似爲編痕，因而該字不排除實爲"二"字。
⑥ "[齮]"原釋作"☐"，據圖版改。

31.嘉禾四年廣成里户人公乘朱兵年五十九踵兩足(肆・2676)

32.嘉禾四年廣成里户人公乘黄張年五十二踵佐足①(肆・2684)

33.嘉禾四年廣成里户人大女□□年七十一(肆・2685)

34.嘉禾四年廣成里户人公乘周□年□□(肆・2689)

35.嘉禾四年廣成里户人公乘☒(肆・3109)

此里屬於廣成鄉,自無疑義。

其次是平樂里:

36.嘉禾四年平樂里户人公乘烝忱年五十四刑右足(肆・1972)

37.嘉禾四年平樂里户人公乘侯□年廿筭一(肆・1973)

38.嘉禾四年平樂里户人公乘鄧□年卅二腹心病(肆・1974)

39.嘉禾四年平樂里户人公乘李(?)銀年卅踵右足 ☒(肆・2493)

40.嘉禾四年平樂里户人公乘李客年卅三筭一(肆・2495)

41.嘉禾四年平樂里户人公乘谷兒年九十二 ☒(肆・2720)

42.嘉禾四年平樂里户人公乘監□年□□三踵□□ ☒(肆・2722)

43.嘉禾四年平樂里户人唐宜年□十三(肆・5145)

44.嘉禾四年平樂里户人公乘唐美年六十九腹心病(肆・5166)

45.☒年平樂里户人公乘謝□年五十九(肆・5178)

其中,唐宜(簡43)又見於"嘉禾六年廣成鄉吏民簿":

46.民男子唐宜年六十四☒(貳・2689/16)

關尾史郎先生據而指出,此平樂里當由廣成鄉管轄,誠爲確論。②

再次則是新成里、陽成里、□里、漂里,各1例:

47.嘉禾四年新成里户人公乘朱廉(?)年卅四給州吏(肆・1963)

48.嘉禾四年陽成里户人公乘烝□年七十六□□(肆・1965)

---

① 整理者注:"佐"通"左"。
② [日]關尾史郎著,楊振紅譯:《從簿籍的製作與管理看臨湘侯國——以名籍類爲中心》,326-327頁。

走馬樓吳簡所見臨湘廣成鄉、平鄉轄里補考

49. 嘉禾四年□里户人公乘楊(?)夏年卌七給郡卒①(肆·2479)

50. 嘉禾四年漂(?)里户人公乘潘當年九十二(肆·2481)

它們與廣成里、平樂里格式相同,又相伴而出,應同屬於"嘉禾四年廣成鄉吏民簿"。據此,廣成鄉還應轄有新成里、陽成里、□里和漂里。② 不過,從圖版看,新成里之"新"、陽成里之"陽"皆漫漶難辨,無法確認。二者夾雜在廣成里户人簡之間,屬於廣成里的可能性很高。□里整理者未釋其名,留待下節討論。漂里(簡50)之"漂",吳簡中一般寫作"灃",整理者統一隸定爲"漂"。③ 其後雖標注問號以示存疑,但據圖版尚能辨識(表2),釋文無誤。既然如此,則廣成鄉所轄之里中應包含漂里。

表2 吳簡"漂"字寫法對比

簡50	壹·7875	叁·272	叁·3172	肆·1032	肆·1035

吳簡中有漂丘,均對應廣成鄉,例如:

51. 入廣成鄉嘉禾二年布一匹|X嘉禾二年十一月六日漂丘男子番表付庫吏殷連受(壹·7875)

52. 入廣成鄉黄龍三年税米一斛五斗五升|X嘉禾二年正月廿八日漂丘男子烝逞關邸閣董基付三州倉吏谷漢受(叁·3712)

53. 入廣成鄉佃吏限米三斛胄畢|X嘉禾元年十一月六日漂丘番岱付三州倉吏谷漢受中④(肆·1032)

54. 入廣成鄉嘉禾二年私學潘復限米三斛胄米畢|X嘉禾二年十二月十日漂丘潘復關

---

① "夏"原釋作"百",據圖版改。
② 關尾史郎先生已有類似推測,但認爲□里即漂里,見其著《長沙吳簡吏民簿の研究(上)——"嘉禾六(二三七)年廣成鄉吏民簿"の復元と分析—》,55、76頁。鷲尾祐子先生也認爲,該簿所見廣成鄉除廣成里、平樂里外,還有新成里、漂里,見其著《資料集:三世紀の長沙における吏民の世帶—走馬樓吳簡吏民簿の户の復原—》,115頁。
③ 參見《竹簡》相關各卷凡例。
④ 整理者注:"中"爲朱筆迹。

邸閣董基付三州倉吏鄭黑受(陸·2067)①

由此看來,漂里之名,當得自漂丘。
(三)彈溲里
上文談到,"嘉禾四年廣成鄉吏民簿"中還有1枚□里户人簡:

49.嘉禾四年□里户人公乘楊(?)夏年冊七給郡卒(肆·2479)

整理者未釋出其里名,關尾史郎先生引作"漂里"。② 然而,查看圖版,可以發現"□"實際對應2個字。其中,第二字比較清楚,是"溲"字無疑(表3)。③ 吳簡已知里名中與之相關者有曼溲里和彈溲里,前者屬中鄉,多對應曼溲丘;④後者僅出現過1次,見於臨湘諸鄉限佃簿:⑤

55.彈溲里户人公乘唐啓(?)年六十二　中　妻應年五十一⑥(貳·37)

這時再結合相關圖版仔細辨認,可以肯定"溲"前之字確爲"彈"(表3)。然則,□里應即彈溲里。

表3　吳簡中"彈溲"寫法對比

簡49	壹·2804	壹·3957	壹·7948	壹·8105

---

① 更多簡例見:叁·272、2710、2731、3172、3679、3717、5688、6216;肆·1035、1036、1037、1193、1654、1667;陸·2210、2673、2797、2879、2941、3582、3941、4079、5669。
② [日]關尾史郎:《長沙吳簡吏民簿の研究(上)—"嘉禾六(二三七)年廣成鄉吏民簿"の復元と分析—》,76頁。
③ 吳簡中"溲"寫作"渡",整理者釋文做"渡"或"溲",今統一做"溲"。
④ 楊芬:《孫吳嘉禾年間臨湘中鄉所轄里初步研究》,256—258頁。
⑤ [日]鷲尾祐子:《長沙走馬樓吳簡にみえる"限佃"名籍について》,《立命館文學》619號《本田治教授退職記念論集》,2010,93頁。
⑥ 整理者注:"中"字爲紅色筆迹。

吳簡中常見彈溲丘,并且其大多數亦對應廣成鄉,如:①

56.入廣成鄉嘉禾二年稅米十八斛胄畢⋇嘉禾二年十月廿三日彈溲丘烝何關邸閣董基付三州倉吏鄭黑受②(壹·3878)

57.入廣成鄉嘉禾二年新調布一匹⋇嘉禾二年七月十八日彈溲丘大男唐兄付庫吏殷連受(貳·5312)

58.入廣成鄉黃龍三年稅米三斛三斗⋇嘉禾二年四月七日彈溲丘潘頭關邸閣董基付三州倉吏谷漢受(叁·3677)

59.入廣成鄉嘉禾二年稅米二斛胄畢⋇嘉禾二年十二月十三日彈溲丘大男將□關邸閣董基付三州倉吏鄭黑受(陸·5146)

60.入廣成鄉嘉禾二年火種租米二斛胄畢⋇嘉禾二年十一月十日彈溲丘潘覲關邸閣董基付三州倉吏鄭黑受(玖·4222)③

例外的情况以對應平鄉者爲最多:

61.入平鄉嘉禾二年稅米二斛胄畢⋇嘉禾三年正月八日彈溲☒④(叁·8307)

62.入平鄉三年稅米一斛□斗⋇嘉禾元年□月六日彈溲丘誦畢付三州倉吏谷漢受中(叁·2869)

63.入平鄉嘉禾二年稅米四斛二斗胄畢⋇嘉禾三年三月十六日彈溲丘梅□關邸閣董基付倉吏鄭黑受(陸·3608)

64.入平鄉嘉禾二年火種租米一斛一斗九升胄畢⋇嘉禾二年十一月八日彈溲丘雷鄉關邸閣董☒(玖·1238)

65.入平鄉嘉禾二年租米四斛八斗八升胄畢⋇嘉禾二年十一月八日彈溲丘唐欠(?)關邸閣董基☒(玖·1654)

---

① 彈溲丘之外,另有下彈溲丘,亦與廣成鄉對應:"入廣成鄉嘉禾二年布一匹⋇嘉禾二年十一月十日下彈溲男子□連付庫吏殷連受"(壹·8281);"入廣成鄉嘉禾二年助佃吏限米三斛⋇嘉禾三年二月七日下彈溲丘男子黃鼠關邸閣李嵩付倉吏黃諱潘慮"(貳·385)。不過,後簡中的黃鼠又見於彈溲丘(5·944、壹·7833),故此處"下彈溲丘"之"下"或爲衍文。
② "邸",整理者或釋爲"壄",今統一做"邸"。
③ 更多簡例見:壹·2804、3917、3957、6008、6979、7309、7833、7948、7949、8105、8368、8579、9881;貳·5459;叁·230、280、2766、2842、3210、3607、3672、3675、3687、3697、3701、3707、3762、3786、5992、7709;伍·1918、1919、7323;陸·2277、2842、2862、2877、2939、2946、3968、5694、5698、5829;柒·1576;玖·753、1514、3913、4248。
④ "平"原釋作"桑",據圖版改。

此當與廣成、平二鄉同屬一部有關。

餘者對應西鄉、樂鄉、東鄉、小武陵鄉,各僅 1 例:

66.入西鄉嘉禾二年布一匹⫽嘉禾二年八月廿九日彈溲丘男子□☑(貳·6010)

67.入樂鄉黄龍三年税米二斛冑畢⫽嘉禾元年十一月十九日彈溲丘棋伯付三倉吏谷漢受　中①(叁·2745)

68.入東鄉税米四斛六斗冑畢⫽嘉禾元年十一月廿日彈溲丘謝□付三州倉吏谷漢受　中②(肆·992)

69.入小武陵鄉嘉禾二年税米八斛冑米畢⫽嘉禾二年十一月五日彈溲丘烝貴關邸☑(玖·5749)

以此度之,彈溲里當由彈溲丘而得名。

彈溲里的確認,對於"嘉禾六年廣成鄉吏民簿"的進一步整理或有助益。如前所述,廣成鄉共有 7 個里,但關尾史郎先生據格式、筆迹、書風等却祇能從中析分出廣成里、弦里、平樂里、α里、β里、γ里等 6 個里的户人簡,這意味著其中必然有 1 個里混雜在其他里當中。關尾先生已注意到,"嘉禾六年廣成鄉吏民簿"中有 5 位户人對應彈溲丘,③即:

70.民男子黄張年五十三踵(腫)兩足　盲張妻大女庶(?)年卌三筭一(貳·1724)
71.郡吏黄士年十三　士兄公乘追年廿三刑□④(貳·1623)
72.民男子蔡若年卅七給驛兵　若妻大女賜年卌筭一(貳·1781)
73.民男子黄鼠年卌四盲右目　鼠妻大女汝年卌一筭一(貳·1801)
74.民男子蔡喬年六十二給驛兵　橋妻大女典年卌八筭⑤(貳·1903)

其整理中將這些簡全部歸入廣成里。⑥ 簡 70 對應簡 32,屬於廣成里固無疑問,但鑒於廣成鄉轄有彈溲里以及丘名里廣泛存在的事實,簡 71—74 也存在全部或部分屬於彈溲里的可能,祇是目前還難以斷言。

---

① 整理者注:"三倉"間脱"州"字。案圖版,該簡中鄉名極爲模糊,難以確認。
② 整理者注:"中"爲朱筆迹。
③ [日]關尾史郎:《長沙吳簡吏民簿の研究(上)—"嘉禾六(二三七)年廣成鄉吏民簿"の復元と分析—》,89 頁。
④ 整理者注:郡吏黄士年僅十三,或記録有誤。
⑤ 整理者注:上段户主名"喬",下段作"橋",未知孰正孰誤。
⑥ [日]關尾史郎:《長沙吳簡吏民簿の研究(上)—"嘉禾六(二三七)年廣成鄉吏民簿"の復元と分析—》,48-50 頁。

(四)▨陽里

考證到這裏,廣成鄉所轄7里之名已弄清楚6個,那麽剩餘一里名稱何如? 對此,兩份廣成鄉吏民簿中均無綫索。但反復翻檢,我們注意到采集簡中有:

75.入廣成鄉□陽里男子潘盡布九匹✕嘉禾□年……付庫吏殷 ☐(叁·222)

該簡屬於臨湘諸鄉"品市布入受簿 I"。① 其中,"入廣成鄉"四字殘泐,"入""鄉"據圖版和文例可以確認,"廣成"雖然模糊,但臨湘侯國二字之鄉唯有廣成鄉。由此看來,簡75釋文可從,而廣成鄉自當轄有□陽里。又,整理者注:"陽里"上□右半殘缺,左半從"扌"。核對圖版,"里"上之字做"▨",并無殘缺,但確實不易釋出。姑依截圖稱該里爲▨陽里,以待高明。

二 平鄉轄里補考

據現有資料考察,可以確認屬於平鄉的里有6個,即:息里、平陽里、莨龍里、盡里、□□里、粟里。其中,前3里熊曲先生業已指出,但未予詳論,有必要略作補充;後3里則是本文所增。詳情如下:

(一)息里

已刊資料中,息里户人簡僅有1枚,見於采集簡第32盆(叁·3903—4267):

76.息里户人公乘☐(叁·4191/32)

該里歸平鄉,這在吳簡中有明確證據,熊曲先生已舉出:

77.入平鄉息里嘉禾二年私學限米十三斛✕嘉禾三年正月七日大男李文(?)關邱閣李嵩付倉吏黄諱潘慮(貳·2709)

78.入平鄉二年吏客米十□✕嘉禾二年四月四日息里男子李班關☐(貳·7107)

79.入平鄉嘉禾二年貸食嘉禾元年吏客限禾還米二斛✕嘉禾二年十二月廿六日息里謝珠關邱閣李嵩付倉吏黄☐(陸·5065)

---

① 凌文超:《走馬樓吳簡采集庫布帳簿體系整理與研究——兼論孫吳的户調》,《文史》2012年第1輯,後修訂爲其著《走馬樓吳簡采集簿書整理與研究》第6章《庫布賬簿體系與孫吳户調》,桂林:廣西師範大學出版社,2015,301頁。

80.入 平 鄉所調布一匹╳嘉禾元年□月三日息里男子 區 □付庫吏殷連受①(陸·5660)

有必要再做討論的是其命名依據。

從字面上看,息里并非嘉名里,大概率是因丘而得。吳簡中有息丘:

81.╱ 二 年稅白米十一斛╳嘉禾三年三月九日息丘供士關邸閣李嵩付倉吏黄諱史潘慮受(貳·2721)

82.╱……禾 □ 年 稅米五斛胄畢╳嘉禾二年十二月 廿 六日息丘郡吏龍遼(?)關邸閣董基付三州倉吏鄭黑受(陸·1852)

83.╱□息丘男子殷 政 付庫吏殷連受(陸·2427)

遺憾的是,這些簡均缺少鄉名,所以息里因息丘而得名的看法祇能停留於推測。

(二)平陽里

平陽里户人簡,過去多見於小武陵鄉,②然平鄉亦有平陽里,③這在吳簡中有直接體現:

84.平鄉平陽里謹列所主吏民人名年紀爲簿(伍·5367)

與息里不同,平陽里頗似嘉名里,但吳簡中另有平陽丘,絶大多數對應廣成鄉和平鄉,④例如:

85. 入 廣 成 鄉平陽丘潘□⑤(壹·6240)

86.入廣成鄉嘉禾二年稅米二斛胄畢╳嘉禾二年十二月二日平陽丘吕曼關邸閣董基付三州倉吏鄭黑受(陸·2289)

87.入廣成鄉嘉禾二年稅米十一斛五斗五升胄畢╳嘉禾二年十一月十日平陽丘陳命

---

① " 平 "原釋作" 西 ",據熊曲先生意見改。

② 凌文超:《走馬樓吳簡采集簡"户籍簿"復原整理與研究——兼論吳簡"户籍簿"的類型與功能》,長沙簡牘博物館等編《吳簡研究》第 3 輯,北京:中華書局,2011,後修訂爲其著《走馬樓吳簡采集簿書整理與研究》第 3 章《户籍簿及其類型與功能》,96-153 頁;連先用:《吳簡所見"小武陵鄉吏民簿Ⅱ"再研究——以〈竹簡(柒)〉爲中心》,中國文化遺産研究院編《出土文獻研究》第 18 輯,上海:中西書局,2019,327-328 頁。

③ 在臨湘侯國,不同鄉轄有"同名里"的現象較爲常見,參連先用《吳簡所見臨湘模鄉轄里與"同名里"現象考論》,《出土文獻》2021 年第 2 期,102-119 頁。

④ 例外者僅有:"入中鄉嘉禾元年私學限米三斛八斗畢╳嘉禾二年正月十二日平 陽 丘陳 廣 關邸閣董基付三州倉吏谷漢受"(叁·5781)。案圖版,"中"字漫漶難以確認,不能排除本爲"平"字的可能。

⑤ " 廣 成 "原釋作" 小 武 陵 ",據圖版改。

關邸閣董基付倉吏☒(玖·4240)

88. 入平鄉黃龍元年子弟旱限米二斛胄畢|X嘉禾元年十二月十三日平陽丘男子□□付三州倉吏谷漢受　中(叁·3783)

89. 入平鄉嘉禾二年稅米四斛僦畢|X嘉禾二年十二月三日平陽丘大男陳禹關邸閣董基付三州倉吏鄭黑受(陸·2786)

90. 入平鄉嘉禾二年助佃吏限米五斛就畢|X嘉禾二年四月廿五日平陽丘故吏劉章關邸閣董基付三州倉吏鄭黑受(陸·3920)①

如前所述,廣成鄉和平鄉隸屬同一廷掾部,在地域上應是毗鄰的,平陽丘當位於二者的交接地帶。平鄉平陽里之名,亦當取自平陽丘。

(三)莨龍里

據熊曲先生研究,現已殘缺的"臨湘嘉禾□年貧民貸食米斛數簿"中保留有1枚平鄉總計簡:

91. 集 凡平鄉貧民 卌 七人乞貸䊵糧米二百卌斛四斗②(陸·3868)

前考平鄉息里、平陽里亦有相應結計簡:

92. ·右息里貧民十八人乞 貸 䊵糧米七十七斛五斗□光 孫 主屬里 魁 謝珠(陸·3761)

93. ·右平陽里貧民九人乞貸䊵糧米卅一斛九斗　 魁 □□主屬里魁周春③(陸·3896)

而與簡93編號相近的簡中又有:

94. ·右莨龍里貧民十人乞貸䊵糧米五十一斛　魁鄭車主屬里魁許實④(陸·3888)

---

① 對應廣成鄉的簡例另有:壹·7285、7286、7292、7670、8022;陸·2161、2197、2744。對應平鄉的簡例另有:壹·4626、7884;叁·2683;肆·2355。
② 該簡原釋作"□□□□貧民 卅 九人乞貸糧米二百卌斛四斗",據熊曲先生意見改。又,本簿中,"䊵"原釋均作"糧",據圖版及熊曲先生意見改,以下不再一一出注說明。
③ "·"原釋缺,據圖版補。
④ "·"原釋缺,據圖版補。"龍"原釋作"□",據熊曲先生意見改。"十人"原釋作"十二人",據圖版改。

其中鄭車又見於：

95.入平鄉嘉禾元年稅米一斛僦畢𐫣嘉禾二年正月十三日石文丘鄭車關邸閣董基☐（叁·5717）

依據這些信息，熊曲先生推測筤龍里應屬平鄉。①

以上推斷是合理的，這裏還可以補充更多的證據。首先，就"臨湘嘉禾☐年貧民貸食米斛數簿"而論，筤龍里與息里、平陽里結計簡的格式完全相同，屬於同一鄉的可能性自然較大。其次，采集簡 5 盆（壹·1377—1716）、第 7 盆（壹·2504—2667）、第 15 盆（貳·1—1535）中有筤龍里户人簡：

96.筤龍里户人公乘吴易年廿一　妻思年廿　子女☐年三歲②（壹·1655/5）
97.筤龍里户人公乘☐野 年☒（壹·2533/7）
98.筤龍里户人公乘☐易年卅（?）　妻兒年卅九（貳·1424/15）
99.筤龍里户人公乘石筤年卅五　妻奴年卅二（貳·1436/15）

其中吴易無考，而石筤祇向平鄉納米：

100.入平鄉嘉禾元年子弟限米五斛𐫣嘉禾元年正月十五日☐☐丘石筤（?）關邸閣董基付三州倉吏谷漢受（貳·4596）
101.入平鄉子弟限米五斛七斗冑畢𐫣嘉禾元年十一月十五日巾竹丘男子石筤付三州倉吏谷漢受（肆·1062）

結合上面所列舉的種種證據，筤龍里屬於平鄉，應無問題。

附帶一提，"筤龍里"并非常見的嘉名里，其名似亦得自於丘，然吴簡中未見筤龍丘，姑且存疑備考。

（四）盡里

在"臨湘嘉禾☐年貧民貸食米斛數簿"中，各鄉結計簡格式差異頗大，③以里為單位統計者，除息里、平陽里、筤龍里外，還有盡里：

---

① 熊曲：《嘉禾五年貧民貸食米斛數簿研究》。
② "筤"原釋作"湛"，據圖版改。
③ 參熊曲《嘉禾五年貧民貸食米斛數簿研究》。

走馬樓吳簡所見臨湘廣成鄉、平鄉轄里補考

102. ·右盡里貧民十七人乞貸祑糧米九十斛四斗☐（陸·3873）

四者格式相同,恐怕并非偶然。另外,采集簡第 7 盆中有 2 枚盡里户人簡：

103. ☐盡里户人公乘巨赤年六十一　☐①（壹·2579/7）
104. 盡里户人公乘☐（壹·2644/7）

伴出簡中也有莨龍里、平陽里：

97. 莨龍里户人公乘☐野年☐（壹·2533/7）
105. 平陽里户人公乘鄧狗年七十☐（壹·2543/7）

據此分析,盡里與其他 3 個里同屬平鄉的可能性較大。

考以人名,我們發現盡里户人巨赤（簡 103）見於盡丘：

106. ☐盡丘巨赤付庫吏殷連受（壹·7879）
107. ☒盡丘男子巨赤,佃田三町,凡六畝,皆二年常限……②（5·844）

而盡丘絶大多數都指向平鄉,③如：

108. 入平鄉嘉禾二年税米八斛二斗胄畢☒嘉禾二年十月廿五日盡丘巨加關邸閣董基付倉吏鄭黑受（壹·3273）
109. 入平鄉嘉禾二年鋘賈錢四千☒嘉禾二年二月廿三日盡丘巨仲付庫吏潘☐（貳·6235）
110. 入平鄉三年襍税米三斛胄畢☒嘉禾元年十二月十八日盡丘男子謝客付三州倉

---

① "盡"原釋作"□",據圖版改。
② 本簡中,省略號爲引者所加。
③ 例外情況僅有："入桑鄉鋘錢二千☒嘉禾二年八月一日盡丘☐"（叁·3193）,"入模鄉嘉禾二年税米十八斛☒嘉禾二年十月廿五日盡丘郡吏何奇關邸閣李嵩付倉吏☐"（捌·3973）。又,吳簡中另有蓋丘,對應平鄉和小武陵鄉,簡例有："入平鄉二年布三丈九尺☒嘉禾二年八月廿三日蓋丘男子臣☐付庫吏殷連"（壹·7801）,"入小武陵鄉嘉禾二年税米二斛胄畢☒嘉禾二年十一月廿六日蓋丘大男☐"（玖·1864）。蓋丘與盡丘是否爲同一丘,尚不明確。

吏谷漢受(叁·3691)

111.入平鄉屯田税米二斛五斗胄畢\嘉禾元年十一月十七日盡丘王歆付三州倉吏谷漢受中①(肆·2310)

112.入平鄉嘉禾二年租米二斛胄畢\嘉禾二年十二月廿一日盡丘李佳關邸閣董基付倉吏鄭黑受(陸·2324)

113.入平鄉嘉禾二年子弟限米二斛\嘉禾二年九月廿六日盡丘番金關邸閣李嵩付倉吏黄諱史潘慮受(捌·4071)②

綜合這些情況判斷,盡里當由平鄉管轄。而盡里之名,當得自盡丘。

(五)□□里

如前所考,平鄉下轄息里、平陽里、莨龍里、盡里,但在"臨湘嘉禾□年貧民貸食米斛數簿"中,此4里中的人數合計54人,米數合計250斛8斗,多於平鄉總計簡(簡91)中的47人、240斛4斗。不過,吴簡中的數值計算錯誤是很常見的,③所以人數、米數的不合,恐不能推翻平鄉轄有上述4里的結論。

若以上解説能夠成立,還需注意的是"臨湘嘉禾□年貧民貸食米斛數簿"中的另一枚結計簡:

114.……李□主屬里魁黄□(陸·3780)

熊曲先生據圖版補釋做:

114.·右□□里貧民三人乞貸䈽糧米……魁李□主屬里魁黄□(陸·3780)④

其書寫格式、布局亦與平鄉息里、平陽里、莨龍里、盡里結計簡完全相同(表4)。據此推測,簡114應該也是平鄉結計簡。然則,平鄉還應轄有□□里。

---

① 整理者注:"中"爲朱筆迹。
② 更多簡例見:壹·5060、7302、7305、7317、7825;叁·2656、3710;肆·2308、2312、2364、2370;伍·1920、5533;陸·2707、2710、3546、3923、4233、4258;玖·1932、5734、7389。
③ 蘇俊林:《孫吴吏民的數值計算與基層社會的數學教育——以走馬樓吴簡爲中心》,長沙簡牘博物館編《長沙簡帛研究國際學術研討會論文集》,上海:中西書局,2017,327-347頁。
④ 熊曲:《嘉禾五年貧民貸食米斛數簿研究》。

表 4　平鄉諸里結計簡圖版對比

息里	平陽里	筤龍里	盡里	□□里
簡 92	簡 93	簡 94	簡 102	簡 114

(六) 粟里

與上述諸里不同,粟里不見於"臨湘嘉禾□年貧民貸食米斛數簿",而出現在:

115.☐月廿五日栗里男子蔡閈關邸閣李☐(貳·4078)

116.☐一日栗里渲丘吴☐(柒·2871)

此兩簡雖然殘斷,但里名清晰無疑(表5)。其中人名蔡閈、丘名渲丘均僅此一見,未知歸屬何鄉。

表5 "栗里"圖版

簡 115	簡 116

不過,吴簡中另有栗丘,并且該丘大多數對應平鄉,例如:

117.入平鄉嘉禾二年税米四斛七升胄畢⊠嘉禾二年十月十五日栗丘丞☐關邸閣董基付三州倉吏鄭黑受(壹·3261)

118.入平鄉二年子弟限米一斛胄畢⊠嘉禾元年十二月三日栗丘周客付三州倉吏谷漢受中(叁·3713)

119.入平鄉故吏周秩子弟米七斛就☐阝胄米畢⊠嘉禾元年十一月十日栗丘周客付三州倉吏谷漢受(肆·1004)

120.入平鄉嘉禾二年税米八斛八斗胄畢⊠嘉禾二年十二月廿五日栗丘周懸關邸閣董基付三州倉吏鄭黑受(陸·2795)[1]

少數對應廣成鄉,如:

121.入廣成鄉元年子弟旱限米二斛胄畢⊠嘉禾元年十一月廿八日栗丘番貌付☐(叁·2685)

---

[1] 更多簡例見:叁·3439、3743;肆·1107、1326、1669、2132、2278、2282、2372、2741、3176、3430、3848;陸·2827、2841;捌·3958;玖·1651、3909。

    122.入<u>廣成鄉粟丘</u>番金布二匹⫽嘉禾元年七月廿七日關丞□付庫吏殷連受①（陸·
5700）②

蓋因該丘位於二鄉交界地帶，與彈溲丘、平陽丘相似。
  根據廣成鄉、平鄉多以丘名里的特點推測，粟里應從屬於此二鄉中的一個。又因廣成鄉轄里業已全部考明，則粟里祇能由平鄉管轄。對此，限於材料，我們還不能提出更多的證據，祇能寄希望於吳簡的最後一卷了。

結語

  綜上所述，廣成鄉凡轄 7 里，即：廣成里、弦里、平樂里、萬里、漂里、彈溲里和▨陽里；平鄉則至少有息里、平陽里、莨龍里、盡里、□□里、粟里等 6 個里。這些里多因丘得名，屬於丘名里。毋庸諱言的是，以上考證所借助的相關簿籍均有不同程度的殘缺，因而一些論證還不夠充分，一些看起來還能繼續討論的問題也未予深究。倘若其主要看法能夠成立，便可進一步減少吳簡中那些轄里不明的鄉與歸屬不明的里，從而爲全面釐清臨湘侯國各鄉轄里情況掃除部分障礙。本文的初衷，亦在於此。

    附記 本文蒙匿名審稿專家提出寶貴修改意見，謹在此致以衷心的感謝！

---

① 整理者注：簡面下段左側見"二匹"字迹右半，破荊時有意爲之。
② 更多簡例見：叁·3676、5716；柒·4365。此外，還有 1 枚對應小武陵鄉："入<u>小武陵鄉</u>子弟限米▨斛冑米畢⫽嘉禾元年十一月廿日<u>粟丘</u>烝□付三州倉吏谷漢受"（伍·2998）。檢核圖版，"粟丘"漫漶難辨，暫置不論。

長沙走馬樓吴簡臨湘侯國樂鄉丘名考*

□ 南開大學歷史學院 羅凡

内容提要 在走馬樓吴簡中,由整理者釋出及部分釋出的臨湘侯國樂鄉丘名共有53個。通過對比圖版,其中可以確認的丘名有19個,誤釋丘名13個,另有16個丘名無法確認,5個丘名不屬於或無法確認是否屬於樂鄉。樂鄉下以柚丘、下象丘、窟丘、頃丘和領山丘最爲常見,諸丘的命名多依據自然景觀或與方位詞組合,單字丘名占所有丘名的一半以上。

關鍵詞 走馬樓吴簡 臨湘侯國 樂鄉 丘 出入簡

走馬樓吴簡記載了大量三國孫吴時期臨湘侯國的丘名,這一特殊名稱引起了學界的廣泛關注。在竹簡部分中,"出入"類簡反映了大部分的丘名信息以及鄉丘之間的對應關係,是研究有關問題的重要史料依據。然因竹簡本身的保存狀況不佳,書手書寫較爲隨意,目前所見丘名釋文以及對鄉、丘關係的梳理還需要進一步校訂。爲完成這一基礎性工作,繼續推動有關吴簡"丘"認識的深入,本文選取臨湘侯國中的樂鄉,通過對照圖版,對其下所見丘的名稱與數量進行考察。[①]

---

* 本文爲國家社科基金重大招標項目"中韓日出土簡牘公文書資料分類整理與研究"(20&ZD217)階段性成果,亦爲楊振紅主持"長沙走馬樓三國吴簡臨湘侯國鄉丘里研究"系列之一。

[①] 有關這一研究的緣起、前提與方法,參見楊振紅《長沙吴簡臨湘侯國都鄉民所在丘名考》,《出土文獻》2022年第1期。

一　確認的樂鄉丘名

經統計,在《長沙走馬樓三國吳簡·竹簡[壹]—[玖]》中,[①]記載有樂鄉與丘對應的簡總計 143 例,其中[壹]有 33 例,[貳]有 14 例,[叁]有 27 例,[肆]有 21 例,[伍]僅有 3 例,[陸]有 30 例,[柒]有 11 例,[玖]有 4 例。整理者已釋及部分釋出的樂鄉丘名共有 53 個,僅有 19 個丘名能夠確認,分別爲:柚丘、下象丘、由溲丘、敷(?)丘、橫溲丘、窟丘、頃丘、領山丘、桓下丘、俟丘、中象丘、音丘、肥豨丘、㵲丘、丈丘、尋丘、渚田丘、首丘、何丘。

具體情況如下:

1.柚丘

整理者共釋出 17 例樂鄉柚丘:(壹 3435)(壹 3830)(壹 4479)(壹 5281)(壹 6813)(壹 6883)(壹 7284)(壹 7362)(貳 5307)(叁 2929)(叁 3767)(肆 1137)(肆 2442)(陸 2157)(陸 3557)(陸 3966)(陸 5106)。下面附圖版 2 例。

此外,樂鄉下整理者還釋有 1 例"杞丘",見於(伍 5428)。由圖版可知,該字右部從"由"而非"己",應釋爲"柚"。(陸 5982)未釋出丘名,據圖版也應爲"柚丘"。

(壹 6813)　　(壹 7362)　　(伍 5428)　　(陸 5982)

2.下象丘

根據整理者所釋,樂鄉下象丘共有 11 例,分別見於(壹 4437)(肆 1012)(肆 1022)(肆 2429)(肆 2430)(伍 5427)(陸 2158)(陸 3602)(陸 3951)(柒 4261)(柒 1581)。其圖版大多較爲清晰,下面附圖版 2 例。

此外,有 3 例樂鄉"下㮂丘"見於(叁 2839)(叁 3586)(叁 3614)中,據圖版應改釋爲"下象丘"。

(壹 5238)和(陸 2195)中被釋爲樂鄉"下□丘"者,其中未釋字字形與"象"非常相近,應是。

(陸 5113)整理者釋爲樂鄉"石□丘",似也應爲"下象丘"。

[①] 長沙市文物考古研究所、中國文物研究所、北京大學歷史學系走馬樓簡牘整理組編著:《長沙走馬樓三國吳簡·竹簡[壹][貳][叁]》,北京:文物出版社,2003、2007、2008。長沙簡牘博物館、中國文化遺産研究院、北京大學歷史學系走馬樓簡牘整理組編著:《長沙走馬樓三國吳簡·竹簡[肆][伍][陸]》,北京:文物出版社,2011、2018、2017。長沙簡牘博物館、中國文化遺産研究院、北京大學歷史學系、故宫研究院古文獻研究所編著:《長沙走馬樓三國吳簡·竹簡[柒][捌][玖]》,北京:文物出版社,2013、2015、2019。後文簡號以"(册數+簡號)"的形式表示,不再標注出版信息。

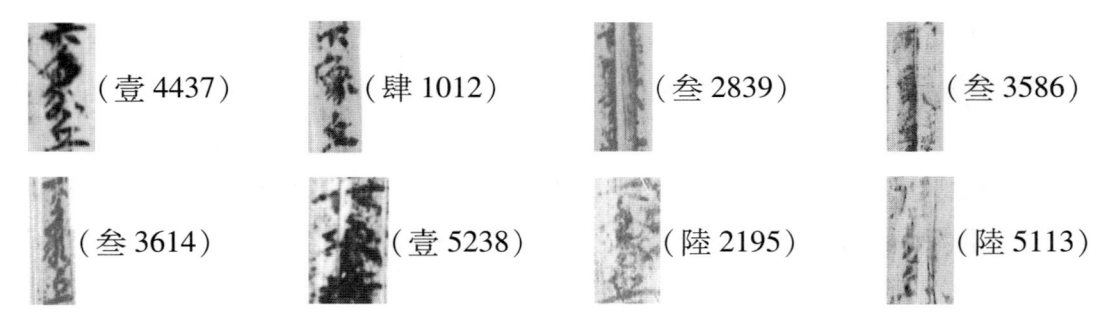

（壹 4437）　（肆 1012）　（叁 2839）　（叁 3586）

（叁 3614）　（壹 5238）　（陸 2195）　（陸 5113）

3.由溲丘

整理者所釋樂鄉由溲丘共出現 3 例。① 其中（叁 3289）和（叁 2741）的圖版都比較完整，而另一例（叁 2709）則爲誤釋，據圖版字形，應是"領山丘"。

樂鄉"田溲丘"共釋有 2 例，見於（壹 5154）和（叁 3858）。觀察其圖版，（壹 5154）的"田"字中間豎畫殘缺，（叁 3858）則無法判定"田"字豎畫是否出頭。依據已確定的樂鄉丘名，此兩例"田溲丘"釋爲"由溲丘"更妥當。

此外，（壹 7915）釋有 1 例"由淦丘"，也應是"由溲丘"。

另，（壹 4541）被釋爲樂鄉"汨溲丘"。吳簡中"汨"字僅見於此處，且圖版右部中間斷裂，與（壹 5154）相似。仔細觀察可發現，在斷裂處左邊有中豎存在的墨迹，指向此字很可能實爲"油"。"油溲丘"與"由溲丘"應指同一丘。

（叁 3289）　（叁 2741）　（叁 2709）　（壹 5154）

（叁 3858）　（壹 7915）　（壹 4541）

4.敷（?）丘

樂鄉敷丘在吳簡中僅出現 1 例，見於（叁 2695）。與（陸 2847）所記桑鄉"敷丘"圖版相對比，此處"敷"字左部字首似從"䒑"，右部"攵"的整體位置偏高，"敷"與"丘"之間又存在其他筆畫干擾，故此處"敷"字宜存疑。

（叁 2695）　（陸 2847）

---

① 《竹簡[叁]》原釋文爲"由浬丘"，而在《竹簡[貳]》"凡例"（走馬樓簡牘整理組編著：《長沙走馬樓三國吳簡·竹簡[貳]》"凡例"，2 頁）中整理者已表示經確認後的俗體字、異體字應徑直寫出釋文，例如吳簡圖版"溲"應釋爲"溲"字。故此處將原釋文更訂爲"由溲丘"，後文"田溲丘""汨溲丘"亦爲"田浬丘""汨浬丘"的修訂釋文。

5. 横溲丘

樂鄉横溲丘在吴簡中僅出現 1 例,見於(貳 8385)。

（貳 8385）

6. 窟丘

整理者所釋樂鄉窟丘共有 8 例,見於(壹 4861)(壹 7889)(貳 5563)(貳 5611)(貳 8973)(伍 1927)(玖 4246)(玖 4247)。從圖版來看,"窟"字上部爲"穴"字頭,而下部"屈"的寫法則不統一,下面附 4 例不同寫法的圖版。

此外,樂鄉屬下還釋有"内口丘"1 例,見於(壹 7521)。胡平生發現此處的"内口丘"其實是"窟",所謂"内"實爲穴字頭,"口丘"爲"屈"字。這裏的"窟"字下脱去了"丘"字,應釋爲"窟[丘]"。① 此説可從。同理,(壹 4835)被釋爲樂鄉"下口丘",從圖版來看,此處的"下口"亦爲一字,"下"字字形更接近"穴",未釋部分同"屈"字。故該丘名應改釋爲"窟丘"。

(貳 5341)中有 1 例樂鄉丘名,整理者將其隸定爲"窀丘"。從圖版來看,該字上部從"穴",下部與"屈"較相似,此處可能爲"窟丘"異寫。

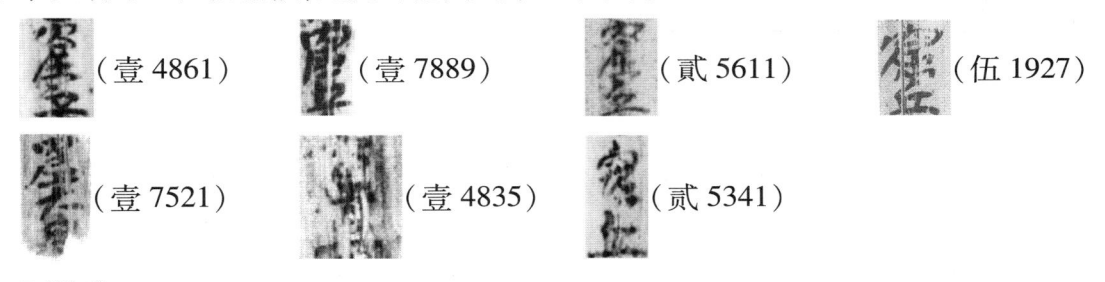

（壹 4861）　（壹 7889）　（貳 5611）　（伍 1927）

（壹 7521）　（壹 4835）　（貳 5341）

7. 頃丘

整理者共釋有 16 處樂鄉頃丘:(壹 5000)(壹 7345)(壹 7472)(壹 7931)(壹 7990)(貳 4628)(貳 5369)(叁 2806)(叁 3823)(叁 6069)(陸 3943)(陸 5114)(陸 5696)(柒 4257)(柒 4258)(玖 1611)。下面附圖版 2 例。

此外,樂鄉下還有 6 例"須丘",見於(肆 1981)(陸 1843)(陸 2265)(陸 2393)(陸 4957)(陸 5121)。據圖版,(肆 1981)(陸 1843)(陸 2265)和(陸 5121)中的"須"字實爲"頃"。(陸 2393)可識"頁"部,應同爲"頃丘"。(陸 4957)圖版所示"須"字字形與"須""頃"字均相差較大,可能爲其他字,故此處將其列入不能確認的樂鄉丘名中。

(壹 2869)中釋有 1 例"叟丘",鄉名未釋。李均明、王昕指出此處的"□鄉"當釋"樂鄉",

---

① 胡平生:《〈長沙走馬樓三國吴簡〉第二卷〈竹簡[壹]〉地名、人名釋文校證》,卜憲群、楊振紅主編《簡帛研究二〇〇四》,桂林:廣西師範大學出版社,2006,331 頁。

"叟丘"當釋"頃丘"。① 此説應是。

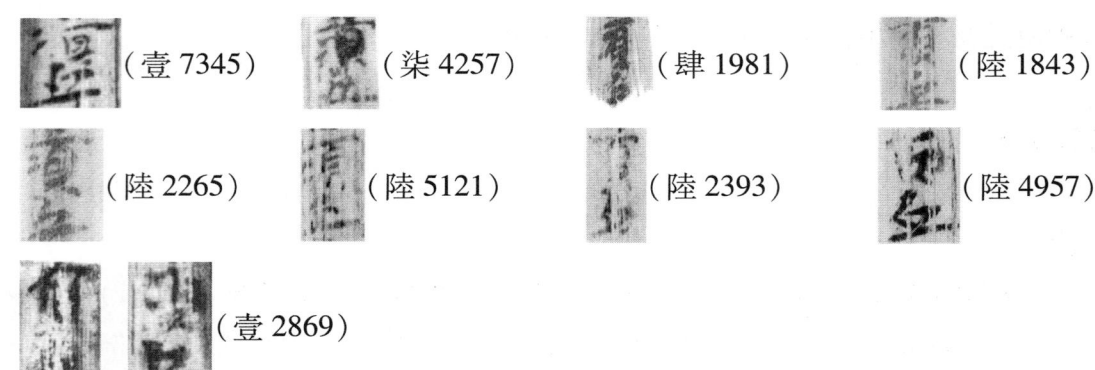

（壹 7345）　（柒 4257）　（肆 1981）　（陸 1843）

（陸 2265）　（陸 5121）　（陸 2393）　（陸 4957）

（壹 2869）

8.領山丘

整理者所釋樂鄉領山丘共有 7 例：（壹 5190）（貳 5489）（貳 5495）（叁 2878）（陸 3566）（陸 3956）（陸 5671）。下面列舉 2 例圖版。

另，前文提到（叁 2929）"柚丘"，據圖版應改釋爲"領山丘"。（叁 2709）"由溲丘"亦爲"領山丘"。

（壹 5190）　（貳 5495）　（叁 2929）　（叁 2709）

9.柤下丘

樂鄉柤下丘見於（壹 7366）。

另有 1 例（壹 7459）釋爲西鄉柤下丘，據圖版可知此處"西鄉"實爲"樂鄉"。

（壹 7366）　（壹 7459）"西鄉"與"柤下丘"

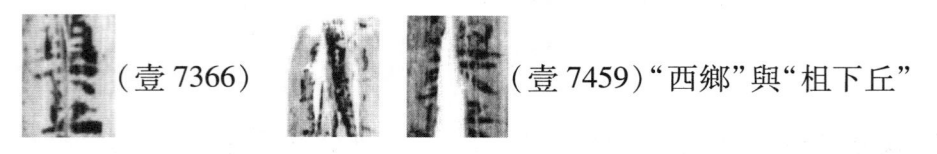

10.㑴丘

（貳 5456）和（貳 5460）被釋爲樂鄉"㑴丘"，該丘名由整理者根據簡文字形隸定，且認爲"㑴"與《銀雀山漢墓竹簡·王兵》所見"㑴"字同，"㑴"通"寑"。或説"㑴"爲"伸"字別體。② "㑴"爲"㑴"字説應是，此處直接以"㑴丘"作爲該丘名釋文。

此外，（壹 8194）釋有 1 例樂鄉"佃丘"。據圖版，應同爲"㑴丘"。

（貳 5456）　（貳 5460）　（壹 8194）

---

① 李均明、王昕：《〈長沙走馬樓三國吳簡·竹簡[壹]〉釋文校記（一）》，中國文化遺產研究院編《出土文獻研究》第 8 輯，上海古籍出版社，2007，177 頁。
② 走馬樓簡牘整理組編著：《長沙走馬樓三國吳簡·竹簡[貳]》，828 頁。

11. 中象丘

（叄2721）中整理者所釋樂鄉"中衆丘"，據圖版，應爲"中象丘"。

（叄2721）

12. 音丘

整理者所釋樂鄉音丘僅見於（叄3618）。

（叄3618）

13. 肥狶丘

整理者所釋樂鄉肥狶丘有2例，分別見於（肆1030）（柒1606）。

（肆1030）　　（柒1606）

14. 潇丘

整理者所釋樂鄉潇丘有3例，見於（肆1155）（陸2705）（柒4273）。

（肆1155）　　（陸2705）　　（柒4273）

15. 丈丘

整理者所釋樂鄉丈丘有2例，見於（肆1173）（肆1225）。

（肆1173）　　（肆1225）

16. 尋丘

整理者所釋樂鄉尋丘有2例：（肆3748）（肆3819）。

另外（叄2708）中有1例樂鄉未釋丘名，據圖版字形可知此處亦應爲"尋丘"。

（肆3748）　　（肆3819）　　（叄2708）

17. 渚田丘

整理者所釋樂鄉渚田丘僅有1例，見於（肆3753）。

（肆 3753）

18. 首丘

整理者所釋樂鄉首丘僅有 1 例，見於（陸 3590）。

此外，（肆 1017）被釋爲樂鄉"酋丘"，據圖版，此處亦爲"首丘"。

（陸 3590）　（肆 1017）

19. 何丘

整理者所釋樂鄉何丘僅有 1 例，見於（貳 6087）。

（貳 6087）

表 1　確認的樂鄉丘名

序號	丘名	誤釋或未釋丘名	簡號	數量	改釋數量	合計
1	柚丘		（壹 3435）（壹 3830）（壹 4479）（壹 5281）（壹 6813）（壹 6883）（壹 7284）（壹 7362）（貳 5307）（叁 2929）（叁 3767）（肆 1137）（肆 2442）（陸 2157）（陸 3557）（陸 3966）（陸 5106）	17	2	19
		杞丘	（伍 5428）	1		
		□丘	（陸 5982）	1		
2	下象丘		（壹 4437）（肆 1012）（肆 1022）（肆 2429）（肆 2430）（伍 5427）（陸 2158）（陸 3602）（陸 3951）（柒 4261）（柒 1581）	11	6	17
		下彔丘	（叁 2839）（叁 3586）（叁 3614）	3		
		下□丘	（壹 5238）（陸 2195）	2		
		石□丘	（陸 5113）	1		

續表

序號	丘名	誤釋或未釋丘名	簡號	數量	改釋數量	合計
3	由溲丘		（叁2741）（叁3289）	2	4	6
		田溲丘	（壹5154）（叁3858）	2		
		由淦丘	（壹7915）	1		
	油溲丘	汨溲丘	（壹4541）	1		
4	敷（？）丘		（叁2695）	1		1
5	橫溲丘		（貳8385）	1		1
6	窟丘		（壹4861）（壹7889）（貳5563）（貳5611）（貳8973）（伍1927）（玖4246）（玖4247）	8	3	11
		內口丘	（壹7521）	1		
		下口丘	（壹4835）	1		
		窔丘	（貳5341）	1		
7	頃丘		（壹5000）（壹7345）（壹7472）（壹7931）（壹7990）（貳4628）（貳5369）（叁2806）（叁3823）（叁6069）（陸3943）（陸5114）（陸5696）（柒4257）（柒4258）（玖1611）	16	6	22
		須丘	（肆1981）（陸1843）（陸2265）（陸2393）（陸5121）	5		
		叟丘	（壹2869）	1		
8	領山丘		（壹5190）（貳5489）（貳5495）（叁2878）（陸3566）（陸3956）（陸5671）	7	2	9
		柚丘	（叁2929）	1		
		由溲丘	（叁2709）	1		
9	粗下丘		（壹7366）（壹7459）	2		2
10	俠丘	侠丘	（貳5456）（貳5460）	2	1	3
		佃丘	（壹8194）	1		
11	中象丘	中衆丘	（叁2721）	1		1
12	音丘		（叁3618）	1		1
13	肥稀丘		（肆1030）（柒1606）	2		2
14	滴丘		（肆1155）（陸2705）（柒4273）	3		3

續表

序號	丘名	誤釋或未釋丘名	簡號	數量	改釋數量	合計
15	丈丘		（肆1173）（肆1225）	2		2
16	尋丘		（肆3748）（肆3819）	2	1	3
		□丘	（叁2708）	1		
17	渚田丘		（肆3753）	1		1
18	首丘		（陸3590）	1	1	2
		酋丘	（肆1017）	1		
19	何丘		（貳6087）	1		1

二　不能確認的樂鄉丘名

吴簡中還見有其他樂鄉丘名，受限於圖版模糊、字迹殘缺，無法判斷整理者所釋是否準確。此類丘名共有 16 個，分别是：温丘、東丘、大□丘、下税丘、夫丘、俗丘、濮田丘、西溪丘、仇□丘、上攉丘、□軍丘、語丘、垞丘、須丘、賤丘、□沱丘。其中"夫丘"的釋文共有 2 例：（貳5320）和（肆1023），均因爲圖版中"夫"字大面積被墨迹掩蓋或缺失而無法判斷。其他丘名僅見 1 例。

下面附上圖版，序號與表 2 序號對應。

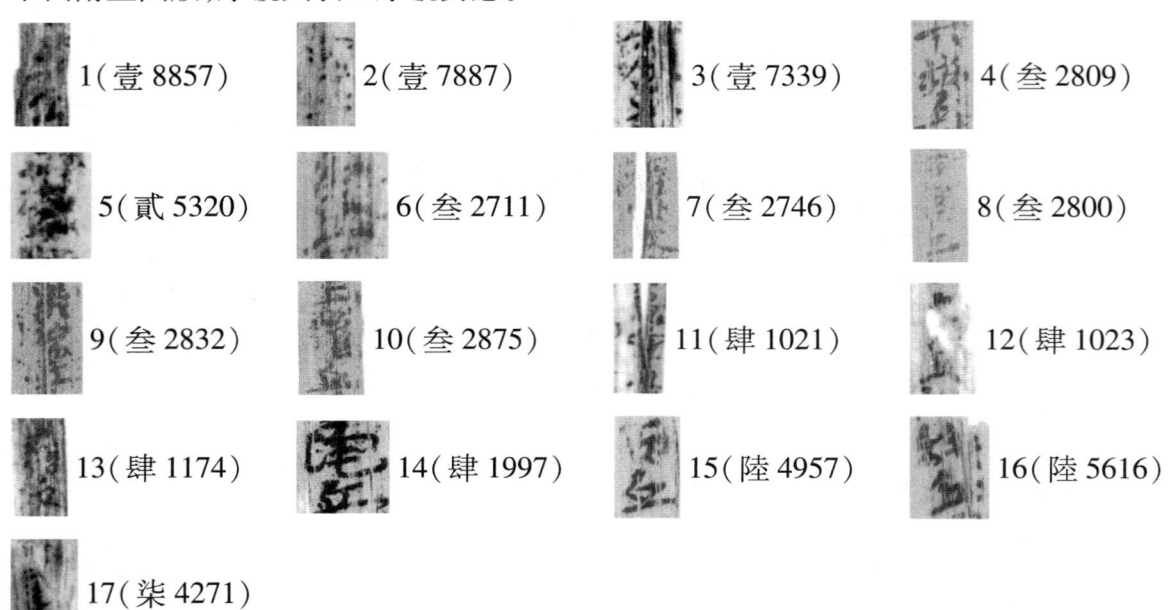

1（壹8857）　2（壹7887）　3（壹7339）　4（叁2809）

5（貳5320）　6（叁2711）　7（叁2746）　8（叁2800）

9（叁2832）　10（叁2875）　11（肆1021）　12（肆1023）

13（肆1174）　14（肆1997）　15（陸4957）　16（陸5616）

17（柒4271）

表 2　不能確認的樂鄉丘名

序號	丘名	簡號	序號	丘名	簡號
1	温丘	（壹 8857）	10	上攉丘	（叁 2875）
2	東丘	（壹 7887）	11	□軍丘	（肆 1021）
3	大□丘	（壹 7339）	12	夫丘	（肆 1023）
4	下稅丘	（叁 2809）	13	語丘	（肆 1174）
5	夫丘	（貳 5320）	14	垞丘	（肆 1997）
6	俗丘	（叁 2711）	15	須丘	（陸 4957）
7	濮田丘	（叁 2746）	16	賤丘	（陸 5616）
8	西溪丘	（叁 2800）	17	□沱丘	（柒 4271）
9	仇□丘	（叁 2832）			

另外，樂鄉"出入"簡中還釋有"惕丘""湛丘""彈溲丘""周陵丘"和"園丘"各 1 例。"惕丘"見於（陸 2182），仔細觀察圖版可知，簡首所記"樂鄉"之"樂"下部從"木"，上部結構較爲簡單，并非左中右型結構，亦無"糸"部的痕跡，反而更接近"桑鄉"之"桑"的字形，在吴簡中常寫作"桒"。"惕丘"爲桑鄉常見屬丘，見於（壹 4551）（壹 4974）（陸 2866）中。故此處應將（陸 2182）中的"樂鄉"改釋爲"桑鄉"。

（陸 2182）

同樣，記載"湛丘"的（陸 5968）中"樂鄉"實爲"東鄉"。"湛丘"爲東鄉常見屬丘。[①]

（陸 5968）

整理者釋爲樂鄉"彈溲丘"的（叁 2745）簡首殘缺過多，"入樂鄉"三字均不可識。（壹 4820）簡首"入樂鄉"的"樂"字無法辨别，"周陵丘"祇可見右半部的殘筆，亦難以識出。同樣，載有"園丘"的（玖 1439）無法確認簡首是否爲"樂鄉"。故"彈溲丘""周陵丘"和"園丘"三丘屬於樂鄉尚存疑。

[①] 參見楊振紅《長沙吴簡臨湘侯國東鄉民所在丘名考》，鄔文玲、戴衛紅主編《簡帛研究二〇二二（春夏卷）》，桂林：廣西師範大學出版社，2022，362-363 頁。

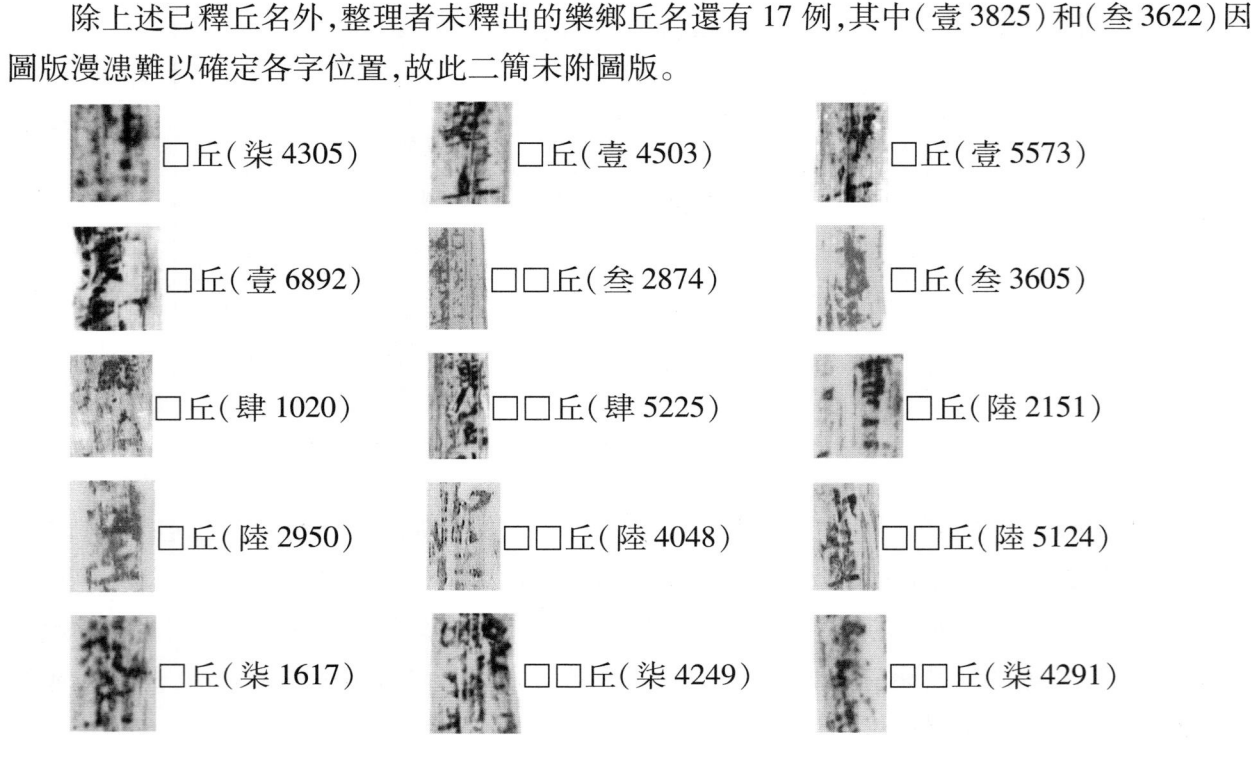

（叁2745）　　　（壹4820）　　　（玖1439）

除上述已釋丘名外，整理者未釋出的樂鄉丘名還有17例，其中（壹3825）和（叁3622）因圖版漫漶難以確定各字位置，故此二簡未附圖版。

□丘（柒4305）　　□丘（壹4503）　　□丘（壹5573）

□丘（壹6892）　　□□丘（叁2874）　　□丘（叁3605）

□丘（肆1020）　　□□丘（肆5225）　　□丘（陸2151）

□丘（陸2950）　　□□丘（陸4048）　　□□丘（陸5124）

□丘（柒1617）　　□□丘（柒4249）　　□□丘（柒4291）

結語

經整理和分析後，相關結論可總結如下：

（一）走馬樓吳簡中記載樂鄉諸丘信息的簡共有143例（含未釋），主要集中於《竹簡[壹][貳][叁][肆][陸][柒]》中，《竹簡[伍]》僅有3例，《竹簡[玖]》有4例，《竹簡[捌]》無。

（二）整理者所釋及部分釋出的樂鄉丘名有53個，其中能夠確認的祇有19個，因圖版模糊而無法確認的有16個，誤釋丘名有13個，另外有5個丘名不屬於或無法確認屬於樂鄉。除此之外，樂鄉下還有17例丘名未釋。由此推算，樂鄉丘名總數在20個以上。

（三）在能夠確認的樂鄉丘名中，其中僅出現一次的丘名有6個。柚丘、下象丘、窟丘、頃丘和領山丘等5個丘最爲常見。

（四）樂鄉大部分丘名與自然景觀及方位有關，如領山丘、下象丘、中象丘、柚丘、窟丘、渚田丘、楖下丘、首丘等，涉及水的丘名有由溲丘、横溲丘、潏丘，也有指向動物的肥狶丘。此外，何丘可能以姓氏爲名，剩下的丘名含義難以直接理解，如音丘、俠丘、頃丘、丈丘、尋丘等。

值得一提的是，樂鄉丘名中單字丘名占比較大，在已確認的丘名中占大約52%，在不能確認的丘名中占近58%，即使是未釋出的丘名也有一半以上，由此可以看出在樂鄉以單字命名丘較爲常見。

附記　本文吸收了匿名審稿專家的寶貴意見，謹致謝忱！

長沙吳簡臨湘侯國小武陵鄉民所在丘名考*

□ 南開大學歷史學院　尚宇昌

内容提要　走馬樓吳簡中臨湘侯國小武陵鄉丘名，主要集中在竹簡［壹］［貳］［叁］［肆］［陸］［玖］中，尤以［肆］爲多。整理者釋出或部分釋出約百個，通過比對圖版，可以確認42個丘名，部分原釋丘名需要改釋。小武陵鄉的丘名，多以自然景觀命名，也有以自然景觀爲基礎疊加"上""下""前""中"等方位詞的。一些丘名不符合今日"嘉名"觀念，更可能是當時的、局地的。部分丘名，或許存在偏旁不同但可互相通用的情況。

關鍵詞　走馬樓吳簡　臨湘侯國　小武陵鄉　丘

走馬樓吳簡中出現了大量孫吳臨湘地區的鄉、丘、里地名，所涉簡文主要集中在出入簡中。這些地名，爲瞭解相關歷史提供了基本參照。確定鄉、丘、里的數量與名稱，是進行有關研究的基礎工作之一。這裏選取小武陵鄉的丘名進行考訂。[①]

下面所使用的釋文、圖版，均出自長沙簡牘博物館等編著《長沙走馬樓三國吳簡·竹簡［壹］—［玖］》，由文物出版社於2003—2019年出版。簡號用"（册數+簡號）"的形式表示。

一　確認的小武陵鄉丘名

小武陵鄉的丘名，走馬樓吳簡整理者釋出或部分釋出約百個。然詳案圖版，這其中能夠

---

* 本文爲國家社科基金重大招標項目"中韓日出土簡牘公文書資料分類整理與研究"（20&ZD217）階段性成果，亦爲楊振紅主持"長沙走馬樓三國吳簡臨湘侯國鄉丘里研究"系列之一。
① 有關這一研究的緣起、前提與方法，參見楊振紅《長沙吳簡臨湘侯國都鄉民所在丘名考》，《出土文獻》2022年第1期。

得到確認的丘名僅有42個,它們是:

坪丘、平支丘、坪坂丘、余元丘、白石丘、石下丘、石唐丘、新唐丘、倉唐丘、下象丘、中象丘、中落丘、下巾丘、下伍丘、亭下丘、領下丘、杨下丘、州上丘、仇上丘、上戲丘、戲丘、楮下丘、諸下丘、廉丘、桐丘、丈丘、尋丘、暹丘、淦丘、唵丘、笒丘、筌丘、箔丘、竹田丘、松坑丘、木瓜丘、武龍丘、平溲丘、英溲丘、敢溲丘、利丘、平陽丘。

下面分別進行論述。

(一)坪丘

整理者釋出小武陵鄉"坪丘"8例,分別見於(肆1013)(肆1014)(肆1016)(肆1232)(肆1250)(伍1851)(陸2211)(玖4250)。

又有(肆1007)簡的丘名整理者釋爲"□丘",今察圖版,"坪"字左半的土旁依稀能見,參照文例可釋爲"坪丘"。

又有(肆1563)簡的丘名左半殘缺,整理者釋爲"□丘",可從。

此外,整理者釋有小武陵鄉"伻丘"2例,見於(肆2738)(玖4224)。此二例,前者字迹似不從"平",宜存疑;後者從土旁,應改釋爲"坪丘"。

又,整理者釋有小武陵鄉"平丘"1例,見於(玖1504)。觀圖版,該簡"平丘"二字殘損嚴重,宜存疑。

經修正,得小武陵鄉"坪丘"11例。

(肆1007)	(肆1014)	(肆1563)	(肆2738)	(玖1504)	(玖4224)

(二)平支丘

整理者釋出小武陵鄉"平支丘"30例,分別見於(壹6575)(壹7065)(貳3868)(貳5377)(貳5474)(叁5656)(肆1001)(肆1029)(肆1258)(肆2306)(肆2338)(肆2340)(肆3157)(肆3160)(肆3168)(肆3563)(肆3733)(肆3781)(肆3818)(肆3821)(肆3910)(肆3966)(伍1228)(伍5314)(伍5491)(陸4292)(柒4209)(玖3930)(玖4235)(玖4249)。

其中(肆3563)中丘名,據圖版當改釋爲"木瓜丘"。

又有(肆2577)簡,其丘名整理者釋爲"平(?)支丘"。據圖版,當改釋爲"余元丘",

此外,(肆1960)簡中丘名,整理者釋爲"□□丘"。察未釋字筆勢,爲"平支丘"的可能性很大。

經修正，得小武陵鄉"平攴丘"30例。

（壹6575）	（貳3868）	（貳5474）	（肆1960）	（肆2577）	（肆3563）

（三）坪圢丘

整理者釋文中，無小武陵鄉"坪圢丘"。

（肆3917）簡的丘名整理者釋爲"坪埁丘"。原釋"埁"字，其圖版字形右上部似從"卜"，不從"土"；其右下部折彎處有一頓筆，與（貳5474）"攴"作"㕨"、（肆1001）"攴"作"㕨"相近。故推測原釋丘名"坪埁丘"當作"坪圢丘"。前面提到的"平攴丘"，或許是這裏"坪圢丘"的省寫。

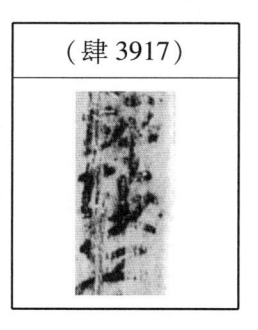

（肆3917）

（四）余元丘

整理者釋出小武陵鄉"余元丘"9例，分別見於（叁2779）（叁3189）（肆1025）（肆1256）（肆3161）（肆3182）（肆3758）（陸3004）（陸4858）。

又有（叁2823）簡，其丘名整理者釋爲"余☐丘"，這樣的處理是恰當的。

此外，整理者釋有小武陵鄉"釆元丘"1例，見於（叁2788）。核驗圖版，應改釋爲"余元丘"。

又，整理者釋有小武陵鄉"徐元丘""裱元丘""塗元丘"各1例，分別見於（肆971）（陸

4021)(玖 4280)。三者偏旁寫法相近,或爲衍筆。皆宜作"余元丘"。

又,(陸 3934)簡中丘名,整理者釋爲"□九丘"。據圖版當爲"塗元丘",同理宜作"余元丘"。

又,(叁 3742)簡中丘名,整理者釋爲"□□丘"。按察圖版,亦爲"余元丘"。

又,如前所述,整理者釋有小武陵鄉"平(?)支丘"1 例,見於(肆 2577)。亦當改釋爲"余元丘"。

經修正,得小武陵鄉"余元丘"17 例。

（叁 2779）	（叁 2788）	（叁 2823）	（叁 3742）
（肆 971）	（陸 3934）	（陸 4021）	（玖 4280）

（五）白石丘

整理者釋出小武陵鄉"白石丘"8 例,分別見於(貳 368)(貳 5532)(叁 2687)(叁 2804)(肆 3738)(肆 3798)(肆 3922)(陸 4304)。

又有(叁 3790)簡,其丘名前簡文整理者釋爲"嘉禾元年□月廿六日□丘"。核查圖版,該丘名當爲三字,字迹較爲清晰,且首字非"廿六日"之"日"字。應改釋爲"白石丘"。

此外,整理者釋有小武陵鄉"白丘"1 例,見於(肆 2339)簡。走馬樓吳簡中有明確鄉屬的"白丘"僅此一見。觀察圖版,或可釋爲"白石丘"。

經修正,得小武陵鄉"白石丘"10 例。

（貳 5532）	（叁 2687）	（叁 3790）	（肆 2339）

（六）石下丘

整理者釋出小武陵鄉"石下丘"16 例，分別見於（壹 3847）（貳 6229）（叁 2703）（叁 2704）（叁 2738）（叁 2794）（肆 2319）（肆 2336）（肆 2547）（肆 3754）（肆 3913）（肆 3971）（陸 2750）（玖 3933）（玖 4234）（玖 4237）。

此外，（肆 827）簡的丘名整理者釋爲"五□丘"。按此丘名左半殘缺，據右半筆劃推測似爲"石下丘"，可釋爲"石下丘"。

又，整理者釋有小武陵鄉"石丘"1 例，見於（肆 3845）簡。觀察圖版，"石"與"丘"字之間仍有"下"字。應改釋爲"石下丘"。

經修正，得小武陵鄉"石下丘"18 例。

（壹 3847）	（貳 6229）	（肆 827）	（肆 3845）

（七）石唐丘

整理者釋出小武陵鄉"石唐丘"2 例，分別見於（叁 2714）（玖 318）。

此外，（肆 3146）簡的丘名整理者釋爲"下象（？）丘"。查圖版，應改釋爲"石唐丘"。

又，（壹 7791）簡的丘名整理者釋爲"桐唐丘"，亦當改釋爲"石唐丘"。

經修正，得小武陵鄉"石唐丘"4 例。

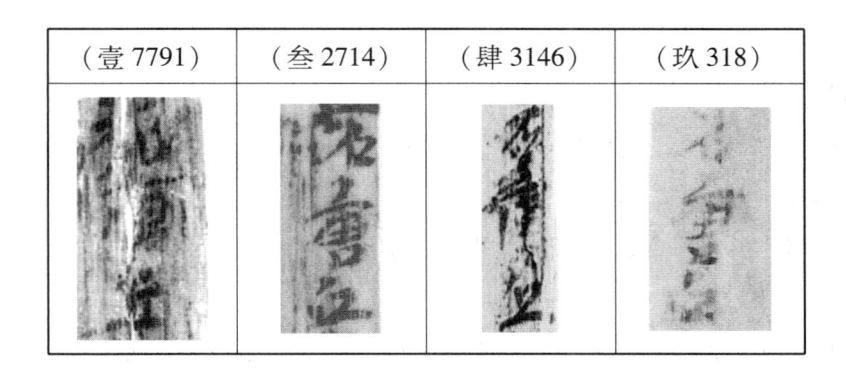

（壹 7791）	（叁 2714）	（肆 3146）	（玖 318）

（八）新唐丘

整理者釋出小武陵鄉"新唐丘"1例，見於（陸 2888）。

又有"新唐丘"1例，見於（陸 2384）。回查圖版，"新"字筆勢較爲明顯。

此外，整理者釋有小武陵鄉"新薄丘"1例，見於（貳 5494）簡；又有"新東丘"1例，見於（陸 2213）簡。查驗圖版，均當改釋爲"新唐丘"。

經修正，得小武陵鄉"新唐丘"4例。

（貳 5494）	（陸 2213）	（陸 2384）	（陸 2888）

（九）倉唐丘

整理者釋出小武陵鄉"倉唐丘"1例，見於（叁 3724）簡。

（叁 3724）

(十)下象丘

整理者釋出小武陵鄉"下象丘"7 例,分別見於(壹 7336)(肆 2587)(肆 3183)(肆 3431)(肆 3963)(陸 5148)(陸 5157)簡。

此外,整理者釋有小武陵鄉"下稟丘"2 例,分別見於(叁 1393)(叁 2733)簡。均當改釋爲"下象丘"。

又,(肆 3146)簡的丘名整理者釋爲"下象(?)丘"。如前所述,當改釋爲"石唐丘"。

經修正,得小武陵鄉"下象丘"9 例。

（壹 7336）	（叁 1393）	（叁 2733）	（陸 5157）

(十一)中象丘

整理者釋出小武陵鄉"中象丘"2 例,分別見於(肆 2266)(肆 2281)簡。

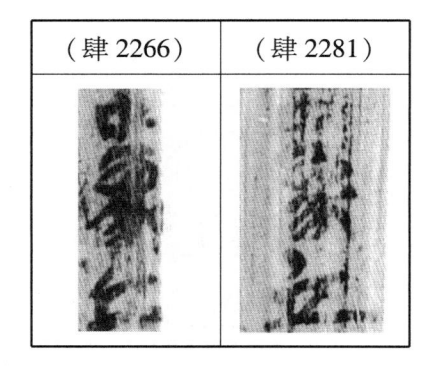

（肆 2266）	（肆 2281）

(十二)中落丘

整理者釋出小武陵鄉"中落丘"7 例,分別見於(壹 3501)(肆 1026)(肆 1061)(肆 2202)(肆 3162)(肆 3172)(肆 3965)。

此外,(陸 2225)簡的丘名整理者釋爲"中□丘"。可釋爲"中落丘"。

經修正,得小武陵鄉"中落丘"8 例。

（壹 3501）	（肆 1061）	（肆 3965）	（陸 2225）

（十三）下巾丘

整理者釋出小武陵鄉"下巾丘"5 例，分別見於（叄 2843）（叄 3608）（肆 1372）（肆 3766）（肆 3961）。

（叄 2843）	（叄 3608）	（肆 1372）	（肆 3766）	（肆 3961）

（十四）下伍丘

整理者釋出小武陵鄉"下伍丘"2 例，分別見於（陸 4857）（陸 4905）。

此外，又有（陸 2212）簡，其丘名整理者釋爲"下俗丘"。似亦爲"下伍丘"。

經修正，得小武陵鄉"下伍丘"3 例。

（陸 4857）	（陸 4905）	（陸 2212）

（十五）亭下丘

整理者釋出小武陵鄉"亭下丘"1 例，見於（陸 4290）簡。

（陸 4290）

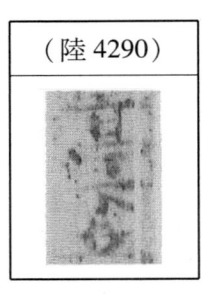

（十六）領下丘

整理者釋出小武陵鄉"領下丘"1例,見於（肆3181）簡。

（肆 3181）

（十七）枊下丘

整理者釋出小武陵鄉"枊下丘"1例,見於（肆2271）簡。

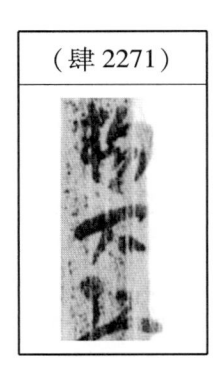

（肆 2271）

（十八）州上丘

整理者釋出小武陵鄉"州上丘"1例,見於（柒2226）簡。

此外,（陸4025）簡,整理者將其丘名及相鄰簡文釋爲"嘉禾三年正月五日州□上丘"。核查圖版,原釋文衍"□","州□上丘"實爲"州上丘"。

經修正,得小武陵鄉"州上丘"2例。

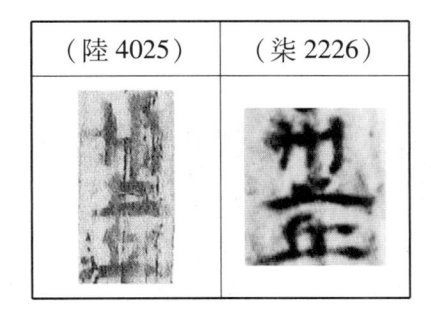

(十九)仇上丘

整理者釋出小武陵鄉"仇上丘"2 例,見於(叁 2778)(叁 2797)。

此外,(肆 2060)簡的丘名整理者釋爲"龍(?)上丘"。據圖版,當改釋爲"仇上丘"。

經修正,得小武陵鄉"仇上丘"3 例。

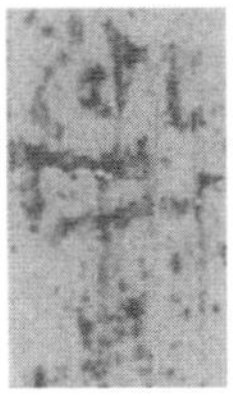

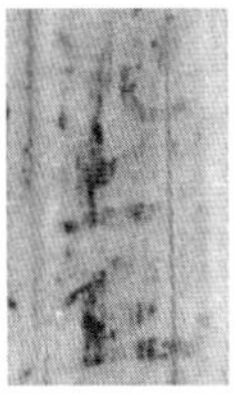

(二十)上戲丘

整理者釋出小武陵鄉"上戲丘"1 例,見於(肆 3148)簡。

(二十一)戲丘

整理者釋出小武陵鄉"戲丘"3 例,見於(肆 3147)(肆 3171)(肆 3799)。

（肆 3147）	（肆 3171）	（肆 3799）

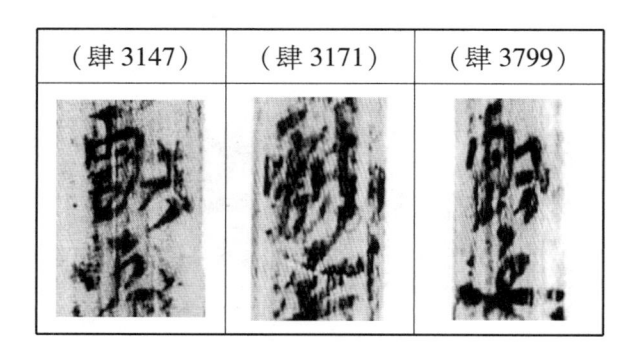

（二十二）楮下丘

整理者釋出小武陵鄉"楮下丘"1例，見於（壹 4458）簡。

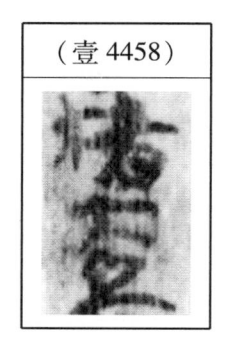

（壹 4458）

（二十三）諸下丘

整理者釋出小武陵鄉"諸下丘"3例，分別見於（壹 7795）（陸 4018）（陸 4199）。

其中，（陸 4199）簡的丘名文字漫漶，宜存疑。

經修正，得小武陵鄉"諸下丘"2例。

（壹 7795）	（陸 4018）	（陸 4199）

(二十四)廉丘

整理者釋出小武陵鄉"廉丘"4例,分別見於(壹6812)(壹6934)(肆3801)(肆3855)。

此外,又,(陸4165)簡的丘名整理者釋爲"廉(?)丘"。可釋爲"廉丘"。

又,(肆3800)簡的丘名整理者釋爲"度(?)丘"。宜改爲"廉丘"。

又,(伍5406)(陸4131)簡的丘名整理者均釋爲"□丘"。其丘名皆似"廉丘"。

經修正,得小武陵鄉"廉丘"8例。

(肆3800)	(肆3855)	(伍5406)	(陸4131)	(陸4165)

(二十五)桐丘

整理者釋出小武陵鄉"桐丘"1例,見於(玖3934)。

此外,(肆3163)簡的丘名整理者釋爲"柤丘",亦當改釋爲"桐丘"。

又,(肆1000)簡的丘名整理者釋爲"利丘"。觀察圖版,原釋"利"字左側似爲木旁,或可改釋爲"桐丘"。

經修正,得小武陵鄉"桐丘"3例。

(肆1000)	(肆3163)	(玖3934)

(二十六)丈丘

整理者釋出小武陵鄉"丈丘"4例,分別見於(壹3245)(肆2588)(肆3964)(玖4219)。

（壹 3245）	（肆 2588）	（肆 3964）	（玖 4219）

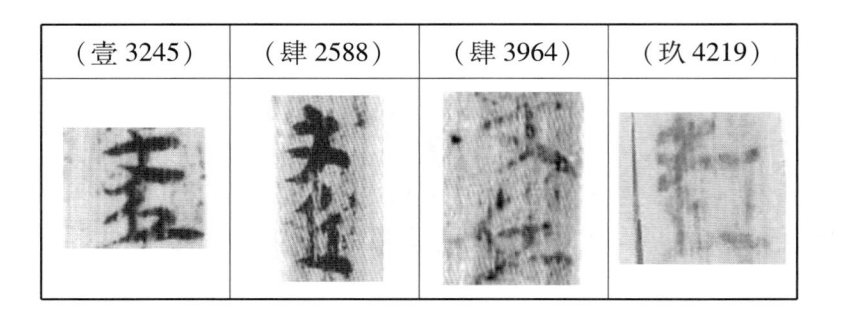

（二十七）尋丘

整理者釋出小武陵鄉"尋丘"2 例，分別見於（貳 5436）（陸 4294）。

（貳 5436）	（陸 4294）
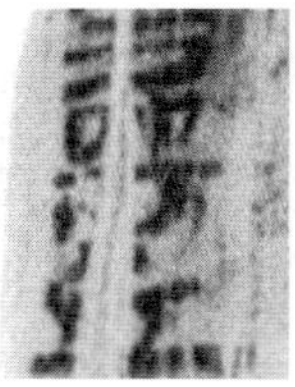	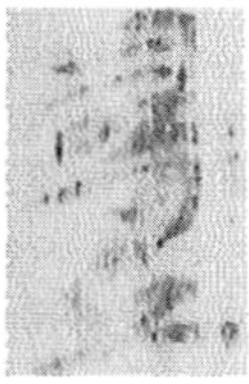

（二十八）暹丘

整理者釋出小武陵鄉"暹丘"8 例，分別見於（叁 1260）（肆 1059）（肆 1215）（肆 2337）（肆 3788）（肆 3802）（玖 1424）（玖 3935）。

此外，（壹 7701）簡的丘名整理者釋爲"日進丘"，當改釋爲"暹丘"。

經修正，得小武陵鄉"暹丘"9 例。

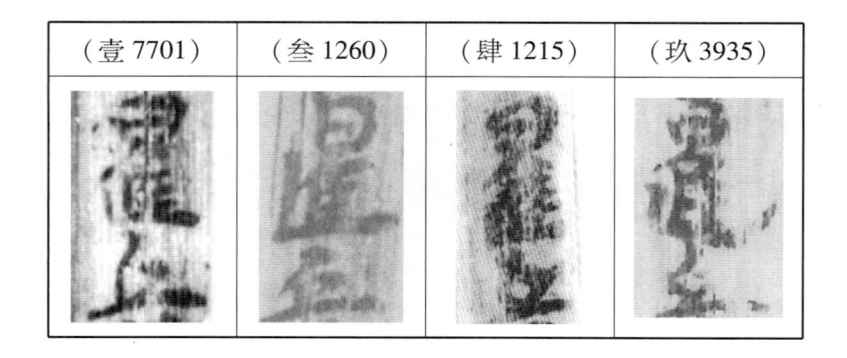

（壹 7701）	（叁 1260）	（肆 1215）	（玖 3935）

（二十九）淦丘

整理者釋出小武陵鄉"淦丘"5 例，分別見於（壹 7789）（肆 3490）（肆 3909）（陸 5648）（玖 4226）。

此外,(貳4943)簡的丘名整理者釋爲"淦(?)丘",可改爲"淦丘"。

又,(陸2221)簡的丘名整理者釋爲"唫丘"。察圖版,原釋"唫"字左側下方存有墨迹,或當從氵旁作"淦"。宜改釋爲"淦丘"。

又,(肆3928)簡的丘名整理者釋爲"金丘"。查看圖版,該簡左部殘缺,"金"字左側當原有偏旁,可能原爲"淦丘"。

又,(壹7307)(陸2880)簡的丘名整理者均釋爲"□丘"。據圖版,此二例均可改釋爲"淦丘"。

經修正,得小武陵鄉"淦丘"10例。

（壹7307）	（貳4943）	（肆3490）	（肆3928）	（陸2221）	（陸2880）

(三十)唫丘

整理者釋出小武陵鄉"唫丘"6例,分別見於(壹6395)(貳5309)(肆1953)(肆2926)(肆3448)(陸2221)。

其中,如前所述,(陸2221)簡丘名當改釋爲"淦丘"。

又,(肆1953)簡的丘名原釋"唫"者,其下部橫筆較少且不貫通,似爲"筌"字。

此外,(貳235)簡的丘名整理者釋爲"□丘",據圖版似亦爲"唫丘"。

經修正,得小武陵鄉"唫丘"5例。

（壹6395）	（貳235）	（貳5309）	（肆1953）	（肆2926）	（肆3448）

(三十一)笒丘

整理者釋文中,無小武陵鄉"笒丘"。

(肆1953)簡,如前所述,當改釋爲"笒丘"。

又,(陸4865)簡的丘名整理者釋爲"□今丘"。察圖版,"□"實爲"今"之竹字頭,該丘名當釋爲"笒丘"。

又,(陸3985)簡的丘名整理者釋爲"於丘"。據圖版,原釋"於"字左側似從"木",當作"枍丘"。而古字中從竹者、從艸者、從木者,常可互通。

又,(肆3178)簡的丘名整理者釋爲"岑(？)丘",亦可改釋爲"笒丘"。

經修正,得小武陵鄉"笒丘"4例。

(肆1953)	(肆3178)	(陸3985)	(陸4865)

(三十二)筌丘

整理者釋出小武陵鄉"筌丘"1例,見於(玖1236)簡。

(玖1236)

[三十三]箔丘

整理者釋出小武陵鄉"箔丘"1例,見於(叁3272)簡。這裏的"箔",或爲"泊丘"之"泊"衍竹字頭。

（叁 3272）

（三十四）竹田丘

整理者釋出小武陵鄉"竹田丘"1例,見於（陸4159）簡。

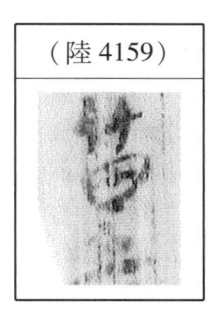

（陸 4159）

（三十五）松坑丘

整理者釋出小武陵鄉"松坑丘"1例,見於（肆3907）。

此外,整理者釋有小武陵鄉"松杭丘"3例,分別見於（肆3179）（肆3742）（肆3772）。據圖版,此三例原釋從木之"杭"字均宜改釋爲從土之"坑"字,丘名作"松坑丘"。

經修正,得小武陵鄉"松坑丘"4例。

| （肆 3179） | （肆 3742） | （肆 3772） | （肆 3907） |

(三十六)木瓜丘

（貳5319）簡丘名，整理者釋爲"木▨（瓜?）丘"，注云："'▨'，見《長沙走馬樓三國吳簡·竹簡［壹］》八〇七四號簡，整理者釋爲'匹'，非是。或釋爲'瓜'字別體，參見《秦漢魏晉篆隸字形表》引晉元康磚'孤'字所從'瓜'。"[1]此後，（肆3739）（肆3755）（肆4331）（陸2308）（陸2810）（陸5168）簡，其丘名整理者均釋作"木▨丘"。按（壹8074）簡，其丘名整理者釋爲"木匹丘"，所釋"匹"爲"▨"形，當改釋爲"▨"。

"▨"可定釋爲"瓜"。秦漢隋唐間的簡牘、磚銘、墓誌中，有里耶秦簡8-1022"瓜"作"▨"、肩水金關漢簡EJT33:15"瓜"作"▨"、晉元康磚"孤"作"▨"、前秦建元二年護國定遠侯墓誌"孤"作"▨"等，與吳簡此處字形相合。[2]

此外如前所述，（肆3563）中丘名原釋"平支丘"，亦當改釋爲"木瓜丘"。

經修正，得小武陵鄉"木瓜丘"8例。

（貳5319）	（肆3739）	（肆3755）	（肆4331）	（陸2810）	（陸5168）

(三十七)武龍丘

整理者釋出小武陵鄉"武龍丘"7例，分別見於（壹7570）（陸2263）（陸2405）（陸2788）（陸4032）（陸5705）（柒2216）。

---

[1] 長沙簡牘博物館等編著：《長沙走馬樓三國吳簡·竹簡［貳］》，北京：文物出版社，2007，825頁。
[2] 湖南省文物考古研究所編著：《里耶秦簡［壹］》，北京：文物出版社，2012，138頁；甘肅簡牘博物館等編：《肩水金關漢簡（肆）》，上海：中西書局，2015，中册，3頁；陸心源輯：《千甓亭古磚圖釋》卷七，北京：中國書店，1991，9頁；毛遠明校注：《漢魏六朝碑刻校注（繁體版）》，北京：線裝書局，2009，第3册，71頁。

| （壹 7570） | （陸 2263） | （陸 2405） | （柒 2216） |

（三十八）平溲丘

整理者釋出小武陵鄉"平溲丘"1 例，見於（肆 3841）簡。

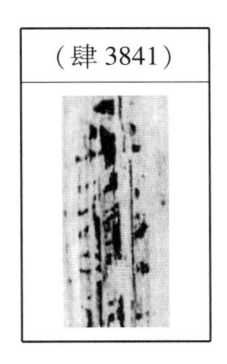

| （肆 3841） |

（三十九）英溲丘

（壹 3850）簡，其丘名整理者釋爲"英㛐丘"。《長沙走馬樓三國吳簡[壹]·凡例》對此有所解釋："惟竹簡'叟'均作'更'，而'更'均寫作'㪅'，字形變化較大，釋文僅將'溲'、'嫂'、'鰺'、'槮'統一改爲'㴾'、'㛐'、'鯁''梗'，而不統一改爲'溲'、'嫂'、'鰺''槮'。"①不過，後來出版的《長沙走馬樓三國吳簡[貳]·凡例》中說："編者在整理編撰《長沙走馬樓三國吳簡·嘉禾吏民田家莂》時有些不能確認的俗體字、異體字，在後來的整理工作中根據新出現的文例已經能夠確認，則徑直寫出釋文。如'㴾'徑釋爲'溲'；'㛐'徑釋爲'嫂'等。"②因此，（壹 3850）簡的"英㛐丘"應按後出標準改釋爲"英溲丘"。

此外，（玖 1235）（玖 1237）簡，其丘名整理者均釋爲"榖溲丘"，按察圖版，似亦爲"英溲丘"。

又，（玖 5749）簡的丘名整理者釋爲"彈溲丘"。原釋"彈"字，從殘留筆勢來看可能也是"英"字。

---

① 長沙市文物考古研究所等編著：《長沙走馬樓三國吳簡·竹簡[壹]》，北京：文物出版社，2003，凡例 2 頁。
② 長沙簡牘博物館等編著：《長沙走馬樓三國吳簡·竹簡[貳]》，凡例 2 頁。

經修正,得小武陵鄉"英溲丘"4例。

（壹3850）	（玖1235）	（玖1237）	（玖5749）

(四十)敢溲丘

整理者釋出小武陵鄉"敢溲丘"1例,見於(肆3925)簡。

此外,(叁3765)簡的丘名整理者釋爲"敢□丘"。未釋字亦"溲"字。

經修正,得小武陵鄉"敢溲丘"2例。

（叁3765）	（肆3925）

(四十一)利丘

整理者釋出小武陵鄉"利丘"3例,分別見於(肆1000)(肆1005)(肆1060)簡。

其中,如前所述,(肆1000)簡丘名當改釋爲"桐丘"。

又,(肆1060)簡的丘名字迹漫漶,宜存疑。

經修正,得小武陵鄉"利丘"1例。

(肆1005)　(肆1060)

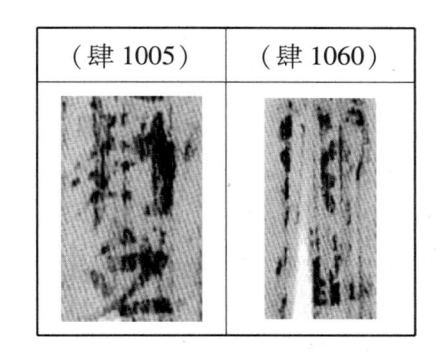

[四十二] 平陽丘

整理者釋出小武陵鄉"平陽丘"1例,見於(壹6240)簡。

(壹6240)

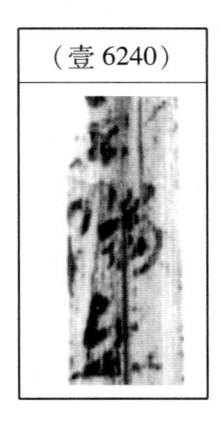

表1　確認的小武陵鄉丘名

序號	丘名	原釋丘名	簡號	數量	改釋數量	合計
1	坪丘	坪丘	(肆1013)(肆1014)(肆1016)(肆1232)(肆1250)(伍1851)(陸2211)(玖4250)(肆1007)(肆1563)	10		11
		怦丘	(玖4224)	1	1	

續表

序號	丘名	原釋丘名	簡號	數量	改釋數量	合計
2	平攴丘	平攴丘	（壹6575）（壹7065）（貳3868）（貳5377）（貳5474）（叁5656）（肆1001）（肆1029）（肆1258）（肆2306）（肆2338）（肆2340）（肆3157）（肆3160）（肆3168）（肆3733）（肆3781）（肆3818）（肆3821）（肆3910）（肆3966）（伍1228）（伍5314）（伍5491）（陸4292）（柒4209）（玖3930）（玖4235）（玖4249）	29		30
		□□丘	（肆1960）	1	1	
3	坪坡丘	坪埭丘	（肆3917）	1	1	1
4	余元丘	余元丘	（叁2779）（叁3189）（肆1025）（肆1256）（肆3161）（肆3182）（肆3758）（陸3004）（陸4858）（叁2823）	10	7	17
		秣元丘	（叁2788）	1		
		徐元丘	（肆971）	1		
		袾元丘	（陸4021）	1		
		塗元丘	（玖4280）	1		
		□九丘	（陸3934）	1		
		□□丘	（叁3742）	1		
		平（？）攴丘	（肆2577）	1		
5	白石丘	白石丘	（貳368）（貳5532）（叁2687）（叁2804）（肆3738）（肆3798）（肆3922）（陸4304）	8		10
		□丘	（叁3790）	1		
		白丘	（肆2339）	1	2	
6	石下丘	石下丘	（壹3847）（貳6229）（叁2703）（叁2704）（叁2738）（叁2794）（肆2319）（肆2336）（肆2547）（肆3754）（肆3913）（肆3971）（陸2750）（玖3933）（玖4234）（玖4237）	16		18
		五□丘	（肆827）	1	2	
		石丘	（肆3845）	1		

續表

序號	丘名	原釋丘名	簡號	數量	改釋數量	合計
7	石唐丘	石唐丘	（叁2714）（玖318）	2	2	4
		下象（?）丘	（肆3146）	1		
		桐唐丘	（壹7791）	1		
8	新唐丘	新唐丘	（陸2384）（陸2888）	2	2	4
		新薄丘	（貳5494）	1		
		新東丘	（陸2213）	1		
9	倉唐丘	倉唐丘	（叁3724）	1		1
10	下象丘	下象丘	（壹7336）（肆2587）（肆3183）（肆3431）（肆3963）（陸5148）（陸5157）	7		9
		下衆丘	（叁1393）（叁2733）	2	2	
11	中象丘	中象丘	（肆2266）（肆2281）	2		2
12	中落丘	中落丘	（壹3501）（肆1026）（肆1061）（肆2202）（肆3162）（肆3172）（肆3965）	7		8
		中□丘	（陸2225）	1	1	
13	下巾丘	下巾丘	（叁2843）（叁3608）（肆1372）（肆3766）（肆3961）	5		5
14	下伍丘	下伍丘	（陸4857）（陸4905）	2		3
		下俗丘	（陸2212）	1	1	
15	亭下丘	亭下丘	（陸4290）	1		1
16	領下丘	領下丘	（肆3181）	1		1
17	枊下丘	枊下丘	（肆2271）	1		1
18	州上丘	州上丘	（柒2226）	1		2
		州□上丘	（陸4025）	1	1	
19	仇上丘	仇上丘	（叁2778）（叁2797）	2		3
		龍（?）上丘	（肆2060）	1	1	
20	上戲丘	上戲丘	（肆3148）	1		1
21	戲丘	戲丘	（肆3147）（肆3171）（肆3799）	3		3
22	楮下丘	楮下丘	（壹4458）	1		1

續表

序號	丘名	原釋丘名	簡號	數量	改釋數量	合計
23	諸下丘	諸下丘	（壹7795）（陸4018）	2		2
24	廉丘	廉丘	（壹6812）（壹6934）（肆3801）（肆3855）（陸4165）	5	3	8
		度(?)丘	（肆3800）	1		
		□丘	（伍5406）（陸4131）	2		
25	桐丘	桐丘	（玖3934）	1	2	3
		柤丘	（肆3163）	1		
		利丘	（肆1000）	1		
26	丈丘	丈丘	（壹3245）（肆2588）（肆3964）（玖4219）	4		4
27	尋丘	尋丘	（貳5436）（陸4294）	2		2
28	遲丘	遲丘	（叁1260）（肆1059）（肆1215）（肆2337）（肆3788）（肆3802）（玖1424）（玖3935）	8	1	9
		日進丘	（壹7701）	1		
29	淦丘	淦丘	（壹7789）（肆3490）（肆3909）（陸5648）（玖4226）（貳4943）	6	4	10
		唫丘	（陸2221）	1		
		金丘	（肆3928）	1		
		□丘	（壹7307）（陸2880）	2		
30	唫丘	唫丘	（壹6395）（貳5309）（肆2926）（肆3448）	4	1	5
		□丘	（貳235）	1		
31	笒丘	唫丘	（肆1953）	1	4	4
		□今丘	（陸4865）	1		
		於丘	（陸3985）	1		
		岑(?)丘	（肆3178）	1		
32	筌丘	筌丘	（玖1236）	1		1
33	箔丘	箔丘	（叁3272）	1		1
34	竹田丘	竹田丘	（陸4159）	1		1
35	松坑丘	松坑丘	（肆3907）	1	3	4
		松杭丘	（肆3179）（肆3742）（肆3772）	3		

續表

序號	丘名	原釋丘名	簡號	數量	改釋數量	合計
36	木瓜丘	木瓜丘	（貳 5319）（肆 3739）（肆 3755）（肆 4331）（陸 2308）（陸 2810）（陸 5168）	7	8	8
		平支丘	（肆 3563）	1		
37	武龍丘	武龍丘	（壹 7570）（陸 2263）（陸 2405）（陸 2788）（陸 4032）（陸 5705）（柒 2216）	7		7
38	平溲丘	平溲丘	（肆 3841）	1		1
39	英溲丘	英溲丘	（壹 3850）	1	4	4
		穀溲丘	（玖 1235）（玖 1237）	2		
		彈溲丘	（玖 5749）	1		
40	敢溲丘	敢溲丘	（肆 3925）	1	1	2
		敢□丘	（叁 3765）	1		
41	利丘	利丘	（肆 1005）	1		1
42	平陽丘	平陽丘	（壹 6240）	1		1

二 不能確認的小武陵鄉丘名

除此之外，走馬樓吳簡中還有許多整理者雖然進行了隸定，但核驗圖版仍宜存疑的丘名。這類丘名有如下33個：

前渚丘、□平丘、區李丘、部丘、劉丘、湖田丘、領山丘、錢丘、前丘、限佃丘、亞丘、利丘、露（？）丘、伻丘、吳丘、常□丘、蒲空丘、從丘、壛崪丘、栗丘、木卂丘、仇□丘、九溪丘、楮丘、諸下丘、□龍丘、□唐丘、合丘、鄭（？）丘、監丘、平丘、蓋丘、待丘。

這裏將以上丘名及其圖版製成下表：

表2　不能確認的小武陵鄉丘名

序號	1	2	3	4	5
丘名	前渚丘	□平丘	區李丘	部丘	劉丘
簡號	（壹 2828）	（壹 3817）	（壹 7293）	（壹 7304）	（壹 7509）

續表

圖版					
序號	6	7	8	9	10
丘名	湖田丘	領山丘	錢丘	前丘	限佃丘
簡號	（貳3817）	（叁2777）	（叁2784）	（叁2863）	（叁3423）
圖版					
序號	11	12	13	14	15
丘名	亞丘	利丘	露（?）丘	伻丘	吳丘
簡號	（叁3748）	（肆1060）	（肆2276）	（肆2738）	（肆3159）
圖版					
序號	16	17	18	19	20
丘名	常□丘	蒲空丘	從丘	崒崒丘	栗丘
簡號	（肆3167）	（肆3174）	（肆3760）	（肆3956）	（伍2998）

續表

圖版					
序號	21	22	23	24	25
丘名	木丹丘	仇□丘	九溪丘	楮丘	諸下丘
簡號	（伍 5006）	（陸 2266）	（陸 2742）	（陸 4007）	（陸 4199）
圖版					
序號	26	27	28	29	30
丘名	□龍丘	□唐丘	合丘	鄭（?）丘	監丘
簡號	（陸 4329）	（柒 2232）	（柒 2244）	（柒 3077）	（捌 5726）
圖版					
序號	31	32	33		
丘名	平丘	蓋丘	待丘		
簡號	（玖 1504）	（玖 1864）	（玖 4221）		
圖版					

結語

通過以上舉例與分析,大致可以得出如下結論,代作結語:

(一)走馬樓吳簡所記載小武陵鄉丘名共約 291 例(含未釋),在《竹簡》[壹]至[玖]中皆有分布,簡文均爲"出入"簡。其中[壹]25 例、[貳]16 例、[叁]35 例、[肆]121 例、[伍]9 例、[陸]52 例、[柒]8 例、[捌]2 例、[玖]23 例。可以看到,這些簡文主要集中在[肆]中。

(二)整理者所釋及部分釋出的小武陵鄉丘名總數約百個,能夠確認的有 42 個;目前爲止仍有 33 例丘名無法釋出。已釋出的丘名中,平支丘最爲常見(30 例),白石丘、淦丘、坪丘、余元丘、石下丘較爲常見(均有 10 例以上)。

(三)小武陵鄉的丘名,多以山林川澤等自然景觀命名,還有很多是在自然景觀名稱基礎上疊加方位詞而成。前者如白石丘、桐丘、竹田丘等,後者如石下丘、前渚丘、中落丘等。不過,所疊加方位詞多爲"上""下""前""中"等,尚未見到以景觀疊加"左""右""後"者。另外,一些丘名如尋丘、暹丘、丈丘、英溲丘等,以今日一般思維難以理解,或許這些丘名所承載的信息更多是當時的、局地的。① 因此在考察走馬樓吳簡丘名時,似應捨棄今日"嘉名"的觀念,避免先入爲主的印象造成釋讀失準。

(四)在這些丘名中,部分也許是偏旁不同但可以互通使用的。如"余元丘"與"徐元丘""𧘢元丘""塗元丘","平支丘"與"坪坆丘","楮下丘"與"諸下丘","淦丘"與"唫丘""筌丘",等等。

---

① 關於丘名中的"溲"字,王子今指出"溲""瘦"可相通。這爲具體理解含"溲"丘名,提供了新的思考路徑。王子今:《長沙五一廣場簡"小溲田"試解》,鄔文玲、戴衛紅主編《簡帛研究二〇二一(秋冬卷)》,桂林:廣西師範大學出版社,2022。

觀水有術，必觀其瀾
——讀《初并天下——秦君主集權研究》

□ 青島大學歷史學院　邱文傑

"周秦之變"與"漢承秦制"是關涉周、秦、漢政治體制變遷的重要論斷，以往多視爲不證自明的通論。至於其間尤爲關鍵的"秦制"，學界一般將之概括爲"'大一統'專制主義中央集權"，從而與"周制"區分。這一表述作爲宏觀概念被用來標識與把握長時段歷史發展大勢是較爲合適的。但落實到有秦一代，如何利用新資料與新方法將"秦制"進一步具象化，發掘有限史料中周秦之變的關鍵綫索，澄清作爲帝制中國開端的"秦制"相較後世之特殊性，其實還都是有待繼續開展的系統性工程。從這個意義上講，孫聞博著《初并天下——秦君主集權研究》一書，[1]即是以"君主集權"爲切入點考察秦政治體制演進歷程的一部力作。

一　本書的研究取向與基本結構

《初并天下》全書包括4篇專題研究，分別就統治政策、政治口號、政治名號、政治信物諸層面梳理與解析秦君主集權體制的建立與發展過程。

作者擷取"初并天下"這一《史記》中"多次出現的重要表述"作爲全書標題以"統括諸章"（7頁），可謂準確地把握住了"揭示秦政治史若干重大課題的關鍵"（《序》，7頁）。在此基礎上，本書正文政策、名號等4篇具體研究被納入到"更爲寬泛"的"政治文化"概念當中（5頁），且都圍繞"秦君主集權"這一重大問題展開，"由實證入，自解釋出"（《後記》，251頁）。故而各章儘管在形式上彼此獨立，但在內容上却能夠互爲補充，且全書論證亦基本貫穿政治體制變遷這一核心視角。所以，筆者傾向於認爲，本書的研究取向應是以政治文化爲導向的制度史研究。

就正文結構及内容來講。與主標題"初并天下"直接相關的其實是第2章關於"并天下"這一政治表述的探討，此章在詳析"大一統"與"并天下"在内涵與外延上的異同之後，提

---

[1]　孫聞博：《初并天下——秦君主集權研究》，西安：西北大學出版社，2021。以下簡稱《初并天下》。

出"并天下"這一帶有鮮明秦政烙印的表述已然具有超邁前代的特定意涵,故而用於描述秦統一所建立的政治功業理應更爲適合;不過,"秦并天下"雖然爲時人乃至漢人所接受,但在承秦所建的漢政中却逐漸被區隔於周"大一統"譜系之外,是以其特殊性以往多晦而不彰。

第 1 章"商鞅'農戰'政策的推行與秦君集權"與第 3 章"秦君名號變更與'皇帝'的出現"基本是以戰國至秦統一政治演進歷程爲脈絡或綫索,分别就"并天下"過程中的政策變動、名號演進做細緻考察。前章以商鞅"農戰"政策的推行爲切入點,而以秦君與臣、民間的聯結與互動爲觀察對象,提出"農戰"政策"并非直綫向前,而是與秦政相互作用,呈現出一定幅度的波動"(216 頁)。後者則以"皇帝"名號的最終定型爲依歸,討論秦君政治名號從公、伯、王、帝以至於"皇帝"尊號的演變歷程;其對戰國時代秦君名號的分析尤其重視秦國所處國際政治格局的變動,而對"皇帝"尊號的最終建成,則注意將其納入帝國整體政治秩序中加以理解,并指出秦"并天下"後最終確立了"與戰國'帝'制不同的'皇帝—郡縣'歷史新秩序"(217 頁)。這兩章結構相近,實際都能"爲秦國崛起至帝業興衰的歷史進程、秦君主權力的鞏固與發展"提供更爲立體的認識綫索(216 頁)。

在政策、口號、名號等較抽象概念外,本書第 4 章"秦君政治信物"相關研究則將目光投向具象化的器物或文書。此章不但對有限的秦兵符材料進行了細緻勘驗、甄别,而且也嘗試在校訂後世典制文獻的基礎上描摹秦璽印、詔書在制度上的流變。儘管相對更偏向於純制度史研究,但全章內容亦始終貫穿"政治信物不斷維繫并鞏固著君主的政治軍事權力"這一核心觀念,并留意信物之間的"組合行用"及其在行政運作當中所發揮的實際效能。

最後,還有一處細節需要留意。或是出於整齊全書體例的考慮,前 3 章標題相較初刊原題有删略(249 頁),但初刊副標題實際提示各章切入角度或研究背景,所以讀者在閱讀正文前或需參考初刊信息,以便更好把握作者行文邏輯。

二 本書的研究特色

(一)"觀水有術,必觀其瀾"——關鍵細節的深度解讀

孟子有言,"觀水有術,必觀其瀾"。[①] 蒙文通則據以提示,"觀史"亦"須從波瀾壯闊處著眼",方"能把握歷史的變化處""把歷史發展説個大概"。[②] 作者在《後記》中亦曾表達對重大歷史問題的興趣。落實到本書中,第 2 章對《史記》所記秦"并天下"特殊政治意涵的提取即是對既往研究以"大一統"統括周、秦、漢體制的重要補充,書中指出"大一統"政治理念既能對應"天子—諸侯"模式,亦能"涵蓋秦'皇帝—郡縣'政治模式"(216 頁),而"并天下"作

[①] [清]焦循撰,沈文倬點校:《孟子正義》卷二七《盡心章句上》,北京:中華書局,1987,913 頁。
[②] 蒙文通:《治學雜語》,蒙文通著,蒙默編《蒙文通全集》,成都:巴蜀書社,2015,第 6 册,3 頁。

爲秦官方政治宣言實能充分概括後者對前者的承繼、變革與超越。這一觀點極富新意。

也正是基於這一認識,作者在第 3 章探討皇帝名號時,亦參考第 2 章所論大一統帝王世系演變以及"并天下"的特殊意涵,進一步區分"帝"號與"皇帝"號之區別,指出"帝"號側重"分天下"而實與秦"皇帝""并天下"不同。從而使"昭襄業帝"、秦始皇二十六年(前 221)議帝號以及封建、郡縣之爭等問題得到細緻、系統且富有新意的解讀。

由此而言,在近乎通論的歷史定位中,發掘習見用語的特殊意涵并聯繫整體政治形勢加以把握,進而凸顯重大歷史轉折的關鍵細節,這種研究路徑是值得重視和提倡的。

(二)"制"與"人"的結合——"制度史觀"的創造性使用

本書《緒論》對"制度史觀"予以特别重視,而近年閻步克亦提示"制度史觀"下的"政治體制""包括政治制度和政治勢力兩方面",前者"主要是政權的組織制度、人事制度和法律制度","是'制'的方面",後者則"是指不同群體、集團、階層、階級的相互關係","是'人'的方面,'制'與'人'二者的結合,共同構成了'政治體制'"。①

以此爲參照,本書第 1 章即以政治勢力中的階層爲觀測尺度(即"君—官—民"政治結構),而以"商鞅'農戰'政策的推行"爲主體綫索,"爲關心秦史和中國專制政治史的人們提供了歷史理解的前期基礎"(《序》,3 頁)。

如果細緻梳理,則第 1 章 9 節内容除"引言"外可劃分爲 3 個部分。前 2 節是對"農戰"政策下君主對"民"之識别、分類、管理、役使等"君—民"聯結過程的考察,可以視爲"君"對"民"的爭取,而這也是秦所以能對民衆實現後世罕見的超強控制與動員能力的重要原因(20、28—29 頁)。中 3 節更爲側重對"官"的剖析,包括"官"内部"士大夫"與"官人百吏"的分層、"官—民"聯結以及君主與重臣之間的互動;其中第 5 節提供了一種有趣的觀察視角,那就是儘管"農戰"政策貶抑宗室大臣,但商鞅本人却是"位極人臣,權勢煊赫"(42 頁),亦即商鞅實際身兼"智法之士"與"當塗之人"兩重身份,而在韓非看來,這兩類群體有"不可兩存之仇",②這一"吊詭情形"頗可玩味,然以往似乎較少留意;後 3 節則是將始皇與二世的統治政策進行更細緻的階段劃分,相關思路或借鑒漢代政治史研究(62 頁),但同時也利用近出秦簡牘資料擴充對始皇、二世統治政策的認識,故而相關論證扎實、可信;此外,"始皇重走商君路"以及二世"以'術'輔'法'"等定性都頗具新意,且能引發進一步思考。

綜合來看,相較對"農戰之民"的群體性劃分,作者對作爲君主的始皇、二世以及作爲秦廷"當塗之人"的商鞅、吕不韋則采取具體化分析,并注意將之還原到歷史情境當中去,考察其對政策推行、體制變革的具體影響,進而解釋"農戰"政策的波動性發展。

除第 1 章外,其他章節也多采取這一研究取向。比如,第 4 章第 8 節在探討漢唐璽書源

---

① 閻步克編著:《波峰與波谷:秦漢魏晉南北朝的政治文明》,北京大學出版社,2017,"第二版前言"1 頁。
② [清]王先謙撰,鍾哲點校:《韓非子集解》卷四《孤憤》,北京:中華書局,1998,79 頁。

流時著重分析了宣帝與陳遂"游戲博奕"事件,通過史料比勘之後的情境還原,使得璽書作爲皇帝信物的行用特徵躍然紙上。這一討論可以視爲制度史分析中較有趣味的個案研究,亦是"制"與"人"結合的鮮明案例。

(三)拓寬新史料與發掘舊文獻

出土文物資料的開拓性解讀與傳世文獻的創新性解釋都需要對相關研究的整體把握與對文本的細緻爬梳,而本書在這兩個層面都有很好的示範。

關於前者,本書在第4章有集中呈現。其中前2節對秦、漢兵符有關書寫體例、用字用語乃至省寫省稱等微觀細節及其源流演變有充分揭示;第7節重視對西北漢簡中詔書與璽書資料的搜集,對二者緘封與傳遞方式上的區別做了細緻考辨,從而爲文獻不足徵的秦制提供一定參照;第9節則注意參考學界對里耶秦簡、嶽麓書院藏秦簡的最新校訂意見,對秦王國時代的文書制度有精當推定。綜合以上三節對出土文獻的利用,我們能夠看到作者在積極拓展不同類別史料的同時,也充分注意辨析不同材料的特質,從而"'因時制宜',創造性地解決問題"(250頁)。除此以外,第4章注釋中多見有不同學者"來信告知"(153、157、185、210頁)具體學術意見,其中涉及文物著錄、文字考釋以及某些專門問題,可見作者在成文後亦曾多方請益、往復討論,這也能從側面反映本書考證扎實、立論審慎的風格。

關於後者,本書第1章在考察"農戰"政策之下的"君—民"與"官—民"聯結時,曾經充分利用《商君書》《荀子》《韓非子》等戰國子書材料,通過細緻的文本校訂與敏銳的史料比勘,對"農戰之民"以及"士大夫""官人百吏"等概念進行了切合時代特徵的區分、定位與辨析;第2章在考察秦"并天下"這一政治表述時,作者又利用《史記·五帝本紀》以及與之相關的《尚書·堯典》《大戴禮記·五帝德》等"以往歷史研究向少用作討論"且多"作爲不可信據的史料",作爲"秦帝國政治定位及皇帝政治實踐的歷史背景加以關注"(93頁)。由此可見,對歷史早期經典文獻的深入發掘與靈活運用也是本書值得重視的研究特色,而作者對上述史料的具體處理方法亦可爲相關歷史問題的展開與深化提供新思路。[①]

三 本書論述可以闡明和説明之處

本書立足於新視角與新史料,對商鞅變法、秦并天下、皇帝制度等秦制研究中的基礎問題重新進行探索與考察,無論考證還是立論都堪稱精當、嚴謹,能夠爲後續秦制研究起到示範作用,并引發相關思考。不過,就筆者管見,本書的論述可能還有一些需要闡明和説明之處。

首先,本書有部分闡述或許還可以再明確。比如,第1章第7節是對始皇統治前期"事

[①] 作者相關思考還可參見所撰《"二重證據法"與王國維的史學實踐》(《中國史研究動態》2022年第2期)一文。

皆決於法"與後期"外攘四夷"的兩次政治轉向進行細緻區分。"事皆決於法"主要是基於始皇對商鞅重"法"理念的承襲與著力推進"君—民"聯結這兩點而提出,而本節亦籍此將"'農戰'政策"這一主體綫索引入"初并天下"之後的歷史,因此在全文中居於承上啓下的關鍵位置。在此基礎上,本節將後一轉向的動力解釋爲"秦應是在'盡并兼天下諸侯'的'天下—諸侯'範疇之上,進而冀望擴展爲'天下—諸侯·蠻夷'的新秩序"(66頁),但這似乎與第3章所論秦"并天下"後形成的"'皇帝—郡縣'歷史新秩序"存在一定距離(150頁)。對於前者,參酌原文,作者應是指始皇後期秦之"皇帝—郡縣"政治秩序已然擴展至南、北蠻夷之地,而至原七國疆域之外的北胡、南越之地,但在具體表述上可能較爲簡略。所以,前一概念或可在時、空綫索以及政治理念上做進一步明確。至於三十二年(前215)"外攘四夷"的動力,本節或限於主題未及展開,讀者可聯繫第3章所論"皇帝—郡縣"政治秩序的形成等内容加以理解。這樣,對始皇一朝相關政策的轉型與調整或能有更全面認識。

其次,本書部分概念在使用時或需要再作簡要説明。比如,第3章第5節對"分天下"概念的使用似未有明確限定。在本節中,作者提出戰國"'帝'制特徵仍然呼應'帝—諸侯'秩序","昭襄王稱帝時的政治秩序"是"外部:帝—諸侯(王);内部:帝—郡縣/諸侯",并參考秦楚之際表述而以"分天下"概括之(137頁)。但是,"分天下"似乎不完全對應這種政治秩序。儘管《史記》有"分天下,立諸侯""分天下王諸侯"等表述,但《秦始皇本紀》亦載"分天下以爲三十六郡",可見單一郡縣制也可使用"分天下"概念。① 不過,如果聯繫本章第6節,則"分天下以爲三十六郡"是在"并天下"之後"纔真正被確立爲帝國的明確制度,加以推行",且"具有更深刻的歷史意義"(146頁)。按此思路,第5節標題所謂"分天下"與秦"并天下"後復"分天下以爲三十六郡",應有本質不同。由此,通篇而言并無不妥,惟具體使用時或可稍作説明。

四 研究前景

本書是作者繼《秦漢軍制演變史稿》之後的第二本學術專著,② 研究的出發點是"在閲讀史料時"發覺"秦統一君主制的若干基本問題,始終無法繞開"(250頁),可見相關問題意識是在長期閲讀與研究的實踐中產生。

秦代"集權君主制"可以視爲秦政治體制中的頂層設計,本書圍繞"初并天下"這一政治宣言所展開的多個層面的剖析,使我們對秦政與秦制、皇帝名號與皇帝制度等重大歷史問題的認識有所深化。在此基礎上,作者也在文中提示"未來思考"的方向:

---

① 《史記》卷六《秦始皇本紀》、卷一六《秦楚之際月表》,北京:中華書局,1982,239、275、775頁。
② 孫聞博:《秦漢軍制演變史稿》,北京:中國社會科學出版社,2016。

"政—制"之外,我們似乎還應關注"政—法"關係。大的治國理政路綫之爭與法律督責吏民一類自由裁量的小節,呈現怎樣的互動? 從制度、特別具體法律制度層面,怎樣去理解政治生活? 它們彼此又是怎樣的理論關係? (82 頁注釋③)

這些思考仍屬"制度史觀"範疇,但具體操作則更顯靈活。同時,相關思路也提示,對秦制的理解、把握應當注意宏觀視角與微觀細節的統一。

除此以外,本書作者近年開展的秦漢縣制研究,也是從明確秦縣鄉建制與政務運行模式出發,揭示秦制的特殊性,進而探求漢代以降的流變,[①]其研究思路與本書相近。而對秦漢縣鄉制度的研究實際是對秦政治體制中的底層或基層制度設計的探索,這也與本書第 1 章"君—民""官—民"聯結、第 3 章所論"皇帝—郡縣"政治秩序的建立等内容相互照應。

從這個意義上講,我們期待作者在接下來的工作中能夠爲秦史研究搭建起更爲立體的政治體制座標。

新世紀以來,伴隨著新史料的湧現與研究方法或研究模式的改良,秦漢制度史、政治史以及政治文化史研究不斷走向深入。藉由相關研究所建構起的基礎框架,復原帝制中國早期的真實歷史圖景日漸成爲可以期待的學術目標,而這一具有光明前景的目標應會吸引更多歷史研究者爲此付出不懈努力。

---

① 參見孫聞博《秦縣的列曹與諸官——從〈洪範五行傳〉一則佚文説起》,武漢大學簡帛研究中心主辦《簡帛》第 11 輯,上海古籍出版社,2015,75-88 頁;孫聞博《從鄉嗇夫到勸農掾:秦漢鄉制的歷史變遷》,《歷史研究》2021 年第 2 期;等等。

徵稿簡約

一、本刊是中國社會科學院簡帛研究中心主辦的專業性學術刊物，歡迎與下述内容相關的論文投稿：

1. 出土簡帛的辨識、考證；2. 根據出土簡帛考辨史實，研究中國古代的各種制度、思想文化以及社會發展狀況；3. 有代表性的國外簡帛研究譯文；4. 簡帛研究綜述；5. 簡帛研究論著評論；6. 簡帛研究論著索引；7. 簡帛學理論與方法的總結、探討。

二、本刊提倡嚴謹的學風，堅持"百花齊放、百家爭鳴"的方針，堅持相互尊重的自由討論。本刊發表的文章均不代表本刊意見，由作者文責自負。

三、本刊衹接受首發投稿。已在正式出版物和網絡上刊發者，均不視爲首發。

四、來稿請提交Word與PDF格式電子稿各一份。如作者認爲有必要，可同時寄送一份文本稿（掛號郵寄）。稿件請使用規範繁體字（引用文獻異體字、俗體字除外），避免以簡繁體轉換工具作簡單轉換；注釋采用本刊體例，詳見各期内文；引用文獻、版本信息均須核對無誤。

五、本刊實行雙向匿名專家審稿制度。稿件中請勿出現作者個人信息。有關作者姓名、單位、聯繫方式等，請另紙提供。

六、本刊對刊登的稿件擁有信息網絡傳播權、轉授權和爲期兩年的專有版權。作者如有異議和特殊要求，請於投稿時聲明。請勿一稿兩投。

七、本刊處理來稿期限爲60個法定工作日。逾期未接到通知，作者有權對自己的稿件另行安排。因本刊經費緊張，來稿一律不退，請作者自留底稿。

八、來稿請寫明作者真實姓名(發表時筆名聽便)、工作單位、職稱或職務、通訊地址、郵政編碼、電話號碼和電子郵箱，以便聯繫。

來函請寄： 北京市朝陽區國家體育場北路1號院2號樓
中國社會科學院古代史研究所秦漢史研究室
王天然　石洋　收　　郵編：100101
電子郵件：　jbyj2005@126.com